Portfoliomanagement offizieller Währungsbehörden
unter Währungsrisiken

Viel Spaß beim Lesen

Ihr

B. Hepperle

Europäische Hochschulschriften

Publications Universitaires Européennes
European University Studies

Reihe V
Volks- und Betriebswirtschaft

Série V Series V
Sciences économiques, gestion d'entreprise
Economics and Management

Bd./Vol. 1982

PETER LANG
Frankfurt am Main · Berlin · Bern · New York · Paris · Wien

Bastian Hepperle

Portfoliomanagement offizieller Währungsbehörden unter Währungsrisiken

Die Strategie der Reservediversifizierung unter Berücksichtigung portfoliotheoretischer Erklärungsansätze und deren Konsequenzen für ein stabiles Weltwährungssystem

PETER LANG
Europäischer Verlag der Wissenschaften

Die Deutsche Bibliothek - CIP-Einheitsaufnahme

Hepperle, Bastian:

Portfoliomanagement offizieller Währungsbehörden unter Währungsrisiken : die Strategie der Reservediversifizierung unter Berücksichtigung portfoliotheoretischer Erklärungsansätze und deren Konsequenzen für ein stabiles Weltwährungssystem / Bastian Hepperle. - Frankfurt am Main ; Berlin ; Bern ; New York ; Paris ; Wien : Lang, 1996

(Europäische Hochschulschriften : Reihe 5, Volks- und Betriebswirtschaft ; Bd. 1982)

Zugl.: Hamburg, Univ. der Bundeswehr, Diss., 1996

ISBN 3-631-30809-4

NE: Europäische Hochschulschriften / 05

D 705

ISSN 0531-7339

ISBN 3-631-30809-4

Printed in Germany 1 2 3 5 6 7

Für meine Eltern,
Constanze und
Philine

Vorwort

Dies ist überlicherweise die Stelle, an der man sich bei all denjenigen bedanken kann, die zum Gelingen der Arbeit direkt und indirekt beigetragen haben.
Da die vorliegende Arbeit während meiner Tätigkeit am Institut für Wirtschaftspolitik an der Universität der Bundeswehr Hamburg entstand, bin ich in allererster Linie zu besonderem Dank gegenüber meinem akademischen Lehrer und Doktorvater, Herrn *Prof. Dr. Rolf Hasse* verpflichtet. Seine Anregungen und seine konstruktive Kritik haben erheblich zum Gelingen der Arbeit beigetragen. Ebenfalls zu Dank verpflichtet bin ich Herrn *Prof. Dr. Wolf Schäfer* für die Übernahme des Korreferates.
Besonders bedanken möchte ich mich bei meiner Kollegin Frau *Dr. Susanna Wolf*, die mir bei der Erstellung des Computerprogramms behilflich war und mir bei allen statistischen und anderen Fragen mit Rat und Tat zur Seite stand.
Frau *Katrin Peemöller* gebührt mein herzlicher Dank für das sorgfältige Schreiben eines Teils des Manuskriptes und der Tabellen sowie für die abschließenden Formatierungen.
Ganz besonders danke ich meiner lieben Frau *Constanze* für das Redigieren der Arbeit, ihr stets offenes Ohr für meine Probleme aller Art und ihre unendliche Geduld.
Zu guter Letzt gilt mein Dank *all denjenigen*, die schon nicht mehr wagten zu fragen, ob denn der Schlußsatz geschrieben sei. Auch ihnen sei gesagt: Vielen Dank für Eure Ausdauer. Eure stetige Nachfrage war Ansporn für mich, diesen eben doch noch zu vollenden.

Gedruckt mit Unterstützung der Universität der Bundeswehr Hamburg.

Hamburg, im Juni 1996

Bastian Hepperle

Inhaltsverzeichnis

Verzeichnis der Tabellen

Tabellen im Text

Tabellen im Anhang

Verzeichnis der Abbildungen

Verzeichnis der Abkürzungen

Art.	=	Artikel
A$	=	Australischer Dollar
Ausg.	=	Ausgabe
Bd.	=	Band
BIP	=	Bruttoinlandsprodukt
BIS	=	Bank for International Settlements
BIZ	=	Bank für Internationalen Zahlungsausgleich
BSP	=	Bruttosozialprodukt
bzw.	=	beziehungsweise
CAPM	=	Capital Asset Pricing Model
CDs	=	Certificates of Deposits
CFA	=	Colonies Françaises d´Afrique
CPs	=	Commercial Papers
ders.	=	derselbe
DM	=	D-Mark
ECU	=	European Currency Unit
EG	=	Europäische Gemeinschaften
EFWZ	=	Europäischer Fonds für währungspolitische Zusammenarbeit
ESZB	=	Europäisches System der Zentralbanken
EU	=	Europäische Union
EWI	=	Europäisches Währungsinstitut
EWS	=	Europäisches Währungssystem
EWWU	=	Europäische Wirtschafts- und Währungsunion
EZB	=	Europäische Zentralbank
F.A.Z.	=	Frankfurter Allgemeine Zeitung
FF	=	Französischer Franc
GUS	=	Gemeinschaft Unabhängiger Staaten
G-5	=	Gruppe der Fünf
G-7	=	Gruppe der Sieben
hfl	=	Holländischer Gulden
Hrsg.	=	Herausgeber
i.e.S.	=	im engeren Sinne

IFS	=	International Financial Statistics
IMF	=	International Monetary Fund
IWF	=	Internationaler Währungsfonds
Jg.	=	Jahrgang
k.A.	=	keine Angaben
Kan$	=	Kanadischer Dollar
£	=	Pfund Sterling
Mio.	=	Millionen
Mrd.	=	Milliarden
MVP	=	Minimum-Varianz-Portfolio
N$	=	Neuseeländischer Dollar
OPEC	=	Organization of the Petroleum Exporting Countries
O.V.	=	ohne Verfasser
Q.	=	Quartal
sfr	=	Schweizer Franken
SITC	=	Standard International Trade Classification
SZR	=	Sonderziehungsrecht
t	=	Tonnen
u.a.	=	unter anderem
US-$	=	US-Dollar
usw.	=	und so weiter
u.U.	=	unter Umständen
versch.	=	verschiedene
Vgl.	=	vergleiche
Vol.	=	Volumen
WiSt	=	Wirtschaftswissenschaftliches Studium
WISU	=	Das Wirtschaftsstudium
¥	=	Yen
z.B.	=	zum Beispiel

I. PROBLEMSTELLUNG UND GANG DER UNTERSUCHUNG

Seit Anfang der achtziger Jahre hat sich an den nationalen und internationalen Finanz- und Anlagemärkten ein tiefgreifender, von der Öffentlichkeit kaum wahrgenommener und in der wirtschaftswissenschaftlichen Literatur wenig diskutierter Wandel vollzogen. Offizielle Währungsbehörden[1] sind als Investoren und neue Teilnehmer auf den nationalen und internationalen Märkten aufgetreten und fragen an den verschiedenen Anlagemärkten verstärkt Portfolioinvestitionen nach.
Offensichtlich geben sich nationale Währungsbehörden immer weniger mit einem relativ passiven Management ihrer Devisenreserven zufrieden, wie es in der Vergangenheit häufig der Fall war. Statt dessen versuchen sie, ihre Reserveanlagen mit modernen, wenn auch weiterhin relativ konservativen Portfoliostrategien zu bewirtschaften.
Dieser Wandel ist vor der Entwicklung zu sehen, daß sich zwischen Ende 1980 und Ende 1994 der gesamte weltweit von offiziellen Währungsbehörden gehaltene Bestand an Devisenreserven mehr als verdreifacht hat und von rund US-$ 370 Mrd. auf inzwischen fast US-$ 1120 Mrd. angewachsen ist.[2] Die Devisenreserven von Zentralbanken stellen damit heute einen umfangreichen Pool an investierbaren Anlagemitteln dar.[3]
Zu Zeiten des Festkurssystems von Bretton Woods zählten Gold und US-Dollar zu den wichtigsten Komponenten der Währungsreserven. Das Reservemanagement offizieller Währungsbehörden konzentrierte sich deshalb zumeist auf die Frage, wie die von den Währungsbehörden gehaltenen Währungsreserven auf diese beiden Reservemedien aufgeteilt werden sollten. Mit dem endgültigen Zusammenbruch des Systems fester Wechselkurse von Bretton Woods und dem Übergang zum Floaten im März 1973 hat die Volatilität der Wechselkurse zwischen den wichtigsten internationalen Währungen enorm zugenommen. Unter diesen veränderten Bedingungen und angesichts der wachsenden Reservebestände, die nunmehr mit erheblichen Währungsrisiken belastet sind, entstand bei vielen Zentralbanken der Wunsch, die Reserveanlagen nicht nur nach verschiedenen Währungen, sondern auch nach verschiedenen Anlagemärkten und -instrumenten zu diversifizieren.
Erst nachdem die neuen Reservewährungsländer Deutschland, die Schweiz und später auch Japan ihren erfolglosen Widerstand gegenüber einer stärkeren inter-

---

1 Der umfassende Begriff der Währungsbehörden umfaßt neben den Zentralbanken im engen Sinn auch Currency Boards, Exchange Stabilization Funds und einige Government Treasury Departments. Im folgenden werden für diese Institutionen die Begriffe der Währungsbehörden, der Zentralbanken und der Notenbanken als Synonyme verwendet.

2 Vgl. IMF, International Financial Statistics Yearbook 1995, S. 62.

3 Vgl. Glynn, L. (1991b), S. 42.

nationalen Verwendung ihrer Währungen aufgegeben hatten und die nationalen Finanzmärkte nach den ergriffenen Deregulierungs- und Liberalisierungsmaßnahmen breiter und tiefer geworden sind, eröffnete sich für das Reservemanagement offizieller Währungsbehörden ein erweiterter Handlungsspielraum. Bei der Anlage der Reserven bestand nun die Möglichkeit, relativ frei zwischen den verschiedenen Reservewährungen zu wählen.
Vorreiter bei der Diversifizierung der Reserven waren in den siebziger Jahren die ölexportierenden Länder. Aber auch bei anderen Entwicklungsländern, die eine unzureichende Ausstattung mit Währungsreserven beklagten, bestand ein großes Interesse, die wenig verfügbaren Mittel möglichst (wert-) sicher und ertragsreich anzulegen. Seit Anfang der achtziger Jahre ist nun auch bei Industrieländern eine stärkere Tendenz zur Diversifizierung der Reserven und eine Hinwendung zu einem aktiveren Reservemanagement zu beobachten.

Bei einer Untersuchung des reservepolitischen Verhaltens offizieller Währungsbehörden besteht die größte Schwierigkeit darin, daß diese keinen Einblick in ihr Reservemanagement und ihre anlagepolitischen Entscheidungen gewähren. Das für eine eingehende Untersuchung erforderliche Informations- und Datenmaterial wird streng vertraulich behandelt und ist nur einem sehr begrenzten Teilnehmerkreis zugänglich. Selbst gegenüber anderen offiziellen Währungsinstitutionen wie dem Internationalen Währungsfonds (IWF) oder der Bank für internationalen Zahlungsausgleich (BIZ) sind viele Zentralbanken in ihrer Informationspolitik äußerst zurückhaltend und geben nur wenige Informationen über die Zusammensetzung ihrer Reserveanlagen preis.
Es gibt jedoch eine Reihe von Anhaltspunkten, daß Risiko- und Ertragsüberlegungen einen zunehmenden Einfluß auf das Reservemanagement offizieller Währungsbehörden und die Währungszusammensetzung der Reserveportfolios haben. So erbrachte eine unter Währungsbehörden im Jahre 1982 durchgeführte Umfrage der Group of Thirty, daß *„active portfolio management of part of their reserves by a growing number of central banks is tending to blur the distinction between their behavior and that of other participants in world financial markets"*.[4] Gleichzeitig ergab diese Umfrage, daß einige Währungsbehörden ihr Reserveportfolio nach Ertrags- und Risikoüberlegungen ausrichten und bestimmte Währungen nachfragen, um den Wert ihres Reservebestands zu erhalten.[5]
In einer ergänzenden Befragung unter mehreren Zentralbanken kommen Teck und Johns zu dem Ergebnis,[6] daß Zentralbanken moderne Techniken des Portfoliomanagements, die in Verbindung mit der Vorhersage von Erträgen, der Abschätzung von Risiken und erwarteten Renditen stehen, bei der Suche nach Möglichkeiten, wie die Risiken weitgehend vermieden werden können, wesentlich

4 Group of Thirty (1982), S. 5.
5 Vgl. Group of Thirty (1982), S. 12.
6 Vgl. Teck, A. und W.B. Johns (1983), S. 14.

stärker anwenden, als man dies auf den ersten Blick vermuten würde. Auch wenn dies nicht in dem Maße geschieht wie bei privaten Wirtschaftssubjekten, scheint ein effizienteres Reservemanagement in den letzten Jahren stärker in den Vordergrund gerückt zu sein. Dies wird auch vom IWF bestätigt, der in seinem Jahresbericht 1984 schrieb, daß „*expected rates of return, together with considerations of liquidity and risks, exert an important influence on the allocation of international reserves among assets denominated in different currencies.*“[7]
Verdichtet man die wenigen inzwischen verfügbaren Informationen über das reservepolitische Verhalten von Zentralbanken und stellt diese den an den Finanzmärkten zu beobachtenden Entwicklungen gegenüber, daß offizielle Währungsbehörden ihre Währungsreserven diversifizieren und auf unterschiedlichen Finanzmärkten anlegen, so lassen sich trotz der erwähnten Schwierigkeiten Rückschlüsse auf das operative Reservemanagement von Währungsbehörden ziehen.

Ziel der vorliegenden Untersuchung ist es, zu prüfen, ob und in welchem Ausmaß portfoliotheoretische Überlegungen die Wahl der Währung und des Anlagemarktes möglicherweise beeinflußt haben. Hierzu wird folgende Vorgehensweise gewählt:
Nach einer kurzen Klärung des Diversifizierungsbegriffes wird im **2. Kapitel** zunächst darauf eingegangen, warum sich die Devisenreserven als Teil der gesamten von offiziellen Währungsbehörden gehaltenen Währungsreserven besonders gut als Anknüpfungspunkt für ein effizientes Portfoliomanagement eignen. Des weiteren werden die wichtigsten Motive der Reservehaltung erörtert, da die Ausgestaltung des individuellen Portfoliomanagements und das anlagepolitische Verhalten einer Zentralbank entscheidend von den Gründen geprägt wird, aus denen die Zentralbank Devisenreserven hält.
Allerdings ist nicht jede Diversifizierung von Devisenreserven auf den Wunsch von Zentralbanken zurückzuführen, die Struktur des Reserveportfolios an eine gewünschte Währungszusammensetzung anzupassen. Ausführlich werden deshalb die wichtigsten Möglichkeiten analysiert, die eine strukturelle Änderung bei den von Zentralbanken gehaltenen Reservebeständen bewirken können. Darüber hinaus wird die Erfassung der Reservediversifizierung dadurch erschwert, daß die nationalen Währungsbehörden keine Angaben über die Währungszusammensetzung ihrer Reserven veröffentlichen. Das vom IWF publizierte Datenmaterial über die Zusammensetzung der von seinen Mitgliedern gehaltenen Devisenreserven ist hoch aggregiert und beruht zum Teil auf Schätzungen. Aufgrund dieser Aggregation kumulieren sich verschiedene Faktoren, die zu einer strukturellen Änderung des Reservebestands führen können. Vor dem Hintergrund dieser Problematik wird ein grober Überblick über den bisherigen Verlauf des bei den Weltdevisenreserven zu beobachtenden Diversifizierungsprozesses gegeben.

---

7 Vgl. IMF, Annual Report, 1984, S. 63.

Diese Veränderung der Währungsstruktur ist jedoch nur ein Aspekt des globalen Diversifizierungsprozesses. Ein zweiter Aspekt steht mit der Anlagepolitik offizieller Währungsbehörden in Verbindung, d.h. an welchem Ort und in welchen Formen Devisenreserven angelegt werden und welchen Beschränkungen das Reservemanagement hierbei unterliegt. In **Kapitel 3** werden die Grundlagen der Anlagepolitik von Währungsbehörden beschrieben und erstmals in der Literatur ein umfassender Überblick über die Anlagestruktur der Devisenreserven gegeben. Hieraus lassen sich erste Erkenntnisse über das Anlageverhalten von Währungsbehörden gewinnen, die als Grundlage für die Spezifizierung und Anwendung portfoliotheoretischer Modelle im Rahmen des Reservemanagements dienen können.

Die moderne Portfoliotheorie leitet ökonomische Gesetzmäßigkeiten ab, wie angesichts von Risiken ein Vermögensbestand optimal strukturiert werden sollte. Sie liefert daher interessante Anhaltspunkte für die Analyse der Diversifizierung der Devisenreserven. Im **4. Kapitel** werden deshalb die Grundprinzipien der Portfolio-Selektion dargestellt, bevor der Frage nachgegangen wird, inwieweit sich die Wahl und der Anteil einzelner Reservewährungen an den Devisenreserven mit diesen abgeleiteten ökonomischen Gesetzmäßigkeiten in Verbindung bringen lassen. Anhand eines einfachen portfoliotheoretischen Modells wird die weltweite Reservehaltung empirisch überprüft, wobei deutlich wird, daß portfoliotheoretische Aspekte zeitweise die Wahl der Zusammensetzung der Devisenreserven nationaler Währungsbehörden bestimmt und die Diversifizierung von Reserven aus dem US-Dollar begünstigt haben. Des weiteren wird gezeigt, daß Zentralbanken, die ihre Devisenanlagen nach den Grundsätzen der Portfoliotheorie verwalten, eine deutlich bessere Performance gegenüber einer Reservepolitik der „wohlwollenden Vernachlässigung“[8] erzielen können, wie sie von vielen Zentralbanken praktiziert wird.

Insgesamt betrachtet können portfoliotheoretische Gesichtspunkte die Zusammensetzung der Devisenreserven von Währungsbehörden nicht vollständig erklären. Die vorliegende Untersuchung geht im Vergleich zu den in der Literatur zu findenden portfoliotheoretischen Ansätzen deshalb einen Schritt weiter und identifiziert im Rahmen der ausführlichen, kritischen Analyse des Portfolioansatzes, in die auch unterschiedliche Modellvarianten mit einbezogen werden, eine Vielzahl von Faktoren, die Währungsbehörden bei ihren reservepolitischen Entscheidungen berücksichtigen und die zugleich die Anlagepolitik und die Möglichkeit einer Diversifizierung von Devisenreserven einengen (**Kapitel 5**). Von besonderer Bedeutung ist hierbei die Frage, inwieweit eine durch ein aktives Reservemanagement motivierte Diversifizierung der Reserven die Stabilität des internationalen Währungssystems negativ beeinflußt. Hierbei wird an die Diskussion angeknüpft, die bis Anfang der achtziger Jahre auf internationaler Ebene in den Zirkeln der Wäh-

---

8 Vgl. Downes, P.T. (1989), S. 20.

rungstheoretiker und -praktiker kontrovers geführt wurde, seitdem aber merkwürdigerweise verstummt ist. Hieraus läßt sich die These ableiten, daß die von einer Diversifizierung von Reserven ausgehenden, destabilisierenden Folgen nicht in dem Maße aufgetreten sind, wie sie von vielen Skeptikern gegenüber einem System mehrfacher Reservewährungen befürchtet wurden. Anhand theoretischer Analysen und einer Auswertung empirischer Befunde wird diese These überprüft.

II. DIE DIVERSIFIZIERUNG VON DEVISENRESERVEN

1. Zum Begriff der Diversifizierung von Devisenreserven

Seit Ende der sechziger Jahre, besonders nach dem Zusammenbruch des Festkurssystems von Bretton Woods im Jahre 1973 und dem Übergang zu frei schwankenden Wechselkursen bzw. zu einem Mischsystem verschiedenster Wechselkursregime hat sich das internationale Währungssystem zu einem Standard multipler Reservewährungen entwickelt. Nationale Währungsbehörden halten neben dem US-Dollar in zunehmendem Maße andere Währungen als Reservemedien in ihren Portfolios.
Die Diversifizierung von Reserven ist für sich genommen kein neues Phänomen. Bereits im Goldstandard nach 1900 und in dem sich seit 1914 über den Markt entwickelten Gold-Devisenstandard wurden neben Gold Devisenreserven nicht nur in der jeweils wichtigsten internationalen Währung, sondern in mehreren Währungen gleichzeitig gehalten.[9] Schon vor dem ersten Weltkrieg zählten Frankreich und Deutschland neben Großbritannien zu den wichtigsten Reservezentren, so daß von den Währungsbehörden innerhalb Europas neben dem Pfund auch diese beide Währungen in einem stärkeren Maße gehalten wurden. In der Zeit zwischen den beiden Weltkriegen existierten das Pfund und der US-Dollar als internationale Schlüsselwährungen nebeneinander. Nach dem II. Weltkrieg wurde durch das System von Bretton Woods der US-Dollar zur Leitwährung institutionalisiert. Aber erst Mitte der fünfziger Jahre verdrängte der Dollar das krisengeschüttelte Pfund Sterling von seiner bis dahin führenden Rolle als internationale Reservewährung.[10] Von nun an konzentrierte sich die Reservehaltung auf die amerikanische Währung. An die Stelle der zunächst noch beklagten „Dollarknappheit“ trat in den sechziger Jahren zunehmend ein „Dollarüberhang“, der schließlich zu einem Vertrauensschwund in die Leitwährung und den Zusammenbruch des Festkurssystems von Bretton Woods mündete. Nach 1973 hat sich die Reservehaltung in mehreren Währungen beschleunigt und intensiviert. Der Schwerpunkt der nachfolgenden Untersuchung soll deshalb auf der Entwicklung nach 1973 liegen.

Vor dem Hintergrund dieser Entwicklungen konzentriert sich der währungspolitische Begriff der Reservediversifizierung auf eine Veränderung der währungsmäßigen Zusammensetzung der von offiziellen Währungsbehörden gehaltenden Devisenreservebestände. Als Diversifizierung der Devisenreserven wird also jede strukturelle Veränderung verstanden und zwar zunächst unabhängig da-

---

9 Vgl. Lindert, P.H. (1969); vgl. auch Hasse, R. (1984), S. 16ff.
10 Vgl. Issing, O. (1992), S. 344ff.

von, auf welche Ursachen diese zurückzuführen ist. Denn nicht immer läßt sich eine Diversifizierung der Devisenreserven auf eine eindeutige *„Nachfrageverschiebung von einer Währung zu einer anderen“*[11] und veränderten Präferenzen für bestimmte Währungen seitens der Zentralbanken zurückführen.
Da im Vordergrund der Untersuchung das anlagepolitische Verhalten offizieller Währungsbehörden und damit das Problem der Portfoliobildung steht, ist der Begriff der Diversifikation weiter zu konkretisieren.
Jede Anlage von finanziellen Mitteln ist durch einen Grundkonflikt gekennzeichnet. Einerseits weisen die verschiedenen Anlagemöglichkeiten einen unterschiedlich hohen Ertrag auf. Gelingt es dem Anleger, die rentabelste Anlage zu bestimmen und setzt er seinen Anlagebetrag nur für diese Anlageform ein, dann kann er seinen Erfolg maximieren. Gegen diese Strategie spricht allerdings, daß die erhofften Erträge nur erwartet, nicht aber sicher sind. In dieser Hinsicht empfiehlt es sich, den verfügbaren Anlagebetrag auf unterschiedliche Alternativen aufzuteilen. In seiner allgemeinsten Form bedeutet der Begriff Diversifikation die Idee einer Streuung oder Mischung von Anlagen. Er ist insofern als Verteilung eines Anlagebetrages auszulegen.
In der finanzwirtschaftlichen Literatur wurde die Idee der Streuung durch die Theorie der Portfolio-Selektion formalisiert. Die Theorie der Portfolio-Selektion versteht jedoch den Diversifikationsbegriff in einer engeren Auslegung. Danach bezieht sich eine Diversifikation nur auf solche Mischungen, mit denen bewußt das Risiko einer Anlage vermindert werden kann, indem Anlagen mit unterschiedlichen Ertrags- bzw. Risikoverhalten gewählt werden. Diversifikation wird dann als die Streuung der Anlagemittel auf Anlagen mit risikokompensierendem Verhalten verstanden. Dies bedeutet, daß ein Anleger seinen anzulegenden Betrag nicht einfach auf zwei oder mehrere Anlageformen aufteilt, sondern besonders vorteilhafte Entwicklungen bewußt ausnutzt, um das Risiko der Gesamtanlage zu vermindern. Es sollten daher solche Anlageformen ausgewählt werden, die eine stark voneinander gelöste und zum Teil entgegengesetzte Ertragsentwicklung aufweisen.
Übertragen auf Zentralbanken bedeutet die geforderte Mischung des anzulegenden Anlagebetrags (Reservebestands), daß Zentralbanken, die ihre Währungsreserven nicht nur als unverzinsliche Kasse in Form von Arbeitsguthaben („working balances“) halten, sondern versuchen sollten, ihre Reserven nicht nur möglichst ertragsreich anzulegen, sondern optimal zu strukturieren.
Inwieweit die zu beobachtende Diversifizierung der Reserven mit den Prinzipien der Theorie der Portfolio-Selektion vereinbar ist, ist Gegenstand der vorliegenden Arbeit. Zuvor ist jedoch zu untersuchen, welche Reservebestandteile sich besonders gut für Diversifizierungsoperationen eignen. In diesem Zusammenhang ist

---

11 Wallich, H.D. (1981), S. 169.

auch auf die Fragen einzugehen, welche Funktionen Währungsreserven erfüllen und aus welchen Gründen Reserven gehalten werden.

2. Devisenreserven als Anknüpfungspunkt eines portfolioorientierten Reservemanagements

Eine Zentralbank nimmt eine Reihe von Aufgaben wahr, wozu unter anderem die Gestaltung der inländischen monetären Rahmenbedingungen (Geldmengenpolitik) und die Kontrolle der Geld- und Kreditpolitik, das Wechselkursmanagement (Wechselkurspolitik) sowie die Verwaltung der nationalen Währungsreserven (Reservepolitik) gehören. Die Reservepolitik ist somit nur ein Teilaspekt der gesamten Zentralbankpolitik. Das Reservemanagement erfaßt deshalb nur einen Teil des gesamten Vermögens- und Schuldenmanagements einer Zentralbank.
Betrachtet man die beiden Seiten einer schematisierten Zentralbankbilanz in ihrem Zusammenhang zueinander, so steht die Reservepolitik in enger Beziehung mit der Verfolgung geldmengenpolitischer Ziele im Inland. Sofern ein bestimmtes Geldmengenziel festgelegt wird, das vorgibt, mit welcher Rate die Geldmenge (Passivseite) wachsen soll, müssen sich spiegelbildlich auf der Aktivseite der Bilanz auch die Höhe der inländischen und ausländischen Aktiva verändern. In welchem Verhältnis sich die Volumina der Inlandsaktiva oder der Reserven als Auslandsaktiva zueinander verändern, ist dann von zentraler wirtschaftspolitischer Bedeutung.[12]
Wie aus Abbildung 1 zu sehen ist, stellen die Devisenreserven als Teil der Währungsreserven lediglich einen Teil der gesamten in der Bilanz einer Notenbank erfaßten und disponierbaren Vermögenspositionen dar.
Der IWF definiert die internationalen (Währungs-) Reserven eines Landes, die zumeist von den offiziellen Währungsbehörden in ihren Reserveportfolios gehalten werden, als international verwendbare Zahlungsmittel, mit denen Zahlungsungleichgewichte finanziert oder die zur vorübergehenden Bewältigung eines solchen Ungleichgewichts eingesetzt werden können.[13]
Zu den Währungsreserven werden im einzelnen gerechnet: Gold, konvertible Devisen und Sorten, die Sonderziehungsrechte (SZR) und die Reserveposition beim IWF. Bei den Mitgliedern des Europäischen Währungssystems (EWS) zählen zu den Währungsreserven auch die Forderungen an den „Europäischen Fonds für

12 Eine umfassendere vermögenspolitische Betrachtung in diesem Sinne ist in der Arbeit von Reichenstein zu finden. Vgl. Reichenstein, P.M. (1987), S. 157f und insbesondere S. 124ff.

13 Vgl. IMF (1983): Supplement on International Reserves, International Financial Statistics, Supplement Series No. 6, S. V.

währungspolitische Zusammenarbeit" (EFWZ), dessen Aufgaben seit dem 1.1.1994 vom Europäischen Währungsinstitut (EWI) übernommen wurden.

Abbildung 1: Schematische Darstellung einer Notenbankbilanz

Aktiva	Passiva
1. Währungsreserven Gold Reserveposition im IWF und Sonderziehungsrechte [Forderungen an den EFWZ*)] Devisenreserven 2. Kredite und sonstige Forderungen gegenüber dem Ausland der inländischen öffentlichen Hand inländischen Kreditinstitutionen sonstigen Institutionen 3. Wertpapiere 4. Sonstige Aktiva	5. Banknotenumlauf 6. Einlagen inländischer Kreditinstitute der öffentlichen Hand sonstiger inländischer Institutionen des Auslands und anderer Einleger 7 sonstige Passiva Rückstellungen, Rücklagen, Grundkapital

*) nur bei EWS-Mitgliedern

Abbildung 2 gibt einen Überblick über die Zusammensetzung der wichtigsten Komponenten der offiziellen Weltwährungsreserven.
Unter dem Gesichtspunkt eines portfolioorientierten Reservemanagements und dem Beitrag zur Diversifikation des Reserveportfolios ist den einzelnen Komponenten der Währungsreserven eine unterschiedliche Bedeutung beizumessen. Für Währungsbehörden besteht grundsätzlich die Möglichkeit, die Struktur ihres Reserveportfolios dadurch zu verändern, daß der Anteil einzelner Reservebestandteile erhöht und der anderer vermindert wird oder indem einzelne Reservebestandteile von einer Komponenten zu einer anderen umgeschichtet werden. Von den Reservekomponenten eignet sich jedoch nur ein Teil aufgrund seiner Beschaffenheit und Funktion für eine ertragsbringende Anlage und für Diversifizierungszwecke.
Nicht alle Reservekomponenten stehen im unmittelbaren Einflußbereich offizieller Währungsbehörden, so daß bei der Gestaltung des Reserveportfolios Einschränkungen bestehen. Dies gilt vor allem für die Sonderziehungsrechte und die Reservepositionen im IWF. Deren Position als Reservemedien in den Portfolios hängt nicht von den Präferenzen der einzelnen Währungsbehörden ab; sie lassen sich nicht über den Markt erwerben und können auch nicht direkt für Interventionen

eingesetzt werden. Längerfristig läßt sich deren Position in den Reserveportfolios nur auf dem Weg politischer Verhandlungen beeinflussen.[14]

Abbildung 2: Anteile einzelner Reservemedien an den Weltwährungsreserven zwischen 1973 und 1993 (in Prozent)

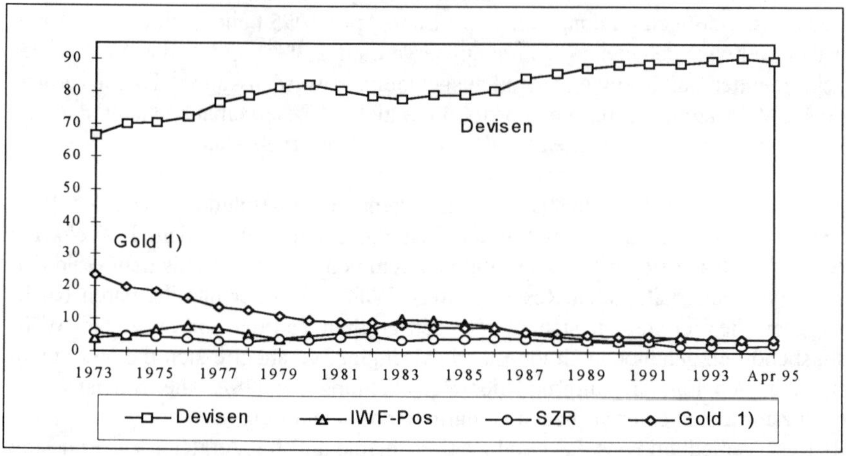

[1)] Bewertet zu 35 SZR pro Unze

Quelle: IMF, International Financial Statistics Yearbook 1994; IMF, Annual Report 1995, S. 158.

Das SZR wurde im Jahre 1969 als künstliches Reservemedium geschaffen, um die in den sechziger Jahren aufgetretenen Probleme eines Mangels an internationaler Liquidität aufgrund eines unzureichenden Angebots an Gold und US-Dollar in Relation zu einem wachsenden Welthandelsvolumen zu beheben. Unter dem Einfluß des „Triffin-Dilemmas"[15] setzte sich in der Diskussion über eine Reform des internationalen Währungssystems die Meinung durch, die bestehenden Reservemedien um ein zusätzliches nicht-nationales Reservemedium zu ergänzen und langfristig die Devisenkomponente der Währungsreserven ganz zu beseitigen. Nachdem mit der ersten Änderung des IWF-Abkommens 1969 das SZR geschaffen wurde, wurden in bisher 6 Zuteilungen (1970, 1971, 1972, 1979, 1980 und 1981) den IWF-Mitgliedern entsprechend ihren Quoten insgesamt 21,4 Mrd. SZR zugeteilt. Bis heute hat das SZR allerdings lediglich als Recheneinheit und

---

14 Vgl. so auch Klump, R. (1986), S. 160; Brown, E., D.H. Papell und M. Rush (1991), S. 7.

15 Vgl. Triffin, R. (1960). Siehe hierzu auch die Ausführungen in Kapitel V abschnitt 3.1 dieser Arbeit.

als Zahlungsmittel zwischen den Währungsbehörden eine gewisse Bedeutung erlangt.[16] Obwohl im IWF-Abkommen von 1978 das Ziel verankert wurde, das SZR zum Hauptreservemedium zu entwickeln, und obwohl das SZR aufgrund seiner Korbkonstruktion im Zusammenhang mit den Diversifikationswünschen offizieller Währungsbehörden zur Verringerung von Währungsrisiken in den Reserveportfolios durchaus eine größere Rolle spielen könnte, wird es von Währungsbehörden in einem so geringen Umfang gehalten - Ende April 1995 belief sich dessen Anteil an den weltweit gehaltenen Währungreserven auf 2,3%[17] -, daß das SZR in der nachfolgenden Analyse weitgehend ausgeklammert werden kann.[18] Damit verbleiben als Ansatzpunkte für ein portfolioorientiertes Reservemanagement die von Währungsbehörden gehaltenen Gold- und Devisenreservebestände.

Die von offiziellen Währungsbehörden gehaltenen Goldbestände als Teil der Währungsreserven nehmen eine besondere Bedeutung ein.[19] Nach dem I. Weltkrieg verlieh das Bestehen der Goldparität im System von Bretton Woods dem Gold den Status eines internationalen Reservemittels. Während in der unmittelbaren Nachkriegszeit die Vereinigten Staaten über den größten Teil der von offiziellen Währungsbehörden gehaltenen Goldbestände verfügten, veränderte sich die Verteilung zwischen den Ländern aufgrund der Verpflichtung der USA, die von ausländischen Zentralbanken erworbenen Dollar in Gold einzulösen.
Als Reservemedium wies das Gold zwei Probleme auf: Im Vergleich zur Emission von Buch- und Papiergeld ist die Verwendung des Goldes als internationales Reservemedium mit erheblichen Produktionskosten verbunden. Des weiteren konnte die Versorgung mit Gold nicht mit dem Bedarf an Währungsreserven Schritt halten, da die Entdeckung und Erschließung neuer Goldminen sowie die Schwankungen der privaten Goldhortung und der Verkauf von Goldreserven einzelner Länder das Goldangebot bestimmten.[20]

---

16 Vgl. zur Bedeutung des SZR als Reservemedium auch: IMF (1987b); Hasse, R. (1988b), insbes. S. 92-104.

17 Vgl. IMF, Annual Report 1995, S. 158; eigene Berechnungen.

18 Die optimale Zusammensetzung der Devisenreserven und die potentielle Bedeutung des SZR als ein Portfolio der fünf wichtigsten Reservewährungen untersuchten: Ben-Bassat, A. (1984), Jager, H. und E. de Jong (1984), Medeiros, C. und S. Nocera (1988) sowie Brown, E., D.H. Papell und M. Rush (1991).

19 Im Gegensatz zu den anderen Reserveguthaben einer Zentralbank, denen jeweils private oder offizielle Währungsverbindlichkeiten des Auslandes gegenüber stehen, stellen die Goldbestände als Teil der Währungsreserven keine Forderungen an das Ausland dar. Aufgrund der historischen Entwicklung des internationalen Währungssystems und nach allgemein akzeptierter Konvention werden die monetären Goldbestände jedoch zu den Auslandsaktiva gerechnet, da sie jederzeit verkauft oder beliehen werden können und somit in konvertible Devisen umwandelbar sind. Vgl. Deutsche Bundesbank (1988b), S. 31f.

20 Vgl. Issing, O. (1992), S. 345.

Trotz des Demonetarisierungsbeschlusses im Rahmen des Jamaika-Abkommens vom Januar 1976 und der 2. Änderung des IWF-Abkommens von 1978, mit dem die zentralen Funktionen des Goldes als Reservemittel und Bezugspunkt der Währungsparitäten endgültig aufgehoben werden sollten,[21] werden heute von den Währungsbehörden immer noch beträchtliche Goldbestände gehalten, wobei der Großteil bei westlichen Industrieländern konzentriert ist. Besonders umfangreich sind die Bestände, wenn diese zu Marktpreisen bewertet werden.
Aufgrund der hohen Unterschiede zwischen dem freien und dem offiziellen Goldpreis wurden die von den Währungsbehörden gehaltenen physischen Goldbestände in der Folgezeit quasi „eingefroren" und besitzen auch heute noch bei den zu erwartenden Preiseffekten am Markt nur einen begrenzten Mobilisierungsgrad. Goldreserven werden vor allem aus Gründen der Wertaufbewahrungsfunktion und aus dem Vorsichtsmotiv als allerletzte Verteidigungslinie gehalten, die nur unter extremen Umständen eingesetzt wird.[22] Angesichts der starken Werteinbuße des Goldes seit Anfang der achtziger Jahre ist auch dessen Funktion als Reservemedium zunehmend beeinträchtigt. Aufgrund der geringen währungspolitischen Funktion und der geringen Liquidität und Rentabilität dienen Goldreserven offenbar nur noch der staatlichen Prestigepflege und als psychologische Absicherung der Währung.
Abgesehen von größeren Goldversteigerungen des IWF ab März 1977 und der USA in den Jahren 1978 und 1979 unterlagen die Bestände nur einer geringen Variabilität.[23] Lange Zeit beschränkten sich die Goldtransaktionen der Währungsbehörden überwiegend auf die Verpfändung von Goldbeständen als Sicherheiten für größere bilaterale Währungskredite und Goldswaps.[24] Mit Beginn der neunziger Jahre erlangten die von Währungsbehörden gehaltenen Goldreserven wieder ein größeres Aufsehen, als im Jahr 1992 einige Notenbanken vor allem aus Industrieländern rund 800 Tonnen und 1993 nochmals 531 Tonnen an Gold veräußerten und damit die Rolle ihrer Goldreserven neu überdachten. Zum Teil scheint diese Entwicklung auch auf Druck der eigenen Regierungen zustande gekommen zu

---

21 Durch die Regelungen, daß die EWS-Mitgliedsländer einen Teil ihrer Dollar- und Goldreserven beim EFWZ hinterlegen und das Gold auch im Rahmen des Saldenausgleichs eingesetzt werden kann, hat das Gold als Reservemedium wieder eine gewisse Aufwertung erlangt. Auch im Art. 18.2 des Abkommens zwischen den Zentralbanken der Mitgliedstaaten der Europäischen Wirtschaftsgemeinschaft über die Funktionsweise des Europäischen Währungssystems vom 13.3.1979 spiegelt sich ein Wiederaufleben der monetären Bedeutung des Goldes wider. Danach können sich die Zentralbanken neben anderen Reservemedien auch Gold abtreten. Vgl. hierzu Hellmann, R. (1979), S. 70ff und S. 158.

22 Vgl. de Beaufort, J.A.H., (1982), S. 309.

23 Zur Goldpolitik und den Goldverkäufen des IWF vgl.: Bienert, K. (1977), S. 180ff; Sommer-Herberich, U. (1981), S. 239ff.

24 So verpfändete beispielsweise Indien im Sommer 1991 einen Teil seiner Goldreserven als Sicherheit für Kredite in Höhe von 4 Mrd. Dollar, um einen Teil seiner Auslandsverbindlichkeiten ablösen zu können. Vgl. F.A.Z vom 10.7.1991, Nr. 157, S. 11.

sein, die unter einem stark anwachsenden Finanzbedarf leiden. Mit der Umwandlung von Goldreserven in Devisenreserven sollen die finanziellen Nachteile der Goldreserven gegenüber den hochliquiden und verzinslichen Devisenreserven beseitigt werden. Mit den Goldbeständen sollte eine zufriedenstellendere Rendite erwirtschaftet werden. Der durch die Veräußerung von Goldreserven erzielte Erlös kann dann an die Regierung übertragen oder zum Erwerb von Fremdwährungen verwendet werden, die dann in Form von verzinslichen Reserveguthaben ertragsbringend angelegt werden und damit zu zusätzlichen Einnahmen führen können. Da Gold als Realaktivum eine ertragslose Anlageform ist und zudem hohe Lagerkosten verursacht, sind immer mehr Zentralbanken dazu übergegangen, ihre Goldbestände mit modernen Methoden des Portfoliomanagements und der Absicherung durch derivative Produkte ertragsbringend anzulegen. Vor allem wurde ein Teil der Goldreserven über Swaps in andere Währungen getauscht und somit zu höheren Renditen angelegt.[25]
Auch wenn das Gold bis 1970 quantitativ noch das wichtigste Reservemedium blieb, überstiegen in diesem Jahr erstmals die weltweit von Währungsbehörden gehaltenen Devisenreserven den (offiziellen) Wert der Goldreserven. Das internationale Währungssystem entwickelte sich bereits seit den fünfziger Jahren zu einem Dollarstandard und schließlich zu einem System multipler Devisenreserven, in dem Währungsbehörden neben dem US-Dollar weitere Währungen als Reserven in ihren Portfolios halten. Aus diesem Grund werden Goldbestände im folgenden bei der Analyse des Diversifizierungsprozesses außer acht gelassen, auch wenn diese durchaus eine gewisse Bedeutung bei Diversifizierungsoperationen haben können.[26] So dienten beispielsweise die enormen Goldkäufe Taiwans seit Ende 1987 u.a. dem Wunsch, seine Reserven zu Lasten der Devisen zu diversifizieren.[27] Der Hauptgrund dafür war allerdings das Ziel, den Handelsbilanzüber-

---

25 Vgl. o.V. (1993c): Die Zentralbanken überdenken die Rolle ihrer Goldreserven, in: F.A.Z. vom 30.1.1993, Nr. 25, S. 17. Neben den Notenbanken der Niederlande (400 t), Belgiens (200 t) und Kanadas (120 t) verkauften 1992 auch Ungarn, das ehemalige Jugoslawien und Staaten der GUS sowie der Irak größere Mengen ihrer Goldreserven. Vgl. o.V. (1993d): Notenbanken haben 1992 800 Tonnen Gold verkauft, in: F.A.Z. vom 26.2.1993, Nr. 48, S. 24. Im Jahr 1994 schränkten die Notenbanken ihre Goldverkäufe drastisch ein.. Die Verkäufe wurden auf eine Größenordnung von minimal 46 Tonnen bis auf maximal 100 Tonnen geschätzt. Nachdem Schwellenländer seit Ende der achtziger Jahre einen Teil ihrer Währungsreserven in Gold anlegten, um sich von den traditionellen Reservewährungen unabhängiger zu machen, hat sich das Gewicht der Goldbestände etwas verlagert.

26 So kommt Pringle aufgrund seiner Studie und der Auswertung einer Umfrage zu dem Ergebnis, daß Zentralbanken auch in Zukunft einen Teil ihrer Reserven in Gold als ein weiteres Medium der Reservediversifizierung halten werden. Vgl. Pringle, R. (1993), insbes. S. 9, 41 und 49.

27 Dies wurde zunächst vordergründig vom Gouverneur der Zentralbank Taiwans Chang Chi-Cheng hervorgehoben. Vgl.: O.V. (1988a): Taiwan Buys Gold to Cut Foreign Currency Reserves, in: International Herald Tribune, v. 30.3.88; O.V. (1988b): Taiwan setzt Goldkäufe fort, in: F.A.Z., Blick durch die Wirtschaft, v. 25.7.1988.

schuß gegenüber den USA künstlich zu verringern, um damit protektionistischen Abwehrmaßnahmen der USA vorzubeugen. Da Goldimporte in der Zahlungsbilanzstatistik wie Warenimporte behandelt werden, auch wenn sie letztendlich in die Währungsreserven wandern, reduzieren sie einen Handelsbilanzüberschuß gegenüber den USA. Die USA durchschauten jedoch diese Strategie, und so mußte Taiwan auf Druck der Vereinigten Staaten im Oktober 1988 auf weitere Goldkäufe zum Zwecke der Diversifizierung seiner Währungsreserven verzichten.[28]
Mit fast 90% stellen die Devisenreserven heute die wichtigste und einzige Komponente der weltweiten Währungsreserven dar, deren Höhe und Variabilität wirklich ein bedeutendes Ausmaß angenommen hat. Nach der Definition des Internationalen Währungsfonds[29] sind Devisenreserven Forderungen der Währungsbehörden gegenüber Gebietsfremden in der Form von Bankeinlagen, Schatzwechseln, kurz- und langfristigen Staatspapieren und andere Forderungen, die ohne Vorbedingungen zur Finanzierung von Zahlungsbilanzdefiziten nutzbar sind. Dies schließt auch nicht-handelbare Forderungen und Wertpapiere sowie zweckgebundene Einlagen ein, die aus gegenseitigen (Swap-) Vereinbarungen zwischen Zentralbanken und/oder Regierungen entstehen, unabhängig davon, ob die Forderungen auf die Währung des Schuldners oder des Gläubigers lauten. Als Devisenreserven werden schließlich auch die aus der Teilnahme an multilateralen und regionalen Wechselkurssystemen entstehenden Nettogläubigerpositionen zwischen Währungsbehörden verstanden.
Infolge der rasanten Entwicklung von Finanzinnovationen und zahlreicher neuer Finanzierungstechniken in den vergangenen Jahren ist eine breite Palette neuer Finanzierungsinstrumente verfügbar, um Zahlungen durchführen zu können. Aus diesem Grund ist es äußerst schwierig, eindeutig zwischen tatsächlich bestehenden Forderungen und Eventualforderungen, d.h. solchen, die noch nicht realisiert sind, zu unterscheiden. Ebenso ist eine eindeutige Abgrenzung schwierig, welche Forderungen gegenüber Gebietsfremden zu den Devisenreserven hinzuzurechnen sind. Auch die von einem Land bei supranationalen Finanzinstitutionen unterhaltenen Konten werden in dem Maße zu den Devisenreserven gerechnet, in dem sich diese Forderungen an andere Mitglieder übertragen lassen, wenn im Fall eines Zahlungsbilanzdefizits ein Finanzierungsbedarf besteht.
Die gesamten Fremdwährungsguthaben der Währungsbehörden können auch Forderungen gegenüber Gebietsfremden einschließen, die nur begrenzt für Zahlungsbilanzoperationen einsetzbar sind und deshalb nicht zu den Währungsreserven gerechnet werden.[30] Die in den Statistiken des IWF erfaßten Devisen-

---

28 Vgl. o.V. (1989): Bestand an Währungsgold wurde zu Lasten der Devisenreserven drastisch erhöht, in: Handelsblatt vom 24.1. 1989.

29 Vgl. zu den folgenden Ausführungen: IMF (1987a), S. 9.

30 Hierzu gehören u.a. Forderungen in Form langfristiger Kredite zur Entwicklungshilfe oder anderen Zwecken, solange diese im Fall eines Zahlungsbilanzdefizits nicht mobilisierbar sind, Forderungen in inkonvertiblen Währungen oder solche, die auf nationale

reserven umfassen daher nur die tatsächlichen Vermögenswerte des Bankensystems. Nicht berücksichtigt werden bedingte Aktiva, wie z.B. nicht in Anspruch genommene Kreditlinien zwischen Zentralbanken und dem IWF oder aus bilateralen Währungsvereinbarungen.

Festzuhalten ist, daß es sehr unterschiedliche Formen gibt, in denen Devisenreserven gehalten werden können. Die im eigenen Bestand befindlichen Reserven stehen im unmittelbaren Einflußbereich der Währungsbehörden und können grundsätzlich nach den jeweiligen Präferenzen strukturiert werden. Sie lassen sich über den Markt erwerben und veräußern und sind im Bedarfsfall schnell mobilisierbar. Sie weisen nicht nur einen hohen Liquiditätsgrad auf, sondern werfen auch bei einer verzinslichen Anlage einen Ertrag ab. Weitere Erträge lassen sich aus dem Verkauf von Devisenreserven erzielen, wenn der Verkaufserlös über dem Wertansatz liegt, zu dem die Reserven ursprünglich erworben worden sind. Im Rahmen eines aktiven Reservemanagements haben die Devisenreserven sowohl quantitativ als auch qualitativ die größte Bedeutung für Diversifizierungsoperationen, um das Anlageportfolio nach den jeweiligen Wünschen strukturieren zu können. Deshalb konzentriert sich die nachfolgende Untersuchung allein auf diese Reservekomponente.

3. Motive der Reservehaltung und Funktionen von Devisenreserven

Die Frage nach den Gründen, warum Währungsbehörden überhaupt Devisenreserven halten und nachfragen, ist von grundlegender Bedeutung für das anlagepolitische Verhalten und die währungsmäßige Strukturierung des Reserveportfolios einer Zentralbank. Denn es ist zu erwarten, daß die Motive, aus denen eine Zentralbank einen bestimmten Reservebestand zu halten wünscht, die Entscheidung beeinflussen, welche Währungen als Reserveanlagen nachgefragt werden. Wie in Kapitel III. noch gezeigt wird, beeinflussen die Motive der Reservehaltung neben der Währungszusammensetzung des Reservebestands darüber hinaus die Wahl der Anlageinstrumente, in denen Reserven angelegt werden.
Zentralbanken halten aus den unterschiedlichsten Gründen Devisenreserven. Eine Systematisierung dieser Gründe bietet die keynesianische Liquiditätspräferenztheorie. Analog zu den Motiven der Geldhaltung privater Wirtschaftssubjekte auf nationaler Ebene lassen sich die drei bekannten Motive der Geldhaltung - das

---

Währungen lauten, die aber nicht konvertierbar sind, sowie auf Fremdwährungen lautende Forderungen gegenüber Gebietsansässigen. Letztere werden wie inländische Forderungen behandelt. Auch Mitgliedsbeiträge an nicht-monetäre internationale und regionale Organisationen wie z.B. die Weltbank und regionale Entwicklungsbanken werden nicht zu den Devisenreserven gerechnet. Vgl. IMF (1987a), S. 9.

Transaktions-, das Vorsichts- und das Spekulationsmotiv - auch auf internationale Ebene übertragen.[31] Eine komparative Analyse der Geldnachfrage privater Wirtschaftssubjekte mit den Motiven der Reservehaltung ist, wenn auch mit Einschränkungen, auf das reservepolitische Verhalten offizieller Währungsbehörden übertragbar.

3.1 Das Transaktionsmotiv

Aus dem Transaktionsmotiv wird jeweils in einer Währung ein bestimmter Bestand an Kasse gehalten, da die Einzahlungen und Auszahlungen aus den Auslandstransaktionen nicht vollständig synchronisiert sind, wobei implizit angenommen wird, daß über deren zeitliche Abfolge eine vollständige Voraussicht besteht.[32] In Anlehnung zur Nachfrage privater Wirtschaftssubjekte nach Kasse würde demnach eine Zentralbank zum Zweck der Finanzierung einer vollständig vorhersehbaren Devisennachfrage sowohl des öffentlichen als auch des privaten Sektors Reserven halten. Die Gültigkeit des Transaktionsmotives für die Nachfrage der Zentralbanken nach Devisenreserven wird in der Literatur aus mehreren Gründen häufig abgelehnt:

Im Regelfall werden die Reserven einer Zentralbank nicht direkt zur Finanzierung von privatwirtschaftlichen Güter- und Kapitaltransaktionen verwendet, da der internationale Zahlungsverkehr über Geschäftsbanken abgewickelt wird und damit Zentralbanken an der Abwicklung dieser Transaktionen nicht direkt beteiligt sind.[33] Sie nehmen auch keine direkten oder indirekten Käufe und Verkäufe mit dem Ausland vor. Dieser Fall ist zwar durchaus denkbar, nämlich dann, wenn eine Zentralbank als „Hausbank des Staates" die Auslandstransaktionen der Regierung durchführt. Sie müßte dafür Devisen in der Form einer Transaktionskasse halten. In der Regel reagiert eine Zentralbank lediglich passiv auf die von Privaten initiierten Transaktionen und wickelt autonom keine eigenen Geschäfte ab.[34] Die Aktivitäten der Währungsbehörden beschränken sich zumeist auf Interventionen an den Devisenmärkten. Von Zeit zu Zeit kaufen oder verkaufen sie aber auch auf eigene Rechnung Devisen, um ihr eigenes Kundengeschäft glattzustellen. Insofern resultiert aus den über die Zentralbank laufenden „kommerziellen Geschäften" eine Nachfrage nach Kasse, damit die laufenden Fremdwährungszahlungen sowie die sonstigen Devisengeschäfte (Einzug von Auslandswechseln, Auslandsschecks, Akkreditivgeschäfte usw.) abgewickelt werden können. Natürlich beeinflussen

31 Erstmals hat Hansen die Theorie der Liquiditätspräferenz im internationalen Kontext betrachtet. Vgl. Hansen, B. (1962). Zitiert nach Rohwedder, J. und U. Schröder, (1970), S. 431.

32 Vgl. Claassens, E.-M. (1977), S. 7.

33 Vgl. Rohwedder, J. und U. Schröder (1970), S. 431.

34 Vgl. Grubel, H. (1971), S. 1152.

solche Transaktionen den Reservebestand, insbesondere dann, wenn die erforderlichen Fremdwährungen den unter normalen Umständen gehaltenen Bestand an Arbeitsguthaben übersteigen. Der Umfang solcher Umsätze hängt wesentlich davon ab, inwieweit eine Zentralbank bei der Abwicklung der Zahlungen der Regierung als „Hausbank des Staates“ fungiert und inwieweit sie Fremdwährungszahlungen und andere Auslandsgeschäfte (auch für nichtstaatliche Stellen) ausführt.[35] Für einen Großteil der Industrieländer, die im Notfall auch durch einen ungehinderten Zugang zu den internationalen Kapitalmärkten Reserven bilden können, mag deshalb die Ablehnung des Transaktionsmotives zutreffend sein. Dies kann hingegen nicht uneingeschränkt auf Entwicklungsländer übertragen werden. Denn bei vielen Entwicklungsländern nimmt das Transaktionsmotiv durchaus einen hohen Stellenwert im Reservemanagement ein.[36] Dies gilt besonders dann, wenn ein Großteil der Auslandstransaktionen aufgrund extensiver Devisenkontrollen über die Zentralbank kanalisiert wird, das jeweilige Land nur eine begrenzte Möglichkeit besitzt, auf den internationalen Kapitalmärkten Kredite aufzunehmen oder unter sehr starken saisonalen und zyklischen Schwankungen der Deviseneinnahmen und -ausgaben leidet. Die vorübergehende Finanzierung eines Leistungsbilanzdefizites durch die Inanspruchnahme eines externen Kredites kann dann wesentlich teurer sein als der Rückgriff auf die eigenen Devisenreserven.

3.2 Das Vorsichtsmotiv

Während in einem System fester Wechselkurse Währungsbehörden einen gewissen Bestand an Währungsreserven zur Stabilisierung der Paritäten benötigen,[37] besteht unter einem Regime flexibler Wechselkurse grundsätzlich keine Notwendigkeit, Reserven in der Form international leicht verwendbarer und liquider Mittel zu halten. Dies setzt allerdings voraus, daß das Land jederzeit bereit ist, sich an das jeweilige Zahlungsbilanzungleichgewicht anzupassen. Mit dem Zusammenbruch des Systems von Bretton Woods Anfang der siebziger Jahre wurde daher erwartet, daß mit dem Übergang zu einer größeren Flexibilität der Wechselkurse

35 Vgl. Fischer-Erlach, P. (1988), S. 22. So verringerte sich als Folge des deutschen Finanzierungsbeitrags zum Golfkrieg an die USA im Februar 1991 der Bestand der Dollarreserven der Deutschen Bundesbank als der Bund auf diese Reserven zurückgriff. Da der Bund bei der Bundesbank die entsprechenden Dollarbeträge außenhalb des Marktes erworben hat, blieben diese Transaktionen ohne Auswirkungen auf die Zentralbankguthaben der Banken. Vgl. Erläuterungen des Wochenausweises der Deutschen Bundesbank zum 23. Febr. 1991, in: Auszüge aus Presseartikeln, Nr. 14, vom 1. März 1991, S. 17.

36 Vgl. hierzu auch: Blackman, C.N. (1976), S. 36f; vgl. Roger, S. (1993), S. 11.

37 Sofern man von den unterschiedlichen Kreditfazilitäten absieht, durch die sich Währungsbehörden bei anderen Währungsbehörden oder Währungsinstituten (IWF, BIZ) vorübergehend Interventionsmitteln beschaffen können.

der Reservebedarf zurückgehen würde. Diese Erwartungen beruhten vor allem auf den theoretischen Überlegungen,

- daß sich mit frei schwankenden Wechselkursen die Volkswirtschaften gegenüber externen Störungen abschotten könnten, da sich aufgrund der nun möglichen Wechselkursanpassungen bestehende Zahlungsbilanzungleichgewichte automatisch anpassen würden und
- daß spekulative Kapitalströme, die in der Vergangenheit im Zusammenhang mit den festen Paritäten standen, nun nicht mehr auftreten würden.

Entgegen diesen Überlegungen trat jedoch nach 1973 der theoretisch erwartete Rückgang der globalen Reservehaltung nicht ein. Statt dessen nahm die weltweite Nachfrage nach Devisenreserven sogar beträchtlich zu (vgl. Abbildung 2). Dies ist vor allem damit zu erklären, daß das gegenwärtige Weltwährungssystem nicht von einer vollständigen Wechselkursflexibilität, sondern von einer Vielfalt unterschiedlichster Wechselkursregime gekennzeichnet ist.[38] Die meisten Zentralbanken halten deshalb wie zu Zeiten des Festkurssystems von Bretton Woods einen Bestand an Reserven, um an den Devisenmärkten intervenieren zu können.[39]
Ziel der Interventionen ist es, vorübergehende Defizite im Rahmen eines längerfristigen Zahlungsbilanzgleichgewichts zu finanzieren. Die Volkswirtschaft soll also gegenüber externen Störfaktoren abgeschirmt werden, die sich aus zufälligen Schwankungen der in der Leistungsbilanz erfaßten Transaktionen und zeitweise destabilisierenden Kapitalbewegungen ergeben können und die aus wirtschaftspolitischen Gründen als unerwünscht empfunden werden.[40] So versuchen die Währungsbehörden häufig zu starke Wechselkursschwankungen, die besonders durch kurzfristige spekulative Kapitalströme und den Aufbau spekulativer „Blasen“ verursacht werden und die ohne jede Beziehung zu den fundamentalen ökonomischen Gegebenheiten stehen, zu glätten. Da sowohl der Zeitpunkt als auch der Umfang derartiger Interventionen vollkommen unsicher sind, kann die Reservehaltung aus dem Interventionsmotiv dem Vorsichtsmotiv der Geldnachfragetheorie von Keynes gleichgesetzt werden.
Neben der Finanzierung zufälliger und vorübergehend aufgetretener Zahlungsbilanzstörungen versuchen Währungsbehörden, auch fundamentale und hartnäckige-

---

38 Siehe hierzu auch das Kapitel V Abschnitt 2.2 in dieser Arbeit.

39 Die Devisenreserven eines Landes erfüllen damit nach wie vor die gleichen Funktionen wie zu Zeiten des Festkurssystems von Bretton Woods. Vgl. hierzu auch: Cooper, R.N. (1970), besonders S. 126-128; Willms, M. (1992), S. 236; Rohwedder, J. und U. Schröder (1970), S. 431f.

40 Vgl. auch Willms, M. (1992), S. 236. Diese Schwankungen können sowohl einmaliger als auch saisonaler oder zyklischer Natur sein. So spielen beispielsweise saisonale Einflüsse besonders bei Entwicklungsländern eine große Rolle, die nach Einbringen der Ernte und deren Export Devisen erzielen.

re Zahlungsbilanzungleichgewichte zu finanzieren,[41] da die Anpassung des Landes an das außenwirtschaftliche Ungleichgewicht mit Zeit und Kosten verbunden ist und andere binnenwirtschaftliche Ziele wie z.B. Vollbeschäftigung, Preisniveaustabilität oder Wachstum zurückstehen müßten.[42] Durch den Einsatz von Reserven versuchen die Währungsbehörden, den zeitlichen Spielraum für die Korrektur des Defizits und die Wahl der unterschiedlichen politischen Handlungsalternativen zu erweitern.[43] Der Nutzen der Reservehaltung ist also darin zu sehen, daß sich die erforderlichen internen Anpassungsmaßnahmen „hinausschieben und die gesellschaftlichen Anpassungskosten zeitlich strecken oder in die Zukunft verlagern."[44] Letztlich lassen sich die Kosten aber nicht vermeiden. Und wie die Erfahrung zeigt, versuchen Defizitländer, den Anpassungsprozeß immer länger hinauszuschieben, so daß letztlich um so stärkere Anpassungsmaßnahmen notwendig werden würden.

Darüber hinaus ist zu berücksichtigen, daß das Halten von Reserven nicht kostenfrei ist. Denn in dem Umfang wie die Währungsbehörden Reserven halten, muß das Land auf Investitionen und das daraus zu erzielende gesamtwirtschaftliche Einkommen verzichten. Ein Teil dieser Kosten kann zwar durch den aus einer vorübergehenden verzinslichen Anlage von Reserven zu erzielenden Ertrag aufgefangen werden. In der Regel fallen jedoch die Erträge liquider Anlageformen ge-

---

41 So sieht Cooper auch in einem dauerhaften Ungleichgewicht einen weiteres Motiv für die Reservehaltung aus dem Vorsichtsmotiv. Vgl. Cooper, R.N. (1970), S. 127.

42 Im Grunde genommen könnte der Ausgleich der Zahlungsbilanz auch durch den privaten Kapitalverkehr oder durch die Inanspruchnahme externer öffentlicher Kreditfazilitäten erfolgen. Solche Finanzierungsquellen werden aus wirtschaftlichen und politischen Gründen häufig als nachteilig angesehen. Bei Kapitaleinfuhren entsteht eine Rückzahlungspflicht. Darüber hinaus sind in der Regel externe Kredite nur dann zu erhalten, wenn die Gläubiger Vertrauen in die längerfristige Anpassungsfähigkeit der Wirtschaft des Schuldners haben. Vgl. so auch Unger, S. (1991), S. 20. Aus diesem Grund gewährt beispielsweise der IWF nur in Verbindung mit wirtschaftspolitischen Auflagen („Konditionalität") Kredite. Währungsbehörden bevorzugen jedoch das Halten eigener Reservebestände, über die sie jederzeit und unmittelbar verfügen können und die auch nicht wieder aufgebaut werden müssen, wie es beim Rückgriff auf externe Kredite der Fall ist, die irgendwann einmal zurückbezahlt werden müssen. Vgl. Cohen, B.J. (1977), S. 34; Black, S.W. (1985), S. 1162-64. Durch den Einsatz von Reserven kauft die Zentralbank Zeit für die Anpassung.

43 Bei den wirtschaftspolitischen Anpassungsmaßnahmen lassen sich grundsätzlich zwei Anpassungsstrategien unterscheiden: Bei einer ausgabenverändernden Politik („expenditure-changing policy") soll durch eine kontraktive Geld- und Fiskalpolitik über eine Veränderung des Niveaus der aggregierten Nachfrage ein Ausgleich des Zahlungsbilanzungleichgewichts bewirkt werden. Eine ausgabenumlenkende Politik („expenditure-switching policy") stellt dagegen auf relative Preisänderungen ab, die beispielsweise über eine Wechselkursänderung, Zölle, Ein- und Ausfuhrquoten oder Devisenkontrollen eine Verlagerung zwischen der Nachfrage nach inländischen und ausländischen Gütern und damit einen Zahlungsbilanzausgleich bewirken. Die Begriffe „expenditure-changing policy" und „expenditure-switching policy" gehen auf Johnson zurück. Vgl. Johnson, H.G. (1958), S. 161ff. Vgl. hierzu auch: Lehto, T. (1994), S. 15ff.

44 Willms, M. (1992), S. 236.

ringer aus als die aus Investitionen, Sach- und Anlagevermögen zu erzielenden Erträge. Das Halten von Reserven verursacht also Opportunitätskosten,[45] was die Zweckmäßigkeit des Haltens von Reserven über das notwendige Maß von „working balances" hinaus grundsätzlich in Frage stellt.

Aus dem Vorsichtsmotiv halten des weiteren einige Währungsbehörden einen gewissen Bestand an Reserven, um in Notzeiten die Zahlungsfähigkeit der Volkswirtschaft aufrechtzuerhalten,[46] um die aus den Auslandsschulden des Landes resultierenden Zahlungsverpflichtungen (Kapitaldienst und Rückzahlung) sicherzustellen und um sowohl im Inland als auch im Ausland Vertrauen in die eigene Währung und die Wirtschaft zu schaffen und um nach außen hin die Kreditwürdigkeit des Landes zu demonstrieren.
Die Funktion der Vertrauensbildung wird insbesondere bei flexiblen Wechselkursen und einer hohen Kapitalmobilität als wichtig erachtet. Hierbei liegt die Vorstellung zugrunde, daß mit einem sinkenden Reservebestand das Vertrauen in die eigene Währung schwindet, wodurch Kapitalabflüsse induziert werden würden und die Kreditwürdigkeit des Landes weiter abnehmen würde.
In manchen Ländern sind deshalb die Zentralbanken aufgrund nationaler Gesetze verpflichtet, eine bestimmte Relation zwischen den Währungsreserven und der umlaufenden Geldmenge einzuhalten. Andere versuchen, zur Vertrauensbildung einen möglichst hohen Bestand an Reserven zu halten, um den Anreiz zu Devisenmarktspekulationen zu verringern, oder weil an den internationalen Finanzmärkten häufig die Höhe und Veränderung der Währungsreserven als ein wichtiger Indikator dienen, um die finanzielle Solidität, die internationale Zahlungsfähigkeit und das Länderrisiko eines Landes zu beurteilen. Je größer der Reservebestand ist und je geringer vor allem dessen negative Veränderung ist, desto geringer wird das Kreditrisiko beurteilt. Dieses wiederum legt die Konditionen für die Inanspruchnahme des Kredits fest. Das Halten eines möglichst hohen Reservebestands soll also die Kreditaufnahme am internationalen Kapitalmarkt erleichtern, wobei die Reserven mitunter auch selbst als Sicherheit dienen können.

---

45 Die in der Literatur zur Theorie der Reservenachfrage vor allem von Heller, Kelly und Clark entwickelten Optimierungsansätze versuchen, eine Lösung für das Spannungsverhältnis zwischen den Kosten und Erträgen der Reservehaltung zu finden, indem die Grenzkosten und Grenzerträge der Reservehaltung gegenübergestellt werden. Die optimale Reservehöhe ist nach diesen modelltheoretischen Vorstellungen dann erreicht, wenn der Grenzertrag den marginalen Nettoalternativkosten entspricht. Vgl. Heller, H.R. (1966); Kelly, M.G. (1970); Clark, P.B. (1970). Abgesehen von den Schwierigkeiten einer Operationalisierung dieser Ansätze bestimmt sich die Höhe des Reservebestands vor allem durch das Interventionsverhalten der Zentralbanken. Demnach ist der Reservebestand eher als eine Residualgröße zu verstehen.

46 So schreibt die Schweizerische Nationalbank in ihrem Geschäftsbericht für 1993, daß ihre Devisenreserven u.a. dazu dienen, „die Krisenrestistenz des Finanzplatzes Schweiz" zu stärken und daß diese eine „lebenswichtige Reserve des Landes für ausserordentliche Lagen" seien. Vgl. Schweizerische Nationalbank, 86. Geschäftsbericht 1993, S. 66.

Wie die Erfahrungen jedoch zeigen, werden Spekulationen eher durch eine starke Veränderung der Währungsreserven als durch ein stabiles, aber niedriges Reserveniveau ausgelöst.[47] Zusätzlich muß die Zweckmäßigkeit der Beurteilung der Kreditwürdigkeit eines Landes anhand des Reservebestands und der darauf basierenden Relationen sehr stark bezweifelt werden, da diese wissenschaftlich nicht einwandfrei fundiert sind.[48]

3.3 Das Spekulationsmotiv

Das Spekulationsmotiv betont die Funktion des Geldes als Wertaufbewahrungsmittel und basiert auf der unvollständigen Voraussicht der zukünftigen Preise verschiedener Aktiva. Diese Aktiva beziehen sich bei Zentralbanken primär auf äquivalente Wertaufbewahrungsmittel, zumeist in der Form zinstragender und vollständig mobilisierbarer Finanzaktiva mit relativ kurzen Laufzeiten.
Während bei privaten Wirtschaftssubjekten die Ertrags- und Risiko-Eigenschaften einzelner Anlagealternativen sowohl finanzieller als auch nicht-finanzieller Art eine zentrale Rolle bei der Frage spielen, welche Fremdwährungsanlagen im Anlageportfolio gehalten werden sollen, wird im Gegensatz hierzu in der Literatur die Auffassung vertreten, daß derartige Vermögensüberlegungen bei den Entscheidungen offizieller Währungsbehörden über die Höhe des zu haltenden Reservebestands keinen bedeutenden Einfluß haben. Das Spekulationsmotiv für die Kassenhaltung von Währungsbehörden wird daher häufig abgelehnt.[49] Denn im allgemeinen gehört es nicht zu den Aufgaben von Zentralbanken, sich an Auf- oder Abwertungsspekulationen bzw. an Zinsspekulationen zu beteiligen mit dem Ziel, einen möglichst hohen Spekulationsgewinn zu realisieren.[50]
Daß ein solches spekulatives Verhalten nicht ganz von der Hand zu weisen ist, zeigen die Anlagestrategien einiger Währungsbehörden, die versuchen, Anlagen zu günstigen Konditionen zu erwerben, um sie dann möglichst teuer wieder zu verkaufen. Eine solche Strategie verfolgten beispielsweise die Währungsbehörden Saudi Arabiens in den siebziger Jahren.[51] Auch bei den Behörden Malaysias, Bruneis, Singapurs und Brasilien scheint die Erzielung eines möglichst hohen Ertrags zeitweilig eine wichtige Rolle zu spielen.[52]
Angesichts der heute vorherrschenden hohen Volatilität der Wechselkurse, der unsicheren Entwicklungen der Preise und Zinssätze ist das Halten von Devisenre-

---

47 Vgl. Willms, M. (1992), S. 236.
48 Vgl. zu den Unzulänglichkeiten dieses Maßstabes und einer kritischen Analyse beispielsweise: Reichenstein, P.M. (1987), S. 30f; Lomax, D. (1982), S. 106.
49 Vgl. Heller, H.R. (1966), S. 300.
50 Vgl. Rohwedder. J. und U. Schröder, (1970), S. 431; ähnlich auch Hasse, R. (1981), S. 89.
51 Mendelsohn, M.S. (1982), S. 40.
52 Vgl. hierzu die Ausführungen in Kapitel V Abschnitt 3.4.2 in dieser Arbeit.

serven mit erheblichen Risiken, aber auch mit Chancen verbunden. Selbst in einem System fester Wechselkurse ist der Gegenwert einer Reserveanlage auf Dauer nicht gesichert. Die als Reserve gehaltene Währung ist damit in ihrer Funktion als Wertaufbewahrungsmittel beeinträchtigt. Unter diesen Umständen ist es durchaus denkbar, daß portfoliotheoretische Überlegungen einer Risikostreuung bei den Entscheidungen hinsichtlich einer optimalen Zusammensetzung der Devisenreserven als relevant erachtet werden. Währungsbehörden würden demnach aus dem Spekulationsmotiv bestimmte Reservewährungen nachfragen, um ihren Vermögensbestand zu diversifizieren. Eine Spekulationsnachfrage offizieller Währungsbehörden nach ausländischen Währungen ließe sich allenfalls in diesem Zusammenhang konstruieren.[53] Claassens weist jedoch darauf hin, daß unter bestimmten Bedingungen auch von Portfolioüberlegungen ein Einfluß auf die gewünschte Höhe des Reservebestandes ausgehen kann. Dies ist beispielsweise der Fall, wenn mit Reserveanlagen ein hoher Ertrag zu erzielen ist und diese als Anlagealternativen für die Aufbewahrung des nationalen Vermögens betrachtet werden. Aber selbst wenn mit den Reserveguthaben nur ein geringer Ertrag zu erwirtschaften ist, können diese aus Überlegungen der Risikodiversifikation *„ein wesentliches Gewicht für den Gesamtbetrag der gewünschten Reserven - als Teil des Gesamtportfolios des nationalen Vermögens - erhalten.“*[54] Denn im Rahmen einer dynamischen Betrachtung müßte eine Zentralbank, wenn sie sich einmal für eine optimale Anlagestruktur entschieden hat, bei einem Reservezuwachs ihre Nachfrage nach den verschiedenen Aktiva im Portfolio gleichmäßig erhöhen, um diese optimale Aufteilung beibehalten zu können.

Der gleiche Effekt kann sich auch dann ergeben, wenn die Verantwortung des Reserve- und Schuldenmanagements allein bei der nationalen Währungsbehörde liegt. Die Notenbank ist dann sowohl für die Verwaltung der nationalen Währungsreserven als auch für das Risikomanagement der Auslandsschulden des öffentlichen Sektors bzw. des ganzen Landes zuständig. Als Folge einer Zunahme der staatlichen oder staatlich verbürgten Auslandsverschuldung könnte es die Notenbank als notwendig erachten, ihren (Brutto-) Reservebestand zu erhöhen. Ein solches Verhalten ist besonders dann zu erwarten, wenn dadurch die Kreditwürdigkeit des Landes aufrechterhalten oder gestärkt werden soll.[55]

Des weiteren können Vermögensüberlegungen die Reservehöhe beeinflussen, wenn die aus dem Leistungs- und Kapitalverkehr erzielten Devisenerlöse des privaten Sektors durch Devisenkontrollen und andere restriktive Maßnahmen abgeschöpft werden und diese der Notenbank zufließen. Hinter diesen Portfolioeffekten verbirgt sich allerdings weniger der ausdrückliche Wunsch, einen möglichst hohen Reservebestand anzusammeln. Eine Reserveakkumulation ist vielmehr das Ergebnis der Kapitalverkehrskontrollen, mit denen bestimmte makroökonomische

---

53 Vgl. Claassens, E.-M. (1977), S. 9.
54 Claassens, E.-M. (1977), S. 10.
55 Vgl. Roger, S. (1993), S. 13.

Zielsetzungen angestrebt werden: So z.B. die Absorption der aus einem Exportboom oder übermäßigen Kapitalzuflüssen erzielten Devisen, um eine Überhitzung der Inlandsnachfrage, eine zunehmende Importnachfrage sowie den damit verbundenen inflatorischen Wirkungen entgegenzuwirken.[56]

4. Zur Problematik der Erfassung, Analyse und Beurteilung einer portfoliotheoretischen Diversifizierung der Devisenreserven

4.1 Formen der individuellen Reservediversifizierung

Eine portfoliotheoretische Überprüfung des reservepolitischen Verhaltens von Zentralbanken ist mit besonderen Problemen konfrontiert. Denn nicht jede strukturelle Änderung bei der Währungszusammensetzung des Reserveportfolios einer Zentralbank ist auf eine Veränderung der Präferenzen der Zentralbank für bestimmte Währungen und die Entscheidungen zurückzuführen, die Währungstruktur innerhalb des Reserveportfolios an eine gewünschte Struktur anzupassen. Es ist deshalb notwendig, die verschiedenen Faktoren zu betrachten, die eine Anteilsänderung bewirken und damit zu einer Diversifizierung der Devisenreserven beitragen können.[57]
Im Mittelpunkt der Untersuchung steht die Frage, ob Währungsbehörden angesichts der beträchlichen Risiken und der unterschiedlichen Ertragschancen, die mit einer Anlage in Fremdwährungen verbunden sind, einen Teil ihrer Devisenreserven zwischen verschiedenen Anlagewährungen umschichten. Zu einer Umschichtung des Portfolios kann es kommen,

- wenn bestehende Devisenreserven am Markt verkauft und gleichzeitig Reserveaktiva in einer anderen Währung erworben werden, oder
- wenn zu dem bereits bestehenden Bestand bestimmter Währungen neue Reservewährungen hinzugekauft werden.

Bei der ersten Form der Diversifizierung von Devisenreserven im Wege der Währungssubstitution wird der Reservebestand von einer Fremdwährung in eine andere verlagert. Sofern von Transaktionskosten und Werteffekten abgesehen wird, stellt diese Transaktion lediglich einen Passivtausch in der Devisenbilanz ohne realwirtschaftlichen Bezug dar. Insgesamt bleibt die Bilanzposition ausgeglichen. Gründe für einen derartigen Reservetausch sind vor allem das Motiv der Werterhaltung

56 Vgl. hierzu: Roger, S. (1993), S. 13.
57 Vgl. zu einer kurzen Beschreibung verschiedener Fälle des Diversifizierungsprozesses: Hasse, R. (1987), S. 146ff.

und eine Veränderung der Renditedifferenzen.[58] Reserven werden also nicht mehr nur aus dem Vorsichtsmotiv heraus gehalten, sondern aus Ertrags- oder Spekulationsgründen oder einer Politik der realen Werterhaltung. Unterliegen Fremdwährungsanlagen einem erhöhten Währungs- und Wertrisiko (zumeist aufgrund eines Verlustes) ergibt sich für nationale Währungsbehörden das Bedürfnis zur Risikostreuung. Diese Diversifizierung ist im wesentlichen darauf zurückzuführen, daß einzelne Währungen ihrer Funktion als Wertaufbewahrungsmittel nicht mehr in vollem Umfang gerecht werden. Zusätzlich können Reserven wegen sich ändernder Zinsdifferenzen umgeschichtet werden, wenn sich mit bestimmten Anlagen ein höhere Rendite erwirtschaften läßt und dieser Faktor eine Rolle bei den anlagepolitischen Entscheidungen einzelner Währungsbehörden spielt.

Aus den gleichen Gründen kann sich die zweite Form der Reservediversifizierung, Hasse bezeichnet sie als „*Wechsel im Ankauf*“,[59] ergeben. Hierbei erfolgt eine Diversifizierung nicht aus dem Bestand, sondern aus dem Zuwachs. Eine Anteilsverschiebung ergibt sich dadurch, daß die von Zentralbanken gehaltenen Devisenreserven in der Währung, die nicht (mehr) nachgefragt wird, absolut oder relativ abnehmen. In letzterem Fall wird zwar die Währung noch für Reservezwecke nachgefragt, die Zuwachsraten sinken jedoch.

Am häufigsten wird eine Veränderung des Reservebestands und damit der Zusammensetzung der Devisenreserven durch Interventionen der nationalen Währungsbehörden am Devisenmarkt bedingt sein, da diese den Hauptgrund für die meisten Devisenoperationen der Währungsbehörden darstellen. Bei der Motivation zu Interventionen ist grundsätzlich zwischen den Interventionen in einem System (relativ) fester Wechselkurse und denen in einem System flexibler Wechselkurse zu unterscheiden.
In einem Regime fester Wechselkurse mit Bandbreite muß eine Zentralbank immer dann am Markt eingreifen, wenn am oberen Interventionspunkt ein Devisennachfrageüberhang bzw. am unteren Interventionspunkt ein Devisenangebotsüberhang besteht. Je nachdem, ob eine Fremdwährung gegen eigene Währung ge- oder verkauft wird, nehmen die Devisenreserven im Umfang der Interventionen zu oder ab. Werden neben dieser Fremdwährung weitere Währungen im Reserveportfolio gehalten und bleibt deren Bestand unverändert, wird sich zwangsläufig die Währungsstruktur im Portfolio verändern. Bei einem Devisenkauf wird der Anteil der Fremdwährung am Reserveportfolio zu- und bei einem Verkauf abnehmen. Die Anteilsänderungen können noch größer ausfallen, wenn Interventionen in einer Drittwährung (z.B. US-Dollar) erfolgen und diese aus eigenen Mitteln finanziert

58 Vgl. Hasse, R. (1987), S. 148f.
59 Vgl. Hasse, R. (1987), S. 148 und die Ausführungen dort.

werden.[60] In diesem Fall verändert sich zusätzlich der Bestand in der Interventionswährung.

Die in einem System (relativ) fester Wechselkurse mit den Interventionen verbundenen Reserveveränderungen sind letztendlich durch ein Ungleichgewicht bei den in der Zahlungsbilanz erfaßten leistungs- und kapitalwirtschaftlichen Transaktionen induziert. Für das Reservemanagement der Währungsbehörden spielen daher die außenwirtschaftlichen Transaktionen des Landes eine besondere Rolle. Welche Beziehungen zwischen den internationalen Transaktionen des Landes und der Veränderung des Reservebestands einer Zentralbank bestehen, wird deutlich, wenn man sich die Entstehungs- und Verwendungsmöglichkeiten von Devisenreserven anhand einer einfachen schematischen Darstellung einer Zahlungsbilanz ansieht (vgl. Abbildung 3).
Für die Veränderung des Reservebestands ist letztlich das Zusammenspiel der verschiedenen Salden der Leistungs- und Kapitalbilanz ausschlaggebend, da sich das aus den internationalen Transaktionen resultierende Angebot und die Nachfrage nach Devisen teilweise vollständig ausgleichen können. So kommt es zu einem Angebotsüberschuß, wenn eine Volkswirtschaft mehr an Fremdwährungen einnimmt als sie zu diesem Zeitpunkt bereit ist auszugeben, weil

- der Aktivsaldo der Leistungsbilanz nur teilweise durch einen Nettokapitalexport ausgeglichen wird;[61]
- ein Aktivsaldo in der Leistungsbilanz mit einem Nettokapitalimport zusammentrifft oder
- der Nettokapitalimport größer ausfällt als das Defizit in der Leistungsbilanz.

---

60 Neben dem Rückgriff auf eigene Reserven können Devisen auch durch Inanspruchnahme eines Interventionskredites erworben werden. Allerdings entstehen in diesem Fall nur dann Devisenreserven, wenn das Schuldnerland nicht zum Saldenausgleich verpflichtet ist. Das Gläubigerland gewährt also dem Schuldnerland einen unbefristeten Kredit, so daß es sich hierbei um endgültige Devisenreserven handelt. Zu einer ausführlichen Analyse der Wirkungen unterschiedlicher Interventionsformen auf die Devisenreserven vgl. Hasse, R. (1984), S. 172ff.

61 Erwirbt ein Land aufgrund seiner Güter- und Dienstleistungsexporte Reserven, so spricht man in diesem Fall auch von „verdienten“ Reserven. Neben den aus der Handelsbilanz resultierenden Deviseneinnahmen können alle Positionen der Leistungsbilanz und zwar die einzelnen Posten der Dienstleistungs- und Übertragungsbilanz zu einer Bildung von Reserven beitragen. Zu nennen sind insbesondere die Einnahmen aus dem Reiseverkehr, die unentgeltlichen Übertragungen von ausländischen Arbeitskräften oder wie im Fall der Entwicklungsländer die öffentliche Zuwendungen in der Form von Entwicklungshilfegeldern, die nicht unmittelbar wieder verwendet werden, sowie die öffentlichen Transfers in Form von Reparations- und Wiedergutmachungsleistungen oder sonstigen Beiträgen (z.B. der deutsche Beitrag an die USA zur Golfkrise) und die Schuldenrückzahlungen. Auch die in Fremdwährungen erzielten Kapital- und Zinserträge aus der Anlage von Devisenreserven führen mittelbar zu einem Reservezuwachs, da diese normalerweise nicht in die Landeswährung konvertiert, sondern direkt den Devisenreserven zugeschrieben werden.

Abbildung 3: Wichtige Positionen der Zahlungsbilanz und Veränderung der Währungssreserven

Aktiva *Entstehung von Devisen*	Passiva *Verwendung von Devisen*
I. Leistungsbilanz	
1. Exporte von Gütern und Dienstleistungen	5. Importe von Gütern und Dienstleistungen
1.1 Warenausfuhr	5.1 Wareneinfuhr
1.2 Reiseverkehr	5.2 Reiseverkehr
1.3 Kapitalerträge aus Vermögensanlagen im Ausland	5.3 Zahlungen für ausländische Vermögensanlagen
II. Kapitalbilanz	
2. Zunahme privater Verbindlichkeiten gegenüber dem Ausland	6. Zunahme privater Forderungen gegenüber dem Ausland
2.1 Direktinvestitionen	6.1 Direktinvestitionen
2.2 Portfolioinvestitionen	6.2 Portfolioinvestitionen
3. Zunahme öffentlicher Verbindlichkeiten gegenüber dem Ausland	7. Zunahme öffentlicher Forderungen gegenüber dem Ausland
3.1 Staatspapiere	7.1 Staatspapiere
3.2 andere	7.2 andere
III. Devisenbilanz (Veränderung der Währungsreserven)	
4. Zunahme der Auslandsverbindlichkeiten der Zentralbank	8. Veränderung der Auslandsforderungen
	8.1 Gold
	8.2 Reserveposition im IWF
	8.3 Sonderziehungsrechte
	8.4 Devisen und Sorten
	8.5 Kredite und sonstige Forderungen an das Ausland

Die aus dem Außenwirtschaftsverkehr erzielten gelangen Devisen in den Besitz der Zentralbank, wenn

- der Außenhandel in den Händen des Staates liegt und der Kapitalverkehr strengen Kontrollen unterliegt, so daß die privaten Wirtschaftssubjekte verpflichtet sind, ihre Devisenerlöse der nationalen Währungsbehörde anzudienen. Eine solche Devisenbewirtschaftung wird besonders häufig bei Entwicklungsländern praktiziert; oder
- die Währungsbehörde in einem Festkurssystem oder einem System des „managed floating“ bei einem Nettoüberschußangebot Devisen am Markt aufkaufen, um ein bestimmtes Wechselkursziel aufrechtzuerhalten.

Entsprechendes gilt für den umgekehrten Fall, wenn die Währungsbehörden eine Nettoüberschußnachfrage befriedigen, da private Wirtschaftssubjekte ausländische Güter und Dienstleistungen importieren, ihre Auslandsverbindlichkeiten bedienen und zurückzahlen oder Anlagen in ausländischen Direkt- und Portfolioinvestitionen tätigen möchten und die Währungsbehörden den mit der stärkeren Währungsnachfrage verbundenen Wechselkursänderungen entgegenwirken möchte. Die Devisenreserven werden im Umfang des kumulierten defizitären Saldos der Leistungs- und Kapitalbilanz abnehmen. Der Umfang an Reservewährungen, den eine Zentralbank zu halten wünscht, wird daher zum Teil vom Umfang, von der Struktur und der Variabilität der internationalen Handels- und Finanzbeziehungen der Wirtschaftssubjekte des Landes mit dem Ausland abhängen.[62]

Festzuhalten ist damit, daß sich die Zusammensetzung des von einer Zentralbank gehaltenen Devisenreservebestands verändern kann, sobald die Auslandsgelder privater Nichtbanken den Geschäftsbanken zufließen und diese die erhaltenen Auslandsforderungen ihrerseits bei den Interventionen an die Notenbank weitergeben. Eine wichtige Rolle spielt dabei, welche Währungen private Wirtschaftssubjekte bei der Abwicklung ihrer grenzüberschreitenden Transaktionen bevorzugen. Hierbei ist zwischen der Struktur, in der die internationalen Leistungs- und Kapitalströme denominiert sind, und der Struktur, in der die Ein- und Auszahlungen tatsächlich erfolgen, zu unterscheiden. Entscheidend ist letztendlich die Währungsstruktur, in der Fremdwährungserlöse erzielt werden und in der die internationalen Zahlungen tatsächlich zu leisten sind. Denn nur durch diese werden das Angebot und die Nachfrage nach Devisen am Markt bestimmt. Werden alle internationalen Transaktionen nur in einer wichtigen (Schlüssel-) Währung abgewikkelt, wird die Zentralbank ihre Reserven auf diese Währung konzentrieren. Kommt es im Rahmen einer zunehmenden Internationalisierung und Diversifizierung der Wirtschaftsbeziehungen eines Landes zu einer Änderung der Währungspräferenzen privater Wirtschaftsubjekte, die nun mehrere Transaktionswährungen nebeneinander verwenden, kann die Zentralbank in den Besitz unterschiedlicher Währungen gelangen.
Darüber hinaus kommt bei den Interventionen der Währungsbehörden der Wahl der Interventionswährung eine besondere Bedeutung zu, da sich nicht jede Währung gleich gut zum Zweck von Interventionen eignet. Da die von den privaten Wirtschaftssubjekten geschaffenen Strukturen an den Devisenmärkten auch die Wahl der von den Währungsbehörden verwendeten Interventionswährungen beeinflussen,[63] kann mit einer dauerhaften Änderung der Währungspräferenzen privater Wirtschaftsubjekte zusätzlich ein Wechsel bei der Interventionswährung

62 Vgl. so auch Racine, J. (1988), S. 9.

63 Vgl. zum Einfluß des Wechselkursregimes und der Struktur der internationalen Transaktionen auf die Zusammensetzung des Reserveporfolios die weiteren Ausführungen in Kapitel V Abschnitt 2 in dieser Arbeit.

verbunden sein, so daß sich hierdurch eine Veränderung der Reservestruktur noch verstärken würde.

Bei der Finanzierung des Saldos aus dem kumulierten Leistungs- und Kapitalbilanzdefizit unterscheidet sich das Festkurssystem grundsätzlich von dem System flexibler Wechselkurse. Während die Währungsbehörden in einem Festkurssystem die durch die außenwirtschaftlichen Beziehungen der privaten Wirtschaftssubjekte entstandenen Salden finanzieren, wird in einem Flexkurssystem der Ausgleich eines Leistungsbilanzungleichgewichts dem privaten Kapitalverkehr überlassen, oder der Wechselkurs paßt sich jeweils so an, daß die Salden der Leistungs- und Kapitalbilanz ausgeglichen sind. Die Währungsbehörden sind also nicht direkt an der Finanzierung der Salden beteiligt. Dementsprechend kommt den Geschäftsbanken eine größere Bedeutung bei der Finanzierung der Nichtbanken-Salden zu. In dem Ausmaß, wie die Geschäftsbanken die Funktion des Zahlungsbilanzausgleichs übernehmen, verändern sich die Nettoauslandsforderungen der Notenbank in einem geringeren Maße als diejenigen der Geschäftsbanken. Mit anderen Worten, durch ihre Interventionsbereitschaft begrenzt die Zentralbank bewußt diese Funktion der Geschäftsbanken.
Im Gegensatz zum System (relativ) fester Wechselkurse, bei dem Interventionen durch die Entwicklung am Markt erzwungen werden können, liegt in einem System grundsätzlich frei schwankender Wechselkurse die Interventionsentscheidung allein im Ermessen der Zentralbank. Je mehr und stärker die Zentralbank interveniert, desto stärker verändert sich der Reservebestand und die Zusammensetzung der Devisenreserven.
Neben dem Kauf von Devisenreserven am Devisenmarkt können Devisenreserven auch über den Markt diversifiziert werden, indem ein längerfristiger Fremdwährungskredit durch oder für die nationalen Währungsbehörden am ausländischen oder Euro-Kapitalmarkt aufgenommen wird,[64] um beispielsweise zuvor abgeschmolzene Reservebestände wieder aufzufüllen oder Vertrauen in die eigene Währung oder Wirtschaftspolitik des Landes zu schaffen. Hinter dieser Variante steht das Vorsichtsmotiv der Reservehaltung.
Länder, die über eine ausreichende Bonität verfügen, können sich ohne große Schwierigkeiten an den internationalen Finanzmärkten kurzfristig „refinanzieren" und über die Aufnahme eines längerfristigen Kredits oder durch die Emission von Wertpapieren und Anleihen in einer Reservewährung „Währungsreserven auf

64 In diesem Fall kann man von auch von „geliehenen" Reserven sprechen. Von „geliehenen" Reserven könnte man auch sprechen, wenn ein Land aufgrund einer günstigen Stabilitätsperformance oder hoher nomineller Zinsen erhebliche Kapitalzuflüsse erfährt und die betreffende Zentralbank diese vorübergehend in ihr Reserveportfolio aufnimmt, um ein bestimmtes Wechselkursziel aufrechtzuhalten. Wegen des kurzfristigen Charakters dieser Kapitalströme muß jederzeit damit gerechnet werden, daß sich diese umdrehen und damit die akkumulierten Reserven wieder abgebaut werden. Vgl. Unger, S. (1991), S. 89f.

Kredit“ beschaffen.[65] Die Grenzen zwischen den traditionellen Währungsreserven und den „Währungsreserven auf Kredit“ sind immer mehr verschwommen,[66] nachdem mit zunehmender Konvertierbarkeit der Währungen die nationalen und internationalen Finanzmärkte enger zusammengewachsen sind. Als Schuldner tritt meistens die Währungsbehörde nicht selber auf, sondern der jeweilige Staat oder ein staatliches Unternehmen. Die aufgenommenen Mittel werden dann auf die jeweilige nationale Währungsbehörde übertragen, die die zugeflossenen Fremdwährungsbestände in ihre Reserven einstellen. Eine solche Form der Reservebildung ist beispielsweise von Australien, Österreich, Dänemark, Schweden und Großbritannien praktiziert worden.[67]

Im Gegensatz zu den aus Zahlungsbilanzüberschüssen „verdienten“ Reserven handelt es sich bei den „geliehenen“ Reserven im Regelfall nur um eine befristete Reservebildung. Die aufgenommenen Mittel müssen zu einem bestimmten Zeitpunkt zurückbezahlt oder durch einen neuen Kredit bzw. eine neue Anleihe periodisch refinanziert werden.

Die Zweckmäßigkeit einer deratigen Praxis ist sehr fragwürdig,[68] da - abgesehen davon, daß die „geliehenen“ Reserven irgendwann einmal zurückbezahlt werden müssen - für die aufgenommenen Mittel Schuldzinsen zu zahlen sind, die in der Regel über der mit einer liquiden Anlage von Reserveguthaben zu erzielenden Verzinsung liegen dürfte.

Zudem können einige Länder, die wegen ihrer ungünstigen wirtschaftlichen Aussichten oder ihrer prekären Zahlungsbilanzsituation nur einen beschränkten Zugang zu den internationalen Kapitalmärkten haben, oftmals nur Kredite aufnehmen, die mit relativ hohen Risikozuschlägen und einer entsprechend hohen Verzinsung versehenen sind.

Allerdings kommt es darauf an, wie die beanspruchten Mittel investiert werden und wie sich bis zur Schuldenrückzahlung der Wechselkurs entwickelt. Denn bei einer günstigen Wechselkurskonstellation lassen sich auch Gewinne erzielen. Ein Beispiel hierfür sind die auf D-Mark lautenden Anleihen des amerikanischen Schatzamtes (Carter-Notes und -Bonds), die zwischen Dezember 1978 und Januar 1980 begeben wurden und der Ansammlung von DM-Reserven für Interventionszwecke dienten. Nachdem sich bis zur Rückzahlung dieser Anleihen die Wechselkurskonstellation grundlegend verändert hatte, konnte das US-Treasury insgesamt einen Buchgewinn von nahezu US-$ 400 Mio. realisieren.[69]

---

65 Den Krediten zur Ansammlung von Devisenreserven sind nicht die kurzfristigen Interventionskredite hinzuzurechnen, da diese nicht dem Motiv der Reservehaltung dienen. Vgl. Hasse, R. (1987), S. 145.

66 Vgl. Hasse, R. (1981), S. 88ff und Hasse, R. (1988a), S. 7ff.

67 Vgl. Unger, S. (1991), S. 89.

68 Vgl. hierzu auch: Boeck, K. und D. Gehrmann (1974), S. 33.

69 Vgl. Hasse, R. (1984), S. 31f.

Neben den verschiedenen Formen einer Diversifizierung von Devisenreserven über den Markt (Portfolioumschichtungen durch Verkauf bestehender Reserven oder Hinzukauf neuer Reservewährungen sowie durch Interventionen und die Aufnahme eines Fremdwährungskredits) ist auch eine Diversifizierung von Reserven außerhalb des Marktes möglich. Diese Form wird häufig gewählt, um die bei einer Abwicklung der Reserveoperationen über den Markt verbundenen Auswirkungen auf die Wechselkurse zu vermeiden.
So kann sich eine Diversifizierung der Reserven auch aus den kommerziellen Transaktionen einer Zentralbank und ihrem Kundengeschäft ergeben, die in der Regel außerhalb des Devisenmarktes abgewickelt werden, um die aktuelle Wechselkursentwicklung nicht zu beeinflussen. Hierbei handelt es sich vor allem um Devisenabgänge aus den für die Auslandszahlungen bestimmten Devisenverkäufe an die eigene Regierung, die im Auftrag und für Rechnung dieser Stellen über die Zentralbank abgewickelt werden.[70]
Die Bedeutung derartiger mehr oder weniger „autonomer" Devisenzu- und abflüsse für das Reservemanagemnet einer Zentralbank unterscheidet sich zwischen den einzelnen Zentralbanken sehr stark. Während beispielsweise der Umfang der kommerziellen Transaktionen bei der Bundesbank eher eine untergeordnete Rolle spielt,[71] kann dieser bei den Währungsbehörden einiger Entwicklungsländer oftmals ein beträchtliches Ausmaß einnehmen.
Neben den Transaktionen mit der eigenen Regierung können Devisenzu- oder -abflüsse auch auf Transaktionen zurückzuführen sein, die mit anderen ausländischen Notenbanken und Regierungen sowie internationalen Organisationen durchgeführt werden. Als Beispiel für eine derartige „administrative" Diversifizierung von Devisenreserven lassen sich die amerikanischen Bemühungen zu Beginn der sechziger und Ende der siebziger Jahre nennen, durch die Schaffung eines internationalen Swap-Netzes mit anderen Zentralbanken und die Emission von Fremdwährungsanleihen (Carter-Bonds) sich bei ausländischen Währungsbehörden Devisen zu beschaffen.[72] Auch die vor allem in den sechziger und siebziger Jahren unterbreiteten, aber nicht realisierten Vorschläge, mit denen man die Diversifizierungsbestrebungen zahlreicher Zentralbanken außerhalb des Marktes über Währungstauschaktionen zu kanalisieren versuchen wollte, wären hierzu zu rechnen gewesen. Am weitesten fortgeschritten waren in diesem Zusammenhang die Überlegungen, durch die Errichtung eines Substitutionskontos den Diversifizie-

---

70 Vgl. Jurgensen, P. (1984), hier die S. 86.
71 Vgl. Deutsche Bundesbank (1993a), S. 20.
72 Der Begriff der „administrativen" Diversifizierung geht auf Hasse zurück. Vgl. zu einer ausführlichen Darstellung: Hasse, R. (1984), S. 26ff. Als weiteres Beispiel ist bei Hasse die administrative Diversifizierung der Reserven in der Europäischen Zahlungsunion zu finden. Vgl. Hasse, R. (1984), S. 21-26.

rungswünschen offizieller Währungsbehörden Rechnung zu tragen und eine Reservediversifizierung abseits der Devisenmärkte zu ermöglichen.[73]
Abgesehen von diesen eher historischen Beispielen führen die Transaktionen von Währungsbehörden mit dem IWF regelmäßig zu einer Reservediversifizierung, wenn es zum Beispiel durch die Auszahlung eines Kredites zu einer zeitlich befristeten Reservebildung kommt. Auch durch die Einzahlung der IWF-Quote im Gefolge des Beitritts eines Landes zum IWF oder durch eine Quotenerhöhung kann es zu einer strukturellen Änderung des Reservebestands kommen, wenn beispielsweise ein Teil des einzuzahlenden SZR-Betrages der Quote durch SZR beglichen werden, die zuvor bei anderen Notenbanken gegen die Abgabe von Devisen erworben wurden.[74] Ebenso kann die Zuteilung von SZR eine zusätzliche Form der Reservediversifizierung darstellen, wenn die SZR verwendet werden, um damit in den Besitz von Währungen zu gelangen, die als Währungsreserven gehalten werden. Da die SZR nur im Bedarfsfall zur vorübergehenden Finanzierung von Zahlungsbilanzungleichgewichten eingesetzt werden sollen, würde der Erwerb zusätzlicher Devisen, die dann zinsbringend angelegt werden, dem ursprünglichen Sinn der SZR und den IWF-Statuten widersprechen.[75]
Zusätzlich kann sich die Struktur des Reservebestands kurzfristig verändern, wenn eine Notenbank - zumeist handelt es sich hierbei um die der wichtigsten Reservewährungsländer - aufgrund der zwischen dem IWF und dem Land bestehenden bilateralen Vereinbarungen über den Austausch von SZR gegen Devisen („Two-way-arrangement") dem IWF auf Anfrage SZR gegen Devisen verkauft oder abkauft oder die betreffende Emissionsnotenbank sich bereit erklärt, den Umtausch der bei einer IWF-Ziehung verwendeten Währung in die eigene Währung zu übernehmen, wozu sie allerdings nicht verpflichtet ist. Zwar handelt es sich auch hier nur um eine vorübergehende Erscheinung und deshalb nicht um eine dauerhafte Reservebildung, dennoch kann sie die Struktur des Reservebestands vorübergehend verändern.
Schließlich kann eine Veränderung der Reserveposition und damit auch der Zusammensetzung des Reserveportfolios einer Zentralbank auf eine bewertungsbedingte Änderung zurückzuführen sein. Durch Zu- oder Abschreibungen ändert sich zwar nicht der Bestand der Devisenreserven, lediglich ihr Wertansatz wird geändert und führt durch die Umrechnung in die jeweilige Inlandswährung zu einem höheren bzw. niedrigeren Wert. Eine Neubewertung der in der Vergangenheit in einer Währung erworbenen Reservebestände führt dann ceteris paribus zu einem

---

73 Vgl. hierzu Kapitel V Abschnitt 3.1 in dieser Arbeit.

74 So zahlte die Schweizerische Nationalbank im Jahr 1992 einen Teil ihrer IWF-Quote aufgrund ihres Beitritts zum IWF und der neunten Quotenerhöhung in SZR ein, die zuvor bei anderen Notenbanken gegen US-Dollar und D-Mark erworben wurden. Vgl. Schweizerische Nationalbank, 85. Geschäftsbericht 1992, S. 54.

75 Vgl. IMF (1978): Articles of Agreement of the International Monetary Fund, Art. XIX, Abschnitt 3, Abs. (a).

Reserve- und Anteilsverlust, wenn aufgrund einer Abwertung der Reservewährung eine Notenbank gemäß dem kaufmännischen Vorsichtsgebot (Niederstwertprinzip) ihren Reservebestand abschreibt.
Die aus Ab- und Zuschreibungen resultierenden Effekte einer Wertminderung bzw. eines Wertzuwaches können dazu beitragen, daß sich die Währungsanteile innerhalb des Reserveportfolios der Währungsbehörde beträchtlich verschieben, ohne daß diese Verschiebung tatsächlich auf ein aktives Reservemanagement zurückzuführen ist. In diesem Fall kann man von einer passiven Reservediversifizierung sprechen.[76]

4.2 Globale Formen und Scheinformen der Diversifizierung von Devisenreserven

Für eine Untersuchung der Diversifizierung der Devisenreserven und des anlagepolitischen Verhaltens von Zentralbanken ist es erforderlich, die Struktur der von einzelnen Zentralbanken gehaltenen Reservebestände genau zu kennen. Ferner ist zu berücksichtigen, daß Veränderungen in der Währungszusammensetzung der Reservebestände auf unterschiedliche Faktoren zurückzuführen sein können. Mit anderen Worten: Man müßte genau wissen, welche Änderungen der Währungszusammensetzung in Verbindung mit dem Wunsch stehen, den Reservebestand aufgrund veränderter Ertragschancen und höheren Risiken sowie veränderten Währungspräferenzen umzuschichten. Da Zentralbanken in der Regel keine Informationen über die Struktur ihrer Devisenreservebestände preisgeben, ist es auch schwierig zu beurteilen, inwieweit eine Reservediversifizierung durch portfoliotheoretische Aspekte zu erklären ist. Informationen werden nur vertraulich behandelt und Außenstehenden ein Zugang zu differenzierten Zahlen verwehrt. Aber selbst gegenüber dem IWF sind viele Währungsbehörden nicht bereit, die Währungsstruktur ihrer Reserveportfolios offenzulegen.[77] Zwar weisen einige Zentralbanken wie die Bundesbank, die Bank of Japan, die Reserve Bank of Australia oder die Bank of Canada den Gesamtbestand ihrer Reserven und den Anteil der Dollarpositionen offen aus, aber im Hinblick auf andere Währungen ist dic Informationsbereitschaft sehr gering.[78]

Es bleibt also nichts anderes übrig, als für die Analyse des Diversifizierungsprozesses auf die verfügbaren internationalen Reservestatistiken zurückzugreifen, die regelmäßig vom IWF und zum Teil in den Jahresberichten der BIZ veröffentlicht

---

76 Vgl. Horii, A. (1986), S. 15.
77 Vgl. Deutsche Bundesbank (1984), S. 19.
78 Einige Notenbanken wie die Bank von Norwegen und seit 1988 die Schweizerische Nationalbank veröffentlichen auch ihre DM-Positionen.

werden.[79] In diesen Statistiken werden nur globale Angaben über die weltweit gehaltenen Gesamtbestände an Devisen und deren Veränderungen hinsichtlich der Währungszusammensetzung erfaßt. Diese werden nach einzelnen Ländergruppen (Industrie- und Entwicklungsländer) weiter untergliedert.
Aufgrund der Aggregation der Daten ergibt sich zusätzlich das Problem, daß die in den offiziellen Statistiken ausgewiesenen Strukturen und deren Entwicklungen wesentliche Tatbestände verdecken können oder daß sich Veränderungen überlagern oder bei gegengerichteten Präferenzen einzelner Währungsbehörden kompensieren können. Wenn beispielsweise eine Zentralbank aus anlagepolitischen Gründen eine wertinstabile und abwertungsverdächtige Währung abstößt, eine andere aus wechselkurspolitischen Überlegungen in gleichem Maße diese Währung in ihr Portfolio aufnimmt und man von möglichen Wechselkurs- und weiteren Sekundäreffekten absieht, ist bei einer Aggregation der Reservepositionen keine Veränderung zu beobachten. Ebenso ist es aufgrund der Aggregation möglich, daß sich in den Statistiken ausgewiesene Änderungen in der Reservestruktur als eine nur scheinbare Diversifizierung herausstellt. Eine Veränderung bei der Währungszusammensetzung der globalen Reservebestände muß deshalb nicht auf eine Veränderung des Portfoliomanagements offizieller Währungsbehörden zurückzuführen sein oder mit einer Änderung der Präferenzen für bestimmte Währungen in Zusammenhang stehen. Als Ursache für eine solche vermeintliche Diversifizierung sind vor allem Wert- und Verteilungseffekte sowie statistische Unregelmäßigkeiten zu nennen, die eine Veränderung der Zusammensetzung der Reservebestände bewirken und damit eine Reservediversifizierung vortäuschen können.

(1) Reservediversifizierung aufgrund von Werteffekten

Wie bei einer einzelnen Zentralbank können auch Anteilsänderungen in den internationalen Reservestatistiken durch bewertungsbedingte Änderungen verursacht werden, die sogar die tatsächlichen mengenmäßigen Veränderungen übertreffen können.

---

79 Die meisten Untersuchungen zur Reservediversifizierung müssen sich auf dieses Datenmaterial beschränken. Eine Ausnahme stellen lediglich die Arbeiten von Heller und Knight sowie von Dooley, Lizondo und Mathieson aus dem Research Department des IWF und die Untersuchung von Dellas und Yoo dar. Vgl. Heller, H.R. und M. Knight (1978b); vgl. Dooley, M.P., J.S. Lizondo und D.J. Mathieson (1989), S. 385 ff.; vgl. Dellas, H. und C.B. Yoo (1991). Erstaunlich ist es, daß selbst die innerhalb einzelner Zentralbanken erarbeiteten und der Öffentlichkeit zugänglichen Studien, die die optimale Zusammensetzung des Reserveportfolios mit Hilfe portfoliotheoretischer Modelle untersuchen, zu Vergleichszwecken keine Angaben über die von der jeweiligen Zentralbank tatsächlich gehaltene Reservestruktur veröffentlichen. Vgl. hierzu die Arbeiten für die Zentralbank Finnlands: Lehmussaari, O.-P. (1987) und Rikkonen, K.-L. (1989) sowie Nordman, T. (1987). Für die kanadische Zentralbank: Murray, J., A. DeSeeres und S. Zahin (1991). Dies zeugt von der üblichen restriktiven Informationspolitik der Notenbanken weltweit.

Abbildung 4: Mengen- und preisbezogene Veränderungen der Devisenreserven offizieller Währungsbehörden für ausgewählte Reservewährungen zwischen 1973 und 1994 (in Mrd. SZR)

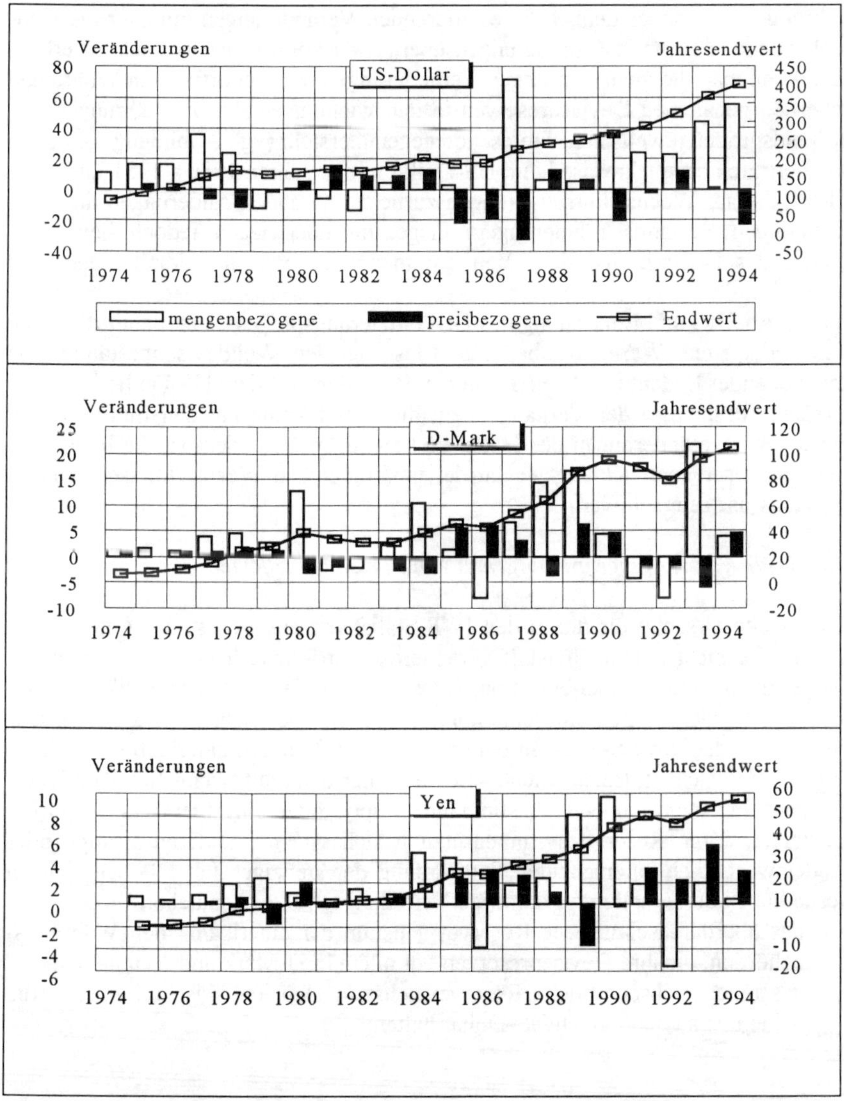

Quelle: IWF, Annual Report, versch. Jg.

Zu Vergleichszwecken ist es zweckmäßig, die von Währungsbehörden in verschiedenen Währungen gehaltenen Reservebestände in eine gemeinsame Recheneinheit umzurechnen. So dient in den IWF-Statistiken das SZR als gemeinsame Bezugsgröße. Daß die aus den Ab- und Aufwertungen der verschiedenen Reservewährungen gegenüber dem SZR resultierenden Veränderungen mitunter die mengenbezogenen Bestandsveränderungen übertreffen können, ist deutlich zu erkennen, wenn man die mengenmäßigen Veränderungen der von offiziellen Währungsbehörden gehaltenen Devisenreserven in den wichtigsten Reservewährungen den Bestandsgrößen jeweils zum Jahresende gegenüberstellt (vgl. Abbildung 4).
So übertrafen beispielsweise beim US-Dollar in den Jahren 1980 - 1981 und 1983 - 1985 die auf Wechselkursänderungen zurückzuführenden Änderungen die mengenmäßigen Bestandsveränderungen. Insgesamt überwiegen jedoch beim US-Dollar, der D-Mark und dem Yen die mengenbezogenen Veränderungen die Werteffekte.
Für die Analyse und Beurteilung des Diversifzierungsprozesses ist damit die Wahl eines adäquaten Wertmaßstabes zur Messung der Weltdevisenbestände von grundlegender Bedeutung. Die BIZ, deren Statistiken auf dem US-Dollar basieren, versuchte deshalb in der Vergangenheit, die Entwicklung um den Einfluß reiner Wechselkursveränderungen des Dollar zu bereinigen. Trotzdem ist die Interpretation der Reserveentwicklung wegen der umfangreichen Wechselkursschwankungen zeitweise sehr schwierig.[80]

(2) Reservediversifizierung aufgrund von Verteilungseffekten

Eine zweite Ursache für die in den IWF-Statistiken ausgewiesenen Anteilsänderungen, die nicht auf ein bewußt verändertes Portfolioverhalten zurückzuführen sind, können Verteilungseffekte sein. Da es sich bei den in den Statistiken ausgewiesenen Ländergruppen um keine homogenen Gruppen handelt und die Zusammensetzung der Devisenreserven bei den einzelnen Ländern innerhalb einer Gruppe nicht identisch ist, treten solche Effekte immer dann auf, wenn sich das Reservewachstum zugunsten einer bestimmten Gruppe oder einzelner Länder stärker verschiebt, deren Reservezusammensetzung sich von der anderen Gruppe oder Länder wesentlich unterscheidet. Seit Anfang der siebziger Jahre lassen sich im wesentlichen drei Quellen für derartige Verteilungseffekte ausmachen:[81]

- das überdurchschnittliche Reservewachstum der amerikanischen Währungsbehörden, die ihre Devisenreserven vor allem in D-Mark und Yen halten;
- das unterdurchschnittliche Reservewachstum Deutschlands und Japans, die beide fast ausschließlich US-Dollar halten;

80 Vgl. BIZ, 56. Jahresbericht für das Jahr 1985, S. 179.
81 Vgl. hierzu auch Horii, A. (1986), S. 8 f.

- das unterschiedliche Reservewachstum zwischen den Industrie- und Entwicklungsländern.

Seit Anfang der siebziger Jahre haben die von den amerikanischen Behörden gehaltenen Devisenbestände überdurchschnittlich stark zugenommen. Sie haben ihre Devisenreservebestände vor allem in D-Mark und seit den achtziger Jahren auch in Yen kräftig aufgebaut, um an den Devisenmärkten intervenieren zu können.[82] Da die USA inzwischen zu den größten Reservehaltern in der Welt gehören[83], nimmt dadurch zwangsläufig der Dollar-Anteil an den weltweit gehaltenen Devisenreserven ab und entsprechend die Anteile der D-Mark und des Yen zu. Betrachtet man die von den amerikanischen Währungsbehörden gehaltenen Reservebestände zwischen 1973 und 1994, so sind fünf Phasen auszumachen, in denen die Reserven deutlich ausgewachsen sind (vgl. Tabellen A1 und A3).
Der Beginn der ersten beiden Zeitabschnitte im November 1978 und November 1979 war jeweils durch den Übergang zu einem restriktiven geldpolitischen Kurs zur Inflationsbekämpfung in Verbindung mit der Ankündigung gekennzeichnet, aktiver auf den Devisenmärkten zu intervenieren. Der Anfang der dritten Phase im Oktober 1980 war mit einer Änderung der Regelungen über die Verteilung der Wechselkursrisiken aus den zwischen den amerikanischen und anderen Währungsbehörden vereinbarten Swap-Abkommen verknüpft. Während zwischen 1973 bis 1980 die Wechselkursrisiken bei Ziehungen des Federal Reserve Systems und des US-Schatzamtes zwischen den amerikanischen Behörden und den ausländischen Zentralbanken zu gleichen Teilen aufgeteilt wurden[84], mußten nach 1980 die USA das gesamte Wechselkursrisiko allein tragen. Dies könnte die amerikanischen Währungsbehörden dazu veranlaßt haben, ihre Devisenreserven kräftig aufzustocken, um nicht auf die relativ risikoreicheren Swap-Fazilitäten zurückgreifen zu müssen.[85] Der Beginn der vierten Periode ist durch die gemeinsame und abgestimmte Zusammenarbeit zwischen den Zentralbanken der fünf führenden Industrieländer bei Interventionen an den Devisenmärkten nach dem Plaza-

---

82 Der Schweizer Franken, der früher neben der D-Mark die zweitwichtigste Reserveanlage der amerikanischen Währungsbehörden war, spielt als Interventionswährung seit Anfang der achtziger Jahre so gut wie keine Rolle mehr. Laut den Berichten der Federal Reserve Bank of New York, die die Devisenmarktinterventionen für die amerikanischen Währungsbehörden (Federal Reserve Banken und Schatzamt) vornimmt, wurde bis zum 2. Halbjahr 1980 regelmäßig und dann nur noch im 1. Halbjahr 1984 auch gegenüber dem Schweizer Franken interveniert. Vgl. hierzu die verschiedenen im Federal Reserve Bulletin der Federal Reserve Bank of New York abgedruckten Berichte über die „Treasury and Federal Reserve Foreign Exchange Operations".

83 Die USA verfügten dagegen bis Anfang der sechziger Jahre so gut wie keine eigenen Devisenreserven. Um an den Devisenmärkten intervenieren zu können, wurden ab 1961 mit einer Reihe ausländischer Währungsbehörden bilaterale Swap-Abkommen abgeschlossen, durch die sich kurzfristig Interventionsmittel beschaffen lassen.

84 Vgl. hierzu auch Hasse, R. (1984), S. 66.

85 Vgl. Mayer, J. (1990), S. 16.

Abkommen vom September 1985 gekennzeichnet. Der fünfte Zeitabschnitt ab 1989 ist durch die stärkere Präsenz der amerikanischen Währungsbehörden am Devisenmarkt markiert, die insbesondere in den Jahren 1989 und 1990 in noch nie dagewesenen Größenordnungen DM- und Yen-Bestände aufkauften, um den Kursanstieg des US-Dollar gegenüber anderen wichtigen Währungen zu bremsen. Im Zusammenhang mit diesen Interventionen stiegen allein im Jahr 1989 die amerikanischen Reserven um 150% auf 44,6 Mrd. Dollar an, was damals über die Hälfte des weltweiten Reservewachstums ausmachte.[86]

Ein zweiter Verteilungseffekt kann aus dem relativ langsameren Reservewachstum der Länder herrühren, die einen Großteil ihrer Reserven in US-Dollar halten und die zugleich ein erhebliches Gewicht an den weltweit gehaltenen Devisenreserven einnehmen. Kennzeichnend hierfür ist das reservepolitische Verhalten der Bundesbank und der Bank of Japan. Obwohl beide Notenbanken grundsätzlich auch andere Währungen in ihren Reserveportfolios halten könnten, halten sie ihre Devisenreservebestände fast ausschließlich nur in US-Dollar.[87] Betrachtet man die Wachstumsraten der deutschen und japanischen Reservebestände im Vergleich zur Gesamtgruppe der Industrieländer und aller Länder (vgl. Tabelle A3), so fällt auf, daß sowohl die Bundesrepublik als auch Japan ihre Reservehaltung nicht so rasch erhöht haben wie die anderen Länder.
Während die Devisenreserven der Bundesbank vor allem in den siebziger Jahren stark anwuchsen, als die D-Mark als Zufluchtswährung von der Dollarschwäche am stärksten betroffen war, und die Bundesbank US-Dollar in ihr Reserveportfolio aufnahm, haben sie sich in den achtziger Jahren insgesamt betrachtet nur geringfügig verändert. Im Jahr 1987 erwarb die Bundesbank zwar in einem größeren Umfang US-Dollar, diese wurden aber mit der anschließenden Erholung des Dollar gegenüber der D-Mark wieder am Markt abgegeben. Auch in den folgenden Jahren verzeichnete die Bundesrepublik ein unterdurchschnittliches, zum Teil negatives Reservewachstum. Das Jahr 1992 mit der bisher größten Wachstumsrate stellt eine Ausnahme dar, die auf die währungspolitischen Turbulenzen innerhalb des EWS im Herbst dieses Jahres zurückzuführen ist und sich größtenteils in einer kurzfristigen Zunahme europäischer Währungen niedergeschlagen hat. Damit verbunden war eine deutliche Verschiebung bei der Zusammensetzung der deutschen Devisenreserven. Während in den letzten 30 Jahren der Dollar-Anteil an den deutschen Devisenreserven regelmäßig weit über 90% betrug, sank der Anteil des Dollar infolge der Währungsturbulenzen im EWS im September 1992 auf 72,5%. Ende 1992 lag der Anteil bei 78%.[88]

---

86 Vgl. Tabelle A1 und BIZ, 61. Jahresbericht für 1990, S. 223 ff.

87 Vgl. Bergsten, C.F. (1981), S. 27; Uchiyama, Y. (1981), S. 107; Horii, A. (1986), S. 8. Vgl. zur Zusammensetzung der deutschen Währungsreserven Tabelle A2 im Anhang.

88 Vgl. Tabelle A2, eigene Berechnungen.

Japan verzeichnete dagegen bis Mitte der achtziger Jahre im Vergleich zur Bundesrepublik ein wesentlich langsameres Reservewachstum. Als Folge der umfangreichen Devisenankäufe der Bank of Japan zur Stützung des US-Dollar nahm der Reservebestand allerdings in den Jahren 1986 und 1987 sprunghaft zu. In der Zunahme des Jahres 1988 spiegelt sich insbesondere ein Zufluß umfangreicher Erträge aus den Reserveanlagen der japanischen Notenbank wider. Erst als ab 1989 der Yen im Gegensatz zur D-Mark nachhaltig zur Schwäche neigte, gingen die japanischen Währungsreserven merklich zurück.[89] Die massiven Interventionen der japanischen Notenbank an den Devisenmärkten seit 1993, um den Wertverfall des Dollar gegenüber dem Yen aufzuhalten, führten zu einem erneuten Anstieg der japanischen Devisenreserven. Inzwischen verfügt Japan über den weltweit größten Reservebestand.[90]
Das auf weite Strecken unterdurchschnittliche Reservewachstum beider Länder wird zumindestens tendenziell zu einer Verringerung des Dollar-Anteils an den aggregierten Daten und damit zu einem Anstieg des Anteils anderer Währungen beigetragen haben. Das über dem Durchschnitt liegende Wachstum der deutschen und japanischen Reserven im Jahr 1987 dürfte dagegen einer Diversifizierung der Devisenreserven entgegengewirkt haben. Vergleicht man die Anteilsentwicklung in Tabelle 1, so hat der Dollar-Anteil tatsächlich zugenommen.

Als dritter Faktor, der eine Veränderung der Verteilung der Währungsanteile bewirken kann, ist das unterschiedliche Reservewachstum zwischen den Industrie- und Entwicklungsländern, das sich aber auch innerhalb der einzelnen Ländergruppen erheblich unterscheiden kann, hervorzuheben.[91]
Während in den letzten drei Jahrzehnten rund zwei Drittel der Bestandsveränderungen der Weltdevisenreserven zugunsten der Industrieländer ausfiel, konnte die Gruppe der Entwicklungsländer nur in einzelnen Phasen ihren Reservestatus deutlich verbessern. So verzeichneten die OPEC-Länder innerhalb der Gruppe der Entwicklungsländer im Zuge der beiden Ölpreiskrisen ab Mitte der siebziger Jahre einen starken Reservezuwachs. Inzwischen ist dieser Reservebestand aber wieder sehr stark abgeschmolzen. Darüber hinaus sammelten eine Reihe nichtölexportierender Entwicklungsländer Ende der siebziger Jahre durch Kreditaufnahmen an den internationalen Kapitalmärkten zum Teil in einem beträchtlichen Ausmaß Reserven an. Erst Anfang der neunziger Jahre konnten schließlich die Entwicklungsländer ihren Reservestatus wieder etwas verbessern und damit einen in den achtziger Jahren die Industrieländer begünstigenden Trend wenden. Zwischen Ende 1989 und Ende 1992 erzielten sie einen Reservezuwachs von 40%

89 Vgl. Deutsche Bundesbank (1990a), S. 38.
90 Vgl. BIZ, 64. Jahresbericht, S. 175ff; o.V. (1995a): Japans Währungsreserven, in: F.A.Z. vom 2.5.95, S. 17; o.V. (1995b): Bank von Japan kauft 1995 bisher 18 Mrd. Dollar, in: Süddeutsche Zeitung vom 24.4.95, S. 23.
91 Vgl. hierzu auch Horii, A. (1986), S. 9.

bzw. um 90 Mrd. SZR. Die Industrieländer bauten dagegen erstmals nach 1982 in den Jahren 1991/92 ihre Reservebestände ab (vgl. Tabelle A3).
Betrachtet man die Entwicklung über einen längeren Zeitraum, dann haben sich die Weltdevisenreserven zwischen 1973 und 1989 mehr als verfünffacht. In diesem Zeitraum haben sich die Reservebestände der Entwicklungsländer etwas stärker erhöht als die der Industrieländer. Da die Entwicklungsländer bis 1989 einen geringeren Dollar-Anteil in ihren Reserveportfolios hielten als die Industrieländer (vgl. Tabellen 2 und 3), dürfte das stärkere Reservewachstum zugunsten der Entwicklungsländer zu einer Verminderung des Dollar-Anteils innerhalb der gesamten Weltdevisenreserven beigetragen haben. Aufgrund des Reserveabbaus der Industrieländer zwischen 1990 und 1992 konnten die Entwicklungsländer bis Ende 1992 ihren Anteil an den Weltdevisenreserven bis auf fast 45% steigern (vgl. Tabelle A4). Drei Jahre zuvor betrug ihr Anteil dagegen erst 36,7%. Der Industrieländeranteil verringerte sich auf 55%; Ende 1989 lag er noch bei 63,3%.[92]
Nach wie vor ist allerdings eine regional sehr heterogene Verteilung der Reserven innerhalb der Gruppe der Entwicklungsländer zu beobachten. Denn fast 50% der Reservebestände aller Entwicklungsländer entfallen auf nur wenige Länder in Südost- und Ostasien wie Taiwan, die Volksrepublik China, Singapur, Malaysia und Thailand. Zusammen halten allein diese fünf Länder derzeit über ein Viertel der Weltdevisenreserven.[93]
Aber im Gegensatz zu den achtziger Jahren, als die Entwicklungsländer, besonders als Folge der kritisch gewordenen Lage einiger hochverschuldeter Länder, vorübergehend Reserven abbauten, profitierten seit Beginn der neunziger Jahre neben den asiatischen Ländern auch andere Staaten vom globalen Reservewachstum der Entwicklungsländer. Vor allem die Staaten Lateinamerikas verzeichneten infolge der zwischenzeitlich erwirkten Schuldenerleichterung im Rahmen der Brady-Initiative und wirtschaftspolitischen Kurskorrekturen umfangreiche Kapitalzuflüsse, die sich in einem beträchtlichen Reservezuwachs bei den Zentralbanken niederschlugen. Zwischen 1990 und 1992 verdoppelten sich deren Reservebestände nahezu von 33,3 auf 61,3 Mrd. US-Dollar.[94] Insbesondere Brasilien profitierte von dieser Reserveausweitung. Aufgrund der traditionell engen Beziehungen der südamerikanischen Staaten zu den USA dürfte ein Großteil der Reserven auf Dollar lauten und damit einem sinkenden Dollar-Anteil entgegen gewirkt haben.

(3) Reservediversifizierung aufgrund von statistischen Unregelmäßigkeiten

Schließlich kann eine in den Statistiken ausgewiesene Diversifizierung von Reserven allein durch statistische Unregelmäßigkeiten verursacht worden sein. Die vom IWF publizierten Reservestatistiken sind mit großen Unsicherheiten behaftet und

92 Vgl. Tabelle A4, eigene Berechnungen.
93 Vgl. so auch: Bayerische Landesbank (1994), S. 4.
94 Vgl. Bayerische Landesbank (1993), S. 4 und ders. (1994), S. 4.

daher mit großer Vorsicht zu betrachten. Obwohl im Laufe der Jahre die Reservestatistiken einen umfassenderen Einblick erlauben, weil immer mehr Länder der Erde dem IWF beigetreten sind und diesem Angaben über ihre Reservehaltung berichten, beruht ein Teil der Daten auf Schätzungen des IWF. So bereitet schon die Ermittlung des Gesamtbestands der Weltdevisenreserven beträchtliche Probleme. Die tatsächlichen Bestände dürften wesentlich höher sein.

Diese Erfassungsprobleme beruhen einerseits auf Inkonsistenzen in der Bewertungspraxis sowie auf unterschiedlichen Modalitäten bei der Erfassung und Abgrenzung offizieller Währungsreserven und anderer Auslandsaktiva staatlicher Institutionen. So ist in einigen Ländern eine Differenzierung der Währungsreserven zwischen privaten und staatlichen Anlagen nicht möglich. Eine zu beobachtende Diversifzierung in diesen Ländern wird deshalb möglicherweise stärker von privatwirtschaftlichen als von staatlichen Interessen getragen. Dies trifft vor allem für die OPEC-Länder und eine Reihe anderer Entwicklungsländer zu. So rechnen beispielsweise einige OPEC-Länder Teile der DM-Anlagen nicht zu ihren Währungsreserven i.e.S., obgleich diese von den Währungsbehörden gehalten werden.[95] Des weiteren zeichnet sich das vom IWF publizierte statistische Material durch eine geringe Kontinuität aus, da im Laufe der Zeit die Erfassungsmethoden mehrmals verändert wurden. So erfolgte ab dem Jahresbericht 1980 keine genaue Zuordnung der verschiedenen Währungen zu Ländergruppen und ab dem Jahresbericht 1985 keine Aufschlüsselung der Gruppe der Entwicklungsländer in ölexportierende und nicht-ölexportierende Länder mehr. Eine empirische Untersuchung, die einen längeren Zeitraum betrachtet, wird dadurch erschwert. Ob es sich hierbei tatsächlich um eine bewußte „Verwischung von Fakten und Entwicklungen" handelt,[96] wie dies von Hasse vermutet wird, läßt sich nicht überprüfen.

Ein weiteres Problem ergibt sich aus der Frage, inwieweit die gegen Dollar und Gold emittierten ECU-Bestände in den Statistiken zu berücksichtigen sind. Solange der Dollar-Anteil an diesem Reservemedium nicht herausgerechnet werden kann, können wesentliche Tatbestände verdeckt werden.[97]

Schließlich werden in den IWF-Statistiken nur Jahresendwerte berichtet, so daß Veränderungen innerhalb eines Jahres nicht erfaßt werden können. In diesem Zusammenhang ist besonders an „window dressing"-Operationen zu denken, die - sofern das Bilanzierungsjahr mit dem Jahresende zusammentrifft - zum Ende des Jahres vorgenommen werden, um in der Notenbankbilanz nach außen hin ein beschönigtes Bild zu demonstrieren. Von der tatsächlichen Entwicklung kann dadurch ein verfälschtes Bild vermittelt werden.

Neben diesen Erfassungsproblemen berichten nicht alle Länder, deren Reservebestände in den aggregierten Daten enthalten sind, dem IWF die genaue Währungsstruktur ihrer Bestände. Eine weitere Quelle für eine nur vermeintliche Re-

95 Vgl. Deutsche Bundesbank (1984), S. 19.
96 Vgl. Hasse, R. (1984), S. 35.
97 Hierauf verweist Hasse, R. (1984), S. 35.

servediversifizierung können daher statistische Inkonsistenzen sein.[98] Diese treten immer dann auf, wenn sich die Anzahl der berichtenden Länder verändert oder eine detailliertere Berichterstattung einzelner Länder erfolgt und von diesen Veränderungen ein starker Einfluß auf die Daten ausgeht. Der Anteil der „ungeklärten Währungen“ nimmt dann ab und der der identifizierten Währungen zu, wenn sich der Kreis der Berichterstatter vergrößert oder wenn die Währungsreserven der Länder, die ihre Währungsstruktur nicht berichten, stärker zunehmen als die Reserven der berichtenden Länder. Ein besonders prägnantes Beispiel hierfür stellt Taiwan dar, das bisher kein IWF-Mitglied ist und in den letzten Jahren umfangreiche Reservezuwächse verzeichnen konnte. Ende 1991 verfügte Taiwan über die weltweit höchsten Reservebestände und nimmt seit 1988 neben Japan und der Bundesrepublik Deutschland jeweils einen der vordersten Plätze in der Rangordnung der weltweit größten Reservehalter ein.[99]

4.3 Fazit

Eine Analyse und Beurteilung der Reservediversifizierung ist mit erheblichen Problemen verbunden. Da Datenmaterial über die Zusammensetzung der Devisenreserven offizieller Währungsbehörden nur auf aggregierter Basis verfügbar ist, sind Rückschlüsse auf das anlagepolitische Verhalten von Währungsbehörden und dessen Wirkungen auf den Prozeß der Reservediversifizierung nur indirekt möglich. Zusätzlich wird die Analyse dadurch erschwert, daß zahlreiche Faktoren eine Veränderung der Reservestruktur bewirken können, die einerseits ohne Zutun der Währungsbehörden allein aufgrund von Wert-, Verteilungseffekten und statistischen Unregelmäßigkeiten zurückzuführen sind, die andererseits zwar durch Entscheidungen einzelner Zentralbanken verursacht werden, aber nicht im Zusammenhang mit portfoliotheoretischen Überlegungen zu sehen sind.

---

98 Vgl. hierzu auch Horii, A. (1986), S. 7 f.

99 Für 1989 wurden die Reservebestände Taiwans auf $ 73,2 Mrd. geschätzt; im Vergleich dazu betrugen die Bestände Japans $ 84,0 Mrd., der USA $ 63,6 Mrd., der Bundesrepublik Deutschland $ 60,7 Mrd. Nach Angaben der Notenbank Taiwans sah die Struktur der Devisenreserven im Frühjahr 1988 wie folgt aus: 73% der Devisenreserven wurden in Dollar, 16% in D-Mark und 9% in Yen gehalten. Vgl. o.V. (1989): Bestand an Währungsgold wurde zu Lasten der Devisenreserven drastisch erhöht, in: Handelsblatt, Nr. 17, vom 24.1.89.

5. Die Entwicklung der Reservediversifizierung seit 1973

5.1 Reservediversifizierung im Überblick

Seit dem Zusammenbruch des Festkurssystems von Bretton Woods im März 1973 und dem Übergang zum Floaten hat sich die Währungsstruktur der von offiziellen Währungsbehörden gehaltenen Devisenreservebestände auffallend verändert. Seit Mitte der siebziger Jahre sind eine voranschreitende Diversifizierung als auch beträchtliche Schwankungen bei der Währungszusammensetzung der von offiziellen Währungsbehörden gehaltenen Devisenreserven zu beobachten. Die Währungsbehörden haben in ihren Reserveportfolios in zunehmendem Maße die traditionellen Reservewährungen - den US-Dollar und das Pfund Sterling - durch andere Reservewährungen wie die D-Mark und den japanischen Yen ersetzt. Als Gegengewicht zur Anteilsänderung beim US-Dollar veränderte sich zusätzlich bis Anfang der achtziger Jahre auch der Währungsanteil des Schweizer Franken und mit Beginn der neunziger Jahre ist ebenfalls beim französischen Franc eine leichte Veränderung festzustellen.
Der Diversifizierungsprozeß ist jedoch nicht kontinuierlich verlaufen und läßt sich in mehrere Phasen unterteilt. Deutlich ist dies aus den Tabellen 1 bis 4 zu erkennen, in denen die Währungsstruktur der von offiziellen Währungsbehörden gehaltenen Devisenreserven ab 1964, untergliedert nach den wichtigsten Reservewährungen und verschiedenen Ländergruppen, aufgeschlüsselt ist.

Während zwischen 1975 und 1977 die Zusammensetzung der Devisenreserven noch relativ stabil geblieben ist, fiel der Anteil des US-Dollar an den gesamten identifizierten Devisenreserven von gut 80% im Jahr 1977 auf unter 69% im Jahr 1980 (vgl. Tabelle 1). Gleichzeitig gewannen die D-Mark, der Yen und der Schweizer Franken als internationale Reservewährungen an Bedeutung. Der Rückgang des Dollar-Anteils fällt mit der drastischen Abwertung der amerikanischen Währung gegenüber anderen wichtigen Währungen zusammen. Offensichtlich versuchten die Währungsbehörden, ihre Reserveportfolios auf mehrere Währungen zu streuen, um dadurch die Risiken umfangreicher Kapitalverluste als Folge der Dollar-Abwertung zu verringern.
Mit der starken Dollar-Aufwertung kehrte sich die Diversifizierung aus dem Dollar in den Jahren 1981-83 vorübergehend etwas um.[100] Da in dieser Phase Dollaranlagen eine höhere Realverzinsung boten als vergleichbare Anlagen in anderen wichtigen Reservewährungen, gewann die amerikanische Währung bei den Wäh-

100 So stieg beispielsweise der Dollarkurs gegenüber der D-Mark - begleitet von beträchtlichen Wechselkursschwankungen und kurzen Abwertungsphasen und von Phasen einer relativen Stabilität - zwischen Juli 1980 und Februar 1985 von 1,73 D-Mark auf 3,47 D-Mark an. Vgl. Vehrkamp, R. (1990), S. 471.

rungsbehörden wieder an Attraktivität. Es bestand nur noch ein geringer Anreiz zu einer weiteren Reservediversifizierung.[101]

Tabelle 1: Zusammensetzung der gesamten identifizierten offiziellen Devisenreserven aller IWF-Mitglieder nach wichtigen Währungen 1964-1994[1)] (jeweils zum Jahresende, in Prozent)

Jahr	US-$	US-$ ohne ECU 2)	DM	DM ohne ECU 2)	Yen	Pfund	sfr	FF	hfl	ECU	ungeklärte Währungen 3)
1964	67,6	-	0,1	-	-	21,5	0,2	1,5	-	-	9,1
1965	66,4	-	0,2	-	-	22,3	0,1	1,5	-	-	9,4
1966	67,8	-	0,2	-	-	21,8	0,2	1,7	-	-	8,3
1967	68,0	-	0,4	-	-	19,4	0,2	1,7	-	-	10,3
1968	60,9	-	0,5	-	-	21,3	0,3	1,3	-	-	15,8
1969	59,1	-	0,7	-	-	20,1	0,6	1,1	-	-	18,5
1970	77,2	-	1,9	-	-	10,4	0,7	1,1	0,1	-	8,7
1971	77,4	-	3,3	-	-	8,7	1,1	1,0	0,1	-	8,3
1972	78,6	-	4,6	-	0,1	7,1	1,0	0,9	0,3	-	7,5
1973	76,1	-	7,1	-	0,1	5,6	1,4	1,1	0,5	-	8,1
1974	77,8	-	6,1	-	0,1	6,5	1,5	0,7	0,4	-	6,9
1975	79,7	-	8,2	-	1,6	2,0	2,2	1,7	0,9	-	6,5
1976	76,5	-	9,0	-	2,0	1,8	2,3	1,6	0,9	-	5,9
1977	80,3	-	9,3	-	2,5	1,8	2,3	1,3	0,9	-	1,6
1978	76,0	-	10,9	-	3,3	1,7	2,1	1,2	0,9	-	3,9
1979	73,2	62,5	12,0	11,0	3,6	1,8	2,4	0,8	1,0	13,1	4,8
1980	68,6	56,6	14,9	12,8	4,4	2,9	3,2	1,7	1,3	16,2	3,0
1981	71,4	59,4	12,7	11,5	4,2	2,1	2,7	1,3	1,1	14,6	4,4
1982	70,5	59,7	12,3	11,1	4,7	2,3	2,7	1,0	1,1	13,3	5,4
1983	71,1	60,2	11,7	10,3	4,9	2,5	2,3	0,8	0,8	13,6	6,0
1984	70,0	60,5	12,6	11,3	5,8	2,9	2,0	0,8	0,7	10,9	5,3
1985	64,8	55,3	15,1	13,9	7,3	2,7	2,1	0,8	0,9	11,6	5,4
1986	67,1	56,4	14,6	13,2	7,1	2,3	1,9	0,7	1,0	12,5	4,8
1987	67,8	55,1	14,3	13,0	6,8	2,2	1,8	0,7	1,1	14,2	5,0
1988	64,6	54,5	15,5	14,4	7,0	2,5	1,8	1,0	1,0	11,7	6,3
1989	60,2	51,1	18,8	17,6	7,2	2,5	1,4	1,3	1,0	10,6	7,3
1990	57,5	49,1	18,6	17,5	8,2	3,2	1,3	2,2	1,0	9,6	7,7
1991	58,4	50,7	16,5	15,7	8,7	3,4	1,2	2,7	1,0	10,0	6,5
1992	63,2	55,1	14,1	13,6	7,9	3,2	1,1	2,3	0,6	10,1	6,1
1993	61,4	56,7	16,1	14,7	8,3	3,2	1,3	2,1	0,6	8,4	4,7
1994	63,3	57,1	15,5	14,8	8,1	3,6	1,1	2,0	0,5	7,8	4,9

Anmerkungen siehe unter Tabelle 3

101 Vgl. auch: IMF, Annual Report 1984, S. 61.

Der Anteil des US-Dollar an den gesamten Devisenreserven stieg bis Ende 1983 auf 71,1% an und verharrte bis Ende 1984 auf einen relativ stabilen Niveau von 70%. Im Jahr 1985 schichteten die Währungsbehörden erneut die Zusammensetzung ihrer Reserveportfolios zugunsten der D-Mark, dem japanischen Yen und in einem geringeren Maße auch zugunsten des Pfund Sterling um, so daß sich der Dollar-Anteil deutlich verringerte. Der Yen, der bis Anfang der siebziger Jahre in den Reserveportfolios der Währungsbehörden noch keine Rolle spielte, ist im Laufe der achtziger Jahre zur drittwichtigsten Reservewährung herangewachsen.
Die umfangreichen Devisenmarktinterventionen der führenden Industrieländer in den Jahren 1986/87 als Folge des Plaza-Abkommens vom September 1985 und des Louvre-Abkommens vom Februar 1987 wirkten einem weiteren Absinken des Dollar-Anteils entgegen, so daß die in Dollar gehalten Devisenreserven bis auf 67,8% anstiegen. Parallel hierzu nahmen die Anteile der D-Mark, des Yen und des Pfund leicht ab. Zwischen 1988 und 1990 setzte sich jedoch die Diversifizierung aus dem Dollar weiter fort, so daß der Anteil bis Ende 1990 auf den niedrigsten Prozentsatz von 57,5% fiel, der jemals seit Mitte der 60er Jahre zu beobachten war. Damit war der Dollar-Anteil an den Weltdevisenreserven seit Ende der siebziger Jahre um gut 30 Prozentpunkte gefallen. Wie in den siebziger Jahren war auch diese Phase von einer Dollarabwertung gekennzeichnet.
Die D-Mark erlebte zwischen 1985 und 1990 als internationale Reservewährung einen regelrechten Schub. Allerdings ist ihr Anteil an den Weltdevisenreserven seitdem etwas gesunken, was besonders im Jahr 1992 durch die EWS-Krise und der damit verbundenen Auflösung von DM-Guthaben seitens der EWS-Notenbanken bedingt war. Der Yen konnte dagegen seit Anfang der neunziger Jahre seinen Anteil auf einem Niveau von rund 8% behaupten, während beim Dollar eine Anteilszunahme zu erkennen ist.[102]
Der Schweizer Franken, der bis 1980 von ausländischen Währungsbehörden im Rahmen ihrer Diversifizierungsoperationen als neue Reservewährung stärker nachgefragt wurde, ist inzwischen auf sein Niveau der Jahre 1973/74 zurückgefallen. Neuerdings scheinen der französische Franc und das Pfund Sterling wieder etwas an Bedeutung zu gewinnen. Ob es sich hierbei allerdings um eine dauerhafte Erscheinung handelt, kann aufgrund der kurzen Datenreihe noch nicht beurteilt werden.

---

102 Betrachtet man die „offizielle" ECU als eigenständiges Reservemedium und rechnet bei der Anteilsentwicklung den SZR-Wert der ECU, der gegen Einbringung von US-Dollar emittiert werden, heraus, so ändert sich das Gesamtbild der bisher beschriebenen Entwicklung bei der Währungszusammensetzung der Devisenreserven kaum. Der Anteil der ECU an den von Währungsbehörden gehaltenen Devisenreserven betrug Ende 1994 7,8%. Der Dollar-Anteil an den gesamten identifizierten Devisenreserven fiel von 80,3% Ende 1977 auf 49,1% Ende 1990 und stieg bis 1994 wieder auf 57,1% an (vgl. Tabelle 1).

5.2 Die Reservediversifizierung nach Ländergruppen

Beim Prozeß der Reservediversifizierung bestehen zwischen den Industrieländern und den Entwicklungsländern deutliche Unterschiede (vgl. Tabellen 2 und 3).

Tabelle 2: Zusammensetzung der gesamten identifizierten offiziellen Devisenreserven der Industrieländer nach wichtigen Währungen 1964-1994[1] (jeweils zum Jahresende, in Prozent)

Jahr	US-$	US-$ ohne ECU 2)	DM	DM ohne ECU 2)	Yen	Pfund	sfr	FF	hfl	ECU	ungeklärte Währungen 3)
1964	72,8	-	-	-	-	15,9	0,2	-	-	-	11,0
1965	72,3	-	0,1	-	-	15,7	0,2	-	-	-	11,8
1966	72,8	-	0,2	-	-	17,0	0,2	-	-	-	9,7
1967	70,1	-	0,1	-	-	17,7	0,3	-	-	-	11,8
1968	60,9	-	0,2	-	-	20,0	0,3	-	-	-	18,6
1969	58,3	-	0,5	-	-	17,5	0,7	-	-	-	23,0
1970	85,0	-	1,6	-	-	5,2	0,9	-	-	-	7,3
1971	84,7	-	2,8	-	-	4,5	1,2	-	-	-	6,8
1972	86,0	-	2,6	-	-	4,7	0,8	-	0,2	-	5,7
1973	86,3	-	2,9	-	-	3,7	0,8	-	0,3	-	6,0
1974	87,1	-	3,2	-	-	2,0	0,9	-	0,2	-	6,5
1975	87,5	-	6,8	-	1,8	1,2	0,9	0,5	0,6	-	0,8
1976	87,0	-	6,7	-	1,9	0,9	0,8	0,5	0,7	-	1,5
1977	89,0	-	5,9	-	1,3	0,6	0,5	0,3	0,5	-	1,8
1978	86,2	-	8,3	-	1,3	0,5	0,5	0,4	0,4	-	2,4
1979	83,5	62,2	9,4	7,8	2,6	0,7	1,4	0,6	0,6	24,0	1,2
1980	77,2	54,1	14,3	10,8	3,3	0,8	1,7	0,7	0,7	28,9	1,3
1981	78,5	55,8	13,0	10,4	3,6	0,7	1,7	0,5	0,8	26,9	1,2
1982	76,7	56,4	12,5	10,0	4,5	0,7	1,7	0,1	0,7	24,8	3,1
1983	77,2	56,7	13,0	10,3	5,1	0,7	1,5	0,0	0,5	25,0	2,0
1984	73,5	57,0	15,1	12,6	6,3	1,4	1,5	0,1	0,6	20,7	1,4
1985	65,2	50,1	19,5	16,7	7,6	1,6	1,8	0,1	0,9	20,1	1,2
1986	69,4	54,2	16,7	14,6	7,2	1,1	1,5	...	0,9	19,2	1,2
1987	71,4	54,7	15,9	14,1	6,3	1,0	1,4	0,3	1,1	19,9	1,1
1988	67,7	54,5	17,3	15,7	6,4	1,4	1,5	0,7	1,0	16,2	2,7
1989	59,6	48,1	22,5	20,5	7,5	1,3	1,1	1,1	1,1	15,0	4,4
1990	55,9	45,3	21,9	20,4	8,9	1,8	1,0	2,3	1,2	13,8	5,3
1991	55,8	43,5	20,0	18,5	9,7	1,9	0,8	3,0	1,1	15,8	5,7
1992	62,8	48,7	16,3	15,3	7,6	2,4	0,4	2,7	0,4	16,5	5,9
1993	60,7	50,3	19,7	17,2	8,1	2,3	0,4	2,5	0,4	14,7	4,0
1994	62,5	51,5	18,3	16,9	7,7	2,5	0,3	2,3	0,3	14,0	4,6

Anmerkungen siehe unter Tabelle 3

Tabelle 3: Zusammensetzung der gesamten identifizierten offiziellen Devisenreserven der Entwicklungsländer nach wichtigen Währungen 1973-1994[1] (jeweils zum Jahresende, in Prozent)

Jahr	US-$	DM	Yen	Pfund	sfr	FF	hfl	ECU	ungeklärte Währungen[3]
1973	55,0	15,9	0,2	9,5	2,6	3,3	0,9	-	12,6
1974 [4]	-	-	-	-	-	-	-	-	-
1975	72,1	9,6	1,3	2,9	3,5	2,9	1,2	-	6,5
1976	71,8	10,4	1,9	1,2	3,2	2,3	1,0	-	8,3
1977	68,1	12,2	3,1	2,7	3,5	2,2	1,0	-	7,2
1978	62,5	14,9	4,6	3,0	3,4	2,2	1,4	-	8,0
1979	62,9	14,6	4,5	2,9	3,4	1,9	1,3	-	8,3
1980	59,9	15,4	5,4	5,1	4,8	2,7	1,9	-	4,8
1981	64,1	12,5	4,9	3,4	3,7	2,1	1,4	-	7,9
1982	64,0	12,1	4,9	4,0	3,7	2,0	1,5	-	7,8
1983	64,6	10,3	4,7	4,4	3,2	1,6	1,0	-	10,3
1984	66,2	9,9	5,2	4,4	2,5	1,5	0,8	-	9,5
1985	62,5	9,8	6,8	4,3	2,6	1,9	0,9	-	11,3
1986	60,4	10,7	7,0	4,6	2,5	2,0	1,1	-	11,6
1987	56,2	10,8	8,0	5,1	2,7	1,8	1,1	10,2	14,8
1988	54,4	11,0	8,5	5,5	2,3	1,7	0,9	-	15,8
1989	58,4	10,6	6,5	5,5	2,2	1,8	0,8	-	14,3
1990	57,7	11,1	6,7	6,4	2,1	2,0	0,7	-	13,3
1991	63,4	10,8	7,1	6,0	2,1	2,1	0,8	-	7,8
1992	65,1	10,9	8,3	4,5	2,2	1,7	0,9	-	6,5
1993	65,5	11,3	8,5	4,4	2,4	1,6	0,8	-	5,5
1994	64,3	12,3	8,6	5,0	2,1	1,6	0,7	-	5,3

Anmerkungen:

1 Nur Länder, die die Zusammensetzung ihrer Devisenreserven an den IWF berichten. Bei den Berechnungen der Anteile wird der SZR-Wert der ECU, die gegen Dollar emittiert werden, den Dollarbeständen zugerechnet.

2 Anteil der betreffenden Währung im betreffenden Berichtsjahr, wenn die ECU als ein eigenständiges Reservemedium betrachtet wird. Da die Währungsanteile jedes Jahr revidiert werden, die Position ohne ECU jedoch nur für das letzte Berichtsjahr ausgewiesen wird, ist ein Vergleich der Anteile in dieser Zeitreihe nicht direkt möglich.

3 Ermittelt aus der Differenz zwischen den identifizierten Reserven abzüglich der Summe der Devisenreserven, die in den 7 angeführten Währungen gehalten werden.

4 Keine Angaben verfügbar.

Quellen: IMF: Supplement on International Reserves, Supplement Series No. 6, Washington, D.C., 1983, S. 118; IMF: Supplement on International Liquidity, Supplement Series No. 14, Washington, D.C., 1987, S. 172; IMF, Annual Reports, versch. Jg.; eigene Berechnungen.

In den siebziger Jahren konzentrierte sich die Diversifizierung von Devisenreserven vorwiegend auf die Entwicklungsländer. Im Zeitraum zwischen 1975 und 1980 reduzierten diese den Dollar-Anteil in ihren Reserveportfolios von 72,1% auf 59,9%, während gleichzeitig die Anteile der D-Mark auf 15,4% und des Yen auf 5,4% anwuchsen. Sehr deutlich ist zu erkennen, daß bei den Entwicklungsländern das britische Pfund und der französische Franc aufgrund der traditionellen engen Bindungen zu den ehemaligen Kolonialmächten ein wesentlich höheres Gewicht einnehmen als bei den Industrieländern. Während sich der Anteil des französischen Franc bis heute kaum verändert hat,[103] wurde der Anteil des Pfund Sterling, der bis in die siebziger Jahre hinein noch relativ hoch war, kontinuierlich verringert (vgl. Tabelle 4). Der bereits seit den sechziger Jahren andauernde langfristige Abwärtstrend des britischen Pfund wurde 1980 kurzfristig unterbrochen, als im Zuge einer Aufwertungsphase und mit Aufnahme der Ölförderung in der Nordsee das Pfund vorübergehend zu einer Ölwährung wurde.

Untergliedert man die Gruppe der Entwicklungsländer weiter in ölexportierende und nicht-ölexportierende Entwicklungsländer (vgl. Tabelle 4),[104] ist deutlich zu erkennen, daß das britische Pfund insbesondere bei den OPEC-Ländern kurzfristig eine Renaissance als Reservewährung erlebte, da diese ihre umfangreichen Einnahmenüberschüsse zulasten des US-Dollar in der neuen Ölwährung Pfund anlegten.[105] So sank der Dollar-Anteil zwischen Ende 1979 und Ende 1980 von 68% auf 61,1%.[106] Während der Anteil des Pfundes bei den OPEC-Ländern zwischen 1979 und 1980 von 2,1% auf 5,4% anstieg, nahm er bei allen IWF-Ländern nur von 1,8% auf 2,9% und bei den Industrieländern nur um 0,1 Prozentpunkt zu (vgl. die Tabellen 4, 1 und 2).

Als Folge der beiden Ölpreiskrisen konnten die ölexportierenden Länder umfangreiche Deviseneinnahmen erzielen, die sich in einem kräftigen Anstieg der Devisenreserven niederschlugen. Auf den ersten Blick scheinen die OPEC-Länder zwischen 1974 und 1980 einen immer geringeren Anteil ihrer Reserven in Dollar angelegt zu haben, während der DM-Anteil in den Reserveportfolios kontinuierlich zugenommen hat. Allerdings läßt sich eine direkte Umschichtung von Dollarreserven in die D-Mark nicht feststellen, da mit Ausnahme des Jahres 1978 sowohl die

---

103 Der französische Franc wird allerdings fast nur von den ehemaligen französischen Kolonien als Reservemedium genutzt, die zusammen mit Frankreich im Rahmen der CFA Franc Zone in West- und Zentralafrika eine Quasi-Währungsunion bilden.

104 Eine Aufschlüsselung der Reservestruktur der ölexportierenden Entwicklungsländer ist nur bis 1986 und der nicht-ölexportierenden Entwicklungsländer nur bis 1986 verfügbar. Danach schlüsselt der IWF die Reservestruktur nicht mehr getrennt voneinander auf, sondern nur noch für die Gruppe der Entwicklungsländer als Ganzes. Die Statistiken haben damit erheblich an Aussagekraft verloren.

105 Vgl. Deutsche Bundesbank, Geschäftsbericht für 1986, S. 71.

106 Nach Schätzungen der Bank of England ist der Dollar-Anteil an den Reserven der OPEC-Länder allein im ersten Quartal 1980 um drei Prozentpunkte von 75% auf 72% gefallen. Vgl. Reimnitz, J. (1981), S. 26.

in Dollar und besonders die in D-Mark gehaltenen Reservebestände stark angewachsen sind (vgl. Tabelle A5). Eine Diversifizierung von Devisenreserven scheint vor allem beim Zuwachs erfolgt zu sein.

Tabelle 4: Zusammensetzung der identifizierten offiziellen Devisenreseven der ölexportierenden und nicht-ölexportierenden Entwicklungsländer nach wichtigen Währungen 1970 bis 1982 bzw. 1986 (jeweils zum Jahresende, in Prozent)

Jahr	US-$	DM	Yen	£	sfr	FF	hfl	ungeklärte Währungen
				Ölexportierende Entwicklungsländer				
1970	77,8	0,7	-	16,5	-	2,3	0,5	2,2
1973	69,8	8,6	0,1	11,9	2,9	2,7	0,8	3,2
1974	76,5	4,3	-	15,4	1,3	0,4	0,3	1,7
1975	73,8	7,3	1,3	4,7	3,3	2,8	0,9	6,1
1976	72,4	8,9	1,8	2,2	3,5	2,4	0,9	8,0
1977	71,0	10,0	2,5	2,0	4,2	2,6	0,9	7,0
1978	66,9	11,4	4,5	1,8	3,9	2,7	1,2	7,6
1979	68,1	12,0	3,8	1,6	3,7	1,9	1,2	7,7
1980	62,5	14,1	4,5	5,0	4,3	3,1	2,0	4,6
1981	66,8	11,2	3,8	2,2	4,1	2,2	1,5	8,2
1982	67,4	10,2	3,6	2,0	4,2	2,1	1,7	8,8
1983	68,5	7,2	3,0	2,0	3,8	1,5	1,2	12,8
1984	67,8	6,8	3,2	2,3	3,1	1,4	0,9	14,8
1985	66,8	7,5	5,1	2,1	2,8	1,5	1,0	13,2
1986	65,0	8,1	4,2	2,3	2,7	1,2	1,5	15,1
				Nicht-ölexportierende Entwicklungsländer				
1970	56,1	2,9	-	22,5	0,4	3,6	-	14,5
1973	49,1	18,9	0,2	8,6	2,5	3,5	0,9	16,3
1974	53,8	16,6	0,3	6,3	3,5	3,1	1,0	15,4
1975	59,0	13,7	0,3	5,6	3,0	3,2	1,1	14,2
1976	64,4	12,6	1,1	2,6	1,7	2,1	0,6	14,9
1977	64,3	14,0	2,3	3,3	1,9	1,5	0,7	12,1
1978	59,2	15,2	3,3	3,5	2,0	1,9	0,8	14,1
1979	57,9	16,1	4,0	4,5	2,4	1,8	1,2	12,1
1980	56,6	14,8	4,8	5,1	4,0	2,2	1,4	11,1
1981	59,6	13,5	4,8	4,1	2,6	2,1	1,2	12,2
1982	59,4	13,0	5,1	4,3	2,3	2,0	1,2	12,7

Quelle: IMF (1987a): Supplement on International Liquidity, Supplement Series No. 14, Washington, D.C.

Im Jahre 1980 erreichten die DM-Anlagen der ölexportierenden Länder sowohl vom Betrag her als auch von ihrem relativen Anteil an den Devisenreserven mit

14,1 Prozent einen Höhepunkt. Allein in diesem Jahr hatten die OPEC-Länder DM-Schuldtitel des Bundes in dem beachtlichen Ausmaß von über 12 Mrd. D-Mark erworben und damit einen Großteil des deutschen Leistungsbilanzdefizites finanziert. Da nur ein Teil der von den Währungsbehörden der OPEC-Länder verwalteten Auslandsanlagen als Devisenreserven dem IWF gemeldet werden, schlägt sich ein Großteil der von OPEC-Ländern erworbenen DM-Anlagen nicht in den Zahlen nieder.[107] So ist der Bestand der in D-Mark angelegten Reserven zwischen Ende 1979 und 1980 um umgerechnet nur 6,4 Mrd. D-Mark auf 24,7 Mrd. D-Mark angewachsen.

Bei den Industrieländern, die über die größten Reservebestände verfügen, verlief der Prozeß der Reservediversifizierung in den siebziger Jahren anders. Trotz der großen auf den Dollaranlagen lastenden Wertrisiken ist der Anteil des US-Dollar an den Devisenreserven der Industrieländer zwischen 1970-77 zunächst angestiegen und erst gegen Ende der siebziger Jahre etwas zurückgegangen (vgl. Tabelle 2). Gleichzeitig konnten die D-Mark und der Yen Anteilsgewinne verbuchen, während der Anteil des Pfund Sterling in den Reserveportfolios weiter stark vermindert wurde.

Da in diesem Zeitraum sowohl die in Dollar als auch die in D-Mark gehaltenen Bestände angewachsen sind (vgl. Tabelle A6), ist der Anteilsgewinn der D-Mark überwiegend auf den Reservezuwachs bei den DM-Reserven, der besonders zwischen 1978 und 1980 sehr ausgeprägt war, zurückzuführen und nicht auf eine direkte Umschichtung von Dollarreserven. Lediglich in den Jahren 1979-80 stiegen die DM-Reserven an, während gleichzeitig die Dollarreserven zurückgingen.

Deutlicher ist dagegen bei den Industrieländern die Diversifizierung der Reserven durch die Verringerung des britischen Pfund. Zwischen 1973 und 1978 wurden Guthaben in Pfund erheblich abgebaut, so daß ihr Anteil 1978 nur noch 0,5% an den Devisenreserven der Industrieländer ausmachte. Da innerhalb dieses Zeitraumes sowohl die Bestände der Dollarreserven als auch die der DM-Reserven zunahmen läßt, sich nicht mit Bestimmtheit sagen, wie der Abbau der Pfund-Reserven dem Aufbau in anderen Währungen zugeordnet werden kann.[108]

Bekannt ist allerdings, daß Australien seine Devisenreserven zugunsten des US-Dollar und vermutlich auch zugunsten der D-Mark und des Schweizer Franken diversifizierte. Lauteten im Jahr 1971 noch 62% der Devisenreserven Australiens auf Sterling, waren es Mitte 1976 nur noch 6%. Im Vergleich dazu belief sich der Dollar-Anteil 1971 auf 33,5% und Mitte 1977 auf fast 68%.[109] Bis Anfang der neunziger Jahre hat die Reserve Bank of Australia den Anteil des Dollar aber deutlich vermindert.[110]

---

107 Vgl. Rieke, W. (1982), S. 20.

108 Vgl. so auch: Unger, S. (1991), S. 77.

109 Vgl. Unger, S. (1991), S. 77, dort die Fußnote 28.

110 Nach Angaben der Reserve Bank of Australia beliefen sich die Währungsanteile des US-Dollar, der D-Mark und des Yen an den gesamten Devisenreserven Ende Juni 1992 zu-

Im Gegensatz zu den siebziger Jahren scheinen seit Beginn der achtziger Jahre vor allem die Industrieländer die Währungszusammensetzung ihrer Reserveportfolios stärker zu verändern. So sank zwischen 1974 und 1991 der Anteil der auf Dollar lautenden Devisenreserven um über 30 Prozentpunkte auf 55,8%, wobei allein im Zeitraum zwischen 1984 und 1990/91 der Anteilsverlust 18 Prozentpunkte ausmachte. Bis Ende 1993 stieg der Dollar-Anteil wieder bis auf 60% an. Dies könnte ein Indiz dafür sein, daß immer mehr Industrieländer dazu übergegangen sind, im Rahmen eines Umstrukturierungsprozesses das Management ihrer Währungsreserven effizienter zu gestalten.

Als der Dollar in der ersten Hälfte der achtziger Jahre gegenüber der D-Mark erheblich an Stärke gewann und Dollaranlagen im Vergleich zu DM-Anlagen eine wesentliche höhere Realverzinsung aufwiesen, ist innerhalb der Reserveportfolios bei den Entwicklungsländer eine deutliche Anteilsverschiebung zwischen dem Dollar und der D-Mark festzustellen. Der Anteil des Dollar stieg zwischen 1980-84 von 59,9% auf 66,2% kräftig an. Parallel hierzu verringerte sich der DM-Anteil von 15,4% auf 9,9%. In dieser Entwicklung kommt jedoch die beträchtliche Anteilsverschiebung an den Weltdevisenreserven innerhalb der Gruppe der Entwicklungsländer zum Tragen. Betrachtet man die Gruppe der Entwicklungsländer als Ganzes, so ist deren Anteil an den Weltdevisenreserven in den Jahren 1980-84 leicht angestiegen, während der Anteil der OPEC-Länder von 21,4% auf 15,4% gefallen ist (vgl. Tabelle A4). Die zu beobachtende Anteilsänderungen innerhalb der Gruppe der Entwicklungsländer wurden in diesem Zeitraum durch die OPEC-Länder dominiert. Während die Währungszusammensetzung der Reserveportfolios bei den nicht-ölexportierenden Entwicklungsländern, wie aus den bis 1982 vorliegenden Zahlen abzulesen ist, relativ stabil geblieben ist, veränderte sich im Zuge des Reserveabbaus der OPEC-Länder die Zusammensetzung ihrer Devisenreserven prägnant (vgl. Tabelle 4).
Anders als nach der ersten Ölpreiskrise verringerten sich die Leistungsbilanzüberschüsse bei den (Nahost-) OPEC-Länder nach der zweiten Krise wesentlich schneller. Als sich zu Beginn der achtziger Jahre sogar Defizite herausbildeten, griffen sie zur Finanzierung ihrer Zahlungsbilanzdefizite überwiegend auf die in ihren Portfolios relativ hohen DM-Bestände zurück (vgl. Tabelle A5).[111] Zwar wurde auch ein Teil der Dollarbestände abgebaut, da aber sowohl aus der Zins- als auch aus der Wechselkurskomponente der Dollaranlagen eine positive Rendite zu erwarten war, lösten sie diese ertragsreichen Anlageformen nur in einem geringeren Maße auf.

---

sammen auf über 90%. Gegenüber dem Vorjahr ist der Dollaranteil um 27 Prozentpunkte auf 31% gesunken. Vgl. Reserve Bank of Australia, (1992), S. 37.

111 Vgl. Deutsche Bundesbank (1984), S. 20; vgl. BIZ, Entwicklung des internationalen Bankgeschäfts und der internationalen Finanzmärkte, Nov. 1990, S. 20; im folgenden zitiert als: BIZ (Monat/Jahr).

Im Gegensatz zu den Industrieländern fiel bei den Entwicklungsländern der Dollar-Anteil zwischen 1984 und 1990 nur um 8,5 Prozentpunkte (Tabelle 3). Bemerkenswert ist, daß die Entwicklungsländer, die in der Vergangenheit einen wesentlich geringeren Anteil ihrer Devisenreserven in US-Dollar hielten als die Industrieländer, den Anteil des Dollar in ihren Portfolios nach 1988 sogar wieder etwas erhöht haben und seit 1990 einen höheren Dollar-Anteil halten als die Industrieländer. Zum Teil dürfte dies damit zu erklären sein, daß es seit den achtziger Jahren innerhalb der Gruppe der Entwicklungsländer eine äußerst ungleichgewichtige Verteilung der Devisenreserven gibt (vgl. Tabelle A4). So hat eine erhebliche Gewichtsverlagerung zugunsten der latainamerikanischen Länder und besonders der südostasiatischen Schwellenländer stattgefunden, die Ende 1994 mehr als ein Viertel der Weltdevisenreserven besaßen. Beide halten einen besonders hohen Anteil ihrer Reserven in US-Dollar.[112]

Interessant ist auch, daß die Industrieländer den Anteil der D-Mark in ihren Reserveportfolios zwischen 1984 und 1994 von 15% auf 18,3% (1989 sogar bis auf 22,5%) erhöhten, während dieser Währungsanteil bei den Entwicklungsländer im gleichen Zeitraum nur von 10% auf 12,3% stieg. Die Entwicklungsländer, die bei der Diversifizierung von Reserven aus dem Dollar vorangeschritten waren und bis 1980 immer einen deutlich höheren Anteil in ihren Portfolios in D-Mark hielten als die Industrieländer, halten inzwischen einen viel geringeren DM-Anteil. Darüber hinaus ist bei den von ausländischen Notenbanken gehaltenen DM-Beständen eine Verschiebung festzustellen. Während sich Ende 1973 zwei Drittel der gesamten auf D-Mark lautenden identifizierten Devisenreserven im Besitz von Entwicklungsländern befanden, hat sich das Verhältnis inzwischen zugunsten der Industrieländer umgekehrt.[113] Den Hauptteil hiervon dürften die Notenbanken der EWS-Länder halten, so daß der wachsende DM-Anteil bei den Industrieländer vor allem durch diese Länder gestützt wird.

Beim japanischen Yen sieht die Anteilsentwicklung etwas anders aus. Bei beiden Ländergruppen, aber besonders bei den Entwicklungsländern nimmt der Yen eine zunehmend wichtige Position als Reservemedium ein. Anders als bei den Industrieländern stieg der Anteil der in Yen gehaltenen Reservebestände bei den Entwicklungsländern zwischen 1985 und 1988 an und ist seit 1992 (Ende 1994: 8,6%) etwas größer als der bei den Industrieländern (Ende 1994: 7,7%).

---

112 Taiwan, das inzwischen zu den weltweit größten Reservehaltern zählt, hielt beispielsweise 1987 noch fast 90% und 1988 noch gut 70% seiner Devisenreserven in US-Dollar. Vgl. Goldstein, C. (1987), S. 32; Loong, P. (1988), S. 19; o.V. (1989): Bestand an Währungsgold wurde zu Lasten der Devisenreserven drastisch erhöht, in: Handelsblatt, Nr. 17, vom 24.1.89.

113 Errechnet auf Basis der in der Tabelle A3 ausgewisenen Bestände und der in den Tabellen 2 und 3 angegebenen Anteile.

5.3 Eine Schätzung der Netto-Diversifizierung der Devisenreserven

Die in den Reservestatistiken ausgewiesenen Veränderungen bei der Zusammensetzung der Devisenreserven sind jedoch nicht immer von entsprechenden Änderungen im Portfoliomanagement einzelner Währungsbehörden begleitet. Wie bereits oben erwähnt, sind häufig Anteilsänderungen allein auf das Wirken von Verteilungs- und Bewertungseffekten sowie statistischen Inkonstistenzen zurückzuführen. So ist zu vermuten, daß die Mitte der 70er Jahre einsetzende Diversifizierung aus dem Dollar wahrscheinlich geringer ausfiel, als es auf den ersten Blick erscheint.

Die Auswirkungen solcher verzerrender Effekte auf den ausgewiesenen Diversifizierungsprozeß untersuchen Horii sowie Mayer, indem sie die globalen Angaben über die währungsmäßige Zusammensetzung der Weltdevisenreservenbestände um Verteilungseffekte bereinigen und eine „Netto-Diversifizierung“ abschätzen.[114] Beide Arbeiten unterscheiden sich von der Methodik her nur geringfügig. Übereinstimmend kommen sie zu dem Ergebnis, daß die in den Statistiken ausgewiesene Diversifizierung der Devisenreserven aus dem US-Dollar zum Großteil auf Faktoren zurückzuführen ist, die nicht direkt im Zusammenhang mit den Bemühungen einzelner Länder stehen, die Zusammensetzung ihrer Devisenreserven bewußt zu verändern. Berücksichtigt man solche verzerrende Faktoren, so können nach den Schätzungen Horiis lediglich 1,2 Prozentpunkte des gesamten Rückgangs des Dollar-Anteils um 12,8 Prozentpunkte zwischen Ende 1972 und 1984 tatsächlich durch eine Diversifizierung erklärt werden.

Nach den Schätzungen Mayers,[115] der die Netto-Diversifizierung bis 1988 untersuchte, sind sogar über 40% des Rückgangs des Dollar-Anteils und über ein Drittel des von den Industrieländern gehaltenen Dollar-Anteils seit 1973 auf Faktoren zurückzuführen, die nicht unmittelbar mit den Diversifizierungswünschen einzelner Länder in Zusammenhang gebracht werden können. Ein Vergleich mit den in den IWF-Statistiken (Tabellen 1 und 2) ausgewiesenen Zahlen zeigt für den Zeitraum zwischen 1973 und 1988 bei allen Ländern eine Brutto-Diversifizierung aus dem US Dollar von 11,5 Prozentpunkten und bei den Industrieländern von 18,6 Prozentpunkten. Die „Netto-Diversifizierung“ belief sich dagegen nur auf 7,8 Prozentpunkte bei allen Ländern und auf 12,2 Prozentpunkte bei den Industrieländern. Sieht man sich die in Tabelle 5 zusammengefaßten Ergebnisse Horiis genauer an, so kann der Rückgang des Dollar-Anteils an den Weltdevisenreserven zu gut einem Drittel auf den kontinuierlichen Aufbau von Devisenreserven durch die amerikanischen Währungsbehörden und die größere Reserveansammlung der Länder

---

114 Vgl. Horii, A. (1986), S. 6ff; Mayer, J. (1990), S. 17ff. Auch Ben-Bassat untersucht, welche Wirkungen Verteilungseffekte auf die Berechnung optimaler Portfolios haben: Vgl. Ben-Bassat, A. (1984), S. 23f.

115 Vgl. Mayer, J. (1990), S. 20ff

zurückgeführt werden, die keine genaue Aufschlüsselung ihrer Reservebestände berichten.

Tabelle 5: Veränderung der Zusammensetzung der globalen Devisenreserven und Schätzung der „Netto-Diversifizierung" 1972-84 (jeweils zum Periodenende)

	US-$	DM	Yen	Pfund	sfr	FF	andere
				in Prozent			
tatsächliche Währungsstruktur							
1972	78,6	4,6	0,1	7,1	1,0	0,9	7,7
1984	65,8	12,1	5,4	2,8	2,0	1,0	10,9
Anteilsänderungen				in Prozentpunkten			
	-12,8	7,5	5,3	-4,3	1,0	0,1	3,2
davon:							
- US-Effekt und statistische Inkonsistenzen	-4,2	0,3	0,3	-0,1	-0,1	-0,1	3,9
- „Deutschland" - und „Japan"-Effekte[2)]	-3,8	-0,2	-0,9	2,8	-	0,1	1,9
- andere Verteilungseffekte[3)]	-3,6	0,8	-0,1	1,0	-	0,4	1,5
„Netto-Diversifizierung"[4)]	-1,2	6,6	6,0	-8,0	1,0	-0,3	-4,1
nachrichtlich							
„Netto-Diversifizierung" nach ausgewählten Perioden							
1972-1976	3,4	4,8	2,6	-10,0	1,4	0,3	-2,5
1976-1979	-2,6	3,5	0,8	-	-	-0,3	-1,4
1979-1984	-3,5	-1,2	2,4	1,1	-	-0,2	1,4

1) Geschätzte Wirkungen aus der Veränderung der amerikanischen Devisenreserven und den Effekten aus statistischen Inkonsistenzen aufgrund der Reservehaltung der Länder, die ihre Reserven nicht nach einzelnen Währungen aufschlüsseln.

2) Wirkungen aus den Veränderungen der deutschen und japanischen Devisenreserven unter der Prämisse, daß beide Länder nur US-Dollar halten.

3) Wirkungen aufgrund der Veränderungen in der Verteilung der Devisenreserven zwischen den Ländergruppen der Industrieländer (ohne USA, Deutschland und Japan), den ölexportierenden und den nicht-ölexportierenden Entwicklungsländern.

4) Veränderung der Zusammensetzung der Weltdevisenreserven bereinigt um die o.a. Verteilungseffekte. Die Wirkungen sind auf Änderungen der Währungszusammensetzung innerhalb jeder der drei Ländergruppen zurückzuführen. Dies schließt die Wirkungen aus den Änderungen der Verteilung innerhalb jeder Ländergruppe und der Währungszusammensetzung ein.

Quelle: Horii, A. (1986), S. 12.

Darüber hinaus ist für einen Großteil der Verminderung des Dollar-Anteils das unterdurchschnittliche Reservewachstum der deutschen und japanischen Devisenreserven verantwortlich. Horii schätzt den Einfluß dieses unterdurchschnittlichen Reservewachstums auf den abnehmenden Dollar-Anteil an den Weltdevisenreserven auf rund 4 Prozentpunkte.[116] Weitere Verteilungseffekte, die aus einem vergleichsweise schnelleren Reservewachstum der Entwicklungsländern gegenüber den Industrieländern (ohne die USA, die Bundesrepublik und Japan) resultieren, haben den Dollar-Anteil um zusätzliche 3,6 Prozentpunkte verringert.
Während zu Beginn der siebziger Jahre der Dollar-Anteil bei allen Ländern und den Industrieländern noch zugenommen hat, ist gegen Ende der siebziger und zu Beginn der achtziger Jahre nur eine geringfügige Diversifizierung aus dem Dollar in die D-Mark und den Yen zu beobachten.[117] In der ersten Phase diversifizierten vor allem die öl- und nicht-ölexportierenden Entwicklungsländer ihre Reserven aus dem Dollar. Allerdings dürfte diese Diversifizierung aufgrund der Dollarabwertung gegenüber den anderen wichtigen Reservewährungen zu einem großen Teil auf Bewertungseffekte zurückzuführen sein. In der zweiten Diversifizierungsphase in der ersten Hälfte der achtziger Jahre scheinen die Industrieländer trotz der Wertsteigerung des Dollar gegenüber anderen Reservewährungen ihre Reserven aus dem Dollar diversifiziert zu haben. Diese Diversifizierung aus dem Dollar, die im Vergleich zur ersten Phase größer ausfiel, dürfte tatsächlich sogar noch etwas größer gewesen sein, da der Wechsel aus dem US-Dollar durch Bewertungseffekte infolge der Dollaraufwertung teilweise kompensiert wurde.
Nach den jüngeren Untersuchungen Mayers haben sich die Wirkungen der Verteilungseffekte weiter fortgesetzt, so daß die „Netto-Diversifizierung“ aus dem Dollar besonders nach 1985 sehr ausgeprägt war.[118] Zwischen Mitte 1983 und Mitte 1986 ist eine deutliche Veränderung gegenüber vorherigen Perioden auszumachen. So stellte Mayer bei allen Ländern und ab Mitte 1981 bis zum Ende der Periode besonders bei den Industrieländern eine starke Bewegung aus dem US-Dollar in die D-Mark und den Yen fest, während die Anteile des Schweizer Franken und des Pfund Sterling nahezu unverändert blieben.[119] Diese „Netto-Diversifizierung“ in die D-Mark und den Yen fand trotz der starken Aufwertungsphase der amerikanischen Währung gegenüber anderen wichtigen Währungen statt. Als mögliche Ursachen für diese Entwicklung nennt Mayer zwei Gründe:[120]
Erstens haben die traditionellen Dollar-Halter in dieser Phase in einem erheblichen Umfang auf ihre Dollarreserven zurückgegriffen, um durch gemeinsame Interventionen an den Devisenmärkten den Dollarkurs zu beeinflussen; wobei allerdings die Diversifizierung bereits um das unterdurchschnittliche Reservewachstum

116 Horii, A. (1986), S. 13f.
117 Horii, A. (1986), S. 18.
118 Vgl. Mayer, J. (1990), S. 21.
119 Vgl. Mayer, J. (1990), S. 22.
120 Vgl. Mayer, J. (1990), S. 22.

Deutschlands und Japans bereinigt wurde, also den beiden Ländern, die am häufigsten gegenüber den Dollar intervenieren.
Zweitens kann die Diversifizierung aus dem Dollar auch ein Hinweis darauf sein, daß die Dollar-Halter aus der vorübergehenden Aufwertung des Dollar in der ersten Hälfte der achtziger Jahre derart Vorteile ziehen wollten, daß sie die Währungsstruktur ihrer Reserven behutsam veränderten, ohne hierdurch stärkere Wechselkursschwankungen zu verursachen. Eine Bestätigung für diese These könnte man darin sehen, daß die spätere „Netto-Diversifizierung" aus dem Dollar in die D-Mark und den Yen zwischen 1986 und Ende 1988 in eine Phase mit einem relativ stabilen Dollarkurs fiel.
Bei allen anderen Währungen bis auf das Pfund Sterling scheinen dagegen die Währungsanteile weniger stark von Verteilungseffekten beeinflußt worden zu sein, so daß die in den Statistiken ausgewiesene Anteilsentwicklung ein relativ gutes Bild von der tatsächlichen Diversifizierung vermittelt.
Betrachtet man die Entwicklung beim Pfund Sterling, so ist bei allen Ländergruppen zwischen 1972 und 1976 eine markante Netto-Diversifizierung der Devisenreserven aus dem Pfund Sterling zu erkennen (vgl. Tabelle 5). Ende der siebziger Jahre kam diese Entwicklung jedoch zum Stillstand und kehrte sich zu Beginn der achtziger Jahre vorübergehend um. Anders als beim US-Dollar scheint die Diversifizierung aus dem britischen Pfund tatsächlich wesentlich größer gewesen zu sein, als es die in den IWF-Statistiken ausgewiesene Entwicklung zu vermitteln vermag. In einem gewissen Umfang ist diese deutliche Diversifizierung dadurch zu erklären, daß die Länder, die früher dem Sterling-Block angehörten und unter dem Festkurssystem noch von einer Reserveumschichtung absahen, nach dem Übergang zu flexiblen Wechselkursen einen Teil ihrer Reserven aus dem Pfund in den US-Dollar, die D-Mark und den Yen umschichteten.

5.4 Zwischenergebnis

Seit Anfang der siebziger Jahre wird in den internationalen Reservestatistiken ein Niedergang des Dollar-Anteils und ein Anteilsgewinn der D-Mark und des Yen ausgewiesen. Ferner fand eine umfangreiche Diversifizierung der Devisenreserven aus dem Pfund in den frühen siebziger Jahren und bis 1982 auch eine leichte Diversifizierung in den Schweizer Franken statt.
Der Diversifizierungsprozeß, der insbesondere gegenüber dem Dollar zu beobachten war, ist nicht kontinuierlich verlaufen. So hat sich mit der Aufwertungsphase des Dollar in der ersten Hälfte der achtziger Jahre diese Entwicklung zum Teil wieder umgekehrt, und seit 1985 ist erneut eine Diversifizierung aus dem Dollar auszumachen. Bemerkenswert ist, daß im Gegensatz zu den siebziger Jahren die voranschreitende Diversifizierung der Währungszusammensetzung der Reserven

nach 1983 hauptsächlich auf die Veränderung der Reservezusammensetzung bei den Industrieländern zurückzuführen ist.
Das Ausmaß in den Statistiken ausgewiesenen Diversifizierung ist jedoch etwas übertrieben. Denn Faktoren, die nicht direkt im Zusammenhang mit veränderten Währungspräferenzen einzelner Länder stehen, die Zusammensetzung ihrer Devisenreservebestände zu verändern, können einen erheblichen Einfluß auf die ausgewiesene Struktur der Reservebestände haben. Bereinigt man die Entwicklungstendenzen um derartige verzerrende Faktoren, so ergibt sich ein etwas anderes Bild der Reservediversifizierung; insbesondere ist der Niedergang des Dollar-Anteils weniger stark ausgeprägt. Trotz erheblicher Bewertungs- und Verteilungseffekte, die zum Teil sogar die ausgewiesene Veränderung der Zusammensetzung der Devisenreserven übertrafen, läßt sich nach dem Zusammenbruch des Festkurssystems von Bretton Woods, vor allem in zwei Perioden eine Diversifizierung aus dem Dollar auszumachen.
Im Zeitraum zwischen Ende der siebziger bis Anfang der achtziger Jahre, der durch einen absoluten Rückgang der Dollarbestände und eine Abwertung der amerikanischen Währung gekennzeichnet war, diversifizierten vor allem die ölexportierenden und nicht-ölexportierenden Entwicklungsländer ihre Reservebestände. Insgesamt betrachtet ist allerdings ein eher begrenzter Diversifizierungsgrad festzustellen. Diese Diversifizierung dürfte hauptsächlich aus den Bewertungseffekten aus der Dollarabwertung gegenüber den anderen Reservewährungen herrühren.
In der zweiten Periode, die seit Anfang der achtziger Jahre bis etwa Mitte 1986 zu beobachten war, haben besonders die Währungsbehörden der Industrieländer ihre Reserven in einem stärken Ausmaß aus dem US-Dollar diversifiziert. Da die amerikanische Währung innerhalb dieses Zeitraums gegenüber den anderen Währungen relativ stark aufwertete, dürfte die Diversifizierung aus dem Dollar, die im Gegensatz zur ersten Periode größer ausfiel, eher noch größer gewesen sein, da eine Verlagerung aus den Dollar zum Teil durch Bewertungseffekte kompensiert wurde.
Diese Ergebnisse der „Netto-Diversifizierung“ müssen jedoch mit großer Vorsicht betrachtet werden, da die Wirkungen einer veränderten Verteilung der Reserven auf die Zusammensetzung der Devisenreserven nicht für einzelne Länder, sondern auf Basis ganzer Ländergruppe geschätzt werden und zum Teil auf sehr hypothetischen Annahmen beruhen. Die „Netto-Diversifizierung“ kann deshalb auch die Folge einer Veränderung der Reserveaufteilung innerhalb einzelner Ländergruppen sein. So weist Horii darauf hin, daß es zwischen 1979 und 1984 bereits deshalb zu größeren Verschiebungen innerhalb der Gruppe der Industrieländer kam, weil Norwegen und Australien in diesem Zeitraum in einen beträchlichem Ausmaße Devisenreserven ansammelten, während Großbritannien seinen Bestand abbaute. Da sowohl Norwegen als auch Australien einen geringeren Anteil ihrer Reserven in US-Dollar halten als Großbritannien, dürfte die „Netto-Diversifizierung“ aus

dem Dollar bei der Gruppe der Industrieländer in den achtziger Jahren zu hoch eingeschätzt sein.[121]

Darüber hinaus ist auch zu berücksichtigen, daß eine Änderung der Zusammensetzung der Devisenreserven einer Ländergruppe das Ergebnis zweier gegenläufiger Entwicklungen sein kann. So können z.B. einige Länder innerhalb der Ländergruppe ihre Reservebstände aus dem Dollar in die D-Mark und andere Länder ihre DM-Reserven in Yen und andere Währungen umschichten. Aus den Statistiken ist jedoch nur die Nettoänderung abzulesen.

Schließlich bezieht sich die hier beschriebene Währungsdiversifikation nur auf die offiziellen Reservebstände, wie sie vom IWF als Reserveaktiva klassifiziert und erfaßt werden. Einige Währungsbehörden halten jedoch über ihre Devisenreserven hinaus offizielle Fremdwährungsanlagen, die nicht in den IWF-Statistiken erfaßt werden. In diesem Fall kann die Zusammensetzung dieser Aktiva ganz anders strukturiert sein als die Devisenreserven.

Insgesamt betrachtet scheint sich das Reservemanagement der Währungsbehörden der Entwicklungsländer sehr stark an der Marktentwicklung zu orientieren. Denn immer dann, wenn der US-Dollar eine Phase der Schwäche (1970-73 und 1977-79) durchlief, ist eine besonders auffällige Zunahme der DM-Guthaben zu verzeichnen. Hingegen wurden in Phasen der Dollarstärke DM-Reserven abgebaut.[122]

Bei den Industrieländern, die über die größten Reservebestände verfügen, ist ein anderes reservepolitisches Verhalten zu beobachten. Sie betreiben eher eine konservative Reservepolitik, die stabilitätsorientierte Überlegungen berücksichtigt und auf die Aufrechterhaltung des internationalen Währungssystems ausgerichtet ist. Ihr Reservemanagement ist eher langfristig orientiert. Ferner legen sie ihre Devisenreserven meistens in einem Währungssegment an und versuchen nicht, kurzfristige Wechselkursentwicklungen zwischen den verschiedenen Währungen auszunutzen, um dadurch Spekulationsgewinne zu erzielen. Viel mehr versuchen sie, durch ein geschicktes Anlagemanagement einen möglichst hohen Ertrag innerhalb eines Währungssegments zu erwirtschaften.

---

121 Vgl. Horii, A. (1986), S. 18f.

122 Vgl. so auch Unger, S. (1991), S. 83.

III. DIE ANLAGEPOLITIK OFFIZIELLER WÄHRUNGSBEHÖRDEN

1. Anlageziele und Beschränkungen für das Reservemanagement

Die Währungsstruktur der Devisenreserven und deren Veränderung sind nur ein Aspekt des bisher beschriebenen globalen Diversifizierungsprozesses. Ein zweiter wichtiger Aspekt steht in Verbindung mit der Anlagefunktion offizieller Devisenreserven. Das reservepolitische Verhalten und die Anlagepolitik offizieller Währungsbehörden ist neben der Wahl der Währung dadurch gekennzeichnet, an welchem Anlageort (nationaler, internationaler Markt) und in welcher Form (Typ und Laufzeit des Anlageinstruments) Devisenreserven angelegt werden. Eine Analyse des Anlageverhaltens offizieller Währungsbehörden ist vor allem deshalb notwendig, da diese einen Aufschluß darüber geben kann, inwieweit Ertrags- und Risiko-Überlegungen im Reservemanagement eine Rolle spielen.

Obwohl die Zentralbanken in ihrer Informationspolitik, was den nationalen geldpolitischen Kurs und eingeschränkt den währungspolitischen Kurs anbelangt, in den letzten Jahren wesentlich offener geworden sind, blieben sie in der Berichterstattung ihrer reservepolitischen Aktivitäten betont zurückhaltend. Das Fehlen umfassender und detaillierter Statistiken über die Struktur der Reserveportfolios einzelner Zentralbanken sowie der Schleier der Verschwiegenheit, der die offiziellen Reservepolitiken umhüllt, erschweren eine Analyse des Anlageverhaltens offizieller Währungsbehörden und setzt dieses mitunter Gerüchten und Mutmaßungen aus. Zwischen den Notenbanken untereinander und den Geschäftsbanken und Investmenthäusern, bei denen ein Teil der umfangreichen Anlagen deponiert werden, und die verständlicherweise aufgrund der besonderen Vertrauensbasis der Geschäftsbeziehungen zu ihrer Klientel keine genauen Informationen preisgeben, hat sich eine "*Konspiration der Verschwiegenheit*" herausgebildet, hinter der das reservepolitische Verhalten an den Märkten verborgen bleibt.[1] Oftmals werden deshalb bestimmte reservepolitische Aktionen erst dadurch publik, daß sich an den internationalen Finanzmarktstatistiken prägnante Entwicklungen abzeichnen, die auf strukturelle Veränderungen hinweisen, oder daß aufgrund von Indiskretionen oder Mißgeschicken anderer Marktteilnehmer Informationen an die Öffentlichkeit gelangen oder daß wie am Beispiel der Zentralbank Malaysias die Verluste aus der Anlage von Reserven so groß sind, daß sie kaum zu verbergen sind.[2]

---

1 Vgl. Brady, S. (1992), S. 49.

2 Vgl. hierzu Kapitel 5 Abschnitt 3.4.2 in dieser Arbeit.

Wie im 1. Teil diskutiert, halten Zentralbanken ihre Reserveaktiva überwiegend in zwei Hauptkomponenten, nämlich in Gold und in Devisenreserven. Das größere Gewicht liegt auf der Ertragssteigerung im Bereich des Managements der Devisenreserven. Den Schwierigkeiten, denen Zentralbanken in einem ertragsorientierten Reservemanagement gegenüberstehen, sind die vielen Beschränkungen hinsichtlich ihrer Anlagetätigkeit. Einige dieser Restriktionen erwachsen aus der Absicht einer konventionellen Vermögensverwaltung, andere resultieren aus der besonderen geld- und währungspolitischen Verantwortung offizieller Währungsbehörden aufgrund ihres gesetzlichen Auftrags.

Zentralbanken sind Institutionen, die im öffentlichen Auftrag handeln und bei der Ausübung ihrer Aufgaben unabhängig sind oder mehr oder weniger stark Weisungen der Regierungen befolgen müssen. Auch wenn durch die Notenbankverfassung den Zentralbanken eine umfassende Autonomie und weitgehende Unabhängigkeit von nationalen Regierungsstellen garantiert wird, werden sie im weitesten Sinne bei der Ausübung ihrer Aufgaben die Politik der eigenen Regierung unterstützen.[3] Das breite Spektrum der Aufgaben offizieller Währungsbehörden konzentriert sich auf die Gestaltung und Durchführung der inneren Geldpolitik, insbesondere sind sie mit der Wahrung der Stabilität des Geldwertes der nationalen Währung betraut. Auch die Sicherung des Finanzsystems, einschließlich eines reibungslosen Funktionierens der Zahlungs- und Verrechnungssysteme, sowie die Einbindung in die Aufsicht über die Banken und bestimmte Finanzmärkte und die Förderung der Effektivität und Leistungsfähigkeit des Finanzsektors, die Banknotenausgabe, die Funktion der Hausbank oder des "fiscal agent" der Regierung sowie die Durchführung der externen Währungspolitik gehören zu den weiten Tätigkeitsfeldern von Zentralbanken.[4] Neben der Wahrung der Stabilität des nationalen Geldsystems sind darüber hinaus die wichtigsten Zentralbanken um die Stabilität des internationalen Währungssystems bemüht.

Die Haltung und Verwaltung der offiziellen Währungsreserven, die in der Regel in den Aufgabenbereich der Währungsbehörden fällt, ist somit nur ein Teilbereich der gesamten Notenbankpolitik. Die Reservepolitik ist hierbei meistens den allgemeinen außenwirtschaftlichen und insbesondere den wechselkurspolitischen Zielsetzungen untergeordnet. Um diese Ziel zu verwirklichen, werden aus unterschiedlichen Motiven Reserven gehalten. Um diesen Motiven gerecht

---

3 Selbst bei der Deutschen Bundesbank, die unbestritten als eine der unabhängigsten Zentralbanken der Welt gilt, kommt diese Beeinträchtigung in § 12 BBankG zum Ausdruck. Zwar ist die Bundesbank bei Ausführung ihrer Befugnisse, die ihr das Gesetz einräumt, von direkten Weisungen der Bundesregierung unabhängig, aber nach § 12 BBankG ist sie verpflichtet, "*unter Wahrung ihrer Aufgabe die allgemeine Wirtschaftspolitik der Bundesregierung zu unterstützen.*"

4 Vgl. zu einem Überblick der Aufgaben einiger europäischer Zentralbanken: Ausschuß der Präsidenten der Zentralbanken der Mitgliedstaaten der Europäischen Wirtschaftsgemeinschaft, Jahresbericht 1992, S. 81ff.

zu werden, muß eine Zentralbank bei der Anlage ihrer Reserveaktiva simultan mehrere Anforderungen beachten. Das Reservemanagment unterliegt also einer Reihe verschiedener Zwänge, so daß eine Übertragung traditioneller Überlegungen einer konventionellen Anlagepolitik auf das Anlageverhalten offizieller Währungbehörden mit Schwierigkeiten verbunden ist. Deren Anlagepolitik unterscheidet sich in der Regel beträchtlich von der Zielsetzung einer privaten, auf Gewinnmaximierung ausgerichteten Anlagepolitik.
Im Zusammenhang mit den Anlageentscheidungen offizieller Währungsbehörden und der Bewirtschaftung der Devisenanlagen werden zumeist die anlagepolitischen Kriterien der Sicherheit und der Liquidität benannt.[5] Vor allem diese beiden Kriterien prägen das anlagepolitische Verhalten und stellen zugleich die wesentlichen Beschränkungen für das Reservemanagement dar. Dies schließt jedoch nicht aus, daß Ertragsaspekten bei den Anlageentscheidungen offizieller Währungsbehörden eine Bedeutung beizumessen ist.

1.1 Der Grundsatz der Sicherheit

Die von Währungsbehörden gehaltenen Reserven sind Teil des nationalen Vermögens. Sie sollten nicht unnötigen Risiken ausgesetzt werden. Von zentraler Bedeutung für das Reservemanagement offizieller Währungsbehörden ist daher der Grundsatz der Sicherheit.

1.1.1 Die wichtigsten Risikoformen von Devisenanlagen

Wie jede Finanzanlage ist auch die Anlage von Devisenreserven mit bestimmten Chancen und Risiken verbunden. Zu den wichtigsten Risiken von Reserveanlagen zählen
- das Wechselkursrisiko,
- das Zinsänderungsrisiko,
- das Inflationsrisiko,
- das Ausfallrisiko und
- das Transferrisiko.

Das weitaus bedeutsamste Risiko bei der Anlage von Devisenreserven ist das Wechselkursrisiko. Es entsteht immer dann, wenn in einer Währung eine offene

---

5 Vgl. so z.B. Blackman, C.N. (1982), S. 4ff.; Schweizerische Nationalbank, 84. Geschäftsbericht 1991, S. 56; für die finnische Zentralbank: Nordman, T. (1987), S. 4; für die Bank of Thailand: Hetrakul, K.-T. u.a. (1983), S. 27; für die Bundesbank: Deutsche Bundesbank (1988b), S. 30; für die australische Zentralbank: Reserve Bank of Australia (1994), S. 47.

Position eingegangen wird und zwischen dem Zeitpunkt, zu dem eine Anlage erworben wird und dem, zu dem diese wieder aufgelöst wird, der Wechselkurs sich gegenüber der Bilanzierungswährung so verändert, daß Verluste entstehen. Angesichts der häufig großen Beträge, die Zentralbanken vorübergehend anlegen, können schon relativ kleine Kursveränderungen große Wertverluste zur Folge haben. Grundsätzlich ist diese Verlustgefahr unabhängig vom jeweiligen Wechselkurssystem. Zwar können bei einer frei floatenden Währung die Kursschwankungen größer sein, dafür besteht jedoch in einem Sytsem fester Wechselkurse das Risiko einer Paritätsänderung. Der wesentliche Unterschied zwischen beiden Regimen besteht darin, daß in einem Festkurssystem in der Regel die Richtung der Paritätsänderung richtig eingeschätzt werden kann, jedoch nicht, zu welchem Zeitpunkt und in welchem Ausmaß eine Änderung erfolgt. In einem System flexibler Wechselkurse ist dagegen häufig sowohl die Richtung, der Zeitpunkt als auch das Ausmaß der Wechselkursschwankungen ungewiß. Insbesondere auf kurz- und sogar auf mittelfristige Sicht entwickeln sich die Wechselkurse manchmal losgelöst von den fundamentalen Faktoren, die die Kursbildung erklären könnten.[6]

Um übermäßige Verluste zu vermeiden, ist es bei einigen Zentralbanken üblich, den für das Management der Reserven zuständigen Devisenabteilungen Limite für das Eingehen offener Positionen zu setzen.[7] Andere Notenbanken sichern ihre Devisenreserven gegen das Wechselkursrisiko durch Termingeschäfte am Devisenmarkt ab.[8]

Neben dem Wechselkursrisiko unterliegen Reserveanlagen dem Zinsänderungsrisiko. Zinssatzveränderungen können bei Aktiva mit unterschiedlicher Zinsbindungsdauer sowie bei Kursen zinssensitiver Anlageinstrumente wie z.B. festverzinslichen Wertpapieren zu Ertragsrisiken führen. Während im ersten Fall nach Bindung der Mittel bei steigenden Zinssätzen gegenüber einer alternativen Anlage ein Zinsverlust entsteht, bewirkt im zweiten ein Zinsanstieg ein Sinken des Kurses des Wertpapiers. Diese Preisänderung des Aktivums vermindert die Kaufkraft, die die Anlage repräsentiert.

Ferner besteht wie bei jeder Anlage, die über einen gewissen Zeitraum finanzielle Mittel bindet, auch bei der Anlage von Devisenreserven die Gefahr einer möglichen Geldentwertung durch Inflation (Inflationsrisiko). Hält eine Zentralbank in ihrem Portfolio Anlagen in der Währung eines Landes, das eine relativ

---

6 Vgl. Klump, R. (1986), S. 118.

7 So begrenzt der zum 3. Februar 1994 wirksam gewordene Erlaß den Umfang der offenen Position, den die Federal Reserve Bank of New York, die die Devisenoperationen für das amerikanische Zentralbankensystem durchführt, bei allen Fremdwährungen eingehen darf, auf maximal $ 25 Mrd. Vgl. "Autorization for Foreign Currency Operations", abgedruckt in: Federal Reserve Bulletin, Mai 1994, S. 398f.

8 So waren beispielsweise Ende 1993 43,3% der Devisenanlagen der Schweizerischen Nationalbank in US-Dollar kursgesichert. Vgl. Schweizerische Nationalbank, 86. Geschäftsbericht 1993, S. 57.

hohe Inflationsrate aufweist, so beeinträchtigt die Veränderung des Preisniveaus die Kaufkraft der in der inflationären Währung gehaltenen Reserven. Ein solcher Substanzverlust tritt jedoch nur ein, wenn die tatsächliche Inflationsrate von der erwarteten abweicht. Denn in der Regel gehen in die Höhe des bei der Anlage vereinbarten nominellen Zinssatzes Inflationserwartungen ein. Das Inflationsrisiko besteht daher nur dann, wenn die erwartete Preissteigerung von der tatsächlichen übertroffen wird.[9]
Ein weiteres Risiko bei der Anlage von Devisen besteht in der Gefahr einer mangelnden Rückzahlungsfähigkeit des Schuldners. Dieses Ausfallrisiko ist von der jeweiligen Anlageform und der Bonität des Schuldners abhängig.[10] Aufgrund ihrer konservativen Grundeinstellung versuchen Zentralbanken von vornherein ihre Anlagepolitik so auszurichten, daß ein Vermögensverlust aufgrund einer mangelnden Rückzahlungsfähigkeit des Schuldners möglichst vermieden wird. Devisenreserven werden deshalb nicht in hochspekulativen Finanzinstrumenten, durch die zwar möglicherweise ein größerer Gewinn erzielt werden kann, die aber gleichzeitig auch ein erhöhtes Risiko aufweisen, angelegt.
Sofern Reserveanlagen in Staatstiteln oder bei den Währungsbehörden der wichtigsten Reservewährungsländer angelegt sind, ist dieser Risikokomponente nur eine geringe oder gar keine Bedeutung beizumessen. Schuldner sind die führenden Wirtschaftsnationen, die sich praktisch jederzeit in ihrer eigenen Währung verschulden können. Anders sieht es dagegen aus, wenn Devisen bei Geschäftsbanken oder anderen nicht-staatlichen Institutionen sowie in von diesen emittierten Papieren angelegt werden. Durch eine sorgfältige Auswahl der Anlageinstrumente und der Geschäftspartner sowie durch Festsetzung interner Limite für das Anlagevolumen kann diesem Risiko begegnet werden. Devisenreserven werden daher primär in Schuldverschreibungen und Schatzwechseln ausländischer Regierungen bester Bonität oder in staatlich verbürgten Wertpapieren sowie in Papieren, die von regierungsnahen oder -ähnlichen Stellen und anderen internationalen Organisationen emittiert werden, investiert.
Aus dem Blickwinkel der Sicherheit und Verfügbarkeit der Devisenanlagen muß auch die mögliche Gefahr berücksichtigt werden, daß durch staatliche Maßnahmen der Transfer von Geldern oder deren Konversion in eine andere Währung untersagt wird (Transferrisiko). Die Anlage von Devisenreserven an nationalen Märkten birgt somit das Risiko in sich, daß bei einem "Einfrieren" der Guthaben diese zumindestens temporär nur eingeschränkt verfügbar sein können. Obwohl dieser Fall zwischen den führenden Währungsländern sicher-

9 Der Inflationsanteil des Nominalzinssatzes soll sicherstellen, daß der Realwert des Kapitals erhalten bleibt. Er ist insofern als Substanzerhaltungsbeitrag zu verstehen. Der Preis für heute zur Verfügung gestelltes Geld spiegelt sich nur im Umfang des Realzinses wider. Vgl. Hauser, H. (1982), S. 193.

10 Für das Ausfallrisiko werden in der finanzwirtschaftlichen Literatur auch Synonyme wie Bonitäts-, Erfüllungs-, Kredit- oder Insolvenzrisiko verwendet.

lich als Ausnahme zu betrachten ist, ist er jedoch nicht ganz von der Hand zu weisen. Wie verschiedene Beispiele in der Vergangenheit zeigten, wird eine Arrestierung von Guthaben manchmal gewählt, um bestimmte politische Interessen durchzusetzten, wenn sich die Beziehungen zwischen zwei Staaten dramatisch verschlechtern. Dies kann auch offizielle Währungsbehörden zu einer Änderung ihres Anlageverhaltens veranlassen. So verlagerten Entwicklungsländer ihre offiziellen Dollaranlagen an den Euromarkt, als die amerikanischen Behörden die Auslandsguthaben des Iran, Libyen und des Iraks arrestierten. Aus politischen Risikoüberlegungen heraus kann es somit empfehlenswert sein, Reserveanlagen möglichst auf verschiedene Währungen und Anlageorte zu streuen. Eine Diversifizierung erhöht damit nicht nur die Disponibilität der Reserveanlagen, sondern verringert auch die Anfälligkeit der Anlagen gegenüber politischen Risiken.[11]

1.1.2 Politik der (realen) Werterhaltung

Alle genannten Risiken können einen erheblichen Einfluß auf den Wert der von Währungsbehörden gehaltenen Devisenreserven haben. Besonders in Zeiten wachsender Preissteigerungsraten und großer Schwankungen der Wechselkurse wird es zunehmend schwieriger, den Wert eines Vermögens zu erhalten. Unterstellt man, daß die von einer Volkswirtschaft erzielten Deviseneinnahmen, die von der nationalen Währungsbehörde als Devisenreserven gehalten werden, Kaufkraft in sich verkörpern, dann sollten diese, solange sie nicht vollständig absorbiert werden, möglichst so angelegt werden, daß die Kaufkraft der Reserven bis zu dem Zeitpunkt erhalten bleibt, an dem diese benötigt werden. Dieses Ziel ist besonders für Länder bedeutsam, die sehr stark auf ihre Reserven angewiesen sind, um beispielsweise einen Teil der Einfuhren finanzieren zu können, falls aufgrund ausbleibender Exporterlöse das Devisenangebot zu gering ist. Sofern es ein wichtiges Ziel des Reservemanagements ist, den (Real-)Wert der Devisenreserven angesichts von Währungsrisiken zu bewahren, folgt hieraus zwangsläufig die Frage, woran sich dieser mißt und wie eine Veränderung der Kaufkraft von Devisenreserven zu bestimmen ist.

Bei einer vermögenstheoretischen Betrachtung wird hierzu üblicherweise ein Preisindex verwendet, bei dem die Gütermengen eines repräsentativen Warenkorbs mit den Preisen eines Basisjahres und eines Vergleichsjahres bewertet und miteinander verglichen werden. Richtet man zunächst den Blick auf ein privates Wirtschaftssubjekt, dann läßt sich dieses Problem relativ einfach lösen. Hält das Wirtschaftssubjekt einen bestimmten Bestand an Fremdwährungen, so ist die Vermögenshaltung gleichbedeutend mit einem gegenwärtigen Konsum-

---

11 Vgl. Reichenstein, P.M. (1987), S. 124.

verzicht. Aus einer rein realwirtschaftlichen Sicht wird ein Wirtschaftssubjekt das in Fremdwährungsanlagen gebundene Vermögen letztendlich erst zu dem Zeitpunkt auflösen, wenn es ausländische Güter und Dienstleistungen konsumieren möchte.[12] Die Kaufkraft einer Fremdwährung wird üblicherweise dann an der Menge der realen Güter gemessen, die das Wirtschaftssubjekt für eine Einheit dieser Währung erwerben kann und momentan oder in naher Zukunft konsumieren möchte. Geht man davon aus, daß die Nutzenfunktion eines privaten Wirtschaftssubjekts von den laufenden und zukünftigen realen Konsumströmen abhängt, dann ist es zweckmäßig, den Realwert seines Vermögens im Zusammenhang mit der Preisentwicklung seines Konsumgüterbündels zu beurteilen.

Während die Messung der Kaufkraftänderung des Vermögens bei einem privaten Anleger vergleichsweise einfach ist, gestaltet sich die Konstruktion eines vergleichbaren Konsumgüterbündels für Zentralbanken schwieriger. Denn möchte man die eben für ein privates Wirtschaftssubjekt abgeleiteten Überlegungen auf eine Zentralbank übertragen, ist die Frage zu klären, worauf sich die internationale Kaufkraft der Reserven bezieht, d.h. welche Güter und Dienstleistungen eine Zentralbank "konsumiert" und für welche Zahlungen Reserven eingesetzt werden. Da in der Literatur kein Konsens über die Nutzenfunktion von Zentralbanken besteht,[13] werden unterschiedliche Konzepte vorgeschlagen, mit denen sich der Realwert von Devisenreserven bestimmen läßt. Einigkeit besteht lediglich in der Hinsicht, daß im Kaufkraftindex irgendwie die aus den internationalen Transaktionen des Landes resultierende Ausgaben- und Zahlungsstruktur zum Ausdruck kommen muß. Einen Anhaltspunkt über die potentielle Kaufkraft der Reserven bieten die verschiedenen Motive der Reservehaltung. So stützt sich eine Alternative auf das Vorsichtsmotiv und betont die Funktion der Reserven als Mittel zur Finanzierung von Zahlungsbilanzungleichgewichten.

Faßt man Devisenreserven als latente Ansprüche auf einen Teil des Sozialprodukts der Länder auf, auf deren Währungen die Reserveanlagen lauten,[14] und nimmt man an, daß in Anlehnung an das nutzenmaximierende Verhalten privater Wirtschaftssubjekte Zentralbanken ihre Devisenreserven letztendlich zur Finanzierung von Importen einsetzen, sollten sie ihren Nutzen gegenüber einem Importkorb maximieren. Um die reale Kaufkraft der Reserven zu sichern, läßt sich hieraus die Anlagestrategie ableiten, die Währungszusammensetzung des Reserveportfolios an der Zusammensetzung der Importe auszurichten, wobei die Struktur der Einfuhren zumeist nach der geographischen Herkunft der Güter approximiert wird.

---

12 Von der Möglichkeit, sich Fremdwährungen über einen Kredit zu beschaffen, wird an dieser Stelle abgesehen.

13 Vgl. hierzu auch: Horii, A. (1986), S. 55.

14 Vgl. Reichenstein, P.M. (1987), S. 120.

Das Konzept, die Kaufkraft der Devisenreserven mit Hilfe eines solchen Importkorbes zu messen, weist jedoch mehrere Mängel auf:
Erstens können sich Zurechnungsprobleme ergeben, wenn nicht jeder Handelspartner in einem ausreichenden Maße Reserveaktiva anbietet. Zweitens ist nicht die Struktur der Einfuhren nach Herkunft der Güter entscheidend für die zu leistenden Zahlungen und die Ausgabenstruktur, sondern allein die Tatsache, in welcher Währung die Importe tatsächlich abgewickelt werden. Natürlich kann in einigen Fällen die Struktur der Zahlungsströme mit der geographischen Herkunft der Güter und Dienstleistungen übereinstimmen. Drittens basiert das Importkorb-Konzept auf der Vorstellung, daß Devisenreserven letztendlich zur Finanzierung der Einfuhren eines Landes verwendet werden. Diese Überlegung mag zutreffend sein, wenn ein Land über keinen funktionsfähigen Devisenmarkt verfügt oder der Kapitalverkehr durch Devisenkontrollen beschränkt ist. Liegt der Außenhandel eines Landes in den Händen des Staates und ist der Privatsektor verpflichtet, erzielte Devisenerlöse der nationalen Währungsbehörde anzudienen, so können die Devisenreserven tatsächlich zur Finanzierung von Importen dienen. Die zur Erfüllung der außen- und realwirtschaftlichen Transaktionen benötigten Mittel müssen dann von der Zentralbank zur Verfügung gestellt werden. Eine solche Devisenbewirtschaftung wird besonders häufig von Entwicklungsländern praktiziert, die nur über geringe Devisenerlöse verfügen. Aufgrund der oftmals geringen Produktdiversifizierung dieser Länder sind Rohstoffe zumeist die wichtigsten Exportgüter. Bei einem plötzlichen Preisverfall bleiben kurzfristig erwartete Exporteinnahmen aus, so daß die offiziellen Währungsbehörden dann auf ihre Reserven zurückgreifen, um die notwendigen Einfuhren weiter finanzieren zu können.[15] Nur unter diesen sehr restriktiven Bedingungen ist davon auszugehen, daß eine Zentralbank ihre Devisenreserven zur Finanzierung von Auslandstransaktionen einsetzt, damit das Land ausländische Güter und Dienstleistungen erwerben kann. In diesem Fall kann die Kaufkraft der Reserven durch den Umfang der Güter und Dienstleistungen bestimmt werden, die mit einer monetären Einheit erworben werden können.
In der Regel fließen einer Zentralbank aber aus den außenwirtschaftlichen Transaktionen privater Wirtschaftssubjekte nur dann Devisenreserven zu, wenn sie am Devisenmarkt interveniert und dort Devisen aufkauft. Dementsprechend wird sie Devisen abstoßen, wenn das Wechselkursgefüge aufgrund einer bestimmten Zielvorstellung beeinflußt und ein bestehender Nachfrageüberschuß an Devisen ausgeglichen werden soll. Hier hinter verbirgt sich häufig der Wunsch, Devisenreserven zur vorübergehenden Finanzierung eines Wechselkurszieles und des damit verbundenen Zahlungsbilanzungleichgewichts einzu-

---

15 Vgl. so die Argumentation bei: Ben-Bassat, A. (1980), S. 286; ders. (1984), S.6; Healy, J. (1981), S. 8; Lehmussaari, O.-P. (1987), S. 165; Dellas, H. (1989a), S. 10; Rikkonen, K.L. (1989), S. 17.

setzen, damit sich die Volkswirtschaft nicht so schnell an das bestehende realwirtschaftliche Ungleichgewicht anpassen muß.
Sowohl in einem System des "managed floating" als auch in einem System fester Wechselkurse, in dem eine Notenbank zu Interventionen verpflichtet ist, werden jedoch Devisenreserven normalerweise nicht direkt zur Finanzierung privater Handelsströme und anderer Auslandstransaktionen des Landes eingesetzt. Die zur Finanzierung der Auslandstransaktionen erforderlichen Devisen und die damit verbundene Devisennachfrage werden gewöhnlich durch Geschäftsbanken und über den Devisenmarkt befriedigt. Die Zentralbank übernimmt lediglich den Spitzenausgleich einer am Devisenmarkt bestehenden Überschußnachfrage.[16] Die von einer Zentralbank gehaltenen Devisenreserven ergeben sich als eine Residualgröße. Die Verwendung von Devisenreserven zur Finanzierung der Auslandstransaktionen eines Landes kann somit nur indirekt aus dem Interventionsmotiv abgeleitet werden, wenn die Zentralbank zu einem bestimmten Wechselkurs ein bestehendes Ungleichgewicht zwischen dem Angebot von und der Nachfrage nach Devisen ausgleicht.
Ein vierter Kritikpunkt am Konzept des Importkorbes ist, daß die Importe nur einen Teil der gesamten grenzüberschreitenden Transaktionen eines Landes erfassen. Gerade Entwicklungsländer, für die der Importkorb als ein adäquater Maßstab erachtet wird, um die Kaufkraft von Reserven zu beurteilen, leiden häufig unter der Last einer hohen Auslandsverschuldung. Oftmals sind auch die nationalen Währungsbehörden direkt bei der Abwicklung der Schuldendienstverpflichtungen involviert, indem sie einen Teil der Schuldendienstleistungen durch Devisenreserven finanzieren. Um so verwunderlicher ist es, daß diesem Aspekt in der Literatur bisher kaum Beachtung geschenkt wurde. Lediglich von Racine wird ein umfassenderes Konzept vorgeschlagen. Sein leistungsbilanzorientierter Währungskorb berücksichtigt bei der Bestimmung der Kaufkraft von Devisenreserven neben der Importstruktur auch die aus dem Schuldendienst resultierende Zahlungsstruktur.[17]
Fünftens ist die Interpretation der Kaufkraft der Reserven und damit das Ziel der Erhaltung der Kaufkraft als zentrale Aufgabe des Reservemanagements angesichts von Währungsrisiken schwierig, wenn ein Land von Devisenkontrollen weitgehend befreit ist und ein wachsender Anteil der Devisentransaktionen keinerlei realwirtschaftlichen Bezug mehr hat, sondern finanzieller Art ist. Dies trifft besonders für die finanziell stabileren Volkswirtschaften der Industrieländer zu. Hier deckt sich die Struktur der Auslandszahlungen nicht mehr mit der Struktur des Außenhandels. Wenn der überwiegende Teil der Schwankungen der Devisenreserven aus den Tauschaktionen am Devisenmarkt zwischen den Geschäftsbanken herrührt und diese Operationen vor allem durch unterschiedli-

16 Vgl. so auch: Rajasingham, I. (1991), S. 4; Jager, H. und E. de Jong (1987), S. 1074.
17 Vgl. hierzu: Racine, J. (1988), insbesondere die S. 30 ff.

che Zinskonstellationen und Erwartungen über die zukünftigen Wechselkursänderungen verursacht werden, ist das importorientierte Kaufkraft-Argument wenig realitätsnah. Die Devisenreserven werden dann nicht zur Bezahlung von Importrechnungen eingesetzt, sondern hauptsächlich aus Interventionsgründen gehalten. Genau diese Überlegungen führten bei der finnischen Zentralbank zu einer Überprüfung ihrer reservepolitischen Zielgröße. Lange Zeit verfolgte sie nämlich das Ziel, die Kaufkraft ihrer Devisenreserven zu stabilisieren und orientierte die Währungszusammensetzung ihres Reserveportfolios an der Importstruktur Finnlands. Nachdem die noch verbliebenen Devisenkontrollen Ende der 80er Jahre aufgehoben wurden, wurde dieses Konzept zunehmend infrage gestellt.[18]
Ein weiterer in der Literatur vorgeschlagener Ansatz stellt deshalb auf die Funktion der Devisenreserven als Interventionsmittel und als Ausgleichspuffer kurzfristiger Kapitalströme ab.[19] Werden die Devisenreserven nicht aus Transaktionsgründen, sondern überwiegend aus Interventionszwecken eingesetzt, wird eine Zentralbank in ihrem Portfolio vor allem die für sie wichtigsten Interventionswährungen halten. Die Zusammensetzung des Reserveportfolios wird also von ganz anderen Überlegungen geleitet sein als von der Währungsstruktur und den Fremdwährungsbeständen des privaten Handelssektors.[20] Vielmehr wird die Zentralbank versuchen, den Wert ihrer Reserven gegenüber der oder den Interventionswährungen zu maximieren bzw. deren Varianz zu minimieren. Am zweckmäßigsten wird der Realwert dann in der Währung oder dem Währungskorb gemessen, gegenüber der oder dem die heimische Währung stabilisiert wird. Auch hier können als Gewichtungsfaktoren die Anteile einzelner Länder an den außenwirtschaftlichen Transaktionen des betreffenden Landes dienen. Bei einem frei schwankenden Wechselkurs könnte dementsprechend ein effektiver Wechselkurs - der den bilateralen Wechselkurs und die Inflationsunterschiede des betreffenden Landes mit seinen wichtigsten Handelspartnern angemessen berücksichtigt - als Numéraire geeignet sein.[21]

Festzuhalten ist, daß alle genannten Risikofaktoren nicht nur isoliert auftreten. Sowohl Wechselkurs-, Zinsänderungs- als auch Inflationsrisiken oder eine Kombination dieser Risikofaktoren können zu einem unvorhersehbaren Wertverlust und damit zu einem Verlust an Kaufkraft der Reserveanlagen führen und den Anspruch auf ausländische Güter und Dienstleistungen schmälern. Auch können sich die Wirkungen der einzelnen Risikokomponenten gegenseitig kompensieren oder kumulieren. So müssen Länder, die eine relativ hohe Inflationsrate aufweisen, ausländischen Anlegern eine höhere Verzinsung anbieten, um

18 Vgl. Nordman, T. (1991), S. 4 und 13.
19 Vgl. Roger, S. (1993), S. 44.
20 Vgl. Chrystal, K.A. (1978), S. 14.
21 Vgl. Horii, A. (1986), S. 55.

diese für eine potentielle Realwerteinbuße zu entschädigen. Solange der Zinsvorsprung nicht aufgezehrt wird, kann mit einem höheren Zinsertrag eine Verschlechterung des Wechselkurses in Kauf genommen werden.
Bei der Anlageentscheidung ist daher der Grundsatz der relativen Sicherheit und der Erhaltung des (Real-) Wertes der Anlagen zu beachten. Unter sicherheitspolitischen Aspekten ist eine Diversifizierung der Devisenreservebestände nach Währungen, Anlagemärkten, Schuldnern und Anlageinstrumenten ratsam, um die aus Wechselkurs- und Preisänderungen und wirtschaftlichen und politischen Entwicklungen herrührenden Risiken zu begrenzen.

1.2 Der Grundsatz der Liquidität

Neben dem Sicherheitsaspekt stellen bei der Auswahl der Währungen für den Reservepool vor allem liquiditätspolitische Überlegungen eine wichtige Beschränkung anlagepolitischer Entscheidungen offizieller Währungsbehörden dar.
Jede Zentralbank erfährt in ihrem täglichen Geschäft routinemäßig sehr unregelmäßige und mitunter sehr große Reservezu- und abflüsse. So werden Währungsreserven häufig aus dem Interventionsmotiv zur Stabilisierung der Wechselkurse oder zur vorübergehenden Finanzierung von Zahlungsbilanzdefiziten eingesetzt. Das Halten von Reserven stellt zudem sicher, daß ein Land jederzeit in der Lage ist, seinen Zahlungsanforderungen bei einem bestimmten Wechselkurs schnell nachzukommen. In der Regel werden Devisenreserven jedoch nicht als zinslose Kasse gehalten, sondern in verzinslichen Anlageformen angelegt. Die finanziellen Mittel sind damit für einen begrenzten Zeitraum gebunden. Da Währungsbehörden nicht immer in der Lage sein dürften, im Vorhinein bereits genau bestimmen zu können, wann Reserven erforderlich sind, halten sie aus dem Vorsichtsmotiv heraus einen bestimmten Mindestbetrag an Reserven nach dem Grundsatz der Liquidität vor. Dabei ist der Liquiditätsgrundsatz im Sinne einer jederzeitigen Verfügbarkeit und Einsatzmöglichkeit der Devisenreserven zu verstehen.
Die Entscheidung über einen bestimmten Mindestanteil, der in Kassenbestände umgewandelt werden kann, selbst unter Inkaufnahme des Risikos beträchtlicher Wertverluste, hat einen starken Einfluß auf die Wahl der Anlageform und den Ertrag des Portfolios. Aus Liquiditätsgründen ist es wichtig, daß Devisenreserven in möglichst kurzfristigen Formen angelegt werden, die international akzeptiert und damit jederzeit verkauft werden können. Hierfür kommen vor allem die Währungen der Länder in Frage, die über große, stark zentralisierte und effiziente Währungs- und Kapitalmärkte verfügen.[22]

---

22 Vgl. Downes, P.T. (1989), S. 20.

Bei einer normalen nach oben verlaufenden Zinsstrukturkurve steigt der Ertrag mit der Dauer der Laufzeit. Je liquider die Reserveform ist, desto geringer wird der Zinsertrag ausfallen. Zwischen dem Liquiditätsgrad und der Rentabilität einer Reserveanlage besteht also eine negative Substitutionsbeziehung.
Mit längeren Laufzeiten ist aber zugleich auch ein höheres Marktrisiko verbunden, so daß aus diesem Grund Anlagen möglichst auf kurzfristige, in hohem Maße marktgängige Wertpapiere, beschränkt werden sollten. Diese bringen überlicherweise, aber nicht immer, geringere Erträge.[23]
Werden Interventionen am Devisenmarkt als notwendig erachtet, müssen sich die erforderlichen Interventionsmittel unter Umständen schnell beschaffen lassen. Dies kann entweder dadurch geschehen, daß eigene Reservemittel, die direkt in der Form von Devisen gehalten werden, mobilisiert werden oder indem fremde Mittel durch eine vorübergehende Kreditaufnahme bei privaten oder offiziellen Stellen beschafft werden. Einige Zentralbanken haben deshalb Beistands-Kreditvereinbarungen mit anderen Zentralbanken oder internationalen Banken abgeschlossen. So besteht seit Anfang der sechziger Jahre zwischen dem amerikanischen Federal Reserve System und mehreren ausländischen Zentralbanken und der BIZ ein weit verzweigtes Netz bilateraler Kreditfazilitäten (siehe Tabelle 6), durch das sich die Zentralbanken gegenseitig Interventionsmedien zur Verfügung stellen können.[24] Derartige Formen der Währungskooperation bestehen auch zwischen den EWS-Zentralbanken untereinander und zu einigen Nicht-Mitgliedsnotenbanken.[25] Auch die Zentralbanken von Schweden, Norwegen, Finnland und Dänemark haben bereits im Jahr 1962 gegenseitige Swap-Abkommen geschlossen, die 1976, 1984 und Ende 1992 revidiert wurden.[26]
Für die Inanspruchnahme derartiger Swaps müssen zwar Zinsen bezahlt werden, aus taktischen Gründen bietet die unmittelbare Zugriffsmöglichkeit auf derartige Kreditfazilitäten aber mehrere Vorteile für ein ertragsorientiertes Reservemanagement:

---

23 Daß dies nicht immer der Fall sein muß, zeigte die in den letzten Jahren oftmals zu beobachtende inverse Zinsstruktur.

24 Das Federal Reserve System griff besonders gegen Ende der siebziger Jahre auf das bestehende Swap-Netz zurück. Obwohl die Kreditfazilitäten erhöht wurden, hat es inzwischen an Bedeutung eingebüßt. Vgl. hierzu auch: Hooyman, C. (1994), S. 158.

25 So wurden im Dezember 1990 zwischen den EWS-Notenbanken und der Norges Bank und im Juli 1992 mit der finnischen Zentralbank, Suomen Pankki, bilaterale Swapabkommen abgeschlossen. Die Vereinbarungen mit der norwegischen Zentralbank liefen zum 31.12.1992 aus, wurden aber nochmals bis Ende 1993 verlängert. Trotz der Suspendierung der ECU-Anbindung Finnlands im September 1992 und Norwegens im Dezember 1992 wurden diese Abkommen beibehalten. Vgl. Ausschuß der Präsidenten der Zentralbanken der Mitgliedstaaten der Europäischen Wirtschaftsgemeinschaft, Jahresbericht 1992, April 1993, S. 60f.

26 Vgl. o.V. (1992b): Währungskooperation der Nordländer, in: F.A.Z. vom 31.12.1992, Nr. 303, S. 11.

Erstens müssen eigene Reserven, die ertragsbringend angelegt und noch längerfristig gebunden sind, nicht aufgelöst werden. Zweitens verringert sich der Bedarf an Portfolioliquidität, und es ist möglich, in Anlagen mit etwas längeren Laufzeiten und einer höheren Verzinsung zu investieren. Drittens kann besonders in Situationen großer Anspannungen am Devisenmarkt eine schnelle Auflösung von Reserveanlagen mit größeren Ertragseinbußen aufgrund von Wert- und Zinsverlusten verbunden sein und darüber hinaus selbst zu weiteren Spannungen am Markt führen oder unerwünschte Signalwirkungen für andere Marktteilnehmer haben.

Tabelle 6: Reziproke Währungskredite des Federal Reserve Systems mit ausländischen Zentralbanken und anderen Institutionen

Zentralbank von	Höhe der Fazilität (in Mill. US-Dollar) Stand September 1995
Österreich	250
Belgien	1000
Kanada	2000
Dänemark	250
Großbritannien	3000
Frankreich	2000
Bundesrepublik Deutschland	6000
Italien	3000
Japan	5000
Mexiko reguläre Swaps	3000
temporäre Swaps	3000
Niederlande	500
Norwegen	250
Schweden	300
Schweiz	4000
Bank für Internationalen Zahlungsausgleich	
- Dollar gegen Schweizer Franken	600
- andere autorisierte europäische Währungen	1250
insgesamt	35400

Quelle: Federal Reserve Bank of New York, Treasury and Federal Reserve Foreign Exchange Operations, Juli-September 1995, S. 16.

Vor allem für die großen und bedeutenden Zentralbanken der Gruppe der G-7, die in einem großen Umfang an den Devisenmärkten intervenieren und über ein umfangreiches Anlagevolumen disponieren, stellt die Liquiditätsbeschränkung eine einschneidende Determinante dar. Denn nur wenige Anlagemärkte sind so groß und bieten einen ausreichend hohen Liquiditätsgrad, daß ein großes Anlagevolumen vom Markt aufgenommen und im Bedarfsfall wieder abgezogen werden kann, ohne dabei größere Störungen zu verursachen. Aus diesem Grund zogen die meisten Zentralbanken lange Zeit die amerikanischen Finanzmärkte als Anlageort ihrer Devisenreserven vor.

Der hohe Entwicklungsstand der US-Finanzmärkte, insbesondere der Markt für Treasury Bills, gewährleistet einen hohen Liquiditätsgrad und bietet den Währungsbehörden optimale Möglichkeiten für kurzfristige liquide Anlagen ihrer Devisenreserven.[27] So belief sich der von den wichtigsten Händlern an die amerikanischen Währungsbehörden gemeldete durchschnittliche Tagesumsatz in Treasury Bills im Dezember 1994 auf US-$ 55, 792 Mrd.[28] Aber selbst an einem so großen Markt wie dem New Yorker Devisenmarkt können die Auswirkungen einer aggressiven Anlagepolitik einer einzelnen Notenbank spürbar sein, wie die Erfahrungen mit den Währungsbehörden Saudi Arabiens Mitte bis Ende der achtziger Jahre zeigten.[29]
Für die "großen" einflußreichen Zentralbanken der G-7 stellt sich damit weniger die Frage, in welcher Währung ihr gewaltiges Anlagevolumen kurzfristig angelegt werden soll. Für sie gibt es kaum eine andere Alternative als den US-Dollar.[30] Seit Anfang der achtziger Jahre ist zwar auch in anderen Währungssegmenten eine Verbesserung zu verzeichnen, aber die Märkte für kurzfristige Staatsschuldtitel in der Bundesrepublik und in Japan sind noch relativ unterentwickelt.[31] Liquiditätsüberlegungen in Verbindung mit einer stabilitätsorientierten Verhaltensweise der bedeutenden Zentralbanken beeinflussen damit sehr stark die währungsmäßige Zusammensetzung ihrer Reserveportfolios.
Aus liquiditätspolitischen Überlegungen heraus rechtfertigt zwar die Größe der amerikanischen Finanzmärkte und die immer noch dominierende Rolle des US-Dollar als internationales Finanzmedium die gegenwärtige Praxis der Zentralbanken, ihre Reserven überwiegend in US-Staatstiteln zu halten. Zu berücksichtigen ist allerdings, daß auch zwischen der Liquidität und Sicherheit einer Anlage ein Zielkonflikt bestehen kann. Denn die aus den Reserveanlagen zu erzielende reale Verzinsung in der ausländischen Währung hängt u.a. entschei-

27 Vgl. Issing, O. (1992), S. 352.
28 Federal Reserve Bank of New York, Federal Reserve Bulletin, Vol. 81, June 1995, S. A31.
29 Vgl. Brady, S. (1992), S. 56.
30 Vgl. so auch Brady, S. (1992), S. 50.
31 Vgl. hierzu die Abschnitte 2.3. und 2.4. in diesem Kapitel.

dend vom zukünftigen geldmengenpolitischen Verhalten des Schuldners ab. Eine Anlagestrategie, die die Reserveanlagen nur auf einen einzigen Schuldner konzentriert, der sich zudem in seiner eigenen Währung verschulden kann, ist aus Sicherheitsüberlegungen und vom realen Ertragsaspekt sehr fragwürdig.[32]

Wie für die „großen" Zentralbanken können auch bei den Entwicklungsländern, die zumeist eine unzureichende Ausstattung an Reservemitteln beklagen, Liquiditätsüberlegungen eine wichtige Beschränkung für das Reservemanagement darstellen. Entwicklungsländer praktizieren oftmals ein Regime von Devisenkontrollen, das in der Regel einsitig ausgestaltet ist, um die Devisenausgaben zu beschränken. Der private Sektor ist dann verpflichtet, die Deviseneinnahmen, die über die festgesetzten Grenzen hinausgehen, der Zentralbank anzudienen. Umgekehrt muß die Zentralbank Devisen an den privaten Sektor verkaufen, wenn die private Nachfrage deren Deviseneinnahmen übersteigt. Darüber hinaus sind viele Entwicklungsländer aufgrund ihres extremen Offenheitsgrades stark von den Deviseneinnahmen aus Rohstoffexporten und den konjunkturellen Schwankungen in den Industrieländern abhängig. Diese hohe Exportabhängigkeit, der Verfall der Rohstoffpreise sowie der zusätzliche, konjunkturelle Abschwung in den Industrieländern in den achtziger Jahren führten zu sehr unregelmäßigen Deviseneinnahmen.[33]
Auf der anderen Seite finanzieren Entwicklungsländer mit ihren Reserven oft die Güter- und Dienstleistungseinfuhren oder bedienen die zu bestimmten Zeitpunkten zu erfüllenden Verpflichtungen aus Auslandsverbindlichkeiten des Landes. Gerade der letzte Punkt spielt eine sehr wichtige Rolle, da die Entwicklungs- und Wirtschaftspolitik zahlreicher Entwicklungsländer mit ausländischen Krediten und Direktinvestitionen finanziert werden. Wenn die betroffenen Länder den Transfer aus den anfallenden Zins- und Tilgungsverpflichtungen oder die Kapitalerträge aus Direktinvestitionen nicht rechtzeitig und in ausreichendem Maße erfüllen können, besteht die Gefahr, daß ausländische Kapitalquellen schnell versiegen.[34]
Aus all diesen Gründen versuchen Zentralbanken, einen bestimmten Umfang der Devisenreserven in Form liquider Aktiva zu halten, um diese regel- oder ungeregelmäßigen Schwankungen der Devisenzu- und abflüsse ausgleichen zu können.
Welche Bedeutung Zentralbanken den Liquiditätsanforderungen jeweils beimessen, hängt davon ab, wie eng die Beziehung zwischen den Beweggründen der Reservehaltung und deren Einsatzmöglichkeiten ist. Außerdem ist die Höhe

32 Vgl. hierzu auch: Reichenstein, P.M. (1987), S. 42.
33 Vgl. hierzu auch: Humes, D. (1981), S. 190.
34 Vgl. Blackman, C.N. (1982), S. 4f; vgl. zu einem dynamischen Reservemanagement, das als Hilfsprogramm zur Förderung des Entwicklungsstandes von Entwicklungsländern dient: Blackman, C.N. (1976), S. 34ff und insbes. S. 39f.

des Reservebestandes in Relation zu diesen Bedürfnissen eine wichtige Einflußgröße: Umfangreiche Reservebestände, die den Bestand der erforderlichen Arbeitsguthaben ("working balances") bei weitem übersteigen, wie dies bei den meisten Industrieländern und einigen Schwellenländern der Fall ist, erlauben eine wesentlich größere Flexibilität bei der Disposition der Anlagemittel und gestatten durchaus auch ein längerfristiges Anlageengagement. Hingegen lassen eine übermäßige Auslandsverschuldung oder ein geringer Reservebestand Liquiditätsüberlegungen zu einer Hauptsorge des Reservemanagements werden. Für den Umfang des aus dem Liquiditätsgrundsatz zu haltenden Reservebestands gibt es keine generelle Faustregel. Diese Größe dürfte sich häufig auf in der Vergangenheit erzielte Erfahrungswerte gründen. Auch wenn innerhalb eines relativ kurzen Zeitraums bestimmte Anlagen liquidierbar sein müssen, sind weder eine Überliquidität noch eine Unterliquidität wünschenswert. Erstere wäre mit Rentabilitätseinbußen verbunden; letztere mit verlustreichen Verkäufen oder Kreditaufnahmen, wobei die daraus resultierenden Kosten zu Rentabilitätseinbußen führen können, die letztlich größer ausfallen als die mit illiquiden Mitteln erzielten Erträge. Neben den Grundsätzen der Sicherheit und der Liquidität sollte daher das Rentabilitätsziel nicht ganz außer acht gelassen werden.

1.3 Der Grundsatz der Rentabilität

Da die Devisenoperationen der Zentralbanken in der Regel durch deren allgemeine wirtschafts- und währungspolitische Zielsetzungen bestimmt werden, wird das Rentabilitätsziel zumeist nicht als eine primäre Zielsetzung der Notenbankpolitik angesehen. Vielmehr wird es oftmals als ein Nebenprodukt der geld- und währungspolitischen Operationen abgetan. Betrachtet man jedoch die Jahresabschlüsse von Zentralbanken, so fällt auf, daß diese regelmäßig beträchtliche Erträge aus der Anlage von Devisenreserven und dem Devisenhandel erzielen und daß diese einen großen Bestandteil des gesamten Notenbankgewinns ausmachen.[35] Der Ertragsaspekt wird also nicht völlig außer acht gelassen. In Kreisen offizieller Währungsbehörden ist es zu einem Umdenken gekommen. Seit Anfang der achtziger Jahre sind sie zu einem aktiveren Management ihrer Reserveanlagen übergegangen. Es kann also davon ausgegangen werden, daß Zentralbanken im Rahmen ihrer Möglichkeiten und innerhalb der

---

35 Bei der Schweizerischen Nationalbank machte beispielsweise der Ertrag aus den Devisenanlagen und dem Devisenhandel (ohne Berücksichtigung von Buchverlusten und -gewinnen aus Wechselkursänderungen) zwischen 1986 und 1994 durchschnittlich 56,6% und 1986 sogar 75,5% des in der Gewinn- und Verlustrechnung ausgewiesenen Gesamtertrages aus. Im Jahre 1992 belief sich dieser Anteil sogar auf 72,6%. Vgl. Schweizerische Nationalbank, versch. Geschäftsberichte; eigene Berechnungen.

durch ihre Ziele gesetzten engen Grenzen bemüht sind, aus der Anlage ihrer Devisenreserven einen angemessenen Ertrag zu erwirtschaften.
Eine ertragsorientierte Anlage der Devisenreserven ist auch aus rein ökonomischen Überlegungen sinnvoll, da der Erwerb und das Halten von Reserven nicht kostenfrei sind. Kern unterscheidet hierbei zwischen Akkumulierungs- und Aufbewahrungskosten.[36]
Aus dem Erwerb von Reserven können so zum Beispiel (Akkumulierungs-) Kosten entstehen, wenn sich eine Zentralbank aufgrund einer unzureichenden Liquiditätsausstattung bei anderen offiziellen oder privaten Institutionen im Ausland Reserven auf Kredit beschafft und hierfür Zinsen bezahlen muß. Zu den Akkumulierungskosten können auch die Aufwendungen hinzugerechnet werden, die in Form der laufend zu leistenden Zinsverpflichtungen entstehen, wenn sich private Wirtschaftssubjekte im Ausland verschulden und diese die aufgenommenen Fremdwährungen im Tausch gegen Inlandswährung der Zentralbank andienen.[37] Neben diesen aus der Akkumulierung von Reserven entstehen Kosten, kann das Halten von Reserven mit Aufbewahrungskosten verbunden sein. Diese stammen im wesentlichen aus den mit der Anlage von Reserven verbundenen und bereits oben beschriebenen Paritätsrisiken und Substanzwertverlusten durch Änderungen der Wertpapierkurse oder eine inflationäre Geldentwertung. Darüber hinaus ist das Halten von Reservebeständen mit Opportunitätskosten verbunden, da die aus einer vorübergehenden, verzinslichen Anlage von Reserven zu erzielenden Erträge in der Regel geringer ausfallen als die aus weniger liquiden Anlageformen (Investitionen in Sach- und Anlagevermögen). In dem Umfang wie die Währungsbehörden Reserven halten, muß ein Land auf Investitionen und das daraus zu erzielende gesamtwirtschaftliche Einkommen verzichten.[38]
Sinnvoll ist es deshalb, das gesamte Reserveportfolio einer Zentralbank in zwei Tranchen aufzuteilen: In Arbeitsguthaben ("working balances"), die aus liquiditätspolitischen Überlegungen gehalten werden und jederzeit einsetzbar sind, um die geld- und währungspolitischen Ziele zu erreichen, sowie in frei disponierbare Mittel, die stärker nach ertragsorientierten Gesichtspunkten verwaltet werden können.[39] Der Umfang der als Arbeitsguthaben gehaltenen Mittel sollte hierbei so gering wie möglich gehalten werden, während die überschüssigen Reserven mit der gebührenden Vorsicht so gewinnbringend wie nur möglich bewirtschaftet werden sollten.[40]

---

36 Vgl. zu einer umfassenden Analyse der einzelnen Kostenbestandteile: Kern, M. (1976), S. 140ff.

37 Vgl. Kern, M. (1976), S. 144.

38 Zu den Opportunitätskosten der Reservehaltung vgl. Landell-Mills, J.M. (1989), Willms, M. S. 237f.

39 Zu diesem Vorschlag vgl. Blackman, C. N. (1982), S. 5.

40 Von diesen Überlegungen war das Anlageverhalten der OPEC-Länder nach den Ölpreiskrisen geprägt. In Folge der Ölpreisverteuerung sahen sie sich plötzlich massiver

Die aus der Anlage von Reserven potentiell zu erzielenden Erträge stammen im wesentlichen aus zwei Quellen:
Erstens aus den an den ausländischen Märkten angelegten Mitteln zu erzielenden Zinserträgen, die gewöhnlich den Anlagen direkt zugeschrieben werden. Diese werden einerseits von der Höhe der ausländischen Zinsniveaus und andererseits vom Umfang der in den betreffenden Währungen gehaltenen Bestände bestimmt.
Zweitens aus den aus einer positiven Wertentwicklung der Reserveanlagen realisierten Gewinnen. Diese sind im wesentlichen auf Veränderungen der Kapitalwerte ausländischer Wertpapiere und Wechselkursänderungen gegenüber der zugrundliegenden Bezugsgröße zurückzuführen, die zwischen dem Zeitpunkt, zu dem die Devisenreserven angelegt werden und dem, zu dem diese wieder aufgelöst werden, auftreten.[41]

Nimmt man an, daß eine Zentralbank auf die für eine erfolgreiche Anlage relevanten externen Faktoren keinen direkten Einfluß nehmen kann, so kann sie jedoch durch die Art und Weise, wie sie ihr Reserveportfolio bewirtschaftet, ihre Einnahmen beeinflussen. Aufgrund der hohen Anforderungen, die an die Liquidität und Sicherheit der Anlagen gestellt werden, legen viele Zentralbanken den überwiegenden Teil ihrer Devisenreserven in kurzfristigen liquiden Anlageformen an, die von erstklassigen Schuldnern emittiert werden. Bei einem normalen Verlauf der Zinsstrukturkurve läßt sich dadurch allein aus dem Zinsertrag nur eine vergleichsweise geringe Rendite erwirtschaften. Durch ein aktives Portfoliomanagement ist es jedoch häufig möglich, die aus der Anlage von Reserven zu erzielenden Erträge durch eine Reihe taktischer Operationen und die Anwendung verschiedener Management-Techniken zu verbessern.[42] So lassen sich beispielsweise die Erträge durch eine Veränderung der Portfoliostruktur steigern, indem

- die Währungszusammensetzung der Reserveanlagen je nach der erwarteten Wechselkursentwicklung verändert wird;
- die Anlageform gewechselt wird, um die zwischen den verschiedenen Anlageformen bestehenden Ertragsdifferenzen auszunutzen. Denn bei oftmals gleicher Laufzeit können sich die Erträge verschiedener Anlagen erheblich voneinander unterscheiden. Durch eine Umschichtung zwischen einzelnen Anlageinstrumenten innerhalb eines Währungssegments läßt sich dann der

Überschüsse gegenüber, die sie so kurzfristig gar nicht vollständig absorbieren konnten. Sie legten daher ihre überschüssigen Devisenerlöse an den internationalen Geld- und Kapitalmärkten an, um damit einen möglichst hohen Ertrag zu erwirtschaften.

41 Nach der allgemein üblichen Bewertungspraxis werden die aus Wechselkursänderungen und der Kapitalanlage resultierenden Gewinne erst dann tatsächlich realisiert, wenn die Reserveanlagen aufgelöst werden.

42 Vgl. hierzu auch: Hetrakul, K.-T. u.a. (1983), S. 27; Downes, P.T. (1989), S. 21; Reserve Bank of Australia (1994), S. 47.

Ertrag der Anlageportfolios steigern. Der Einsatz von Devisenswaps und Terminkontrakten ermöglicht es zusätzlich, die Entscheidungen über die Zusammensetzung des Portfolios nach Währungen und Anlageinstrumenten voneinander zu trennen, so daß auch durch einen Wechsel zwischen den Marktsektoren der verschiedenen Währungsmärkte Renditedifferenzen ausgenutzt werden können.

- die Gesamtlaufzeit ("Duration") des Portfolios oder einzelner Anlageportfolios verändert wird, um aus erwarteten Zinssatzänderungen Vorteile zu ziehen oder sich gegenüber Zinsänderungsrisiken abzusichern. Hierbei handelt es sich um eine wichtige Steuerungsvariable des Managements eines Portfolios. Um die aus der Anlage von Reserven resultierenden Zinsänderungsrisiken zu begrenzen, wird oftmals als Nebenbedingung für das Portfoliomanagement eine bestimmte Durchschnittslaufzeit für das gesamte Portfolio festgelegt. Dadurch soll sichergestellt werden, daß die angelegten Mittel nicht zu langfristig gebunden sind, wenn die Zinsen steigen und nicht zu kurzfristig, wenn sie sinken sollten. Eine Veränderung der Gesamtlaufzeit sowie der Zeitpunkt, zu dem eine Änderung bei der durchschnittlichen Laufzeit erfolgt, können den Ertrag des Portfolios entscheidend beeinflussen. Dies ermöglicht es, jeweils auf sich ändernde Erwartungen über die Entwicklung der internationalen Zinssätze zu reagieren.
- durch aktive Kauf- und Verkaufsentscheidungen in Verbindung mit einer Arbitrage zwischen Wertpapieren unterschiedlicher Laufzeiten Ertragsdifferenzen ausgenutzt werden. Werden Reserven überwiegend kurzfristig angelegt, so kann eine Zentralbank bei einem normalen Verlauf der Zinsstrukturkurve eine höhere Rendite erzielen, indem sie ihre Anlagen von kurz- in langlaufende festverzinsliche Wertpapiere wechselt und diese vor Ablauf der Restlaufzeit am Sekundärmarkt verkauft. Die höhere Rendite ist darauf zurückzuführen, daß aufgrund der längerfristigen Anlageform die Verzinsung des Kapitals während der Anlagedauer höher ist und durch die Wertsteigerung des Titels bei einem vorzeitigen Verkauf ein zusätzlicher Kursgewinn entsteht.[43] Diese Strategie wird als "*Reiten auf der Zinskurve*" bezeichnet und führt insbesondere dann zu einer hohen Rendite, wenn die Zinsstrukturkurve relativ steil verläuft. Darüber hinaus erlaubt eine solche Strategie, daß auch innerhalb eines Währungssegments zusätzliche Gewinne möglich sind, ohne die Portfoliostruktur in eine andere Währung wechseln zu müssen.

---

43 Die Wertsteigerung resultiert daraus, daß zwischen dem Zeitpunkt des Erwerbs und der Veräußerung des Titels sich die Restlaufzeit um die Anlagedauer verkürzt, während die Nominalverzinsung konstant bleibt. Da bei normaler Zinsstruktur die Rendite für Schuldtitel kürzerer Laufzeit geringer ist, ergibt sich eine Höherbewertung des Titels. Vgl. hierzu auch: Walz, H. und T. Weber (1989), S. 135.

Wenn eine Zentralbank über den Bestand an Arbeitsguthaben hinaus im wesentlichen Reservezuwächse verzeichnet, kann sie durch eine längerfristige und höher verzinsliche Anlage ihre Erträge steigern. Ebenso kann das Risiko des Devisenverlustes durch Interventionen gering gehalten werden, wenn es der Zentralbank gelingt, eine Währung günstig zu kaufen, um sie später wieder teuer verkaufen zu können. Dieses Verhalten kennzeichnete das reservepolitische Verhalten von Notenbanken im EWS, die in Phasen einer zeitweisen Schwäche der D-Mark umfangreiche DM-Guthaben erwarben, die im Rahmen von späteren Wechselkursstützungsaktionen aufgelöst wurden.

1.4 Weitere anlagepolitische Grundsätze des Reservemanagements

Sicherheit, Liquidität und Rentabilität stellen das klassische Zieldreieck einer jeden Kapitalanlage dar. Allerdings lassen sich nicht alle Ziele gleichermaßen realisieren. Insbesondere besteht zwischen dem Ziel der Sicherheit und dem Ziel eines angemessenen Ertrags einer Reserveanlage ein Zielkonflikt. Eine zunehmende Rentabilität läßt sich in der Regel nur auf Kosten einer abnehmenden Sicherheit der Anlage realisieren. Dennoch lassen sich beide Ziele miteinander verbinden. Durch den in der finanzwirtschaftlichen Literatur entwickelten Grundsatz einer angemessenen Mischung bzw. der Politik einer Risikostreuung werden die Ziele der Sicherheit und Rentabilität aus einem anderen Blickwinkel betrachtet. Sicherheit wird nicht mehr als das oberste und fundamentalste Prinzip und die Rentabilität als ein untergeordnetes Ziel betrachtet. Risiko und Rentabilität werden zumindestens in Grenzen als austauschbar angesehen.[44] Nicht mehr das Einzelrisiko einer Anlagealternative ist dann von Bedeutung, sondern nur noch das Risiko, das sich durch eine Mischung risikobehafteter Anlagen nicht mehr wegdiversifizieren läßt. Die Berücksichtigung des Diversifizierungsgedankens erlaubt es, daß auch einzelne Anlagen erworben werden können, die ein höheres Einzelrisiko aufweisen, aber sich wegen gegensätzlicher Entwicklung - operationalisiert durch eine negative Korrelation - zwischen den verschiedenen Anlagealternativen innerhalb eines Portfolios besonders günstig ergänzen.

Sicherheit wird nach diesen kapitaltheoretischen Risikoüberlegungen durch eine Streuung der möglichen Werte der Ergebnisse der Kapitalanlage charakterisiert. Unter verschiedenen Kombination von Anlageobjekten wird dabei derjenigen Kombination der Vorzug gegeben, die bei gleicher Rentabilität das geringste Risiko aufweist, das durch die Varianz bzw. die Standardabweichung gemessen wird.

---

44 Das Risiko einer Anlage wird entsprechend der kapitaltheoretischen Terminologie als Risiko in der Variabilität der Wahrscheinlichkeitsverteilung der Ereignisse der Kapitalanlagen gesehen und als Standardabweichung bzw. Varianz operationalisiert.

Die Einhaltung dieses Zieles dient der Risikoverteilung und einer gesunden Anlagemischung, wie beim Grundsatz der Sicherheit, mit dem eine Reihe von Risiken konjunktureller, struktureller, regionaler und politischer Natur durch eine Streuung zwischen den Anlagemärkten und -objekten begrenzt werden soll.
Während die bisherigen Leitlinien mehr der Auswahl einzelner Anlageobjekte dienten, bezieht sich die Strategie der angemessenen Mischung und Streuung auf das gesamte Reserveportfolio und die Anteilskombinationen. Sie kann als eine Regel für die Durchführung der Reserveanlage betrachtet werden.[45] Der oben beschriebene Diversifizierungsprozeß und das veränderte reservepolitische Verhalten offizieller Währungsbehörden deuten darauf hin, daß Zentralbanken sich die Möglichkeiten der Risikomischung zunutze machen.

Neben den bisher genannten Grundsätzen können für Währungsbehörden eine ganze Reihe weiterer Beschränkungen von Bedeutung sein, die einen mehr oder weniger starken Einfluß auf die Anlageentscheidungen von Zentralbanken ausüben können.
Das Anlageverhalten und die Wahl der Anlageformen können beispielsweise durch gesetzliche Regelungen begrenzt sein, die in der Notenbankverfassung selbst oder in ergänzenden Gesetzen verankert sind. Die Anlage von Reserven in bestimmten Aktiva kann ganz ausgeschlossen, explizit erlaubt sein oder einer gesonderten Zustimmung bedürfen. Beispielsweise sind die amerikanischen Währungsbehörden durch den "Monetary Control Act" seit 1980 ermächtigt, einen Teil ihrer durch Devisenmarkttransaktionen erworbenen konvertiblen Währungsreserven in Wertpapieren (zumeist zinstragenden Anleihen) ausländischer Regierungen anzulegen. Das Anlageverhalten der finnischen Notenbank unterlag im Jahre 1987 lediglich einer gesetzlichen Beschränkung, nach der der Erwerb von Aktien der Zustimmung eines parlamentarischen Aufsichtsbeamten bedurfte.[46] In einigen Ländern ist oftmals aufgrund einer gesetzlichen Grundlage eine bestimmte Zielvorgabe festgeschrieben, nach der ein Minimum an Reserven in Relation zum Notenumlauf nicht unterschritten werden darf, um die Stabilität der Inlandswährung sicherzustellen.[47] Wird diese Grenze unterschrit-

---

45 In portfoliotheoretischen Modellen werden solche Regeln formal abgeleitet. Vgl. hierzu das Kapitel 4 in dieser Arbeit.

46 Vgl. Nordman, T. (1987), S. 4.

47 Für das Reservemanagement der thailändischen Zentralbank schreibt der Currency Act B. E. 2501 eine 60%-Klausel fest, nach der der Bestand an Gold und Devisenanlagen nicht unter 60% der umlaufenden Banknoten fallen darf. Die Bank of Thailand verwaltet ihr Reserveportfolio daher in drei Tranchen: Ein Teil des Portfolios wird so gehalten, um den Anforderungen des Currency Act gerecht zu werden, ein weiterer in Form des Equalization Fund, aus dem die Devisenmarktinterventionen bestritten werden. Die dritte Tranche dient der Stabilisierung der Außenposition, mit der das Foreign Department der Zentralbank den Schuldendienst des Landes gegenüber dem Ausland bestrei-

ten, so kann eine Zentralbank gezwungen sein, über einen externen Kredit zusätzliche Reserven zu beschaffen, um damit die Liquiditätsposition wieder zu stärken. Über die Zweckmäßigkeit solcher Regelungen sind erhebliche Zweifel angebracht, da die Liquiditätsposition eines Landes nicht allein durch den von der Zentralbank gehaltenen Reservebestand bestimmt wird.

Neben derartigen gesetzlichen Bestimmungen kann der Handlungsspielraum des Reservemanagements auch aufgrund interner und administrativer Anweisungen eingeengt sein, die durch wirtschaftliche, institutionelle oder politische Faktoren motiviert sind. So berücksichtigen beispielsweise die Zentralbanken der führenden Industrieländer aufgrund der Größenordnungen, die bei der Disposition ihrer Reserven ausgehenden Wechselkurs- und Zinseffekte. Reserveoperationen werden daher mit der betreffenden Emissionsnotenbank abgestimmt, um Mittelzu- oder abflüsse besser kanalisieren zu können.
Ferner wird bei vielen Zentralbanken die Reservepolitik in enger Abstimmung mit den Regierungsstellen durchgeführt oder sogar durch das Finanzministerium in Konsultationen mit der Zentralbank bestimmt.[48] Manchmal erwerben Zentralbanken auch auf Empfehlung ihrer Regierungen Staatspapiere von anderen Ländern, die beispielsweise von einer Naturkatastrophe betroffen sind, um deren externe Liquiditätsposition zu verbessern, auch wenn damit eine niedrigere Verzinsung oder geringere Marktfähigkeit verbunden ist oder sogar innerhalb gewisser Grenzen Verluste zugestanden werden.[49] Entsprechend ist auch der Kauf von Finanzaktiva internationaler Organisationen wie der Weltbank oder anderer regionaler Entwicklungsbanken zu beurteilen, die zwar aufgrund ihrer hohen Bonität als Schuldner unter Umständen marktfähig sind, aber in Hinblick auf ihre Fälligkeit, Rentabilität und Liquidität aus Sicht einer optimalen Anlagestrategie wenig rational wären.[50] Ein weiteres prägnantes Beispiel für den Einfluß nationaler Regierungen auf die Reservehaltung der Zentralbanken ist der Beitrag einiger europäischer Regierungen bei der Entwicklung des „privaten" ECU-Marktes und die damit verbundene Zunahme der von Zentralbanken gehaltenen Reservebestände in „privater" ECU.[51]

---

tet. Vgl. Hetrakul, K.-T. u.a. (1983), S. 25. Durch ähnliche Regelungen wird auch das Reservemanagement in anderen Entwicklungsländern eingeschränkt. Vgl. zum Beispiel für Belize: Humes, D. (1981), S. 188.

48 So zum Beispiel auch bei der Bank of England und der Bank of Japan. Vgl. Pringle, R. (1993), S. 33.

49 Vgl. Blackman, C.N. (1982), S. 6f.

50 Vgl. Rikkonen, K.-L.(1989), S. 7.

51 Vgl. hierzu Kapitel V Abschnitt 2.2.2.2 in dieser Arbeit.

1.5 Zwischenergebnisse

Ein Großteil der Veränderungen in der Höhe als auch in der Zusammensetzung der Reserveanlagen ist auf Marktoperationen der Zentralbanken zurückzuführen, indem sie bestimmte geld- und währungspolitischen Ziele verfolgen. Während die in der Zentralbankbilanz ausgewiesenen Vermögenspositionen in inländischen Aktiva aus geldpolitischen Gründen gehalten und zur geldpolitischen Steuerung eingesetzt werden, umfaßt das Management der Devisenreserven Transaktionen an ausländischen Finanzmärkten. An diesen Märkten tritt eine Zentralbank hauptsächlich als Anleger auf. Sie kann dort eher eine Politik verfolgen, die mit der Realisierung potentieller Erträge im Einklang steht, ohne bei ihren reservepolitischen Entscheidungen binnenwirtschaftliche Zielsetzungen berücksichtigen zu müssen. Eine Zentralbank besitzt deshalb beim Management ihrer Devisenanlagen grundsätzlich eine größere Freiheit und Flexibilität als beim Management ihres Portfolios an inländischen Wertpapieren, bei dem jeweils Rücksicht auf die binnenwirtschaftlichen Besonderheiten genommen werden muß.[52]

Diese größere Freiheit wird jedoch durch die Anlagephilosophie der Zentralbank und durch eine Reihe von Faktoren wie die Größe des Anlageportfolios, gegenseitige Absprachen zwischen den Zentralbanken und die von der Anlage von Reserveaktiva ausgehenden Wirkungen eingeengt.

Wie die Analyse zeigte, wird die Anlagepolitik offizieller Währungsbehörden vor allem durch sicherheits- und liquiditätspolitische Überlegungen beeinflußt. Die Reserven eines Landes sollten keinen unnötigen Risiken ausgesetzt werden. Die Sicherheit des Kapitals ist daher oberstes Ziel des Reservemanagements. Daneben ist eine ausreichende Liquidität des Reserveportfolios eine wichtige Determinante, da sie sicherstellt, daß das Land jederzeit in der Lage ist, seinen Wechselkurs zu stabilisieren und seine Zahlungsverpflichtungen schnell nachzukommen. Da die Reservehaltung mit Kosten verbunden ist, sollte das Reserveportfolio mit der gebührenden Vorsicht so gewinnbringend wie nur möglich verwaltet werden, um einen Teil dieser Kosten zu kompensieren.

Auch wenn Gewinnmaximierung bei vielen Zentralbanken nicht das wichtigste Ziel des Reservemanagements ist, sollte innerhalb der durch die anlagepolitischen Grundsätze und internen Richtlinien gesetzten Grenzen das tägliche Management der Reserven durch eine aktive Geschäftspolitik gekennzeichnet sein. Wie gezeigt, lassen sich beispielsweise durch eine Veränderung der Gesamtlaufzeit des Portfolios, durch Ausnutzung von Ertragsdifferenzen zwischen verschiedenen Anlageformen oder durch den Verkauf von Anleihen vor Fälligkeit sowie durch ein geschicktes Timing von Devisenoperationen die Erträge der Reserven steigern.

52 Vgl. so auch: Reserve Bank of Australia (1992), S. 36.

Aufgrund dieser Überlegungen leitet sich für das Portfoliomanagement nationaler Währungsbehörden die Forderung ab, die Erträge aus jeder Währung so weit wie möglich zu maximieren, gleichzeitig aber die Risiken zu minimieren.
Da das Gesamtrisiko des Reserveportfolios durch die Wahl der Anlageform bestimmt wird, ist im folgenden zunächst zu untersuchen, welche Möglichkeiten für die Anlage von Devisenreserven zur Verfügung stehen und welche Chancen und Risiken jeweils mit diesen Anlageformen verbunden sind. Eine Analyse der Entwicklung der Anlagestruktur von Devisenreserven in den wichtigsten Währungssegmenten soll schließlich Aufschluß geben, ob sich nationale Währungsbehörden an der oben abgeleiteten Forderung orientieren.

2. Die Entwicklung der Anlagestruktur offizieller Devisenreserven nach Anlagemärkten und -instrumenten

2.1 Grundsätzliche Anlagemöglichkeiten für Devisenreserven

Ein aktives Reservemanagement spiegelt sich in der Wahl der verschiedenen Anlagemärkte und -instrumente wider, an und in denen Zentralbanken ihre Devisenreserven anlegen.
Grundsätzlich stehen Währungsbehörden mehrere Alternativen offen, wie sie ihre unmittelbar nicht benötigten Devisenreserven ertragbringend anlegen können.[53] So kann zwischen einer Anlage am nationalen Finanzmarkt oder am Euromarkt der betreffenden Reservewährung gewählt werden. Gliedert man die Anlagemöglichkeiten weiter auf, können Devisenreserven einerseits im Emissionsland bei der betreffenden Zentralbank, bei privaten Geschäfts- und Investmentbanken sowie in Wertpapieren inländischer Emittenten am Geld- und Kapitalmarkt angelegt werden. Andererseits können Devisenreserven auch außerhalb des Emissionslandes am Euromarkt, also außerhalb des nationalen Geltungsbereichs einer Währung, bei Geschäftsbanken (einschließlich den Auslandsniederlassungen nationaler Banken) angelegt sowie in am Euromarkt begebene Geld- und Kapitalmarktpapiere investiert werden.
Da zwischen den nationalen Finanzmärkten und den Euromärkten enge Beziehungen bestehen, können je nach Wechselkurs- und Zinskonstellation Substitutionsbewegungen auftreten. Zentralbanken können also im Rahmen ihrer Di-

53 Natürlich können die aus den leistungs- bzw. kapitalbezogenen Transaktionen zugeflossen Devisen auch zur Tilgung von Auslandsverbindlichkeiten sowie zur Gewährung von Krediten an internationale Organisationen wie den IWF, die BIZ oder die Weltbank sowie an andere ausländische Zentralbanken verwendet werden. Von dieser Verwendungsmöglichkeiten wird in der folgenden Analyse abgesehen.

versifizierungsoperationen Reserveanlagen nicht nur zwischen den verschiedenen Anlagewährungen substituieren, sondern auch zwischen den einzelnen Marktsegmenten einer Währung und Anlageinstrumenten umschichten und verlagern.
Wichtig ist, daß sich die einzelnen Anlageformen in ihren Liquiditäts-, Sicherheits- und Rentabilitätseigenschaften sowie in den Liquiditätswirkungen, die bei einem Erwerb, einer Auflösung von Reserveanlagen oder einem Anlagewechsel entstehen können, unterscheiden. Vor allem der letzte Sachverhalt kann einen entscheidenden Einfluß auf die Wahl der Anlageform haben, sofern eine Zentralbank die möglichen Rückwirkungen ihrer Anlagepolitik auf die Marktkonstellationen und den geld- und währungspolitischen Kurs anderer Zentralbanken berücksichtigt.[54]
Es wird deshalb oftmals erwartet, daß die Zentralbanken bei der Verfolgung ihrer Anlageziele mit den jeweiligen Behörden der Länder eng zusammenarbeiten, in denen sie ihre Reserven anlegen möchten, sowie von solchen Operationen absehen, die einen schädigenden Einfluß auf die ausländischen Märkte haben können.[55] Im Zusammenhang mit der Diversifizierung von Reserven stehen somit insbesondere die beiden Fragen im Vordergrund des Interesses, wo und wie Devisenreserven angelegt werden.
Eine Analyse der Reservediversifizierung muß daher berücksichtigen, an welchen Märkten Devisenreserven angelegt werden, ob zwischen diesen Verlagerungen zu beobachten sind und in welchen Anlageformen Reserven investiert werden und ob es zwischen diesen Umschichtungen gibt. Sofern derartige Verlagerungen zu beobachten sind, interessiert insbesondere, inwiefern hierbei Ertragsüberlegungen eine entscheidende Rolle spielen.

2.1.1 Anlage bei der Emissionsnotenbank und anderen Währungsinstitutionen

Nationale Zentralbanken legen häufig einen Teil ihrer Devisenreserven bei der Zentralbank im Emissionsland der Reservewährung oder bei anderen Währungsinstituten wie der BIZ an, um die Risiken einer Zusammenarbeit mit Geschäftsbanken zu vermeiden.
Bei dieser Anlageform ist zu unterscheiden, ob die Anlagen direkt bei der nationalen Zentralbank als unverzinsliche oder verzinsliche Guthaben gehalten werden, oder ob die Emissionsnotenbank nur mit der Verwahrung ausländischer Reserveanlagen betraut ist. So legen viele Zentralbanken traditionell einen Großteil ihrer Reserven in Wertpapieren an, die von der Federal Reserve Bank

54 Vgl. hierzu die ausführliche Diskussion der von Portfolioumschichtungen ausgehenden Wirkungen in Kapitel V Abschnitt 3.2 in dieser Arbeit.
55 Vgl. Downes, P.T. (1989), S. 20.

in New York verwaltet werden. Ende 1994 verwalteten die amerikanischen Währungsbehörden so fast $ 442 Mrd. Einlagen ausländischer Währungsbehörden (siehe Tabelle 8).
Direkte Einlagen bei der Emissionsnotenbank bieten grundsätzlich ein hohes Maß an Sicherheit. Unverzinsliche Giroeinlagen bei einer ausländischen Zentralbank werden in der Regel jedoch nur im Ausmaß der erforderlichen "working balances" gehalten. Denn wie private Wirtschaftssubjekte sind auch Zentralbanken an einer möglichst günstigen Verzinsung ihrer Finanzvermögen interessiert. Hat eine Zentralbank durch Devisenmarktinterventionen Devisenreserven erworben, so wird sie aus Gründen der Verzinsung den zunächst in Form von unverzinslichen Einlagen gehaltenen Interventionsbetrag in andere Vermögensformen umwandeln. Aus Ertragsüberlegungen wird daher ein Teil der Reserveguthaben bei Geschäftsbanken oder in Wertpapieren am nationalen Geld- und Kapitalmarkt angelegt.
Um eine bessere Kontrolle über die Währungsanlage des Auslandes zu gewinnen, werden manchmal die von ausländischen Währungsbehörden bei der nationalen Notenbanken gehalten Einlagen verzinst oder entsprechende verzinsliche Wertpapiere angeboten. So werden beispielweise die offiziellen Reserveguthaben ausländischer Währungsbehörden bei der amerikanischen Notenbank verzinst. Auch bei den von ausländischen Notenbanken bei der Bundesbank unterhaltenen Anlagen wird vermutet, daß diese verzinst werden oder diesen in begrenzten Umfang verzinsliche Papiere angeboten werden.[56]

Neben der Anlage bei der Zentralbank im Emissionsland legen gegenwärtig rund 100 Zentralbanken einen Teil ihrer Reserven bei der BIZ an. Ende März 1995 beliefen sich diese Einlagen insgesamt auf rund 113 Mrd. US-Dollar.[57] Die BIZ verwaltet somit etwa 12 Prozent der weltweit gehaltenen Devisenreserven nationaler Zentralbanken. Der größte Teil dieser Einlagen (88,2%) weist eine Laufzeit von bis zu 3 Monaten auf. Da die Einlagen der Zentralbanken jederzeit kurzfristig verfügbar sein müssen, legt die BIZ diese Mittel bei Geschäftsbanken ersten Ranges oder in erstklassigen Schuldverschreibungen hochliquide an. Die BIZ unterstützt damit die Notenbanken bei der Verwahrung und Anlage ihrer Devisenreserven. Sie bietet den Zentralbanken für die bei ihr angelegten Reserven eine feste Verzinsung an, die in der Regel geringer ist als

56 Vgl. Hasse, R. (1984), S. 57; Filc, W. (1989), S. 517. Offensichtlich liegt die angebotene Verzinsung unter derjenigen anderer Anlagemöglichkeiten. Dies würde erklären. warum beispielsweise die finnische Zentralbank nur in einem sehr geringen Umfang ihre Devisenreserven bei anderen Zentralbanken anlegt. Vgl. Nordman, T. (1987), S. 5.

57 Davon lauteten 61,1% der Währungseinlagen auf US-Dollar und 22,2% auf D-Mark. Vgl. BIZ, 65. Jahresbericht 1995, S. 219f. Vgl. auch: O.V. (1994b): Die Bank für Internationalen Zahlungsausgleich sucht neue Aufgaben, abgedruckt in: Deutsche Bundesbank, Auszüge aus Presseartikeln, Nr. 10 vom 15.2.1994, S. 14.

die von ihr mit diesen Geschäften erwirtschafteten Gewinne.[58] Darüber hinaus bietet sie als Hilfe bei der längerfristigen Reserveverwaltung seit einigen Jahren ein individuelles Portfoliomanagement an.[59]
Da sowohl die Federal Reserve Bank of New York als auch die BIZ sehr vorsichtige und konservative Vermögensverwalter sind, werden die im Auftrag nationaler Zentralbanken verwalteten Devisenreserven relativ passiv bewirtschaftet. Die anvertrauten Gelder werden revolvierend in sehr kurzfristige Staatspapiere und Wertpapiere internationaler Institutionen und vor allem in US-Dollar angelegt .[60] Diese Anlageform weist zwar ein geringes Bonitätsrisiko auf, dieses wird aber gegen niedrige Erträge eingetauscht. Interessant ist in dieser Hinsicht, daß trotz der wachsenden Reservebestände nationaler Zentralbanken der Reservepool der amerikanischen Währungsbehörden und der BIZ in den vergangenen Jahren nicht wesentlich gewachsen ist. Dieser Pool kann einerseits als der absolute Betrag zur Liquiditätssicherung interpretiert werden. Andererseits kann diese Entwicklung damit erklärt werden, daß nationale Währungsbehörden mit dem relativ passiven Management ihrer Reserven nicht mehr zufrieden sind. Sie sind zunehmend an einer aktiveren Bewirtschaftung ihrer Reserveanlagen interessiert. Dies bewog viele Zentralbanken nach anderen Anlagealternativen zu suchen, mit dem Management der Devisenreserven andere Stellen zu beauftragen oder es selbst in die Hand zu nehmen.

Auch die Deutsche Bundesbank hat in dieser Hinsicht 1986 ihre Reservemanagement verändert: Bei ihren Anlageentscheidungen orientiert sie sich grundsätzlich an den anlagepolitischen Grundsätzen der Liquidität und Rentabilität. Ein besonderes Gewicht wird aber der hohen Bonität des Schuldners eingeräumt.[61] Den größten Teil ihrer Devisenreserven hält die Bundesbank deshalb in Form von Guthaben bei ausländischen Währungsbehörden und an den ausländischen Geldmärkten.[62] Obwohl sie ihre Reserven frei disponieren kann, werden diese fast ausschließlich in marktfähigen Papieren des US-Schatzamtes kurzer und mittelfristiger Laufzeiten angelegt, da diese in einem besonderen Maße die hohen Bonitäts- und Liquiditätserfordernisse bei der Anlage von Währungsreserven erfüllen. Aufgrund der Größe und der hohen Elastizität des Marktes dieser Papiere[63] ist gewährleistet, daß die angelegten Mittel jederzeit verfügbar

58 Vgl. Glynn, L. (1991a), S. 47.
59 Vgl. hierzu auch: Bäcker, A. (1994), S. 640.
60 Vgl. Glynn, L. (1991a), S. 47. Die Federal Reserve Bank of New York investiert so zum Beispiel die ihr von ausländischen Zentralbanken anvertrauten Devisenreserven ausschließlich in sehr kurzfristigen amerikanischen Staatspapieren.
61 Vgl. Deutsche Bundesbank (1988b), S. 30.
62 Vgl. Deutsche Bundesbank (1993b), S. 47.
63 Der an die amerikanischen Währungsbehörden gemeldete durchschnittliche Tagesumsatz in Treasury Bills betrug im Dezember 1994 US-$ 55, 792 Mrd. und der ausste-

sind, ohne daß es bei der Größe der zu disponierenden Dollar-Beträge zu größeren Wechselkursstörungen und unerwünschten Zinsbewegungen kommt.[64] Bis Mitte der achtziger Jahre verwaltete ausschließlich die Federal Reserve Bank of New York im Auftrag der Deutschen Bundesbank die deutschen Reserveanlagen in den USA; danach griff die Bundesbank wesentlich aktiver selbst in das Management ihrer Reserven ein und beauftragte zusätzlich amerikanische Bankinstitute und Investmenthäuser in New York, die Rentabilität der deutschen Devisenreserven mit der Vorgabe "... *einer jedes Risiko strikt vermeidenden Beweglichkeit* ..." zu maximieren.[65] Als Anlageinstrumente werden größtenteils Schatzwechsel und Anleihen des amerikanischen Schatzamtes mit einer Laufzeit von bis zu 10 Jahren disponiert,[66] wobei allerdings die letztendliche Entscheidung in Frankfurt getroffen wird. Die Disposition der Anlagen erfolgt jedoch in enger Abstimmung mit der amerikanischen Notenbank, um so nicht deren geldpolitische Zielsetzungen zu unterwandern. Diese neue marktorientierte Strategie führte zu einem beträchtlichen Anlageerfolg, der aber von der Bundesbank nicht genau beziffert wird.

2.1.2 Anlagen bei privaten Institutionen

Als Alternative zur Reservehaltung offizieller Währungsguthaben bei der Emissionsnotenbank oder der BIZ können Reserven auch in der Form von Einlagen unterschiedlichster Fristigkeiten bei privaten Geschäftsbanken, Investment- oder Wertpapierhäusern ersten Ranges gehalten werden. Für eine Anlage von Devisenreserven bei Banken sind vor allem Anlagen mit täglicher Fälligkeit beziehungsweise jederzeitigen Abzugsmöglichkeiten der Gelder, Termineinlagen sowie der Erwerb von Geld- oder Kapitalmarktpapieren, die von der Bank selbst emittiert werden, bedeutsam. Sichteinlagen bieten normalerweise eine geringe Verzinsung, stellen aber eine sehr geldnahe Anlageform dar, über die prinzipiell unmittelbar verfügt werden kann. Dies kann besonders dann bedeutsam sein, wenn eine Zentralbank schnell auf Entwicklungen des Wechselkurses reagieren möchte. Termineinlagen, also Anlagen mit zeitlich befristeter Anlagedauer von zumeist 1, 3 oder 6-monatiger Frist, bieten gegenüber Sichteinlagen eine vorteilhaftere Verzinsung. Einlagen in verbriefter Form werden vor allem

---

hende Betrag belief sich auf US-$ 15,134 Mrd.. Vgl. Federal Reserve Bank of New York, Federal Reserve Bulletin, Vol. 81, June 1995, S. A31.

64 Vgl. Deutsche Bundesbank (1988b), S. 30; ders. (1993c), S. 49. Das tägliche Umsatzvolumen der deutschen Devisenanlagen schwankt immerhin zwischen einer halben und einer Milliarde US-Dollar. Vgl. hierzu: Marsh, D. (1992), S. 111.

65 Baehring, B. (1986), S. 5.

66 Vgl. Marsh, D. (1992), S. 110f.

in Form von Einlagenzertifikaten (Certificates of Deposit) und Bankschuldverschreibungen gehalten.

Im Vergleich zu einer Anlage bei einer Zentralbank oder der Bank für internationalen Zahlungsausgleich sind Bankeinlagen sicherlich mit einem größerem Risiko behaftet. Dennoch bieten Anlagen bei privaten Geschäftsbanken oder in von diesen begebenen Wertpapieren eine günstige Anlagealternative bei relativ hoher Sicherheit. Die relative Sicherheit stützt sich dabei auf die Bonität der Bank und den Glauben, daß angelegte Mittel wieder zurückbezahlt werden. Aus sicherheitspolitischen Überlegungen ist es naheliegend, Anlagen nicht nur auf verschiedene Währungen, sondern auch auf verschiedene Institutionen zu streuen.[67] Als Leitmaxime gilt hierbei, Beziehungen möglichst nur zu solchen Institutionen zu unterhalten, die eine hohe Integrität und finanzielle Solidität aufweisen.
Um das Geschäftsbankenrisiko kontrollieren zu können, kann als Nebenbedingung des Portfoliomanagements festgelegt werden, daß Anlagen nur bei einer geringen Zahl und den größten Geschäftsbanken plaziert werden. Die Größe einer Bank ist jedoch nicht notwendigerweise ein Zeichen für Sicherheit. Eine Hilfe bei der Auswahl einer Bank kann eine unabhängige Stelle leisten, die sich mit der Prüfung der Kreditwürdigkeit von Banken befaßt. Ein weiteres wichtiges Kriterium für die Anlageentscheidung kann dabei sein, ob die infrage kommende Institution am jeweiligen Markt der Kontrolle einer strengen und weitreichenden nationalen Aufsichtsbehörde unterliegt bzw. ob gegenseitige Sicherungssysteme bestehen, die potentielle Ausfälle gemeinschaftlich tragen.[68] Zweckmäßig ist es daher, Einlagen entweder vorwiegend nur bei solchen Banken zu halten, die einer nationalen Aufsicht unterliegen oder für die notfalls eine Absicherung besteht, indem Ausfälle über ein gemeinschaftliches Sicherungssystem auf verschiedene Institute gestreut und gemeinschaftlich getragen werden oder indem die Notenbank des Landes als "lender of last resort" eintritt. Allerdings garantieren auch ein bestehendes Bankenaufsichtswesen oder besondere nationale bankenrechtliche Vorschriften nicht vollständig das Ausbleiben

---

67 Eine breite Streuung der Anlagen auf unterschiedliche Institutionen bietet zusätzlich den Vorteil, daß es weniger ersichtlich ist, wenn eine Zentralbank ihr Reserveportfolio umschichtet. Von anlagepolitischen Veränderungen gehen dann weniger starke Signaleffekte aus, die auf andere Marktteilnehmer ausstrahlen und zu weiteren Spannungen an den Märkten führen könnten.

68 Werden Anlagen bei Geschäftsbanken am amerikanischen Markt gehalten, so ist es ratsam, diese entweder bei den Commercial Banks zu halten, und zwar insbesondere bei den National Banks, für die eine Zwangsmitgliedschaft im Federal Reserve System besteht, oder den State Banks, die freiwillig dem Zentralbanksystem angehören, sowie bei den sonstigen Commercial Banks, die gleich von mehreren Aufsichtsbehörden kontrolliert werden. Anlagen in Großbritannien sollten weitestgehend auf die Clearing Banks begrenzt werden, da sie von den Währungsbehörden beaufsichtigt werden. Vgl. hierzu: Süchting, J. (1987), S. 209ff.

von Ausfallrisiken wie die aus dem Zusammenbruch der Bank of Credit and Commerce International (BCCI) zu ziehenden Lehren zeigten. So mußten die britischen Aufsichtsbehörden erhebliche Fehler eingestehen. Im Zusammenhang mit dem BCCI-Skandal erlitten mehrere Zentralbanken aus Entwicklungsländern umfangreiche Verluste. Neben Peru, dessen Ausfälle auf über $ 250 Mio. beziffert wurden, waren auch die Zentralbanken Argentiniens, Nigerias, Jamaikas und Chinas hiervon betroffen.[69]

Seit Anfang der achtziger Jahre ist bei der Anlagepolitik offizieller Währungsbehörden gegenüber privaten Geschäftsbanken ein weiterer Trend zu erkennen. Durch den intensiven Wettbewerb um die Vergabe von Krediten gingen international tätige Geschäftsbanken riskantere Transaktionen ein und betrieben eine übermäßige Fristentransformation. Mit dem Ausbruch der Schuldenkrise zu Beginn der achtziger Jahre führte das schwindende Vertrauen der Zentralbanken gegenüber den internationalen Banken zu einer Flucht in die Qualität.[70] Zentralbanken zogen einen Teil ihrer Guthaben von privaten Geschäftsbanken ab und legten ihre Mittel verstärkt in Staatspapieren, staatlich garantierten Schuldverschreibungen anderer Institutionen oder in Papieren mulilateraler Organisationen an, deren Risiko von internationalen Ratingagenturen als gering eingeschätzt wurden. Offensichtlich wird seitdem der Sicherheit der Anlage, d.h. der Schutz vor dem Ausfallrisiko, oberste Priorität eingeräumt.

Trotz dieses Vertrauensverlustes kommt den privaten Geschäftsbanken bei der Bewirtschaftung von Devisenreserven nach wie vor eine wichtige Bedeutung zu. Für die Anlage von Devisenreserven ist es wichtig, möglichst umfassende und sichere Kenntnisse über den jeweiligen Finanzmarkt und dessen Anlageinstrumente zu verfügen. Mit der zunehmenden Globalisierung und Internationalisierung der Finanzmärkte sowie der rasanten Entwicklung innovativer Finanzierungs- und Anlageinstrumente sind auch das Notenbankumfeld internationaler und das Anlagegeschäft unübersichtlicher und schwieriger geworden. Das Reservemanagement wird vor neue Anforderungen gestellt. Im Rahmen eines aktiveren Reservemanagements ist es daher um so wichtiger, möglichst umfassende Informationen über die lokalen Anlagemärkte zu haben. In diesem Zusammenhang kann es bedeutsam sein, unmittelbar vor Ort anwesend zu sein, um notwendige Informationen einholen und die anlagepolitischen Entscheidungen der Notenbank zuhause unterstützen zu können. Gleichzeitig können die Anlage und das Management der eigenen Reserveguthaben aus nächster Nähe beobachtet werden. Um den Kontakt mit den beauftragten Instituten und Investmenthäusern, die bei der Anlage der Devisenreserven eingeschaltet sind, zu

69 Vgl. Glynn, L. (1991b), S. 46.
70 Vgl. BIZ (Juli 1985), S. 17; Glynn, L. (1991b), S. 46.

intensivieren, haben daher einige Zentralbanken an den wichtigsten Finanzzentren in London, New York, Frankfurt und Tokio eigene Repräsentanzen aufgebaut.[71] So bestanden im Jahr 1986 in New York und Frankfurt rund ein Dutzend derartiger Stützpunkte, wobei allerdings besonders bei den Staaten des ehemaligen Ostblocks eine strikte Trennung zwischen Staats-, Außenhandels- und Notenbanken nicht immer möglich war. Auch die Deutsche Bundesbank eröffnete im September 1986 in New York und Tokio eigene Repräsentanzen und leitete damit bei der Anlage und dem Management ihrer Währungsreserven eine neue Reservepolitik ein.[72]

Diesen Luxus können sich allerdings nur wenige Zentralbanken leisten. Besonders für "kleinere" Zentralbanken kommt der Aufbau eigener Repräsentanzen im Ausland aus Kostengründen nicht in Frage. Für sie ist es zunehmend schwieriger, einen Überblick über die jeweilige Entwicklung an den Märkten zu bekommen und mit den Entwicklungen von Finanzinnovationen Schritt zu halten, die vielleicht für eine Anlage von Reserven interessant sind.

Ein Ausweg aus dieser Lage ist es, einen Agenten mit dem Management der Devisenreserven zu beauftragen, der mit der jeweiligen Situation besser vertraut ist. Wie bereits erwähnt, fungieren oftmals die Zentralbanken am Anlageort oder internationale Währungsinstitute wie die BIZ als Agenten bei der Verwaltung der Devisenreserven nationaler Notenbanken. Darüber hinaus bieten aber auch private Geschäfts- und Investmentbanken nationalen Zentralbanken neben dem reinen Einlagengeschäft die gesamte Palette ihrer Dienstleistungen an. Die angebotenen Dienste reichen von einer rein strategischen Beratung und Hilfestellungen bei den Anlageentscheidungen hinsichlich

- der Auswahl einzelner Instrumente nach Anlageort, Fälligkeit und der währungsmäßigen Zusammensetzung des gesamten Portfolios;
- der Entwicklung adäquater Anlagestrategien auf der Grundlage moderner Portfoliotheorien und einer qualitativ hochwertigen Finanzmarktanalyse, um sich gegenüber Fremdwährungsrisiken abzusichern oder sie bewußt auszunutzen;
- sowie allgemeinen Finanzfragen

bis hin zur Verwahrung und einer aktiven diskretionären Verwaltung von Devisenreserven. Die täglichen Anlageentscheidungen werden zumeist auf der Basis zuvor abgestimmter Richtlinien getroffen, innerhalb derer der Handlungsspielraum, die zulässigen Instrumente und deren Fälligkeit sowie der Umfang der Mittel, die in einer bestimmten Form maximal investiert werden dürfen, festge-

---

71 So unterhält die Reserve Bank of Australia in New York und in London eigene Repräsentanzen, die die Notenbank zuhause bei ihren Devisenoperationen, bei der Analyse der lokalen Anlagemärkte und der Anlage der Devisenreserven unterstützen. Vgl. Reserve Bank of Australia (1993), S. 66 und 69.

72 Vgl. Baehring, B. (1986), S. 4-5.

legt sind.[73] Auch sind private Banken bei der Abwicklung der Devisenoperationen der Zentralbanken und beim Kauf und Verkauf verschiedener Instrumente behilflich.

Seit Anfang der siebziger Jahre scheint tatsächlich eine wachsende Zahl von Zentralbanken bei der Verwaltung ihrer Devisenreserven auf die Dienste externer Anlageberater zurückzugreifen und das gesamte Spektrum der angebotenen Finanzdienstleistungen nachzufragen.[74] Zwar liegen hierüber keine offiziellen Angaben vor, da die Geschäftsbeziehungen zwischen externen Vermögensverwaltern und Zentralbanken weitgehend vertraulich behandelt werden. Glaubt man den an den Märkten kursierenden Schätzungen, so werden wahrscheinlich deutlich weniger als die Hälfte der weltweit gehaltenen Reserveanlagen offizieller Währungsbehörden durch externe Stellen bewirtschaftet.[75] Dies liegt vor allem daran, daß die Zentralbanken der führenden Industrieländer, die über die größten Reservebestände verfügen, nur in einem sehr begrenzten Umfang das Management ihrer Devisenreserven aus der Hand geben und es externen privaten Vermögensverwaltern anvertrauen. Vielmehr ist davon auszugehen, daß diese ihre Reserveanlagen selbst bewirtschaften. Als potentielle Kunden für eine externe Vermögensberatung und -verwaltung kommen deshalb vor allem Zentralbanken aus Entwicklungsländern, ölexportierenden Ländern und Schwellenländern in Frage.
Die Möglichkeit, sich der Dienste eines externen Anlageberaters zu bedienen oder das Reservemanagement einer anderen Institution zu übertragen, ist besonders für diese Zentralbanken interessant, wenn sie noch nicht über die erforderlichen Kapazitäten und das notwendige Know-how verfügen.[76] So führten die rasch anwachsenden Exporte einiger Länder sowie die durch hohe Preisschwankungen für Rohöl und andere Güter verursachten "*windfall profits*" zeitweise dazu, daß die Reservebestände einzelner Länder innerhalb kürzester Zeit auf einen Umfang anschwollen, daß diese mit der neuen Situation einfach überfordert waren. Außerdem fehlen oftmals die notwendigen Marktkennisse, um freie Anlagemittel kurzfristig möglichst ertragbringend anzulegen. Zur Entlastung der amtlichen Stellen wurden deshalb private Bankinstitute an den internationalen Finanzmärkten mit dem Management der nationalen Währungsreserven betraut.

---

73 Vgl. Kotecha, M.K. (1979), S. 28.
74 Auf der Suche nach neuen strategischen Geschäftsfeldern ist dieser neue wachsende Markt auch von Merchant Banks, Wertpapierhäusern und anderen privaten Anlage- und Portfolioberatern erkannt worden, die nun in eine Sparte eingedrungen sind, die einst von einigen wenigen großen Geschäftsbanken beherrscht wurde. Vgl. hierzu: Kotecha, M.K. (1979), S. 3; Teck, A. und W.B. Johns (1983), S. 8.4-15; Glynn, L. (1991a), S. 46f und Glynn, L. (1991b), S. 46.
75 Vgl. Glynn. L. (1991a), S. 46.
76 Vgl. hierzu auch: Lomax, D. (1982), S. 105.

Um Zentralbanken mit den neuesten Entwicklungen an den internationalen Finanzmärkten vertraut zu machen sowie Kenntnisse über neue und komplexe Instrumente an den Finanzmärkten und Portfoliomanagement-Techniken zu vermitteln, bieten einige große Banken und Investmenthäuser jährlich stattfindende und speziell auf Zentralbanken zugeschnittene Seminare und Fortbildungskurse an.[77] Derartige Veranstaltungen sind von beiderseitigem Nutzen. Die privaten Anbieter können dadurch ihre Beziehungen zu Zentralbanken weiter auszubauen, während gleichzeitig die Mitarbeiter der Währungsbehörden sich die notwendige fachliche Qualifikation aneignen können, um das Management der Reserven später einmal selbst übernehmen zu können.
Schließlich nehmen Länder ohnehin die Hilfe privater Banken in Anspruch, wenn sie unter der erdrückenden Last ihrer umfangreichen Auslandsschulden nach Möglichkeiten suchen, wie sie diese umschulden können. Im Sinne eines umfassenderen Vermögensmanagements sind dann Geschäftsbanken auch in das Management der Reserveaktiva eingebunden und versuchen, die Struktur der Aktiva hierauf abzustimmen.

Des weiteren bietet die Übertragung eines Teils der Reserven auf externe Stellen mit der Zielvorgabe, durch eine aktive Bewirtschaftung der Reserveanlagen Erträge zu steigern, die Möglichkeit einer Erfolgskontrolle. Man erhält dadurch ein Referenzportfolio, gegenüber dem der Erfolg eigener Anlagestrategien beurteilt werden kann, die von der für die Devisenanlagen zuständigen Abteilung innerhalb der Zentralbank entwickelt wurden. Denkbar ist auch, daß gleichzeitig mehrere Agenten beauftragt werden, unabhängig voneinander Reserven zu bewirtschaften. Dadurch kann jeweils der Anlageerfolg der einzelnen Agenten

---

77 Vgl. Kotecha, M.K. (1979), S. 28; Teck, A. und W.B. Johns (1983), S. 8.4-15. Als eine der ersten Institutionen begann Morgan Guaranty im Jahr 1977 solche Schulungsseminare anzubieten. Salomon Brothers folgte diesem Beispiel ein Jahr später. Die Veranstaltungen der Nomura Securities sind zu einer festen Institution für Zentralbanken geworden, die an einer Anlage an den asiatischen Märkten interessiert sind. Vgl. Glynn, L. (1991a), S. 47; ders. (1991b), S. 43. Bei der finnischen Zentralbank ist die Bereitschaft privater Banken, bei der Ausbildung des Mitarbeiterstabs der Zentralbank behilflich zu sein, bei der Auswahl der Geschäftspartner ein wichtiges Kriterium. Neben einem intensiven persönlichen Kontakt spielen als Auswahlkriterien weiterhin eine ausreichende Handelskapazität des Partners, eine schnell verfügbare fundamentale und technische Analyse sowie eine hochentwickelte Portfolioanalyse die entscheidende Rolle. Vgl. Nordman, T. (1987), S. 6.
Neben privaten Institutionen werden auch von der Weltbank oder einzelnen Zentralbanken selbst Fortbildungsveranstaltungen organisiert, die sich mit einem effektiven Management von Devisenreserven beschäftigen. So veranstaltete die Weltbank im Dezember 1987 ein Seminar zum Portfoliomanagement für Zentralbanken und offizielle Institutionen. Im November 1991 wurde von der Zentralbank Australiens eine internationale Konferenz zum Management von Devisenreserven ausgerichtet. Über den Inhalt dieser Konferenzen wurde jedoch Stillschweigen vereinbart, so daß auch auf Anfrage keine weiteren Informationen erhältlich waren.

überprüft werden. Aus diesen Gründen streuen Zentralbanken von Schwellenländern Teile ihrer Reserven auf verschiedene Vermögensdisponenten in den USA, in Europa und Japan.[78]
Von grundlegender Bedeutung, inwieweit das Reservemanagement nach kommerziellen Gesichtspunkten ausgestaltet ist, ist also die Entscheidung, inwieweit eine Zentralbank ihre Reserveanlagen selbst bewirtschaftet, oder ob sie sich eines externen Agenten bedient, der mit der Verwaltung eines Teils der Reserveanlagen betraut ist.

2.1.3 Anlagen am Geldmarkt

Die Zeiten, in denen Zentralbanken umfangreiche Mittel als niedrig verzinsliche Einlagen bei Geschäftsbanken hielten, sind vorbei. Vielmehr hat sich die Nachfrage nach kurzfristig und höher verzinslichen Anlageformen intensiviert, nachdem neue Anbieter in den Anlagemarkt für Devisenreserven eingedrungen sind. Dies macht es notwendig, die verfügbaren wichtigsten Anlageformen auf ihre Eignung für die kurzfristige Anlage von Devisenreserven zu untersuchen.
Als Reserveanlagen eignen sich besonders die in einzelnen Währungssegmenten verfügbaren unterschiedlichen Formen an verbriefen Geldmarktanlagen bei Banken oder Nichtbank-Unternehmen, die in der Regel mit Laufzeiten von bis zu einem Jahr und zumeist mit einem festen Zinssatz begeben werden. Das Zinsänderungsrisiko ist dadurch kalkulierbarer. Im Gegensatz zu den herkömmlichen Termineinlagen bieten Geldmarktpapiere mehrere Vorteile: Aufgrund ihrer Verbriefung sind sie handelbar, damit relativ schnell veräußerbar, und sie weisen durch die geringe Restlaufzeit relativ stabile Wertpapierkurse auf. Bei einer vorzeitigen Veräußerung fallen Kursverluste kaum ins Gewicht, da Zinsentwicklungen nur einen geringen Einfluß auf den Kurs der Papiere haben. Ferner wird der Anlagebetrag nach kurzer Bindungsdauer wieder zurückbezahlt bzw. kann wieder neu angelegt werden. Durch die revolvierende Anlage können Reserven längerfristig zu den jeweiligen Marktkonditionen angelegt werden.

Zertifikate über Einlagen bei Banken (*Certificate of Deposits,* CDs) haben in der Regel Laufzeiten zwischen einem und zwölf Monaten. Sie bieten zumeist eine feste Verzinsung, die etwas unter derjenigen unverbriefter Termineinlagen liegt. CDs werden zwar nicht an einer Börse gehandelt, da aber einzelne Banken als Ankaufsadresse für ausgewählte CDs fungieren und dem Anleger einen Weiterverkauf der erworbenen Papiere gewährleisten, besteht für diese Papiere quasi ein "Sekundärmarkt". Zu beachten ist jedoch, daß die Anlage in CDs in einzelnen Reservewährungen nur beschränkt möglich ist. So wurden in der

78 Vgl. Teck, A. und W.B. Johns (1983), S. 8.4-15; Glynn, L. (1991a), S. 47.

Bundesrepublik CDs bisher kaum begeben, da diese der Mindestreserve unterliegen. Allerdings werden sie am DM-Euromarkt angeboten.

Ein weiteres Anlageinstrument im Spektrum der Geldmarktpapiere stellen *Commercial Papers* (CPs) dar. Diese Zertifikate verbriefen Geldanlagen bei Nichtbanken, vor allem bei großen Industrie- und Handelsunternehmen. Wie die CDs im Bankenbereich können auch diese Geldmarktpapiere als handelbare Bescheinigungen für Termineinlagen verstanden werden. CPs werden als Abzinsungspapiere begeben und ihre Laufzeit beträgt in der Regel zwischen 7 und 365 Tage. Aufgrund der sehr kurzen Laufzeiten werden CPs normalerweise bis zum Fälligkeitsende gehalten, so daß es bisher an den meisten Anlagemärkten fast keinen Sekundärmarkt gibt.[79] Aus liquiditätspolitischen Überlegungen sind CPs daher de jure nicht fungibel. Die Liquidität wird jedoch de facto dadurch gewährt, daß die arrangierenden Banken bzw. Plazeure diese Papiere normalerweise auf Anfrage des Anlegers vorzeitig wieder zurücknehmen und somit den Liquiditätswünschen der Anleger Rechnung tragen. Diese Papiere werden unbesichert emittiert. Da als Emittenten fast nur Unternehmen erster Adresse fungieren, werden die Risiken durch die hohe Bonität der Emittenten und die sehr kurzen Laufzeiten auf ein Minimum begrenzt. Dennoch gab es in den USA bereits einige notleidende CP-Programme. Eine zusätzliche Sicherheit besteht, wenn als Arrangeure der Programme ausschließlich führende Geschäftsbanken fungieren, wie es zumindestens in der Bundesrepublik der Fall ist.
Bis heute ist der US-Dollar die wichtigste Emissionswährung geblieben. Bis Anfang der achtziger Jahre konzentrierte sich die Emissionen von CPs fast ausschließlich auf die USA. Seitdem ist auch an den Euromärkten und an einzelnen nationalen Finanzmärkten eine rege Emissionstätigkeit zu beobachten. Obwohl die bisher verfügbaren Angaben über einzelne Anlegergruppen im CP-Segment recht unvollständig sind und in der Regel der Anteil ausländischer Investoren an den nationalen Märkten sehr gering ist, lassen die groben Schätzungen der BIZ vermuten, daß rund 20% der am Euro-CP-Markt verfügbaren Papiere von ausländischen Zentralbanken und anderen supranationalen Organisationen gehalten werden.[80] In der Bundesrepublik Deutschland, in der sich erst zu Beginn der neunziger Jahre ein Markt für DM-CPs entwickelt hat, wurden von ausländischen Anlegern und Zentralbanken vor allem DM-CPs der Treuhandanstalt in Berlin erworben, da diese vom Bund garantiert werden und damit eine hohe Sicherheit aufweisen.[81]

---

79 Lediglich in Japan hat sich bisher ein intensiver Sekundärmarkt für Commercial Papers entwickelt. In engen Grenzen besteht auch an den Euromärkten ein Sekundärmarkt. Vgl. Alworth, J.S. und C.E.V. Borio (1993), S. 36f.

80 Vgl. Alworth, J.S. und C.E.V. Borio (1993), S. 46.

81 Vgl. hierzu insbesondere Abschnitt 2.3.1.3 in dieser Arbeit.

Als Anlageobjekte für Reserveanlagen werden von nationalen Zentralbanken besonders *kurzfristige Schuldverschreibungen* der öffentlichen Haushalte mit Laufzeiten bis zu einem Jahr nachgefragt, wie sie in Form der Treasury Bills in den USA und Großbritannien oder der Finanzierungsschätze des Bundes in Deutschland zu finden sind.[82] Diese Papiere werden als Abzinsungspapiere unter pari begeben und zum Nennwert zurückbezahlt. Eine separate Zinszahlung erfolgt nicht, so daß sich die Verzinsung aus dem Unterschiedsbetrag zwischen dem Ausgabe- und Rücknahmesatz errechnet.

Abschließend sei noch auf die kurzlaufenden Wertpapiere (*short term notes*) mit einer ursprünglichen Laufzeit bis zu einem Jahr verwiesen, die mit einer separaten Zinszahlung, als eine weitere Anlagemöglichkeit auf den internationalen Geldmärkten emittiert werden. Im Gegensatz zu den genannten Einlagezertifikaten handelt es sich hier um gewöhnliche, aber kurzlaufende Anleihen von Banken, und Unternehmen.

Alle genannten Geldmarktpapiere zeichen sich durch eine kurze Mittelbindung, gute Veräußerbarkeit und damit einen hohen Liquiditätsgrad sowie durch eine relative Kursstabilität aus. Da als Emittenten zumeist Banken oder Unternehmen bester Bonität oder Staaten auftreten, weisen diese Papiere ein recht hohes Sicherheitsniveau auf und eigenen sich daher besonders gut für die Anlage von Devisenreserven und als zusätzliche Diversifizierungsmöglichkeit.

2.1.4 Anlagen am Kapitalmarkt

Wendet man sich den Formen mit längerfristiger Bindung zu, so kommen für Devisenreserven die verschiedenen Formen von Anleihen als Anlageobjekte in Frage. Die vielfältigen Anleihetypen lassen sich nach verschiedenen Kriterien unterscheiden: dem Emittenten (Staat, Kommunen, Banken, Unternehmen), der Anleihewährung und der Art der Verzinsung (festverzinsliche, variabel verzinsliche oder ohne laufende Zinszahlungen), oder danach, ob die Ein-, Zins- und Rückzahlungen in unterschiedlichen Währungen erfolgen.
Darüber hinaus werden Fremdwährungsanleihen entweder nur im Währungsursprungsland (nationale Anleihe) oder als internationale bzw. Euro-Anleihe außerhalb des eigentlichen Währungsgebiets emittiert und gehandelt. Letztere bieten aufgrund der Besonderheiten des Euromarktes im Vergleich zu nationalen Anleihen eine höhere Verzinsung.

---

82 Kurzfristige Geldmarktpapiere in der Form von Treasury Bills und Bundes-Bills werden auch seit Anfang 1993 in Deutschland begeben.

Gerade Zentralbanken scheinen an den nationalen und internationalen Anleihemärkten stark engagiert zu sein,[83] wobei sie sich aufgrund ihrer konservativen Einstellung vor allem auf festverzinsliche Anleihen konzentrieren dürften. Diese werden in der Regel mit Laufzeiten zwischen 1 bis 30 Jahren begeben, wobei Laufzeiten zwischen 5 und 10 Jahren überwiegen. Der Anleger erwirbt das Recht auf Verzinsung des Anleihebetrages und auf die Rückzahlung am Ende der vereinbarten Laufzeit. Bei sehr langen Laufzeiten müssen deshalb die Rückzahlungsfähigkeit des Emittenten sowie etwaige Kündigungsrechte des Anleiheemittenten berücksichtigt werden. Der Anleger trägt darüber hinaus während der Laufzeit der Anleihe für Zinsen und Rückzahlung ein Währungsrisiko. Aufgrund des längerfristigen Anlagecharakters ist zwar der Zinsertrag kalkulierbar, er unterliegt aber einem größeren Zinsänderungsrisiko. Zusätzlich unterliegt der Kurs der Anleihe Schwankungen, wenn sich der Marktzins verändert. Mit sinkender Restlaufzeit nähert sich aber der Kurs immer mehr seinem Nennwert und weist kaum noch Schwankungen auf. Diese Eigenschaften lassen sich für eine Anlagestrategie nutzen, indem Papiere erworben werden, die ursprünglich mit einer langen Laufzeit emittiert wurden, die aber nur noch eine kurze Restlaufzeit aufweisen. Solche Papiere erfüllen damit prinzipiell die gleichen Eigenschaften wie Geldmarktanlagen, nämlich eine kurze Mittelbindung, Veräußerbarkeit und eine relative Kursstabilität.
Von besonderer Bedeutung auf den internationalen Wertpapiermärkten sind neben den Treasury Bills die Anleihen des amerikanischen Schatzamtes,[84] da diese den größten Markt für einen einzelnen Schuldner (US-Regierung) und eine Wertpapiergattung darstellen. Bei ausländischen Zentralbanken genießen diese Papiere hohe Akzeptanz und erfreuen sich aufgrund ihrer guten Handelbarkeit bedingt durch die enorme Markttiefe einer weiten Verbreitung.

2.1.5 Weitere Anlageformen für Devisenreserven

Auch Fremdwährungsanlagen mit Beteiligungscharakter wie z.B. der Erwerb von Aktien oder Investmentzertifikaten stellen grundsätzlich eine Anlagemöglichkeit dar. So erwarben einige Währungsbehörden mit einen Teil ihrer Devisenreserven sogar Aktien privater Unternehmen bester Bonität.[85] Allerdings

---

83 Vgl. Glynn, L. (1991b), S. 42.

84 Diese Kapitalmarktpapiere werden als Treasury Notes mit Laufzeiten zwischen einem und bis zu 10 Jahren bzw. als Treasury Bonds mit Laufzeiten zwischen 10-30 Jahren und jeweils mit einem separaten Zinsschein begeben. Vgl. Gramlich, D. (1993), S. 107f.

85 So erwarben beispielsweise Ende der siebziger Jahre Kuwait und der Iran Anteile an deutschen Industrieunternehmen wie Daimler Benz und Krupp. Vgl. Fertig, P. (1981), S. 153; Teck, A. und W.B. Johns (1983), S. 8.4.-14.

dürfte diese Anlageform nur eine geringe Bedeutung für die Anlage von Devisenreserven haben, so daß auf diese deshalb im einzelnen nicht weiter eingegangen werden soll.
Die verschiedenen Anlagemöglichkeiten für Devisenreserven werden schließlich durch die umfangreiche Palette an Termingeschäften und derivativen Instrumenten wie handelbare Devisenterminkontrakte (Futures), Devisenoptionen und Swaps ergänzt.
Das Interesse an klassichen Termingeschäften im Rahmen des Managements von Vermögenspositionen besteht vor allem in der Absicherung von Fremdwährungspositionen vor einem Wertverlust. Bereits heute kann ein zukünftiger Verkaufskurs für die Devisen abgesichert und damit der Einfluß der Wechselkursentwicklung auf den Anlageerfolg ausgeschlossen werden. So sichert die Schweizerische Nationalbank aus Werterhaltungsgründen einen großen Teil ihrer Dollaranlagen durch Termingeschäfte ab.[86]
Fixtermingeschäfte weisen allerdings den Nachteil auf, daß sie aufgrund der geltenden Terminstrenge unbedingt erfüllt werden müssen, d.h. zum festgesetzten Termin muß die vereinbarte Leistung erbracht werden. Ein Ausstieg aus dem Geschäft vor Fälligkeit ist nicht möglich.[87] Termingeschäfte weisen zudem ein Währungsrisiko auf, wenn nach Abschluß des Termingeschäftes der Wechselkurs und damit der Wert des Vermögens gegenüber dem zugrundliegenden Numéraire weiter ansteigen sollte. Der Anleger kann dann nicht mehr von dieser Entwicklung profitieren. Die klassischen (Fix-) Termingeschäfte wurden daher in zweierlei Hinsicht modifiziert: Erstens wurde durch eine hochgradige Standardisierung und die Einführung von Devisenterminkontrakten (currency futures) in den Börsenhandel die Möglichkeit geschaffen, aus dem Termingeschäft während der Laufzeit auszusteigen. Zweitens wurde durch Devisenoptionen dem Erwerber ferner die Möglichkeit eingeräumt, zu einem festgesetzten Termin und Kurs eine bestimmte Menge an Devisen zu kaufen oder zu verkaufen, wobei er das Wahlrecht hat, ob er das erworbene Recht auch tatsächlich ausnutzt oder nicht.
Im Zusammenhang mit der Absicherung von Vermögensanlagen gegenüber Markt- und Kreditrisiken von Finanzaktiva haben die in den achtziger Jahren rasch expandierenden Märkte für derivative Finanzinstrumente eine besondere Bedeutung gewonnen.[88] Im Unterschied zu den klassischen Devisentermingeschäften gestatten diese eine flexible und kostengünstige Gestaltung individueller Risikopositionen, da die der Transaktion zugrundeliegenden Kapitalbeträge

---

86 Vgl. hierzu Tabelle A11.

87 Grundsätzlich ist ein vorzeitiger Ausstieg allerdings möglich, wenn der Anleger eine Gegenposition abschließt ("Glattstellung").

88 Vgl. zu einem Überblick über die Entwicklung derivativer Finanzinstrumente: BIZ (Mai 1992), S. 17ff. Eine Systematisierung derivativer Finanzprodukte ist zu finden bei: Baxmann, U.G. und C. Weichsler (1991), besonders S. 548f.

nicht erworben, verkauft oder ausgetauscht werden. Diese dienen lediglich als rechnerische Bezugsgröße. Gehandelt werden also nur Bezugsobjekte oder daran anknüpfende Zahlungsströme.
Durch die Verwendung derivativer Instrumente lassen sich einzelne Risiken von Finanzaktiva wie Wechselkurs-, Zins- und Preisänderungsrisiken abspalten und separat handeln. Zusätzlich können verschiedene Finanzaktiva einander ähnlicher gemacht werden. Wird beispielsweise eine Anleihe durch einen Future kurswertgesichert, so unterscheidet sich diese hinsichtlich des Zinsrisikos nicht mehr von einer Termineinlage mit entsprechender Laufzeit. Jedoch ist eine so modifizierte Anleihe liquider als die vergleichbare Termineinlage, wenn sowohl der Kassa-Markt als auch der Future-Markt der Anleihe eine hohe Liquidität aufweist. Interessante Möglichkeiten ergeben sich auch durch den Einsatz währungsbezogener Derivate, durch die nach Ausschaltung des Wechselkursrisikos eine größere Substituierbarkeit von Finanzaktiva in unterschiedlichen Währungen erreicht werden kann. Des weiteren lassen sich durch eine geeignete Kombination verschiedener Derivate mit originären Finanzinstrumenten synthetische Aktiva mit ganz bestimmten Risiko- und Ertragseigenschaften generieren. Kombiniert man beispielsweise eine Termineinlage mit einem Anleihe-Future, so können die Ertrags- und Risikoeigenschaften von Anleihen nachgebildet werden.
Im Rahmen des Risikomanagements eignen sich auch Währungs- und Zinssatzswaps zur Risikoabsicherung, um offene Währungs- oder Zinspositionen zu schließen.[89] So können Devisenswaps von Zentralbanken eingesetzt werden, um die Währungsstruktur ihrer Reserveanlagen und Auslandsverbindlichkeiten besser aufeinander abzustimmen. Dadurch läßt sich eine ausreichende Liquidität sicherstellen und ein besserer Schutz vor Wechselkursschwankungen erreichen, wenn beispielsweise die Fremdwährungsanlagen und die durch Exporterlöse erzielten Deviseneinnahmen auf eine andere Währung lauten als die, die zur Bedienung der aus den Auslandsverbindlichkeiten entstandenen Zahlungsverpflichtungen erforderlich sind.[90]

---

89 Bei Währungsswaps tauschen zwei Parteien einen bestimmten Betrag zweier Währungen gegeneinander aus, wobei zuvor die Zins- und Rückzahlungsmodalitäten vereinbart werden. Bei Zinssatzswaps werden Zinszahlungsströme unterschiedlichen Charakters auf einen fiktiven Kapitalbetrag ausgetauscht, wobei entweder ein Festzins gegen einen variablen Zins oder ein variabler Zinssatz gegen einen anderen variablen Zinssatz in derselben Währung oder ein Festzins in einer Währung gegen einen variablen Zinssatz in einer anderen Währung getauscht wird.
Zu einem Überblick über die verschiedenen Einsatzmöglichkeiten von Währungs- und Zinssatzswaps bei Zentralbanken vgl. Hooyman, C.J. (1994), passim.

90 Dies setzt allerdings voraus, daß die Zentralbank in den Schuldendienst des Landes eingebunden ist. Ein Land, das sich in dieser Weise engagierte war Trinidad und Tobago, das eine hohe Auslandsverschuldung in Yen aufwies. Die vor allem aus den Ölexporten erlösten und sehr volatilen Devisenreserven werden dagegen hauptsächlich in US-Dollar erzielt. Durch den Rückgriff auf Währungsswaps versuchte die Zentralbank,

Orientieren sich Zentralbanken bei der Festlegung der Währungszusammensetzung ihrer Devisenreserven an der Währungsstruktur ihrer Importe und bevorzugen bei der Reservehaltung besonders solche Währungen, die über liquide Anleihemärkte verfügen oder die besonders gut als Interventionsmittel einsetzbar sind, dann eignen sich Währungsswaps auch als Instrument, um zeitweise die tatsächliche Währungsstruktur an eine gewünschte Struktur anzupassen, wenn diese aufgrund von Interventionen zerstört wurde.
Darüber hinaus werden Währungsswaps von einer Reihe von Zentralbanken beim Anlagen- und Schuldenmanagement aus Gründes des Window-dressing eingesetzt, um die ausgewiesene Auslandsposition zu beschönigen.[91]
Wie bereits oben erwähnt, setzten Zentralbanken Währungsswaps häufig nicht nur als Anlageinstrument ein, sondern auch um sich bei anderen Zentralbanken oder Geschäftsbanken Interventionsmittel zu besorgen oder in Zeiten einer vorübergehenden Reserveknappheit Reserven zu akkumulieren sowie um binnen- und außenwirtschaftliche Ziele verfolgen und vorübergehende Zahlungsbilanzkrisen bewältigen zu können.[92]
Grundsätzlich eignen sich Finanzderivate jedoch nicht nur zur Risikoabsicherung (Hedging), sondern auch zur gezielten Übernahme von Risiken (Spekulation). Ihr Einsatz verlangt deshalb große Erfahrung und Vorsicht.[93] Schnell kann eine Veränderung der Marktkonditionen in einer anderen als der erwarteten Richtung aufgrund der Hebelwirkung (geringer Kapitaleinsatz) zu erheblichen Verlusten führen.

---

sich gegenüber Wechselkursschwankungen zwischen dem US-Dollar und dem japanischen Yen abzusichern. Zusätzlich wurden variable verzinsliche Auslandsschulden in festverzinsliche getauscht. Vgl. hierzu: Hooyman, C.J. (1994), S. 157.

91 Hooyman nennt hier das Beispiel der Banque de France. Vgl. Hooyman, C.J. (1994), S. 158.

92 Vgl. hierzu: Hooyman, C.J. (1994), S. 158ff. So setzten Zentralbanken in Entwicklungsländern Währungsswaps häufig auch als ein Mittel ein, um die nationalen Finanzmärkte zu fördern oder inländische Finanzinstitute zu unterstützen. Die Zentralbank tritt dann als Marktmacher an den Devisenterminmärkten auf und übernimmt oft eine Terminsicherung oder Wechselkursgarantie. Zur Verteidigung der Devisenreserven in Zeiten von Zahlungsbilanzkrisen sind Swaps wie auch deren Einsatz zur Stimulierung der Entwicklung der nationalen Finanzmärkte ein sehr fragwürdiges Instrument. Sie können nämlich gegengerichtete Effekte stimulieren und wie die Zentralbanken Argentiniens, der Philippinen und Südafrikas erfahren mußten, zu umfangreichen Verlusten führen, wenn die Zentralbank eine offene Position eingeht und sie das Wechselkursrisiko trägt. Diese Verluste können die Glaubwürdigkeit des geldpolitischen Kurses ernstlich gefährden und damit die geld- und währungspolitische Stabilität. Zweckmäßiger ist daher eine glaubhafte Wechselkurspolitik und eine rechtzeitige Anpassung an ein bestehendes Ungleichgewicht.

93 Vgl. hierzu Folkerts-Landau, D. (1989), S. 20ff. Eine kurze übersichtliche Beurteilung der Erträge und Risiken derivativer Instrumente findet sich bei: Masera, R.S. (1993), S. 99.

Bisher begegnen offizielle Währungsbehörden Finanzderivaten mit einer größeren Zurückhaltung. Dennoch nutzen auch sie im Rahmen ihres Reservemanagements diese innovativen Finanzprodukte, um Devisenreserven anzusammeln, Reservepositionen gegenüber Risiken aus Zinssatz- und Wechselkursänderungen zu schützen oder an eine gewünschte Währungsstruktur anzupassen oder um Reserveanlagen effizienter zu bewirtschaften.[94] Über die Verwendung derartiger Finanzinstrumente sind jedoch nur spärliche Informationen verfügbar, da diese zumeist als off-balance-sheet-Transaktionen nicht in den Notenbankbilanzen auftauchen und die mit anderen Zentralbanken oder Geschäftsbanken durchgeführten Operationen vertraulich abgewickelten werden, um gegengerichtete Signalwirkungen zu vermeiden.

Bekannt ist, daß die spanische Notenbank zur Absicherung ihrer Anleihepositionen mit Vorsicht auf Bond Futures zurückgreift und auch Finanzswaps nutzt, um sich gegenüber Risiken aus ihren Reserveanlagen zu schützen.[95] Während für Währungsswaps große Märkte bestehen, so daß sie ohne größere Bedenken von der spanischen Zentralbank in Anspruch genommen werden, stimmt ihr Liquiditätskonzept nicht mit den Liquiditätsbedingungen an den Märkten für Futures und Zinssatzswaps überein. Ebenso nutzt die Reserve Bank of Australia Währungsswaps und Termintransaktionen, da sich dadurch die Entscheidungen über die Strukturierung der Reserven nach Währungen und Finanzanlagen voneinander trennen lassen. So kann durchaus eine hohe offene Position in Anleihen eines Reservewährungslandes gehalten werden, ohne daß eine entsprechende Position in dieser Währung aufgebaut werden muß.[96] Auch die Zentralbank Norwegens greift auf Währungsswaps und Terminkontrakte zurück, um eine ausreichende Liquidität der Reserveanlagen sicherzustellen, ohne daß die bestehende Währungszusammensetzung der Reserveanlagen verändert werden muß.[97]

Die finnische Zentralbank versuchte in einem begrenzten Umfang, durch den Einsatz derivativer Instrumente wie Futures- und Optionskontrakte ihre Zinssatzrisiken besser zu steuern.[98] Auch die italienische Zentralbank greift zeitweise bei der Bewirtschaftung ihrer Reserven auf Optionen zurück.[99]

---

94 Vgl. hierzu: Glynn, L. (1991b), S. 42; O.V. (1993b): Do As I Say, in: The Economist, Dec. 25th - Jan. 7th 1994, S. 98; Hooyman, C.J. (1994), insbesondere S. 157ff; Brady, S. (1992), S. 55; Nordman, T. (1987), S. 7f; Reserve Bank of Australia (1993), S. 39.

95 Vgl. Brady, S. (1992), S. 55.

96 Vgl. Reserve Bank of Australia (1993), S.39; Reserve Bank of Australia (1994), S. 46.

97 Vgl. Hooyman, C.J. (1994), S. 157.

98 Vgl. Nordman, T. (1987), S. 7f.

99 Vgl. o.V. (1993b): Do As I Say, in: The Economist, Dec. 25th - Jan. 7th 1994, S. 98.

2.1.6 Die Euromärkte als Anlageort für offizielle Devisenreserven

Neben den Anlagen an den nationalen Finanzmärkten legen offizielle Währungsbehörden einen Teil ihrer Devisenreserven auch auf den Euromärkten an.
Das Spektrum der Anlagemöglichkeiten an diesen internationalen Finanzmärkten entspricht im wesentlichen den Anlagemöglichkeiten an den nationalen Währungsmärkten, mit der Ausnahme, daß aufgrund des exterritorialen Charakters dieser Märkte keine Möglichkeit besteht, Einlagen bei einer Zentralbank zu halten. Damit konzentrieren sich die Anlagemöglichkeiten im wesentlichen auf die Einlagen bei Geschäftsbanken sowie auf die von staatlichen und privaten Stellen begebenen Geld- und Kapitalmarktpapieren.
Die an den internationalen Finanzmärkten neu entwickelten Finanzierungsinstrumente haben damit das Anlagespektrum wesentlich erweitert, was sich auch Zentralbanken zunutze machten.
Vollzog sich zunächst noch die Anlage von Devisenreserven überwiegend in kurzfristiger Form über Einlagen bei Banken, so ist seit den achtziger Jahren das Übergreifen der "*Securitization*" auf die Zusammensetzung der Währungsreserven zu beobachten, d.h. die wertpapiermäßige Unterlegung der Forderungen durch die Anlage von Devisenreserven in die von den internationalen Banken begebenen Wertpapieren privater und staatlicher Schuldner.[100] Reserven werden also nicht nur als Einlagen bei Geschäftsbanken gehalten, sondern auch in von ausländischen Emittenten am Euromarkt begebenen Wertpapieren wie Commercial Paper, Certificates of Deposits, zinsvariablen Notes und Anleihen investiert.
So nimmt man an, daß auch Zentralbanken aktive Anleger im Staatstitelsektor des Marktes für Euro-Commercial Papers sind.[101] Für Anleger, die den Wunsch haben, ihre Anlagen zu diversifizieren, stellen diese kurzfristigen Papiere eine geeignete Ergänzung dar und sind besonderes wegen ihrer hohen Liquiditätsnähe und ihres attraktiven Ertrages bei relativ geringem Risiko beliebt.[102]
Die Anlage am Euro-Anleihemarkt ist ein Indiz dafür, daß Zentralbanken einen Teil ihrer Reserven auch längerfristig anlegen. Dennoch dürften vor allem variabel verzinsliche Obligationen mit relativ kurzen Laufzeiten bevorzugt werden. Ein Großteil der von Zentralbanken erworbenen internationalen Wertpapiere dürfte wahrscheinlich auf Dollar lauten, so daß die offiziellen Dollarbestände in Wirklichkeit noch größer sein dürften, als die in den Statistiken der BIZ ausgewiesenen offiziellen Reservebestände bei den Eurobanken.[103]

---

100 Vgl. BIZ, 57. Jahresbericht 1987, S. 190.
101 Vgl. BIZ, (August 1991), S. 19.
102 Vgl. BIZ, (August 1991), S. 23.
103 Vgl. BIZ, 56. Jahresbericht 1986, S. 184. Die in den Statistiken der BIZ ausgewiesenen offiziellen Reservebestände bei den Eurobanken erfassen nur die Forderungen und

Aufgrund der bei der Bewirtschaftung der Reserveanlagen zu berücksichtigenden anlagepolitischen Beschränkungen muß jedoch das Reservemanagement beachten, daß im Gegensatz zu den Anlagen an den nationalen Märkten an den Euromärkten der relative Sicherheitsaspekt vollständig fehlt. Denn die an den Euromärkten tätigen Institute unterliegen nicht den nationalen Gesetzesbestimmungen und aufsichtsrechtlichen Verpflichtungen. Gerade diesem Umstand verdanken die Euromärkte ihre Entstehung gegen Ende der fünfziger Jahre.[104]
Ihre größten Wachstumsphasen erlebten die Euromärkte besonders in den 60er und 70er Jahren. Bereits in der Entstehungsphase der Euromärkte Ende der fünfziger Jahre gehörten einige west- und osteuropäische Zentralbanken sowie die BIZ zu einer der größten Anlegergruppe.[105] Auf der Suche nach günstigen Anlagealternativen für ihre über den Transaktionsbedarf hinausgehenden, überschüssigen Devisenreserven kamen auch für Währungsbehörden diese Märkte als Anlageorte für offizielle Reserven in Frage, da diese eine günstigere Verzinsung anboten als die nationalen Märkte. Somit wurde das rasche Wachstum der Euromärkte bis in die 70er Jahre hinein auch von offizieller Seite aus mitgetragen.
Das starke Wachstum der Eurowährungsmärkte und die Tatsache, daß Zentralbanken einen Teil ihrer Devisenreserven als Einlagen an den Euromärkten halten, führte zu Beginn der siebziger Jahre zu kontroversen Diskussionen sowohl auf währungstheoretischer als auch auf währungspolitischer Ebene. Besonders von offizieller Seite wurde den Euromärkten ein großes Mißtrauen entgegengebracht. So gerieten die Märkte in den Verdacht, ein Hort permanenter Störungen für das internationale Finanz- und Währungssystem zu sein. Durch die zunehmende internationale Kapitalmobilität würden sie eine Gefahr für die Stabilität des ganzen Systems darstellen. Insbesondere wurde befürchtet, daß

- es aufgrund der fehlenden Mindestreserveverpflichtung bei einer Umschichtung von inländischen Depositen zum Euromarkt zu einer "Ökonomisierung von Zentralbankgeld" und zu einer unkontrollierbaren und unbegrenzten multiplen Geld- und Kreditschöpfung kommen könne und damit ein Inflationspotential geschaffen werden würde;[106]

Verbindlichkeiten der an die BIZ berichtenden internationalen Banken. Vgl. BIZ, 57. Jahresbericht 1987, S. 190.

104 Eine genaue Geburtsstunde läßt sich aus heuter Sicht nicht mehr zurückdatieren. Aber die weltweite Überregulierung nationaler Finanzmärkte hatte vermutlich bereits Ende der fünfziger Jahre die Euromärkte als Märkte für freie Kapitalbewegungen entstehen lassen. Vgl. zu den verschiedenen Gründen für das Entstehen und das rasche Wachstum der Euromärkte seit Ende der 50er Jahren: Mayer, H. (1982), S. 121f.

105 Vgl. Schäfer, W. (1971), S. 16; Fertig, P. (1981), S. 34.

106 Heller, H.R. und M. Knight (1978b), S. 22. Es wurden deshalb Forderungen erhoben, die nach einer Kontrolle der Euromärkte verlangten. Von amerikanischer Seite wurde sogar die Einführung einer Mindestreserve für Euromarkt-Einlagen gefordert. In Verbindung mit der zweiten Ölpreiskrise und der befürchteten Überhitzung an den Euromärkten ging Anfang der 80er erneut von den Vereinigten Staaten eine Initiative aus,

- die ohnehin schon stark eingeschränkte Aussagefähigkeit monetärer Aggregate noch unsicherer werden würde, wenn kurzfristige auf Inlandswährung lautende Eurodepositen nicht berücksichtigt werden;
- mit zunehmender Integration der nationalen und internationalen Finanzmärkte der Handlungsspielraum nationaler Währungsbehörden stark eingeschränkt werden würde, so daß die Autonomie und Wirksamkeit nationaler Geldpolitiken unterwandert werden würde.[107]

Wenn nun auch noch offizielle Währungsbehörden einen Teil ihrer Reserveguthaben an den Euromärkten anlegen, verstärken sich die eben genannten währungspolitischen Probleme. Greift man nur den ersten Punkt auf, ergibt sich wie bei Offenmarktoperationen einer Zentralbank auf dem nationalen Markt der gleiche Einfluß auf die Kreditkapazität. So kann es beispielsweise bei festen Wechselkursen, wie sie bis 1973 bestanden, zu einer Zunahme der Kreditkapazität kommen,[108] wenn

- ein Land, das seine Währungsguthaben am nationalen Markt des Reservewähungslandes angelegt hatte, diese auf eine Eurobank transferiert, ohne daß ein Zahlungsbilanzüberschuß bzw. -defizit gegeben ist;
- ein Land gegenüber einem anderen einen Überschuß erzielt, letzteres sein Defizit dadurch finanziert, daß es Währungsreserven überträgt, die es auf den nationalen Finanzmärkten gehalten hatte, und das erstgenannte Land diese Guthaben auf den Eurowährungsmarkt verlagert;
- ein Land gegenüber einem Reservewährungsland einen Überschuß erzielt und die zusätzlichen Devisenreserven auf dem Eurowährungsmarkt anlegt.

In den ersten beiden Fällen handelt es sich um Bestandsverlagerungen, bei denen die Kreditkapazität auf dem Eurowährungsmarkt zunimmt, "*ohne daß sich die Verbindlichkeiten des Reservewährungslandes gegenüber ausländischen offiziellen Währungsinstitutionen verändern.*"[109]

---

eine auf internationaler Ebene abgestimmte Reservepflicht für Einlagen an den Euromärkten einzuführen. Diese Initiative wurde jedoch von anderen Ländern nicht unterstützt. In der Folgezeit reduzierten einige Länder ihre Mindestreservesätze und veränderten systematisch die Struktur ihrer Reservesätze, um dadurch den Anreiz für eine Verlagerung reservepflichtiger Einlagen an den Euromarkt zu nehmen. So senkte zum Beispiel die Deutsche Bundesbank die Mindestreservesätze für Termineinlagen, um damit auch bestehende Wettbewerbsnachteile inländischer Banken etwas zu begrenzen. Vgl. Deutsche Bundesbank (1990b), S. 27.

107 Vgl. zu einer Darstellung der währungspolitischen Probleme: Schäfer, W. (1971), S. 54ff; Mayer, H. (1982), S. 122ff; Malliaropulos, D. (1990), S. 3.

108 Vgl. hierzu: Hasse, R. (1984), S. 48f; vgl. zur Problematik der Netto-Erhöhung von Anlagen offizieller Währungsguthaben auf den Eurowährungsmärkten auch: Heller, H.R. und M. Knight (1978b), S. 22.

109 Hasse, R. (1984), S. 49.

Für eine Zentralbank kann der Anstieg offizieller Devisenguthaben am Euromarkt besonders dann zu einem Problem werden, wenn sie eine Wertsteigerung ihrer Währung durch Interventionen verhindern möchte und deshalb gezwungen ist, dieselben Fremdwährungsguthaben noch einmal zu erwerben. In einem Regime fester Wechselkurse und einem Verhalten der Zentralbanken, die Interventionsdevisen auf den Euro-Markt zurückzuschleusen, können sich "*Karussellgeschäfte*" entwickeln, die zu einer inflatorisch wirkenden Aufblähung der Devisenreserven und dadurch der nationalen Geldmengen führen. Wenn offizielle Währungsbehörden wie auch private Anleger vor allem aus Ertragsüberlegungen die Euromärkte als Anlageort wählen, können von privaten Anlagen keine kompensierenden Wirkungen ausgehen.[110] Um die währungspolitischen Probleme nicht noch zusätzlich zu verstärken, wurde deshalb eine Begrenzung offizieller Anlagen auf den Euromärkten gefordert.

Nach dem raschen Wachstum des Euro-Dollarmarktes und der starken Zunahme der Weltwährungsreserven sowie der Inflationsraten Anfang der siebziger Jahre, vereinbarten die Zentralbanken der Zehnergruppe[111] und der Schweiz vor dem Hintergrund dieser Überlegungen erstmals im April 1971 in Basel zukünftig keine zusätzlichen Dollarreserven mehr am Euro-Dollarmarkt anzulegen.[112] Trotz der zurückhaltenden Anlagepolitik der Industrieländer, die Teile ihrer Anlagen vom Eurogeldmarkt über die BIZ in die USA verlagerten, zeigten die Vereinbarungen insgesamt nur eine sehr begrenzte Wirkung. Der Umfang der

---

110 Vgl. hierzu: Hasse, R. (1984), S. 49.

111 Der Zehnergruppe gehören die Vereinigten Staaten, die Bundesrepublik Deutschland, Japan, Kanada, Frankreich, Großbritannien, die Niederlande, Belgien, Schweden und Italien an.

112 Im Dezember 1978 wurde diese Absprache erneuert. Ein weiterer Versuch, die Anlagetätigkeit der Währungsinstitutionen auf dem Euromarkt und damit die von diesen ausgehenden vermuteten inflationären Wirkungen zu begrenzen, wurde im Jahre 1973 unternommen. Auf der Ministerkonferenz der 10er-Gruppe und der EG in Paris am 16. März 1973 vereinbarte man zu untersuchen, wie die von den Euromärkten ausgehenden Störungen auf das internationale Währungssystem verringert werden könnten. Diese Untersuchung sollte auch die Auswirkungen der Begrenzung der Anlagetätigkeit von IWF-Mitgliedsländern auf den Euromärkten und darüber hinaus eventuell die Einführung einer Mindestreserve für Euromarkteinlagen einschließen. Die Währungsbehörden erklärten sich darüber hinaus bereit, schrittweise und vorsichtig ihre Anlagen von den Euro-Märkten abzuziehen. Des weiteren wollten die Vereinigten Staaten überlegen, wie sie den Rückfluß kurzfristigen Kapitals von den Euro-Devisenmärkten in die USA unter Berücksichtigung der Marktlage fördern könnten, um damit die nicht-amerikanischen Währungsbehörden ihre Dollarreserven auf dem amerikanischen Geldmarkt anlegen. Obwohl letztendlich kein einvernehmliches Abkommen erzielt werden konnte, wurde ein Teil der Dollarreserven wieder stärker am US-Geldmarkt direkt oder mittelbar über die BIZ dort angelegt. Vgl. das Kommuniqué dieser Ministerkonferenz. Abgedruckt in: Europa-Archiv, Folge 7/1973, D 178-180; Grünärml, F. (1980), S. 457; Heller, H.R. und M. Knight (1978b), S. 22.

Einlagen am Euromarkt wuchs in den Jahren 1971-73 und insbesondere 1974 rasch an.[113]

Für diese Entwicklung waren mehrere Faktoren ausschlaggebend, die parallel zueinander auftraten:

Erstens beschränkten sich die Absprachen nur auf einen engen Teilnehmerkreis und umfaßten nur das Verbot von Neuanlagen.

Zweitens kam es zu einer Umverteilung der Leistungsbilanzüberschüsse, die mit einem Wechsel der Länder als Anleger am Euromarkt einherging. Wurde 1971 noch der größte Teil der Leistungsbilanzüberschüsse von Ländern der Zehnergruppe erzielt, die keine weiteren Reserven am Eurogeldmarkt plazierten, verlagerten sich diese Überschüsse durch den Anstieg der Rohstoffpreise ab 1972 auf Länder außerhalb dieser Gruppe. Diese Rohstoffländer - meist Entwicklungsländer, für die Renditen aus der Anlage von Reserven eine größere Rolle spielen - hatten sich nicht den Absprachen angeschlossen und legten einen beträchtlichen Teil ihrer zusätzlichen Dollarbestände am Eurogeldmarkt an.

Drittens wurden Anfang der siebziger Jahre in der Bundesrepublik und der Schweiz weitere Kapitalverkehrskontrollen eingeführt, nachdem der Dollar und das Pfund Sterling 1972 zur Schwäche tendierten und einige Zentralbanken zusätzlich begannen, ihre Devisenreserven zugunsten der D-Mark und des Schweizer Franken zu diversifizieren. In der Bundesrepublik und der Schweiz wurden dadurch die Anlagemöglichkeiten an den nationalen Märkten weiter eingeengt. Die anlagesuchenden Zentralbanken wichen auf den Euromarkt als einziger freier Anlagemarkt aus und legten dort in einem beträchtlichen Umfang Reserven an.[114]

Die Eurobanken befanden sich in einem Dilemma. Einerseits waren sie mit reichlich Liquidität ausgestattet, andererseits standen sie vor dem Problem, wie diese Gelder wieder angelegt werden können. Eine stärkere Kreditnachfrage seitens der Industrieländer war wegen der rezessiven Entwicklungen nicht zu erwarten. Ausserdem war eine Anlage dieser Mittel in den neuen Reservewährungsländern durch die zunehmende Behinderung des internationalen Kapitalverkehrs nicht möglich. Die Eurobanken sahen sich deshalb nach neuen Kreditnehmern um und gewährten zunehmend Kredite an „öffentliche und halböffentliche“ Stellen in Entwicklungsländern und osteuropäischen Ländern. Ein erheblicher Teil der an Entwicklungsländer ausgeliehenen Mittel floß jedoch wieder über die Anlage offizieller Währungsreserven an den Markt zurück.[115]

---

113 Vgl. BIZ, 42. Jahresbericht 1972, S. 167; BIZ, 43. Jahresbericht 1973, S. 183.

114 Vgl. BIZ, 43. Jahresbericht 1973, S. 174

115 Vgl. BIZ, 43. Jahresbericht 1973, S. 175. Zwischen dem Anlage- und Risikomanagement der Eurobanken entstand ein Konflikt. Während die Gläubiger nach sicheren Anlagen suchten, beeinträchtigte der intensivere Wettbewerb um die Vergabe der Finanzmittel die Gewinnspannen und verleitete die Eurobanken zu riskanteren Transaktionen. Zudem wahrten die Eurobanken bei ihren Aktivitäten nicht immer die Regeln einer vernünftigen Fristentransformation, so daß kurzfristige Einlagen zunehmend län-

Angesichts der wachsenden Leistungsbilanzdefizite der ölimportierenden Länder und der drängenden Frage, wie sich die Volkswirtschaften an diese Situation anpassen sollen, wurden die Euromärkte in einem anderen Licht gesehen. Ihnen wurde eine wichtige volkswirtschaftliche Funktion zuerkannt, die darin bestand, die hohen interkontinentalen Zahlungsungleichgewichte zum Ausgleich zu bringen.[116]
Die ölimportierenden Länder finanzierten ihre durch die verteuerte Öleinfuhr bedingten Leistungsbilanzdefizite durch hohe Kreditaufnahmen an den internationalen Finanzmärkten, so daß sie nicht auf ihre Währungsreserven zurückgreifen mußten. Diese Kredite wurden wiederum aus den von den ölexportierenden Ländern erlösten Devisen ("Petro-Dollar") gespeist, die diese an die internationalen Finanzmärkte und besonders am Euro-Dollarmarkt anlegten. Der Euromarkt übernahm eine Drehscheibenfunktion für internationale Finanzmittel. Die Wiederverwendung der Leistungsbilanzüberschüsse der OPEC-Länder und die Rückschleusung der Petro-Dollar über die internationalen Finanzmärkte in die Defizitländer ist unter dem Begriff des "Recycling" bekannt geworden.[117] Das Recycling der Dollarreserven der OPEC-Länder, das sich nach der zweiten Ölkrise 1979/80 wiederholte,[118] ermöglichte es den Defizitländern, Fehlbeträge in den staatlichen Haushalten und in den Leistungsbilanzen leichter und längerfristig zu finanzieren und durch eine Verschuldung die erforderlichen Anpassungsmaßnahmen abzumildern oder hinauszuzögern.

Der Meinungswandel gegenüber den Euromärkten wurde zudem dadurch begünstigt, daß Anfang der 80er Jahre das Wachstum der Euromärkte durch die Verschlechterung der Zahlungsbilanzsituation der OPEC-Länder sowie die Devisenschwierigkeiten zahlreicher Entwicklungsländer gebremst wurde, die nun-

---

gerfristig ausgeliehen wurden. Damit legten die Banken bereits in diesem Stadium den Grundstein für die spätere Verschuldungskrise. Mit dem Ausbruch der Schuldenkrise 1982 traten diese Probleme schließlich offen zutage.

116 Weitere ökonomische Vorteile werden in der Erhöhung des internationalen Wettbewerbs zwischen den Banken und damit einer Kostenreduzierung und Entwicklung neuer Finanzinstrumente und Anlageformen, sowie in einer effizienteren internationalen Liquiditätsverteilung und erhöhten internationalen Kapitalmobilität gesehen, die den internationalen Zahlungsausgleich erleichtert. Vgl. Malliaropulos, D. (1990), S. 3.

117 Der Recycling-Begriff stammt eigentlich aus Kooperationsvereinbarungen zwischen den Zentralbanken zweier oder mehrerer Länder mit dem Ziel, die Devisenreserven einer Zentralbank und die Devisenverluste einer anderen Zentralbank durch entgegengesetzte Devisenbewegungen zu kompensieren. Vgl. Fertig, P. (1981), S. 100.

118 Im Gegensatz zur ersten Ölkrise gestaltete sich jedoch in dieser Phase das Recycling der Petro-Dollar schwieriger, da die ölexportierenden Länder nach höheren Renditen suchten, als sie am Euromarkt zu erzielen waren. Die OPEC-Staaten interessierten sich nun für ganz andere und günstigere Investitionsalternativen, wie z.B. Direktinvestitionen und Immobilien in leistungsfähigen Volkswirtschaften. Vgl. Fertig, P. (1981), S. 153. In dieser Zeit erwarben beispielsweise Kuwait und der Iran Anteile an deutschen Industrieunternehmen, wie Daimler Benz und Krupp.

mehr auf ihre am Euromarkt angelegten Reserven zurückgriffen.[119] Ferner führten die Beseitigung zahlreicher institutioneller Schranken, die Herabsetzung des Mindestreservesolls sowie die Aufhebung von Kapitalverkehrskontrollen an den nationalen Märkten dazu, daß ein Teil der Transaktionen, die aufgrund dieser Restriktionen früher an die Euromärkte verlagert wurden, wieder ins Inland zurückgeholt werden konnten. Auch an den nationalen Finanzmärkten konnten nun innovative, auf die besonderen Bedürfnisse der Marktteilnehmer zugeschnittene Finanzinstrumente entwickelt werden, so daß sich das Sortiment an Anlageinstrumenten an diesen Märkten beträchtlich verbreiterte.
Mit der seit Anfang der achtziger Jahre einsetzenden und fortschreitenden Liberalisierung und Deregulierung nationaler Finanzmärkte, haben die Euromärkte erheblich von ihrer ursprünglichen Bedeutung als Offshore-Handelsplatz eingebüßt. Trotz dieser Entwicklungen genießen die Euromärkte aber bis heute als Anlageorte bei internationalen Anlegern wie auch bei Zentralbanken hohe Attraktivität. Der von einigen Autoren prognostiziert vollkommene Bedeutungsverlust der Euromärkte ist nicht eingetreten.[120] Vielmehr haben die Liberalisierungsmaßnahmen neue Verbindungen zwischen den inländischen und internationalen Märkten geschaffen, so daß die Euromärkte als Bindeglied zwischen den verschiedenen nationalen Märkten weiter bestehen bleiben werden.

2.1.6.1 Gründe für eine Anlage offizieller Reservebestände an den Euromärkten

Entschließt sich eine Währungsbehörde, ihre über den Transaktionsbedarf hinausgehenden Devisenreserven direkt am Euromarkt anzulegen,[121] so ist nach den Gründen zu fragen, die die Entscheidung zugunsten dieser Anlageform begünstigen. Auch wenn die Motive, weshalb einzelne Zentralbanken die Euromärkte als Anlageort für einen Teil ihrer Devisenreserven bevorzugten, sehr unterschiedlicher Natur sind und von Zeit zu Zeit stark variieren können, lassen sich doch einige Determinanten nennen, die eine Anlageentscheidung zugunsten der Euromärkte und den Umfang der dort gehaltenen Guthaben beeinflussen:[122]

119 Vgl. Deutsche Bundesbank (1984), S. 18.
120 Vgl. so zum Beispiel: Rudloff, H.-J. (1990), o.S.
121 Neben der direkten Plazierung von Reserven bei einer Eurobank ist auch eine indirekte Anlage am Euromarkt möglich. Dies ist dann der Fall, wenn Reserven bei einer internationalen Währungsinstitution wie der BIZ angelegt werden, die dann ihrerseits die ihr zugeflossenen finanziellen Mittel wieder bei einer Eurobank anlegt. Vgl. hierzu: Bank für internationalen Zahlungsausgleich und die Basler Zusammenkünfte (1980), S. 38 und S. 44.
122 Vgl. zu einzelnen Faktoren: BIZ (Juli 1985), S. 11.

Erstens ist eine kurzfristige Anlage überschüssiger Reserven am Euromarkt aus Ertragsüberlegungen besonders attraktiv. Aufgrund der fehlenden Mindestreservepflicht und der Größe des jeweiligen Transaktionsvolumens können die Eurobanken mit geringeren Margen arbeiten. Diese Kostenvorteile gegenüber den nationalen Märkten wird den Einlegern über eine höhere Verzinsung der Einlagen weitergegeben. Zudem unterliegen diese Anlagen keinerlei Reglementierungen und steuerlichen Belastungen (Quellensteuer, Umsatz- und Börsensteuer für den Handel mit Wertpapieren), so daß die Erträge ohne Belastungen vereinnahmt werden können.
Leider ist über die von Währungsbehörden an den Euromärkten gehaltenen Guthaben keine geographische Aufteilung verfügbar. Da gerade Entwicklungsländer auf möglichst hohe Erträge aus ihren Reserveanlagen angewiesen sind, dürfte zumindestens bis in die Mitte der achtziger Jahre ein Großteil der Euromarkteinlagen auf diese Ländergruppe entfallen.[123]

Zweitens kann der Umfang der an den Euromärkten gehaltenen Devisenreserven auch durch Veränderungen der Zinsdifferenz zwischen dem Satz für Einlagen am Euromarkt und dem vergleichbarer Anlagen am nationalen Markt beeinflußt werden. So stellten Heller und Knight für die siebziger Jahre im Fall von Dollaranlagen fest, daß Zentralbanken auf eine Veränderung der Zinsdifferenzen zwischen Dollareinlagen am Eurogeldmarkt und vergleichbarer Anlagen am amerikanischen Geldmarkt reagierten. Allerdings konnten sie zwischen den Industrieländern und den Entwicklungsländern ein unterschiedliches Anlageverhalten erkennen. Zwar legten damals Industrieländer einen wesentlich geringeren Anteil ihrer zusätzlichen Dollarreserven auf dem Euro-Dollarmarkt an, sie reagierten aber wesentlich schneller auf eine Veränderung der Zinsdifferenz und verlagerten ihre Anlagen schneller. Dagegen neigten die Entwicklungsländer eher dazu, unabhängig von einer Veränderung der Zinsdifferenzen einen höheren Anteil ihrer Dollarreserven am Euro-Dollarmarkt zu halten.[124] Offensichtlich wird die Anlagetätigkeit der Zentralbanken an den Euromärkten nicht allein von Zinsüberlegungen bestimmt.

Drittens legen einige Länder einen Teil ihrer Reserven an den internationalen Märkten an, um ihre Kreditwürdigkeit nach außen hin zu demonstrieren und ihr zukünftiges Ausleihpotential zu verbessern.[125] Dies erklärt auch das unterschiedliche Anlageverhalten zwischen den Entwicklungs- und Industrieländern. Durch die Pflege guter Beziehungen zu den internationalen Banken und eine verbesserte Bonität erhofften sie, eine zukünftige Kreditaufnahme in nicht-

---

123 Vgl. BIZ, 55. Jahresbericht 1985, S. 181.
124 Vgl. Heller, H.R. und M. Knight (1978b), S. 26f.
125 Vgl. Williamson, J. (1977), S. 156f.

konditionierter Form auf den internationalen Finanzmärkten zu erleichtern.[126] So floß in den siebziger Jahren ein bedeutender Teil der von Entwicklungsländer durch Rohstoffexporte verdienten Dollarreserven wieder an den Euromarkt zurück. Die Entwicklungsländer einschließlich der OPEC-Länder stellten in dieser Zeit die wichtigste Anlegergruppe am Euro-Dollarmarkt dar. Besonders einige hochverschuldeter Entwicklungsländer, wie Brasilien, Mexiko, die Republik Südkorea, die Philippinen und der Iran, legten Ende der siebziger und zu Beginn der achtziger Jahre einen Teil ihrer Reserven bei Eurobanken an. Diese Anlagen wurden den kreditgebenden Eurobanken quasi als kompensatorische Bestände angeboten, damit amtliche und halbamtliche Stellen in Zukunft auf weitere Kredite hoffen konnten.[127] Allerdings änderte sich die Marktsituation mit dem Ausbruch der Verschuldungskrise im Jahr 1982 dramatisch. Die Eurobanken wechselten zu einer äußerst zurückhaltenden Kreditvergabe gegenüber Entwicklungsländern.

Viertens boten die Euromärkte bis Anfang der achtziger Jahre die einzige Möglichkeit, um in einem größeren Umfang Reserven in den neuen Reservewährungen D-Mark, Schweizer Franken und Yen anlegen zu können. Für Zentralbanken, die den Wunsch hatten, ihre Devisenguthaben aus dem US-Dollar in andere Währungen umzuschichten, stellten die Euromärkte das Hauptmedium der Diversifizierung ihrer Devisenreserven dar.

---

126 Vgl. Reichenstein, P.M. (1987), S. 66; Hasse, R. (1984), S. 48.

127 Eine Kreditaufnahme an den Euromärkten bot sich für die Entwicklungsländer vor allem aus zwei Gründen an:
Erstens war eine Kreditaufnahme zeitweise wegen der fehlenden Reglementierungen und der daraus resultierenden niedrigeren Kosten des Eurogeschäftes zu vergleichsweise günstigen Konditionen möglich. Zudem führten die bestehenden Kapitalverkehrskontrollen in den neuen Reservewährungsländer zu einem intensiveren Wettbewerb um die Vergabe von Finanzmitteln mit der Folge, daß Eurobanken ihre Bonitätsanforderungen beträchtlich reduzierten und zum Teil eine übermäßige Fristentransformation betrieben.
Zweitens ist die Aufnahme von finanziellen Mitteln nicht an wirtschaftspolitische Auflagen gebunden. Die Schuldnerländer müssen daher bei Zahlungsbilanzproblemen nicht die eigentlich notwendigen makroökonomischen Anpassungsmaßnahmen ergreifen, wie dies häufig bei Krediten der Weltbank oder des Internationalen Währungsfonds der Fall ist. Vgl. Gerhardt, W. (1984), S. 45.
Das Hinauszögern der notwendigen Anpassungsmaßnahmen gilt grundsätzlich für alle Defizitländer wie das Beispiel der Ölkrisen zeigte. Aber auch in neuerer Zeit können so die USA ihre Defizite durch direkte Anlagen ausländischer Währungsbehörden an den amerikanischen Finanzmärkten und durch indirekte offizielle Anlagen über die Euromärkte zum Großteil offiziell finanzieren. Auf der anderen Seite haben die Euromärkte nicht nur einen Beitrag geleistet, die Finanzierung von Zahlungsbilanzdefiziten zu erleichtern und die erforderlichen Anpassungsmaßnahmen hinauszuzögern. Sie haben auch geholfen, den nicht erwünschten Zustrom kurzfristigen Kapitals bei den Überschußländern wieder zurückzuschleusen und damit "expansive Anpassungszwänge" zu verhindern. Vgl. so: Mayer, H. (1982), S. 122f.

Fünftens ist für die Entwicklung der Anlagen an den Euromärkten die Art, wie sich das Reservewachstum auf einzelne Länder und Ländergruppen verteilt, eine wichtige Einflußgröße. Während die wichtigsten Industrieländer der Tendenz nach den größten Teil ihrer Dollarreserven in den USA anlegen, neigen zahlreiche Länder dazu, für die Zinserträge aus der Anlage von Reserven eine größere Rolle spielen, einen Teil ihrer Dollarreserven am Euro-Dollarmarkt anzulegen. So war in der Vergangenheit zu beobachten, sobald die Dollarreserven der Zehnergruppe anwuchsen, daß dies sich vor allem in einem Anstieg der in den USA gehaltenen Reserven abzeichnete. Veränderte sich die Verteilung der Dollarreserven zugunsten der Entwicklungsländer - so haben beispielsweise nach den beiden Ölpreiskrisen in den siebziger Jahren die Devisenreserven der Entwicklungsländer stark zugenommen - hat sich dies in einem Wachstum der am Euromarkt angelegten Dollarreserven niedergeschlagen.[128]

Sechstens kann auch von der Kursentwicklung wichtiger Währungen zueinander ein Einfluß auf den Umfang der Guthaben ausgehen, die in bestimmten Währungen am Eurogeldmarkt gehaltenen werden. So variiert der Umfang der am Eurogeldmarkt gehaltenen Nichtdollarwährungen der Tendenz nach oftmals mit der wechselnden Attraktivität von Anlagen in Dollar. Eine gegenwärtige oder erwartete Schwäche des Dollar führt danach dazu, daß eine Reservebildung in anderen Währungen attraktiver erscheint. Dies gilt auch für den umgekehten Fall.[129]

Ein ähnlicher Effekt läßt sich auch zwischen der Kursentwicklung der D-Mark und anderen EWS-Währungen und den am Euromarkt gehaltenen DM-Bestände feststellen. So haben in den letzten Jahren EWS-Notenbanken in Phasen einer zeitweisen Schwäche der D-Mark umfangreiche DM-Bestände erworben, die sie vorübergehend am Euro-DM-Markt zwischenlagerten. Damit wollte man ausreichende Interventionsmittel ansammeln, um bei späteren Wechselkursstützungsaktionen auf eigene Finanzierungsmittel zurückgreifen zu können.

Siebtens werden auch aus politischen Überlegungen Devisenreserven an den Euromärkten angelegt, da dadurch der jeweiligen unmittelbaren Jurisdiktion einzelner Staaten ausgewichen werden kann.[130] So spielten bereits in der Entstehungsphase der Euromärkte politische Erwägungen eine entscheidende Rolle. Da einige Staatsbanken des ehemaligen Ostblocks in der Phase des "Kalten Krieges" eine Festsetzung ihrer Einlagen befürchteten, lösten sie einen Teil ihrer in den Vereinigten Staaten gehaltenen Anlagen auf und verlagerten diese an den

---

128 Vgl. BIZ, (Juli 85), S. 11.
129 Vgl. BIZ, (Juli 85), S. 11f.
130 Vgl. hierzu auch: Reichenstein, P.M. (1987), S. 66.

Euro-Dollarmarkt nach London.[131] Investoren brachten den Euromärkten insoweit ein höheres Vertrauen entgegen. Daß diese Auffassung nicht ganz unbegründet war, wurde im Zusammenhang mit dem Teheraner Geiseldrama und der sich daraus entwickelnden diplomatischen Auseinandersetzung zwischen den USA und dem Iran offenbar. Als in deren Verlauf der damalige iranische Außenminister den Abzug offizieller Einlagen aus den USA ankündigte, reagierte die Carter-Regierung prompt und verfügte am 14. November 1979 ein Einfrieren iranischer Guthaben. Diese "Sequestration" erstreckte sich nicht nur auf die bei den US-Geschäftsbanken gehaltenen Einlagen in den Vereinigten Staaten, sondern bezog auch die Guthaben bei amerikanischen Filialen und Tochtergesellschaften im Ausland ein.[132] Zwar kam man dadurch einem möglichen Abzug dieser Gelder zuvor, gleichzeitig wurde aber mit diesem Eingriff das bis dahin uneingeschränkte weltweite Vertrauen in die Unverletzlichkeit ausländischen Eigentums in den USA gestört. Die in Dollar angelegten Devisenreserven waren nicht mehr so sicher wie man bis dahin glaubte, und die Funktion des Dollar als "sicherer Haven" war gestört. Befürchtungen, daß dieses Instrument auch bei anderen politischen Spannungen eingesetzt werden würde, führten dazu, daß ausländische Währungsbehörden in den USA angelegte Guthaben abzogen und ihre Vermögenswerte sowohl geographisch als auch der Art nach diversifizierten.[133] Im Zuge dieses Prozesses wurde ein Teil der Devisenreserven wegen der größeren Flexibilität und Anonymität der Euromärkte an den Euro-Dollarmarkt sowie verstärkt in andere Reservewährungen verlagert.

Der Vollständigkeit halber sei abschließend noch ein weiterer Grund für die Anlage von Reserven am Euromarkt genannt, der jedoch nur in der Entstehungsphase der Euromärkte eine größere Rolle spielte. In den sechzigern Jahren griffen die BIZ und andere europäische Zentralbanken in konzertierten Aktionen mehrmals direkt in das Marktgeschehen am Eurodollarmarkt ein und führten diesem zusätzliche Liquidität zu, um an diesem Markt "orderly market conditions" aufrechtzuerhalten. Die Anlage von Reserven war mit der Absicht verbunden, einen stabilisierenden Einfluß auf die saisonalen Marktanspannungen auszuüben, die im Zusammenhang mit den von privaten Geschäftsbanken zum Jahresultimo durchgeführten Transaktionen auftraten.[134] Die Schweizerische Nationalbank legte so beispielweise Ende 1966 direkt 310 Mio. Dollar und über die BIZ indirekt 160 Mio. Dollar am Euro-Dollarmarkt an. Die BIZ selbst führte dem Markt in Höhe von 275 Mio. Dollar zu, wovon 200 Mio. aus der in Anspruch genommenen Dollar-Swap-Fazilität mit dem amerikanischen Federal

131 Vgl. Käsmeier, J.H. (1984), S. 54.
132 Vgl. Fertig, P. (1981), S. 152.
133 Vgl. auch: O.V. (1979c): Auf dem Wege zur Reservewährung, in Zeitschrift für das gesamte Kreditwesen, S. 1123.
134 Vgl. Fertig, P. (1981), S. 130.

Reserve System stammten. Die Bundesbank und die italienische Zentralbank begrenzten dagegen die Repatriierungsmöglichkeit ihrer Geschäftsbanken, und die niederländische Zentralbank stellte ihren Banken durch Swaptransaktionen Dollar zur Verfügung.[135] Heute ist derartigen Aktionen angesicht der Größe der Euromärkte und der Offenheit der nationalen Finanzmärkte nur noch eine geringe Bedeutung beizumessen.

2.1.6.2 Entwicklung und Struktur offizieller Anlagen an den Euromärkten

Bei der Analyse der Entwicklung und der Struktur der von offiziellen Währungsbehörden an den Euromärkten gehaltenen Devisenreserveanlagen ergeben sich ähnliche Schwierigkeiten wie bei der Ermittlung der Reservebestände und der Beurteilung der Reservediversifizierung.
Bis heute gibt es keine genauen offiziellen Statistiken zu den Euromärkten, so daß die von den unterschiedlichen Institutionen veröffentlichten Daten über das Marktvolumen zum Teil auf Schätzungen beruhen und daher stark voneinander abweichen können.
Im Dezember 1974 wurden erstmals von der BIZ in einer neuen statistischen Reihe umfassendere Angaben zu den Euromärkten veröffentlicht. Aber erst seit dem 2. Quartal 1981 werden explizit Zahlen über die Anlagetätigkeit der Währungsbehörden ausgewiesen. Diese Statistiken über die "Entwicklung des internationalen Bankgeschäfts und der internationalen Finanzmärkte", die auf Basis vierteljährlicher Bankmeldungen über deren Auslandsforderungen und -verbindlichkeiten erstellt werden, wurden inzwischen mehrmals verändert, so daß die Zeitreihen erhebliche statistische Brüche aufweisen. Trotz erheblicher Mängel[136] sind die von der BIZ publizierten Daten die wichtigste Quelle, um

135 Vgl. BIZ, 37. Jahresbericht 1967, S. 160.

136 Das Datenmaterial der BIZ basiert nur auf Informationen der an die BIZ berichtenden Geschäftsbanken in bestimmten Ländern; außerdem werden die Zahlen nach keinem einheitlichen Schema erfaßt. Nicht erfaßt werden beispielsweise die Einlagen osteuropäischer Länder sowie Chinas, der Mongolei, Nord Koreas und Vietnams. Die Vereinigten Staaten berichten keine Aufschlüsselung der Forderungen und Verbindlichkeiten nach einzelnen Währungen. Kanada beschränkt sich nur auf die wichtigsten Reservewährungen; die Schweiz und Großbritannien geben keine Informationen über auf ECU lautende Positionen. Vgl. im einzelnen hierzu: BIS (1988), S. 50. Darüber hinaus wurden einerseits der Berichtskreis mehrmals erweitert und die Statistiken selbst teilweise verfeinert. Andererseits verloren sie aber auch an Informationsgehalt, da beispielsweise die Währungsstruktur der Positionen der Filialen der US-Banken in bestimmten Offshore-Zentren nur vorübergehend ausgewiesen wurden. Der größte Teil dieser Anlagen lautet auf Dollar, so daß die in den Statistiken ausgewiesenen Dollarpositionen noch etwas höher sein dürften.

einen groben, aber denoch einigermaßen differenzierten Überblick über den Umfang und die Währungsstruktur offizieller Anlagen an den Euromärkten zu erlangen.[137]

Da es über die Wertpapieranlagen offizieller Stellen am Eurogeld- und -kapitalmarkt so gut wie kein statistisches Material gibt, muß sich die nachfolgende Analyse auf den Eurogeldmarkt - und hier auf die bei den an die BIZ berichtenden Geschäftsbanken gehaltenen Einlagen - als Anlageort für offizielle Devisenreserven beschränken. Einen Überblick über das Volumen und der Struktur der von offiziellen Währungsbehörden seit 1973 an den Eurogeldmärkten angelegten Devisenreserven vermitteln die Tabellen A7 bis A9 und Abbildungen 5 und 6. Danach kann die Gesamtentwicklung der von offiziellen Stellen dort unterhaltenen Anlagen in vier markante Phasen unterteilt werden:

- Die erste Phase dauerte bis 1980 und war besonders gegen Ende der 70er Jahre von einem ausgeprägten Wachstum gekennzeichnet.
- In der zweite Phase war ein kräftiger Abbau der Anlagen am Euromarkt zwischen 1981 bis Mitte 1983 zu verzeichnen.
- In der dritten Phase ab Mitte 1983 bis 1990 war wiederum ein deutlicher Zuwachs zu beobachten.
- Die vierte, von 1990 bis 1993 andauernde Phase ist von einem Rückgang der Einlagen gekennzeichnet, von dem aber nur die Nichtdollareinlagen betroffen sind. Diese Entwicklung wurde im Jahr 1994 beendet, nach dem offizielle Stellen Guthaben besonders in US-Dollar und D-Mark aufstockten.

Nach dem ersten Ölpreisschock stiegen die von Währungsbehörden bei den an die BIZ berichtenden Banken am Eurogeldmarkt angelegten Devisenreserven außerordentlich stark an. Bis 1976 beschränkte sich der Zuwachs vor allem auf die von OPEC-Ländern am Eurodollarmarkt angelegten Guthaben, die sich mehr als verdreifachten. Zwischen 1976 und 1978 wuchsen die Dollaranlagen nur geringfügig an. Als im Zuge der zweiten Ölkrise die OPEC-Länder ihre Deviseneinnahmen erneut kräftig steigern konnten und die Zinsspanne zugun

In Ergänzung zu den vierteljährlichen Berichten gibt die BIZ in ihren Jahresberichten zum Teil einen groben Überblick über die Anlagestruktur der Devisenreserven. Im Laufe der Jahre wurde aber auch hier der Informationsgehalt eingeschränkt. So fehlen seit dem Jahresbericht 1989 die Tabelle zur Anlagestruktur vollständig.

137 Vollständigkeitshalber sei noch erwähnt, daß der IWF in seinen Jahresberichten jeweils einen groben Überblick über die Zusammensetzung der offiziellen Devisenreserven und deren Anlageformen gibt. Diese Statistiken beruhen zum Teil wiederum auf Angaben der BIZ und IWF-internen Schätzungen. Ferner berichtet die Morgan Guaranty Trust Company in ihren monatlichen Berichten zu den "World Financial Markets" über die Euromärkte. Insgesamt wird dort zwar ein größeres Gesamtmarktvolumen ausgewiesen, da noch zusätzliche Offshore-Märkte berücksichtigt werden; die Angaben zu den Anlagen der Währungsbehörden stimmen aber weitgehend mit den BIZ-Angaben überein.

Abbildung 5: Dollaranlagen offizieller Stellen am Euromarkt und in den USA 1974 - 1994

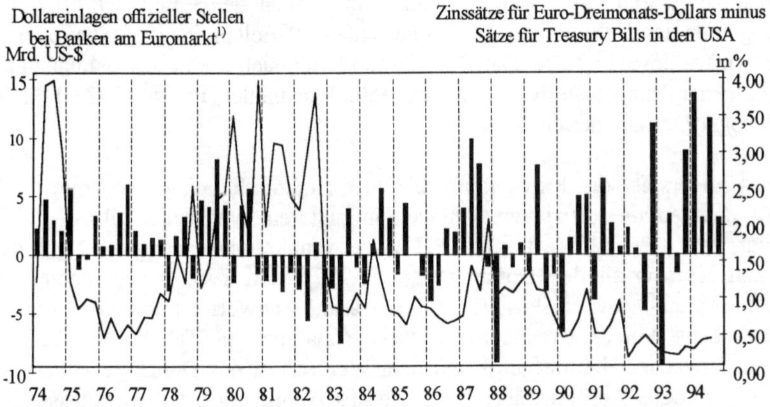

1) Vierteljährliche Veränderungen in Mrd. US-Dollar (zu konstanten Wechselkursen am Quartalsende)

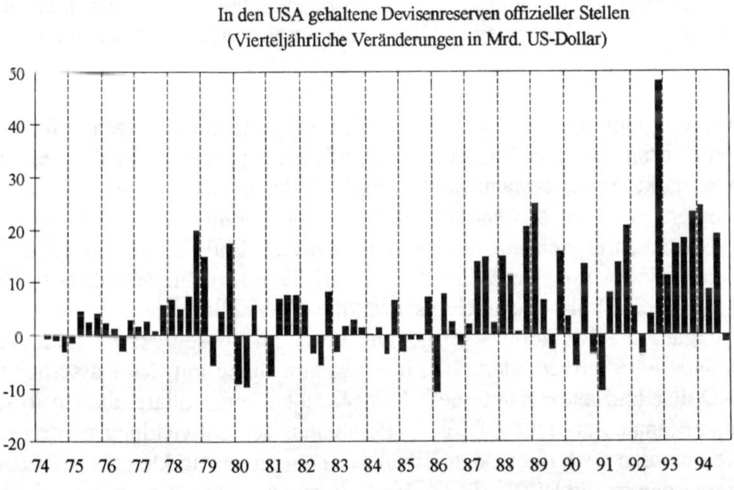

Quellen: BIZ: Entwicklung des internationalen Bankgeschäfts und der internationalen Finanzmärkte, versch. Ausg.; IMF, International Financial Statistics, versch. Ausg.; Federal Reserve Bank of New York, Federal Reserve Bulletin, versch. Ausg.

sten von Dollareinlagen am Euromarkt zunahm, ist 1979 bei den Eurodollareinlagen erneut ein außerordentlicher Anstieg zu beobachten gewesen. Im Unterschied zur ersten Ölpreiskrise erhöhte sich jedoch der Anteil der offiziellen Anlagen an den Euromärkten an den gesamten offiziellen Devisenreserven nicht so stark wie im Jahr 1974. Daneben verminderten sich die Leistungsbilanzüberschüsse der Nahost-OPEC-Länder wesentlich schneller, und ab 1983 bildeten sich sogar Defizite heraus.[138]

Etwas anders ist die Entwicklung bei den Nichtdollaranlagen verlaufen. Bis 1976 nahmen die offiziellen Einlagen in anderen Währungen als dem US-Dollar, überwiegend D-Mark und Schweizer Franken, nur gering zu. Nach dem starken Kursverfall des Dollar zwischen 1976 und 1979 verzeichneten die Nichtdollareinlagen - insbesondere D-Mark und Schweizer Franken - zu jeweiligen Wechselkursen gerechnet eine starke Zunahme (vgl. Tabelle A8). Ein Teil dieses Zuwachses beruhte zwar auf dem Wertverlust des Dollar gegenüber anderen wichtigen Reservewährungen, wie aus Abbildung 6 zu ersehen ist, dennoch nahmen die offiziellen Anlagen auch zu konstanten Wechselkursen gerechnet beträchtlich zu.

Ebenso ist bei den an den nationalen Märkten der betreffenden Währungen gehaltenen Nichtdollaranlagen ein Zuwachs zu beobachten. Dieser war allerdings aufgrund der noch bestehenden Kapitalverkehrskontrollen vergleichsweise gering.

1980 war ein Jahr des Umbruchs. Zunächst nahmen die Einlagen offizieller Stellen am Euromarkt noch zu, da die Zinsdifferenz zugunsten der Anlagen am Eurodollarmarkt weiter zunahm und OPEC-Länder einen Teil ihrer Reserven dort anlegten. Ab dem 4. Quartal 1980 kam diese Entwicklung jedoch zum Stillstand und kehrte sich um. So wurden zwischen Ende 1980 und 1983 die offiziellen Einlagen von US-$ 128,9 Mrd. auf 79,1 Mrd. abgebaut; betroffen waren sowohl die Dollar- als auch bis 1982 die Nichtdollareinlagen. Der drastische Rückgang der Nichtdollareinlagen am Euromarkt besonders im Jahr 1982 ist einerseits auf Wertveränderungen im Zusammenhang mit der Kurserholung des US-Dollar und andererseits auf Verlagerungen von Dollarguthaben in die Vereinigten Staaten zurückzuführen.[139] Parallel zu der Entwicklung an den Euromärkten wurden auch die an den jeweiligen nationalen Märkten unterhaltenen Anlagen bei den an die BIZ berichtenden Banken abgebaut. Sie nahmen bis Ende 1982 auf US-$ 12,5 Mrd. ab.

---

138 Vgl. BIZ (November 1990), S. 20.

139 Vgl. BIZ (Juli 1985), S. 15. Vgl. hierzu genauer die Entwicklung der Anlagen ausländischer Währungsbehörden in den USA im Abschnitt 2.2.

Abbildung 6: Nicht-Dollareinlagen offizieller Stellen am Euromarkt 1974-1994

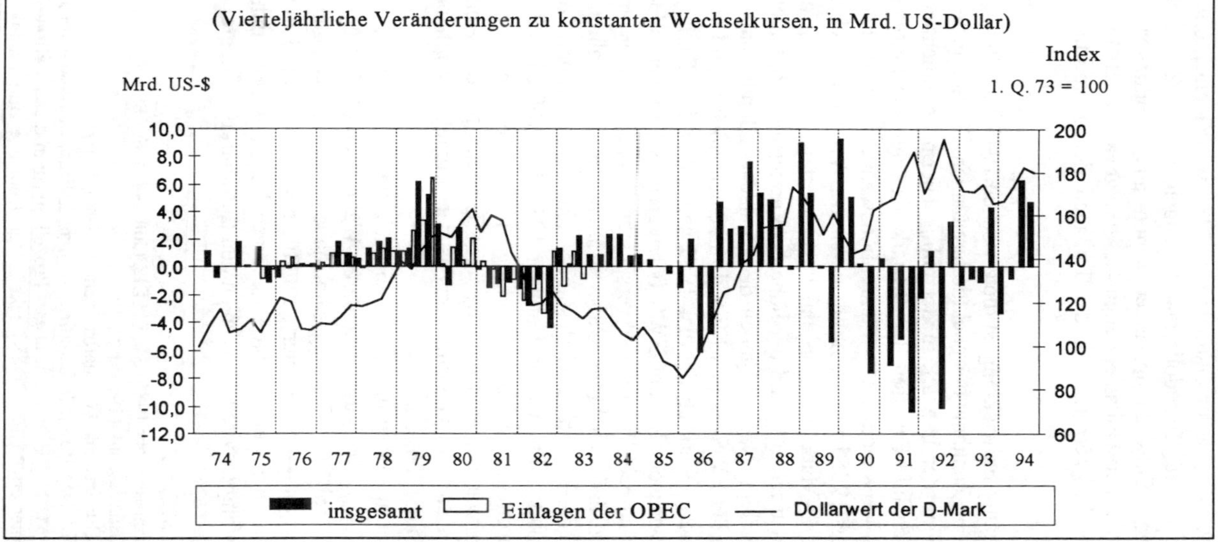

Anmerkung:

Nach 1983 weist die BIZ die Einlagen der OPEC-Länder nicht mehr gesondert aus.

Quellen: BIS, International Banking Statistics 1973-1983, Basel, April 1984; BIS, International Banking Statistics 1977-1991, Basel, April 1993; BIZ, Entwicklung des internationalen Bankgeschäfts und der internationalen Finanzmärkte, versch. Ausg.; Deutsche Bundesbank, Monatsbericht, versch. Ausg..

Es dauerte bis 1984-85, bevor erstmals seit 1981 wieder ein großer Teil des Reservezuwachses am Eurodollarmarkt angelegt wurde. Insbesondere nichtölexportierende Entwicklungsländer legten aus Renditegesichtspunkten den größten Teil ihrer in Dollar erzielten Reservezuwächse am Euromarkt an. Zusätzlich endete die Verringerung der Einlagen der ölexportierenden Länder.[140]

Eine weitere markante Entwicklung ist die zwischen 1983 bis 1985 zu beobachtende kontinuierliche Zunahme der Nichtdollareinlagen, die sich insbesondere in einem Anteilsgewinn der D-Mark niederschlug. Hierin dokumentiert sich vor allem die herausragende Funktion der D-Mark als regionale Leitwährung und ihre zunehmende Verwendung als Interventionswährung innerhalb des EWS. Von Mitte 1983 bis 1985 hatten Zentralbanken im EWS in erheblichem Umfange zugunsten der D-Mark intramarginal interveniert und D-Mark aufgekauft. Diese Guthaben wurden aufgrund der höheren Verzinsung größtenteils am Euro-DM-Markt angelegt. Nach Angaben der Deutschen Bundesbank erreichten die DM-Bestände der EWS-Partner Mitte 1985 einen Höchststand von 65 Mrd. D-Mark.[141] Als die D-Mark ab Februar 1985 gegenüber dem Dollar an Stärke gewann, traten zwischen den am EWS beteiligten Währungen Wechselkursspannungen auf. Einige EWS-Länder versuchten deshalb, ihre Währungen zu stützen und setzten dafür ab Mitte 1985 vor allem die in den Jahren zuvor am Euro-DM-Markt angelegten DM-Bestände ein.[142] So zogen die EWS-Notenbanken besonders im zweiten Halbjahr 1986 den größten Teil ihrer DM-Bestände vom Euromarkt ab (vgl. Abbildung 6).[143] Dieser Einsatz der D-Mark für Interventionen war zugleich eine wichtige Ursache für die Abnahme der Nichtdollaranlagen und des Gesamtvolumens der offiziellen Guthaben an den Euromärkten im Jahr 1986.[144]
Darüber hinaus verminderten im Jahr 1986 auch die OPEC-Länder ihre Einlagen in Dollar ($ -14,3 Mrd.) und in anderen Währungen ($ -2,3 Mrd.) an den Euromärkten (vgl. Tabelle A7). Insgesamt haben sich die Einlagen offizieller Stellen an den Euromärkten aber nur geringfügig verändert, da Taiwan,[145] das sich inzwischen zu einem der größten Reservehalter entwickelt hat, in einem beträchtlichen Umfang Devisenreserven an den Euromärkten anlegte.

---

140 Vgl. BIZ, 55. Jahresbericht 1985, S. 181; BIZ (Juli 1985), S. 18.

141 Vgl. Deutsche Bundesbank (1988a), S. 19.

142 Vgl. Deutsche Bundesbank, Geschäftsbericht für 1986, S. 67.

143 Dadurch sind die DM-Bestände bis kurz vor dem EWS-Realignment im Januar 1987 auf 10 Mrd. D-Markt geschrumpft. Dieser Prozeß führte in dieser Periode bei den Eurobanken zu einer ernsthaften "DM-Lücke". Vgl. Deutsche Bundesbank (1988a), S. 19f.

144 Vgl. auch BIZ, 57. Jahresbericht 1987, S. 188.

145 Vgl. BIZ, 57. Jahresbericht 1987, S. 189.

Zusätzlich führte auch die Anlage von Devisenreserven in Wertpapieren ("Securitization"), die von Eurobanken begeben wurden, dazu, daß die ausgewiesenen Einlagen offizieller Währungsbehörden bei den Eurobanken zurückgingen. Deshalb ist der von der BIZ in den Jahren 1986 und 1987 ausgewiesene Bestandteil der Reserven, der nicht direkt den Anlagen in den USA bzw. an den nationalen Märkten oder den Euromärkten zugerechnet werden kann, stark angewachsen.[146]

Ein herausragendes Merkmal bei den von offiziellen Stellen am Euromarkt angelegten Devisenreserven ist die kräftige Zunahme der Nichtdollareinlagen nach 1987, die mit wenigen Ausnahmen bis in das erste Halbjahr 1990 anhielt (vgl. Abbildung 6). Diese Entwicklung ist auf mehrere Faktoren zurückzuführen:
Erstens wuchsen im Jahr 1987 die Weltdevisenreserven außerordentlich stark an, wofür insbesondere die umfangreichen Stützungsoperationen Deutschlands, Japans und Großbritanniens zugunsten des Dollar ausschlaggebend waren. Im Zuge dieses bisher stärksten Wachstums der Devisenreserven innerhalb eines Jahres wurde ein Großteil an den nationalen Märkten in Deutschland und Japan angelegt. Gleichzeitig stockten Währungsbehörden ihre gesamten Guthaben am Eurogeldmarkt von US-$ 97,4 auf 143,2 Mrd. kräftig auf, wobei sich der Zuwachs fast je zur Hälfte auf Anlagen in Dollar (US-$ 20,5 Mrd.) und in anderen Währungen im Gegenwert von US-$ 27,6 Mrd. verteilte.
Zweitens ist die wachsende Präferenz der Zentralbanken für Nicht-Dollarwährungen Ausdruck und Wunsch nach einer weiteren Diversifizierung ihrer Devisenreserven. So ist es aufgrund weiterer Diversifizierungsoperationen zu einer zusätzlichen Nachfrage nach Nichtdollaranlagen gekommen. Die umgekehrte Entwicklung zwischen den Dollar- und Nichtdollareinlagen im Jahr 1988 deutet auf eine solche Verlagerung von Guthaben zwischen diesen beiden Währungssegmenten hin.[147] Insgesamt verringerten sich die Dollareinlagen der Währungsbehörden am Euro-Dollarmarkt um US-$ 8,6 Mrd., wobei sich diese Abnahme im wesentlichen auf das erste Quartal beschränkte. Dieser Rückgang wurde fast durch den Zuwachs bei den Einlagen in den anderen Währungen im Gegenwert von US-$ 7,7 Mrd. ausgeglichen, so daß die offiziellen Guthaben am Eurogeldmarkt insgesamt nur leicht abnahmen.
Drittens dürfte wiederum das Anlageverhalten der EWS-Notenbanken von entscheidender Bedeutung für die Zunahme der Nichtdollaranlagen gewesen sein, die im Rahmen von Stützungsoperationen erneut DM-Reserven erwarben und diese am Euromarkt verzinslich anlegten.
Seit Anfang der siebziger Jahre und besonders ab 1986 hat sich damit die Währungsstruktur offizieller Guthaben an den Euromärkten drastisch verändert. Es

146 Vgl. BIZ, 57. Jahresbericht 1987, S. 190.
147 Vgl. BIZ, 59. Jahresbericht 1989, S. 216.

werden zunehmend andere Währungen als der Dollar dort gehalten. Lauteten Ende 1984 noch über 2/3 der gesamten Einlagen von Währungsbehörden an den Euromärkten auf Dollar, so übertraf erstmals 1989 die zusammengefaßte Position der Nichtdollarwährungen die Dollar-Komponente. Vor allem wurden Einlagen in D-Mark (25,8%), Yen (9,6%) und in „privater" ECU (6,0%) sowie mit einem größeren Abstand Schweizer Franken (3,2%) gehalten (vgl. Tabelle A9).

Ab dem 4. Quartal 1990 kehrte sich die Entwicklung bei den in Nichtdollarwährungen bei den Banken am Euromarkt gehaltenen offiziellen Beständen um. Während die Dollareinlagen weiter leicht zunahmen, verminderten sich die Einlagen von Währungsbehörden in anderen Währungen als dem Dollar bis Ende 1992 von US-$ 96,6 Mrd. auf 62,4 Mrd., und sie schrumpften bis 1993 nochmals um weitere US-$ 100 Mio.[148] Während im Jahre 1991 die Dollareinlagen etwas zunahmen, verminderten sich die Nichtdollareinlagen um US-$ 23,2 Mrd. Hiervon waren insbesondere die D-Mark und der Yen stark betroffen. Offenbar war der allgemeine Rückgang der Zinsdifferenz zwischen den Sätzen für Bankeinlagen am Euromarkt und den Sätzen für Schatzwechseln in Deutschland und Japan für die veränderte Präferenz zugunsten von Wertpapieranlagen verantwortlich. Damit läßt sich ein Trend beobachten, weniger offizielle Devisenreserven bei den Banken anzulegen, der bei den Nichtdollarwährungen im Jahr 1991 ausgeprägter war.[149] Diese Entwicklung muß vor dem Hintergrund gesehen werden, daß trotz eines starken Wachstum der Devisenreserven seit 1986 eine abnehmende Präferenz der Währungsbehörden zugunsten einer direkten Anlage an den Eurowährungsmärkten zu beobachten ist. Dies gilt insbesondere für die Jahre 1989-91 und 1993. So wurden letztendlich 1993 nur noch 15,9% der identifizierten offiziellen Devisenreserven als Guthaben an den Euromärkten gehalten. Im Jahr 1979 mit dem bisher höchsten Anteil waren dies mit 37,3% mehr als doppelt soviel (vgl. Tabelle A9). Dieses Bild wird jedoch etwas verfälscht, da in den von der BIZ ausgewiesenen Werten die Wertpapieranlagen am Euromarkt nicht enthalten sind.

Abschließend bleibt festzuhalten, daß sich durch die Existenz der Euromärkte für Währungsbehörden die Anlagemöglichkeiten für Devisenreserven deutlich verbessert haben. Der in Verbindung mit dem Vertrauensverlust in den Dollar hervorgerufene Wunsch einiger Länder, ihre Devisenreserven auf unterschiedliche Währungen zu diversifizieren, konnte bis zu Beginn der achtziger Jahre praktisch nur über die Euromärkte befriedigt werden. Da die Länder, deren

---

148 In den Jahren 1992-93 schlagen sich in dem Rückgang der Nichtdollareinlagen vor allem die Auswirkungen der Turbulenzen an den europäischen Devisenmärkten nieder, in deren Verlauf erhebliche DM-Guthaben aufgelöst wurden.Vgl. BIZ (Februar 92), S. 4.

149 Vgl. BIZ, 62. Jahresbericht 1992, S. 111.

Währungen neben dem Dollar zunehmend als sekundäre Reserven verwendet wurden, durch administrative Maßnahmen zeitweise versuchten, ausländische Anlagen auf den betreffenden Inlandsmärkten zu erschweren, stellten die Euromärkte damals die einzige Möglichkeit dar, disponible Reserven in größerem Umfang auch in anderen Währungen als den US-Dollar anzulegen. Des weiteren wurden durch die Eigendynamik der Euromärkte lange Zeit fast nur an diesen Märkten innovative, auf die besonderen Bedürfnisse der Marktteilnehmern zugeschnittenen Finanzinstrumente entwickelt. Dies machten sich auch Zentralbanken zunutzte und diversifizierten ihre Reservebestände nicht nur auf eine breitere Währungsstruktur, sondern auch auf ein breites Spektrum an Anlageinstrumenten. Die Euromärkte ermöglichen es also, Währungsguthaben in einem größeren Umfang außerhalb des Emissionslandes in verschiedenen Anlageformen zu halten.
Aus der Sicht einer ertragsorientierten Anlage von Devisenreserven ist die Wahl der Euromärkte ebenfalls interessant, da auf diesen Märkten grundsätzlich ein höherer Zinsertrag zu erzielen ist. Allerdings sind Renditeüberlegungen nur ein Faktor von vielen, der die Anlage von Reserven am Euromarkt bestimmt. Nachdem in den achtziger Jahren die nationalen Finanzmärkte stark dereguliert und liberalisiert wurden und dadurch deutlich an Volumen zugewonnen haben, schrumpften die zuvor mit dem Eurobankengeschäft verbundenen Kostenvorteile. Dies führte dazu, daß sich seit Anfang der achtziger Jahre die Zinsdifferenzen zwischen Einlagen an den Euromärkten und vergleichbarer Anlagen auf dem nationalen Markt der betreffenden Währung stark verringert haben.[150] Die Euromärkte als Anlageort für Devisenreserven offizieller Stellen haben relativ an Bedeutung verloren. Bei dieser Entwicklung muß jedoch berücksichtigt werden, daß die Wertpapieranlagen von Währungsbehörden an den Euromärkten nicht erfaßt werden.
Wie die Analyse zeigte, bestehen zwischen dem Euromarkt und dem nationalen Markt einer Währung enge Verbindungen. Im folgenden soll deshalb auf die Anlagestruktur an den nationalen Märkten der drei wichtigsten Reservewährungen - dem US-Dollar, der D-Mark und dem Yen - eingegangen werden.

2.2 Der Umfang und die Anlagestruktur der von offiziellen Währungsbehörden gehaltenen Dollarreserven

Die Institutionalisierung der Leitwährungsrolle des US-Dollar durch das Bretton Woods-System verstärkte die Entwicklung des Dollar zur herausragenden Reservewährung. Allerdings erlangte die amerikanische Währung endgültig ihre Führungsrolle im internationalen Währungssystem erst in den fünfziger Jahren.

150 Vgl. Deutsche Bundesbank (1990b), S. 27.

In den Anfangsjahren des Systems von Bretton Woods hatte das Pfund Sterling eine viel größere Bedeutung als Reservewährung als der US-Dollar.[151] Eine Reihe weiterer ökonomischer Faktoren begünstigte, daß Zentralbanken den Dollar als Reserve wählten. Zu nennen sind vor allem die damalige Wertstabilität, die Tatsache, daß der Dollar bis 1958 die einzige international konvertible Währung von Bedeutung war sowie die wettbewerbliche Stärke der amerikanischen Wirtschaft, die daß Risiko einer Abwertung oder die Einführung von Devisenkontrollen gering hielten.

Trotz des abnehmenden Anteils des US-Dollar an den Weltdevisenreserven und mehrerer Vertrauenskrisen ist er nach wie vor die wichtigste Reservewährung und spielt auch in seiner Funktion als "save haven" bei den Anlageentscheidungen offizieller Währungsbehörden weiterhin eine wichtige Rolle. So konnte in der Vergangenheit besonders in Zeiten politischer Krisen (z.B. Afghanistan ab Ende 1979, Polen 1980/81) eine zunehmende Nachfrage nach Dollaranlagen auch seitens offizieller Stellen beobachtet werden.[152] Mit dem Ende des "Kalten Krieges" entsteht die Frage, für welche Währungen und Regionen von wirtschaftlicher Bedeutung der US-Dollar weiterhin die Funktion als "sicherer Hafen" ausüben wird. Angesichts des dramatischen Wertverlustes der amerikanischen Währung gegenüber dem Yen und der D-Mark seit Anfang 1995 überlegen sich einige Notenbanken, ob sie nicht einen größeren Teil ihrer Reserven statt in Dollar in Währungen wie der D-Mark und dem Yen halten sollten.[153]

Von großer Bedeutung für die Entscheidungen ausländischer Währungsbehörden, einen Teil ihrer Devisenreserven in Dollar anzulegen, ist der hohe Entwicklungsstand der amerikanischen Finanzmärkte, insbesondere deren Größe und Effizienz. Der Dollar-Markt ist weltweit der größte Finanzmarkt und bietet das umfassendste Spektrum an Anlagemöglichkeiten. Besonders im kurzfristigen Bereich offeriert er eine sehr breite Palette an liquiden Anlageinstrumenten, die es ausländischen Zentralbanken ermöglicht, ausreichende und ihren Bedürfnissen (Ertrag und Liquidität) entsprechende Anlagemöglichkeiten für ihre Devisenreserven zu finden. Gerade der Markt für Treasury Bills bietet den Währungsbehörden nahezu ideale Möglichkeiten für eine kurzfristige liquide Anlage der Devisenreserven.[154] Bis heute garantieren nur die amerikanischen Finanzmärkte aufgrund ihrer Größe eine jederzeitige Verfügbarkeit von Devisenreserven und ermöglichen es, daß umfangreiche Transaktionen abgewickelt werden

---

151 Noch im Jahr 1951 belief sich der Anteil des Pfund Sterling an den offiziellen Devisenreserven auf über 59%. Der Anteil des Dollar umfaßte dagegen erst 31%. Bis 1964 erlangte der Dollar einen Anteil von 67,6%, der Anteil des Pfund verringerte sich auf 21,5%. Vgl. IMF (1983), S. xii und S. 118.

152 Vgl. Issing, O. (1992), S. 352.

153 Vgl. o.V. (1995c): Dollar in Tokio auf einem historischen Tief, in: F.A.Z. vom 7.3.95, Nr. 56, S. 15. Zum Bedeutungsverlust des US-Dollar vgl. auch: Heldring, F. (1988); Hakkio, C. (1993).

154 Vgl. Issing, O. (1992), S. 352.

können, ohne daß dies zu spürbaren Wechselkursstörungen und unerwünschten Zinsbewegungen führt. Im Vergleich hierzu sind die Märkte für kurzfristige Geldmarkttitel in der Bundesrepublik und Japan noch relativ unterentwickelt wie aus nachfolgender Tabelle zu sehen ist. Dies trifft besonders für kurzfristige Staatsschuldtitel zu.[155]

Tabelle 7: Internationaler Vergleich der Größe nationaler Geldmärkte zwischen 1982-91 (ausstehende Beträge zum Periodenende in Prozent des BSP/BIP)[1)]

Land	1982	1985	1988	1989	1990	1991
USA	33,1	31,3	31,2	31,9	31,9	30,6
Großbritannien	21,8	25,4	31,1	34,0	35,4	29,8[2)]
Deutschland	15,8	17,3	17,6	19,6	26,0	k.A.
Frankreich	0,2	0,7	15,9	20,1	25,8	27,8
Japan	7,4	11,4	18,7	22,6	21,3	21,3

1) Ohne Offshore-Märkte
2) Ohne Zinsswaps
Quelle: Takeda, M. und P. Turner (1992), S. 28.

Betrachtet man die Struktur und Entwicklung der von ausländischen Währungsbehörden in den Vereinigten Staaten gehaltenen Dollaranlagen genauer (vgl. Tabellen 8 bis 10), ist zu erkennen, daß

- die Dollarreserven insgesamt, besonders stark zu Beginn und Ende der siebziger Jahre sowie nach 1985, angewachsen sind;
- die Veränderungen bei den verschiedenen Möglichkeiten, Dollarreserven anzulegen, nicht mit diesem Wachstum der Dollarreserven parallel verlaufen sind.

In den letzten zwanzig Jahren sind damit außerordentliche strukturelle Verschiebungen bei der Aufteilung der Dollarreserven auf die verschiedenen Anlagemöglichkeiten zu erkennen. Insbesondere ist festzustellen, daß ausländische

155 Vgl. zur Entwicklung der Anlagemärkte in Deutschland und Japan die Abschnitte 2.3 und 2.4 in diesem Kapitel.

Währungsbehörden bei der Anlage ihrer Dollarreserven in den USA ein stärkeres Renditebewußtsein entwickelt haben, indem sie ihre Reserveportfolios zugunsten besser liquidisierbarer und höher verzinslicher Anlageformen diversifiziert haben.
So wurde der Anteil der Guthaben bei amerikanischen Geschäftsbanken, die zwar liquide sind, aber nur eine geringe Verzinsung aufweisen, im Wertvolumen langsam relativ aber Anfang der 70er Jahre drastisch verringert (vgl. Tabelle 9). Während 1970 dieser Anteil noch 81,1% betrug, sank er bis 1974 auf 24%. 1988 erreichte er mit 10,4% seinen tiefsten Prozentsatz. Seitdem ist wieder eine leichte Zunahme zu beobachten. Parallel hierzu ist der Bestand an "anderen amerikanischen Wertpapieren" zwischen 1974 und 1981 von US-$ 2,3 auf 25,5 Mrd. sehr stark aufgestockt worden. Der Anteil dieser Position stieg deshalb von 3,0% bis auf 15,1% an. Hierbei handelte es sich jedoch nur um eine vorübergehende Umschichtung, denn in den nächsten fünf Jahren wurde der Bestand dieser Anlageform um fast US-$ 10 Mrd. reduziert, so daß dessen Anteil Ende 1986 nur noch 7,4% betrug. Auch in den nachfolgenden Jahren konnte diese Position keine größere relative Bedeutung gewinnen. Seit 1992 hat diese Anlageform an Gewicht gewonnen. Der von ausländischen Währungsbehörden in dieser Form gehaltene Bestand an Devisenreserven ist bis Ende 1994 auf US-$ 47,7 Mrd. angewachsen, was ein Anteil von 9,2% entspricht.
Im Gegensatz zu den siebziger Jahren ist der Anteil nicht-handelbarer Wertpapiere heute bedeutungslos. Die zwei wichtigsten Anlageformen, in denen Dollarreserven gegenwärtig angelegt werden, sind handelbare Geld- und Kapitalmarktpapiere des amerikanischen Schatzamtes. Hierbei fällt jedoch auf, daß der Anteil der kurzfristigen Schuldscheine und Wechsel mit Laufzeiten bis zu einem Jahr zwischen 1974 bis 1990 von 45,2% auf 23% verringert wurde, obwohl sich der Umfang dieser Geldmarktpapiere zwischen 1974 und 1990 mehr als verdoppelte und besonders zwischen 1985 und 1988 stark angewachsen ist. In den letzten Jahren ist wieder ein leichter Anteilsgewinn zu beobachten.
Während bis Ende 1980 die Schuldscheine und Wechsel des US-Schatzamtes noch die wichtigste Anlageform für Dollaranlagen in den USA waren, entwikkelte sich mit der wachsenden Zinsdifferenz zugunsten langfristiger Anlagen seit 1981 eine rege Nachfrage nach handelbaren Anleihen und Notes des amerikanischen Schatzamtes. Im Jahr 1990 machte diese Position fast 60% der gesamten von ausländischen Währungsbehörden in den USA angelegten Dollarreserven aus und stellt gegenwärtig die wichtigste Anlageform dar. Diese Papiere weisen neben der höheren Verzinsung gegenüber Geldmarktpapieren den Vorteil auf, daß sie leichter liquidierbar sind.

Tabelle 8: Umfang und Struktur der offiziellen Dollaranlagen ausländischer Währungsbehörden in den Vereinigten Staaten 1970-1994 (in Mrd. US-Dollar)

Jahr	Gesamte Forderungen						*nachrichtlich*	
		Gesamte Forderungen gegenüber US-Banken [1]	Schuldscheine und Wechsel des US-Schatzamtes [2]	Anleihen und Notes des US-Schatzamtes handelbar	Anleihen und Notes des US-Schatzamtes nicht-handelbar [4]	andere amerikanische Wertpapiere [5]	Guthaben ausländischer Währungsbehörden bei den Federal Reserve Banks	Geld- und Kapitalmarktpapiere in Aufbewahrung bei den Federal Reserve Banks [6]
1970	23,8	19,3 [3]	- [3]	0,3	3,5	0,7	0,1	16,2
1974	76,8	18,4	34,7	5,1	16,3	2,3	0,4	55,6
1978	162,6	23,3	67,7	35,9	21,0	14,8	0,4	117,1
1979	149,5	30,5	47,7	37,6	17,4	16,4	0,4	95,1
1980	164,4	30,4	56,2	41,4	14,7	21,7	0,4	102,4
1981	169,7	26,7	52,4	53,2	11,8	25,6	0,5	104,7
1982	172,7	25,0	46,7	67,7	8,8	24,6	0,3	112,5
1983	178,0	25,5	54,3	68,5	7,3	22,3	0,2	117,7
1984	180,6	26,1	60,0	69,0	5,8	19,7	0,3	118,0
1985	178,4	26,7	53,3	77,2	3,6	17,7	0,5	121,0
1986	211,8	27,9	75,7	91,4	1,3	15,6	0,3	155,8
1987	259,6	31,8	88,8	122,4	0,3	16,2	0,2	195,1
1988	304,1	31,5	103,7	152,4	0,5	15,9	0,3	232,5
1989	312,5	36,5	77,0	179,3	0,6	19,2	0,6	224,9
1990	344,5	39,9	79,4	202,5	4,5	18,2	0,4	278,5
1991	360,5	38,4	92,7	203,7	4,9	20,9	1,0	281,1
1992	412,6	55,0	104,6	210,9	4,5	37,6	0,2	314,5
1993	483,1	69,8	151,1	212,3	5,7	44,2	0,4	379,4
1994	519,8	72,7	139,6	253,8	6,1	47,7	k.A.	441,7

1) Sicht- und Terminguthaben und andere kurzfristige Geldforderungen.
2) Einschließlich nicht-handelbarer Schuldscheine und Wechsel des Schatzamtes, die speziell ausländischen Zentralbanken angeboten worden sind.
3) Enthalten Papiere des Schatzamtes, die kurzfristig liquidierbar sind.
4) Inklusive Anleihen und Notes, die auf Gläubigerwährung lauten.
5) Papiere anderer öffentlicher Institutionen sowie amerikanische Aktien und Anleihen.
6) Handelbare U.S. Treasury Bills, Notes und Bonds und nicht-handelbare Wertpapiere des U.S. Schatzamtes in Dollar und anderen Fremdwährungen.

Quelle: Board of Governors of the Federal Reserve System, Federal Reserve Bulletin, versch. Jg..

Des weiteren fällt auf, daß die von ausländischen Währungsbehörden in den USA gehaltenen Dollarreserven nahezu vollständig an den amerikanischen Finanzmärkten angelegt werden. Bei den Banken des Federal Reserve Systems werden dagegen so gut wie keine Einlagen direkt gehalten. Allerdings verwahrt das amerikanische Notenbankensystem in einem hohen Maße Geld- und Kapitalmarktpapiere ausländischer offizieller Stellen. Seit Mitte der achtziger Jahre sind so regelmäßig über 70% und Ende 1994 sogar 85% der gesamten Forderungen gegenüber ausländischen offiziellen Stellen als Anlagen bei den amerikanischen Währungsbehörden nachweisbar, so daß damit eine gute Kontrolle über die Anlage und Verwendung der Reserveanlagen besteht (vgl. Tabelle 9).[156]
Die Beobachtung, daß Zentralbanken bei ihren Anlagen in den USA ein stärkeres Renditebewußtsein entwickelt haben, gilt auch für die Zentralbanken der Industrieländer, die schon immer einen Großteil ihrer Dollarguthaben in den USA angelegt haben, und deckt sich auch mit der bereits oben erwähnten veränderten Anlagepolitik der Deutschen Bundesbank seit 1986.
Ein Indiz dafür, daß die Notenbanken der Industrieländer ein stärkeres Interesse an einer günstigeren Verzinsung und der Erzielung einer möglichst hohen Rendite haben, ist darin zu sehen, daß, nachdem sich die Notenbanken der Zehnergruppe und der Schweiz 1971 und 1979 verpflichtete hatten, ihre Anlagen auf dem Euro-Dollarmarkt zu begrenzen, die Zusammensetzung der Dollaranlagen in den USA zugunsten liquiderer und rentablerer Anlageformen verändert wurde.[157] Auch heute noch legen die Industrieländer ihre Dollarreserven überwiegend in den Vereinigten Staaten an. Wie Tabelle A4 zeigt, konzentrierte sich in den Jahren 1977/78 sowie 1985 - 1988 und besonders 1987 der Zuwachs der Reserven auf Industrieländer. Parallel dazu war bei Anlagen in den USA jeweils ein starker Zuwachs zu verzeichnen.

Vergleicht man die Anlagestruktur in den USA mit der Entwicklung der offiziellen Euro-Dollaranlagen bei den an die BIZ berichtenden Banken (vgl. Tabellen A7), lassen sich zeitweise größere Verlagerungen von Dollaranlagen zwischen dem Euro-Dollarmarkt und den amerikanischen Finanzmärkten feststellen. So reduzierten die OPEC-Länder gegen Ende der 70er Jahre ihre Anlagen in den USA, gleichzeitig stiegen deren Dollareinlagen am Euro-Dollarmarkt sprunghaft an. Zwischen 1980 und 1983 wurden dagegen - trotz einer für Euroeinlagen günstigen Zinsspanne - Guthaben am Euro-Dollarmarkt stark abgebaut, während parallel hierzu Dollaranlagen in den USA - insbesondere handelbare Anleihen und Notes des Schatzamtes (vgl. Tabelle 8) - kräftig aufgestock wurden.

---

156 Vgl. Hasse, R. (1984), S. 56.
157 Eine detaillierte Beschreibung hierzu gibt: Hasse, R. (1984), S. 52f.

Tabelle 9: Umfang und Struktur der offiziellen Dollaranlagen ausländischer Währungsbehörden in den Vereinigten Staaten 1970-1994 (in Prozent)

Jahr	Gesamte Forderungen						*nachrichtlich*	
		Gesamte Forderungen gegenüber US-Banken	Schuldscheine und Wechsel des US-Schatzamtes	Anleihen und Notes des US-Schatzamtes		andere amerikanische Wertpapiere	Guthaben ausländischer Währungsbehörden bei den Federal Reserve Banks	Geld- und Kapitalmarktpapiere in Aufbewahrung bei den Federal Reserve Banks
				handelbar	nicht-handelbar			
1970	100,0	81,1	-	1,3	14,7	2,9	0,4	68,1
1974	100,0	24,0	45,2	6,6	21,2	3,0	0,5	72,4
1978	100,0	14,3	41,6	22,1	12,9	9,1	0,2	72,0
1979	100,0	20,4	31,9	25,2	11,6	11,0	0,3	63,6
1980	100,0	18,5	34,2	25,2	8,9	13,2	0,2	62,3
1981	100,0	15,7	30,9	31,3	7,0	15,1	0,3	61,7
1982	100,0	14,5	27,0	39,2	5,1	14,2	0,2	65,1
1983	100,0	14,3	30,5	38,5	4,1	12,5	0,1	66,1
1984	100,0	14,5	33,2	38,2	3,2	10,9	0,2	65,3
1985	100,0	15,0	29,9	43,3	2,0	9,9	0,3	67,8
1986	100,0	13,2	35,7	43,2	0,6	7,4	0,1	73,6
1987	100,0	12,2	34,2	47,1	0,1	6,2	0,1	75,2
1988	100,0	10,4	34,1	50,1	0,2	5,2	0,1	76,5
1989	100,0	11,7	24,6	57,4	0,2	6,1	0,2	72,0
1990	100,0	11,6	23,0	58,8	1,3	5,3	0,1	80,8
1991	100,0	10,7	25,7	56,5	1,4	5,8	0,3	78,0
1992	100,0	13,3	25,4	51,1	1,1	9,1	0,0	76,2
1993	100,0	14,4	31,3	43,9	1,2	9,1	0,1	78,5
1994	100,0	14,0	26,9	48,8	1,2	9,2	k.A.	85,0

Quelle: Tabelle 8; eigene Berechnungen.

Wie die regionale Aufteilung der Anlagestruktur in den USA zeigt, waren die Verlagerungen in dieser Phase vor allem auf die Anlagepolitik der Länder Asiens (einschließlich der OPEC-Länder und anderer Entwicklungsländer) zurückzuführen, da im gleichen Zeitraum die Länder Westeuropas ihre Bestände nach 1979 bis 1982 und besonders 1981 massiv abbauen. Hinter dieser veränderten Anlagepräferenz verbirgt sich ein gewisses Sicherheitsdenken, das sowohl durch die zu Beginn der achtziger Jahre in einigen Regionen der Welt bestehenden politischen Spannungen als auch durch die Sorge über die potentiellen Auswirkungen der 1982 offenbar gewordenen Schuldenkrise auf die Eurobanken hervorgerufen wurde. Die wachsende Ungewißheit, ob die Entwicklungsländer ihre umfangreichen Verbindlichkeiten zurückbezahlen können, führte zu einem schwindenden Vertrauen der Gläubiger gegenüber den internationalen Banken und dazu, daß sie die "Flucht in die Qualität" suchten und Anlagen in den USA vorzogen. Von diesen Verlagerungen waren auch andere Währungen betroffen. Ein Teil der in Nichtdollarwährungen gehaltenen Reserveanlagen wurde deshalb sowohl von den Euromärkten als auch von den nationalen Anlagemärkten in den Dollar umgeschichtet und in die USA transferiert und dort vor allem in Staatspapieren investiert. Offensichtlich sah man in Dollaranlagen eine größere Anlagesicherheit und den Dollar als "save haven".[158]
Auch in den Jahren 1986 und 1988 ist bei den Anlagen am Euro-Dollarmarkt und in den USA eine gegengerichtete Veränderung auszumachen. Während es sich für 1986 nicht mit Bestimmtheit sagen läßt, inwieweit diese Entwicklung auf Portfolioumschichtungen zurückzuführen ist, scheint es 1988 tatsächlich zu Verlagerungen zwischen diesen beiden Anlagemärkten gekommen zu sein.[159]

Bis Mitte der achtziger Jahre sind die in den USA gehaltenen Dollarreserven relativ moderat gewachsen. Diese lang anhaltende Expansionsphase wurde im Jahr 1985 unterbrochen, als sich die Währungsbehörden der G-5 verständigten, an den Devisenmärkten gemeinsam zu intervenieren, um einer weiteren Aufwertung des Dollar entgegenzuwirken. Die infolge des Plaza-Abkommens vom September 1985 unternommenen Dollar-Verkäufe führten dazu, daß die Währungsreserven der an den Interventionen beteiligten Notenbanken erheblich abnahmen und es erstmals seit 1979, aber nur für kurze Zeit zu einer absoluten Abnahme offizieller Anlagen in den USA kam.
Nach 1985 wuchsen die Dollaranlagen in den USA geradezu explosionsartig. Hinter dieser Entwicklung verbirgt sich aber keine veränderte Präferenz der Währungsbehörden für Anlagen in den USA, auch wenn aus Zinsüberlegungen Dollartitel gegenüber anderen Währungsanlagen noch vergleichsweise attraktiv waren. Vielmehr veranlaßte der an Wert verlierende Dollar die Zentralbanken

158 Vgl. BIZ (Juli 1985), S. 17.
159 Vgl. BIZ, 59. Jahresbericht 1989, S. 216.

der wichtigsten Industrieländer zu umfangreichen Interventionen gegenüber dem US-Dollar, so daß die in den USA angelegten Reserven von westeuropäischen Ländern besonders in den Jahren 1987 und 1990 stark anstiegen (vgl. Tabelle 10).
Bei der Betrachtung der regionalen Aufgliederung der Dollaranlagen ausländischer Währungsbehörden in den USA fällt auf, daß nach 1981 bis 1989 (mit Ausnahme des Jahres 1987) und erneut im Jahr 1994 der Anteil Asiens immer größer war als der Anteil der westeuropäischen Länder.
Bis Anfang 1985 könnte diese Entwicklung damit erklärt werden, daß einige asiatische Länder von der höheren Rendite aufgrund der vorübergehenden Aufwertungsphase des Dollar profitieren wollten. Berücksichtigt man, daß zu dieser Ländergruppe neben den OPEC-Länder und anderen Entwicklungs- und Schwellenländern vor allem Japan gerechnet wird, dann dürften für die Entwicklung nach 1985 die massiven Dollarinterventionen Japans bestimmend gewesen sein, das seine Dollarguthaben überwiegend in den USA anlegt.
Im Zusammenhang mit den umfangreichen Interventionen der Zentralbanken kam es zu einer grundlegenden Veränderung der Finanzierung des amerikanischen Zahlungsbilanzdefizites. Aufgrund der weiter zunehmenden Leistungsbilanzdefizite der USA ging vor allem im Jahr 1987 die Bereitschaft internationaler Anleger, Dollar zu halten, sprunghaft zurück. An die Stelle privater und institutioneller Anleger traten nun ausländische Währungsbehörden, die erstmals im Jahr 1986 und besonders nach dem Louvre-Abkommen (Februar 1987) in einem größeren Ausmaß an den Devisenmärkten gemeinsam intervenierten, um den Dollarkurs auf dem Niveau vom Februar 1987 zu stabilisieren. Die umfangreichen Dollaraufkäufe wurden fast ausschließlich in handelbaren Anleihen und Notes des US-Schatzamtes angelegt (vgl. Tabelle 8). Tabelle 11 weist in diesem Zusammenhang deutliche strukturelle Verschiebungen aus. Obwohl die Anlagen in den USA absolut sehr stark anwuchsen, nahmen sie relativ kräftig ab. Ein ähnliches Bild ist auch bei den Einlagen am Euro-Dollarmarkt zu beobachten. Dagegen ist bei den nicht-zurechenbaren Anlagen sowohl absolut als auch relativ ein enormer Zuwachs zu verzeichnen. Hierbei dürfte es sich vor allem um Wertpapieranlagen handeln, die im Zuge der Securitisation verstärkt nachgefragt wurden und damit einen weiteren Wandel im Anlageverhalten signalisierten.
Neben der Anlage von Dollarreserven in den USA trug auch die Anlage von Dollarreserven am Euro-Dollarmarkt indirekt zur Finanzierung des amerikanischen Leistungsbilanzdefizites bei. Da amerikanische Geschäftsbanken wegen der günstigeren Konditionen Dollar-Kredite bei den Eurobanken nachfragten, wurde auf diese Weise ein Großteil der von Zentralbanken dort angelegten

Tabelle 10: Umfang und Struktur der offiziellen Dollaranlagen ausländischer Währungsbehörden in den Vereinigten Staaten von 1970-1994, untergliedert nach Regionen (in Mrd. US-Dollar und in Prozent)

Jahr	Gesamte Forderungen		Westeuropa [1)]		Kanada		Lateinamerika und Karibik		Asien		Afrika		andere Länder [2)]	
	in Mrd.	in %	in Mrd.	in %	in Mrd.	in %	in Mrd.	in %	in Mrd.	in %	in Mrd.	in %	in Mrd.	in%
1970	23,8	100,0	13,6	57,1	3,0	12,6	1,7	7,1	4,7	19,7	0,4	1,7	0,4	1,7
1974	76,8	100,0	44,3	57,7	3,7	4,8	4,4	5,7	18,6	24,2	3,2	4,2	2,6	3,4
1978	162,6	100,0	93,1	57,3	2,5	1,5	5,0	3,1	58,9	36,2	2,4	1,5	0,7	0,4
1979	149,5	100,0	85,6	57,3	1,9	1,3	6,3	4,2	52,8	35,3	2,4	1,6	0,5	0,3
1980	164,4	100,0	81,6	49,6	1,6	1,0	5,7	3,5	70,6	42,9	4,1	2,5	0,8	0,5
1981	169,7	100,0	65,7	38,7	2,4	1,4	7,0	4,1	91,6	54,0	1,8	1,1	1,2	0,7
1982	172,7	100,0	61,3	35,5	2,1	1,2	6,1	3,5	95,0	55,0	1,4	0,8	5,9	3,4
1983	178,0	100,0	67,6	38,0	2,4	1,3	6,2	3,5	92,5	52,0	1,0	0,6	8,1	4,6
1984	180,6	100,0	69,8	38,6	1,5	0,8	8,6	4,8	94,0	52,0	1,3	0,7	5,5	3,0
1985	178,4	100,0	74,4	41,7	1,3	0,7	11,1	6,2	86,4	48,4	1,8	1,0	3,2	1,8
1986	211,8	100,0	88,6	41,8	2,0	0,9	8,4	4,0	105,9	50,0	1,5	0,7	5,4	2,5
1987	259,6	100,0	124,6	48,0	5,0	1,9	8,3	3,2	116,1	44,7	1,4	0,5	4,1	1,6
1988	304,1	100,0	123,8	40,7	9,5	3,1	10,0	3,3	151,9	50,0	1,4	0,5	7,5	2,5
1989	312,5	100,0	133,4	42,7	9,5	3,0	8,7	2,8	153,3	49,1	1,0	0,3	6,5	2,1
1990	344,5	100,0	167,2	48,5	8,7	2,5	21,2	6,2	138,1	40,1	1,4	0,4	8,0	2,3
1991	360,5	100,0	171,3	47,5	7,5	2,1	33,6	9,3	139,5	38,7	2,1	0,6	6,6	1,8
1992	412,6	100,0	189,2	45,9	13,7	3,3	38,0	9,2	164,7	39,9	3,7	0,9	3,3	0,8
1993	483,1	100,0	207,1	42,9	15,3	3,2	55,9	11,6	197,8	40,9	4,5	0,9	2,9	0,6
1994	519,8	100,0	215,4	41,4	17,0	3,3	41,3	7,9	236,1	45,4	4,2	0,8	5,8	1,1

1) Einschließlich der Bank für Internationalen Zahlungsausgleich und des Europäischen Fonds für Währungspolitische Zusammenarbeit (ab 1972).
2) U.a. Länder in Ozeanien und Osteuropa

Quelle: Board of Governors of the Federal Reserve System, Federal Reserve Bulletin, versch. Jg; eigene Berechnungen.

Guthaben über Banken und Wertpapierhäuser am Euromarkt wieder in die Vereinigten Staaten zurückgeschleust.[160]
Für das Jahr 1987 schätzt die BIZ das Ausmaß solcher indirekten Zuströme über die Euromärkte in die USA auf rund 20 Mrd. Dollar.[161] Berücksichtigt man, daß offizielle Stellen ohnehin bereits rund 60% des amerikanischen Defizites durch die Nachfrage nach US-Vermögenspapieren finanziert hatten, so wurden 1987 rund vier Fünftel des amerikanischen Defizites von offizieller Seite aus finanziert.[162]
Als 1988 eine Verlagerung aus dem Dollar und eine Diversifizierung der Reserven in andere Währungen zu beobachten war und Zentralbanken die statistisch nicht erfaßten offiziellen Einlagen am Euromarkt auflösten und Euro-Dollarwertpapiere verkauften, kehrten sich diese indirekten Finanzierungsströme um.[163] Parallel zeichnete sich ein Zustrom privaten Kapitals in die USA ab, so daß das amerikanische Leistungsbilanzdefizit größtenteils durch private Netto-Kapitalzuflüsse finanziert wurde.[164] Trotz der weiteren Reservediversifizierung erhöhten offizielle Stellen 1988 ihre gesamten Anlagen in den USA kräftig (vgl. Tabelle 8).
Im Jahre 1990 kam es erneut zu einem indirekten Zufluß offizieller Mittel in die USA aus der Anlage von Reserven bei Banken und Wertpapierhäusern am Euromarkt. Zusätzlich legten Währungsbehörden über 3/4 des gesamten Zuwachses der Dollarreserven direkt in den USA an. In diesem Prozeß ist deutlich eine Verlagerung der Präferenzen der Währungsbehörden hin zu längerfristigen und rentableren Anlagen in den USA zu erkennen. Insgesamt wurden offizielle Reserven in Höhe von $ 23,2 Mrd. in marktfähigen US-Schatzanleihen und -anweisungen neu angelegt, wohingegen in amerikanischen Schatzwechseln und Schuldbriefen nur noch $ 2,4 Mrd. angelegt wurden (vgl. Tabelle 8). Die Währungsbehörden erwarben 1990 mehr als den gesamten Zuwachs der in ausländischen Portfeuilles gehaltenen US-Schatzanleihen und -anweisungen, da 1990 ausländische private Anleger ihren Bestand an langfristigen Papieren abbauten.[165]
Die Entwicklung der Dollaranlagen im Jahr 1991 war durch die geographische Verteilung des Reservewachstums zugunsten der Entwicklungsländer geprägt.

---

160 Vgl. BIZ, 58. Jahresbericht 1988, S. 211.
161 Vgl. BIZ, 58. Jahresbericht 1988, S. 212.
162 Vgl. Deutsche Bundesbank (1990a), S. 37. Solche verdeckten Mittelzuflüsse werden allerdings in der amerikanischen Zahlungsbilanzstatistik nicht als Verbindlichkeiten gegenüber ausländischen offiziellen Stellen ausgewiesen. Damit wird ein wesentlicher Tatbestand verdeckt. Es ist nicht vollständig ersichtlich, in welchen Umfang das amerikanische Defizit tatsächlich durch offizielle Reserveanlagen finanziert wird.
163 Vgl. BIZ, 59. Jahresbericht 1989, S. 216. Dementsprechend sank der Anteil der nichtzurechenbaren Anlagen von 22,9% auf 12,9% (vgl. Tabelle 11).
164 Vgl. BIZ, 60. Jahresbericht 1990, S. 211ff.
165 Vgl. hierzu auch: BIZ, 61. Jahresbericht 1991, S. 215.

Tabelle 11: Anlagestruktur der in Dollar gehaltenen Devisenreserven 1974 -1994

Stand am Jahresende	identifizierte Dollarreserven insgesamt[1]	Anlagen in den USA[2]		Einlagen bei Banken am Euro-Dollargeldmarkt		Nicht-zurechenbare Dollaranlagen	
	in Mrd. US-$	in Mrd. US	in %	in Mrd. US	in %	in Mrd. US	in %
1974	120,31	76,8	63,8	16,5	13,7	27,01	22,5
1978	220,34	162,6	73,8	52,8	24,0	4,94	2,2
1979	239,74	149,5	62,4	74,1	30,9	16,14	6,7
1980	256,04	164,4	64,2	80,3	31,4	11,34	4,4
1981	242,63	169,7	69,9	71,5	29,5	1,43	0,6
1982	221,42	172,7	78,0	59,4	26,8	-10,68	-4,8
1983	229,86	178,0	77,4	51,9	22,6	-0,04	0,0
1984	239,47	180,6	75,4	59,2	24,7	-0,33	-0,1
1985	247,62	178,4	72,0	60,4	24,4	8,82	3,6
1986	298,58	211,8	70,9	58,1	19,5	28,68	9,6
1987	438,46	259,6	59,2	78,6	17,9	100,26	22,9
1988	429,63	304,1	70,8	70,0	16,3	55,53	12,9
1989	431,15	312,5	72,5	71,5	16,6	47,15	10,9
1990	485,60	344,5	70,9	76,2	15,7	64,90	13,4
1991	522,30	360,5	69,0	82,0	15,7	79,80	15,3
1992	561,65	412,6	73,5	91,2	16,2	57,85	10,3
1993	598,86	483,1	80,7	92,9	15,5	22,86	3,8
1994	707,14	519,8	73,5	124,5	17,6	62,84	8,9

1) Gemäß Meldungen aller IWF-Mitglieder.
2) Laut Angaben des Board of Governors of the Federal Reserve System.
3) Laut Meldungen der an die BIZ berichtenden Banken.
4) Als Rest ermittelt. Hauptsächlich Wertpapieranlagen am Euromarkt.
Quellen: Tabellen 1, 8, A3 und A7; eigene Berechnungen.

Während die Reserven der Zehnergruppe erstmals seit 1984 sanken, verzeichneten die Entwicklungsländer einen ungewöhnlichen starken Zuwachs bei ihren Reserven. Im Zuge dieser Reserveakkumulation bestand bei den Entwicklungsländern eine stärkere Präferenz für Dollaranlagen direkt in den USA, wobei Bankguthaben in Schatzwechsel und andere Wertpapiere umgeschichtet worden sind. Zwar sind die in Form von Einlagen bei Banken außerhalb der USA gehaltenen offiziellen Devisenreserven leicht angewachsen, insgesamt ist aber deren Anteil zurückgegangen. Damit setzte sich der schon seit 1981 zu beobachtende Trend fort, daß ein immer geringerer Anteil der Dollarreserven bei Banken am Euromarkt angelegt wird (vgl. Tabelle 11).[166]
Wurden Ende der 70er Jahre von den gesamten Dollarreserven noch über 30% bei Banken am Euro-Dollarmarkt angelegt, waren es Ende 1993 nur noch 15,5%. Während sich zwischen 1984 und 1993 der Umfang der Anlagen in den USA mehr als verdoppelte, nahmen die Anlagen am Euro-Dollarmarkt nur um den Faktor 1,6 zu. Offensichtlich ist eine Anlage am Euromarkt aufgrund des schon seit 1982 zu beobachtenden stark schrumpfenden Zinsgefälles zwischen Eurodollareinlagen und US-Schatzwechseln nicht mehr so attraktiv wie in früheren Jahren. Allerdings trifft diese Entwicklung nur auf die bei den Geschäftsbanken unterhaltenen offiziellen Einlagen zu. Berücksichtigt man zusätzlich, daß in den nicht-zurechenbaren Anlagen auch Wertpapieranlagen am Euromarkt enthalten sind, spielt der Euromarkt als Anlageort für Dollarreserven nach wie vor eine wichtige Rolle. So war im Jahre 1994 wieder eine leichte Anteilszunahme zu beobachten.

In dem 1993 zu verzeichnenden Anstieg der in den USA gehaltenen offiziellen Devisenreserven um US-$ 70 Mrd. spiegelt sich zum großen Teil der kräftige Zuwachs der Reserven der Entwicklungsländer wider. Hervorzuheben ist hierbei der seit 1990 zu verzeichnende Anteilsgewinn lateinamerikanischer Staaten, die im Zuge ihrer wirtschaftlichen Reformen erhebliche Kapitalzuflüsse verzeichneten, die sich in einem kräftigen Anstieg der Devisenreserven niederschlugen. Im Jahr 1991 belief sich der Anteil Lateinamerikas und der Karibik an den offiziellen Dollaranlagen in den USA auf 9,3% und ist bis auf 11,6% im Jahr 1993 angestiegen (vgl. Tabelle 10). Darüber hinaus schichteten offizielle Stellen ihre Portfolios zugunsten von US-Schatzwechseln um, da sich der bereits geringe Zinsvorsprung von Eurodollareinlagen weiter verminderte.[167] Beide Faktoren haben wiederum zu einem erheblichen Teil zur Finanzierung des weiter steigenden Leistungsbilanzdefizits beigetragen.
Insgesamt betrachtet ist das Anlageverhalten der wichtigsten Industrieländer dadurch gekennzeichnet, daß sie ihre Reserven vor allem in US-Dollar halten

---

166 Vgl. auch: BIZ, 62. Jahresbericht 1992, S. 111.
167 Vgl. BIZ, 64. Jahresbericht 1994, S. 174.

und diese überwiegend auf den amerikanischen Finanzmärkten anlegen. Durch die Absprachen in den 70er Jahren, nur noch in einem geringeren Umfang Dollarguthaben am Euro-Dollarmarkt anzulegen, verzichten sie allerdings auf Zinseinnahmen, da die Verzinsung vergleichbarer Anlagen an den Euromärkten höher war als diejenige am nationalen Dollarmarkt in den USA.
Diese Einkommenseinbuße begegneten sie jedoch durch eine strukturelle Veränderung ihres Dollarportfolios. Mit ihrem Anlageverhalten schufen die Industrieländer ein Gegengewicht zu den Entwicklungsländern, die vor allem aus Ertragsüberlegungen einen großen Teil ihrer Dollarreserven am Euromarkt anlegten. Seit Anfang der achtziger ist jedoch die Zinsdifferenz zwischen Eurodollareinlagen und vergleichbaren Anlagen in den USA erheblich geschrumpft, so daß diese als Erklärungsfaktor für die Entwicklung der Dollaranlagen am Euromarkt von geringerer Bedeutung ist. Angesichts der größeren Risiken aus der Zusammenarbeit mit Geschäftsbanken sind Anlagen am Euro-Dollarmarkt nicht mehr so attraktiv wie in früheren Zeiten. Wenn man die Entwicklung im Jahr 1991in diese Analyse einbezieht, scheinen nun auch Entwicklungsländer eine Anlage in den USA vorzuziehen. Im Vergleich zu den späten 70er Jahren hat der Euro-Dollarmarkt damit, zumindestens was die Einlagen bei Geschäftsbanken betrifft, relativ an Bedeutung verloren.

2.3 Die Anlagestruktur der DM-Reserven offizieller Währungsbehörden

Das Hineinwachsen der D-Mark zur zweitwichtigsten Reservewährung war bis Ende der siebziger Jahre von den Bemühungen der Bundesbank und der Bundesregierung geprägt, diesen Prozeß so weit wie möglich zu bremsen. Mit Hilfe einer ganzen Reihe von administrativen Maßnahmen versuchte man, den Erwerb von Forderungen durch ausländische Währungsbehörden in der Bundesrepublik zu unterbinden und damit eine verstärkte Anlage von Währungsreserven und den Reserveaufbau in D-Mark zu behindern. Aus diesem Grund ist die Entwicklung der DM-Anlagen ausländischer Währungsbehörden an den unterschiedlichen Anlagemärkten wesentlich von der Politik der Deutschen Bundesbank gekennzeichnet. Seit den siebziger Jahren vollzog sich innerhalb der Bundesbank ein Meinungswandel, der von einer völligen Ablehnung zu Beginn der siebziger Jahre über eine passive Akzeptanz gegen Ende der siebziger Jahre bis hin zu dem Bemühen in den achtziger Jahren reichte, die mit dem Status als Reservewährungsland verbundenen Vorteile zu nutzen, gleichzeitig aber die nachteiligen Konsequenzen zu begrenzen.[168] Bevor auf die Entwicklung und Anlagestruktur der von Zentralbanken gehaltenen DM-Reserven eingegangen

---

168 Vgl. Unger, S. (1991), S. 102.

wird, soll daher zunächst der Wandel der Position der Deutschen Bundesbank beschrieben werden.

2.3.1 Die Haltung der Deutschen Bundesbank gegenüber der internationalen Verwendung der D-Mark

2.3.1.1 Die D-Mark als Reservewährung wider Willen in den siebziger Jahren

Als zu Beginn der 70er Jahre die D-Mark als internationale Reservewährung zunehmend an Bedeutung gewann, versuchte die Bundesbank, mit zahlreichen administrativen Maßnahmen den Aufbau von DM-Guthaben und eine Diversifizierung in die D-Mark durch ausländische Währungsbehörden zu verhindern. Denn sie hatte erhebliche Bedenken gegenüber einem Multi-Reservewährungssystem, die sie mit folgenden Argumenten begründete:[169]

- Eine Diversifizierung in die D-Mark würde den vorübergehenden übertriebenen Aufwertungsprozeß der D-Mark verstärken und zu einer Verschärfung des Zahlungsbilanzüberschußproblems führen. In Zeiten eines Überschusses würde eine Diversifizierung in die D-Mark die Devisenüberschüsse noch verstärken und damit den Aufwertungsdruck auf die DM erhöhen.
- Aufgrund dieser Aufwertungstendenz könne es zu einer eingeschränkten internationalen Wettbewerbsfähigkeit der deutschen Exportindustrie und zu strukturellen Verwerfungen der Produktionsstruktur kommen.
- Versuchte man die Aufwertung der D-Mark mit Interventionen zu bremsen, so bestünde das Risiko einer inflatorischen Aufblähung der inländischen Geldmenge mit den damit verbundenen negativen Folgen für das Inland. Dementsprechend bestünde bei einer Umschichtung wieder zurück in den Dollar die Gefahr einer umgekehrten Verzerrung.
- Ein Währungssystem, in dem mehrere Reservewährungen nebeneinander existieren, sei deshalb ein äußerst instabiles Gebilde. Es könne zu permanenten Währungsumschichtungen mit den damit verbundenen Wechselkursunruhen kommen und die ohnehin bestehende internationale Währungsinstabilität noch vergrößern.
- Die deutschen Finanzmärkte könnten aufgrund ihrer begrenzten Kapazität ausländischen Währungsbehörden nicht ausreichende und schnell liquidi-

169 Vgl. hierzu auch: Deutsche Bundesbank (1979), S. 33; Pöhl, K.O. (1980), S. 45; Emminger, O. (1986), S.44f; Kloten, N. (1981), S. 76-78; Deutsche Bundesbank (1990a), S. 43.

sierbare Anlagemöglichkeiten anbieten. Durch eine Anlage, Auflösung oder Umschichtung von DM-Reserven würden die Märkte überstrapaziert. Insbesondere wurde befürchtet, daß die zu erwartenden inländischen Zins- und Liquiditätsveränderungen zu unerwünschten Effekten führen würden, die von der Bundesbank nicht kompensiert werden könnten.

Aufgrund dieser Befürchtungen war es das Ziel der deutschen Behörden, den Kapitalimport spekulativer Auslandsgelder und den Aufbau von DM-Reserven vor allem in dem für Währungsbehörden wichtigen kurzfristigen Bereich zu beschränken.[170] So wurden seit April 1970 besondere Mindestreservesätze auf die Guthaben von Gebietsfremden bei den inländischen Kreditinstituten erhoben und im Mai 1971 eine Genehmigungspflicht für die Verzinsung von D-Mark-Guthaben Gebietsfremder bei deutschen Kreditinstituten eingeführt. Darüber hinaus wurde der Erwerb inländischer Geldmarktpapiere erschwert. So war der Erwerb von Schatzwechseln und unverzinslichen Schatzanweisungen der öffentlichen Hand durch Ausländer genehmigungspflichtig, wobei diese Genehmigung von der Bundesbank bis 1981 grundsätzlich verweigert wurde. Das gleiche galt auch für die im Juni 1972 eingeführte Genehmigungspflicht für den Erwerb inländischer festverzinslicher Wertpapiere mit einer Restlaufzeit von bis zu 4 Jahren durch Ausländer.

Durch die Verweigerungen der Genehmigungen und die besonderen Mindestreservesätze unterlagen die Einlagen von Gebietsfremden bei den inländischen Kreditinstituten faktisch einem Verzinsungs- bzw. Erwerbsverbot.[171]

Diese aktive Abwehrstrategie hatte jedoch nur zur Folge, daß sich der Aufbau von DM-Reserven auf den Euromarkt verlagerte. Die Bundesbank konnte also letztendlich die zunehmende DM-Reservehaltung ausländischer Währungsbehörden nicht verhindern, bestenfalls etwas abbremsen. Sie mußte das Hineinwachsen der D-Mark in die Rolle einer internationalen Reservewährung und damit die zunehmende Verwendung der D-Mark als Anlageinstrument "wider Willen" dulden.[172]

Auch außerhalb ihres Einflußbereichs versuchte die Bundesbank, eine indirekte Kontrolle über die wachsende internationale Verwendung der D-Mark und die Entwicklung eines größeren DM-Marktes, insbesondere am Markt für Euro-DM-Anleihen, zu erlangen.[173] In einem Gentlemen Agreement, daß zwischen der Bundesbank und den deutschen Emissionsbanken von DM-

---

170 Vgl. Deutsche Bundesbank (1979), S. 27; Deutsche Bundesbank, Geschäftsbericht für 1972, S. 39.

171 Vgl. Unger, S. (1991), S. 96.

172 Vgl. o.V. (1979b): Multiples Reservewährungssystem, in: Zeitschrift für das gesamte Kreditwesen, S. 786; Deutsche Bundesbank, Geschäftsbericht für 1972, S. 38.

173 Vgl. hierzu: Reimnitz, J. (1981) S. 42f.

Auslandsanleihen im Jahre 1968 vereinbart wurde, wurde das heute noch gültige "Verankerungsprinzip" geschaffen.[174]
Trotz des Verzinsungsverbots für kurzfristige DM-Einlagen von Gebietsfremden und einer relativ geringeren Verzinsung am Euro-DM-Markt, war die D-Mark aus Ertragsüberlegungen immer noch eine vergleichsweise günstige Anlagealternative. Denn nicht nur die Verzinsung allein bestimmt den aus einer Anlage zu erzielenden Ertrag. So standen in der ersten Hälfte der siebziger Jahre vor allem die mit DM-Anlagen verbundenen aufwertungsbedingten Kapitalgewinne im Mittelpunkt der Anlageentscheidungen ausländischer Währungsbehörden. Betrachtet man die Anlageentscheidung aus der Sicht eines Dollaranlegers, so konnte mit einer DM-Anlage zwischen Ende 1970 und Ende 1979 alleine aus Wechselkursgewinnen ein durchschnittlicher Ertrag von 6,9 Prozent erzielt werden. Im gleichen Zeitraum konnte hingegen mit mittelfristigen US-Staatsanleihen eine durchschnittliche Verzinsung von 6,7% und mit kurzfristigen Schatzwechseln nur von durchschnittlich 5,8% erzielt werden. Im Jahre 1973 betrug der aufwertungsbedingte Gewinn von D-Mark-Anlagen sogar 18,5%.[175]
Ab Mitte der 70er Jahre veränderte die Bundesbank ihre bis dahin vor allem durch aktive Restriktionsmaßnahmen gekennzeichnete Abwehrstrategie zu einer "*Politik des passiven Widerstandes*".[176] Zwar wurde das Verzinsungsverbot für ausländische DM-Anlagen 1975 aufgehoben und die Genehmigungspraxis beim Erwerb deutscher Rentenpapiere gelockert. Ziel der Bundesbank war es jedoch, die zunehmende Verwendung der DM als Anlagemedium für Währungsreserven nicht zusätzlich zu fördern.[177] Vielmehr verfolgte sie eine Politik, die mit indirekten Abwehrmaßnahmen die DM als Reservewährung weniger attraktiv werden lassen sollte und schließlich dazu führte, daß die vom Markt gewünschten Geldmarktinstrumente nicht in dem Maße zur Verfügung gestellt wurden, wie dies vom Ausland gewünscht wurde.[178] Im Vergleich zum wesentlich breiteren amerikanischen Geldmarkt fehlten bestimmte Anlageinstrumente in Deutschland ganz oder waren nur eingeschränkt verfügbar. So wurden beispielsweise bis zum Frühjahr 1980 keine Schatzwechsel der öffentlichen Hand und fungible kurzfristige Schuldtitel von Industrieunternehmen angeboten, die die hohen Li-

---

174 Nach diesem "Verankerungsprinzip" müssen alle DM-Emissionen nach deutschem Recht abgewickelt werden, und es werden nur Emissionsführer mit einer Niederlassung in Deutschland zugelassen. Dieses Prinzip wurde mehrmals aufgeweicht, so daß mittlerweile auch rechtlich selbständige Auslandsbanken mit Sitz in der Bundesrepublik - nach dem Grundsatz der Reziprozität - die Konsortialführung übernehmen durften. Vgl. hierzu: Unger, S. (1991), S. 105.

175 Vgl. zu diesen Berechnungen: Unger, S. (1991), S. 98.

176 Vgl. Unger, S. (1991) S. 99.

177 Vgl. Deutsche Bundesbank (1979), S. 27.

178 Vgl. Emminger, O. (1986), S. 44.

quiditätsanforderung ausländischer Zentralbanken besonders gut erfüllen.[179] Darüber hinaus bediente sich die Bundesbank einer weiteren Vereinbarung mit den deutschen Kreditinstituten, die auch deren am Euromarkt tätigen Tochterinstitute einschloß, nach der diese auf die Emission von variabel verzinslichen DM-Schuldverschreibungen und auf DM lautende übertragbare Depositenzertifikate (CDs) verzichten sollten.
Auch innerhalb des Europäischen Währungssystems versuchte die Bundesbank, die Verwendung der D-Mark als Reservewährung durch die Partnernotenbanken auf einem möglichst geringen Niveau zu begrenzen. Um die Leitkurse innerhalb der Währungsschlange verteidigen zu können, erklärte sie sich zwar grundsätzlich bereit, durch Swap-Kreditfazilitäten vorübergehend DM-Bestände für Interventionszwecke zur Verfügung zu stellen, einer ständigen, größeren DM-Reservehaltung der Partnernotenbanken wollte sie jedoch nicht zustimmen.[180] Unger vertritt sogar die These, daß die Bundesbank der Errichtung des EWS auch aus dem Grunde zustimmte, um durch eine vertragliche Fixierung die Verwendung und den Aufbau von DM-Reserven durch die EWS-Länder zu begrenzen.[181] Diese These wird letztlich durch eine Äußerung der Bundesbank bestätigt, wonach die bereits 1972 getroffene Vereinbarung zwischen den Teilnehmern des Europäischen Wechselkursverbundes, die auch in das EWS-Abkommen übernommen wurde, die die Reservehaltung in Teilnehmerwährungen auf den Umfang von Betriebsguthaben beschränken sollte, "*in der Praxis kaum geholfen* ... [hat], *das Vordringen der D-Mark als Reservewährung zu dämpfen.*"[182]

2.3.1.2 Die Neubewertung der Kosten und Nutzen der Reservewährungsrolle der D-Mark zu Beginn der achtziger Jahre

Seit Anfang der achtziger Jahre veränderte die Bundesbank allmählich, wenn auch mit großen Bedenken, ihre Haltung gegenüber der Rolle der DM als Reservewährung. Zu diesem grundlegenden Meinungswandel der Beurteilung des Prozesses der Reservediversifizierung kam es, als sich infolge der zweiten Ölkrise und der binnenwirtschaftlichen Fehlentwicklungen die außenwirtschaftliche Lage der Bundesrepublik verschlechterte und die D-Mark abwertete. Da der Fehlbetrag aus der Leistungsbilanz zusätzlich noch durch den hohen Netto-Kapitalexport verstärkt wurde und die Bundesbank nicht zu stark auf ihre Währungsreserven zurückgreifen wollte, um das Vertrauen in die D-Mark nicht zu-

179 Vgl. Hasse, R. (1984), S. 60.
180 Vgl. Unger, S. (1991), S. 100.
181 Vgl. Unger, S. (1991), S. 101.
182 Deutsche Bundesbank (1990a), S. 43.

sätzlich zu gefährden,[183] bestand ein dringendes Bedürfnis nach Kapitalzuflüssen aus dem Ausland, um die Zahlungsbilanz auszugleichen. Der Umschwung in der deutschen Leistungsbilanz in den Jahren 1979 bis 1981 (Saldo der Leistungsbilanz 1978: 17,8 Mrd. DM, 1979: - 9,9 Mrd. DM, 1980: - 25,1 Mrd. DM, 1981: - 8,0 Mrd. DM, 1982: 12,4 Mrd. DM)[184] sowie die Erkenntnis, daß der Prozeß der Reservediversifizierung trotz erheblicher nationaler Anstrengungen letztlich nicht zu verhindern sei, und daß sich Kapitalverkehrskontrollen für eine Stabilisierung der Wechselkurse und eine außenwirtschaftliche Absicherung einer hauptsächlich binnenwirtschaftlich orientierten Wirtschaftspolitik als ein ungeeignetes Instrument erwiesen hatten,[185] führten Anfang der achtziger Jahre innerhalb der Bundesbank zu einer Neubewertung der Kosten und Nutzen der Reservewährungsrolle.[186] So schrieb die Bundesbank in ihrem Geschäftsbericht für das Jahr 1979: "*Trotz nach wie vor bestehender grundsätzlicher Bedenken gegen eine stärkere Übernahme von Reservewährungsfunktionen durch die D-Mark muß eine zusätzliche Nachfrage nach D-Mark für Anlagezwecke in gewissem Umfang hingenommen und unter Umständen sogar in geeigneter Form befriedigt werden.*"[187]

Vor diesem Hintergrund wurden seit März 1980 die verbliebenen Kapitalimportbeschränkungen allmählich beseitigt,[188] insbesondere die Beschränkungen für den Erwerb von Schuldscheinen der öffentlichen Hand. Die Bundesregierung kam damit dem Anlagewunsch der OPEC-Länder entgegen, die ihre Einnahmenüberschüsse sicher und gewinnbringend anlegen wollten und eine Anlage in öffentlichen DM-Titeln wünschten. Bereits nach der ersten Ölpreiskrise hatten sie diesen Wunsch geäußert, damals aber ihre Überschüsse vor allem im privaten Bankensystem und auf den internationalen Finanzmärkten angelegt.[189] Mit dem Erwerb kuponsteuerfreier DM-Schuldscheine des Bundes und der Länder, also Papiere bester Bonität, konnten die OPEC-Länder nun die Anlage ihrer Devisenüberschüsse diversifizieren. Gleichzeitig konnte die öffentliche Hand ihren Finanzierungsbedarf decken.
Nach Emminger erwies sich damit die in den vorangegangenen Jahren eingenommene zurückhaltende Position der Bundesbank als besonders vorteilhaft, da "*der DM-Bedarf einiger arabischer Länder noch nicht voll gedeckt war*" und

---

183 Vgl. Deutsche Bundesbank (1984), S. 15.
184 Sachverständigenrat zur Begutachtung der gesamtwirtschaftlichen Entwicklung (1994), S. 408.
185 Vgl. Deutsche Bundesbank (1988), S. 19.
186 Vgl. Thygesen, N. (1985), S. 164.
187 Deutsche Bundesbank, Geschäftsbericht für das Jahr 1979, S. 59.
188 Vgl. zu einer Übersicht und Entwicklung der unterschiedlichen Kapitalverkehrskontrollen Tabelle A10 im Anhang.
189 Vgl. Schulmann, H. (1981), S. 121.

damit durch die Kreditaufnahme bei diesen Ländern der Zahlungsbilanzausgleich erleichtert wurde.[190]
Im März 1981 wurden schließlich die letzten noch bestehenden quantitativen Beschränkungen für den Erwerb von Geldmarktpapieren und Rentenwerten de facto aufgehoben.
Nachdem der Dollar ab 1982 seine Rolle als dominierende internationale Anlagewährung wieder festigen konnte, die D-Mark nicht mehr unter ständigem Aufwertungsdruck stand und der deutsche Kapitalmarkt sich zu einem leistungsfähigeren Markt entwickelte, gab die Bundesbank auch ihre Vorbehalte gegenüber einer Reihe innovativer Finanzierungsinstrumente auf. Solange derartige neue Anlageformen den geldpolitischen Kurs nicht gefährdeten, sah man keine Notwendigkeit mehr, die Emission bestimmter an den internationalen Märkten bereits etablierter Anlageinstrumente im DM-Bereich zu unterbinden.[191] Mit der Erweiterung des Sortiments von DM-Anlagen sollte die D-Mark als Anlagewährung auch für Ausländer attraktiver werden und es ihnen ermöglichen, sowohl die Währungs- und Zinsstruktur ihrer Anlagen als auch ihrer Auslandsverschuldung besser an ihre jeweiligen Bedürfnisse anpassen zu können.[192]
Wichtigstes Ziel der Bundesbank war es nun, die weitere Entwicklung zu einem multiplen Reservewährungssytem in geordneten Bahnen zu leiten und gleichzeitig die mit einem solchen System verbundenen potentiellen Gefahren einer größeren Instabilität, d.h. die Störanfälligkeit auf den Wechselkurs der D-Mark und die monetäre Entwicklung in Deutschland, zu begrenzen. Die aus dem Status einer Reservewährung resultierenden Nachteile sollten in Grenzen gehalten werden und kontrollierbar bleiben, während die Vorteile so weit wie möglich genutzt werden sollten.[193]
Als zweites Standbein war man gleichzeitig bemüht, die Zusammenarbeit zwischen den Zentralbanken der führenden Industrieländer zu intensivieren, um die von der amerikanischen Zahlungsbilanz potentiell ausgehende internationale Liquiditätsschöpfung besser kontrollieren zu können. Man vertrat die Auffassung, daß die Tendenz zu einer weiteren Diversifizierung nur zu verringern sei, wenn die USA ihre defizitäre Zahlungsbilanz korrigieren und durch eigene Interventionen den Kurs des Dollar stabilisieren würden. Dadurch sollte das verlorengegangene Vertrauen in die amerikanische Währung wieder zurückgewonnen und Dollaranlagen wieder attraktiver werden. Von einer größeren Stabilität des Dollar würden auch andere Länder, vor allem diejenigen, deren Währungen als wichtige Substitute für einen schwachen Dollar in Frage kommen, profitieren und positive Wirkungen auf das gesamte internationale Währungssystem

190 Emminger, O. (1986), S.45.
191 Zu diesen Anlageinstrumenten vgl. Abschnitt 2.3.1.3.
192 Vgl. Deutsche Bundesbank (1985), S. 19.
193 Vgl. Unger, S. (1991), S. 102.

ausgehen; und dies auch in einem System, in dem der Dollar weniger dominierend ist.[194]

2.3.1.3 Die Bemühungen um den Ausbau der internationalen Stellung der D-Mark ab Mitte der 80er Jahre

Im Zuge der weltweiten Deregulierungstendenzen und der zunehmenden Integration der Finanzmärkte seit Ende der siebziger Jahre kam es zu einer Intensivierung des Wettbewerbs zwischen den nationalen Finanzmärkten. Die rasante Entwicklung neuer, innovativer Finanzinstrumente erweiterte das Anlagespektrum beträchtlich und eröffnete die Möglichkeit, auch andere Währungen als Guthaben für Transaktionen zu halten und damit einen größeren Handlungsspielraum für ein aktiveres Portfolio-Management zu gewinnen.[195] Damit gehören heute moderne, am Markt orientierte und international akzeptierte Finanzmarkttechniken zu den wichtigen Voraussetzungen, damit Transaktionen nicht an andere Finanzmärkte und u.U. sogar in andere Währungen abwandern, die einen hohen Substitutionsgrad zur D-Mark aufweisen.[196]
Seit Mitte der achtziger Jahren war dementsprechend die Entwicklung der DM-Anlagen entscheidend von der Sorge der Bundesbank geprägt, daß das bereits gewonne Terrain der D-Mark gegenüber anderen internationalen Reserve- und Anlagewährungen verloren gehen könnte, wenn interessante Anlagealternativen in einem zu begrenzten Umfang zur Verfügung stehen würden.
Nachdem die Bundesbank die Tatsache, daß die D-Mark zu einer international bedeutenden Reserve- und Anlagewährung entwickelt hatte, hingenommen hatte, war es nun ihr Ziel, diese Stellung durch einen leistungs- und wettbewerbsfähigeren Finanzmarkt abzusichern, der auch gegenüber der internationalen Konkurrenz standhalten kann.[197]
Denn aufgrund der nahezu völligen Kapitalverkehrsfreiheit innerhalb Europas, der hohen Mobilität des Finanzkapitals, der modernen Kommunikationstechniken und aufgrund des gesteigerten Effizienzdenkens professioneller Anleger reicht es heute für eine weltweit geschätzte Anlage- und Reservewährung wie die D-Mark nicht mehr aus, allein eine stabilitätsorientierte Geldpolitik zu betreiben. Eine stabilitätsorientierte Geldpolitik ist zwar eine unbedingt notwendi-

---

194 Vgl. Pöhl, K.O. (1980), S. 47.
195 Vgl. Horii, A. (1986), S. 49.
196 Vgl. Häusler, G. (1993a), S. 8.
197 Vgl. Unger, S. (1991), S. 104f; vgl. auch Jochimsen, R. (1993), S. 4. Der Wettbewerbsaspekt gewann insbesondere im Zusammenhang mit der Diskussion um den Sitz der künftigen Europäischen Zentralbank und den Anstrengungen, den Finanzplatz Frankfurt weiter zu stärken, stark an Bedeutung. Vgl. hierzu auch: O.V. (1992a): Vorwürfe aus Großbritannien gegen den Finanzplatz Frankfurt, in: F.A.Z., v. 4. Juli 1992, Nr. 153, S. 17.

ge, aber noch keine hinreichende Voraussetzung für eine international konkurrenzfähige Währung. Erforderlich ist darüber hinaus auch ein attraktives Angebot an finanziellen Anlagemöglichkeiten.[198] Im Monatsbericht vom Juli 1985 bemerkte die Bundesbank hierzu:

> *"Der hier in Gang gekommenen Entwicklung kann sich die Bundesrepublik angesichts der internationalen Rolle der D-Mark nicht verschließen, denn die D-Mark muß heute, nachdem sie einen besonderen Rang als Anlage- und Reservewährung erhalten hat, im Wettbewerb der internationalen Anlagewährungen konkurrenzfähig bleiben; ein Attraktivitätsverlust der D-Mark würde zweifellos auf die Dauer den Wechselkurs der D-Mark belasten."*[199]

Die Bemühungen der Bundesbank konzentrierten sich darauf, unter Wahrung einer antiinflationären Politik, die internationale Bedeutung der D-Mark weiter auszubauen. Die deutschen Finanzmärkte sollten allmählich auch für neue, an den internationalen Finanzmärkten bereits seit längerer Zeit fest etablierten Finanzinstrumente geöffnet und damit das Vertrauen der internationalen Anleger in die D-Mark weiter gefördert werden.[200] Im Hinblick auf dieses Ziel wurden ab 1984 verschiedene Maßnahmen ergriffen, um die Wettbewerbsfähigkeit des deutschen Finanzplatzes gegenüber anderen internationalen Finanzzentren zu stärken und den Kapitalverkehr mit dem Ausland einen Auftrieb zu geben.

So wurde 1985 die Emission von auf DM lautenden Nullkupon-Anleihen, variabel verzinslichen DM-Anleihen, Doppelwährungsanleihen und Anleihen in Verbindung mit Währungs- und Zinssatzswaps und im Laufe des Jahres 1986 die Emission von DM-Einlagenzertifikaten (DM-CDs) genehmigt. An die Stelle des zwischen der Bundesbank und den deutschen Kreditinstituten im Jahre 1968 getroffenen Gentlemen's Agreement traten zum 1. Mai 1985 einige Grundsätze zum DM-Emissionsmarkt, nach denen u.a. der Markt für DM-Auslandsanleihen weiterhin in der Bundesrepublik verankert bleiben sollte. Im Sommer 1992 wurde die Erklärung der Bundesbank zu den DM-Emissionen nochmals reformiert. Zum 1. August 1992 trat schließlich eine weitere Lockerung der Bestimmungen über die DM-Auslandsemissionen in Kraft, so daß inzwischen bei der Verwendung der D-Mark durch In- und Ausländer nur noch eine wesentliche Restriktion besteht, nämlich die der Mindestlaufzeit von zwei Jahren für Emissionen ausländischer Kreditinstitute.[201] Außerdem besteht die

---

198 Schlesinger,H. (1986), S. 5.

199 Deutsche Bundesbank (1985), S. 14.

200 Vgl. Häusler, G. (1993b), S. 15.

201 Begründet wird diese Beschränkung damit, daß der Emissionsmarkt für DM-Titel gegenüber dem Markt kurzfristiger Bankschuldverschreibungen abgegrenzt werden kann, da letzterer der Mindestreservepflicht unterliegt.

Bundesbank darauf, daß es für jede Emission einen verantwortlichen Ansprechpartner in der Bundesrepublik geben muß.[202]
Obwohl in den achtziger Jahren ein Großteil der Restriktionen, die die internationale Verwendung der D-Mark behinderten, aufgehoben wurden und sich damit das Spektrum der Anlagemöglichkeiten etwas verbreitern konnte, fehlte es dem deutschen Geldmarkt im Vergleich zu anderen internationalen Märkten immer noch an einer ausreichenden Breite, Flexibilität und Leistungsfähigkeit.[203]
Während sich der deutsche Kapitalmarkt hinsichtlich festverzinslicher Wertpapiere nach den USA und Japan zum drittgrößten Markt entwickelte, konnte der deutsche Geldmarkt mit der internationalen Entwicklung nicht Schritt halten. So gab es bis vor wenigen Jahren keinen Markt für verbriefte kurzfristige Forderungen. Seit Anfang der neunziger Jahre hat der deutsche Geldmarkt einen qualitativen Sprung gemacht, so daß im kurzfristigen Bereich von Geschäftsbanken und Nichtbanken und zeitweise auch von der Bundesbank fungible Geldmarktpapiere in einer gewissen Konkurrenz zueinander angeboten werden.
Der Markt für *DM-Commercial Paper* (CPs) in der Bundesrepublik ist noch recht jung. Erstmals wurde im Dezember 1990 ein inländisches DM-CP-Programm begegben. Obwohl es zunächst danach aussah, als ob sich dieses Geldmarktsegment wie in anderen Ländern auch außerordentlich dynamisch entwickeln würde - bereits Ende 1991 wies das Gesamtvolumen der CP-Programme ein Volumen von fast 17 Mrd. D-Mark auf und verdoppelte sich bis Ende 1992 auf beinahe 35 Mrd. DM -, verlangsamte sich das Wachstum ab 1993 deutlich. Im Dezember 1995 belief sich das Programmvolumen auf rund 36 Mrd. DM, wovon nur noch 5,8 Mrd. DM dieser kurzfristigen Papiere am Markt verfügbar waren.[204]
Bei den ausländischen Zentralbanken stießen diese von Nichtbanken begebenen kurzfristigen Schuldtitel neben denen vom Staat oder den Banken ausgegebenen Wertpapieren als eine zusätzliche Möglichkeit zur Risikostreuung auf großes Interesse. Obgleich über die Anlagetätigkeit offizieller Währungsbehörden keine genauen Angaben verfügbar sind,[205] haben diese in einem größeren Umfang DM-CPs erworben, da diese Wertpapiere aufgrund ihrer kurzen Laufzeiten (i.d.R. zwischen 7 Tagen und maximal 2 Jahren abzüglich einem Tag wegen der Fristenabgrenzung zu den sog. Medium-Term-Notes) für die Anlage von Währungsreserven besonders gut geeignet sind. Dabei dürfte es sich fast ausschließ-

202 Vgl. Häusler, G. (1993a), S. 9.
203 Vgl. Thomas, K. (1991), S. 10.
204 Vgl. Deutsche Bundesbank: Kapitalmarktstatistik, Statistisches Beiheft zum Monatsbericht, Februar 1996, S. 40.
205 Bekannt ist nur, daß in den Jahren 1991 und 1992 rund 10 % der umlaufenden DM-CPs in den Portfolios ausländischer Anleger gehalten wurden. Vgl. Landeszentralbank in Hessen (1992), S. 4 und 6.

lich um den Erwerb von CP der Treuhandanstalt in Berlin gehandelt haben, die in der Bundesrepublik bisher neben der Bundespost der größte Einzelschuldner war. Ausschlaggebend für diese Präferenz ist, daß hinter diesen Papieren letztendlich der Bund steht, so daß diese Anlagen quasi staatlich garantiert sind.[206] Nachdem der deutsche CP-Markt jüngst deutlich geschrumpft ist und die Treuhandanstalt abgewickelt wurde, dürfte auch das Interesse ausländischer Zentralbanken an diesen Papieren nachgelassen haben. Denn bei einer unveränderten Nachfrage nach diesen Papieren müßten Devisenreserven in kleinere und unbekanntere Programme investiert werden. Bei einem Wiederverkauf der Papiere könnte sich die mangelnde Liquidität negativ auf den Verkaufserlös auswirken.

Eine weitere, allerdings nur vorübergehende Neuerung am deutschen Geldmarkt war der Einstieg der Bundesbank in den Markt für verbriefte Geldmarktpapiere zwischen Anfang 1993 und September 1994. Neben einer drastischen Mindestreservesenkung von ca. 30% wurde auf der Sitzung des Zentralbankrates vom 4. Febr. 1993 die erstmalige Begebung von *Bundesbank-Liquiditäts-U-Schätzen ("Bulis")* beschlossen.[207] Die Bundesbank trat damit im Wettbewerb um Anlagegelder in direkte Konkurrenz zu den Banken, die aus diesem Grund die Ausgabe der "Bulis" kritisch kommentierten.[208]

Mit der Emission der "Bulis" durch die Bundesbank wurde ein neues Geldmarktsegment mit unterschiedlichen Laufzeiten (Fälligkeiten von 3, 6 und 9 Monaten) in der Bundesrepublik geschaffen und die Anlagemöglichkeiten im kurzfristigen Bereich erweitert. Im Unterschied zu den einzelnen Tranchen von CPs, die flexibel auf die Wünsche der Anleger bzw. Emittenten zugeschnitten werden, sind "Bulis" standardisierte Tranchen. Ferner zeichnen sie sich durch eine hohe Bonität des Schuldners, damit verbundenen eine hohe Sicherheit, bei gleichzeitiger Liquidität der Anlagen und einer marktnahen Verzinsung aus.[209]

---

206 Vgl. Landeszentralbank in Hessen (1992), S. 4 und 6.

207 Nach Änderung des § 42 BBankG machte die Bundebank mit der Ausgabe von Liquiditätspapieren von ihrem Recht Gebrauch, eigene Papiere bis zur Höhe von 50 Mrd. DM emittieren zu dürfen. Bei der ersten Emission von Bundesbank-Liquiditäts-U-Schätzen wurde ein Volumen von 25 Mrd. DM begeben. Eine Aufstockung um weitere maximal 10 Mrd. DM erfolgte bereits fünf Tage später am 8. März 1993. Vgl. die Pressenotizen der Deutschen Bundesbank über die Ausschreibungen von Bundesbank-Liquiditäts-U-Schätzen, in: Deutsche Bundesbank, Auszüge aus Presseartikeln, Nr. 13 vom 16. Febr. 1993, S. 11-18 und Nr. 19 vom 11. März 1993, S. 16-19; Vgl. auch Jochimsen, R. (1993), S. 4.

208 Vgl. o.V. (1993e): Am Monatg kommen die ersten Bulis, F.A.Z. v. 27.2.1993, Nr. 49, S.17.

209 Die Rendite richtet sich nach den von den interessierten Anlegern bei der Bundesbank eingehenden Geboten. Da diese unverzinslichen Papiere unter pari begeben werden, errechnet sich die Höhe der Verzinsung aus der Differenz zwischen dem Nennwert und dem Kaufkurs.

Nach den ersten beiden Ausschreibungen von Liquiditätspapieren wurden Anfang März 1993 im Gesamtbetrag von 25 Mrd DM "Bulis" begeben. Zunächst entwickelte sich auch ein reger Sekundärmarkt, aber bereits zu Anfang 1994 kam der Handel in diesen kurzfristigen Papieren der Bundesbank praktisch zum Erliegen.[210]
Aufgrund der eben beschriebenen Eigenschaften und der relativen Unterentwicklung des deutschen Geldmarktes und dem damit verbundenen geringen Angebot an kurzlaufenden auf D-Mark lautenden Wertpapieren, sind diese Papiere besonders für ausländische Anleger attraktiv, die nach kurzfristigen Anlagemöglichkeiten ihrer Mittel suchen. Wie aus dem Reservestatus der Bundesbank zu erkennen ist, erwarben vor allem ausländische Anleger und insbesondere ausländische Notenbanken diese Papiere.[211] Sie konnten auf diese Weise einen Teil ihrer auf D-Mark lautenden Devisenreserven verzinslich anlegen.[212] Allerdings war es nicht das Ziel der Bundesbank, mit der Begebung von "Bulis" anderen Notenbanken attraktive Anlage anzubieten. [213].Vielmehr wollte die Bundesbank mit der Hilfe der "Bulis" einen stärkeren und direkteren Einfluß auf die Geldhaltung in- und ausländischer Nichtbanken nehmen können.[214] Im August 1994 kündigte die Bundesbank deshalb an, die Ausgabe der "Bulis" mit der September-Auktion einzustellen.[215] Von einzelnen ausländischen Notenbanken

210 Vgl. o.V. (1994c): Bundesbank gegen zu raschen Zinsrückgang, in: F.A.Z. vom 23.4.94, Nr. 94, S. 19.

211 So wurden im März 1993 rund 44% und im November 1994 sogar 87,9% der in Höhe von 15,3 Mrd. DM begebenen Papieren in ausländischer Hand gehalten. Vgl. hierzu die Auslandsverbindlichkeiten in der Auslandsposition der Bundesbank in den Monatsberichten. Vgl. Gaddum, J.W. (1993), S. 2. Vgl. auch Jochimsen, R. (1993), S. 5.

212 So ist beispielsweise bei der Schweizerischer Nationalbank der in Staatspapieren angelegte DM-Bestand von 1669,1 Mio 1992 auf 3072,1 Mio. Franken 1993 kräftig angestiegen. Die Schweizerischer Nationalbank schreibt hierzu in ihrem Geschäftsbericht für 1993: "*Die Emission von handelbaren Schatzanweisungen der Bundesrepublik Deutschland (Bundesbank-Liquiditäts-U-Schätze) ermöglichte die Ausweitung des Bestandes an deutschen Staatstiteln.*" Vgl. Schweizerische Nationalbank, 86. Geschäftsbericht 1993, S. 57.

213 Vgl. o.V. (1994d): Die Bundesbank stellt die Ausgabe von Bulis ein, in: F.A.Z. vom 20.8.94, Nr. 193, S. 10.

214 Ursprünglich war es das Ziel, die durch die drastische Senkung der Mindestreservesätze frei gewordenen Mittel der Banken bei der Bundesbank und die durch die umfangreichen Stützungskäufe der Bundesbank zugunsten schwacher Währungen während der Währungskrise im EWS zusätzliche geschaffene Liquidität durch das Angebot der "Bulis" abzuschöpfen. Das bisherige geldpolitische Instrumentarium sollte erweitert werden, um eine flexiblere Feinsteuerung zu ermöglichen.

215 Ein zweiter Grund für die Einstellung der Emission der "Bulis" sind die Vorbehalte der Bundesbank gegenüber Geldmarktfonds. So fällt die Ankündigung, die Ausgabe der "Bulis" einzustellen, mit dem Inkrafttreten des Zweiten Finanzmarktförderungsgesetzes zum 1. August 1994 zusammen, nach dem u.a. die Schaffung von Geldmarktfonds in Deutschland zulässig ist. Die Bundesbank wollte diesen keine zusätzlichen Anlagemöglichkeiten anbieten.

wurde dieser Beschluß bedauert, da sich hierdurch das Angebot an Geldmarktpapieren verknappte. Denn parallel zur Beendigung des Emissionsprogramms für "Bulis" wurde auch die Emission von Schatzwechseln eingeschränkt.

Zusammenfassend betrachtet hat sich seit Anfang der achtziger Jahre das Angebot an DM-Produkten am heimischen Markt deutlich erweitert. Aufgrund der Emission kurzfristiger Papier durch deutsche Banken und Nichtbanken in Form von Einlagenzertifikaten und Commercial Paper sowie als Folge der zeitweise von der Bundesbank angebotenen "Bulis" hat der deutsche Markt für Geldmarktpapiere in relativ kurzer Zeit ein beachtliches Volumen erlangen können. Im internationalen Vergleich hat er aber immer noch einen recht bescheidenden Umfang, so daß für ausländische Währungsbehörden die Anlagemöglichkeiten im kurzfristigen Bereich weiterhin begrenzt sind. Insbesondere wegen des Widerstands der Bundesbank gegen eine Ausweitung der Staatsverschuldung über die Emission kurzlaufender Staatspapiere besteht in Deutschland ein Mangel an kurzfristigen Anlagealternativen mit hoher Bonität. Zeitweise kann es für Portfoliomanager ausländischer Währungsbehörden deshalb schwierig sein, in einem ausreichendem Maße Anlagemöglichkeiten zu finden, die die an Reserveanlagen gestellten Anforderungen hinsichtlich Liquidität und Bonität befriedigen. Für die Anlage von Devisenreserven steht seit Ende der 70er Jahre grundsätzlich eine breitere Angebotspalette zur Verfügung. Ob sich diese auch in einer stärkeren Nachfrage ausländischer Währungsbehörden nach auf D-Mark lautenden Finanzaktiva niedergeschlagen hat, wie es im privaten Bereich zu beobachten war, und ob damit zwischen der Größe des nationalen Finanzmarktes und der Attraktivität einer Währung im weitesten Sinne eine inherente Korrelation besteht,[216] soll im folgenden untersucht werden.

2.3.2 Die Entwicklungen und Strukturmerkmale offizieller DM-Anlagen

Die statistisch identifizierten DM-Anlagen ausländischer Währungsbehörden in der Bundesrepublik sind seit 1975 bis Ende 1990 von rund 3,3 Mrd. DM auf 59 Mrd. DM angewachsen. Hiervon konnten 51,7 Mrd DM als Einlagen bei der Bundesbank (Ende 1982 waren dies erst 12,2 Mrd. DM) und weitere 7,3 Mrd. DM bei den Kreditinstituten nachgewiesen werden (vgl. Tabelle 12). Darüber hinaus hatten ausländische Währungsbehörden bei Banken außerhalb der Bundesrepublik am Euro-DM-Markt nach der Euromarkt-Statistik der BIZ Ende 1990 in Höhe von 65 Mrd. DM auf D-Mark lautende Reserven plaziert, wovon

216 Vgl. so Häusler G. (1993b), S. 14.

Tabelle 12: Anlagestruktur der statistisch erfaßten DM-Reserven ausländischer Währungsbehörden 1975-1994 (in Mrd. DM und Prozent)

Stand am Jahresende	DM-Reserven insgesamt	DM-Anlagen am Euromarkt [2]		DM-Anlagen bei der Bundesbank		DM-Anlagen bei Kreditinstituten in der Bundesrepublik [2]		Nicht zurechenbare DM-Anlagen [4]	
	Mrd. DM[1]	Mrd. DM	in % [3]	Mrd. DM	in % [3]	Mrd. DM	in % [3]	Mrd. DM	in % [3]
1975	34,6	20,0	57,9	1,2	3,5	2,1	6,1	11,3	32,6
1976	39,6	19,7	49,8	1,6	4,0	2,5	6,3	15,8	39,9
1977	48,1	25,3	52,5	1,3	2,7	4,6	9,6	16,9	35,1
1978	57,8	30,7	53,2	6,1	10,6	5,7	9,8	15,3	26,5
1979	68,1	41,7	61,3	3,8	5,6	5,9	8,7	16,6	24,4
1980	108,9	48,0	44,1	9,2	8,4	9,4	8,6	42,3	38,9
1981	97,3	43,1	44,3	10,1	10,4	7,2	7,4	36,9	37,9
1982	91,8	29,0	31,6	12,2	13,3	6,4	7,0	44,2	48,1
1983	103,0	37,9	36,7	13,3	12,9	5,2	5,0	46,7	45,3
1984	135,7	52,6	38,7	14,5	10,7	3,8	2,8	64,8	47,8
1985	142,0	49,2	34,7	17,4	12,3	4,4	3,1	71,0	50,0
1986	126,1	31,4	24,9	22,6	17,9	6,0	4,8	66,0	52,4
1987	146,2	48,7	33,3	19,8	13,5	8,2	5,6	69,5	47,5
1988	183,5	63,7	34,7	26,9	14,7	7,1	3,9	85,8	46,7
1989	228,6	66,7	29,2	44,2	19,3	7,0	3,0	110,7	48,4
1990	234,7	65,0	27,7	51,7	22,0	7,3	3,1	110,7	47,2
1991	223,7	49,0	21,9	42,3 p	18,9	5,8	2,6	126,7	56,6
1992	202,2	46,8	23,1	26,5 p	13,1	5,5	2,7	123,5	61,0
1993	271,1	37,3	13,8	39,5 p	14,6	5,0	1,8	189,3	69,8
1994	268,2	55,1	20,6	24,2 p	9,0	4,2	1,6	184,7	68,9

1) Vom IWF identifizierte DM-Reserven.
2) Einlagen laut Meldungen der Geschäftsbanken an die BIZ.
3) Bezogen auf die gesamten DM-Reserven.
4) Als Rest ermittelt. Größtenteils Anlagen am deutschen Kapitalmarkt.
p Auslandsverbindlichkeiten der Bundesbank laut Zahlungsbilanzstatistik als Schätzwert. In diesen Zahlen sind auch die ab März 1993 emittierten und an Gebietsfremde verkauften Liquiditäts-U-Schätze enthalten.

Quellen: Deutsche Bundesbank (1979), S. 32; Deutsche Bundesbank (1984), S. 31; Rieke, W. (1982), S. 16-23, S. 70; Deutsche Bundesbank (1990), S. 55; Deutsche Bundesbank (1991), S. 27; Deutsche Bundebank: Statistisches Beiheft zum Monatsbericht, Reihe 3, Zahlungsbilanzstatistik, Januar 1996, S. 99; Tabelle A6 und A8; IMF, eigene Berechnungen.

ein Großteil dieser DM-Reserven durch die Zwischenschaltung der BIZ indirekt am Markt angelegt worden war.[217]

Die für die letzten vier Jahre in Tabelle 12 wiedergegebenen Werte sind mit Vorbehalt zu betrachten, da für die von ausländischen Währungsbehörden bei der Bundesbank unterhaltenen DM-Anlagen nur bis Ende 1990 gesicherte Angaben verfügbar sind. Als Schätzwerte für die Jahre 1991 - 1994 wurden die in der Zahlungsbilanzstatistik der Bundesbank unter der Position Auslandsverbindlichkeiten ausgewiesenen Werte eingesetzt, bei denen es sich vorwiegend um Anlagen ausländischer Währungsbehörden handelt.[218] Faßt man die im deutschen Bankensystem und am Euromarkt identifizierten DM-Einlagen zusammen, so hielten ausländische Währungsbehörden Ende 1990 mindestens 124 Mrd. DM an DM-Aktiva. Bezogen auf die vom IWF identifizierten DM-Reserven im Umfang von 234,6 Mrd. DM (Spalte 2 der Tabelle 12), werden damit offensichtlich nur knapp über die Hälfte der DM-Reserven statistisch von der Schuldnerseite her erfaßt. Die tatsächlichen DM-Bestände waren also um rund 111 Mrd. DM größer.

Bei der Analyse der von den Währungsbehörden in der Bundesrepublik angelegten DM-Reserven ergibt sich damit das Problem, daß genaue Angaben nicht verfügbar sind und zwischen den verschiedenen Informationsquellen zum Teil erhebliche Diskrepanzen auftreten können. Dies liegt u.a. an den unterschiedlichen Ermittlungsmethoden. So ermittelt die Bundesbank die Zusammensetzung der DM-Reserveaktiva von der Schuldnerseite her, d.h. den Verbindlichkeiten der Bundesbank und den meldepflichtigen Einlagen bei den im Bundesgebiet ansässigen Geschäftsbanken, während die IWF-Angaben auf Meldungen ausländischer Zentralbanken und damit den Gläubigern dieser Aktiva beruhen. Zudem werden in den Daten der Bundesbank nicht die Wertpapieranlagen am deutschen Geld- und Kapitalmarkt und die DM-Auslandsanleihen ausgewiesen. Abweichungen treten also deshalb auf, weil "*sich die Anlagen von Zentralbanken am deutschen Kapitalmarkt nicht ermitteln lassen, und auch bei den im Ausland plazierten Schuldscheinen die letzten Besitzer für die deutschen Emittenten häufig unbekannnt bleiben.*"[219]

Zu einem unklaren Bild über das Anlagenengagement offizieller Stellen in der Bundesrepublik trägt aber auch die Bundesbank mit ihrer Berichterstattung selbst bei. Denn vergleicht man im Laufe der Jahre die Erläuterungen der Bundesbank zu den DM-Anlagen ausländischer Währungsbehörden, so fällt auf, daß im Gegensatz zu den Angaben von 1979 Anfang 1984 auf eine regionale

217 Deutsche Bundesbank (1991b), S. 27.

218 Vergleicht man die bis 1990 vorliegenden Angaben der DM-Anlagen bei der Bundesbank in Tabelle 12 mit den Auslandsverbindlichkeiten der Bundesbank zwischen 1984 und 1990, so beliefen sich durchschnittlich 95,4% dieser Positionen tatsächlich auf Anlagen ausländischer Währungsbehörden.

219 Deutsche Bundesbank (1979), S. 31.

Untergliederung der DM-Anlagen ganz verzichtet wurde und für die Jahre nach 1983 nur noch pauschale Angaben über die globalen Anlagen im deutschen Bankensystem ausgewiesen wurden.[220] Bezüglich der Angaben über die Anlagetätigkeit am Euromarkt muß gesagt werden, daß diese auf den Angaben der an die BIZ berichtenden Banken und z.T. auf Schätzungen der BIZ beruhen. Zudem werden DM-Guthaben auch an Offshore-Zentren gehalten, die nicht vom Berichtskreis der BIZ erfaßt werden.

Betrachtet man die unterschiedlichen Anlageformen für DM-Reserven, so ist deutlich zu erkennen, daß sich die Entwicklung der D-Mark zu einem internationalen Reservemedium und die Anlage von DM-Reserven bis Anfang der achtziger Jahre größtenteils über den Euromarkt vollzogen hat. Bis 1973 konnten ausländische Währungsbehörden ihre DM-Reserven fast nur am Euromarkt anlegen, da der Zufluß von Auslandskapital durch umfangreiche Kapitalverkehrskontrollen erheblich beschränkt wurde und nur in einem sehr begrenztem Umfang Anlagemöglichkeiten in der Bundesrepublik zur Verfügung standen.[221] So wurden zwischen 1975 und 1979 - mit Ausnahme des Jahres 1976 - immer über 50 Prozent der gesamten identifizierten DM-Reserven ausländischer Währungsbehörden am Euromarkt angelegt (vgl Tabelle 12). Besonders im Jahr 1979 war die relative Bedeutung des Euro-DM-Marktes mit 61,3% bei der Anlage von DM-Reserven sehr groß, als die ölexportierenden Länder im Rahmen ihrer Diversifizierungsoperationen ihre Dollarerlöse in DM-Anlagen umschichteten.

Die erhebliche Zunahme der DM-Anlagen in den Jahren zwischen 1978 und 1980 war vor allem Folge des Verkaufs von Schuldscheinen der deutschen Bundesregierung an die Währungsbehörden ölexportierender Länder, um den bundesdeutschen Bundeshaushalt zu finanzieren und das Leistungsbilanzdefizit und den hohen Kapitalexport in der Zahlungsbilanz auszugleichen. Da die von den OPEC-Ländern gehaltenen Schuldscheine der öffentlichen Hand nur zum Teil als Devisenreserven im engeren Sinne betrachtet werden, ist nicht ganz klar, inwieweit diese in den internationalen Reservestatistiken und in der Tabelle 12 enthalten sind.[222]

Des weiteren ist die Zunahme der DM-Anlagen durch die währungspolitischen Maßnahmen der USA zur Aufstockung ihrer Devisenreserven zu erklären. Im

220 Vgl. Deutsche Bundesbank (1979), S. 31ff; Deutsche Bundesbank (1984), S. 19ff; Deutsche Bundesbank (1991b), S. 27f. Vgl. auch die kritischen Anmerkungen bei: Hasse, R. (1984), S. 55.

221 Der Anteil der außerhalb des Emissionslandes angelegten offiziellen Devisenreserven in dessen Währung kann damit als ein Indikator angesehen werden, um die Intensität des Widerstandes des betreffenden Landes zu messen, den Reservewährungstatus zu akzeptieren. Vgl. Thygesen, N. (1985), S. 164. Zu den Kapitalverkehrskontrollen bis 1974 vgl. Hasse, R., H. Werner und H. Willgerodt (1975), insbesondere S. 167 ff.

222 Vgl. auch: Deutsche Bundesbank (1987a), S. 40.

Zusammenhang mit ihren Bemühungen, das Vertrauen in den US-Dollar wieder herzustellen, erwarben die amerikanischen Währungsbehörden erstmals im Rahmen ihres Programms zur Stützung des Dollar in den Jahren 1978 bis 1980 umfangreiche DM-Bestände, die zum Teil bei der Bundesbank und am deutschen Kapitalmarkt ("Carter Bonds") angelegt wurden.[223]
Die in den Jahren 1981 und 1982 zu beobachtenden Verschiebungen könnten auf einen Anlagewechsel zwischen den verschiedenen Marktsegmenten einer Währung hindeuten. Die gesamten erfaßten DM-Anlagen ausländischer Zentralbanken verringerten sich um 12,8 Mrd. DM, wobei DM-Anlagen am Euromarkt in Höhe von 14 Mrd. DM und bei den Banken in der Bundesrepublik in Höhe von 2,2 Mrd. DM abgezogen wurden. Gleichzeitig stiegen jedoch die DM-Guthaben bei der Bundesbank um 3 Mrd. DM und die Position der nicht zurechenbaren Anlagen um 6,3 Mrd. DM an. Hinter diesen Entwicklungen verbergen sich jedoch mehrere sich zum Teil überlagernde Entwicklungen:
Erstens bauten die amerikanischen Währungsbehörden ihre in den vorangegangenen Jahren erworbenen DM-Guthaben wieder ab. Diese wurden zur Rückzahlung der in den Jahren 1978-80 zur Stützung des Dollar am deutschen Kapitalmarkt begeben Carter-Bonds und -Notes im Betrag von 7,3 Mrd DM verwendet.[224]
Zweitens kam es bei den Währungsbehörden der OPEC- und Entwicklungsländer, die in ihren Reserveportfolios im Durchschnitt einen relativ hohen DM-Anteil hielten, zu bemerkenswerten Verschiebungen. Zur Finanzierung ihrer Zahlungsbilanzdefizite griffen sie relativ stark auf ihre DM-Reserven zurück.[225]
Im Zuge dieser Entwicklung lösten beispielswiese OPEC-Länder die in den vorangegangenen Jahren erworbenen auf D-Mark lautenden Schuldscheine der öffentlichen Hand wieder auf.
Drittens lösten OPEC-Länder einen Teil ihrer DM-Anlagen auch auf, um diese in attraktivere Dollar-Anlagen umzuschichten, nachdem der Dollar seit Anfang der achtziger Jahre gegenüber der D-Mark an Stärke gewonnen hatte.
Viertens kam es zwischen 1981 und 1983 und besonders mit dem Ausbruch der Verschuldungskrise 1982 zu einem allgemeiner Rückgang der offiziellen Einlagen bei den Eurobanken, wovon auch die DM-Anlagen betroffen waren.

Nachdem die Deutsche Bundesbank zu Beginn der achtziger Jahre ihre ablehnende Haltung gegenüber der Reservewährungsrolle der D-Mark allmählich

---

223 Um am Devisenmarkt zur Dollartützung intervenieren zu können, wurden die für die Interventionen erforderlichen Mittel durch die Emission von auf D-Mark lautenden Schuldscheinen und Schuldverschreibungen der öffentlichen Hand am deutschen Kapitalmarkt ("Carter-Notes und -Bonds") sowie durch den Verkauf von Sonderziehungsrechten an die Bundesbank und durch Ziehungen beim IWF erworben. Vgl. hierzu ausführlich: Hasse, R. (1984), S. 31ff; vgl. auch: Deutsche Bundesbank (1984), S. 20.

224 Vgl. Deutsche Bundesbank, (1984), S. 20.

225 Vgl. Deutsche Bundesbank (1984), S. 20.

aufgab und seit Mitte der achtziger Jahre diese aktiv förderte, ist eine Verlagerung der Anlagetätigkeit ausländischer Zentralbanken vom Euromarkt weg hin zu Anlagen in der Bundesrepublik zu beobachten. Zwar spielt der Euro-DM-Markt aufgrund seiner tendenziell höheren Verzinsung nach wie vor als Anlageort für DM-Reserven eine Rolle, so wuchsen zwischen 1986 bis 1989 und im Jahre 1994 die dort angelegten Guthaben nochmals kräftig, insgesamt betrachtet schwindet aber seine relative Bedeutung merklich. Während im Jahr 1975 noch 57,9% der gesamten DM-Reserven am Euromarkt angelegt wurden, waren es Ende 1993 wahrscheinlich weniger als 13,8% (vgl. Tabelle 12).

Ein wichtiger Grund für den kräftigen Anstieg der am Euromarkt angelegten DM-Beträge zwischen 1986 und 1989 und auch 1994 dürfte das veränderte Anlageverhalten der EWS-Partnernotenbanken gewesen sein. Ursprünglich stimmten die EG-Länder darin überein, daß keine der Mitgliedswährungen im Rahmen des europäischen währungspolitischen Integrationsprozesses in die Funktion einer internationalen Reservewährung hineinwachsen sollte. Seit 1972 bestand daher zwischen den Notenbanken der EG-Länder eine Vereinbarung, nach der Reserven in Währungen dieser Länder ohne ausdrückliche Genehmigung der jeweiligen Notenbank nur zur Abwicklung des Zahlungsverkehrs im Rahmen relativ niedriger Höchstbeträge ("working balances") gehalten werden dürfen. Durch diese Vereinbarung sollte der DM-Anteil an den Devisenreserven der EG-Länder niedrig gehalten und damit ein Gegengewicht zu den Ländern geschaffen werden, die die Struktur ihrer Reserveportfolios frei wählen können. Die Notenbanken des Europäischen Wechselkursverbundes hielten daher ihre Reserven fast auschließlich in US-Dollar und erhöhten sogar zwischen Ende 1970 und 1977 den Dollar-Anteil von 91,7% auf 94,7%.[226] Anfang 1980 hielten die EWS-Länder nur 5,6% ihrer Devisenreserven in D-Mark.[227]

Nachdem die Partnernotenbanken innerhalb des EWS nach 1983 immer mehr dazu übergegangen sind, besonders gegenüber der D-Mark und noch vor dem Erreichen der Bandbreiten zu intervenieren (*intramarginale Interventionen*), nahm auf Grund der umfangreichen intramarginalen Interventionen die DM-Haltung bei diesen Ländern tendenziell zu.[228] Damit wurde die ursprüngliche Vereinbarung über die begrenzte Höhe der "working balances", die die Anlagepolitik der Partnernotenbanken einschränkte, allmählich und mit Zustimmung der Bundesbank aufgeweicht. Anders als die Bundesbank, die nach wie vor ihre Reserven fast ausschließlich in US-Dollar hält, haben die meisten europäischen Zentralbanken in den letzten Jahren große Teile ihrer Dollarreserven auf andere Währungen - besonders die D-Mark und den „privaten" ECU - aufgesplittet.[229] Zusätzlich stockten einige EWS-Zentralbanken in Phasen einer schwachen D-

226 Vgl. Heller, H.R. und M. Knight (1978a), S. 156.
227 Vgl. Furstenberg, G.M. (1981), S. 28.
228 Vgl. auch Deutsche Bundesbank (1984), S. 20.
229 Vgl. Marsh, D. (1992), S. 381.

Mark ihre DM-Reservebestände auf, um damit einen DM-Vorrat anzulegen, auf den sie bei späteren Stützungsmaßnahmen zugunsten der eigenen Währung zurückgreifen konnten.[230]
Aufgrund der hohen intramarginalen Interventionstätigkeit unterlagen die DM-Guthaben dieser Notenbanken großen Schwankungen. Um in erster Linie eine Belastungen für die deutsche Geldpolitik zu vermeiden, wurden die DM-Guthaben deshalb ganz überwiegend am Euromarkt verzinslich angelegt.[231] Betrachtet man die in Abbildung 7 dargestellte Entwicklung der von Zentralbanken bei den Eurobanken gehaltenen DM-Bestände genauer, so ist deutlich zu erkennen, daß besonders nach 1985 die Schwankungen der DM-Einlagen am Euromarkt tatsächlich erheblich zugenommen haben.
Allerdings dürfte vermutlich nur ein Teil dieser Veränderungen Folge der wachsenden intramarginalen Interventionspraxis und des veränderten Anlageverhaltens der EWS-Länder gewesen sein. So haben beispielsweise in den Jahren 1987 und 1988 EWS-Notenbanken zwar erhebliche DM-Beträge am Markt aufgekauft, um die Höherbewertung ihrer Währungen gegenüber der D-Mark entgegenzuwirken und um ihre DM-Reserven aufzustocken.

Abbildung 7: DM-Einlagen offizieller Stellen an den Euromärkten zwischen 1. Q. 1973 und 2. Q. 1995 (vierteljährliche Veränderungen in Mrd. US-Dollar, zu konstanten Wechselkursen)

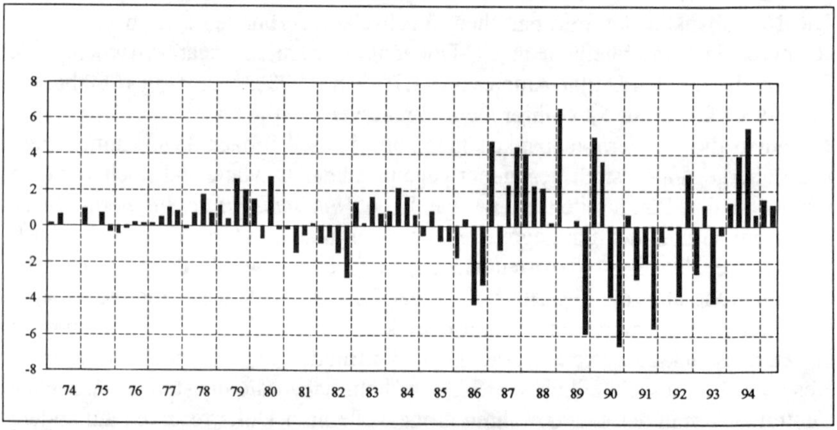

Quelle: Bank für Internationalen Zahlungsausgleich, Entwicklung des internationalen Bankgeschäfts und der internatioalen Finanzmärkte, versch. Ausgaben.

230 Vgl. Deutsche Bundesbank (1984), S. 20; vgl. Deutsche Bundesbank (1990a), S. 37; vgl. Deutsche Bundesbank, Geschäftsbericht für das Jahr 1990, S. 66.
231 Vgl. Deutsche Bundesbank, (1987a), S. 41.

Da die Notenbanken im Rahmen ihrer Interventionen im EWS sich gegenseitig Kredite in Teilnehmerwährungen zur Verfügung stellen, die nach festen Zeitvorgaben zurückbezahlt werden müssen, wurde ein Großteil der in den Jahren 1987/88 erworben DM-Bestände zur Rückzahlung von Verbindlichkeiten gegenüber der Bundesbank aus früheren Interventionen verwendet. Für den Anstieg der DM-Reserven spielten deshalb die Reserveoperationen der EWS-Notenbanken nur eine geringe Rolle. Der Anstieg war vielmehr den Diversifizierungsoperationen einzelner Industrieländer, Schwellen- und Entwicklungsländer zuzuschreiben, die ihre Devisenreserven weiter zu Lasten des Dollar diversifizierten.[232]

Bei der Anlagestruktur der von ausländischen Währungsbehörden gehaltenen DM-Reserven sind zwei Merkmale hervorzuheben.
Erstens ist den DM-Anlagen bei den in der Bundesrepublik ansässigen Kreditinstituten nur eine geringe Bedeutung beizumessen, die in den letzten Jahren weiter abgenommen hat (vgl. Tabelle 12). So wurden Ende 1990 nachweislich in Höhe von 7,3 Mrd. D-Mark DM-Reserven als Einlagen bei den Geschäftsbanken gehalten, dies entsprach lediglich einem Anteil von 3,1 Prozent bezogen auf den Gesamtbestand der identifizierten offiziellen DM-Reserven. Vier Jahre später belief sich dieser Anteil nur noch auf 1,6%.
Zweitens wurde bis Ende 1990 ein wachsender Anteil der DM-Anlagen direkt bei der Bundesbank angelegt. Bis Ende der 70er Jahre waren die Guthaben ausländischer Notenbanken bei der Bundesbank noch auf einem relativ geringen Umfang begrenzt und erreichten erstmals in 1978 mit 6,1 Mrd. DM einen größeren Umfang. Bis Mitte der achtziger Jahre stockten ausländische Währungsbehörden ihre bei der Bundesbank unterhaltenen DM-Bestände weiter auf. In den Jahren 1986 und 1988 stiegen sie sprunghaft an und besonders in den Jahren 1989-90 ist ein spektakulärer Anstieg zu verzeichnen. Ende 1990 wurden von ausländischen Währungsbehörden 22% der gesamten identifizierten DM-Reserven bei der Bundesbank gehalten (vgl. Tabelle 12). Dies entsprach einer Höhe von 51,7 Mrd. DM, womit sie wohl weit über dem Niveau von "working balances"gelegen haben dürften.[233] Bis 1994 sind die DM-Anlagen ausländischer Währungsbehörden bei der Bundesbank auf 24,2 Mrd. D-Mark zurückgegangen.
Dieses Anlageverhalten ausländischer Währungsbehörden verdeutlicht eine Besonderheit des deutschen Bankensystems. Denn im Gegensatz zu den Reserveanlagen im amerikanischen Bankensystem haben ausländische Währungsbehörden immer einen relativ hohen Anteil ihrer DM-Reserven direkt bei der deutschen Notenbank angelegt.

---

232 Vgl. Deutsche Bundesbank, Geschäftsberichte 1988, S. 64 und ders. 1987, S. 62.
233 Vgl. Filc, W. (1989), S. 519.

Rechnet man aus den gesamten in Tabelle 12 ausgewiesenen DM-Reserven die Anlagen am Euromarkt heraus und nimmt an, daß es sich bei den nicht zurechenbaren DM-Anlagen nur um Anlagen in Kapitalmarktpapieren in Deutschland handelt, dann wurden Ende 1990 - also dem Jahr, für das noch gesicherte Angaben über die Anlagen bei der Bundesbank vorliegen - 30,5% der DM-Reserven bei der Bundesbank und 4,3% bei deutschen Kreditinstituten gehalten. Stellt man diese Zahlen den in Tabelle 8 ausgewiesenen Forderungen ausländischer Währungsbehörden gegenüber den Geschäftsbanken und den Federal Reserve Banks gegenüber, ist ersichtlich, daß in den USA dagegen lediglich 1% der Dollarreserven bei den Federal Reserve Banks und 11,6% der Anlagen direkt bei Geschäftsbanken gehalten wurden.[234]

Diese besondere Struktur des deutschen Anlagemarktes für DM-Reserven spiegelt sich auch in der Anlagepolitik der Schweizerischen Nationalbank wider, die seit Ende der achtziger Jahre damit begonnen hat, im Zusammenhang ihrer längerfristigen Bemühungen, den Devisenbestand graduell zu diversifizieren (vgl. Tabelle A11 und A12). Während Ende 1991 78,5% der Dollar-Reserven und 85% der Yen-Reserven in Staatspapieren investiert waren, wurde knapp über die Hälfte der DM-Reserven (58%) als Forderungen gegenüber Währungsinstitutionen, also hauptsächlich direkt bei der Bundesbank, gehalten. Ende 1992 hat sich dieses Verhältnis zugunsten der Anlagen in Staatspapieren genau umgekehrt. Nachdem die Bundesbank im März 1993 begonnen hatte, "Bulis" zu emittieren, änderte sich dieses Bild radikal. Ende 1994 wurden nur noch 2,3% der DM-Reserven als Forderungen gegenüber Währungsinstitutionen, dagegen 88,3% in Staatspapieren und 9,4% in anderen Geldmarktanlagen gehalten.[235] Allerdings verschleiern diese Zahlen die Tatsache, daß "Bulis" Anlagen bei der Bundesbank darstellen. Die Schweizerische Nationalbank rechnet die "Bulis" den Staatspapieren zu, da diese handelbare Schatzanweisungen der Bundesrepublik sind.

Angesichts dieser Besonderheit erhebt sich natürlich die Frage, warum ein solch hoher Anteil der DM-Reserven direkt bei der Bundesbank angelegt wird. Denn die Anlage von DM-Guthaben bei der Bundesbank verbessert nicht die Liquiditätseigenschaften der DM-Reserven. Da Zentralbanken in der Regel an einer sicheren und verzinslichen Anlage ihrer Reserven interessiert sind, ist zu vermuten, daß die Einlagen ausländischer Währungsbehörden im Gegensatz zu den

---

234 Allerdings können diese Zahlen nur ein grobes Bild vom tatsächlichen Anlageverhalten vermitteln, denn ein Großteil der ausländischen Reserveanlagen in den USA werden zwar in Wertpapieren gehalten, die aber von den Federal Reserve Banks (insbesondere der Federal Reserve Bank of New York) verwahrt werden. Ende 1990 waren dies zum Beispiel 81%.

235 Die Berechnungen basieren auf den in Tabelle A11 angegebenen Werten.

Einlagen inländischer Kreditinstitute (gem. § 19 Abs. 1 Nr. 4 BBankG) und der öffentlichen Hand (gem. § 20 Abs. 1 Nr. 3 BBankG) bei der Bundesbank zu einem marktkonformen Satz verzinst werden. Ausländischen Zentralbanken wird damit ein Anreiz geboten, ihre an den Devisenmärkten erworbenen DM-Guthaben nicht mehr am Euro-DM-Markt anzulegen.[236]
Für eine verzinsliche Zwischenanlage bietet die Bundesbank darüber hinaus (nach den §§ 42 und 42a BBankG) ausländischen Währungsbehörden Mobilisierungs- und Liquiditätspapiere für die revolvierende Anlage von Reserven an. Eine genaue Aufschlüsselung dieser Position ist allerdings nur für die Jahre zwischen 1970-78, 1980 und 1981 verfügbar.[237] Mit Ausnahme in den Jahren 1978 und 1981 wurden weit über die Hälfte und fast bis zu 91% der gesamten offiziellen Einlagen bei der Bundesbank in dieser Form gehalten. Diese kurzfristigen Anlageinstrumente - die Laufzeit beträgt in der Regel bis zu 90 Tagen - wurden besonders von den amerikanischen Währungsbehörden in Anspruch genommen.[238]

Zwischen 1986 und 1990 haben sich die DM-Reserven mit einem Zuwachs in Höhe von rund 109 Mrd. DM fast verdoppelt. Dieser spektakuläre Zuwachs bei den DM-Anlagen ausländischer Währungsbehörden seit Mitte der achtziger Jahre ist einerseits auf weitere Diversifizierungsoperationen von Entwicklungs- und Schwellenländern zu Lasten des US-Dollar sowie einiger Industrieländern zurückzuführen. Von größerer Bedeutung dürfte jedoch die gestiegende Bedeutung der D-Mark als Leit- und Interventionswährung gewesen sein, die sowohl auf internationaler als auch auf regionaler Ebene zu beobachten war. Auf internationaler Ebene steht die stärkere Verwendung der D-Mark mit der seit 1985 wesentlich intensiver gewordenen währungspolitischen Zusammenarbeit zwischen den Notenbanken der führenden Industrieländer und einer aktiveren Interventionspolitik der USA in Verbindung. Auf europäischer Ebene ist die D-Mark besonders innerhalb des Europäischen Währungssystems in die Rolle einer regionalen Ankerwährung hineingewachsen und findet zunehmend als Interventionswährung Verwendung. So ist nach Angaben der Bundesbank das Volumen der gesamten DM-Interventionen innerhalb des EWS in den Jahren 1986-90 um rund 70% umfangreicher gewesen als in den Jahren 1980-85.[239] Darüber hinaus orientieren aber auch andere Industrieländer ihre Wechselkurspolitik in einem zunehmenden Maße an der D-Mark, so daß auch außerhalb

236 Vgl. Hasse, R. (1984), S. 57; Filc, W. (1989), S. 517.
237 Vgl. Deutsche Bundesbank (1979), S. 31; Rieke, W. (1982), S. 70.
238 Vgl. hierzu insbesondere: Hasse, R. (1984), S. 57 und Deutsche Bundesbank (1988b), S. 32.
239 Vgl. Deutsche Bundesbank (1991b), S. 23.

des europäischen Wechselkursverbundes die DM-Interventionen in der zweiten Hälfte der achtziger Jahre beträchtlich zugenommen haben.[240]
Mit der weiteren Diversifizierung aus dem Dollar und der gestiegenen Interventionstätigkeit in D-Mark ging gleichzeitig eine wachsende Reservehaltung in D-Mark einher, so daß der DM-Anteil in einem zuvor überwiegend in Dollar gehaltenen Reserveportfolio erhöht wurde.[241] Diese Entwicklung hat sich bei den Anlagen am Euro-DM-Markt und in einem besonderen Maße bei den Anlagen bei der Bundesbank und in der Position der nicht zurechenbaren Anlagen niedergeschlagen.
Bei den bei der Bundesbank gehaltenen offiziellen DM-Einlagen spielt vor allem die international gestiegende Bedeutung der D-Mark als Interventionswährung und besonders die Reservepolitik der amerikanischen Währungsbehörden eine entscheidende Rolle. Nach 1983 intervenierten die amerikanischen Währungsbehörden zwar mit unterschiedlicher Intensität aber insgesamt wesentlich aktiver an den Devisenmärkten als in früheren Zeiten. Dabei wurden erhebliche DM-Bestände angesammelt, so daß bis 1988 der überwiegende Teil der amerikanischen Währungsreserven aus DM-Guthaben bestand.[242] Die amerikanischen Währungsbehörden halten, insbesondere nachdem sie zwischen Ende 1984 und Ende 1986 ihre DM-Anlagen vom Euromarkt zur Bundesbank verlagert haben, umfangreiche Reservebestände bei der Bundesbank.[243] Da der Monetary Control Act von 1980 die amerikanischen Währungsbehörden ermächtigte einen Teil ihrer konvertiblen Währungsreserven in zinstragenden Anleihen ausländischen Regierungen anzulegen, werden die von den amerikanischen Währungebehörden erworbenen Devisen nicht in unverzinslichen Guthaben investiert, sondern wie eben erwähnt in verzinslichen auf DM lautenden Mobilisierungs- und Liquiditätspapiere. Ausschlaggebend für die Anlage bei der Bundesbank ist nicht nur der relative Sicherheitsaspekt. Vielmehr wird die Anlage bei der Bundesbank gewählt, um die mit einer Anlage verbundenen Liquiditätswirkungen zu begrenzen und den geldpolitischen Kurs der Bundesbank nicht zu beeinträchtigen.[244]

---

240 Vgl. Deutsche Bundesbank (1991b) S. 28.

241 Vgl. Deutsche Bundesbank (1991b), S. 23.

242 Nach 1983 hat der Anteil des japanischen Yen bei den amerikanischen Devisenmarktinterventionen beträchtlich zugenommen, so daß neben der D-Mark inzwischen der Yen zur wichtigsten Interventionswährung für die amerikanischen Währungsbehörden geworden ist. Die durchschnittlichen Anteile der beiden Währungen an den Brutto-Interventionen (Käufe und Verkäufe) der amerikanischen Währungsbehörden beliefen sich zwischen 1979-82, 1983-85 und 1986-88 für die D-Mark auf 89,7%, 67,9% und 57,5% bzw. für den Yen auf 10,3%, 32,1% und 42,5%. Vgl. Tavlas, G.S. (1991), S. 28f.

243 Vgl. Deutsche Bundesbank (1987a), S. 38; Deutsche Bundesbank (1988b), S. 32.

244 Vgl. Hasse, R. (1984), S. 57; Belongia, M.T. (1992), S. 49. Vgl. hierzu auch die Ausführungen über die Wirkungen von Portfolioumschichtungen in Kapitel V Abschnitt 3.2. Da neben der D-Mark der japanische Yen die wichtigste Interventionswährung der

Auch die enorme Zunahme der Anlagen bei der Bundesbank im Jahr 1989 ist entscheidend auf die Anlage von DM-Reserven der amerikanischen Währungsbehörden zurückzuführen, die umfangreiche Beträge zur Stützung der schwachen D-Mark gegenüber dem US-Dollar aufgekauft hatten.[245] Im Zuge des seit Anfang 1991 zu beobachtenden deutlichen Abbaus der DM-Einlagen ausländischer Währungsbehörden bei der Bundesbank spielte auch hier wieder die amerikanische Reservepolitik eine entscheidende Rolle. Die amerikanischen Währungsbehörden empfanden ihre Devisenreserven als zu hoch und lösten ab Mitte 1991 einen Teil ihrer bei der Bundesbank angelegten DM-Guthaben im Wege von bilateralen Tauschgeschäften gegen Dollar auf. Diese Direktgeschäfte wurden außerhalb des Marktes abgewickelt, um Störungen am Markt zu vermeiden.[246]

Im Zuge des Zuwachses der DM-Reserven in der zweiten Hälfte der achtziger Jahre fällt besonders die starke absolute und relative Zunahme der Position der nicht eindeutig zurechenbaren Anlagen auf. Dies deutet auf eine erhebliche Strukturverschiebung bei den von ausländischen Währungsbehörden gehaltenen DM-Anlagen hin. Da es sich bei dieser als Restgröße der identifizierten DM-Reserven ermittelten und nicht eindeutig zuordenbaren Anlageformen größenteils um Wertpapieranlagen ausländischer Währungsbehörden am deutschen Geld- und Kapitalmarkt sowie am Euromarkt handeln dürfte, ist damit eine Tendenz zu einer zunehmenden "Verbriefung" der Reserveanlagen festzustellen. Über die Anlagetätigkeit offizieller Währungsbehörden in diesem Anlagesektor sind jedoch keine statistischen Informationen verfügbar, so daß sich diesbezüglich lediglich Vermutungen anstellen lassen.
Zwar legen Währungsbehörden einen Teil ihrer DM-Reserven auch am Euro-Anleihemarkt und in Euro-Notes an, wobei variabel verzinsliche Obligationen mit relativ kurzen Restlaufzeiten bevorzugt werden.[247] In der zweiten Hälfte der achtziger Jahre haben aber DM-Auslandsanleihen an Bedeutung eingebüßt. Das gleiche gilt auch für offizielle Anlagen in Schuldscheinen der öffentlichen Hand, die erstmals im Jahr 1980 im Zuge der Finanzierung des Leistungsbilanzdefizi-

---

USA ist und die amerikanischen Reserveoperationen in enger Abstimmung mit ausländischen Behörden abgewickelt werden, ist anzunehmen, daß der überwiegende Teil der amerikanischen Yen-Guthaben bei der japanischen Zentralbank angelegt ist.

245 Vgl. Deutsche Bundesbank (1993b), S. 52.

246 Vgl. Deutsche Bundesbank, Monatsbericht, Juni 1992, S. 45; vgl. auch Bundesbank: Erläuterungen des Wochenausweises der Deutschen Bundesbank zum 31. Okt. 1991. Abgedruckt in: Auszüge aus Presseartikeln, Nr. 85 v. 11. Nov. 1991, S. 15; BIZ, 62. Jahresbericht 1992, S. 106f.

247 Vgl. BIZ, 56. Jahresbericht 1986, S. 184.

tes und der hohen Staatsausgaben im Ausland plaziert worden waren.[248]
Mit einem gewissen Vorbehalt kann deshalb davon ausgegangen werden, daß der überwiegende Teil der nicht identifizierbaren DM-Reserven am deutschen Kapitalmarkt und zwar in Anleihen des Bundes angelegt wird.[249] Diese Papiere entsprechen aufgrund ihrer besonders hohen Liquidität und Bonität den Anlagebedürfnissen ausländischen Währungsbehörden in einem besonderen Maße. Ferner dürfen Währungsbehörden aufgrund spezieller Anlagevorschriften sich oftmals nur auf den Erwerb von Schuldtiteln öffentlicher Emittenten, staatlich verbürgter Papiere sowie Verbindlichkeiten internationaler Organisationen konzentrieren. Ein Teil der nicht zurechenbaren DM-Anlagen entfällt aber auch auf die seit Mitte der achtziger Jahre verfügbaren Geldmarktpapiere.

Zusammenfassend kann man aus den beschriebenen Entwicklungen die Schlußfolgerung ziehen, daß sich durch die zunehmende Deregulierung und Liberalisierung des deutschen Bankensystems und der deutschen Finanzmärkte das Angebot an Anlageinstrumenten erweitert hat. Dies schlägt sich in einem abnehmenden Prozentsatz der DM-Anlagen am Euromarkt und in einer deutlichen Zunahme der DM-Anlagen in der Bundesrepublik und in den statistisch nicht erfaßten Wertpapieranlagen nieder. Dennoch ist der Euro-DM-Markt aufgrund seiner tendenziell höheren Verzinsung immer noch ein wichtiger Anlageort für DM-Reserven. Im Vergleich zu den Anlagemöglichkeiten in den USA bestehen aber im DM-Segment weiterhin deutliche Defizite. Schließlich ist festzuhalten, daß die aufgezeigten Veränderungen in der Anlagestruktur nur zum Teil auf veränderte Anlagepräferenzen zurückzuführen sind. Insbesondere kommt hierin die gestiegene Bedeutung der D-Mark als internationale und regionale Interventionswährung zum Tragen.

2.4 Die begrenzte Bedeutung des japanischen Yen als internationale Reservewährung

Als Reservewährung taucht der Yen erstmals im Jahr 1972 mit 0,1% in den offiziellen Reservestatistiken des IWF auf. Bis 1974 hatte der Yen als Reservewährung jedoch kaum eine nennenswerte Bedeutung, auch wenn der Yen im Fernen Osten in einem geringen Umfang als lokale Währung durchaus genutzt wurde und einige asiatische Währungsbehörden ihn bereits als Reservemedium hielten. Ein Großteil der Diversifizierung offizieller Reserveportfolios in den

---

248 Vgl. Deutsche Bundesbank (1991b), S. 28. Vgl. auch zur Entwicklung der Schuldscheine der öffentlichen Hand als Anlageinstrument ausländischer Investoren: Deutsche Bundesbank (1991a), S. 26.

249 Vgl. so auch: Deutsche Bundesbank (1991a), S. 23; Unger, S. (1991), S. 95.

Yen fand zwischen 1975 und 1985 und dann erst wieder zwischen 1989 und 1991 statt (vgl. Tabelle 1).
Eine Untersuchung der von ausländischen Währungsbehörden an den verschiedenen Anlageorten gehaltenen Yen-Reserven ist äußerst schwierig, da Angaben über die Anlagen bei der japanischen Notenbank vollständig fehlen. Die in Tabelle 13 erfaßte Anlagestruktur bezieht sich daher allein auf die vom IWF und der BIZ gemachten Angaben.
Betrachtet man die dort erfaßte Entwicklung der Anlagestruktur, so ist bis Ende der siebziger Jahre und besonders seit Mitte der achtziger Jahre ein kräftiger Zuwachs bei den von Währungsbehörden gehaltenen Yen-Anlagen festzustellen. Hierbei fällt besonders auf,

- der hohe und wachsende Anteil der nicht eindeutig zurechenbaren Anlagen;
- der im Vergleich zu Deutschland und den USA deutlich größere Anteil, der bei Banken am nationalen Markt gehaltenen Einlagen;
- und daß nach 1986 der Eurogeldmarkt absolut und zumindestenes bis 1990 auch relativ an Bedeutung gewonnen hat.

Die Entwicklung des japanischen Yen zu einer internationalen Reservewährung wurde entscheidend durch das lange Zeit stark reglementierte und unterentwikkelte Finanzsystem in Japan und die Politik der japanischen Behörden gegenüber internationalen Kapitalströmen geprägt. Hinsichtlich des letzten Punktes zeichnen sich Parallelen zu den deutschen Bemühungen ab, das Hineinwachsen der nationalen Währung in die Reservewährungsrolle zu bremsen.
Ähnlich wie die Bundesrepublik und die Schweiz standen auch die japanischen Währungsbehörden zunächst einer zunehmenden internationalen Verwendung ihrer Währung seit Mitte der 70er Jahre eher ablehnend gegenüber.[250] Charakteristisch für die ablehnende Haltung der japanischen Behörden waren Äußerungen von Vertretern der japanischen Notenbank, nach denen die zunehmende Verwendung des Yen bei internationalen Transaktionen als eine unvermeidbare Tatsache hingenommen werden mußte, da sich die an den Märkten abzeichnenden Prozesse nicht mehr aufhalten ließen.[251] Die zunehmende Internationalisierung des Yen wurde als der unvermeidbare Preis für die aufstrebende Entwicklung der japanischen Wirtschaft und der Finanzmärkte gesehen. Allerdings bereiteten der japanischen Notenbank die wachsenden Bestände des Auslands an Yen-Guthaben, einschließlich der zunehmenden Reservehaltung ausländischer Währungsbehörden, große Sorgen, da die bislang allein an binnenwirtschaftli-

250 Zur Politik der Schweizerischen Behörden vgl. Thomann, M.N.C. (1977); Leutwiler, F. (1980); Leutwiler, F. und R. Kästli (1982); o.V. (1980): Wachsende Reserverolle für den Schweizerfranken, abgedruckt in: Deutsche Bundesbank, Auszüge aus Presseartikeln, Nr. 77, S. 9; Schiltknecht, K. (1981).

251 Vgl. hierzu: Matsukawa, M. (1982), S. 31.

Tabelle 13: Anlagestruktur der statistisch erfaßten Devisenreserven ausländischer Währungsbehörden in Yen 1975-1993

Stand am Jahresende	identifizierte Yen-Reserven insgesamt	Yen-Anlagen am Euromarkt 1)		Yen-Anlagen bei Geschäftsbanken in Japan 1)		Nicht zurechenbare Yen-Anlagen 3)	
	in Mrd. US-$	in Mrd. US-$	in % 2)	in Mrd. US-$	in % 2)	in Mrd. US-$	in % 2)
1977	6,1	0,9	14,7	0,9	14,7	4,3	70,7
1978	9,6	2,2	23,0	2,7	28,2	4,7	48,8
1979	11,8	4,2	35,6	0,9	7,6	6,7	56,7
1980	16,4	2,2	13,4	4,6	28,0	9,6	58,6
1981	14,3	2,2	15,4	5,4	37,8	6,7	46,8
1982	14,8	1,4	9,5	5,0	33,9	8,4	56,6
1983	15,8	2,4	15,2	4,7	29,7	8,7	55,2
1984	19,8	2,9	14,6	6,3	31,8	10,6	53,6
1985	27,9	5,5	19,7	8,4	30,1	14,0	50,2
1986	31,6	5,7	18,0	7,2	22,8	18,7	59,2
1987	44,0	14,0	31,8	11,1	25,2	18,9	42,9
1988	46,6	14,9	32,0	13,1	28,1	18,6	39,9
1989	51,6	14,6	28,3	7,6	14,7	29,4	56,9
1990	69,3	17,9	25,8	10,1	14,6	41,3	59,6
1991	77,8	12,8	16,5	8,3	10,7	56,7	72,9
1992	70,2	10,0	14,2	9,8	14,0	50,4	71,8
1993	81,0	12,6	15,6	6,0	7,4	62,4	77,0

1) Einlagen laut Meldungen der Geschäftsbanken an die BIZ.
2) Bezogen auf die gesamten Devisenreserven in Yen.
3) Als Rest ermittelt. Größtenteils Anlagen bei der japanischen Notenbank und Anlagen in Kapitalmarkt- und Geldmarktpapieren.

Quellen: IMF, Annual Report, versch. Ausg.; IMF, IFS, Yearbook 1994, 738f; BIZ, Entwicklung des internationalen Bankgeschäfts und der internationalen Finanzmärkte, versch. Ausg.; eigene Berechnungen.

chen Entwicklungen orientierte Geldpolitik zunehmend komplexer und schwieriger werden würde. Zudem befürchtete sie, daß die Wechselkursschwankungen zunehmen würden und daß die erwarteten, erheblichen Schwankungen der Kapitalströme die binnenwirtschaftlichen Stabilisierungsbemühungen beeinträchtigen könnten, da Japan aufgrund seiner bisher relativ geschlossenen Wirtschaftsstruktur anfälliger reagiere als andere offenere industrialisierte Volkswirtschaften.

Aus diesen Gründen war auch das japanische Finanzsystem bis Anfang der 70er Jahre allein auf binnenwirtschaftliche Belange abgestellt und durch zahlreiche direkte Kreditkontrollen quantitativer als auch distributiver Art sowie durch ein weites Netz an Zinssatzkontrollen sehr stark reguliert. Das vorrangige Ziel war es, die private Ersparnisbildung zu fördern. Gleichzeitig wurden die Zinssätze künstlich unter dem sich sonst ergebenden markträumenden Niveau gehalten, um Investitionen privater Unternehmen und den Aufbau einer öffentlichen Infrastruktur zu niedrigen Zinssätzen finanzieren zu können. Aufgrund dieser starken Reglementierungen, die zusätzlich durch die rigide Segmentierung der Finanzinstitute verfestigt wurde, waren die japanischen Geld- und Kapitalmärkte sehr unterentwickelt. Sofern ausländischen Währungsbehörden der Zugang zum nationalen Markt nicht versperrt war, machte das Fehlen einer marktüblichen Verzinsung sowie ausreichender und liquider Anlagemöglichkeiten eine Reservehaltung wenig attraktiv.

Des weiteren wurde das inländische Finanzsystem bis in die 70er Jahre hinein durch Kapitalverkehrskontrollen, die sowohl den Kapitalzufluß als auch den Kapitalabfluß extrem behinderten, gegenüber außenwirtschaftlichen Einflüssen abgeschottet.[252] Hinsichtlich der außenwirtschaftlichen Einflüsse galt der Grundsatz, *"forbid virtually all capital transactions except by prior approval"*.[253]

2.4.1 Die schrittweise Aufhebung der Kapitalverkehrskontrollen ab Mitte der 70er Jahre

Ein Wandel in der japanischen Position ist gegen Mitte der 70er Jahre zu beobachten, nachdem sich herausstellte, daß sich in bestimmten wirtschaftlichen Situationen die bestehenden strengen Kapitalverkehrskontrollen eher als hinderlich erwiesen hatten. Diese Erkenntnis setzte sich aber nicht nur aufgrund binnen- und außenwirtschaftlicher Notwendigkeiten durch, sondern ist besonders

---

252 Vgl. zu einem Überblick über die Struktur und Veränderung der japanischen Finanzmärkte die Arbeiten von: Osugi, K. (1990); Takeda, M. und P. Turner (1992), S. 11 ff. und S. 30 ff.; Tavlas, G.S. und Y. Ozeki (1992), S. 10 ff.; McKenzie, C. und M. Stutchbury (1992), S. 13 ff.; Tachi, R. (1992), S. 45-52.

253 Vgl. Prindl, A.R. (1980), S. 96; Tavlas, G.S. und Y. Ozeki (1992), S. 10.

seit Anfang der 80er Jahre - wie so oft bei den Liberalisierungsmaßnahmen Japans - auf Druck von außen zustande gekommen.
Die ersten in den 70er Jahren unternommenen Ansätze einer Liberalisierung des Kapitalverkehrs waren der Art und dem Zeitpunkt nach meistens durch wechselkurspolitische Überlegungen bestimmt. In den 70er Jahren lassen sich bei der Kapitalverkehrspolitik der japanischen Banken vier Phasen unterscheiden:[254]

- Als der Yen 1971 und 1972 stark aufwertete wurden der Kapitalimport aus dem Ausland weiter beschränkt und die Kapitalexportkontrollen gelockert.
- Nach der ersten Ölkrise verschlechterte sich die japanische Leistungsbilanz dramatisch und der Yen geriet unter Abwertungsdruck. Ein Teil der zuvor aufgehobenen Kapitalverkehrsbeschränkungen wurde wieder zurückgenommen oder abermals eingeführt. Da man zur Finanzierung der Leistungsbilanzdefizite auf verstärkte Kapitalimporte angewiesen war, wurde für ausländische Kapitalanleger der Erwerb von Yen-Depositen erleichtert sowie die bestehenden Beschränkungen für den Kauf japanischer Aktien und Anleihen beseitigt.
- Als Japan nach 1975 erneut wachsende Leistungsbilanzüberschüsse erzielte und der Yen stark aufwertete, wurden der Kapitalexport 1976 und 1978 liberalisiert und Kapitalzuflüsse aus dem Ausland beschränkt.[255]
- Als nach der zweiten Ölkrise die japanische Leistungsbilanz ein Defizit aufwies, die Kapitalexporte aber weiter anhielten, versuchten die japanischen Behörden zunächst das Ungleichgewicht durch den Rückgriff auf ihre Devisenreserven zu finanzieren. Die hohen Verluste an Währungsreserven, sowie die Erkenntnis, daß das Ungleichgewicht nicht mehr allein durch den Einsatz von Reserven zu finanzieren sei, und der weiter anhaltende Abwertungsdruck auf den Yen, führten dazu, daß weitere Liberalisierungsmaßnahmen zur Förderung des Kapitalimports ergriffen wurden. So wurde im Februar 1979 Ausländern der Erwerb von Yen-denominierten Anleihen gestattet und im gleichen Jahr der Gensaki-Markt und der CD-Markt für ausländische Anleger geöffnet.

Bei der von den japanischen Behörden verfolgten Strategie gegenüber den Kapitalströmen unterscheiden sich die 80er Jahre grundlegend von den 70er Jahren. Die in den 80er Jahren vorgenommenen Liberalisierungsmaßnahmen waren weniger binnenwirtschaftlich und diskretionär angelegt und insgesamt längerfristig ausgerichtet. Sie kamen vor allem auf Druck von außen zustande und zielten auf die Förderung der internationalen Verwendung des Yen ab.
Eine wichtige Veränderung für ausländische Währungsbehörden ergab sich bereits im März 1980, als die Verzinsung der Einlagen ausländischer Währungs-

---

254 Vgl. Takeda, M. und P. Turner (1992), S. 16 f.
255 Vgl. Klump, R. (1986), S. 414.

behörden auf freien Yen-Konten von der oberen Zinsbindung befreit wurde, so daß sich diese frei an den am Euro-Yen-Markt bildenden Zins anpassen konnte. Tatsächlich waren bereits im ersten Halbjahr 1980 erhebliche Zuflüsse von Ölgeldern zu verzeichnen, so daß die bei den Banken in Japan gehaltenden Einlagen kräftig anwuchsen (vgl. Tabelle 13).[256] Wie bereits erwähnt, spielen die bei Banken in Japan angelegten Reserven eine größere Rolle als in anderen wichtigen Reservewährungsländern. Vergleicht man die Anteile der bei Banken in den USA, in Deutschland und Japan gehaltenen Einlagen miteinander (vgl. Tabellen 9, 12 und 13), so wurde in Japan bis 1988 ein deutlich größer Anteil der Devisenreserven dort angelegt. Dies läßt darauf schließen, daß der Markt für andere kurzfristige Anlagetitel noch nicht besonders ausgeprägt ist.

Ein weiterer Schritt auf dem Weg der Liberalisierung des Kapitalverkehrs war die große Novelle des Devisenkontrollgesetzes ("Foreign Exchange and Trade Control Law"), die im Dezember 1980 in Kraft trat. Damit wurde der bis dahin geltende Grundsatz des Verbots durch die prinzipielle Freiheit des Kapitalverkehrs abgelöst.[257] Das neue Gesetz verpflichtete die japanischen Behörden allerdings nicht, sofort und bedingungslos den Kapitalverkehr vollständig zu liberalisieren. So wurde das neue Prinzip durch eine Reihe der im Gesetz verankerten Bestimmungen und Sicherheitsklauseln durchbrochen, die im Notfall diskretionäre Eingriffe der Behörden in den Kapitalverkehr zuließen.[258] Dennoch wurde 1981 und 1982 keine neuen Kapitalverkehrsbeschränkungen verhängt, als der Yen stark an Wert einbüßte. Größere Kapitalzuflüsse aus dem Ausland blieben aber noch aus, da das an den japanischen Finanzmärkten verfügbare Angebot an Finanzaktiva durch eine Reihe von Regulierungen und Praktiken noch relativ begrenzt war und deshalb eine Anlage in Japan mit höheren Transaktionskosten verbunden war.
Eine neue Liberalisierungswelle setzte nach 1984 ein, als die Vereinigten Staaten massiv auf eine weitere Internationalisierung des Yen drängten, um einer weiteren starken Aufwertung des Dollar gegenüber dem Yen entgegenzuwirken. Das auf Druck der Amerikaner im Juli 1983 zustande gekommene Dollar-Yen-Komitee, das ursprünglich eingesetzt worden war, um über das große und beständige bilaterale Leistungsbilanzungleichgewicht zwischen beiden Ländern zu

256 Vgl. auch: BIZ, 51. Jahresbericht 1981, S. 129.

257 Vgl. Tavlas, G.S. und Y. Ozeki (1992), S. 11; Takeda, M. und P. Turner (1992), S. 17.

258 So durfte der Kapitalverkehr beispielsweise im Fall einer Zahlungsbilanzkrise, zu starker Wechselkursschwankungen und/oder umfangreicher und auf die inländischen Finanzmärkte störend wirkender Kapitalströme beschränkt werden. Zusätzlich bestanden besondere Vorschriften hinsichtlich der Informationspflicht und der vorherigen Genehmigung bei der Emission von Anleihen durch Ausländer am nationalen und Euro-Markt sowie bei Euro-CDs, Euro-Krediten und bei Zinszahlungen auf Einlagen ausländischer Anleger.

sprechen, veröffentlichte im Mai 1984 einen Abschlußbericht. In Ergänzung hierzu legte das japanische Finanzministerium einen eigenen Bericht mit dem Titel *"Current Status and Future Prospects for the Liberalization of Financial and Capital Markets and the Internationalization of the Yen"* vor. In beiden Berichten wurde anerkannt, wie wichtig eine weitere Liberalisierung des japanischen Finanzmarktes und die Internationalisierung der japanischen Volkswirtschaft sei. Zugleich wurde ein Zeitplan für die in den nächsten Jahren zu ergreifenden Maßnahmen vorgelegt, um die internationale Verwendung des Yen zu fördern.

Nachdem bereits 1983 erste Liberalisierungsmaßnahmen in Japan eingeleitet worden waren, wurde nach 1984 eine Reihe weiterer Schritte unternommen, um grenzüberschreitende Yen-Transaktionen zu liberalisieren.[259] Ausländischen Anleger wurde dadurch der Zugang zum japanischen Finanzmarkt erleichtert, so daß auch die von ausländischen Währungsbehörden gehaltenen, in Yen denominierten Anlagen bei japanischen Banken anstiegen (vgl. Tabelle 13). So haben beispielsweise seit 1983 OPEC-Länder des Nahen Ostens in zunehmenden Maße neue Anlagen in Japan getätigt.[260] Gleichzeitig ist auch bei den nicht eindeutig zurechenbaren Anlagen ein kräftiger Zuwachs zu verzeichnen gewesen.

Zur weiteren Förderung der internationalen Verwendung des Yen wurde im Zuge der Überprüfung des Maßnahmenkatalogs des Dollar-Yen-Komitees die Einrichtung eines Offshore-Marktes in Tokio empfohlen.[261] Dieser wurde im Dezember 1986 eingerichtet und führte dazu, daß zwischen Ende 1986 und 1987 die am Euromarkt angelegten Yen-Reserven von US-$ 5,7 auf 14 Mrd. stark anwuchsen.

2.4.2 Die relative Unterentwicklung des japanischen Anlagemarktes

Die voranschreitende Liberalisierung des Kapitalverkehrs, die ausländischen Anlegern den Zutritt zu den japanischen Finanzmärkten erleichterten und die internationale Verwendung des Yen förderten, war von einer Reihe weiterer Maßnahmen begleitet, die die nationalen Finanzmärkte deregulierten und damit die Breite der angebotenen inländischen Anlageinstrumente mit einer freien, marktorientierten Verzinsung erweiterten. Dadurch haben die Anlagemöglichkeiten ausländischer Währungsbehörden in Yen-Aktiva beträchtlich zugenom-

---

259 Insgesamt blieben aber noch einige Beschränkungen bestehen. Vgl. zu einem Überblick über die nach 1984 unternommenen Liberalisierungsmaßnahmen: Tavlas, G.S. und Y. Ozeki (1992), S. 11 und 43.

260 Vgl. BIZ (November 1990), S. 23.

261 Gebietsfremden sollte dadurch einer freier Kapitalverkehr ermöglicht werden, ohne daß die Wirksamkeit der am Inlandsmarkt bestehenden Regulierungen beeinträchtigt werden. Vgl. Tavlas, G.S. und Y. Ozeki (1992), S. 13; Osugi, K. (1990), S. 27.

men. Dies spiegelt sich auch in der Reservehaltung ausländischer Währungsbehörden wider.

Die zunächst geringe Nachfrage ausländischer Währungsbehörden nach Yen-Anlagen in Japan läßt sich damit erklären, daß bis zu Beginn der 70er Jahre sowohl der Unternehmenssektor als auch der öffentliche Sektor in Japan den Kapitalmarkt kaum in Anspruch genommen hatten.[262] Aufgrund der strengen Zulassungsbeschränkungen und Emissionsanforderungen sowie des leichteren Zugangs zu Bankkrediten zu niedrigen Zinsen bestand kein Anreiz, private Anleihen zu emittieren. Auch für die Emission öffentlicher Anleihen bestand keine Notwendigkeit, da der Finanzierungsbedarf öffentlicher Institutionen durch den Rückgriff auf die von öffentlichen Sparinstituten angesammelten Mittel befriedigt werden konnte. Bis Mitte der 60er Jahre wurden daher überhaupt keine langfristigen Staatsanleihen begeben, und die wenigen Emissionen bis 1975 wurden meistens bei regierungsnahen Institutionen oder den Emissionskonsortien plaziert, die diese Papiere frühestens nach einem Jahr an die japanische Zentralbank verkaufen durften. Ein Großteil der jeweils ausstehenden Staatsanleihen war deshalb bei der japanischen Zentralbank konzentriert. Ausländischen Kreditnehmern war der Zutritt zum japanischen Markt durch strenge Kapitalverkehrskontrollen noch versperrt.
Aufgrund des nahezu vollständigen Fehlens eines Marktes für Staatsanleihen und des geringen Angebots privater Anleihen war das Angebot an Anlagetiteln sehr begrenzt. Währungsbehörden, die einen Teil ihrer Reserveguthaben in Yen-Anlagen anlegen wollten, konnten diese fast nur als Depositen bei Geschäftsbanken am nationalen Markt oder an den Euro-Märkten halten, wobei letzteren zumeist der Vorzug gegeben worden ist, da diese keiner Zinsbindung unterlagen. Diese Situation änderte sich, als nach der ersten Ölpreiskrise das Wachstum der japanischen Volkswirtschaft dezelerierte und gleichzeitig die Investitionstätigkeit privater Unternehmen zurückging. Unter diesen Bedingungen entschloß man sich, den deflationären Wirkungen durch eine expansive Fiskalpolitik entgegenzuwirken. Dies führte zu einem enormen Budgetdefizit, das die Regierung durch dic Emission von Staatsanleihen finanzierte. Mit der zunehmenden Verschuldung des Staates am Kapitalmarkt wuchs der Umfang der von Geschäftsbanken gehaltenen Staatspapiere rasch an. Diese waren jedoch angesichts zunehmender Inflationsraten und Zinsänderungen, die zu starken Schwankungen der Anleihekurse führten, nicht mehr länger bereit, die auf diesen Papieren lastenden erhöhten Kapitalrisiken zu tragen. Sie forderten deshalb, einen liquideren Anleihenmarkt und marktnähere Emissionskonditionen. Im Rahmen der ab 1977 durchgeführten Reformen wurde den syndizierenden Banken der Wiederverkauf von Staatsanleihen nach einer kürzeren Frist gestattet,

262 Zur Entwicklung des Anleihenmarktes vgl. Takeda, M. und P. Turner (1992), S. 23.

die Plazierung von Neuemissionen beim Publikum zugelassen, das Fälligkeitsspektrum erweitert sowie die Verzinsung neu emittierter Staatsanleihen häufiger an die nicht regulierten Renditen am Sekundärmarkt angepaßt.
Die weiter bestehenden öffentlichen Budgetdefizite in Verbindung mit dem ab Mitte der 70er Jahre neu erwachten Wirtschaftswachstum führten dazu, daß neben dem Staat im zunehmenden Maße auch Unternehmen die Kredit- und Kapitalmärkte in Anspruch nahmen. Seit Ende der 70er Jahre entfaltete sich in Japan rasch ein Primärmarkt für Staatsanleihen, und auch die Umsätze am Sekundärmarkt wuchsen stark an (vgl. Tabelle 14).[263]

Tabelle 14: Der Handel in staatlichen Wertpapieren in Japan (in Mrd. Yen)[1]

Wertpapierart	1985	1986	1987	1988	1989	1990	1991
langfristige Anleihen	1.208	2.020	4.330	2.821	2.471	2.110	1.363
Schatzwechsel	-	165	469	506	563	632	764
mittelfristige Anleihen[2]	53	25	22	20	13	16	12
insgesamt	1.261	2.210	4.821	3.347	3.047	2.758	2.139
nachrichtlich							
Gensaki-Transaktionen[3]	*84*	*131*	*145*	*108*	*110*	*56*	*40*

1 Verkäufe im Freiverkehr, einschließlich der Handel durch Finanzinstitute.
2 Einschließlich 5-jähriger Discount-Anleihen.
3 Nur in langfristigen Regierungsanleihen.

Quelle: Takeda, M. und P. Turner (1992), S. 27.

Eine vergleichbare Expansion und zunehmende Tiefe fand jedoch nicht im kurzfristigen Bereich des Staatstitelsektors statt, um die kurzfristigen Bedürfnisse ausländischer Währungsbehörden bei Staatspapieren befriedigen zu können.

263 Im Gegensatz zum öffentlichen Sektor expandierte der Markt für Anleihen privater Unternehmen nur gering, da diese sich aufgrund der günstigeren Konditionen hauptsächlich im Ausland oder am Euro-Markt verschuldeten. Vgl. Takeda, M. und P. Turner (1992), S. 23.

Einige Zentralbanken präferierten deshalb den Markt für Euro-Yen-Anleihen, da dieser im Vergleich zum nationalen Kapitalmarkt liquider ist.[264]
Die Entwicklung des Sekundärmarktes für Staatsanleihen stimulierte auch die Entwicklung an den freien japanischen Geldmärkten. Von 1967 an bestand in Japan nur ein reiner Interbankenmarkt (Call-Money-Market). Ein vergleichbarer Markt, der auch Nichtbanken eine Finanzierung ermöglicht hätte, existierte nicht. Diese Lücke wurde zum Teil durch den im Jahre 1976 geschaffenen und sich rasch entwickelnden Gensaki-Markt geschlossen. An diesem ersten offenen Geldmarkt werden festverzinsliche Staatsanleihen in Form von Pensionsgeschäften mit Fristigkeiten zwischen einem Tag und einem Jahr gehandelt.
Als immer mehr Marktteilnehmer ihre liquiden Mittel von Bankeinlagen in die nun attraktiveren Gensaki-Instrumente verlagerten, drängten die japanischen Banken darauf, die Effizienz der Finanzmärkte zu verbessern und die noch bestehenden Zinsregulierungen abzubauen. Ferner forderten sie, selbst konkurrenzfähigere Finanzinstrumente emittieren zu dürfen. Vor diesem Hintergrund wurden gegen Ende der 70er Jahre erste Liberalisierungsmaßnahmen ergriffen, die zur Entstehung und Entwicklung neuer offener Finanzmärkte führten und einen Deregulierungsprozeß bei der Zinsbildung einleiteten. So entstand im Jahr 1979 ein Primärmarkt für handelbare Einlagenzertifikate (CDs), deren Zinsbildung nicht mehr durch staatliche Maßnahmen reglementiert wurde. Allerdings bestand für diese Papiere bis 1985 kein Sekundärmarkt.[265]
Da sich durch das erweiterte Angebot neuer Finanzinstrumente die Arbitragemöglichkeiten deutlich verbesserten, ist gleichzeitig das System der Zinskontrollen am Interbankenmarkt dereguliert worden. Aber erst durch die Aufhebung der Besicherungsklauseln Mitte 1985 konnte sich der Interbankenmarkt rasch entwickeln. Als Ende der 70er Jahre Yen-Anlagen aufgrund der ständigen Aufwertungstendenz des Yen gegenüber dem US-Dollar und durch den deutlichen Rückgang der Inflationsrate in Japan als Wertspeicher rasch an Attraktivität gewannen, nahm die internationale Nachfrage nach Yen-Anlagen zu (vgl. Tabelle 13). Den entscheidenden Anstoß erfuhr der Yen als offizielles Wertaufbewahrungsmedium durch das anlagepolitische Verhalten einiger OPEC-Länder. Ausschlaggebend dafür war, daß die OPEC-Länder durch ihre Rohölexporte ein umfangreiches Vermögen in Form von Devisenreserven angesammelt hatten und ein großes Interesse bestand, den Wert ihres Vermögens zu erhalten. Um potentielle Währungsrisiken zu begrenzen, versuchte man daher, die Reserveanlagen auf unterschiedliche Währungen zu diversifizieren.[266] So wurde nach der zweiten Ölkrise der Yen-Anteil im Reserveportfolio der Währungsbehörden

264 Vgl. Brady, S. (1992), S. 51; Swiss Bank Corporation (1992), S. 2.
265 Vgl. Takeda, M. und P. Turner (1992), S. 25. Japan war in dieser Hinsicht gegenüber Deutschland sehr fortschrittlich, da in Deutschland ein Markt für CDs erst ab 1990 entstanden ist.
266 Vgl. Matsukawa, M. (1982), S. 26.

Saudi Arabiens auf ca. 15% geschätzt, dies entsprach damals einem Wert von rund $ 20 Mrd.. Reserveanlagen wurden vor allem in Yen-Depositen, in Aktien und Obligationen japanischer Untenehmen sowie den damals verfügbaren kurzfristigen Geldmarkttiteln und Staatspapieren investiert, wobei auch ein Teil der Yen-Anlagen in Form nicht-marktfähiger Forderungen gehalten wurde.[267] Neben den OPEC-Ländern hielten hauptsächlich ostasiatische Länder aufgrund ihrer engen Wirtschaftsbeziehungen zu Japan Reserveanlagen in Yen.[268] Im Laufe der 80er Jahre entstanden weitere Geldmärkte. Im Juni 1985 wurde ein Markt für Bankakzepte zugelassen, um den Fakturierungsanteil des Yen bei Export- und Importverträgen und damit eine stärkere Verwendung des Yen im Außenhandel zu fördern. Dieser Markt konnte aber bisher keine größere Bedeutung erlangen.[269] Die Einführung von Commercial Paper im November 1987, zunächst noch mit einer Fristigkeit von 1 bis zu 6 Monaten, ermöglichte es Unternehmen, unabhängig von den Geschäftsbanken einen Zugang zu kurzfristigen Mitteln zu erhalten. Mit der allmählichen Ausdehnung der zulässigen Fälligkeiten gewann dieser Markt rasch an Bedeutung. Bereits drei Jahre später, Ende 1990, erreichte das Volumen der ausstehenden CP-Bestände ein solches Ausmaß, daß der japanische Markt an zweiter Stelle hinter dem amerikanischen Markt lag. Auch wenn der japanische Markt im Vergleich zum amerikanischen CP-Markt, dessen Anteil 1992 weltweit rund 60% ausmachte, immer noch einen recht bescheidenen Umfang aufweist, so liegt er doch weit vor denen einiger europäischer Märkte.[270] Hervorzuheben ist eine weitere Besonderheit: Der japanische Markt stellt bisher die einzige Ausnahme dar, an dem sich ein extrem aktiver Sekundärmarkt entwickeln konnte. Vor allem die intensive Verwendung von CPs im Zusammenhang mit Rückkaufsvereinbarungen führte dazu, daß die Umsätze am Primär- und Sekundärmarkt rund dreißigmal größer waren als das Volumen der Bruttoemissionen im Jahre 1990.[271] Diese enorme Tiefe des japanischen CP-Marktes machte sich auch die Bank of Japan zunutze, indem sie diesen Markt inzwischen zur Geldmarktsteuerung nutzt.[272]

Das wachsende Interesse internationaler Anleger am japanischen Yen traf mit einschneidenden Veränderungen der japanischen Finanzmärkte und einem Wandel in der wirtschaftspolitischen Haltung gegenüber ausländischen Kapitalzuflüssen zu Beginn der 80er Jahre zusammen. Diese Änderungen trugen er-

---

267 Vgl. Johnson, C. (1980), S. 62; Klump, R. (1986), S. 410.

268 Vgl. Borsuk, M. (1979), S. 167; Johnson, C. (1980), S. 62.

269 Vgl. Osugi, K. (1990), S. 37.

270 Ein internationaler Vergleich verschiedener nationaler CP-Märkte findet sich bei: Alworth, J.S. und C.E.V. Borio (1993), S. 10 ff.

271 Vgl. Alworth, J.S. und C.E.V. Borio (1993), S. 37.

272 Vgl. Takeda, M. und P. Turner (1992), S. 25; vgl. auch zu einer guten Darstellung des Einflusses auf die geldpolitischen Steuerungsgrößen der Bank of Japan: Batten, D.S. et.al. (1990), S. 16 ff., insbesondere S. 17 und 19.

heblich dazu bei, daß die zunehmende Nachfrage nach Yen durch ein wachsendes Angebot an Finanzaktiva befriedigt werden konnte.[273] Die in den 80er Jahren unternommenen umfangreichen Liberalisierungs- und Deregulierungsmaßnahmen brachten aber zunächst für die Anlage offizieller Währungsbehörden keine wesentliche Verbesserung. So litten die japanischen Finanzmärkte immer noch an einer mangelnden Breite und Tiefe.

Da die japanische Regierung im kurzfristigen Bereich lange Zeit keine staatlichen Wertpapiere zu Marktsätzen emittierte, fehlten gerade in diesem für ausländische Währungsbehörden interessanten Marktsegment Anlagemöglichkeiten.[274] Der Wunsch, Devisenreserven in kurzfristige Schuldentitel anzulegen, beschränkte sich daher zumeist auf Anlagen in Staatsanleihen der japanischen Regierung im Rahmen von Gensaki-Vereinbarungen. Für eine Anlage von Reserven sind diese Transaktionen jedoch nicht immer geeignet, um die Anlagebedürfnisse der Zentralbanken hinsichtlich Fälligkeit und Umfang zu befriedigen. Denn häufig standen den Handelspartnern nicht immer in einem ausreichenden Maße Staatsanleihen zur Verfügung, die bei Gensaki-Transaktionen eingesetzt werden konnten. Zusätzlich war das Laufzeitende dieser Kontrakte oft so festgesetzt, daß dieses sich vielfach nicht mit den Fälligkeitsvorstellungen der Zentralbanken deckte.[275] Gerade das Fehlen eines Marktes für kurzfristige Staatspapiere wie Treasury Bills wird als ein Grund genannt, warum viele Zentralbanken von einer umfangreicheren Reservehaltung von auf Yen lautenden Anlagen absahen.[276] Die Bedeutung und das Erfordernis eines solchen Marktes werden allerdings sehr unterschiedlich beurteilt:[277]

Einerseits wird bezweifelt, ob ein solcher Markt wirklich erforderlich ist, da die bis Mitte der 80er Jahre bestehende Angebotspalette der auf Yen lautenden Anlagetitel wie Staatsanleihen und Bankeinlagen grundsätzlich eine Anlage von Devisenreserven ermöglichte. Auch gab es andere sehr sichere und liquide Anlageformen wie CDs und Gensaki-Transaktionen.

Andererseits wird hervorgehoben, daß viele Zentralbanken aufgrund ihrer anlagepolitischen Ziele risikoarme Anlageinstrumente präferieren, so daß selbst wenn von privaten Geschäftsbanken kurzfristige Anlagemöglichkeiten oder von diesen emittierte Papiere wie CDs angeboten werden, Zentralbanken eher Papiere eines öffentlichen Schuldners und wenn möglich solche sehr kurzfristiger Art, nachfragen. Notwendig sei deshalb die Schaffung eines Marktes für kurz-

---

273 Vgl. Klump, R. (1986), S. 412.

274 Um den saisonalen Kapitalfluß verwalten zu können, wurden statt dessen sog. "financial bills" mit einer zweimonatigen Laufzeit zu Zinssätzen angeboten, die etwas über dem Diskontsatz lagen. Aufgrund der Verzinsung unter den üblichen Marktsätzen fanden diese Papiere bei Anlegern nur ein geringes Interesse, so daß sie zumeist von der Bank of Japan erworben wurden. Vgl. Takeda, M. und P. Turner (1992), S. 26.

275 Vgl. Nicholl, P. und P. Brady (1992), S. 123.

276 Vgl. Nicholl, P. und P. Brady (1992), S. 123.

277 Vgl. hierzu die Diskussion bei: McKenzie, C. und M. Stutchbury (1992), S. 19 f.

fristige Schatzwechsel, der den Anlagewünschen ausländischer Zentralbanken nach Reserveanlagen in Yen entgegenkommen würde.
Ob eher der ersten oder der zweiten Auffassung zuzustimmen ist, hängt sicherlich von dem jeweiligen Gewicht ab, das einzelne Zentralbanken den anlagepolitischen Zielen Liquidität und Sicherheit beimessen. So bereitete es der Zentralbank von Thailand keinerlei Liquiditätsschwierigkeiten, einen Teil ihrer Devisenreserven in Yen-Aktiva zu investieren. Dagegen war für die Zentralbank Indonesiens eine Anlage in Yen-Instrumenten wenig attraktiv, da sie die bis dahin in Japan bestehenden kurzfristigen Märkte noch als relativ unterentwickelt betrachtete und eine Anlage in Yen nicht mit ihrer auf Liquidität, Sicherheit und Ertrag ausgerichteten Zielsetzung vereinbar war.[278]
Eine ähnliche Auffassung vertreten auch Nicholl und Brady, die die Bedeutung des Yen als Reserveanlage aus Sicht der neuseeländischen Zentralbank untersuchten.[279] Obwohl die neuseeländische Zentralbank nach dem Übergang zu einem freien Floating des N$ im Jahr 1985 grundsätzlich eine Politik des Nicht-Intervenierens verfolgt, hat sie aufgrund der beträchtlichen Wechselkursschwankungen zwischen den wichtigsten Währungen ihre Reservehaltung diversifiziert und hält u.a. Yen. Mit der Liberalisierung der japanischen Geld- und Kapitalmärkte und der zunehmenden Internationalisierung des Yen hat die Zentralbank Neuseelands ihre Reservebestände in Yen sowohl absolut als auch relativ erhöht, so daß der Anteil der in Yen gehaltenen Devisenreserven von 0,2% im Jahr 1982 bis auf 15% im September 1987 deutlich angestiegen ist. Eine noch größere Reservehaltung in Yen ist jedoch bisher aus zwei Gründen unterblieben: Erstens wurden Yen-Aktiva nicht stärker nachgefragt, da, auch wenn risikoarme Anlageinstrumente in Form von Bankeinlagen mit einer marktbestimmten Verzinsung verfügbar sind, die neuseeländische Zentralbank vor allem staatliche Schuldentitel präferiert. Diese wurden aber bis Mitte der 80er Jahre nicht in ausreichendem Maße angeboten. Wie aus der in Tabelle 15 aufgezeigten Anlagestruktur zu erkennen ist, ist der überwiegende Teil der Yen-Guthaben (80,8%) bei Geschäftsbanken angelegt. Während die von Geschäftsbanken angebotenen Anlageformen die Anlageerfordernisse der neuseeländischen Zentralbank erfüllten, ist dies bei den staatlichen Wertpapieren aufgrund deren noch relativ unterentwickelten Märkten nicht der Fall.
Ein zweiter Grund, warum Neuseeland Devisenreserven vor allem in US-Dollar hält, ist die hohe Konzentration des Außenhandels und der Kapitalströme sowie der Devisenmarktumsätze in US-Dollar.

Vor dem Hintergrund der obigen Diskussion ist daher die im Juni 1985 eingetretene Änderung von großem Interesse, nach der es der japanischen Regierung

278 Vgl. McKenzie, C. und M. Stutchbury (1992), S. 19.
279 Vgl. Nicholl, P. und P. Brady (1992), S. 121 ff.

gestattet wurde, kurzfristige Anleihen ähnlich den Emissionsverfahren für Schatzwechsel in den USA und Großbritannien zu emittieren.[280] Ein tieferer Markt für Schatzwechsel entwickelte sich allerdings erst, nachdem im Februar 1986 das japanische Finanzministerium begann, sechsmonatige Regierungsanleihen zu emittieren und diese öffentlich versteigerte. Ab September 1989 folgte die Emission von dreimonatigen Papieren, und im April 1990 wurde die Handelseinheit von ¥ 100 Mio. auf ¥ 10 Mio. verringert.[281]

Während im mittelfristigen Bereich nur in einem sehr begrenzten Umfang Regierungsanleihen verfügbar sind, entwickelte sich inzwischen der Markt für kurzfristige Schatzwechsel ("Treasury Bills") in einem solch beachtlichen Ausmaß, daß er sogar im Jahr 1990 das Transaktionsvolumen am Gensaki-Markt überflügelte und im Jahr 1991 über die Hälfte des Handelsvolumens langfristiger Anleihen erreiche (vgl. Tabelle 16). Für ausländische Zentralbanken sind diese Papiere besonders attraktiv, da sie nicht der "Securities Transactions Tax" unterliegen, von der Quellensteuer auf Zinserträge befreit sind und eine marktbestimmte Verzinsung bei relativ hoher Sicherheit bieten.[282]

Betrachtet man die Entwicklung der nicht-zurechenbaren Anlagen in Tabelle 13, die besonders ab dem Jahr 1989 kräftig angewachsen sind, dann könnte die voranschreitende Entwicklung dieses kurzfristigen Staatstitelsektors die starke Nachfrage ausländischer Währungsbehörden nach Yen-Anlagen begünstigt haben. Berücksichtigt man darüber hinaus, daß zwischen 1985 bis 1989 der Anteil des Yen an den Weltdevisenreserven auf einem Niveau von nahezu 7% stagnierte und ein Großteil der Diversifizierung offizieller Reserveportfolios in den Yen parallel zur ersten großen Liberalisierungswelle zwischen 1975 und 1985 und dann erst wieder zwischen 1989 und 1991 stattfand (vgl. Tabelle 1), kann man daraus schließen, daß die in den letzten Jahren zu beobachtende Diversifizierung in den Yen vor allem auf die Emission von Treasury Bills und den sich rasch entwickelnden Markt für diese Papiere zurückzuführen ist.[283] So hat die Schweizerische Nationalbank innerhalb ihrer Devisenanlagen den Bestand japanischer Regierungspapiere stark erhöht, nachdem Japan einen wachsenden

---

280 Treasury Bills wurden zwar bereits seit 1956 zu festen Konditionen begeben. Aufgrund der unter den Marktsätzen liegenden Verzinsung wurden die meisten Treasury Bills durch die japanische Zentralbank und andere staatliche Institutionen gehalten. Vgl. Tachi, R. (1992), S. 51.

281 Der Anlaß für die Emission dieser kurzfristigen Papiere resultierte aus dem Wunsch, die ausstehende Staatsschuld refinanzieren zu können und gleichzeitig die im Jahr 1986 anstehende Tilgung durch eine Umschuldung zu erleichtern. Die hohe Staatsschuld war eine Nachwirkung der enormen Kreditaufnahmen des japanischen Staates seit 1975, die hauptsächlich in Form zehnjähriger Anleihen erfolgt war und deren Tilgung in den nächsten Jahren anstand. Vgl. Osugi, K. (1990), S. 36 f.

282 Seit 1992 gilt die Quellensteuer-Befreiung allerdings für alle ausländischen Anleger. Vgl. Takeda, M. und P. Turner (1992), S. 26.

283 Zu diesem Urteil kommen auch : Takeda, M. und P. Turner (1992), S. 73.

Anteil seiner Staatsschuld durch die Ausgabe kurzfristriger Schatzwechsel finanzierte.[284]

Tabelle 15: Anlagestruktur der Devisenreserven der neuseeländischen Zentralbank zwischen 1982 - 1987[1] (in Prozent)[2]

		1982	1983	1984	1985	1986	1987
Anlagen in US-$		64,0	92,2	82,8	88,4	77,7	67,4
		(73,1)	(618,7)	(108,1)	(787,4)	(1183,6)	(2452,3)
bei	Zentralbanken	54,2	26,2	64,6	45,9	38,3	8,7
	Geschäftsbanken	-	65,9	11,6	29,2	30,8	36,9
in	Wertpapieren	9,7	0,1	6,5	13,4	8,6	21,8
Anlagen in Yen		0,2	-	-	0,5	4,1	15,1
		(0,2)			(4,8)	(63,1)	(547,5)
bei	Zentralbanken	0,2	-	-	0,5	4,1	1,4
	Geschäftsbanken	-	-	-	-	-	12,2
in	Wertpapieren	-	-	-	-	-	1,4
andere Währungen		35,8	7,8	17,2	11,0	18,1	17,5
		(41,0)	(52,3)	(22,5)	(98,2)	(275,9)	(636,5)
insgesamt		**100**	**100**	**100**	**100**	**100**	**100**
		(114,3)	**(671,0)**	**(130,6)**	**(890,4)**	**(1522,6)**	**(3636,3)**

1 Die Angaben in Klammern geben die Währungsbestände in Mio. $ NZ an.

2 Reservebestände jeweils zu Ende März; 1987 zu Ende September.
Nicht enthalten sind die vom Schatzamt gehaltenen Devisenreserven, von denen ein großer Teil in langfristigen Yen-Anleihen gehalten wird.

Quelle: Nicholl, P. und P. Brady (1992), S. 122.

In der seit Ende der 80er Jahre gewachsenen Bedeutung des Yen als Reservewährung könnten sich auch die Auswirkungen der erstmals auf der Jahrestagung des IWF und der Weltbank im September 1988 in Berlin unterbreiteten Initiative der japanischen Regierung, die auch bei der Bank of Japan Unterstützung fand, widerspiegeln, die internationale Bedeutung des Yen durch eine Diversifizierung der Weltdevisenreserven zu fördern. Andere Länder wurden aufgefordert, einen Teil ihrer Reserven stärker in Yen anzulegen.[285] Dieser Vorschlag sah vor, das Gewicht des US-Dollar als internationale Reservewährung zu verringern und statt dessen die Bedeutung des SZR und anderer Währungen zu stärken.

284 Vgl. Schweizerische Nationalbank, 83. Geschäftsbericht 1990 , S. 54.

285 Vgl. Norman, P. (1988), o.S..

Tabelle 16: Die Struktur des japanischen Geldmarktes zwischen 1975 und 1991 (ausstehende Beträge in Mrd. Yen, jeweils zum Periodenende)

	1975	1980	1985	1988	1989	1990	1991
Interbankenmarkt							
Call-Money-Markt	2,3	4,1	5,1	15,7	24,5	24,0	35,3
davon nicht besichert	-	-	*0,8*	*6,0*	*10,1*	*12,3*	*23,4*
Markt für Wechsel	4,4	5,7	14,7	18,0	20,8	17,1	16,5
Dollar call	0,4	2,4	11,9	14,1	16,8	14,9	11,7
Offener Markt							
Gensaki	1,8	4,5	4,6	7,4	6,3	6,6	6,0
CDs	-	2,4	9,7	16,0	21,1	18,9	17,3
Commerial Paper	-	-	-	9,3	13,1	15,8	12,4
Financing Bills[1]	-	-	-	1,0	0,0	1,0	-
Schatzwechse[1,2]	-	-	-	2,0	4,0	7,6	9,0
Anteil des offenen Marktes am Interbankenmarkt (in %)	25,4	56,6	45,1	74,6	71,7	89,1	70,4
nachrichtlich							
Euro-Yen[3]	k.A.	3,6	14,0	22,4	28,0	31,3	27,5
Interbanken und offizielle Währungsbehörden	-	3,2	12,5	20,1	23,7	24,1	21,9
Nichtbanken	-	0,4	1,5	2,3	4,3	7,2	5,6

1 Nur die von der Bank of Japan am Markt verkauften Finanzierungswechsel.
2 Bis Dezember 1989 "discount short-term government bonds".
3 Grenzüberschreitende und lokale Fremdwährungspositionen.

Quelle: Takeda, M. und D. Turner (1992), S. 24.

Auf den ersten Blick ist dieser bemerkenswerte Vorschlag im Vergleich zu der ablehnenden Haltung anderer Reservewährungsländer, die das Hineinwachsen ihrer Währungen in den Reservewährungsstatus zu verhindern suchten, recht erstaunlich.[286] Bei näherer Betrachtung wird aber der Hintergedanke dieses

286 So hat die Bundesrepublik über fast 20 Jahre hinweg das graduelle Hineinwachsen der D-Mark in die Rolle einer Reservewährung zu verhindern versucht, seit Anfang der achtziger Jahre diesen Status wider Willen akzeptiert und erst ab Mitte der achtziger Jahre ihre ablehnende Position ganz aufgegeben.

Vorstoßes klar, wenn man berücksichtigt, daß Japan im Laufe der Jahre durch koordinierte Interventionen gegenüber der amerikanischen Währung erhebliche Dollarreserven angesammelt hatte. Japan war über einen Verlust des Reservewertes besorgt und nicht mehr länger bereit, die potentiellen Währungsrisiken, die insbesondere aus den Wertverlusten einer Dollarabwertung resultieren könnten, zu tragen. Nach den Vorstellungen Satoshi Sumita, dem damaligen Gouverneur der Bank of Japan, sollte deshalb nach Möglichkeiten gesucht werden, wie die Reservewährungen diversifiziert werden könnten, um die Schlüsselwährungsrolle des Dollar zu ergänzen und dadurch gleichzeitig die Finanzierung der Mittel für Devisenmarktinterventionen zu erleichtern sowie die Wechselkursrisiken von Reservewährungen zu streuen. Angestrebt wurde, die Auswahl der Interventionswährungen zu vergrößern. Gleichzeitig wollte man gegenüber den Kursschwankungen des Dollar weniger anfällig sein.
Darüber hinaus wurde argumentiert, daß eine übermäßige Verwendung des Dollar bei internationalen Transaktionen weltweit zu einer erhöhten Instabilität des Weltwährungssystems führen würde, da der Dollar als nationale Währung im Vergleich zu anderen Währungen nach dem Zweiten Weltkrieg relativ an Bedeutung verloren hatte.[287]
Für die Länder der G-7, die über den größten der Teil der Dollarreserven verfügen, hätten sich aus derartige Diversifizierungsoperationen erhebliche Probleme ergeben können, wenn sie gezwungen gewesen wären, die aus solchen Operationen am Markt abgestoßen Dollar wieder aufzukaufen, um die Stabilität des internationalen Währungssystems zu erhalten. Wie zu erwarten war, haben sie daher den Anteil des US-Dollar an ihren Devisenreserven nicht dramatisch verringert.
Eine größere Aussicht auf Erfolg hätte die japanische Initiative im asiatischen Raum gewinnen können, so daß dort der Einfluß des Yen gestärkt und damit ein stärker Gegenpol gegenüber dem Dollarraum geschaffen worden wäre.
Die vorgeschlagene Reservediversifizierung wäre vor allem für solche Länder interessant gewesen, die durch permanente Handelsüberschüsse bei recht geschlossenen Finanzmärkten umfangreiche Reserveguthaben angesammelt hatten. In diese Kategorie fallen insbesondere einige Schwellenländer in unmittelbarer Nachbarschaft zu Japan. Die Substitution eines schwachen Dollar durch einen starken Yen wäre dabei eine Strategie gewesen, um den Wert des in Form von Devisenreserven gehaltenen nationalen Vermögens zu sichern.[288]

Wie aus Tabelle 17 zu sehen ist, hat der japanische Yen seit Anfang der 80er Jahre im asiatischen Raum eine zunehmende Bedeutung gewonnen. Zwischen 1980 und 1985 ist der Anteil der Yen-Guthaben in den Reserveportfolios asiati-

287 Vgl. Sumita, S. (1988), S. 7; vgl. auch: Dale, R. (1988), o.S..
288 Vgl. Norman, P. (1988), o.S.

scher Zentralbanken von 13,9 auf 26,9% angestiegen. Sie halten damit einen deutlich höheren Yen-Anteil als der Weltdurchschnitt. Offensichtlich haben sie aber den Vorschlag einer Diversifizierung ihrer Reserven nicht beherzigt.

Tabelle 17: Anteil des Yen an den Weltdevisenreserven und den Devisenreserven ausgewählter asiatischer Länder (Prozentualer Anteil jeweils zum Periodenende)

	1975	1980	1985	1988	1989	1990	1991
US-Dollar	78,0	68,6	65,0	64,7	60,2	57,6	56,2
D-Mark	6,6	14,9	15,2	15,6	19,0	18,6	17,3
Yen	0,6	4,4	8,0	7,7	7,7	8,9	9,9
nachrichtlich							
Yen-Anteil ausgewählter asiatischer Länder	k.A.	13,9	26,9	26,7	17,5	17,1	k.A.

Quelle: Tavlas, G. S. und Y. Ozeki (1992), S. 40.

2.4.3 Fazit

Mit der Deregulierung und der Liberalisierung der japanischen Finanzmärkte erfuhren der Geld- und Kapitalmarkt in Japan in den 80er Jahren sowohl in der Größe als auch in der angebotenen Breite der verschiedenen Anlageinstrumente ein beachtliches Wachstum. Durch den allmählichen Abbau der Kapitalverkehrskontrollen haben sich gleichzeitig die Anlagemöglichkeiten ausländischer Währungsbehörden in Yen-Aktiva beträchtlich verbessert. Dies spiegelt sich auch in einer zunehmenden Reservehaltung ausländischer Währungsbehörden in Yen wider. Besonders nach den 1983 eingeleiteten Liberalisierungsmaßnahmen, die ausländischen Anlegern den Zugang zum japanischen Finanzmarkt erleichterten, gewann der Yen bei Zentralbanken als Reserve- und Wertaufbewahrungsmedium an Attraktivität, so daß sein Anteil in den Reserveportfolios offizieller Stellen inzwischen bis auf 8% angestiegen ist. Trotz der herausragenden wirtschaftlichen Stellung, die Japan mittlerweile in der Weltwirtschaft erlangt hat, konnte die japanische Valuta jedoch bis heute keine vergleichweise herausragende Position als Reservewährung wie die D-Mark erreichen. Damit erfüllten sich nicht die Erwartungen, wie sie von offizieller Seite noch zu Beginn der achtziger Jahre gehegt wurden. Damals prognostizierte der Vizeminister des japanischen Finanzministeriums, daß mit der Liberalisierung der japanischen Finanzmärkte und der Erweiterung des Angebots an neuen attraktiven Finanzsinstrumenten wie handelsfähigen Einlagenzertifikaten (Euro-Yen CDs) und kurzfristige Staatsanleihen, der Anteil des Yen an den Weltdevisenreserven bis

Ende der achtziger Jahre auf 12% ansteigen könnte, was dem damaligen Prozentsatz der D-Mark entsprach.[289]

2.5 Zwischenergebnisse

Die Formulierung einer Politik des Reservemanagements zeichnet sich im wesentlichen durch einen dreistufigen Prozeß aus.

Zunächst muß eine angemessene Anlagephilosophie festgelegt werden. Diese umfaßt im wesentlichen die Festlegung der einzelnen Ziele des Reservemanagements und die Frage der Zielerreichung. Die Anlagepolitik sollte sich hierbei sowohl am Vorsichtsmotiv der Reservehaltung als auch am Gewinnmotiv ausrichten. Oberste Priorität genießt jedoch das Ziel der relativen Sicherheit der Reserveanlagen. Des weiteren ist zu berücksichtigen, daß das Reserveportfolio eine ausreichende Liquidität aufweist. Dies stellt sicher, daß ein Land jederzeit seinen Wechselkurs stabilisieren kann und seinen Zahlungsanforderungen nachkommen kann. Da die Reservehaltung mit Kosten verbunden ist, sollten jedoch die Devisenanlagen mit der gebührenden Vorsicht so gewinnbringend wie möglich angelegt werden.

Auf der zweiten Stufe muß festgelegt werden, welcher Teil des Reserveportfolios in welcher Währung angelegt werden soll.

Auf der dritten Stufe erfolgt schließlich die Anlage der ausgewählten Währungen in geeigneten Anlageinstrumenten auf den verschiedenen Geld- und Kapitalmärkten. Aus Diversifizierungsüberlegungen ist es zweckmäßig, das Reserveportfolio nicht nur auf verschiedene Währungen aufzuteilen, sondern auch auf mehrere Anlageformen. Als weiterer Anknüpfungspunkt für eine Diversifikation der Reserveanlagen bietet sich die Streuung der Anlagen nach Anlagemärkten, Schuldnern, Anlagetiteln oder sonstigen Faktoren wie z.B. nach Liquidität und Verzinsung an. Bei der Auswahl der Anlageinstrumente setzt das oben abgeleitete anlagepolitische Zielsystem die Grenzen für den Handlungsspielraum, unter denen das Portfoliomanagement agieren kann.

So kann sich die Streuung nach dem Anlageort (Land, Anlagemarkt), an der vermuteten konjunkturellen Entwicklung wie auch an politischen Kriterien orientieren. Eine Mischung der Anlagen nach dem Schuldner leitet sich hauptsächlich aus dem Bonitätsrisiko ab. Falls Ausfälle bei Zinsen und/oder Tilgungen auftreten, soll hiervon nicht die gesamte Kapitalanlage betroffen sein. So ist es denkbar, daß ein bestimmter Grundstock des Anlageportfolios in Staatspapieren angelegt werden, die von der Regierung des Reservewährungslandes selbst emittiert wurden. Darüber hinaus können aber auch Schuldtitel regierungsnaher oder staatlich garantierter Stellen oder Papiere erworben werden,

289 Oba, T. (1984), S. 64.

die von anderen Regierungen und multinationalen Organisationen (Auslandsanleihen) oder auch privaten Institutionen bester Bonität emittiert werden.
Als Anlagetitel können neben den verschiedenen Einlagearten (Sicht- und Termineinlagen), Geld- und Kapitalmarktpapieren weitere Anlageinstrumente (Optionen, Futures, Fondsanteile, Aktien) in Frage kommen.
Tatsächlich läßt sich in dieser Hinsicht seit den siebziger Jahren eine stärkere Veränderung des anlagepolitischen Verhaltens offizieller Währungsbehörden beobachten. So sind immer mehr Notenbanken dazu übergegangen, die Anlagestruktur ihrer Reserveportfolios nicht nur nach Währungen, sondern auch nach verschiedenen Anlageinstrumenten zu verändern. Während in den fünfziger und frühen sechziger Jahren Währungsbehörden ihre Reservebestände noch fast ausschließlich in Schatzanweisungen und Anleihen des amerikanischen Schatzamtes bei der Federal Reserve Bank of New York hielten, die die Reserveanlagen im Auftrag der einzelnen Notenbanken verwaltete und diese vor allem in Einlagen bei der BIZ oder direkt bei einigen großen und weltweit agierenden Geschäftsbanken in den USA oder an den Euromärkten, die über einen erstklassigen Ruf verfügten, investierte, greifen seit den siebziger Jahren immer mehr Notenbanken viel aktiver in das Management ihrer Reserven ein oder nehmen es selbst ganz in die Hand.
Hierbei nutzten sie auch das breiter gewordene Angebot an Anlagemöglichkeiten für die Disposition ihrer Devisenreserven. Devisenreserven werden nun zunehmend in einer breiteren Palette von Wertpapieren nationaler Regierungen, regierungsnaher und privatwirtschaftlicher Körperschaften an den nationalen Märkten und den Euromärkten angelegt.
Darüber hinaus werden Anlagen auch in der Form von Termineinlagen, handelbaren Einlagenzertifikaten (CDs), Bankakzepten und Commercial Papers investiert. Einige Währungsbehörden erwerben sogar Aktien von privaten Unternehmen bester Bonität oder nutzen derivative Instrumente zur Absicherung ihrer Reservepositionen.[290]
Zwar ist nach wie vor die Bonität der Schuldner eines der wichtigsten anlagepolitischen Kriterien. Allmählich wurden Devisenreserven jedoch auch in Anlageformen mit höheren Kreditrisiken angelegt. Am Anfang dieser Entwicklung standen vor allem die monetären Behörden im Nahen Osten, deren ertragsorientiertem Verhalten bald auch Währungsbehörden anderer Länder folgten. Die Mischung der Anlagetitel wird also auch von Überlegungen bestimmt, in welchem Ausmaß Zentralbanken an Zins- und Wertpapierkurschancen teilhaben möchten.
Darüber hinaus lassen sich Reserveanlagen auch innerhalb eines Anlagesegments weiter diversifizieren. So können beispielsweise Anleihen mit fester oder variabler Verzinsung miteinander kombiniert werden. Soll ein Teil des Depots

290 Vgl. Teck, A. und W.B. Johns (1983), S. 8.4.-13f.

nach Liquiditätsgesichtspunkten gemischt werden, dann kann das Depot so geordnet werden, daß die aus den verschiedenen Anlageformen fließenden Zahlungen den Vorstellungen der Zentralbank entsprechen. So kann man Zerobonds mit Anleihen streuen, die laufende Zinszahlungen garantieren. Innerhalb der laufend verzinslichen Anlagen sind solche mit jährlichen, halb- oder vierteljährlichen Zinszahlungen zu unterscheiden. Wesentlich ist besonders, Termine von Rückzahlungen oder Tilgungen zu ordnen. Endfällige Anleihen können so mit Tilgungsanleihen gemischt werden. Die verschiedenen Anlageinstrumente unterscheiden sich letztendlich nach den Zins-, Tilgungsterminen und -tagen und können prinzipiell über das ganze Jahr verteilt sein. Als Grundlage für für eine sinnvolle Streuung des Vermögens dient der individuelle Liquiditätshorizont. Danach muß die einzelne Zentralbank bestimmen, wann sie voraussichtlich welche Beträge für andere Zwecke benötigt und insofern aus der Fremdwährungsanlage abziehen möchte.

Da die einzelnen Währungssegmente unterschiedliche Anlagealternativen anbieten, beinflußt das jeweils verfügbare Angebot an Instrumenten wiederum die Wahl der Währung, in denen Zentralbanken ihre Devisenreserven anlegen. So boten lange Zeit nur die amerikanischen Finanzmärkte ein ausreichendes Angebot an qualitativ hochwertigen und liquiden Anlageinstrumenten über das gesamte Fälligkeitsspektrum. Dies ist der Grund, warum viele Länder nach wie vor einen hohen Anteil ihrer Reserven in Dollar halten.

Der Anziehungskraft der neuen Reservewährungen, wie der D-Mark, des Schweizer Franken und des japanischen Yen, stand lange Zeit der Widerstand der nationalen Behörden entgegen, die eine zunehmende Verwendung ihrer Währungen in den offiziellen Währungsreserven ausländischer Staaten ablehnten. Die wachsende internationale Verwendung ihrer Währungen wurde nicht nur als ein Zeichen der finanziellen Stärke verstanden. Sie komplizierte die eigene Geld- und Währungspolitik erheblich und wurde deshalb als störend empfunden.

Aus diesem Grund wurde der Zufluß ausländischen Kapitals stark gehemmt, es wurden nicht in dem Umfang Anlagemöglichkeiten angeboten, wie es vom Ausland gewünscht wurde. An diesen nationalen Währungsmärkten fehlte deswegen ein breitgefächertes Angebot an liquiden Anlageinstrumenten. Dadurch wurde nicht nur die Möglichkeit, zwischen den verschiedenen bestehenden Anlageinstrumenten wählen zu können, sehr stark eingeengt, sondern auch die Möglichkeit erheblich erschwert, einen Ausgleich zwischen einem gewünschten kurzfristigen Anlagehorizont und den hohen Liquiditätsanforderungen zu finden. Die letzten zwei Jahrzehnte waren sowohl in der Bundesrepublik als auch in Japan von Bemühungen gekennzeichnet, langsam das Anlagespektrum zu erweitern. In beiden Reservewährungsländern hat sich die Palette potentieller Anlageinstrumente beträchtlich erweitert, auch wenn beide Finanzmärkte den US-Märkten immer noch weit hinterherhinken.

Durch die rasante Entwicklung an den internationalen Finanzmärkten und die zunehmende Liberalisierung und Deregulierung der nationalen Finanzmärkte besteht heute eine bessere Möglichkeit, Reserveguthaben auf verschiedene Währungen zu streuen. Für das Reservemanagement von Zentralbanken bedeutet dies, daß sie die währungsmäßige Zusammensetzung ihrer Reserveportfolios entsprechend ihren jeweiligen Bedürfnissen hinsichtlich Liquidität, Sicherheit und Verzinsung besser anpassen können.

Festzuhalten bleibt, daß die Aufteilung des anzulegenden Vermögens auf unterschiedliche Währungen für das Reservemanagement offizieller Währungsbehörden die bedeutenste Form der Diversifikation darstellt. Sie soll daher auch im Vordergrund der weiteren Untersuchung stehen. Insbesondere soll der Frage nachgegangen werden, inwieweit Risiko- und Ertragsaspekte einen Einfluß auf die Auswahl des besten Währungsmix haben, oder ob anderen Faktoren vielleicht eine größere Bedeutung beizumessen ist.
Auf die Frage, wie Zentralbanken angesichts der beträchtlichen Währungsrisiken ihre Reserveportfolios auf die verschiedenen in Frage kommenden Anlagewährungen aufteilen sollen, bietet die Portfoliotheorie einen normativen Lösungsansatz. Mit Hilfe portfoliotheoretischer Modelle lassen sich nämlich Anlageregeln ableiten, wie die Devisenreserven am zweckmäßigsten strukturiert werden sollten.

IV. DIE OPTIMALE ZUSAMMENSETZUNG VON RESERVEPORTFOLIOS UNTER PORTFOLIOTHEORETISCHEN ASPEKTEN

1. Das Grundmodell der internationalen Portfolio-Selektion

Für jeden international orientierten Anleger, der in großen Mengen Fremdwährungen hält, stellt die zunehmende Volatilität der Wechselkurse und Zinssätze ein ernsthaftes Problem dar. Hieraus resultiert auch für Zentralbanken die Frage, ob und wie sie ihr Reserveportfolio strukturieren sollten, um Währungsrisiken aus der Reservehaltung möglichst auf ein Minimum zu begrenzen. Mit Hilfe der Theorie der Portfolio-Selektion lassen sich Strategien ableiten, wie ein rational handelnder Anleger angesichts von Währungsrisiken seinen Vermögensbestand durch die Aufnahme mehrerer Anlagealternativen in sein Portfolio optimal diversifizieren kann, um das Gesamtrisiko möglichst gering zu halten.

Die wissenschaftliche Fundierung der Portfoliooptimierung geht auf Arbeiten von Markowitz und Tobin zurück und wurde von Merton und Solnik weiter entwikkelt.[1] Inzwischen hat die Theorie der Portfolio-Selektion eine breite Verwendung gefunden, so daß eine Vielzahl modifizierter Modellvarianten existiert, die jedoch in ihrer Grundstruktur alle sehr ähnlich sind. Im folgenden soll deshalb zunächst ein einfaches Grundmodell der Portfolio-Selektion dargestellt werden, aus dem sich die wichtigsten Grundprinzipien der internationalen Währungsdiversifikation ableiten lassen. Die daran anschließende empirische Überprüfung des reservepolitischen Verhaltens offizieller Währungsbehörden und ein Vergleich mit dem in den Statistiken ausgewiesenen Diversifizierungsprozeß soll Aufschluß geben, inwieweit eine Portfoliodiversifizierung die Anlageentscheidungen offizieller Währungsbehörden beeinflußt.

1.1 Die Grundprinzipien der Theorie der Portfolio-Selektion

Das im folgenden dargestellte Grundmodell zur Reservediversifizierung und Bestimmung eines optimalen Anlageportfolios für offizielle Währungsbehörden basiert im wesentlichen auf den von Kouri/Braga de Macedo und Adler/Dumas entwickelten Modellen zur internationalen Portfolio-Selektion.[2] Damit die Theorie der Portfolio-Selektion auf das Anlageverhalten von Zentralbanken übertragen werden kann, muß eine Reihe von Annahmen getroffen werden:

---

1 Vgl. Markowitz, H. (1952 und 1959); Tobin, J. (1958, 1965); Merton, R.C. (1971); Solnik, B.H. (1974).

2 Kouri, P.J.K. und J. Braga de Macedo (1978); Braga de Macedo, J. (1982); Adler, M. und B. Dumas (1983).

Es wird davon ausgegangen,

- daß es sich um eine "kleine" Zentralbank handelt, die zwar die erwartete Rendite ihres Reserveportfolios nicht beeinflussen, aber durch die Wahl der verschiedenen Anlagemöglichkeiten jedoch das Risko minimieren kann;
- daß das Verhalten der Zentralbank als risikoscheu charakterisierbar ist und auf Ertragschancen zugunsten eines geringeren Risikos verzichtet wird;
- daß die Zentralbank rational handelt und an einer realen Werterhaltung ihrer Vermögenswerte interessiert ist, wobei die Veränderung der Kaufkraft des Reservebestands aus Vereinfachungsgründen zunächst nur in Bezug auf ein bestimmtes Bündel an importierten Gütern und Dienstleistungen gemessen wird;
- daß die Zentralbank die Entscheidungen über die Währungsstruktur ihrer Reserven unabhängig von der Höhe der Reserven trifft.

Je nachdem, in welcher Anlageform eine Zentralbank ihre Devisenreserven anlegt, setzt sich der pekuniäre Ertrag der Kapitalanlage unterschiedlich zusammen.[3] Bei Devisenreserven, die in Wertpapieren staatlicher Emittenten angelegt werden, ist eine Änderung des Wertpapierkurses eine wichtige Ertragskomponente. Im folgenden wird vereinfachend angenommen, daß eine Zentralbank ihre Reserveanlagen als Einlage bei einer Geschäftsbank hält. Legt eine Zentralbank zum Zeitpunkt t Devisenreserven an, so entspricht die in Fremdwährung gerechnete Nominalrendite R_i am Ende des Anlagezeitraums (t+1) lediglich dem Nominalzinssatz z_i:

(1) $$R_i(t+1) = (1 + z_i(t)) - 1$$

Normalerweise ist jedoch ein Investor nicht am Nominalwert seines Vermögens, sondern an der Erhaltung der Kaufkraft seines Anlagebetrages interessiert. Er wird daher sein Kalkül an der Realrendite orientieren. Der Unterschied zwischen der Realrendite r und der Nominalrendite R besteht darin, daß die Nominalrendite die Wachstumsrate des Vermögens und die Realrendite die Wachstumsrate der Kaufkraft mißt. Die exakte Beziehung zwischen der Nominal- und der Realrendite ist

---

3 Bei der Bestimmung der tatsächlichen Ertragsraten können allerdings Komplikationen auftreten, da zu den meßbaren Erträgen einer Anlage auch nicht-pekuniäre Erträge in Form bestimmter Vorteile, Vergünstigungen, Prestigenutzen etc. hinzutreten können. Eine kurzfristige Termineinlage bei einer Geschäftsbank hat gegenüber einer Kapitalmarktanlage den Vorzug einer größeren Liquidität und Kapitalwertsicherheit. Der nicht-pekuniäre Ertrag rechtfertigt somit, daß der pekuniäre Ertrag, der Zins, der Termineinlage geringer ausfallen wird als der Kapitalmarktzins. Auch halten (wie bereits oben beschrieben) Zentralbanken mitunter Reserveaktiva aus politischen Überlegungen. Die Renditen dieser Anlagen werden sich daher von denen anderer unterscheiden. In portfoliotheoretischen Modellen werden solche nicht-pekuniären Erträge bei der Auswahl von Aktiva außer acht gelassen. Vgl. hierzu auch Healy, J. (1981), S. 4; Ketterer, K.-H. und N. Kloten (1980), S. 87.

(2) $$r_i(t+1)=\frac{(1+R_i(t))}{(1+\pi_i(t+1,t))}-1 \ ,$$

wobei $\pi_i=\frac{P(t+1)-P(t)}{P(t)}$ den aus der Inflation resultierenden Kaufkraftverlust bezeichnet und P der Index ist, der die Kaufkraft mißt.[4] Üblicherweise wird die Realrendite r nur näherungsweise ermittelt, indem die tatsächliche Preissteigerungsrate von der Nominalrendite R in Abzug gebracht wird.[5] Formt man Gleichung (2) deshalb zu $r_i(t+1) = R_i(t) - \pi_i(t+1,t) - R_i(t)\ \pi_i(t+1,t)$ um, ist der letzte Term klein und daher vernachlässigbar. Die Realrendite r_i einer Fremdwährungsanlage i ist dann approximativ durch

(3) $r_i(t+1) \approx R_i(t)-\pi_i(t+1,t)$ gegeben.[6]

Um die bei Anlagen in verschiedenen Reservewährungen zu erzielenden Renditen miteinander vergleichen zu können, müssen diese in einer gemeinsamen Recheneinheit ausgedrückt werden. Wird zunächst vereinfachend angenommen, daß aus Sicht der anlegenden Zentralbank die Inlandswährung als gemeinsamer Bezugspunkt dient, so ist die über den bilateralen Wechselkurs in die Inlandswährung j umgerechnete Nominalrendite der in der Währung i denominierten Anlage

(4) $$R_{ij}(t+1)=(1+R_i(t))(1+\frac{e_i^j(t+1)-e_i^j(t)}{e_i^j(t)})-1 \ .$$

Um die in der Numéraire-Währung j ausgedrückte Realrendite einer Anlage nach der approximativen Formel zu bestimmen, muß die in der Währung i erzielte Realrendite um die Veränderung des realen Wechselkurses bereinigt werden. Die Veränderung des realen Wechselkurses der Währung i in Einheiten der Inlandswährung ist definiert als

(5) $$\frac{(d(e_i^j P_i/P_j)/dt)}{(e_i^j P_i/P_j)}=\frac{(e_i^j(t+1)-e_i^j(t))}{e_i^j(t)}+\pi_i(t+1,t)-\pi_j(t+1,t) \ ,$$

wobei $(e_i^j(t+1)-e_i^j(t))/e_i^j(t)$ die prozentuale Veränderung des nominellen Wechselkurses der Währung i ist und P_i bzw. P_j die Inflationsraten im Land i bzw. im

---

4 Vgl. Bodie, Z., A. Kane und A.J. Marcus, (1992), S. 159; Levy, H. und M. Sarnat (1982), S. 551.

5 Vgl. beispielsweise: Dornbusch, R. (1980), S. 166; Horii, A. (1986), S. 53; Racine, J. (1988), S. 22; Rikkonen, K.-L. (1989), S. 18.

6 Die approximative Formel $r_i \approx R_i - \pi_i$ überschätzt die Realrendite also um den Faktor $(1+\pi_i)$. Vgl. Bodie, Z., A. Kane und A.J. Marcus, (1992), S. 159f.

Land j (Inland) sind. Unter Berücksichtigung der Gleichungen (3) und (5) ist die Realrendite r_i der Reserveanlage i dann die Realrendite der Anlage im Land i zuzüglich der realen Aufwertungsrate dieser Währung gegenüber der Inlandswährung:

$$(6)\quad r_{ij}(t+1) \approx z_i(t) - \pi_i(t+1,t) + \frac{e_i^j(t+1) - e_i^j(t)}{e_i^j(t)} + \pi_i(t+1,t) - \pi_j(t+1,t)$$

$$(6a)\quad r_{ij}(t+1) \approx z_i(t) + \frac{e_i^j(t+1) - e_i^j(t)}{e_i^j(t)} - \pi_j(t+1,t)$$

Aus Sicht der Zentralbank j, die zum Zeitpunkt t ihre Devisenreserven in kurzfristig verzinsliche Aktiva in der Reservewährung i anlegt, setzt sich der in Inlandswährung j gerechnete Realertrag r_i am Ende der Anlageperiode näherungsweise aus dem nominalen Zinsertrag z_i, der Wechselkursänderung $[(e_i^j(t+1) - e_i^j(t))/e_i^j(t)]$ der Fremdwährung i gegenüber der Inlandswährung j sowie der Änderung des von der Zentralbank verwendeten Kaufkraftindex´ $\pi_j(t+1,t)$ zusammen.[7]

$$(7)\quad r_{ij}(t+1) \approx z_i(t) + \frac{e_i^j(t+1) - e_i^j(t)}{e_i^j(t)} - \pi_j(t+1,t)$$

Hält eine Zentralbank Reserveaktiva in n verschiedenen Währungen, dann ist die Rendite des gesamten Reserveportfolios r_p der Zentralbank die Summe der mit ihren Anteilen x_i am Portfolio gewichteten Einzelrenditen r_i mit (i = 1, . . . , n).

$$(8)\quad r_p = \sum_{i=1}^{n} x_i \left[z_i(t) + \frac{e_i^j(t+1) - e_i^j(t)}{e_i^j(t)} - \pi_j(t+1,t) \right]$$

Verzichtet man aus Vereinfachungsgründen auf den Index j und vereinfacht Gleichung (8) so ergibt sich

$$(8a)\quad r_p = \sum_{i=1}^{n} x_i\, r_i \quad ,$$

7 Die Vorzeichen in der Formel erklären sich wie folgt: Wertet die Reservewährung i gegenüber der Numéraire-Währung auf, so hat dies einen positiven Effekt auf den Realwert der Anlage. Dagegen hat eine prozentuale Veränderung der Inflationsrate eine negative Wirkung auf den Realertrag. In Phasen einer Deflation würde dementsprechend der Preisindex mit einem negativen Vorzeichen in die Formel eingehen, so daß sich insgesamt eine positive Wirkung ergibt, was einer Zunahme der Kaufkraft der Reserven entspricht.

wobei x_i der Anteil der Devisenreserven am Portfolio ist, den eine Zentralbank in der Reservewährung i hält und

$$\sum_{i=1}^{n} x_i = 1 \text{ gilt.}$$

Der reale Ertrag einer Anlage unterliegt zufälligen Schwankungen, die durch Zinssatz-, Wechselkurs- und Inflationsänderungen verursacht werden. Entscheidet sich eine Zentralbank, ihre Reserveguthaben als Deposite bei einer Geschaftsbank zu halten, so ist im Zeitpunkt dieser Entscheidung nur der Zinssatz bis zum Ende der Anlagedauer bekannt. Da aber - und dies gilt besonders auf lange Frist - weder verläßliche Daten für die Inflationserwartungen noch für die zukünftig erwartete Wechselkursentwicklung zur Verfügung stehen, ist die Realrendite eine Zufallsvariable, deren Wahrscheinlichkeitsverteilung von der gemeinsamen Wahrscheinlichkeitsverteilung der Wechselkurse und der Preisänderungen abhängt. Da Wechselkurs- und Preisniveauänderungen nicht vollständig prognostizierbar sind, muß zur Berechnung der erwarteten Realrendite die gemeinsame Verteilung geschätzt werden. Zumeist wird deshalb die ex ante erwartete Realrendite mit der ex post realisierten Realrendite gleichgesetzt. Des weiteren wird angenommen, daß die gemeinsame Wahr-scheinlichkeitsverteilung multivariat normal verteilt ist, so daß auch die Portfoliorendite einer Normalverteilung folgt. Diese läßt sich vollständig durch ihren Mittelwert und die Varianz charakterisieren.
Wird die aus vergangenen Beobachtungen resultierende Rendite als eine Annäherung für die Verteilung zukünftiger Renditen angesehen, so ist der beste Schätzwert für die erwartete Gesamtrendite des Portfolios zum Zeitpunkt t der bedingte Erwartungswert der Portfoliorendite:[8]

$$(9) \quad E_t[r_p] = \sum_{i=1}^{n} x_i \, E_t[r_i]$$

Vereinfachend kann die Portfoliorendite in Gleichung (9) auch in Form von Vektoren geschrieben werden:

$$(9a) \quad E_t[r_p] = X'R \,,$$

8 Die Bedingung besteht darin, daß die zum Zeitpunkt t noch unbekannten Parameter der Renditen aus vergangenen Beobachtungswerten geschätzt werden. Dies setzt voraus, daß die in der Vergangenheit gültigen Zusammenhänge auch in der nahen Zukunft weiter gelten werden. Eine Annahme, die in der Literatur stark kritisiert wurde und die Anwendbarkeit der Theorie der Portfolio-Selektion in Frage stellt.

wobei r_i der erwartete Realertrag der Reserveanlage i aufgrund der zum Zeitpunkt t verfügbaren Informationen, R ein Spaltenvektor der erwarteten Einzelrenditen und X' ein Zeilenvektor der Anlagenanteile ist und X'e = 1 mit e als Einheitsvektor gilt.
Als Entscheidungskriterium für die optimale Aufteilung des Reservebestandes dient nicht nur der Ertrag einer Anlage. Dieses würde allein zu der trivialen Lösung führen, daß nur dasjenige Aktivum für eine Vermögensanlage gewählt werden würde, welches die höchste erwartete Rendite aufweist. Von Bedeutung ist viel mehr, ob sich die erwartete Rendite auch tatsächlich realisieren läßt. Diese Unsicherheit über eine mögliche Kaufkraftänderung einer Reserveanlage, d.h. das Risiko des Ertrags, wird durch die Varianz bzw. die Standardabweichung σ_i gemessen. Während sich der erwartete Ertrag eines Portfolios aus der Addition der Erwartungswerte, die mit ihren Anteilen am Portfeuille gewichtet werden, errechnet, gilt dies nicht in gleicher Weise für das Portfoliorisiko. Wird das Portfoliorisiko mittels der Varianz oder der Standardabweichung gemessen, so sind die stochastischen Abhängigkeiten zwischen den Anlageobjekten, die durch die Kovarianzen gemessen werden, zu berücksichtigen. Denn die Risiken der einzelnen Anlagen können sich teilweise oder ganz kompensieren. Die Varianz des gesamten Reserveportfolios σ^2_p ergibt sich aus der mit ihren Anteilen am Gesamtportfolio gewichteten Summe der Einzelrisiken, die um den Wert ihrer wechselseitigen Kovarianzen zwischen den Anlageobjekten korrigiert werden muß. Das Porfoliorisiko errechnet sich damit wie folgt:

$$(10) \quad \sigma_p^2 = \sum_{i=1}^{n} \sum_{j=1}^{n} x_i x_j \sigma_{ij}$$

Die Gesamtvarianz des Portfolios in Gleichung (10) in Form von Vektoren ist:

$$(10a) \qquad S_p{}^2 = X'V\,X\,,$$

wobei V die Varianz-Kovarianz-Matrix der Renditen ausdrückt, deren Elemente σ_{ij} und σ_{ii} sind.
Um für das Reservemanagement optimale Anlageregeln ableiten zu können, muß die Varianz-Kovarianz-Struktur stationär sein. Denn nur unter der Annahme, daß die in der Vergangenheit zu beobachtenden Zusammenhänge auch in naher Zukunft weiter gelten werden, können die statistischen Parameter als Schätzwerte für zukünftige Entwicklungen eingesetzt werden. Aus diesem Grund kann auch die Wahl der Länge des Anlagezeitraumes von großer Bedeutung sein.[9]

---

9 Die Wahl der Länge des Anlagezeitraumes ist dann wichtig, wenn sich für unterschiedlich lange Zeithorizonte die berechneten Varianzen, Kovarianzen und erwarteten Rendi-

Um die wichtigsten Prinzipien einer portfoliotheoretischen Diversifizierung zu verdeutlichen, ist es sinnvoll, die in Gleichung (10) verwendete Kovarianz σ_{ij} unter Zuhilfenahme des Korrelationskoeffizienten ρ_{ij} auszudrücken:

(11) $\sigma_{ij} = \rho_{ij}\, \sigma_i\, \sigma_j$

Der Korrelationskoeffizient stellt eine auf den Wertebereich [-1;+1] standardisierte Größe dar und gibt das Ausmaß wieder, in dem die Rendite der Anlageobjekte gleichartig auf Veränderungen der Umwelt reagiert. So besteht bei einem positiven Korrelationskoeffizienten ein enger Zusammenhang zwischen den Renditen der Anlageobjekte: Wenn die Rendite der Reserveanlage 1 hoch ist, dann ist auch die Rendite des Aktivum 2 hoch.
Beträgt der Korrelationskoeffizient zwischen zwei Währungsanlagen +1, so hängt die Rendite der Anlage 1 linear von der Rendite der Anlage 2 ab. Wird im Portfolio nur die Anlage mit dem geringsten Risiko gehalten, dann ist das Portfoliorisiko in diesem Fall minimal.
Wenn dagegen die Risiken zweier Anlageobjekte gegenläufig verlaufen, also negativ korreliert sind, bewirkt eine Aufteilung des Reservebestandes auf beide Objekte, daß das Gesamtrisiko des Portfolios geringer ist als die gewichtete Summe der Einzelrisiken. Auch wenn die Einzelrisiken noch so hoch sind, aber vollständig negativ korreliert sind, läßt sich durch eine ausgewogene Mischung das Gesamtrisiko verringern. Führen beispielsweise die zukünftigen Eventualfälle bei einer Dollar-Anlage zu einem Verlust, dann kann mit einer DM-Anlage ein Gewinn erwirtschaftet werden. Anlageobjekte, deren Risiken negativ miteinander korreliert sind, werden im Portfolio in einem komplementären Verhältnis zueinander gehalten. Mit anderen Worten: Der Anreiz zur Diversifizierung des Reserveportfolios ist um so größer, je geringer die Korrelation zwischen den Risiken ist.
Welche Auswirkungen sich aus einer Mischung zweier Anlageobjekte auf die Risiko-/Ertragskombinationen bei unterschiedlichen Korrelationskoeffizienten ergeben, verdeutlicht nochmals für den Zwei-Anlagen-Fall Abbildung 8.

Im Punkt x_1 werden nur Anlageobjekte des Typs x_1 (z.B. eine DM-Anlage) gehalten. In diesem Fall entspricht der erwartete Ertrag r_p und das Risiko σ_p des Port-

---

ten erheblich voneinander unterscheiden. Typisch für Finanzmarktgrößen ist eine hohe kurzfristige und errastische Schwankungsintensität. So ist auch zu erwarten, daß im kurzfristigen Bereich die durch ihren Mittelwert und Varianz charakterisierten erwarteten Renditen fundamentalen Änderungen unterliegen, während über einen längerfristigen Zeitraum die Schwankungen oftmals geringer ausfallen. Zur Beurteilung einer fundamentalen Änderung schlägt Rikkonen deshalb vor, die Varianzen auf Jahres- und Monatsbasis zu berechnen. Keine grundlegende Änderung ist dann aufgetreten, wenn die auf monatlicher Basis berechnete Varianz ein Zwölftel der Varianz auf Jahresbasis ausmacht. Vgl. Rikkonen, K.-L. (1989), S. 14f.

folios dem spezifischen erwarteten Ertrag und dem Risiko von x_1. Gleiches gilt für Anlageobjekt x_2 (z.B. eine Dollaranlage) in Punkt x_2. Die Lage von x_1 und x_2 verdeutlicht, daß Anlageobjekt x_1 ein geringeres Risiko aber auch einen niedrigeren erwarteten Ertrag als Anlageobjekt x_2 aufweist. Die Transformationskurven, die diese beiden Punkte verbinden, stellen Mischungen der beiden Anlageobjekte für jeweils unterschiedliche Korrelationskoeffizienten dar. Durch eine Mischung der Anlageobjekte lassen sich also Diversifikationseffekte erzielen.

Abbildung 8: Mischungsverhältnis zweier Anlageobjekte bei unterschiedlicher Korrelation

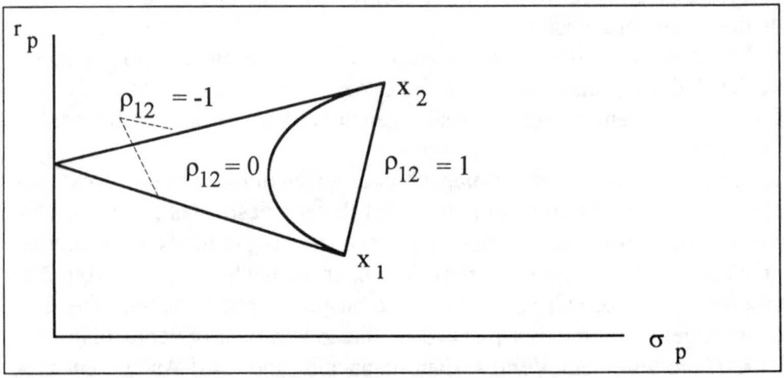

Faßt man die wichtigsten Grundprinzipien für ein portfoliotheoretisch orientiertes Reservemanagement nochmals zusammen, so gilt folgendes:[10]

Verfolgt eine Zentralbank das Ziel, das Gesamtrisiko des Rerserveportfolios zu minimieren, so ergänzen sich zwei Währungen um so besser, je geringer die Korrelation der Renditen zwischen diesen beiden ist. Wird der Anteil der Währung am Portfolio erhöht, deren Währungsrisiko abnimmt oder deren Ertrag zunimmt, dann sollte gleichzeitig der Anteil einer zweiten Währung erhöht werden, deren Ertragsentwicklung möglichst wenig mit der Ertragsentwicklung der ersten korreliert ist, um so das Gesamtrisiko minimal zu halten. Zwangsläufig müssen dann die optimalen Portfolioanteile aller anderen Währungen sinken.

Dagegen nimmt bei zunehmender (positiver) Korrelation und damit gleichlaufender Entwicklung der Renditen zweier Währungen, deren wechselseitige Substituierbarkeit zu. Deshalb läßt sich in diesem Fall auch das Gesamtrisiko durch eine zusätzliche Diversifikation der Reserven auf beide Währungen nicht wesentlich

---

10 Vgl. hierzu auch Klump, R. (1986), S. 130f. Eine formale Analyse ist zu finden bei: Braga de Macedo, J. (1982), S. 97-98 und Branson, W.H. und D.W. Henderson (1985), S. 779ff.

weiter reduzieren. Sofern erwartet wird, daß in naher Zukunft die Anlage einer Währung lukrativer ist, wird gleichzeitig eine Anlage in der zweiten Währung profitabler. Es genüg also, wenn der Anteil der bisher dominierenden Währung im Portfolio weiter erhöht wird.[11] Bereits geringe Änderungen in den Ertragserwartungen können aber eine Verlagerung von einem Anlageobjekt auf das andere bewirken.
Der substitutive Zusammenhang ist oftmals bei Währungen gegeben, die aufgrund enger wirtschaftlicher Verflechtungen der Emissionsländer oder die innerhalb eines Währungsraumes eng miteinander verbunden sind. So läßt sich häufig eine hohe positive Korrelation zwischen einer DM-Anlage und einer Anlage in Schweizer Franken beobachten, insbesondere nachdem die Schweizer Behörden eine wechselkurspolitische Zielgröße gegenüber der D-Mark formulierten. Beide Währungen sind als Wertaufbewahrungsmittel in gewissem Ausmaß austauschbar, nicht jedoch hinsichtlich ihrer Verwendung als internationales Zahlungs- und Interventionsmittel. Die D-Mark wird deshalb von ausländischen Zentralbanken gegenüber dem Schweizer Franken stärker präferiert.
In der Realität dürften jedoch die im Reservemanagement einer Zentralbank zu treffenden Anlageentscheidungen mehr als nur zwei Währungen umfassen. Für diese Anlageentscheidungen gelten grundsätzlich die gleichen Prinzipien wie sie bisher abgeleitet wurden. Allerdings müssen dann neben den Substitutionsbeziehungen zwischen den einzelnen Anlagealternativen auch Komplementaritäten in der Währungsnachfrage berücksichtigt werden.[12]

1.2 Alternative Lösungsansätze zur Auswahl optimal strukturierter Reserveportfolios

Im Rahmen der klassischen Theorie der Portfolio-Selektion von Markowitz werden die optimalen Portfolioanteile der einzelnen Anlageobjekte in einem zweistufigen Prozeß ermittelt. Auf der ersten Stufe müssen zunächst aus der Menge der zulässigen Portfolios - das sind diejenigen, bei denen das gesamte Vermögen vollständig angelegt wird - effiziente Mischungen bestimmt werden. Erst auf der zweiten Stufe wird dann aus der Menge der effizienten Mischungen ein optimales Portfolio ausgewählt. Das optimale Portfolio gibt zugleich vor, in welchen Anteilen die in Frage kommenden Anlageobjekte oder Währungen gehalten werden sollen.

Unter der Annahme, daß eine rational handelnde Zentralbank eine höhere erwartete Portfoliorendite einer niedrigeren vorzieht, zugleich aber ein Verhalten auf-

11 Vgl. hierzu auch: Wihlborg, C. (1978), S. 40.
12 Vgl. Klump, R. (1986), S. 130.

weist, das sich als risikoscheu charakterisieren läßt,[13] wird sie bei ihren Anlageentscheidungen nur solche Portfolios berücksichtigen, die entweder

- bei vorgegebener Rendite das geringste Portfoliorisiko oder
- bei vorgegebenem Risiko die größtmögliche Rendite aufweisen.

Alle diejenigen Risiko- und Ertrags-Kombinationen innerhalb eines Portfolios, die diese beiden Kriterien erfüllen, werden als effizient bezeichnet, wobei jede Kombination eine andere Portfoliozusammensetzung repräsentiert.
Unterstellt man, daß das Reservemanagement offizieller Stellen nicht auf Gewinnmaximierung ausgerichtet ist, könnte insbesondere die erste Alternative das Anlageverhalten von Zentralbanken zutreffend beschreiben. Wählt man deshalb die erste Alternative und verbindet alle diese Kombinationen, dann setzt sich die Effizienzlinie aus all denjenigen Portfolios zusammen, die zu jedem vorgegebenen Erwartungswert der Erträge die minimalste Varianz aufweisen. Formal läßt sich die Effizienzlinie ableiten, indem die Portfoliovarianz aus der Gleichung (10a) unter den Nebenbedingungen minimiert wird, daß sich die einzelnen Anteile zu Eins aufsummieren ($X'e = 1$), nur positive Anteile zugelassen sind ($x_i \geq 0$) und $E_t[r_p] = X'R$ gilt.[14]

$$(12) \quad \text{Min}_x \; X'V\,X \qquad \text{mit } E_t[r_p] = X'R \quad \text{und} \quad X'e = 1.$$

Für jeden beliebigen Erwartungswert $E_t[r_p]$ kann dann mit Hilfe des Lagrange-Ansatzes

$$(13) \quad L = X'V\,X - \lambda_1\,(X'R - E_t[r_p]) - \lambda_2\,(X'e - 1) \rightarrow \text{Min !}$$

13 Für das Verhalten von Zentralbanken kann man von Risikoabneigung als übliche Verhaltensnorm ausgehen, wobei diese durchaus bei den einzelnen Zentralbanken unterschiedlich ausgeprägt sein kann. Bei ihrer Anlagepolitik verhalten sich Zentralbanken im Regelfall auch in dem durch etwaige Gesetze belassenen Freiraum eher risikoavers als risikoneutral oder risikofreudig. Oberste Priorität genießt das Sicherheitsziel, wie es oben hervorgehoben wurde. Riskantere Anlagealternativen werden nur in sehr begrenztem Umfang genutzt.

14 Falls bei der Berechnung "optimaler" Portfolios bei einer Währung ein negativer Anteil auftritt, wird dieser gleich Null gesetzt und die Berechnung erneut durchgeführt. Hebt man die Nicht-Negativitätsbedingung auf, dann kann die Lösung des Optimierungsproblems zu negativen Anteilen führen. Dies würde dann bedeuten, daß sich eine Zentralbank in der betreffenden Währung verschulden und den Gegenwert in einer anderen Währung anlegen sollte. Sie würde also in der Hoffung auf einen später fallenden Kurs eine Baisseposition ("short position") aufbauen. Ein solches spekulatives Verhalten wird für Zentralbanken, die das Ziel der Werterhaltung ihrer Reservebestände anstreben, zumeist ausgeschlossen. Vgl. so z.B.: Racine, J. (1988), S. 20; Ben-Bassat, A. (1984), S. 8; Jager, H. und E. de Jong (1984), S. 11; Dellas, H. und C. Yoo (1991), S. 410; Brown, E., Papell, D.H. und M. Rush (1991), S. 7; Lehmussaari, O.-P. (1987), S. 167.

ein Portfolio mit der minimalsten Varianz S_p^2 berechnet werden, das auf der Effizienzlinie liegt und dessen Anlageanteile zu jeder gegebenen Portfoliorendite r_p folgende Bedingung erfüllt:[15]

$$(14)\ X = V^{-1}(R, e)\begin{bmatrix} R'V^{-1}R & R'V^{-1}e \\ R'V^{-1}e & e'V^{-1}e \end{bmatrix}\begin{bmatrix} E_t[r_p] \\ 1 \end{bmatrix}.$$

Die zu den alternativen Ertragswerten zugehörigen Varianzen der effizienten Portfolios erhält man durch

$$(15)\ S_p^2 = (E_t[r_p],1)\begin{bmatrix} R'V^{-1}R & R'V^{-1}e \\ R'V^{-1}e & e'V^{-1}e \end{bmatrix}\begin{bmatrix} E_t[r_p] \\ 1 \end{bmatrix}.$$

Alle Risiko-/Ertrags-Kombinationen, die die Effizienzlinie bilden, können graphisch als eine Funktion $h(E_t[r_p],\sigma_p^2)$ dargestellt werden (siehe Abbildung 9). Die Effizienzkurve begrenzt den Bereich der realisierbaren Portfolios nach oben, wobei nur der Kurventeil oberhalb des Scheitelpunktes von Bedeutung ist, da er bei gleichem Risiko jeweils einen höheren Ertrag gewährleistet. Die Bestimmung der Effizienzlinie allein ergibt jedoch noch keine eindeutige Lösung, welches dieser Portfolios das beste bzw. "optimale" für eine Zentralbank ist. Auf einer zweiten Stufe muß deshalb aus der Menge der effizienten Portfolios dasjenige bestimmt werden, das aus Sicht des Anlegers optimal ist. Hierbei zeichnet sich eine wesentliche Schwierigkeit bei der Anwendung des Portfolioansatzes für das Reservemanagement und eine portfoliotheoretische Überprüfung des Anlageverhaltens offizieller Währungsbehörden ab. Denn die Wahl des optimalen Portfolios und damit dessen Zusammensetzung hängt letztendlich von den individuellen Präferenzen der Zentralbank gegenüber der Substitutionsbeziehung zwischen Ertrag und Risiko ab. Aus diesem Grund gibt es auch nicht eine einzige und eindeutige Lösung für das "optimale" Portfolio. Dieses subjektive Element des Portfolioansatzes macht praktisch eine Beurteilung unmöglich, ob und in welchem Ausmaß sich hinter der Währungszusammensetzung der Devisenreserven einer Zentralbank ein Optimierungsverhalten verbirgt.[16] Das Hauptproblem liegt in der Wahl eines neutralen Bezugspunktes ("Benchmark"), anhand dessen das tatsächlich von einer Zentralbank gehaltene Portfolio verglichen und der Grad der Ineffizienz des Reservemanagements gemessen werden kann. Zur Lösung dieses Problems werden in der Literatur unterschiedliche und zum Teil eher mechanische Ansätze vorgeschlagen, von denen allerdings keiner vollständig befriedigend ist. Abbildung 9 zeigt einige dieser Vorschläge.

15 Vgl. Horii, A. (1986), S. 54.
16 Vgl. Roger, S. (1993), S. 46.

Abbildung 9: Alternative Ansätze zur Auswahl optimaler Portfolios

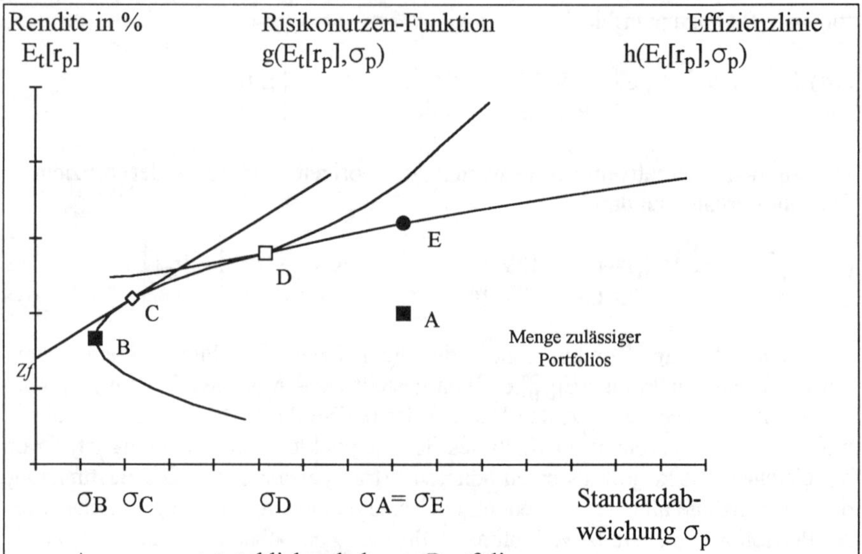

A = tatsächlich gehaltenes Portfolio
B = risikominimales Portfolio
C = Marktportfolio bei risikoloser Anlage- und Kreditaufnahmemöglichkeit zum Sicherheitszinsfuß z_f
D = nutzenmaximales Portfolio
E = effizientes Portfolio mit gleichem Risiko wie das tatsächlich gehaltene Portfolio

Punkt A markiert hierbei das als hypothetisch angenommene tatsächlich von einer Zentralbank gehaltene Reserveportfolio mit der dazugehörigen Portfoliorendite r_A und der Standardabweichung σ_A. Es liegt zwar innerhalb der durch die Effizienzlinie begrenzte Menge der zulässigen Portfolios, aber unterhalb der für einen bestimmten Zeitpunkt berechneten Effizienzlinie. Somit ist es ineffizient, da es Portfoliokombinationen gibt, die bei gleichem Risiko einen höheren Ertrag (z.B. Punkt E) oder bei gleichem Ertrag ein geringeres Risiko aufweisen. Die Punkte B, C, D und E markieren weitere Benchmarks, auf die im folgenden eingegangen werden soll.

1.2.1 Der Ansatz des nutzenoptimalen Portfolios

Der originäre Ansatz der Portfoliotheorie bestimmt unter Verwendung einer Ziel- bzw. Risiko-Nutzenfunktion ein "optimales" Portfolio. Ausgangspunkt der Überlegungen ist, daß ein Wirtschaftssubjekt mit einem gegeben Vermögen W Güter aus mehreren Ländern konsumieren möchte und bis zum Zeitpunkt der Verausgabung sein Vermögen in Finanzanlagen anlegt, die auf die Währungen der verschiedenen Länder lauten.[17] Wechselkursschwankungen und inflationäre Entwicklungen beeinflussen den Realwert des Vermögens des Wirtschaftssubjektes und führen dazu, daß die zukünftige Entwicklung der realen Kaufkraft aller Währungen mit Unsicherheiten verbunden ist. Nach dem Bernoulli-Prinzip maximiert ein Anleger bei Unsicherheiten nicht den erwarteten Erwartungswert des Vermögens, sondern den Erwartungswert des Nutzens. Da die Bestimmung der Nutzenfunktion von den Präferenzen des einzelnen Anlegers abhängt und der Nutzen ein kardinal nicht meßbares Phänomen ist, sind nur allgemeine Aussagen über die Form der Nutzenfunktion möglich. Unterstellt man ein risikoscheues Wirtschaftssubjekt ("risk averter"), das bei einem abnehmenden Grenznutzen des Kapitals ein Portfolio auswählt, das, bezogen auf den jeweiligen Ertrag, geringe Risiken beeinhaltet, dann weist die Nutzenfunktion eine nicht-lineare Form in Bezug auf den Ertrag auf. Höhere Verlustrisiken müssen durch zusätzliche Erträge kompensiert werden. Der Erwartungswert des Nutzens E[U(W)]ist also eine Funktion, die positiv vom erwarteten Realertrag des Vermögens und negativ von der Varianz des Ertrages abhängt. Zumeist wird als Funktion, die diese Bedingungen erfüllt, eine quadratische oder logarithmische Funktion verwendet. Eine quadratische Funktion allgemeiner Art könnte beispielsweise folgendermaßen aussehen:[18]

$$(16)\quad E[U(W)] = g(E_t[r_p], S_p^2) = X'R - (b/2)\, S_p^2\,,$$

Aus der Menge effizienter Portfolios $h(Et[r_p], S_p^2)$ muß ein Anleger gemäß seiner Risiko-Nutzenfunktion das optimale Portfolio auswählen, das seinen Nutzen maximiert. Sieht man einmal von Transaktionskosten der Portfolioumschichtung ab,[19] unterstellt beliebige Teilbarkeit der Währungsanlagen und daß es für jede Reservewährung jeweils nur ein typisches Anlageinstrument gibt, dann lautet das Maximierungsproblem des Anlegers unter Verwendung einer quadratischen Nutzenfunktion:[20]

$$(17)\quad E[U(W)] = E[dW/W] - 1/2\ b\ Var\,(dW/W) =$$

17 Vgl. im folgenden: Klump, R. (1986), S. 123ff.

18 Vgl. so z.B.: Dornbush, R. (1980), S. 165 und S. 167; Brown, E., Papell, D.H. und M. Rush (1991), S. 5; Horii, A. (1986), S. 54.

19 Unter Berücksichtigung von Transaktionskosten verkleinert sich in Portfoliomodellen die Anzahl der Anlagealternativen erheblich. Sobald der durch eine weitere Diversifizierung zu erzielende zusätzliche Gewinn den zusätzlichen Transaktionskosten entspricht, ist die optimale Zahl der Anlage, die in das Portfolio aufgenommen werden sollten, erreicht. Vgl. Klump, R. (1986), S. 124.

20 Vgl. Wihlborg, C. (1978), S. 48; Braga de Macedo, J. (1982), S. 82 und S. 97ff.

$$= \quad XR' - b/2\, S_p^2 \quad \rightarrow Max! \quad ,$$

wobei sich jeweils die Anteile aller Währungsguthaben am Gesamtportfolio zu Eins aufsummieren $X'e = 1$, R ein Vektor ist, der die jeweiligen realen Ertragsraten aller Anlagealternativen erfaßt und b ein konstanter Arrow-Pratt Koeffizient ist, der die relative Risikoaversion des betreffenden Anlegers widerspiegelt. Löst man das Problem mit Hilfe des Lagrange-Ansatzes

$$(18) \quad L(x_1, x_2, ..., x_i, \lambda) = \quad X'R - b/2\, S_p^2 + \lambda(X'e - 1) \rightarrow Max!\, ,$$

erhält man unter Verwendung der Bedingungen erster Ordnung und nach Umformungen die optimalen Währungsanteile des Portfolios:[21]

$$(19) \quad X^* = V^{-1} e/e'V^{-1} e + (1/b)\, V^{-1} (R - (R'V^{-1} e/e'V^{-1}e)\, e)\, .$$

Die Lösung dieses Problems ist auch graphisch darstellbar. Das nutzenoptimale Portfolio ist der in Abbildung 9 mit D gekennzeichnete Tangentialpunkt der Nutzenfunktion mit der Effizienzlinie.
Für den einfachen Fall zweier Währungen ergeben sich die optimalen Währungsanteile des Portfolios zu

$$(19a) \quad x_1 = \frac{(r_1 - r_2) + b(\sigma_2^2 - \sigma_{12})}{b(\sigma_1^2 + \sigma_2^2 - 2\sigma_{12})}$$

und

$$(19b) \quad x_2 = 1 - x_1 = \frac{(r_2 - r_1) + b(\sigma_1^2 - \sigma_{12})}{b(\sigma_1^2 + \sigma_2^2 - 2\sigma_{12})}$$

Wie in den Gleichungen (19a) und (19b) zu erkennen ist, hängt die Wahl der optimalen Portfolioanteile von den realen Ertragsdifferenzen, den Varianzen und der Kovarianz der Kaufkraftänderungen der Währungen als Maß des Währungsrisikos sowie dem Grad der Risikoaversion des Anlegers ab.

Unter Verwendung der Gleichungen (19a) und (19b) lassen sich die Wirkungen von Änderungen einzelner Parameter auf die Zusammensetzung des Portfolios und damit der einzelnen Portfolioanteile analysieren.[22]

---

21 Vgl. zur Ableitung der vektoriellen Lösung: Horii, A. (1986), S. 53f.

22 Eine ausführliche Wirkungsanlayse ist zu finden bei: Wihlborg, C. (1978), S. 39-41 und 50-52 sowie bei Klump, R. (1986), S. 127ff.

So bewirkt eine Zunahme der Renditedifferenz zugunsten einer Währung, daß, sofern der Anleger nicht vollkommen risikoscheu ist ($b < \infty$), der optimale Portfolioanteil dieser Währung zunimmt. Die Wirkung einer Veränderung des Währungs- bzw. Kaufkraftrisikos einer Währung auf dessen optimalen Anteil im Portfolio hängt vom korrelativen Zusammenhang zur anderen Währung ab. Sind die Währungsrisiken beider Währungen nicht miteinander korreliert ($\rho_{12} = 0$), dann hängt die Veränderung des Anteils der Währung am Portfolio, deren Kaufkraftrisiko zunimmt, vom gegebenen Anfangsbestand dieser Währung ab. Ist der Anfangsbestand einer Währung positiv ($x_1 > 0$) und nimmt das Kaufkraftrisiko einer Währung zu, so wird der Anteil dieser Währung im Portfolio abnehmen. Bei einem negativen Anfangsbestand ($x_1 < 0$), wenn der Anleger sich also in der betreffenden Währung verschuldet hat, wird dagegen der Portfolioanteil erhöht. Daraus folgt, daß sowohl die Verschuldung als auch die Guthaben in dieser Währung mit zunehmendem Risiko abgebaut werden.[23] Ist der Korrelationskoeffizient von Null verschieden ($\rho_{12} > 0$ bzw. $\rho_{12} < 0$), dann "*sind bestimmte positive oder negative Anfangsbestände notwendig, um den Anleger zu einer Verringerung des Portfolioanteils dieser Währung bzw. zur Verringerung der Verschuldung in dieser Währung bei Zunahme des mit ihr verbundenen Kaufkraftrisikos zu veranlassen. Liegt jedoch Risikoaversion bei Schuldner und Gläubiger vor, so ist approximativ damit zu rechnen, daß beide Gruppen ihre Engagements in der Währung verringern, deren Kaufkraftrisiko steigt. Entsprechend wird dann die Nachfrage nach der jeweils anderen Währung zunehmen.*"[24]

Die beschriebenen Zusammenhänge verdeutlichen die Grundprinzipien der internationalen Portfoliodiversifizierung, wobei bisher die Risiken einer realen Kaufkraftänderung der beiden Währungen nicht näher spezifiziert wurden. Für die Ableitung optimaler Anlagestrategien mit denen das Reserveportfolio einer Zentralbank nach portfoliotheoretischen Gesichtspunkten optimal strukturiert werden soll, ist jedoch besonders das Wechselspiel verschiedener Konstellationen zwischen den Inflations- und Wechselkursrisiken von Bedeutung. Von besonderem Einfluß ist, ob die Entwicklung der Inflationsraten vollständig vorhersehbar ist und ob zwischen den Inflations- und Wechselkursrisiken ein unmittelbarer Zusammenhang besteht, wie ihn die Kaufkraftparitätenhypothese postuliert.[25]
Die von Inflations- und Wechselkursrisiken auf die optimale Portfoliozusammensetzung ausgehenden Einflüsse untersuchten Kouri und Braga de Macedo in ihrem Portfoliomodell, in dem sie explizit Kaufkraftindices einführten, bei deren Berechnung die vom jeweiligen Anleger in der jeweiligen Währung zu tätigen Aus-

---

23 Vgl. Klump, R. (1986), S. 128.
24 Klump, R. (1986), S. 129.
25 Vgl. zu einer ausführlichen Darstellung der folgenden Zusammenhänge: Klump, R. (1986), S. 131-146.

gabenanteile berücksichtigt werden. Sie zeigen, daß ein risikoscheuer Anleger das Währungsrisiko im Fall eines sehr hohen Wechselkursrisikos im Vergleich zu den Inflationsrisiken, dadurch minimieren kann, indem er die Währungsstruktur innerhalb seines Portfolios soweit wie möglich an seine zukünftige Ausgabenstruktur anpaßt.[26]

Überträgt man diese Überlegungen auf das Anlageverhalten offizieller Währungsbehörden, bedeutet dies, daß eine Zentralbank das Gesamtrisiko ihrer Reserveguthaben minimieren kann, wenn sie die Anteile der einzelnen Reservewährungen in ihrem Portfolio an die Währungsstruktur ihrer zukünftigen Ausgaben angleicht. Die aus einer Aufwertung einer Reservewährung resultierende Zunahme des nominalen Kapitalertrags kann dann dazu verwendet werden, um die steigenden Ausgaben in dieser Währung zu kompensieren. Verhält sich eine Zentralbank nach dieser Strategie, so betreibt sie ein perfektes Hedging ihrer zukünftigen Ausgaben und sichert die reale Kaufkraft ihrer Reserven.[27]

---

26 Vgl. Kouri, P.J.K. und J. Braga de Macedo (1978), S. 125; Adler, M. und B. Dumas (1983), S. 943.

27 Vgl. so auch: Kouri, P. J. K. und J. Braga de Macedo (1978), S. 125; Ben-Bassat, A. (1981), S. 13; Healy, J. (1981), S. 6. In der Literatur wird aus Vereinfachungsgründen häufig angenommen, daß eine Zentralbank ihre Reserven letztendlich zur Bezahlung von Importen verwendet und daher die Kaufkraft der Reserven über einen Importkorb sichern sollte. Vgl. beispielsweise Healy, J. (1981), S. 8; Downes, P.T. (1989), S. 20. Damit diese Anlagestrategie aufgeht, muß zusätzlich unterstellt werden, daß jeder Handelspartner in einem ausreichenden Maße Reserveaktiva anbietet. Abgesehen davon, daß wie oben diskutiert Zentralbanken eine Vielzahl von Zahlungen abwickeln und eine Finanzierung der Einfuhren nur indirekt aus dem Interventionsmotiv abgeleitet werden kann, übersteigt in der Regel die Zahl der Handelspartner die Zahl der Länder, die Reservewährungen anbieten. In diesem Fall bedarf diese Anlagestrategie einer Modifikation. Healy schlägt in diesem Zusammenhang einen zweistufigen Ansatz vor: Zunächst sollten die Währungsanteile an die Struktur der zukünftigen Ausgaben gegenüber den Handelspartnern angeglichen werden, die auch Reserveaktiva anbieten. Auf der nächsten Stufe sollte dann der auf Nicht-Reservewährungsländer entfallende Rest des Reservebestands den Reservewährungsanteilen zugeteilt werden. Vgl. Healy, J. (1981), S. 9f. Nach Ben-Bassat könnten so zum Beispiel die Anteile der wichtigsten Reservewährungen anhand der Importstruktur bestimmt werden. Da die Einfuhren aus Nicht-Reservewährungsländern zum Großteil in US-Dollar abgewickelt werden, sollte deshalb der Rest dem ermittelten Dollaranteil zugeschrieben werden. Vgl. Ben-Bassat, A. (1981), S. 13. Problematisch an diesem Ansatz ist die Bestimmung des Verteilungsschlüssels, mit dem die Restkomponente aufgeteilt werden soll. Darüber hinaus ist nicht die Bestimmung des Herkunftslandes, aus dem die Einfuhren stammen, entscheidend dafür, in welcher Währung Zahlungen zu leisten sind, sondern allein die Fakturierung der Einfuhren. Zwar beeinflußt der Ursprung der Importe oftmals das Fakturierungsverhalten, aber gerade bei vielen Ländern, wie den Entwicklungsländern, die selbst keine Reservewährungen anbieten, werden die Exportgüter in einer der wichtigen Reservewährungen fakturiert. Für die obige Anlagestrategie bedeutet dies, daß die optimalen Portfolioanteile der einzelnen Reservewährungen an die Fakturierungsstruktur angepaßt werden sollten. So sollte beispielsweise bei den Einfuhren aus einem Entwicklungsland,

Da jedes Land eine andere Ausgabenstruktur aufweist, unterscheiden sich auch die optimalen Portfoliozusammensetzungen zwischen den einzelnen Zentralbanken.[28] Anders sieht es aus, wenn ein unmittelbarer Zusammenhang zwischen Inflations- und Wechselkursänderungen besteht, wie er insbesondere für den Fall hoher Inflationsunterschiede zwischen den einzelnen Währungen durch die Kaufkraftparitätenhypothese postuliert wird. In diesem Fall nimmt der Anreiz zu, unabhängig von der zukünftigen Ausgabenstruktur Reserven nur noch in der Währung anzulegen, die das geringste Inflationsrisiko aufweist.[29] In diesem Fall vereinfacht sich das Diversifizierungsproblem sehr stark.

Die Bestimmung des nutzenmaximierenden Portfolios ist mit großen Schwierigkeiten verbunden. Denn wie bei privaten Wirtschaftssubjekten lassen sich in der Realität auch die Präferenzen von Zentralbanken nicht in kardinalen Nutzenfunktionen erfassen.[30] Ebenso ist eine quantitative Bestimmung der Risikoeinstellung von Zentralbanken, die im Modellansatz durch den Arrow-Pratt-Koeffizenten spezifiziert wird, problematisch. In der portfoliotheoretischen Literatur werden für diesen Koeffizenten unterschiedliche Werte eingesetzt, häufig aber ein Wert von b = 2 angenommen.[31] Dellas weist jedoch darauf hin, daß es keine zwingende Begründung dafür gibt, daß Zentralbanken das gleiche Risikoverhalten aufweisen wie etwa private Investoren.[32] Ein gewisser Grundkonsens besteht lediglich darüber, daß sich Währungsbehörden bei ihren Anlagedispositionen sehr risikoscheu verhalten. Solange die Form der Nutzenfunktion unbekannt ist, ist es praktisch auch nicht möglich zu beurteilen, ob die von Portfoliomanagern offizieller Währungsbehörden ausgewählte Struktur wirklich optimal ist.
Je nach Art der Zielfunktion wird also auch die optimale Zusammensetzung unterschiedlich ausfallen. Hiervon unberührt bleibt jedoch die Effizienzlinie, die allein aus den Risiko- und Ertragskombinationen abgeleitet wird. Daher eignet sich diese als Anknüpfungspunkt für die Auswahl einer optimalen Portfoliozusammensetzung aus der Menge der effizienten Portfolios. Von den in der finanzwirtschaftlichen Literatur vorgeschlagenen Lösungsmöglichkeiten, die auf eine Spezifizierung

---

das seinen Außenhandel in Dollar abwickelt, ein Teil der Reserven der Dollar-Komponenten zugerechnet werden.

28 Vgl. so auch Rikkonnen, K.-L. (1989), S. 14. Ähnlich auch Adler, M. und B. Dumas (1983), S. 926.

29 Vgl. Kouri, P.J.K. und J. Braga de Macedo (1978), S. 125; Braga de Macedo, J. (1983), S. 179; vgl. auch Healy, J. (1981), S. 8ff.

30 In Analogie zum Konsumverhalten privater Anleger, bei denen eine Vermögensanlage als Konsumverzicht oder verspäteter Konsum interpretiert werden kann, versucht Ben-Bassat für Zentralbanken eine Nutzenfunktion zu spezifizieren, die von den Importen des Landes abhängt Vgl. Ben-Bassat, A. (1984), S. 5.

31 Vgl. so z.B. Brown, E.; Papell, D. H. und M. Rush (1991), S.7. Braga de Macedo, J.; J. Goldstein und D. Meerschwam (1984) verwenden dagegen einen Wert von b = 1.

32 Vgl. so z.B. Dellas, H. (1989a), S. 10.

der Nutzenfunktion verzichten, sind vor allem der Ansatz des risikominimalen Portfolios und das aus der Finanzierungstheorie stammende "Capital Asset Pricing Model" (CAPM) hervorzuheben.

1.2.2 Das risikominimale Portfolio (Minimum-Varianz-Portfolio)

Im Zusammenhang mit dem Reservemanagement offizieller Währungsbehörden wird häufig von der Annahme ausgegangen, daß diese eine sehr konservative Anlagepolitik betreiben und sich sehr risikoscheu gegenüber möglichen Verlusten aus der Reservehaltung verhalten. Die Werterhaltung der Devisenreservebestände genießt oberste Priorität, während spekulative Engagements bei der Anlageentscheidung eher von nachrangiger Bedeutung sind.[33] Folgt man dieser Argumentation und ist es das Ziel einer Zentralbank, die mit der Reservehaltung verbundenen Risiken möglichst auf ein Minimum zu begrenzen - Ertragsüberlegungen spielen dann eine untergeordnete Rolle -, so ist es für eine Währungsbehörde eine rationale Handlungsmaxime, aus der Menge der verschiedenen effizienten Anlagealternativen mit unterschiedlichen Renditen und Risiken diejenige Kombination der Währungsanlagen auszuwählen, die das geringste Gesamtrisiko des Reserveportfolios aufweist. Dieses risikominimale Portfolio (Minimum-Varianz-Portfolio) wird häufig als Referenzportfolio deshalb gerne verwendet, da die mit der Spezifizierung einer Nutzenfunktion verbundenen Probleme umgangen werden und es analytisch sehr einfach zu bestimmen ist. Minimiert man die Varianz des Gesamtportfolios (10a) unter der Nebenbedingung, daß sich die einzelnen Portfolioanteile zu Eins aufsummieren, so ergeben sich die Anteile des risikominimalen Portfolios zu

(20) $X^{**} = V^{-1} e / e' V^{-1} e$.

Graphisch entspricht die Lösung des risikominimalen Portfolios dem Scheitelpunkt der Effizienzlinie (siehe Punkt B in Abbildung 9).
Im Gegensatz zur nutzenmaximierenden Lösung in Gleichung (19) hängen die Portfolioanteile des risikominimalen Portfolios nur noch von den Varianzen und Kovarianzen der Währungsrisiken der verschiedenen Anlageinstrumente ab. Renditeunterschiede haben keinen Einfluß mehr auf die "optimalen" Portfolioanteile.[34] Ferner entspricht die Lösung des risikominimalen Portfolios genau dem

33 Vgl. so z.B.: Laney, L.O. (1980), S. 129.; Heller, H.R. und M. Knight (1978b), S. 12; Horii, A. (1986), S. 34f; Medeiros, C. und Nocera, S. (1988), S. 20.

34 Für den einfachen Fall zweier Anlageobjekte stellt sich das Minimierungsproblem folgendermaßen dar:

$Var(r_p) = \sigma^2_p = x_1^2\sigma^2_1 + x_2^2\sigma^2_2 + 2x_1x_2\sigma_{12}$ -> Min !

Nach Lösung des Lagrange-Ansatzes ergeben sich als optimale Anteile ersten Term in Gleichung (19). Die allgemeinere Lösung des Portfolioproblems in Gleichung (19) kann damit in zwei Portfolios aufgeteilt werden: In ein Portfolio, das die Varianz des realen Portfolioertrags minimiert (x^{Min}) und in ein spekulatives Portfolio (x^{Spek}), das einerseits von den erwarteten realen Renditedifferenzen und andererseits von der Risikoaversion des Anlegers abhängt.[35]

$$(21)\quad X^{*} = \underbrace{V^{-1}\, e/e'V^{-1}\, e}_{x^{Min}} + \underbrace{(1/b)\, V^{-1}\, (\, R - (\, R'V^{-1}\, e/e'V^{-1}e\,)\, e\,)}_{x^{Spek}}$$

Während der erste Term den Anteil der Währungsguthaben bestimmt, wenn eine Zentralbank extrem risikoscheu ist und der Risikoaversionskoeffizient b gegen Unendlich konvergiert, reflektiert der zweite Term den Einfluß der Risikoaversion der Zentralbank und der Renditedifferenzen auf den zu wählenden Portfolioanteil einer Währung.

Je größer die Abneigung einer Zentralbank gegenüber Risiken ist, im Extremfall konvergiert der Grad der Risikoaversion gegen Unendlich, desto geringer wird der Einfluß der Renditedifferenzen auf die Zusammensetzung des Portfolios. Die optimalen Portfolioanteile konvergieren dann gegen die "optimalen" Anteile des risikominimalen Portfolios, die nur noch von den Varianzen und Kovarianzen der Währungsrisiken determiniert werden und die die Varianz des Gesamtertrags des Portfolios minimieren.

Möchte beispielsweise eine Zentralbank eines Nichtreservewährungslandes möglichst jegliches Währungsrisiko vermeiden, wird sie im Falle zweier Anlagealternativen immer dann ihr Reserveportfolio diversifizieren und beispielsweise ihre Reserven neben den Dollar (x_1) auch in D-Mark (x_2) anlegen, wenn die Kovarianz der Renditen der zwei Anlagemöglichkeiten kleiner ist als das Währungsrisiko $\sigma_1{}^2$ der Dollar-Anlage. Ist das Währungsrisiko in beiden Reservewährungsländern

---

$$x_1^{Min} = \frac{\sigma_2^2 - \sigma_{12}}{\sigma_1^2 + \sigma_2^2 - \sigma_{12}}$$

$$x_2^{Min} = 1 - x_1^{Min} = \frac{\sigma_1^2 - \sigma_{12}}{\sigma_1^2 + \sigma_2^2 - 2\sigma_1}$$

35 Vgl. Braga de Macedo, J. (1982), S. 82; Braga de Macedo, J. (1983), S. 181. Werden die optimalen Portfolioanteile der Fremdwährungsaktiva für den Zwei-Wertpapier-Fall als Summe des risikominimalen Portfolios (x^{Min}) und des spekulativen Portfolios (x^{Spek}) ausgedrückt, so ergibt sich für den Anteil des ersten Anlageobjektes:

$$x_1 \quad = \quad x_1{}^{Min} \quad + \quad x_1{}^{Spek}$$

$$= \frac{\sigma_2^2 - \sigma_{12}}{\sigma_1^2 + \sigma_2^2 - 2\sigma_{12}} + \frac{r_1 - r_2}{b(\sigma_1^2 + \sigma_2^2 - 2\sigma_{12})}$$

positiv, so ist der Anreiz, das Reserveportfolio zu diversifizieren, dann besonders groß, wenn die Kovarianz negativ ausfällt.
Ist dagegen eine Zentralbank bereit, in ihrem Reserveportfolio auch risikobehaftete Aktiva zu halten, so wird sie bei ihren Anlageentscheidungen von der Strategie des risikominimalen Portfolios Abstand nehmen und entsprechend ihrer Risikoeinstellung (b) und den Varianzen und Kovarianzen der Kaufkraftänderungen auch spekulative Engagements in der Währung eingehen, für die der höchste Ertrag erwartet wird.[36] In diesem Fall würden die Überlegungen, wie das aus der Haltung von Devisenreservebeständen entstehende Risiko möglichst begrenzt werden könnte, von Ertragsaspekten übertroffen werden.
Der Lösungsansatz des risikominimalen Portfolios scheint insbesondere für die Analyse der optimalen Zusammensetzung offizieller Devisenreserven geeignet zu sein, wenn angenommen wird, daß Zentralbanken sich sehr risikoscheu verhalten und das Ziel verfolgen, möglichst den Wert ihrer Währungsbestände zu bewahren.
Im Unterschied zur nutzenmaximierenden Lösungsvariante wird der Ansatz des risikominimalen Portfolios in der Literatur zur Analyse der Reservediversifizierung offizieller Währungsbehörden bevorzugt gewählt,[37] da keine Nutzenfunktion spezifiziert werden muß und er zu einer relativ einfachen Lösung des Portfolioproblems führt.
Ein Vergleich der riskominimalen Portfolioanteile mit der in den Statistiken ausgewiesenen tatsächlichen Reservestruktur kann zugleich einen Hinweis über die Risikoeinstellung offizieller Währungsbehörden geben; insbesondere ob sich Zentralbanken wirklich so risikoscheu verhalten oder ob nicht doch vielleicht in einem gewissen Ausmaß Renditegesichtspunkte bei gleichzeitiger Inkaufnahme größerer Risiken in das Reservemanagement Eingang gefunden haben. Letzteres wäre mit dem oben beschriebenen Anlageverhalten offizieller Stellen konsistent. Hierbei ist allerdings zu berücksichtigen, daß zwar die unterschiedliche währungsmäßige Zusammensetzung des risikominimalen Portfolios mit der tatsächlich von einer Zentralbank gehaltenen Währungsstruktur ihrer Reserveanlagen verglichen werden kann. Wie jedoch in Abbildung 9 zu sehen ist, weisen Punkt A und B keinen gemeinsamen Bezugspunkt auf. Beide Portfolios unterscheiden sich sowohl hinsichtlich des Ertrags als auch hinsichtlich des Risikos. Sofern nicht beide Portfolios zufälligerweise den gleichen Ertrag aufweisen, ist das Minimum-Varianz-Portfolio kein direktes Maß, mit dem der Gesamtumfang der Ungleichheit eindeutig gemessen werden kann. Mit anderen Worten, es gibt keine Möglichkeit, mit

---

36 Vgl. Klump, R. (1986), S. 127.

37 Vgl. so z.B. von: Kouri, P. J. K. und J. Braga de Macedo (1978), S. 127; Healy, J. (1981), S. 4; Horii, A. (1986), S. 34, Medeiros, C. und S. Noceras (1988), S. 10; Racine, J. (1988), S. 40, Rikkonen, K.-L. (1989), S. 30.

der genau gemessen werden kann, um wieviel das tatsächlich gehaltene und ineffiziente Reserveportfolio vom risikominimalen Portfolio abweicht.[38]

1.2.3 Die Bestimmung eines optimalen Portfolios mit Hilfe des Konzepts der Kapitalmarktlinie

Ein weiterer Ansatz zur Ableitung einer optimalen Zusammensetzung des Reserveportfolios ist das aus der Weiterentwicklung der Portfoliotheorie zu einer Theorie des Kapitalmarktgleichgewichts resultierende Konzept der Kapitalmarktlinie. Hier dominierte in der Finanzierungstheorie in den letzten 30 Jahren das auf Sharpe, Lintner und Mossin[39] zurückgehende und inzwischen in verschiedenen Varianten vorliegende Capital Asset Pricing Modell (CAPM). Mit Hilfe des CAPM läßt sich das "optimale" Portfolio risikotragender durch den Tangentialpunkt der Effizienzlinie mit einer Geraden ableiten, deren Ursprung durch die Höhe eines Sicherheitszinsfußes z_f bestimmt wird, zu dem unbeschränkt Kapital aufgenommen oder Kapital risikolos angelegt werden kann. Die optimale Zusammensetzung des Reserveportfolios risikobehafteter Anlagen muß dann anhand des gefundenen Tangentialportfolios (Marktportfolio), das in der Abbildung 9 durch den Punkt C dargestellt ist, zurückgerechnet werden.

Gegenüber dem nutzenoptimalen Portfolio weist dieser Ansatz den Vorteil auf, daß er auf eine Spezifizierung der Risiko-Nutzen-Funktion und des Risikoaversionskoeffizienten verzichtet. Jedoch ist auch die Bestimmung einer optimalen Zusammensetzung des Reserveportfolios durch das CAPM mit Schwierigkeiten verbunden: Insbesondere wird diese relativ einfache Lösungsmethode durch sehr restriktive Modellannahmen, wie die Möglichkeit einer risikolosen Anlage und Kreditaufnahme, erkauft, die in der Realität kaum erfüllt sein dürften. Ein Problem ergibt sich insbesondere bei der Wahl der Rendite der hypothetisch "risikofreien" Anlage. Geht man davon aus, daß eine Zentralbank ihre Gewinne und Verluste und den Wert ihrer Devisenreserven in der Landeswährung bewertet, so kann der Zinssatz eines repräsentativen inländischen staatlichen Anlageinstruments, das in der Regel ein minimales Bonitätsrisiko aufweist, als Referenzsatz gewählt werden.[40] Dient dagegen eine Fremdwährung als Numéraire, so kann als Referenzsatz der Zinssatz für Schatzwechsel in der betreffenden Numéraire-Währung verwendet werden. Ist dagegen die Zielfunktion einer Zentralbank gegenüber einem Währungskorb definiert, so kann dementsprechend ein gewichteter Durchschnitt der Zinssätze verschiedener Schatzwechsel der im Währungskorb enthaltenen

---

38 Vgl. hierzu auch: Roger, S. (1993), S. 46.

39 Vgl. Sharpe, W.F. (1964), S. 425-442; Lintner, J. (1965), S. 13-37; Mossin, J. (1966), S. 768-783.

40 Vgl. so z.B. Jager, H. und E. de Jong (1987), S. 1075.

Währungen als risikofreier Referenzsatz herangezogen werden.[41] Natürlich kann die Annahme einer risikolosen Anlagemöglichkeit nur als eine Vereinfachung betrachtet werden, da in der Realität selbst Staatspapiere neben dem Inflationsrisiko und Zinsänderungsrisiko dem Risiko einer Kapitalwertänderung unterliegen können.[42] Zudem ist wie beim risikominimalen Portfolio auch hier wiederum ein eindeutiger Vergleich des effizienten Benchmark-Portfolios mit dem tatsächlich gehaltenen Portfolio schwierig.

1.2.4 Weitere Ansätze zur Auswahl optimaler und anderer Referenzportfolios

Da die vorgestellten Alternativen zur Auswahl einer optimalen Portfoliozusammensetzung, mit der die tatsächliche Zusammensetzung des Reserveportfolios verglichen werden kann, nicht ohne Probleme sind, wurde von Dellas eine bessere Vergleichsmöglichkeit vorgeschlagen.[43] Als Referenzportfolio sollte danach dasjenige Portfolio gewählt werden, das auf der Effizienzkurve liegt, das aber das gleiche Risiko aufweist wie das tatsächlich von einer Zentralbank gehaltene Reserveportfolio. In Abbildung 9 ist dieses Referenzportfolio durch Punkt E gekennzeichnet. Diese Alternative scheint vor allem aus zwei Gründen besonders vorteilhaft zu sein:
Erstens kann der Unterschied zwischen beiden Portfolios sehr leicht beurteilt werden, indem die Renditen beider Portfolios miteinander verglichen werden.
Zweitens beinhaltet der Vergleich zwischen den Renditen der Portfolios A und E kein Werturteil über die Optimalität der einzelnen Portfolios. Denn läge das tatsächlich von der Zentralbank gehaltene Portfolio nicht in Punkt A, sondern in Punkt D, so wäre es als effizient zu beurteilen.
Im Vergleich zu den Portfolios B, C und D weist Portfolio E aber ein größeres Risiko auf und wäre daher trotz seiner Effizienz als ineffizient zu beurteilen. Von Roger wird deshalb kritisiert, daß auch das von Dellas vorgeschlagene Ineffizienz-Maß nicht ganz unproblematisch ist.[44] Darüber hinaus wird die Berechnung der Effizienzkurve sehr stark von der Wahl des Numéraire und der Form der Erwartungsbildung beeinflußt. Da bisher vereinfachend angenommen wurde, daß die in naher Zukunft zu erzielenden erwarteten Renditen auf Basis vergangener Daten geschätzt werden können, kann bei einer anderen Erwartungshypothese das Port-

---

41 Vgl. Ben-Bassat, A. (1980), S. 293; Ben-Bassat, A. (1981), S. 22; Ben-Bassat, A. (1984), S. 10.

42 Vgl. Jager, H. und E. de Jong (1987), S. 1076; vgl. hierzu auch: Perridon, L. und M. Steiner (1984), S. 427ff und dort zu weiteren Modellvarianten mit realitätsnäheren Annahmen des CAPM.

43 Vgl. Dellas, H. (1989b), S. 11.

44 Vgl. hierzu: Roger, S. (1993), S. 48.

folio A durchaus auf einer Effizienzlinie liegen. Die ursprüngliche Effizienzlinie wäre dann auf das Fehlurteil des Anwenders hinsichtlich der unbekannten Zielfunktion der Zentralbank und dessen fehlerhafte Prognosemethode zurückzuführen.
Verschiedentlich wird die optimale Zusammensetzung auch mit Hilfe anderer Portfoliostrukturen und naiver Anlagestrategien verglichen, um die Effizienz des Reservemanagements beurteilen zu können.[45] Solche Benchmarks dienen zwar nicht direkt der Auswahl eines "optimalen" Portfolios. Sie gestatten aber einen Vergleich mit dem tatsächlich gehaltenen Reserveportfolio und geben insbesondere Aufschluß darüber, ob die Modellierung komplexer portfoliotheoretischer Ansätze und eine Orientierung des Reservemanagements an diesen Anlageempfehlungen gegenüber einfachen und eher mechanischen Ansätzen lohneswert ist. Damit dies der Fall ist, sollte die mit dem Portfoliomodell zu erzielende Performance über derjenigen liegen, die mit anderen einfacheren und zum Teil naiven Anlagestrategien zu erzielen ist.
So werden beispielsweise portfoliooptimale Zusammensetzungen verglichen mit

- einer gleichmäßigen Aufteilung der Devisenreserven auf die verschiedenen in Frage kommenden Reservewährungen;[46]
- einer Aufteilung des Reserveportfolios entsprechend den Währungsgewichten des Währungsindexes, gegenüber dem die Zentralbank den Wechselkurs der Inlandswährung stabilisiert;[47]
- einer Aufteilung der Reserveanlagen gemäß den Währungsanteilen des SZR-Korbes;[48]
- einer Aufteilung der Reserven entsprechend der Importstruktur des Landes;[49]
- einem dem Markt nachgebildeten Index wie z.B. der Währungsstruktur offizieller Einlagen an den Eurogeldmärkten.[50]

Derartige defensive Portfoliostrategien empfehlen sich bei einer unübersichtlichen Marktlage und Zins- und Wechselkursentwicklungen oder wenn die notwendigen Informationen nicht verfügbar sind oder das Sammeln und Auswerten von Informationen zu kostenspielig ist. Auch wenn ein signifikanter Zusammenhang zwischen den in der Vergangenheit zu erzielenden und den in der Zukunft erwarteten Renditen bezweifelt wird, kann ein diversifiziertes Portfolio vorteilhaft sein, das eher zufällig auf die verschiedenen am Markt angebotenen Aktiva aufgeteilt ist. Zwar kann mit einer solchen Strategie nicht viel gewonnen werden, aber dafür bleibt das Risiko in volatilen Märkten begrenzt. Darüber hinaus ist unter Risiko-

---

45 Vgl. zu verschiedenen Ansätzen beispielsweise: Ben-Bassat, A. (1981), S. 12ff
46 Vgl. Ben-Bassat, A. (1981), S. 13; vgl. Nordman, T. (1991), S. 8.
47 Vgl. Nordman, T. (1991), S. 8.
48 Vgl. Healy, J. (1981), S. 15.
49 Vgl. Healy, J. (1981), S. 15.
50 Vgl. Ben-Bassat, A. (1981), S. 13.

und Renditegesichtspunkten eine Benchmark-orientierte Anlagestrategie, die sich in der Nähe der Marktgewichtung bewegt, ratsam, wenn man unterstellt, daß die Märkte effizient sind und eine über die Marktentwicklung hinausgehende Performance nur durch Eingehen unverhältnismäßig höherer Risiken möglich ist.

1.3 Zwischenergebnis

Hinsichtlich der Frage, wie eine Zentralbank angesichts von Währungsrisiken ihren Reservebestand diversifizieren sollte, liefert der Ansatz der Portfolio-Selektion wichtige Hinweise. Das mit Hilfe eines Portfoliomodells bestimmte "optimale" Portfolio gibt eine Struktur vor, in welchen Währungsanteilen eine Zentralbank ihre Devisenreserven anlegen sollte, wenn sie das Ziel der Risikominimierung verfolgt. Im wesentlichen reduziert sich das Problem der Portfoliowahl auf die Schätzung des Mittelwerts, der Varianzen und Kovarianzen der einzelnen Reserveaktiva, die als potentielle Anlageobjekte in Frage kommen. Diese Parameterschätzer werden dann in die Formel für die optimalen Gewichte eingesetzt, um die Menge der Portfolioanteile zu berechnen, die die Portfoliovarianz minimieren. Sofern die Varianz-Kovarianz-Struktur der Wechselkurs- und Preisveränderungen stationär ist, sind diese Portfolioanteile zugleich Schätzwerte für die optimalen Portfoliogewichte gegenwärtiger und zukünftiger Anlagen. Das so ermittelte Referenzportfolio dient zugleich als ein neutraler Bezugspunkt ("Benchmark"), um die Effizienz der währungsmäßigen Zusammensetzung und die Wertentwicklung ("Performance") des tatsächlichen Reserveportfolios und damit den Anlageerfolg des Reservemanagements beurteilen zu können. Das Benchmark ist besonders dann von Bedeutung, wenn im Rahmen eines aktiven Portfoliomanagements bewußt von dessen Struktur abgewichen wird, um ein relativ zur Benchmark-Performance superiores Ergebnis zu erzielen. So zeigt der Unterschied zwischen der tatsächlich realisierten Rendite und der Rendite des Benchmark-Portfolios an, welche Gewinne und Verluste durch ein aktives Reservemanagement erzielt worden sind, indem zum Beispiel die Fristenstruktur des Anlageportfolios gegenüber dem Referenzportfolio verlängert oder verkürzt wurde oder durch den rechtzeitigen Kauf oder Verkauf von bestimmten Finanzaktiva vorübergehende Anomalien bei der Entwicklung der Wertpapierkurse ausgenutzt werden konnten. So lassen sich Handelsgewinne dann realisieren, wenn Anlagen günstig gekauft und teuer verkauft werden können.

Um zu untersuchen, ob die in den Statistiken zu beobachtende Diversifizierung durch portfoliotheoretische Überlegungen erklärbar ist, soll im folgenden mit Hilfe eines einfachen portfoliotheoretischen Modells die währungsmäßige Zusammensetzung der Reserveportfolios von Zentralbanken untersucht werden. Da Zentralbanken keine individuellen Angaben über die Währungsstruktur ihrer Devisenreserven veröffentlichen, ist eine portfoliotheoretische Überprüfung des Anlageverhaltens offizieller Währungsbehörden nur indirekt möglich, indem die in den Statistiken des IWF ausgewiesene Währungsstruktur mit der von portfoliotheoretischen Modellen bestimmten Struktur verglichen wird. Je ähnlicher die Struktur des "optimalen" Portfolios mit der der tatsächlich gehaltenen Währungsstruktur ist, desto größer ist die Wahrscheinlichkeit, daß Risiko- und Ertrags-Gesichtspunkte einen nachhaltigen Einfluß auf die Wahl der Währungen im Reserveportfolio hatten.

2. Empirische Überprüfung der optimalen Zusammensetzung offizieller Reserveportfoios

Ausgangsgrößen bei der Bestimmung eines optimalen Portfolios unter Verwendung der Theorie der Portfolio-Selektion sind die aus den einzelnen Anlagen zu erzielenden Renditen und Risiken. Letztendlich reduzieren sich aber die zur Bestimmung der optimalen Zusammensetzung eines Portfolios erforderlichen Größen auf die Renditen, da das Risiko als Schwankungsbreite der Rendite definiert ist. Da die Variabilität des Ertrages einer Anlage sehr stark davon abhängt, wie die aus der Anlage von Reserven zu erzielenden Renditen berechnet werden, geht von der jeweiligen Berechnungsmethode ein erheblicher Einfluß auf die optimale Zusammensetzung des Portfolios aus.[51] Bei der Berechnung der Renditen sind vor allem zwei Problemkomplexe hervorzuheben:

Erstens müssen die aus der Anlage von Devisenreserven in wichtigen Reservewährungen zu erzielenden Ertragsraten in einer gemeinsamen Bezugsgröße ausgedrückt werden, um diese miteinander vergleichen zu können. Zweitens ist zu überlegen, ob Nominalrenditen oder Realrenditen berechnet werden sollen, wobei bei letzteren das Problem der Deflationierung gelöst werden muß.

2.1 Zur Wahl einer gemeinsamen Bezugsgröße

Hinsichtlich des ersten Problemkomplexes werden in der Literatur grundsätzlich zwei Formen von Bezugsgrößen unterschieden: Die Verwendung einer einzelnen Währung oder eines irgendwie konstruierten Währungsindex, der den Einfluß von Wechselkursänderungen auf die Kaufkraft der Recheneinheit widerspiegeln soll.[52] Auf die Frage, welches dieser beiden Numéraires am besten geeignet ist, gibt es keine erstbeste und abschließende Antwort. Die Wahl des "richtigen" Numéraire

51 Wie Dumas, B (1984) nachgewiesen hat, ist dieser Einfluß besonders bei der Bestimmung risikominimaler Portfolios sehr ausgeprägt.

52 Vgl. Medeiros, C. und S. Nocera (1988), S. 11.

ist in einer gewissen Weise recht willkürlich. Jedoch weisen beide Alternativen bestimmte Vor- und Nachteile auf.

2.1.1 Das Einzelwährungskonzept

Entscheidet man sich für das Einzelwährungskonzept, kann prinzpiell die jeweilige nationale Währung des Anlegers oder eine beliebige Fremdwährung als Bezugspunkt dienen.[53] In Analogie zu einem privaten Wirtschaftssubjekt, das in der Regel die eigene Inlandswährung als Bezugsgröße wählen wird, um die Wertentwicklung seines Vermögens zu bewerten, kann auch eine Zentralbank die nationale Währung als Basiswährung wählen. Aus Bilanzierungsgründen ist es sogar naheliegend, die jeweilige Landeswährung als Numéraire zur Bewertung potentieller Gewinne oder Verluste aus den Reserveanlagen und zur Berechnung der Rendite heranzuziehen. So muß die Deutsche Bundesbank nach den bilanzrechtlichen Vorschriften gem. § 26 BBankG in Verbindung mit § 244 HGB ihren Jahresabschluß sowie die Gewinne und Verluste auf Basis der D-Mark bilanzieren. Ähnliche Klauseln dürften auch für die meisten anderen offiziellen Währungsbehörden gelten. Allerdings ist diese Alternative mit dem Nachteil verbunden, daß das ermittelte effiziente Reserveportfolio nur für dasjenige Land zutreffend ist, dessen Währung als Numéraire ausgesucht wurde. Die abgeleitete optimale Portfoliostrategie ist vielleicht allenfalls noch für ein Land gültig, das sich sehr stark an dieser Währung orientiert. Die optimale Zusammensetzung kann hingegen nicht als ein repräsentatives Modell auf die Reservestruktur anderer Länder oder auf die in den internationalen Reservestatistiken ausgewiesene Währungsstruktur der weltweit gehalten Devisenreserven übertragen werden.

Für eine interne Vergleichsrechnung oder einen allgemeingültigeren Ansatz, mit dem die Effizienz der weltweiten Reservestruktur analysiert werden kann, kann daher die Wahl einer wichtigen Reservewährung wie der US-Dollar in Erwägung gezogen werden.[54] Diese Alternative ist besonders dann geeignet, wenn eine Zentralbank ihre Reservehaltung aus Kostenüberlegungen hauptsächlich auf eine der wichtigen internationalen Vehikel- und Reservewährungen konzentriert; oder weil sie das Ziel verfolgt, den Wert ihrer Reserven gegenüber dieser Währung zu stabilisieren.[55] Schließlich ist die Verwendung einer Fremdwährung auch dann geeignet, wenn die nationale Währung inkonvertibel ist oder erhebliche Wert-

---

53 Vgl. Medeiros, C. und S. Nocera (1988), S. 11.

54 So verwenden Makin und Dellas den US-Dollar als Numéraire. Vgl. Makin, J. H. (1974), S. 179; Dellas, H. (1989a), S. 8.

55 Vgl. Rikkonen, K.-L. (1989), S. 15. Transaktionskosten können dadurch entstehen, daß im Bedarfsfall eine Währung in eine andere wichtige, an den Devisenmärkten gehandelte Transaktionswährung konvertiert werden muß.

schwankungen aufweist und deshalb als gemeinsamer Bezugspunkt denkbar ungeeignet ist.[56]

2.1.2 Das Konzept eines Währungsindex

Die Wahl einer einzelnen Währung als Numéraire weist jedoch den Nachteil auf, daß die Variabilität der Rendite des Reserveaktivum, das als Numéraire gewählt wurde, sich sehr stark verringert, da der Einfluß von Wechselkursänderungen auf den Ertrag der Anlage entfällt. Sofern man von Zins- und Preisänderungen absieht, stellt diese Anlage quasi eine risikofreie Anlage dar und wird deshalb einen größeren Anteil im Reserveportfolio einnehmen. Alle anderen Fremdwährungspositionen weisen dagegen ein Wechselkursrisiko auf und damit potentiell eine größere Schwankungsintensität.
Je nachdem, welches Numéraire der Renditeberechnung zugrundeliegt, kann das relative Gewicht einzelner Währungen in den Portfolios verschiedener Zentralbanken beträchtlich variieren. Nur unter den sehr extremen Annahmen, daß die Wechselkurse zwischen den verschiedenen Anlagewährungen und dem Numéraire vollständig positiv korreliert sind - dies wäre gleichbedeutend mit einer einzigen Weltwährung - oder allen Entscheidungen die gleiche Währung zugrundeliegt und die Kapitalmärkte vollständig effizient sind, werden alle Zentralbanken auch völlig identische Portfolios halten.[57] In der Realität wird sich also die Zusammensetzung der optimalen Portfolios verschiedener Zentralbanken beträchtlich voneinander unterscheiden. Aus diesem Grund kann auch die Betrachtung ganzer Ländergruppen und die Berechnung optimaler Reserveportfolios auf Basis einzelner Währungen wie dem US-Dollar nur als eine sehr grobe Vereinfachung angesehen werden. In der Literatur wird deshalb oftmals vorgeschlagen, als gemeinsamen Bezugspunkt nicht eine einzelne Währung, sondern einen Währungsindex in Form eines effektiven Wechselkurses zu verwenden, wobei sich in den Gewichtungsfaktoren der im Währungsindex enthaltenen Währungen meistens die Außenhandelsstruktur des betreffenden Landes widerspiegelt. Dieser erfaßt die Kaufkraft der Reserven besser und verzerrt die nominalen Ertragsraten nicht um derartige Auf- und Abwertungseffekte.[58]

Die bisherigen theoretischen Überlegungen verdeutlichen aus der Sicht einer individuellen Zentralbank verschiedene Möglichkeiten, ein gemeinsames Numéraire

---

56 Vgl. Medeiros, C. und S. Nocera (1988), S. 11; Laney, L. O. (1980), S. 35.

57 Vgl. hierzu Ben-Bassat, A. (1981), S. 8 und ders. (1984), S. 7.

58 Vgl. hierzu: Jager, H. und E. de Jong (1984), S. 9; Medeiros, C. und S. Nocera (1988), S. 11. So verwendet Rikkonen zur Berechnung von Nominalrenidten den Währungsindex der finnischen Notenbank als Numéraire. Vgl. Rikkonen, K.-L. (1989), S. 15 und S. 17.

auszuwählen. Ein solcher mikroökonomischer Ansatz kann für die Untersuchung des Portfolioverhaltens einzelner Zentralbanken verwendet werden. Sobald aber die weltweite Reservediversifizierung auf Basis aggregierter Daten untersucht werden soll, ist ein allgemeinerer Ansatz sinnvoll. Aber auch in diesem Fall müssen die in verschiedenen Währungen zu erzielenden Renditen in eine gemeinsame Recheneinheit umgerechnet werden. Für die nachfolgende empirische Untersuchung bietet sich aus mehreren Gründen hierzu das SZR an:

Erstens wird mit dem SZR ein allgemeinerer Ansatz gewählt, der nicht speziell auf ein bestimmtes Land zugeschnitten ist.[59] Dennoch lassen sich die erzielten Ergebnisse auch auf ein einzelnes Land übertragen, wenn die Währungsstruktur der internationalen Transaktionen des Landes der währungsmäßigen Zusammensetzung des SZR ähnelt oder eine Zentralbank das SZR als Referenzwährung wählt. So mißt beispielsweise die Zentralbank Australiens die Performance ihres Reservemanagements in SZR.[60]

Zweitens wird mit der Wahl des SZR als gemeinsamer Bezugspunkt die besondere Anfälligkeit portfoliotheoretischer Ergebnisse, die bei der Verwendung einer einzelnen Reservewährung auftreten kann, vermieden. Zwar ist der Anteil des US-Dollar am SZR-Korb relativ groß, so daß zu erwarten ist, daß die empirischen Ergebnisse zugunsten des Dollar verzerrt sind. Da sich aber der SZR-Korb nach der Revision zum 1.1.1981 aus den fünf wichtigsten Reservewährungen zusammensetzt, fließen auch die Wechselkursschwankungen der anderen Reservewährungen in das Numéraire ein.

Drittens werden die internationalen Reservestatistiken des IWF auf Basis des SZR erstellt. Eine Berechnung der Renditen auf SZR-Basis gestattet deshalb einen direkteren Vergleich der ermittelten optimalen Portfolios mit der in diesen Statistiken ausgewiesenen Anteilsstruktur.

2.2 Nominal- versus Realrenditen von Fremdwährungsanlagen

Ein zweites grundsätzliches Problem bei der Modellierung von Währungsrisiken in portfoliotheoretischen Modellen ist die Frage, ob die aus Fremdwährungsanlagen zu erzielenden Erträge auf nominaler oder realer Basis berechnet werden sollen.

Als Nominalrendite wird die an den Märkten zu beobachtende Verzinsung einer Fremdwährungsanlage verstanden, die unter Berücksichtigung der Wechselkursänderung in eine Einheit der Numérairewährung umgerechnet wird. Die Real-

---

59 So verwenden Jager und de Jong sowie Medeiros und Nocera das SZR als gemeinsame Recheneinheit. Allerdings untersuchen beide Arbeiten die Vorteilhaftigkeit des SZR in einem diversifizierten Reserveportfolio. Vgl. Jager, H. und E. de Jong (1984), S. 9ff; Medeiros, C. und S. Nocera (1988), S. 12.

60 Vgl. Reserve Bank of Australia (1993), S. 39.

rendite bezeichnet hingegen die um eine Veränderung der Kaufkraft bereinigte Nominalrendite. Zwischen beiden Raten bestehen also nur in einer inflationären oder deflationären Welt Unterschiede.
Besteht das Interesse an realen Größen, so müssen die Nominalerträge durch einen entsprechenden Preisindex deflationiert werden, der die Kaufkraftänderung der Reserven adäquat mißt. Im Fall von Zentralbanken ergibt sich jedoch das bereits oben im Zusammenhang mit der Politik der Sicherung des Realwertes von Währungsbeständen diskutierte Problem, in welcher Hinsicht Devisenreserven überhaupt Kaufkraft in sich verkörpern.[61]
Zur Ermittlung der Realrendite werden in der Literatur unterschiedliche Alternativen vorgeschlagen. Die einfachste Methode besteht darin, die in der jeweiligen Währung zu erzielende Nominalrendite durch die Inflationsrate des Landes, gemessen durch einen entsprechenden Konsumentenpreisindex, auf dessen Währung die Anlage lautet, zu deflationieren. So ermitteln beispielsweise Adler und Dumas sowie Horii bei ihren portfoliotheoretischen Berechnungen die Realrendite, indem sie von den in den verschiedenen Währungen zu erzielenden Nominalrenditen nur die Preissteigerungsrate des Anlagelandes abziehen. Dieser Alternative liegt die Vorstellung zugrunde, daß ein Wirtschaftssubjekt die Kaufkraft über den jeweiligen Konsumkorb in der betreffenden Währung maximieren möchte. Im Fall von Zentralbanken argumentiert Horii, daß die Inflation, gemessen durch die Veränderung der Konsumentenpreise, die wichtigste makroökonomische Variable sei, die die Zielfunktion von Zentralbanken beeinflusse.[62]
Eine weitere Möglichkeit zur Berechnung der Realrendite ist, die Nominalrendite durch einen Importpreisindex zu deflationieren. Dies entspricht dem Konzept, die Kaufkraft der Devisenreserven über einen Importkorb zu bestimmen.[63] Es wird also von der Annahme ausgegangen, daß die Devisenreserven einer Zentralbank überwiegend zur Finanzierung von Importen eingesetzt werden. So argumentiert Rikkonen, daß "*from a national point of view, the returns from foreign investment must ultimately be spent on imports.*"[64]
Da in internationalen Statistiken die Wareneinfuhren ausschließlich nach Herkunftsländern erfaßt werden und genaue Angaben über die Fakturierungsstruktur der Außenhandelsströme fehlen, werden die Nominalrenditen in den meisten portfoliotheoretischen Studien durch einen Importindex deflationiert, dessen Gewichte aus der nach der geographischen Herkunft der Importe aufgeschlüsselten

61 Vgl. Kapitel III, 1.1.2.
62 Vgl. Adler, M. und B. Dumas (1983), S. 940; Horii, A. (1986), S. 55 und S. 56. Siehe hierzu auch Rikkonen, K.-L. (1989), S. 12 und S. 17
63 So verwenden Braga de Macedo, J. (1983); Kouri, P. J. K. und J. Braga de Macedo (1978); Ben-Bassat, A. (1980 und 1984); Healy, J. (1981); Lehmussaari (1987); Dellas (1989a); Rikkonen, K.-L. (1989); Dellas, H. und C.B. Yoo (1991) als Deflator zur Berechnung der Realerträge einen Importpreisindex.
64 Rikkonen, K.-L. (1989), S. 12.

Struktur ermittelt werden. Nur die Untersuchungen von Dellas und Dellas/Yoo stellen eine Ausnahme dar. Im ersten Fall berücksichtigt Dellas, daß die Öleinfuhren meistens in Dollar fakturiert werden. Dellas und Yoo berücksichtigen bei der Berechnung realer Ertragsraten die Fakturierungsstruktur.[65]
Wie die Kritik am Importkonzept zeigte, ist dieses Konzept mit erheblichen Mängeln belastet, da mit den Importen nur ein Teil der gesamten internationalen Transaktionen eines Landes erfaßt werden, die zu Auszahlungen führen können. Racine entwickelte deshalb ein umfassenderes Konzept, bei dem die Kaufkraft der Reserven nicht nur im Zusammenhang mit der Finanzierung von Importen beurteilt wird, sondern auch die mit der Auslandsschuld verbundenen Zahlungen integriert werden.[66] Aber auch dieses Konzept ist wie das Importkonzept wenig befriedigend, weil - von Ausnahmen abgesehen - Zentralbanken nicht direkt bei der Finanzierung von Auslandstransaktionen beteiligt sind. Zudem ergeben sich dann erhebliche Interpretationsschwierigkeiten, wenn ein wachsender Teil der Devisentransaktionen nicht auf realwirtschaftliche Transaktionen, sondern auf grenzüberschreitende Kapitalströme zurückzuführen ist.
Zusammenfassend ist festzuhalten, daß es für die Wahl einer gemeinsamen Bezugsgröße keine erstbeste Lösung gibt. Die einzelnen diskutierten Alternativen sind nicht direkt miteinander vergleichbar und weisen sowohl theoretische als auch praktische Unzulänglichkeiten auf. So ist die Wahl einer Einzelwährung als gemeinsamer Bezugspunkt sehr anfällig gegenüber Wechselkursänderungen. Durch die Wahl eines Währungskorbs wird der Einfluß von Wechselkursänderungen vermindert. Denkbar ist es auch, beide Konzepte miteinander zu verbinden, wie es von Mayer vorgeschlagen wird. So kann man das gesamte Reserveportfolio einer Zentralbank in zwei Tranchen aufteilen: In zweckgebundene Arbeitsguthaben und in frei verfügbare Guthaben.[67] Die Arbeitsguthaben werden jeweils dann eingesetzt, wenn die Zentralbank ein bestimmtes Wechselkursziel verfolgt oder das Land eine Devisenbewirtschaftung betreibt und daher ein etwaiger Angebots- oder Nachfrageüberschuß am Devisenmarkt ausgeglichen werden muß. Für diese Reservekomponente wäre dann die Importstruktur des Landes und ein auf dieser Struktur basierender Währungsindex als Numéraire zweckmäßig. Dies trifft vor allem auf Länder wie Entwicklungsländer zu, die nur über einen geringen Bestand an disponiblen Mitteln verfügen. Bei der zweiten Tranche, den frei disponierbaren Reserveguthaben, die zur Aufbewahrung des nationalen Vermögens oder aus Gründen gehalten werden, um die Kreditwürdigkeit des Landes und somit einen leichteren Zugang zu den internationalen Kreditmärkten sicherzustellen, ist es das vorrangige Ziel, Realwertverluste möglichst auf ein Minimum zu

65 Vgl. Dellas, H. (1989a), S. 8; Dellas, H. und C.B. Yoo (1991), S. 408f.
66 Vgl. Racine, J. (1988), S.30ff.
67 Vgl. zu diesem Vorschlag: Mayer, J. (1990), S. 195.

begrenzen. In diesem Fall kann die heimische Währung als geeignetes Numéraire betrachtet werden.
Die Entscheidung, ob die Renditen auf nominaler oder realer Basis berechnet werden sollen, hängt wesentlich davon ab, ob sich beide Raten signifikant voneinander unterscheiden und welche Bedeutung die Variabilität des Kaufkraftindex im Vergleich zu den Wechselkurs- und Zinssatzveränderungen hat. Aufgrund der methodischen Schwierigkeiten bei der Bestimmung eines adäquaten Kaufkraftindex für Zentralbanken und da Inflationsraten innerhalb kurzer Anlageperioden in der Regel geringeren Schwankungen unterliegen als Wechselkurse und Zinssätze, verzichten einige Arbeiten ganz auf eine Deflationierung der Nominalrenditen.[68]

2.3 Die Ermittlung der optimalen Portfoliozusammensetzung

2.3.1 Wertentwicklung von Anlagen wichtiger Reservewährungen

In einem multiplen Reservewährungssystem können Ertrags- und Risikoüberlegungen eine wichtige Bedeutung gewinnen. Auch bei Währungsbehörden kann der Wunsch bestehen, das Reserveportfolio so auf unterschiedliche kurzfristige Anlagen in wichtigen Währungen aufzuteilen, daß bei einer gegebenen akzeptablen Höhe an Risiko eine angemessene Rendite erzielt wird. Wenn bei der Wahl von Anlagen die Erwartungen hinsichtlich der Erträge und der relativen Wechselkursentwicklung ein wichtiges Kriterium sind, ist es zunächst interessant, die Renditen, die bei kurzfristigen Anlagen in wichtigen Währungen zu erzielen gewesen wären, sowie den Wertzuwachs dieser Anlagen miteinander zu vergleichen. Obwohl Anlageentscheidungen eher von den erwarteten als von den tatsächlich erzielten Renditen bestimmt werden, die in Zukunft erwarteten Erträge jedoch nicht direkt beobachtet werden können und die Erwartungen sich teilweise aufgrund der in der Vergangenheit gemachten Erfahrungen bilden, kann eine Überprüfung der ex post tatsächlich realisierten Renditen einen Aufschluß darüber geben, inwieweit diese für die Entscheidungen von Zentralbanken im Hinblick auf die währungsmäßige Zusammensetzung ihrer Reserveportfolios von Bedeutung sind. Falls nämlich die relativen Schwankungen der kumulierten Renditen mit den zu beobachtenden Verschiebungen bei den Anteilen einzelner Währungen an den Devisenreserven korrespondieren, kann dies als ein Indiz gewertet werden, daß Währungsbehörden bei der Diversifizierung ihrer Devisenreserven Rentabilitätsgesichtspunkte berück-sichtigen.

---

68 Vgl. zum Beispiel: Ben-Bassat, A. (1984), S. 10; Medeiros, C. und S. Nocera (1988), S. 13.

Die für den Vergleich des Wertzuwaches von Anlagen in nationalen Währungen erforderlichen Berechnungen basieren auf folgenden einfachen Überlegungen:
Um die mit einer kurzfristigen Anlage in wichtigen Reservewährungen zu erzielenden Erträge miteinander vergleichen zu können, dient als gemeinsame Recheneinheit das SZR. Die in SZR ausgedrückten kumulierten Renditen für Anlagen in US-Dollar, D-Mark, Yen, Pfund Sterling, Schweizer Franken und französischen Franc werden für ein Quartal errechnet, indem ein SZR zu dem zu Beginn der Zeitraums geltenden Wechselkurs in eine dieser Währungen umgerechnet und der Gegenwert in einem geeigneten auf diese Währung lautenden kurzfristigen Geldmarktinstrument angelegt wird sowie Kapital und Zinsen am Ende des Zeitraums zu dem dann geltenden Wechselkurs in SZR zurückgerechnet werden.[69] Die Ergebnisse dieser Simulationen, die in Anlehnung an frühere Berechnungen des IWF durchgeführt wurden,[70] sind in Tabelle 18 zusammengefaßt.

Abbildung 10 zeigt, wie sich unter Berücksichtigung von Wechselkurs- und Zinseffekten der Betrag im Gegenwert von einem SZR entwickelt hätte, wenn dieser erstmals im 2. Quartal 1973 in Geldmarktanlagen in den USA, Deutschland, Japan, Großbritannien, der Schweiz oder Frankreich angelegt und jeweils am Ende eines Quartals wieder neu angelegt worden wäre.

---

69 Da als Numéraire das SZR dient, wurden bei der Auswahl der nationalen Sätze die gleichen Referenzzinssätze für kurzfristige Anlagen auf den nationalen Geldmärkten verwendet, die zur Berechnung des SZR-Zinssatzes verwendet werden. Für den US-Dollar und das Pfund Sterling sind dies die Marktrenditen für Dreimonats-Schatzwechsel und für britische Dreimonats-Schatzwechsel, für die D-Mark der Zinssatz für Dreimonats-Interbankengelder in Deutschland, für den Yen der Diskontsatz für Zweimonatswechsel privater Emittenten in Japan, für den Franc der Zinssatz für Dreimonatsgeld unter Banken in Frankreich, das gegen Wertpapiere privater Emittenten bereitgestellt wird. Um den Neuerungen und Deregulierungen an den nationalen Finanzmärkten Rechnung zu tragen, wurden die im SZR-Zinskorb verwendeten Anlageinstrumente 1990 einer Überprüfung unterzogen. Bei der Revision des seit dem 1.1.1991 gültigen neuen SZR-Zinskorbs, der als gewogener Durchschnitt der Renditen kurzfristiger Anlagen auf den nationalen Geldmärkten ermittelt wird, wurden nur beim Yen und beim französischen Franc die Referenzsätze revidiert. Der bis Ende 1990 für die Yen-Komponente verwendete Diskontsatz für Zweimonatswechsel privater Emittenten in Japan wurde durch den Zinssatz für Einlagenzertifikate (CDs) mit dreimonatiger Laufzeit ersetzt. Anstatt des Zinssatzes für französisches Dreimonats-Interbankengeld in Frankreich wird nun der Zinssatz für französiche Dreimonats-Schatzwechsel als Referenzsatz verwendet. Vgl. IWF (1993), S. 12. Zusätzlich wurde der Schweizer Franken als Anlagealternative berücksichtigt, da dieser bis Ende der siebziger Jahre eine wichtige Rolle als Reservewährung spielte. Für den Schweizer Franken, der bisher nicht im SZR-Zinskorb enthalten ist, wurde als Referenzsatz der Zinssatz für Dreimonats-Einlagen mit großen Banken in der Schweiz gewählt. Für alle Zinssätze, die in den International Financial Statistics des IWF (Zeile 60b) als Periodendurchschnittswerte auf annualisierter Basis berichtet werden, wurde für jedes Quartal ein effektiver Vierteljahreszinsfuß errechnet.

70 Vgl. hierzu die Jahresberichte des IWF (1980), S. 80-82; (1981), S. 87-88 und (1982), S. 80-82.

Tabelle 18: SZR-Renditen der in nationalen Währungen angelegten Geldmarkttitel, Jahreswerte von 1973 bis 1993 (jeweils zum Ende des vierten Quartals, in Prozent)

Jahr	US-$	D-Mark	Yen	£	sfr	FF
1973	5,11	12,64	- 0,55	- 0,27	2,52	2,25
1974	4,42	10,10	-1,35	4,88	21,57	15,79
1975	11,21	-1,52	11,35	-3,95	17,70	6,35
1976	3,30	9,97	7,18	-4,90	3,80	-1,03
1977	-1,03	11,77	15,32	12,40	23,13	7,62
1978	-0,31	7,75	12,05	9,97	10,10	10,47
1979	4,54	9,34	-11,32	14,49	5,15	10,68
1980	6,02	3,78	30,69	20,35	5,73	6,01
1981	17,03	6,68	7,02	-2,03	18,98	1,10
1982	9,60	9,55	11,32	-0,34	1,29	4,27
1983	9,58	-4,59	11,30	8,41	0,79	-1,92
1984	16,43	-7,01	1,54	-6,99	-7,20	-1,69
1985	-4,66	17,94	18,89	13,96	17,62	21,00
1986	-2,66	14,90	8,97	-0,59	14,23	8,80
1987	-5,49	6,37	9,79	13,06	9,37	8,05
1988	7,95	-1,24	5,43	5,90	-4,50	0,97
1989	4,40	14,74	-6,43	2,21	10,57	15,70
1990	-3,35	9,73	12,53	18,71	12,03	8,89
1991	-1,90	13,54	12,13	9,91	7,12	13,10
1992	2,43	8,76	10,34	-7,07	8,55	8,60
1993[1)]	0,00	2,17	10,85	1,67	0,97[2)]	-0,02

1) Nur zum Ende des dritten Quartals.
2) Nur zum Ende des zweiten Quartals.

Quelle: IMF, International Financial Statistics, versch. Ausg.; eigene Berechnungen.

Nach der internationalen Zinsparität müßten sich die Renditen von Anlagetiteln mit gleicher Liquidität, gleicher Restlaufzeit und gleichem Bonitätsrisiko prinzipiell durch eine entsprechende erwartete Wechselkursänderung angleichen. Ex post betrachtet haben die tatsächlichen Wechselkursbewegungen das Zinsgefälle jedoch nur zum Teil ausgeglichen. Vor allem auf kurze Sicht, aber auch längerfristig gesehen, wichen die in SZR gemessenen Renditen für kurzfristige Anlagen in wichtigen Währungen deutlich voneinander ab, so daß beim Wachstum des SZR-Wertes von Anlagen in nationalen Währungen erhebliche Unterschiede bestehen (vgl. Abbildung 10).

Ein Anleger, der am Ende des ersten Quartals 1973 Dollar im Gegenwert von 1 SZR in US-Schatzwechsel angelegt hätte, hätte bei Auflösung der Anlage Ende September 1993 Dollar im Wert von 3,7578 SZR erhalten. Eine Anlage in D-Mark hätte dagegen bis Ende des dritten Quartals 1993 auf 5,4692 SZR anwachsen können. Der SZR-Wert von Anlagen in Yen ist vor allem nach 1985 noch schneller gewachsen und hätte bis Ende September 1993 einen Wert von 7,9228 SZR erreicht und damit fast 111 Prozent mehr als bei einer Anlage in US-Dollar. Eine Anlage in französichen Franc, Schweizer Franken oder in Pfund Sterling wäre dagegen lediglich auf 4,8943 SZR, 4,3481 SZR bzw. auf 4,1853 SZR angewachsen. Diese Entwicklungen sind jedoch nicht kontinuierlich verlaufen. Auch unterlagen die Renditen in einzelnen Perioden beträchtlichen Schwankungen. So erwirtschaftete eine DM-Anlage im Zeitraum von März 1973 bis Mitte 1982 und ab Mitte 1986 eine größere Rendite als eine Dollaranlage. Besonders in den Jahren 1979 und 1980 fiel die Renditedifferenz sehr groß aus und hat sich nach 1990 stark ausgeweitet (vgl. Abb. 10). Mit einer Anlage in Yen konnte gegenüber einer Dollaranlage eine höhere Rendite zwischen September 1976 und September 1982, zwischen März 1983 und September 1984 und ab September 1985 erzielt werden. Sehr groß fiel der Renditeunterschied zum Jahreswechsel 1978/79 und seit Ende 1985 aus, wobei von Ende 1985 bis 1987 die Entwicklung auseinander lief und besonders seit Ende 1989 eine enorme Ausweitung der Renditedifferenz zu beobachten ist.

Die Renditen für Anlagen in US-Dollar verzeichneten ab Mitte 1980 bis Ende des zweiten Quartals 1985 - in der Phase, als die Diversifizierung vorübergehend zum Stillstand kam - einen starken Anstieg des SZR-Wertes, der sowohl mit den hohen Zinsen in den USA als auch mit der Aufwertung des Dollar gegenüber anderen wichtigen Reservewährungen zusammenhing. Zum Ende des zweiten Quartals 1985 lag der Wert des US-Dollar gegenüber dem SZR fast 28% über dem Wert von 0,78 des 4. Quartals 1980. Bei einer Anlage, die im 4. Quartal 1980 getätigt und im zweiten Quartal 1985 realisiert worden wäre, hätte der SZR-Wert eines in Dollar angelegten Betrages um 102,2% zugenommen, bei einer Anlage in Yen dagegen nur um 40,5%, während eine Anlage in D-Mark nur um 13,9%, in Pfund um 11,2%, in Schweizer Franken um 9,0% und in französischen Franc um 8,5% gestiegen wäre.
Ein erheblicher Teil des Zinsvorsprunges des Dollar nach 1985 wurde durch dessen Abwertung gegenüber der D-Mark und dem Yen aufgezehrt, so daß zwischen Ende 1985 bis Anfang 1986 Dollar-Anlagen sogar negative Renditen aufwiesen. Parallel hierzu verringerte sich der Anteil des US-Dollar an den gesamten Devisenreserven. Die Anteile der D-Mark und des Yen nahmen entsprechend um 2,5 Prozentpunkte bzw. um 1,5 Prozentpunkte gegenüber dem Vorjahr zu (vgl. Tabelle 1).

Abbildung 10: Wachstum des SZR-Wertes von Kapitalanlagen in nationalen Währungen 2. Quartal 1973 bis 3. Quartal 1993 (in SZR, Verhältnismaßstab)

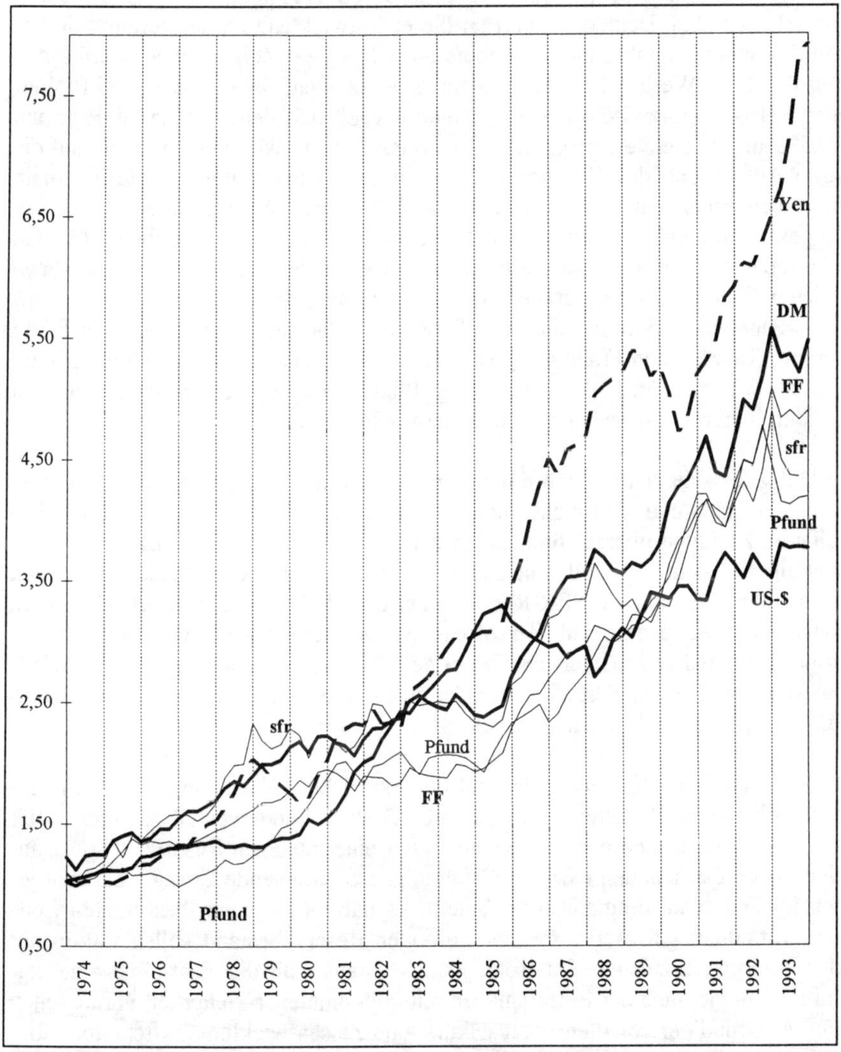

1 Als kumulierter Wert (in SZR) von Kapital, das in kurzfristigen Guthaben in den fünf wichtigen Reservewährungen angelegt wird, wobei jede Kapitalanlage zu Beginn des zweiten Quartals 1973 mit 1,00 SZR bewertet wird.

Quelle: IMF, International Financial Statistics, versch. Ausg.; eigene Berechnungen.

In den nachfolgenden Jahren bis 1993 wiesen die Renditen von Dollar-Anlagen große Schwankungen auf, verzeichneten insgesamt aber einen moderaten Zuwachs. Während nach 1985 alle Währungen gegenüber dem Dollar einen deutlichen Wertzuwachs verzeichneten, waren insbesonders Anlagen in D-Mark und in Yen sehr rentabel. Bemerkenswert an dieser Entwicklung ist der bereits seit Anfang der achtziger Jahre und besonders nach 1985 zu beobachtende enorme Anstieg des SZR-Wertes der Renditen für Yen-Anlagen. So wuchs der SZR-Wert einer Yen-Anlage zwischen dem 3. Quartal 1982 und dem 4. Quartal 1988 um 136,5% an. Da die Verzinsung der Yen-Anlagen sank, war dies vor allem auf die starke Aufwertung des Yen gegenüber dem SZR zurückzuführen, die innerhalb dieses Zeitraums über 70% ausmachte. Parallel hierzu nahm der Anteil des Yen an den gesamten Devisenreserven jedoch nur bis 1985 zu. Auch zwischen 1991 und 1993 setzte sich der kräftige Wertzuwachs unvermindert fort. Der Anteil des Yen an den globalen Devisenreserven veränderte sich aber nur wenig.
Hervorzuheben ist darüber hinaus, daß sich das Wachstum der Anlagen in Pfund Sterling, französichen Franc und Schweizer Franken nach 1989 deutlich angenähert hat, was sich im Fall des britischen Pfund auch in einem Anteilsgewinn an den identifizierten Devisenreserven niedergeschlagen hat.

Vorläufig festzuhalten ist, daß die Veränderungen der globalen Reserveanteile in Dollar, D-Mark und Yen nicht immer vollkommen mit der Entwicklung der kumulierten Renditen übereinstimmen. In den Phasen, in den eine stärkere Diversifizierung aus dem US-Dollar in andere Währungen zu beobachten war, waren aber tendenziell auch die SZR-Renditen bei den Währungen am höchsten, deren relative Bedeutung innerhalb der offiziellen Devisenbestände zugenommen hat. Große und anhaltende Unterschiede bei den für einzelne Währungen zu erzielenden Renditen können deshalb Veränderungen in der währungsmäßigen Zusammensetzung von Auslandsanlagen bewirken.

Der bisherige Vergleich zeigt, daß mit den einzelnen Anlagealternativen sehr unterschiedlich hohe Renditen erwirtschaftet werden können, wenn eine Zentralbank ihren gesamten Reservebestand jeweils in nur einer einzigen Reservewährung angelegt hätte. Der aus den einzelnen Währungen zu erzielende Ertrag kann sich jedoch im Zeitablauf dramatisch verändern, so daß es zu einem bestimmten Zeitpunkt vorteilhaft gewesen wäre, den gesamten Reservebestand vollständig in nur einer Währung anzulegen. Das setzt jedoch voraus, daß die Zentralbank die zukünftige Entwicklung der Einzelanlagen mit vollkommener Sicherheit voraussehen kann. Aufgrund der volatilen Wechselkurs- und Zinsentwicklung besteht aber über die tatsächlich zu erzielende Rendite große Unsicherheit. Werden die Devisenreserven nur in einer Währung konzentriert, besteht die Gefahr eines Wertverlustes, wenn die Devisenreserven in der "falschen" Währung angelegt wurden.

Abbildung 11: Entwicklung der in SZR gemessenen Renditen der in US-Dollar, D-Mark und Yen angelegten Geldmarkttiteln zwischen März 1973 und September 1993 (jeweils zum Quartalsende, in Prozent)

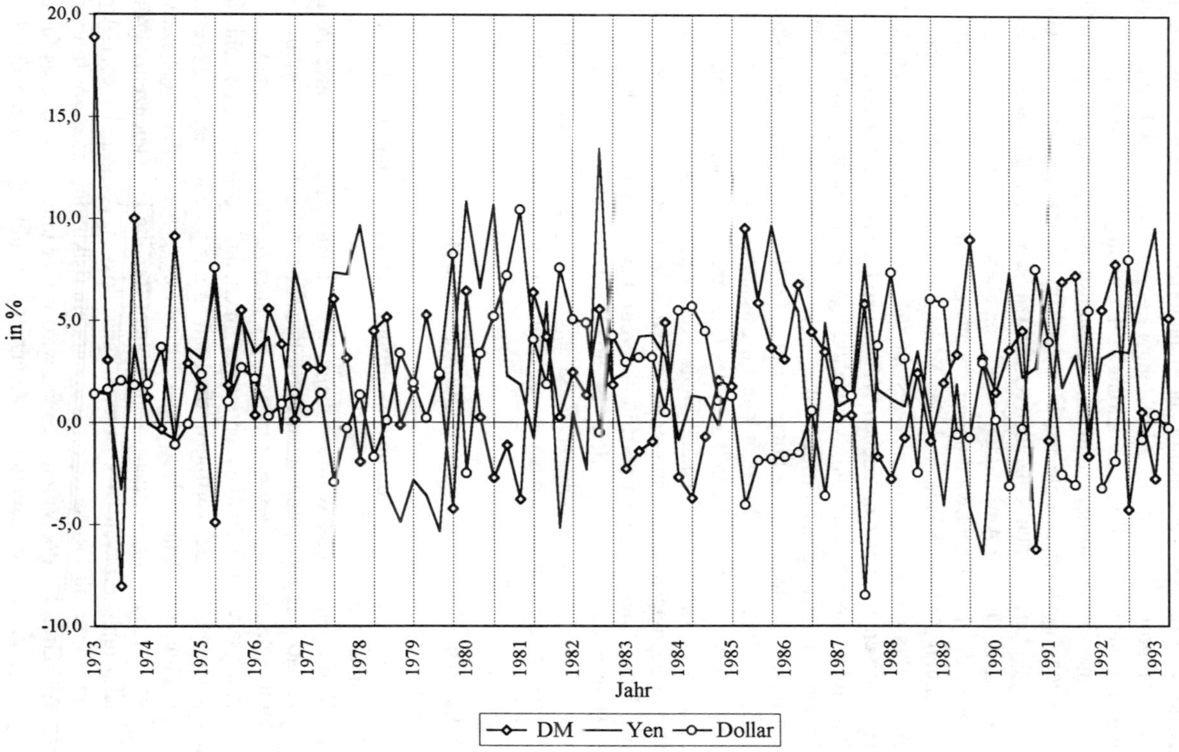

Die Beurteilung der Vorteilhaftigkeit einzelner Anlagewährungen allein aufgrund der Entwicklung der Renditen muß deshalb aus zweierlei Gründen mit großer Vorsicht betrachtet werden:
Erstens ist bei der Berechnung der kumulierten Renditen die gewählte Basisperiode von großer Bedeutung. Abbildung 11 zeigt die Entwicklung der Renditen für die drei wichtigsten Reservewährungen. Deutlich ist zu erkennen, daß beträchtliche Unterschiede in der Schwankungsintensität der Renditen im Laufe der Zeit bestehen. So unterlagen die Renditen der Yen-Anlage gegenüber der DM- und der Dollar-Anlage in den einzelnen Quartalen sehr viel größeren Schwankungen. Nach 1987 sind die Amplituden jedoch annähernd gleich.
Wegen der Renditeschwankungen hängt der Anlageerfolg entscheidend von der jeweiligen Anlageperiode und der Währungsstruktur des Reserveportfolios ab. Angesichts dieser Unsicherheit besteht für Währungsbehörden ein Anreiz, Devisenreserven auf in verschiedenen Währungen lautenden Anlagen zu diversifizeren.
Zweitens wurde bisher völlig vernachlässigt, daß zwischen den Renditen der einzelnen Anlagen gleichförmige, aber auch ganz entgegengesetzte Beziehungen existieren können. Ein wichtiger Beitrag der Theorie der Portfolio-Selektion ist, daß das Risiko einer Einzelanlage im Zusammenhang mit dem Gesamtportfolio gesehen werden muß. So läßt sich das Gesamtrisiko eines Portfolios über das Risiko einer Einzelanlage hinaus weiter veringern, wenn innerhalb des Portfolios mehrere Anlagealternativen sinnvoll miteinander kombiniert werden.
Mit Hilfe eines einfachen portfoliotheoretischen Modells soll deshalb ein optimal strukturiertes Währungsportfolio bestimmt werden, um zu prüfen, ob und inwieweit die so ermittelte optimale Zusammensetzung mit der in den internationalen Statistiken ausgewiesenen Reservestruktur übereinstimmt.

2.3.2 Die Bestimmung risikominimaler Portfolios

Die Berechnung der optimalen Portfoliozusammensetzung beruht auf folgenden Annahmen :

1. Wie oben gezeigt wurde, scheint bei der Auswahl effizienter Portfolios der Ansatz des risikominimalen Portfolios für die Analyse der optimalen Zusammensetzung von Devisenreserven geeignet zu sein. Im Rahmen der folgenden Analyse wird deshalb davon ausgegangen, daß Zentralbanken sehr risikoscheu sind und das Ziel verfolgen, die Risiken aus potentiellen Reserveverlusten zu minimieren. Damit werden spekulative Engagements durch ein aktives Reserve-management, mit denen eine höhere Rendite bei gleichzeitig größerem Risiko realisiert werden könnte, ausgeschlossen. Aufgrund dieser Annahme ist das "optimale" Reserveportfolio mit dem risikominimalen Portfolio identisch.
2. Aus Gründen der Vereinfachung wird weiter unterstellt, daß es für jede Währung nur ein repräsentatives Anlageobjekt gibt, auch wenn durch diese An-

nahme das tatsächliche Anlageverhalten offizieller Stellen nur unzureichend abgebildet werden kann. Denn gerade das in einzelnen Währungssegmenten verfügbare Angebot an Anlageinstrumenten ist für die Entscheidung bedeutsam, in welchen Währungen Devisenreserven angelegt werden. In Kapitel III. wurde herausgearbeitet, daß die Aufteilung des anzulegenden Vermögens auf unterschiedliche Währungen für das Portfoliomanagement offizieller Währungsbehörden die bedeutendste Form der Diversifikation darstellt. Die Bestimmung der Währungsstruktur nach portfoliotheoretischen Gesichtspunkten kann deshalb als ein erster grober Anhaltspunkt dienen, wie Zentralbanken ihr Reserveportfolio optimal strukturieren sollten. Auf einer zweiten und nachgeordneten Ebene des Anlageprozesses müssen dann unter Berücksichtigung des anlagepolitischen Zielkatalogs die jeweiligen Anlageinstrumente ausgewählt werden.

3. Als potentielle Anlagewährungen werden der US-Dollar, die D-Mark, der japanische Yen, das Pfund Sterling, der Schweizer Franken und der französische Franc ausgewählt.
4. Aufgrund der diskutierten Mängel bei der Bestimmung von Realrenditen werden nur Nominalrenditen auf vierteljährlicher Basis berechnet, die sich aus Wechselkurs-änderungen der einzelnen Reservewähungen gegenüber dem SZR und dem Zinsertrag zusammensetzen. Der Zinsertrag der einzelnen Währungsanlagen beruht auf den bereits oben verwendeten nationalen Zinssätzen für kurzfristige Geldmarktanlagen. Vergleichbare Euromarktsätze für dreimonatige Einlagen bieten zwar untereinander eine bessere Vergleichsmöglichkeit und zumeist auch eine höhere Rendite als nationale Sätze. Unter Berücksichtigung des veränderten Anlageverhaltens offizieller Währungsbehörden, die seit Anfang der achtziger Jahre einen Teil ihrer Einlagen bei Geschäftsbanken abzogen und ihre Reserven verstärkt in staatlichen Wertpapieren oder von staatlichen Institutionen garantierten Wertpapieren ("Flucht in die Qualität") an den nationalen Märkten anlegen, ist die Wahl nationaler Sätze berechtigt. Außerdem gelten für Zentralbanken immer noch Begrenzungen für die Anlagen an den Euromärkten. Zusätzlich war aufgrund der Deregulierung und Liberalisierung nationaler Finanzmärkte in den letzten Jahren zu beobachten, daß sich die Euromarktsätze den Zinssätzen vergleichbarer Anlagen an den nationalen Märkten stark angenähert haben. Die Zinsdifferenzen zwischen den nationalen Sätzen und den Euromarkt-Sätzen haben sich deutlich verringert, so daß sich die Ergebnisse nicht wesentlich voneinander unterscheiden dürften.
5. Als Untersuchungszeitraum für die Berechnung risikominimaler Portfolios wurde der Zeitraum zwischen dem 2. Quartal 1973 und dem 4. Quartal 1992 gewählt, wobei der Gesamtzeitraum zusätzlich in drei Phasen (1973-79, 1980-84 und 1985-92) aufgeteilt wurde. Diese Unterteilung orientierte sich einerseits an der Wechselkursentwicklung des US-Dollar. Andererseits sollte der Entwicklung Rechnung getragen werden, daß die Entwicklungsländer beson-

ders gegen Ende der siebziger Jahre und die Industrieländer mit Beginn der achtziger Jahre ihre Reserveportfolios stärker diversifiziert haben. Die Begrenzung des Zeitraums auf Ende 1992 ermöglicht es, die ermittelte optimale Portfoliozusammensetzung unmittelbar mit der für Ende 1992 vom IWF ausgewiesenen Struktur zu vergleichen. Ein Vergleich mit der Zusammensetzung der Devisenreserven Ende 1993 und Ende 1994 kann Aufschluß geben, ob Zentralbanken ihre Reserveportfolios längerfristig an die optimale Struktur anpassen.

Ein wichtiges Ergebnis der Portfoliotheorie bei der Auswahl optimal strukturierter Portfolios ist, daß am besten eine Kombination derjenigen Reserveanlagen mit geringer, am besten negativer Korrelation geeignet ist, um das Gesamtrisiko zu reduzieren. Tabelle 19 faßt die Risiko- und Ertragseigenschaften der einzelnen Währungsanlagen sowie die Korrelationsstruktur der Nominalrenditen zwischen den einzelnen Währungen für den gesamten, der Untersuchung zugundliegenden Zeitabschnitt und einzelne Teilperioden zusammen. Die Korrelationsanalyse gibt einen ersten Anhaltspunkt, wie ein Reserveportfolio nach portfoliotheoretischen Kriterien optimal strukturiert sein sollte.
Nach den Ergebnissen der Korrelationsanalyse waren im gesamten Zeitraum zwischen 1973 und 1992 und auch in den einzelnen Teilperioden die nominalen Renditen einer Dollaranlage negativ mit den Erträgen der übrigen fünf Währungen korreliert. So wiesen in den Zeitabschnitten 1973-92 und 1985-92 DM-, Franken- und Franc-Anlagen und in der Periode 1980-84 zusätzlich Yen-Anlagen eine hohe negative Korrelation auf. Besonders ausgeprägt war die negative Korrelation der DM-Anlagen zwischen 1985 und 1992. Für ein portfoliotheoretisch orientiertes Reservemanagement besteht daher ein deutlicher Anreiz, Portfolios mit einem dominierenden Dollaranteil stärker zu diversifizieren.

Aus portfoliotheoretischer Sicht stellen die D-Mark, der Franken und der Franc und auch das Pfund Sterling, auch wenn beim Pfund die Korrelation nicht so negativ ausgeprägt war wie bei den anderen drei Alternativen, ideale Komplemente für Dollaranlagen in einem Reserveportfolio dar, um die vor allem aus Wechselkursschwankungen resultierenden Ertragsrisiken zu minimieren.
Da in den vergangenen Jahren die Wechselkursentwicklung zwischen der D-Mark und den wichtigsten europäischen Währungen oftmals parallel zueinander verlaufen ist, bestand zwischen Anlagen in D-Mark und Schweizer Franken und noch stärker zwischen Anlagen in D-Mark und französichen Franc ein hoher Substitutionsgrad, der durch den hohen, positiven Korrelationskoeffizient zum Ausdruck kommt. Dies gilt insbesondere für den Zeitraum 1985-92. Wenn zwischen zwei Währungen sehr enge Substitutionsbeziehungen bestehen, genügt es nach den Prinzipien der Portfolio-Selektion, wenn eine der beiden Währungen entweder gar nicht oder nur in einem geringen Anteil zusätzlich im Portfolio gehalten wird.

Denn eine breitere Streuung der Anlagen auf eine größere Zahl potentieller, aber ähnlicher Anlagewährungen reduziert das Gesamtrisiko des Portfolios nicht wesentlich stärker.

Tabelle 19: Risiko-/Ertrags-Eigenschaften einzelner Währungsanlagen und Korrelationsstruktur der Nominalrenditen (Wechselkursänderungen und Zins) auf SZR-Basis in unterschiedlichen Perioden

	Rendite (in%)	Standard-abweichung	Korrelationsstruktur $	DM	Yen	£	sfr	FF
2. Q. 1973 - 4. Q. 1992								
$	1,76	30,33	1,0					
DM	2,22	37,34	-0,66	1,0				
Yen	2,57	36,28	-0,34	0,10	1,0			
£	1,90	36,21	-0,35	0,19	0,01	1,0		
sfr	2,07	49,03	-0,57	0,66	0,26	0,10	1,0	
FF	2,08	33,75	-0,66	0,78	0,10	0,23	0,60	1,0
2. Q. 1973 - 4. Q. 1979								
$	1,32	9,88	1,0					
DM	3,04	25,06	-0,44	1,0				
Yen	1,98	21,29	-0,12	0,01	1,0			
£	1,73	19,10	-0,13	0,26	-0,20	1,0		
sfr	3,23	34,61	-0,35	0,50	0,25	-0,02	1,0	
FF	2,40	20,19	-0,27	0,61	-0,02	0,28	0,41	1,0
1. Q. 1980 - 4. Q. 1984								
$	4,22	13,13	1,0					
DM	0,49	15,22	-0,73	1,0				
Yen	3,22	19,79	-0,60	0,27	1,0			
£	1,12	19,00	-0,20	-0,05	0,27	1,0		
sfr	0,30	19,67	-0,63	0,71	0,42	0,00	1,0	
FF	0,31	15,74	-0,75	0,79	0,32	-0,11	0,60	1,0
1. Q. 1985 - 4. Q. 1992								
$	0,59	21,90	1,0					
DM	2,63	21,26	-0,82	1,0				
Yen	2,66	21,30	-0,49	0,18	1,0			
£	2,52	23,67	-0,48	0,24	0,01	1,0		
sfr	2,19	26,82	-0,79	0,84	0,29	0,26	1,0	
FF	2,93	19,87	-0,78	0,96	0,13	0,34	0,83	1,0

Quelle: Eigene Berechnungen.

In diesem Fall reicht es aus, die Währungsstruktur des Reserveportfolios auf eine geringe Anzahl von Währungen zu begrenzen, wobei aus der Menge der potentiel-

len Kandidaten diejenige Währung auszuwählen ist, die sich in der Vergangenheit als besonders stabil erwiesen hat und ein besonders geringes Risiko aufweist.
Bis auf die Periode 1985-92 trifft dies immer auf den französischen Franc zu. Trotz des etwas geringeren Risikos einer Franc-Anlage dürfte bei den europäischen Währungen die Entscheidung zumeist zugunsten der D-Mark ausgefallen sein, da die D-Mark als Interventionswährung besser geeignet ist. Durch eine größere DM-Komponente kann die breite Palette der europäischen Währungen abdeckt werden. Auch aus Effizienzgründen und Transaktionskostenüberlegungen ist eine gewisse Konzentration auf wenige Währungen sinnvoll.
Dennoch sollten aufgrund der Korrelationsanalyse dem Portfolio auch Yen und Pfund Sterling beigemischt werden, da beide Währungen gegenüber der D-Mark nur eine geringe, positive Korrelation und in den Zeiträumen 1973-79 und 1973-92 ein geringeres Risiko aufwiesen. In einem optimal strukturierten Reserveportfolio sollte der Yen-Anteil etwas größer gewählt werden als der Anteil des Pfund, da der korrelative Zusammenhang zwischen einer DM- und einer Pfund-Anlage in beiden Perioden etwas geringer ist (1973-79: 0,26; 1973-92: 0,19; vgl. Tabelle 19) als der zwischen einer DM- und einer Yen-Anlage. Im Reserveportfolio, das auf Basis der Zeitabschnitte 1980-84 und 1985-92 konstruiert wird, sollte dagegen der DM-Anteil unter Risikogesichtspunkten höher gewählt werden, da die D-Mark bei leicht positiver Korrelation ein deutlich geringeres Risiko als eine Anlage in Yen und Pfund aufwies.

Um genauer zu sehen, inwieweit die mit der Reservehaltung verbundenen Ertragsrisiken hätten verringert werden können, indem einzelne Reservewährungen innerhalb eines Portfolios miteinander kombiniert werden, wurden die Renditen, Standardabweichungen sowie Zusammensetzungen für eine Reihe risikominimaler Portfolios (siehe die Positionen A. und B. in Tabelle 20) berechnet[71] und diese der tatsächlich von offiziellen Währungsbehörden gehaltenen Struktur der Devisenreserven, wie sie in den IWF-Statistiken (siehe Tabelle 1) ausgewiesen wird, gegenübergestellt (Positionen C. und D.). Um die Anteile der einzelnen Portfolios miteinander vergleichen zu können, wurden allerdings die in den IWF-Statistiken ausgewiesenen tatsächlichen Währungsanteile so angepaßt, daß sich die Anteile der sechs bzw. fünf Währungen zu 100 Prozent aufaddieren. Die Anteile der einzelnen Währungen fallen deshalb etwas größer aus als die in den IWF-Statistiken ausgewiesenen Zahlen.

Betrachtet man die Ergebnisse, fällt auf, daß zwischen den mit dem Portfolioansatz geschätzten optimalen Währungsanteilen und der vom IWF ausgewiesenen

71 Die mit Hilfe des Softwarepakets MathCAD durchgeführten Berechnungen basieren auf dem von Horii verwendeten Algorithmus. Vgl. zu einer genaueren Beschreibung Horii, A. (1986), S. 54.

Währungsstruktur der Devisenreserven aller IWF-Mitglieder erhebliche Diskrepanzen festzustellen sind (vgl. Positionen A. bis D.). Besonders fällt auf, daß der tatsächlich gehaltene Dollaranteil zum Jahresende 1979, 1984 und 1992 jeweils um gut 20 Prozentpunkte über dem des risikominimalen Portfolios liegt. Bei den anderen Reservewährungen sind dagegen die optimalen Anteile zumeist größer als die tatsächlich gehaltenen Währungsanteile. Eine Ausnahme von diesem Muster stellt lediglich die D-Mark für Ende 1979 und Ende 1992 (Schätzperiode 2. Q. 1973-4. Q. 1992) sowie der Schweizer Franken für Ende 1984 dar.
Vergleicht man die portfoliooptimale Zusammensetzung der Reserveportfolios mit den vom IWF ausgewiesenen tatsächlichen Strukturen einzelner Ländergruppen (vgl. Abbildung 12), fällt auf, daß bei den Industrieländern Ende 1979 die Lücke beim Dollar deutlich größer ist als bei den Entwicklungsländern. Dies deutet darauf hin, daß die Entwicklungsländer ihre reservepolitischen Entscheidungen beim US-Dollar stärker an portfoliotheoretischen Überlegungen ausrichteten. Bis Ende 1992 hat sich dieses Bild aber leicht gewandelt, so daß sich inzwischen die Kluft zwischen den Industrieländern und den Entwicklungsländern merklich vermindert hat.

Tabelle 20: Zusammensetzung alternativer Portfolios zum Periodenende (Nominalrenditen auf SZR-Basis)

Rendite (in %)	Standard-abweichung	Anteile einzelner Reservewährungen in % US-$	DM	Yen	£	sfr	FF
2. Q. 1973 - 4. Q. 1992							
A. 2,009	8,898	43,0	12,5	14,7	12,5	2,2	15,1
B. 2,020	9,462	43,8	22,4	15,4	14,5	3,8	---
C. 1,915	16,220	69,6	14,1	8,8	3,5	1,4	2,7
D. 1,906	17,154	71,5	14,4	9,0	3,6	1,4	---
E. 2,267	16,220	27,4	37,0	45,3	1,2	-14,4	3,6
F. 2,288	17,154	26,4	40,6	47,6	0,8	-15,3	---
G. 2,045	9,239	40,0	21,0	17,0	11,0	---	11,0
H. 2,101	18,675	16,7	16,7	16,7	16,7	16,7	16,7
I. 2,104	17,918	20,0	20,0	20,0	20,0	20,0	---
2. Q. 1973 - 4. Q. 1979							
A. 1,713	5,957	59,0	9,4	12,3	11,9	2,6	4,8
B. 1,712	6,005	60,2	11,4	12,4	12,9	3,1	---
C. 1,673	7,150	80,1	13,1	3,9	2,0	2,6	0,9
D. 2,373	10,498	80,8	13,2	4,0	2,0	2,6	---
E. 1,948	7,150	47,5	19,5	13,6	8,1	5,7	5,7
F. 2,224	10,498	35,5	34,3	15,1	4,9	10,1	---
G. 1,957	7,509	40,0	21,0	17,0	11,0	---	11,0
H. 2,284	12,131	16,7	16,7	16,7	16,7	16,7	16,7
I. 2,260	12,024	20,0	20,0	20,0	20,0	20,0	---

Fortsetzung Tabelle 20:

Rendite (in %)	Standard-abweichung	Anteile einzelner Reservewährungen in % US-$	DM	Yen	£	sfr	FF
1. Q. 1980 - 4. Q. 1984							
A. 2,573	3,009	47,1	15,3	11,2	8,3	0,5	17,7
B. 2,696	3,456	47,8	30,0	13,7	7,5	0,9	---
C. 3,451	7,422	74,4	13,4	6,2	3,1	2,1	0,9
D. 3,474	7,586	75,0	13,5	6,2	3,1	2,1	---
E. 4,083	7,422	68,2	20,3	39,6	-10,7	-12,1	-5,3
F. 4,116	7,586	69,1	15,1	40,2	-11,4	-12,9	---
G. 2,497	3,619	40,0	21,0	17,0	11,0	---	11,0
H. 1,611	8,468	16,7	16,7	16,7	16,7	16,7	16,7
I. 1,871	8,377	20,0	20,0	20,0	20,0	20,0	---
1 Q. 1985 -4.Q. 1992							
A. 1,710	2,835	41,4	40,0	15,8	14,6	3,5	-15,3
B. 1,779	2,940	40,7	27,6	16,5	13,0	2,2	---
C. 1,211	11,083	69,6	14,1	8,8	3,5	1,4	2,7
D. 1,158	11,793	71,5	14,4	9,0	3,6	1,4	---
E. 2,958	11,083	14,8	-58,8	38,0	4,4	-43,0	144,6
F. 2,649	11,793	9,2	78,7	39,9	23,5	-51,3	---
G. 1,837	3,151	40,0	21,0	17,0	11,0	---	11,0
H. 2,252	10,987	16,7	16,7	16,7	16,7	16,7	16,7
I. 2,116	10,017	20,0	20,0	20,0	20,0	20,0	---

Anmerkungen:
Aufgrund von Rundungen summieren sich die Anteile nicht immer zu 100% auf.
A. = risikominimales 6-Währungsportfolio.
B. = risikominimales 5-Währungsportfolio.
C. = Reserveportfolios aller IWF-Mitglieder (6-Währungsportfolio). Die in den IWF Statistiken ausgewiesenen tatsächlich gehaltenen Anteile wurden so angepaßt, daß sich die Anteile der sechs Währungen zu 100 Prozent aufaddieren.
D. = Reserveportfolios aller IWF-Mitglieder (5-Währungsportfolio). Die in den IWF-Statistiken ausgewiesenen tatsächlich gehaltenen Anteile wurden so angepaßt, daß sich die Anteile der fünf Währungen zu 100 Prozent aufaddieren.
E. = Portfolio mit gleicher Standardabweichung wie C.
F. = Portfolio mit gleicher Standardabweichung wie D.
G. = Struktur entsprechend den Anteilen des SZR-Korbs.
H. = gleichgewichtiges 6-Währungsportfolio.
I. = gleichgewichtiges 5-Währungsportfolio.

Quelle: Eigene Berechnungen; IMF, Annual Reports, versch. Jg..

Während bis Ende 1989 die Entwicklungsländer einen geringeren Teil ihrer Reserven in US-Dollar hielten als die Industrieländer (vgl. Tabellen 2 und 3), wodurch sich bei den Entwicklungsländern eine relativ größere Übereinstimmung zwischen der optimalen und tatsächlichen Portfoliozusammensetzung feststellen läßt, liegt inzwischen der von den Industrieländern gehaltene Dollaranteil sogar relativ näher am optimalen Anteil als bei den Entwicklungsländern. Dies könnte darauf hindeuten, daß sie ihr Reservemanagement stärker verändert haben und versuchen, die Reservestruktur langfristig an die optimale Portfoliozusammensetzung anzupassen.

Es ist also festzustellen, daß zwischen den tatsächlich gehaltenen und den optimalen Reserveportfolios zum Teil erhebliche Unterschiede bestehen. Tatsächlich haben die Zentralbanken große Dollarbestände beibehalten, obwohl eine größere Reservehaltung in Dollar mit einem relativ höheren Risiko verbunden ist, gemessen durch die größere Varianz der Renditen für Dollaranlagen. Vergleicht man die in Tabelle 20 für die Positionen A. und C. bzw. B. und D. angegebenen Werte für die Portfoliorendite und die Standardabweichung, fällt auf, daß die tatsächlich von den Zentralbanken gehaltene Reservestruktur in den meisten Fällen nicht nur ein beträchlich höheres Risiko aufweist, sondern auch noch eine geringere Rendite als die risikominimalen Portfolios.[72] So hätte beispielsweise die Gesamtheit der Zentralbanken, wenn sie sich extrem risikoscheu verhalten hätte, im Zeitraum von 1985 bis 1992 im Durchschnitt eine Rendite von 1,71% bzw. von 1,78% erzielen können. Mit der tatsächlich gehaltenen Reservestruktur war hingegen nur eine Rendite von 1,21% bzw. 1,16% bei einem wesentlich höheren Risiko (11,08% bzw. 11,79% gegenüber 2,84% bzw. 2,94%) zu erwirtschaften (vgl. Tabelle 20).

Hieraus läßt sich der Schluß ziehen, daß die Gesamtheit der Zentralbanken aus portfoliotheoretischer Sicht wesentlich risikofreudiger ist, als es das Portfoliomodell unterstellt, dabei aber ineffiziente Zusammensetzungen in Kauf nimmt. Gibt man deshalb die Annahme des risikominimierenden Verhaltens von Zentralbanken auf und läßt somit spekulative Engagements zu, dann kann bei einer Bewegung aus dem risikominimalen Portfolio entlang der Effizienzlinie der erwartete Ertrag des Portfolios auf Kosten eines höheren Risikos erhöht werden. Gleichzeitig ändert sich hierdurch die optimale Zusammensetzung des Portfolios. Eine Bewegung entlang der Effizienzlinie führt - mit Ausnahme des Zeitraums von 1980-84 - dazu, daß der optimale Anteil des Dollar verringert werden sollte (vgl. hierzu die Tabelle A13 bis A16 im Anhang). Allerdings sind in den einzelnen Teilperioden je nach Wechselkursentwicklung Unterschiede in der Verschiebung der Wähungsanteile zu beobachten. Während für 1973-79 die Anteile der D-Mark, des Yen, des Schweizer Franken und des französischen Franc zunehmen, nimmt der für den Zeitraum 1985-92 berechnete optimale Anteil des Yen auf Kosten des Dollar und

72 In drei Fällen konnte zwar mit den tatsächlich gehaltenen Reserveportfolios eine höhere Rendite erzielt werden. Jedoch war dies nur auf Kosten eines beträchtlich größeren Risikos möglich. Dies trifft für den Zeitraum von 1973-79 für das 5-Währungsportfolio und für den Zeitraum von 1980-84 für das 6- und 5-Währungsportfolio zu.

Abb. 12: Vergleich der Zusammensetzung des risikominimalen Portfolios mit der tatsächlichen Reservestruktur aller IWF-Mitglieder und einzelner Ländergruppen in ausgewählten Perioden

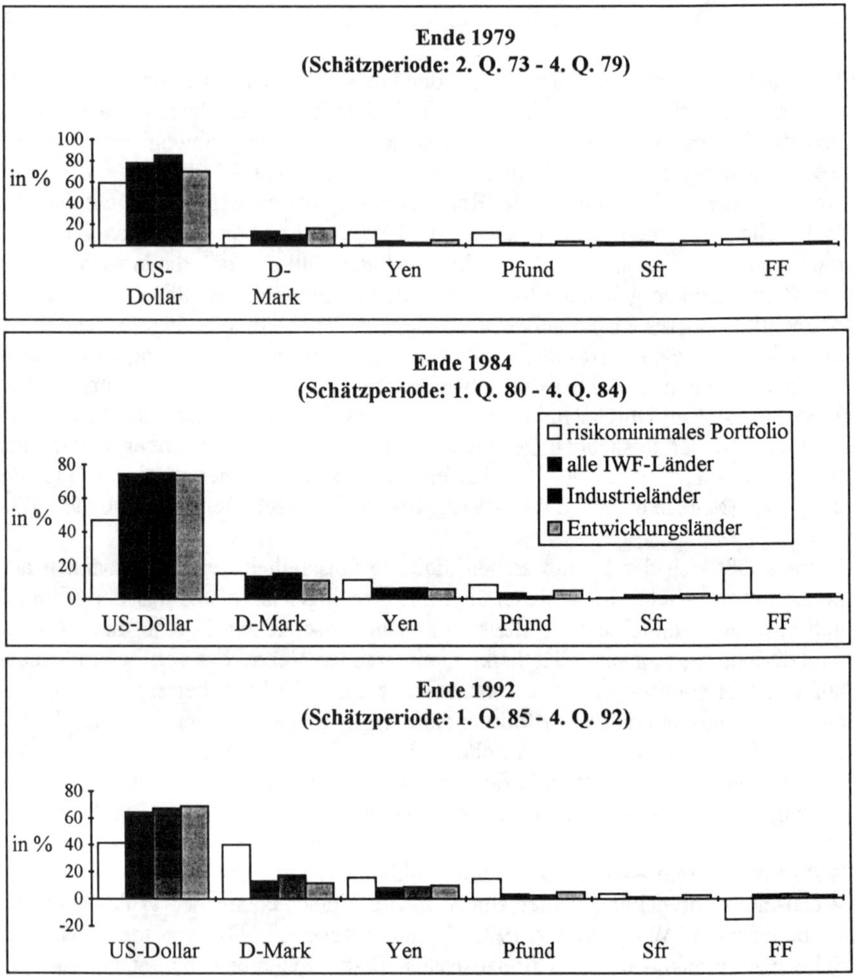

Quellen: Tabelle 20, Tabellen 1 bis 3; eigene Berechnungen.

besonders der D-Mark zu. Im letzten Fall hätten die Zentralbanken, wenn sie sich weniger risikoscheu verhalten hätten, eine höhere Rendite erzielen können, wenn sie den Anteil des Dollar, der D-Mark, des Pfund und des Schweizer Franken in

Yen umgeschichtet hätten. Im Extremfall, wenn 100% der Portfolios in Yen gehalten worden wären, hätten die Zentralbanken im Durchschnitt eine Rendite von 2,66% erzielt (vgl. Tabelle 19), die vor allem auf Kapitalgewinne durch die dramatische Aufwertung des Yen gegen Ende der Periode zurückzuführen war.

In der Phase der Stärke des US-Dollar Anfang bis Mitte der achtziger Jahre hätten dem wachsenden Dollaranteil im optimalen Portfolio auch D-Mark und Yen beigemischt werden müssen, um eine höhere Portfoliorendite zu erzielen. Über den gesamten Untersuchungszeitraum betrachtet, hätten Zentralbanken die Portfoliorendite steigern können, wenn sie den Anteil des Dollar vermindert und im Gegenzug die Anteile der D-Mark und des Yen erheblich ausgeweitet hätten.

Bestimmt man die optimale Zusammensetzung der Portfolios, die das gleiche Risiko aufweisen wie die tatsächlich von den offiziellen Währungsbehörden gehaltene Zusammensetzung der Devisenreserven, die aber auf der Effizienzlinie liegen (Positionen E. und F.),[73] so ergibt sich ein ähnliches Bild wie zuvor. Die Rendite des optimalen Portfolios fällt wesentlich größer aus als die mit der tatsächlich gehaltenen Reservestruktur. Auch sollte der optimale Anteil des Dollar deutlich geringer, während die Anteile der D-Mark und des Yen größer ausfallen sollten.

Hinsichtlich der Frage, ob Zentralbanken längerfristig ihre Reserveportfolios an die optimale Struktur anpassen, läßt sich bei einem Vergleich der für Ende 1992 ermittelten optimalen Reservestruktur mit der in Tabelle 1 für Ende 1993 ausgewiesenen Zusammensetzung feststellen, daß der Dollar-Anteil weiter reduziert und die Anteile der D-Mark, des Yen, des Pfund und des Schweizer Franken erhöht wurden. Zumindest der Tendenz nach wurde die tatsächliche Reservestruktur in Richtung der portfoliotheoretischen Zusammensetzung angepaßt. Für Ende 1994 kann diese Beobachtung nicht bestätigt werden, da der Dollar-Anteil in den IWF-Statistiken entgegen den portfoliotheoretischen Empfehlungen zunahm.
Ein weiteres Ergebnis der Untersuchung ist, daß von der Wahl des SZR als Numéraire tatsächlich ein starker Einfluß auf die optimale Zusammensetzung des Portfolios ausgeht. In Tabelle 20 ist unter der Position G. jeweils die Währungsstruktur des SZR-Korbes und die dazugehörige Rendite und Standardabweichung ausgewiesen. Die Zusammensetzung der risikominimalen Portfolios ist, wie zu erwarten war, der Gewichtung des SZR-Korbs sehr ähnlich. Da im SZR-Korb der US-Dollar mit einem sehr hohen Gewicht eingeht, sind die berechneten optimalen Anteile etwas zugunsten des Dollar verzerrt. Bei Zugrundelegung eines anderen Numéraire dürfte der ermittelte optimale Dollaranteil noch geringer sein.

---

73 Diese Portfolios entsprechen der durch Punkt E in Abbildung 9 dargestellten Alternative, ein optimales Portfolio aus der Menge der effizienten Portfolios auszuwählen.

Mißt eine Zentralbank den Ertrag ihres Reserveportfolios in SZR, dann bietet eine Aufteilung des Reserveportfolios gemäß der Struktur des SZR-Korbs eine gute Absicherungsstrategie, um sich gegenüber Wechselkursänderungen zu schützen. Das Portfoliorisiko wird in diesem Fall allein durch Zinssatzänderungen hervorgerufen. Die Kombination dieser fünf Währungen verhält sich wie eine risikolose Anlage. Die zum SZR-Korb gehörige Standardabweichung ist daher im Vergleich zu den anderen Alternativportfolios wesentlich geringer.

Um zu überprüfen, ob eine naive Anlagestrategie die Performance der portfoliotheoretischen Anlagestrategie übertrifft, wurde als weiteres Referenzportfolio eine gleichgewichtige Aufteilung (Positionen H. und I.) gewählt. Als Vergleichskriterium dient hierbei die Standardabweichung der Rendite. Der Vergleich der risikominimalen Portfolios mit der Zusammensetzung alternativer Portfolios zeigt, daß die risikominimalen Portfolios, wie zu erwarten war, das geringste Risiko aufweisen. Alle anderen Referenzportfolios erwirtschaften zwar zumeist eine höhere Rendite, aber auf Kosten eines größeren Risikos. So weist die naive Anlagestrategie einer gleichgewichtigen Aufteilung des Reservebestands auf die einzelnen Reservewährungen ein deutlich höheres Risiko auf. Ist es das Ziel, das mit der Reservehaltung verbundene Risiko zu reduzieren, ist die Ausrichtung des Reservemanagements an der mit dem Portfoliomodell ermittelten Struktur empfehlenswert.

Eine zentrale Annahme, auf der die Theorie der Portfolio-Selektion basiert, ist die Stabilität der Varianz-Kovarianz-Struktur. Nur wenn die in der Vergangenheit gültigen Zusammenhänge auch in naher Zukunft weiter gelten, lassen sich mit den aus vergangenen Größen gewonnenen Erkenntnissen sinnvolle Anlagestrategien entwickeln. Eine Aufteilung des gesamten Untersuchungszeitraums in einzelne Teilperioden erlaubt deshalb, die Stabilität der zur Bestimmung der optimalen Zusammensetzung erforderlichen Parameter im Zeitablaufe zu überprüfen.
Vergleicht man die Ergebnisse der einzelnen Teilperioden miteinander (Tabellen 19 und 20), so ist zu erkennen, daß das Risiko-/Ertragsprofil der einzelnen Anlagealternativen und die Zusammensetzung der optimalen Portfolios sehr stark von der Wahl des jeweiligen Untersuchungszeitraums beeinträchtigt werden. Die Renditen der einzelnen Anlagealternativen variieren von Periode zu Periode beträchtlich. So erzielte eine Dollaranlage zwischen 1973-79 im Durchschnitt eine Rendite von 1,32%, zwischen 1980-84 von 4,22% und zwischen 1985-92 lediglich eine Rendite von 0,59%. Eine Anlage in Yen erzielte dagegen zwischen 1980-84 3,22% und zwischen 1985-92 2,66%. Auch die Standardabweichung und die Varianz-Kovarianz-Struktur erweisen sich bei einer Verschiebung auf der Zeitachse als äußerst instabil. Die Ableitung einfacher Faustregeln für die Anlagepolitik offizieller Währungsbehörden ist daher mit großer Vorsicht zu betrachten,

so daß eine zu einem bestimmten Zeitpunkt ermittelte portfoliooptimale Zusammensetzung des Reserveportfolios von Zeit zu Zeit angepaßt werden muß.

Betrachtet man die Entwicklungen in den Teilperioden im einzelnen, so erfuhr der US-Dollar beispielsweise seit Anfang der achtziger Jahre eine stetige Aufwertung, und in den letzten Monaten des Jahres 1984 und zu Beginn des Jahres 1985 erreichte der Wechselkurs des Dollar Rekordhöhen gegenüber den meisten anderen Währungen. Aufgrund der hohen Wechselkursgewinne in Verbindung mit den auf die restriktive Geldpolitik zurückzuführenden hohen US-Zinsen, bei zwar hoher aber dezelerierender Inflation in den USA, boten Anlagen in Dollar die höchste Rendite. Obwohl mit einer Dollaranlage zwischen dem 1. Q. 1980 und dem 4. Q. 1984 eine höhere Rendite zu erzielen war als mit anderen Währungsanlagen und eine Dollaranlage im Vergleich zu den anderen Währungen die geringste Standardabweichung aufwies, hätten Zentralbanken das systematische Risiko ihrer Portfolios weiter verringern können, wenn sie einen Teil ihrer Reservebestände insbesondere in D-Mark, französischen Franc und Yen umgeschichtet hätten. Rechnet man die Anteile des Schweizer Franken und des französischen Franc aufgrund der hohen Korrelation dieser Währungen gegenüber der D-Mark zum Anteil der D-Mark hinzu, so wächst deren "optimaler" Anteil auf 38%. Die Anteile des Yen und des US-Dollar sind 11,2% bzw. 47,1%. In den IWF-Statistiken wird dagegen für Ende 1984 tatsächlich ein Dollaranteil von 70% ausgewiesen (siehe Tabelle 1).

Im Zeitraum vom 1. Q. 1985 bis zum 4. Q. 1992 weisen die D-Mark, der Yen und das Pfund nahezu ein gleich hohes Risiko auf, während sich die Rendite einer Dollaranlage auf weniger als ein Viertel gegenüber den anderen Währungen beläuft (vgl. Tabelle 19). Aus Tabelle 20 ist zu entnehmen, daß der optimale Dollaranteil innerhalb des 6-Währungsportfolios von rund 60% Ende 1979 auf gut 47% Ende 1984 weiter abnimmt und Ende 1992 nur noch 41,4% beträgt. Der Anteil der D-Mark steigt von 9,4% Ende 1979 über 15,3% Ende 1984 bis auf 40% Ende 1992. Der hohe DM-Anteil kommt allerdings nur dann zustande, wenn man sich in französischen Franc verschuldet und mit den aufgenommenen Mitteln vor allem D-Mark nachfragt. Faßt man die DM- und die Franc-Komponente zusammen, so ergibt sich ein Anteil von 24,7% (40% DM - 15,3% FF). Die enge Beziehung zwischen der DM- und der Franc-Komponente, die sich auch in dem hohen Korrelationskoeffizienten (vgl. Tabelle 19) niederschlägt, wird besonders deutlich, wenn man die risikominimale Zusammensetzung für das 5-Währungsportfolio (ohne franz. Franc) bestimmt. Der DM-Anteil verringert sich dann von 40% auf 26,6%. Die Anteile der anderen Währungen ändern sich nur geringfügig. Insgesamt ist zwischen den 6- und 5-Währungsportfolios kein wesentlicher Unterschied festzustellen. Der Anteil der D-Mark nimmt im 5-Währungsportfolio zu, um den Verlust des französichen Franc zu kompensieren.

Der Anteil des Yen nimmt bei einer Veränderung der Stichprobe von 12,3% Ende 1979 bis auf 15,8% Ende 1992 zu.

Abbildung 13: Kumulierte Nominalrenditen eines risikominimalen Portfolios und einzelner Währungsanlagen (Erstanlage zum 1. Q. 1985 und reinvestiert zu Beginn eines Quartals)[1)]

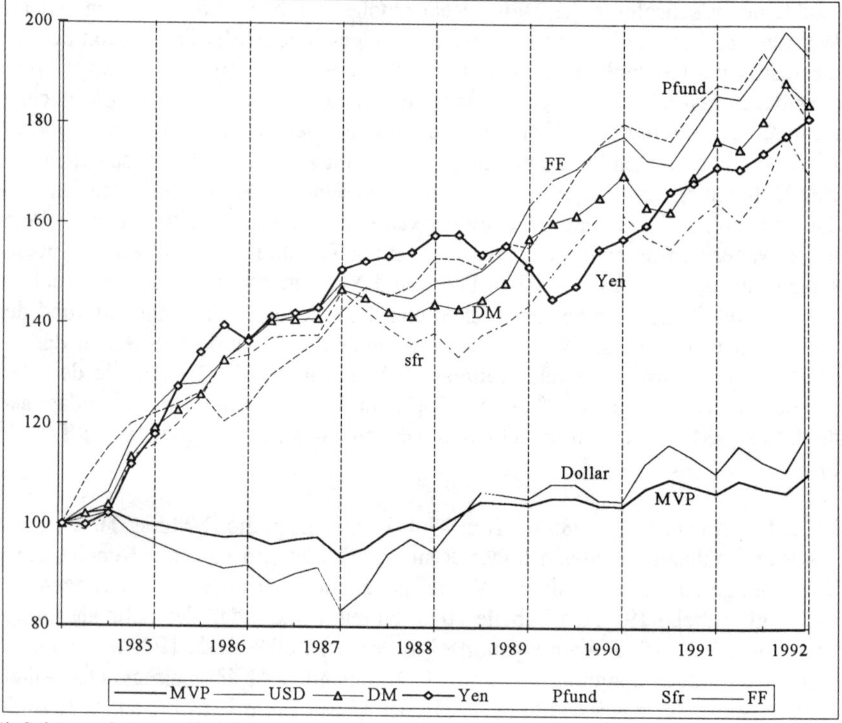

1) Schätzperiode: 1. Q. 1980 - 4. Q. 1984. Zusammensetzung des risikominimalen Portfolios (MVP): US-$: 47,1%; DM: 15,3%; Yen: 11,2%; Pfund Sterling: 8,3%;Sfr: 0,5%; FF: 17,7%

Die Attraktivität des risikominimalen Portfolios liegt nicht bei der Erzielung eines systematisch höheren Ertrags, sondern in den Vorteilen einer Risikostreuung. Dennoch ist abschließend ein Vergleich mit der Wertentwicklung der einzelnen Reserveanlagen interessant. Um die Performance eines risikominimalen Portfolios mit der Anlage in einzelnen Währungen zu vergleichen, wird die kumulierte Rendite einer hypothetischen Anlage von 100 Einheiten berechnet, wenn dieser Betrag zu Beginn des 1. Quartals 1985 gemäß der Struktur des risikominimalen Portfolios (Minimum Varianz-Portfolio MVP) oder in den einzelnen Währungsan-

lagen angelegt und zu Beginn eines jeden Quartals wieder neu angelegt worden wäre (vgl. Abbildung 13).
Bis Mitte 1989 erwirtschaftete eine Anlage in Yen die höchste und in US-Dollar die geringste kumulierte Rendite. Eine Anlage, die bis Ende 1992 in französischen Franc oder Pfund Sterling gehalten worden wäre, hätte gegenüber der D-Mark, dem Yen und dem Schweizer-Franken eine günstigere Rendite erzielt. Die vergleichsweise geringe Wertentwicklung des risikominimalen Portfolios zeigt, daß eine risikominimale Anlagestrategie natürlich nicht geeignet ist, um den Ertrag des Reserveportfolios wesentlich zu verbessern.
Gleichzeitig ist zu erkennen, welche Probleme mit der Spezifizierung portfoliotheoretischer Anlagestrategien verbunden sein können. Denn wichtig für die Performance der portfoliooptimalen Anlagestrategie ist die Entwicklung der in die Renditeberechnung eingehenden Größen und damit die Wahl des Zeitraums, auf dem die Schätzung der portfoliooptimalen Zusammensetzung des Reserveportfolios basiert.
So diente im vorliegenden Beispiel die Phase der vorübergehenden Dollarstärke als Basis für die Bestimmung der portfoliooptimalen Zusammensetzung des risikominimalen Portfolios. Da nach 1984 der US-Dollar gegenüber anderen Reservewährungen zur Schwäche neigte und der Dollaranteil im risikominimalen Portfolio sehr hoch ist, verzeichnet das risikominimale Portfolio im Vergleich zu einer Anlage in anderen Nicht-Dollarwährungen bis Ende 1987 einen negativen Wertzuwachs.
Eine Zentralbank, die die Zusammensetzung ihrer Reserven an der Struktur des risikominimalen Portfolios ausgerichtet hätte, hätte damit jedoch eine höhere Rendite bei relativ geringem Risiko erwirtschaften können als mit einer reinen Dollaranlage. Spätestens Mitte 1989 hätte jedoch die risikominimale Reservestruktur revidiert und neu geschätzt werden müssen, um der unterdurchschnittlichen Wertentwicklung des risikominimalen Portfolios Rechnung zu tragen. Von Zeit zu Zeit muß also die Varianz-Kovarianz-Struktur neu geschätzt und im Bedarfsfall die Zusammensetzung des Reserveportfolios revidiert werden.

2.4 Zwischenergebnisse

Mit Hilfe portfoliotheoretischer Ansätze kann der Einfluß von Risiko- und Ertragsgesichtspunkten aus der Reservehaltung auf die währungsmäßige Zusammensetzung der Devisenreservebestände von Zentralbanken untersucht werden. Die Untersuchung zeigte, daß es für Zentralbanken aus risikopolitischen Überlegungen sinnvoll ist, ihre Reserveportfolios zu diversifizieren, wenn zwischen den Renditen der verschiedenen Anlagewährungen nur ein geringer, besser noch ein gegensätzlicher korrelativer Zusammenhang besteht. Tatsächlich läßt sich zwischen dem US-Dollar, der D-Mark und dem Yen ein solcher negativer Zusammenhang

feststellen. Der Anteil des Dollar sollte gesenkt werden und die Anteile der D-Mark und des Yen erhöht werden.
Vergleicht man jedoch die portfoliotheoretischen Untersuchungsergebnisse mit der vom IWF ausgewiesenen globalen Reservestruktur, stellt man fest, daß zwischen der optimalen und der tatsächlichen Zusammensetzung der Reserveportfolios eine deutliche Lücke klafft, die besonders hinsichtlich der Dollarbestände zu beobachten ist. Zwar hat sich die zwischen den optimalen und den tatsächlichen Reserveanteilen bestehende Kluft seit Ende der siebziger Jahre bis Anfang der neunziger Jahre deutlich verringert. Aufgrund der noch bestehenden Lücke läßt sich im Rahmen der Portfoliotheorie aber der Schluß ziehen, daß Zentralbanken nicht so risikoscheu sind, wie es die Portfoliomodelle nahelegen. Sie haben erhebliche Dollarbestände beibehalten, obwohl eine größere Reservehaltung in Dollar mit einem relativ höheren Risiko verbunden ist, gemessen durch die größere Varianz der Renditen für Dollaranlagen.
Des weiteren ist festzustellen, daß auf globaler Ebene die tatsächlich gehaltenen Reserveportfolios nicht nur ein größeres Risiko aufweisen, sondern auch einen geringeren Portfolioertrag. Die von Zentralbanken gehaltene Reservestruktur ist nach portfoliotheoretischen Kriterien ineffizient.

Angesichts der zum Teil erheblichen Diskrepanzen zwischen den optimalen und den tatsächlichen Währungsanteilen in den Reserveportfolios offizieller Währungsbehörden stellt sich damit zwangsläufig die Frage, ob das in der Untersuchung verwendete Portfoliomodell unzureichend spezifiziert ist oder ob Zentralbanken ihre Anlageentscheidungen weniger stark an portfolitheoretischen Überlegungen ausrichten. Was den ersten Teil der Frage betrifft, sollen zunächst die Ergebnisse anderer Untersuchungen angesehen werden, die ebenfalls das Reservemanagement mit Hilfe portfoliotheoretischer Modelle analysieren. Von Interesse ist besonders, ob diese zu ähnlichen Resultaten kommen und in welcher Hinsicht Abweichungen bestehen.

3. Vergleich mit den Ergebnissen anderer portfoliotheoretischer Arbeiten

Bereits unter dem Regime fester Paritäten von Bretton Woods wurden erste Arbeiten publiziert, die sich mit der Zusammensetzung der von Zentralbanken gehaltenen Reserven beschäftigten. Diese frühen Untersuchungen beschränkten sich jedoch zumeist auf die Frage, welcher Anteil des gesamten Reservebestands in Gold gehalten werden sollte.[74] Da die Zentralbanken sich verpflichtet hatten, einen festen Wechselkurs ihrer Währungen gegenüber dem US-Dollar einzuhalten,

74 Vgl. hierzu die Arbeiten von: Kenen, P.B. (1960), ders. (1963); Officer, L. und T.D. Willett (1969); Stekler, L. und R. Pieckarz (1970); Makin, J.H. (1971).

war das Halten von Reservebeständen nur mit geringen Wechselkursunsicherheiten verbunden. Wertverluste infolge der Abwertung einer Reservewährung durch eine Paritätsänderung waren nahezu ausgeschlossen, da diese nur als allerletztes Anpassungsinstrument in Frage kamen und zumeist unterblieben. Schließt man den Fall einer Aufwertung der eigenen Währung aus, konnte eine Zentralbank ihr gesamtes Reserveportfolio in nur einer Währung konzentrieren, ohne größere Werteinbußen befürchten zu müssen. Da der US- Dollar Leitwährung des internationalen Währungssystems war, entfiel die Entscheidung zumeist zugunsten der amerikanischen Währung. Sofern eine größere Nachfrage nach einer anderen Währung bestand, konnte diese befriedigt werden, indem am Devisenmarkt die betreffende Währung gegen Dollar zu einem festen Kurs getauscht wurde.

Gegen Ende der sechziger und frühen siebziger Jahre beschäftigen sich einige Arbeiten damit, wie sich die Zusammensetzung der Reserveportfolios offizieller Währungsbehörden ändern könnte, wenn neben Gold und US-Dollar zusätzlich das SZR einbezogen würde.[75]

Als im März 1973 die wichtigsten Währungen zum freien Floaten übergingen und das Festkurssystem von Bretton Woods endgültig zusammenbrach, gewann die Frage immer stärker an Gewicht, ob Zentralbanken nicht die Struktur ihrer Reservebestände grundlegend verändern sollten, um durch eine Diversifizierung der Reserven die bestehenden Währungsrisiken auf unterschiedliche Währungen zu verteilen. Trotz der spektakulären Entwicklungen, die das internationale Finanzsystem seitdem verzeichnete, der hohen Volatilität der Wechselkurse, Zinssätze und Preise für Finanzaktiva, von denen private wie auch offizielle Anleger gleichermaßen bei ihren Portfolioentscheidungen betroffen sind, hat die relative Nachfrage nach internationalen Anlagen in der wirtschaftswissen-schaftlichen Literatur bisher erstaunlich wenig Aufmerksamkeit gefunden. Anstatt auf die Portfoliozusammensetzung konzentrierte sich der überwiegende Teil der Untersuchungen in der Literatur auf die die Gesamtnachfrage nach Devisen-reserven bestimmenden Faktoren.

Obwohl es Hinweise gibt, daß erwartete Renditen zusammen mit Liquiditäts- und Risikoüberlegungen einen erheblichen Einfluß auf die Aufteilung der Reserven auf in verschiedene Währungen lautende Anlagen haben, ist es bis heute nicht gelungen, diesen Einfluß eindeutig empirisch zu belegen. Vor diesem Hintergrund müssen auch die wenigen Arbeiten gesehen werden, die erstmals gegen Ende der siebziger Jahre - also lange nachdem die wichtigsten Währungen zu einem freien Floaten übergegangen waren - die optimale Reservehaltung im Zusammenhang mit portfoliotheoretischen Modellen untersuchen.

75 Vgl. Aliber, R.Z. (1967); Goldstein, H.N. (1969); Hirsch, F. (1971); Makin, J.H. (1972).

Neben Kouri und Braga de Macedo sowie Healy untersuchte Ben-Bassat als einer der ersten die optimale Zusammensetzung von Devisenreserven.[76] Die meisten der immer noch überschaubaren, inzwischen vorliegenden Untersuchungen greifen auf die Arbeiten von Ben-Bassat zurück, so daß dessen Ansatz ausführlicher dargestellt werden soll.

3.1 Der portfoliotheoretische Ansatz von Ben-Bassat

Ausgangspunkt der Überlegungen Ben-Bassats ist die Frage, in welchem Maße Risiko- und Ertrags-Gesichtspunkte einen nachhaltigen Einfluß auf die Wahl der Währungen im Portfolio offizieller Währungsbehörden haben. Hierzu geht er von der Annahme aus, daß eine Zentralbank Devisenreserven hält, um potentielle Zahlungsungleichgewichte des Landes auszugleichen. Aufgrund der unsicheren zukünftigen Entwicklung der externen Ein- und Auszahlungsströme muß die Zentralbank deshalb einen bestimmten Bestand an Reserven vorhalten, auf den sie zurückgreifen kann, wenn die vom Land erzielten Devisenerlöse nicht zur Finanzierung der Einfuhren ausreichen. Die Volkswirtschaft soll also vor einer Instabilität der Zahlungsbilanzströme bewahrt werden, so daß es bei einer Reduzierung der Deviseneinnahmen seine Einfuhren nicht vermindern muß.
Wegen der unsicheren Entwicklungen der zukünftigen Wechselkurse und Preise besteht auch über den zukünftigen Wert der Devisenbestände Unsicherheit. Hieraus ergibt sich für eine Zentralbank das Problem, wie sie ihre Reserven möglichst so in verschiedenen Währungen anlegen soll, daß deren zukünftiger Wert erhalten bleibt, um in Zukunft ein möglichst hohes Importvolumen sicherzustellen.
Ben-Bassat löst dieses Anlageproblem mit Hilfe eines einfachen Modells der Portfolio-Selektion. Vereinfachend betrachtet er zwei aufeinanderfolgende diskrete Zeitintervalle und bestimmt für den gegenwärtigen Zeitabschnitt ein optimales Portfolio. Alle zukünftigen Zeitabschnitte werden durch die zweite Periode repräsentiert.
Zunächst geht Ben-Bassat davon aus, daß eine Zentralbank aufgrund der hohen Variabilität der Mittelzu- und abflüsse ihre Devisenreserven nur kurzfristig anlegt. Da die Auslandsverbindlichkeiten des Landes zumeist längerfristiger Natur sind, werden die Auslandsverbindlichkeiten nicht in das Modell integriert. Diese werden getrennt von den Auslandsaktiva des Landes bewirtschaftet.[77] Die optimale Diversifizierung der Devisenreserven bezieht sich wie im oben verwendeten Modell nur auf die Bruttoreserveposition der Zentralbank. Weiterhin nimmt Ben-Bassat an, daß die Struktur der Importe, der Exporte und der Netto-

76 Vgl. Kouri, P.J.K. und J. Braga de Macedo (1978); Healy, J.P. (1981); Ben-Bassat, A. (1980); ders. (1981); ders. (1984). Ben-Bassat ist gegenwärtig Senior Director in der für die Devisenoperationen zuständigen Abteilung in der Bank of Israel.

77 Vgl. Ben-Bassat, A. (1984), S. 5 und 8.

Kapitalimporte gegeben ist und daß das Land in der ersten Periode einen Anfangsbestand an Devisenreserven in Höhe von R_0 besitzt und zusätzliche Deviseneinnahmen aus den Exporten und Netto-Kapitalimporten erzielt.
Bevor sich nun die Zentralbank entscheidet, wie sie ihr Anlageportfolio auf verschiedene Währungen aufteilen soll, habe sie sich bereits im vorhinein entschieden, welcher Anteil des Gesamtbestands der Reserven für den Konsum von Importgütern (M_1) in der ersten Periode aufgewendet und welcher Anteil vorübergehend in Reserveaktiva (R_1) angelegt werden soll, um damit in der zweiten Periode Importe (M_2) finanzieren zu können. Die Anlageentscheidung und damit die Wahl der Zusammensetzung der Devisenreserven werden also unabhängig von der Konsumentscheidung getroffen.
Am Ende der ersten Periode bestimmen sowohl der Wert des Reservebestands als auch die aus der Anlage von Reserveguthaben erzielten Erträge, in welchem Umfang Mittel zur Finanzierung zukünftiger Importe zur Verfügung stehen. In Ben-Bassats Modell unterliegt die betreffende Volkswirtschaft in den zwei Perioden deshalb den folgenden beiden Budgetrestriktionen:

(22a) $$M_1 + \sum_{i=1}^{m} (R_{i1} / e_{i1}) = X_1 + K_i + R_0 \ ,$$

(22b) $$M_2 = \sum_{i=1}^{m} (R_{i1} / e_{i1})(1 + r_i) \ .$$

Die Variablen haben hierbei folgende Bedeutung:

M_1 = Gesamteinfuhren des Landes an Gütern und Dienstleistungen (einschließlich der Schuldendienstleistungen) in der ersten Periode;
M_2 = Gesamteinfuhren des Landes an Gütern und Dienstleistungen (einschließlich der Schuldendienstleistungen) in der zweiten Periode;
R_0 = Anfangsbestand der Reserven (gemessen in Importeinheiten);
R_{i1} = Anzahl der Einheiten, die das Land in der Währung i in der ersten Periode im Reservebestand hält;
r_i = erwartete Rendite der Anlage i (einschließlich Zinsertrag und Kapitalgewinn oder -verlust aufgrund von Wechselkurs- und Preisänderungen);
X_1 = Exporteinnahmen in der ersten Periode (gemessen in Importeinheiten)
K_1 = Nettokapitalimporte innerhalb der ersten Periode (gemessen in Importeinheiten)

e_{i1} = reale effektive Wechselkurs der Währung i in der ersten Periode. Als Deflator dient das durchschnittliche Importpreisniveau und der nominale effektive Wechselkurs ist ein importgewichteter Währungskorb in Einheiten der Währung i.

Unter den Annahmen, daß die Inlandsproduktion der Volkswirtschaft exogen gegeben ist und die Nutzenfunktion der Zentralbank nur von der Höhe der Importe in den zwei Perioden abhängt[78]

(23) $U = U(M_1, M_2)$,

kann unter Berücksichtigung der beiden Budgetrestriktionen (22a und 22b) das optimale Portfolio bestimmt werden, indem der erwartete Nutzen der Erträge in jeder Periode maximiert wird. Sofern die unsicheren Erträge der Anlageobjekte normal verteilt sind oder der Nutzen als Funktion des Portfolioertrags quadratisch ist, lassen sich mit Hilfe des Tobin-Markowitz-Modells der Portfolio-Selektion die optimalen Währungsanteile ableiten. Zur Bestimmung der Effizienzlinie minimiert Ben-Bassat[79] unter der Nebenbedingung

(24) $\sum_{i=1}^{n} x_i = 1$ und $x_i \geq 0$,

folgende Zielfunktion

(25) $\text{Min } \sigma^2(r_p) = \sum_{i=1}^{n} x_i^2 \sigma_i^2 + 2\sum_{i=1}^{n} \sum_{\substack{j=1 \\ j>i}}^{n} x_i x_j \operatorname{cov}(r_i, r_j)$

mit $r_p = \sum_{i=1}^{n} x_i r_i$,

wobei σ_i^2 die Varianz der Rendite der Währungsanlage i; $\operatorname{cov}(r_i,r_j)$ die Kovarianz der Renditen zwischen der Währungsanlage i und j und x_i der Anteil der Währung i im Reserveportfolio sind.

Da Ben-Bassat unterstellt, daß die Nutzenfunktion des Landes allein von den Importen abhängt, der erwartete Nutzen selbst eine Funktion des erwarteten Realertrags des Vermögens und der Varianz des Ertrags ist, müssen die zur Lösung des Optimierungsproblems erforderlichen Größen - der Ertrag und das Risiko der ver-

78 Vgl. Ben-Bassat, A. (1984), S. 5.
79 Vgl. Ben-Bassat, A. (1980), S. 287 und Ben-Bassat, A. (1984), S. 6.

schiedenen Anlagewährungen - gegenüber einem Importwährungs-korb berechnet werden, dessen Anteile aus der Importstruktur des Landes bestimmt werden.[80] Die erwartete Rendite der Währung i wird deshalb wie folgt berechnet:

(26) $r_i = (1 + z_i) / (1 + E_i) - 1$,

wobei z_i der Zinssatz für eine auf Währung i lautende Anlage ist, und E_i die Veränderungsrate des realen effektiven Wechselkurses der Währung i (p_i) ist.

Unter Verwendung dieses Modells berechnet Ben-Bassat für 75 Länder für die Jahre 1976 und 1980 optimale Reserveportfolios, wobei er bei seinen Berechnungen folgendermaßen vorgeht:[81]
Zunächst wird für jedes Land ein Importkorb auf Grundlage seiner Güterimporte aus den 12 wichtigsten Exportländern für die Jahre 1976 bzw. 1980 bestimmt.[82] Bei den Einfuhren aus den 12 Industrieländern, deren Exporte damals über zwei Drittel des gesamten Welthandels ausmachten, dient jeweils die Währung des Exportlandes als Fakturierungswährung. Für den Rest der Importe, die aus nicht-

80 Vgl. Ben-Bassat, A. (1984), S. 7f. Diese Vorgehensweise setzt allerdings voraus, daß sich die Importstruktur - also die geographische Herkunft der Einfuhren aus unterschiedlichen Ländern - mit dem tatsächlichen Fakturierungsverhalten und der Denomination der Zahlungsströme gleichsetzten läßt und daß die relativen Preise oder das relative Importvolumen der einzelnen Güterkomponenten im Zeitablauf unverändert bleiben. Bei einem kurzen Anlagehorizont der Devisenreserven ist diese Annahme dann realistisch, wenn es aufgrund von Wechselkursänderungen kurzfristig zu keinen grundlegenden Veränderungen innerhalb der Importstruktur kommt. Ben-Bassat bemerkt hierzu, daß die Importstruktur bei den meisten Ländern innerhalb eines Jahres tatsächlich nur geringen Veränderungen unterliegt, so daß hiervon nur eine geringfügige Wirkung auf die Verteilung der Renditen der verschiedenen Währungen ausgehen dürfte, wenn diese im Zusammenhang mit einem Import-Korb gemessen werden. Vgl. Ben-Bassat, A. (1984), S. 8. Alternativ zur Importstruktur könnte man auch auf die an den Devisenmärkten vorzufindende Tauschstruktur zurückgreifen. Ben-Bassat lehnt dies aber mit der Begründung ab, daß die dort vorzufindende Struktur durch Transaktionskosten und nicht durch die endgültige Nachfrage nach Währungen aus der Fakturierung internationaler Handelskontrakte determiniert wird. Das optimale Portfolio würde in diesem Fall nur durch Transaktionskosten, nicht jedoch durch Risiko- und Ertragsüberlegungen beeinflußt werden. Vgl. Ben-Bassat, A. (1984), S. 7. Mayer weist jedoch darauf hin, daß die aus einer in einer bestimmten Währung denominierten Anlage zu erzielende Rendite geringer ausfallen kann, wenn das Halten dieser Währung mit höheren Transaktionskosten verbunden ist. Bei gegebenem Risiko kann diese Anlage weniger attraktiv sein als die auf eine andere Währung lautende Anlage, die keine Transaktionskosten verursacht. Vgl. hierzu: Mayer, J. (1990), S. 210.

81 Vgl. Ben-Bassat, A. (1984), S. 9-19.

82 Die Beschränkung allein auf die Güterimporte dürfte angesichts der zunehmenden Bedeutung internationaler Kapitalströme, die inzwischen den Umfang der realwirtschaftlichen Transaktionen um ein Vielfaches übersteigen, heute nur noch eingeschränkt berechtigt sein.

industrialisierten Ländern stammen, wird dagegen der US-Dollar als Numéraire verwendet, da die meisten dieser Länder ein Wechselkursregime mit einer festen Anbindung an den Dollar aufwiesen und diese überwiegend Rohstoffe, Öl und Agrarprodukte exportierten, deren Preise am Weltmarkt und in US-Dollar bestimmt werden.

Bei der Auswahl möglicher Aktiva zur Berechnung der Effizienzkurve beschränkt sich Ben-Bassat auf Anlagen in US-Dollar, Pfund Sterling, D-Mark, französichen Franc, Schweizer Franken und für 1980 zusätzlich den japanischen Yen. Die zukünfige Verteilung der erwarteten Erträge jeder einzelnen Währung für Ende 1976 bzw. 1980 wird aus den vergangenen monatlichen Renditen zwischen 1972-76 bzw. 1972-80 berechnet, wobei Ben-Bassat die nominalen monatlichen Renditen berücksichtigt, die sich aus den Zinssätzen kurzfristiger Einlagen an den internationalen Geldmärkten zu Beginn eines jeden Monats und der Veränderungsrate des nominalen effektiven Wechselkurses der Währung in Relation zum Import-Währungskorb innerhalb eines Monats zusammensetzten. Wie Ben-Bassat bemerkt, ist zwar vom theoretischen Standpunkt betrachtet eine Deflationierung der nominalen Ertragsraten durch eine durchschnittliche Welt-inflationsrate eine präzisere Lösungsmethode. Eine Berechnung optimaler Portfolios auf Basis realer und nominaler Renditen führte jedoch zu keinen größeren Unterschieden. Im betrachteten Untersuchungszeitraum wurden die Schwankungen der Renditen deshalb hauptsächlich durch unerwartete Wechselkursschwankungen verursacht, so daß die relativ stabilen Inflationsraten vernachlässigt werden können.[83]

Um aus der Menge der effizienten Portfolios ein optimales Portfolio auszuwählen, greift Ben-Bassat zur Bestimmung der Zusammensetzung riskanter Anlagen auf das Capital Asset Pricing Modell von Sharp und Lintner zurück. Als Satz für die risikolose Anlage verwendet Ben-Bassats einen gewichteten Durchschnitt aus den Zinssätzen für Schatzwechsel der sechs Reservewährungen, da in seiner Studie ein Importwährungskorb die Funktion des Numéraire übernimmt.

Um die optimale und die tatsächliche Reservezusammensetzung miteinander vergleichen zu können, die Währungsstruktur der Devisenreserven in den IWF-Statistiken aber nur für Ländergruppen ausgewiesen wird, gewichtet Ben-Bassat den jeweils berechneten optimalen Anteil einer Währung im Portfolio eines Landes mit dessen Anteil an den Gesamtreserven der zugehörigen Ländergruppe. Der optimale Anteil (a_i) der Währung i im aggregierten optimalen Portfolio der Ländergruppe, die m Länder umfaßt, wird dann wie folgt errechnet:[84]

$$(27) \quad a_i = \sum_{j=1}^{n} a_{ij} w_j \quad ,$$

83 Vgl.Ben-Bassat, A. (1984), S. 10 sowie dort die Tabelle 4 auf S. 18.

84 Vgl. Ben-Bassat, A. (1984), S. 11

wobei a_{ij} der Anteil der Währung i im Portfolio des Landes j und w_j das Gewicht des Landes j an den gesamten von der Ländergruppe m gehaltenen Reserven ist.

Auf diese Weise berechnet er die optimale Reservezusammensetzung für die Mitglieder des Europäischen Wechselkursverbundes, für Industrieländer mit einem Regime flexibler Wechselkurse und die Gruppe der halbindustrialisierten und Entwicklungsländer. Diese wird der von den Zentralbanken der drei Ländergruppen tatsächlich gehaltenen Portfoliostruktur für die Jahre 1976 und 1980 gegenübergestellt (siehe Tabelle 21).

Tabelle 21: Optimale und tatsächliche Währungsstruktur der Reserveportfolios halbindustrialisierter und Entwicklungsländer, Mitglieder des Europäischen Wechselkursverbunds („Schlange") und floatender Industrieländer (Ende 1976 und 1980, in Prozent)

	Halbindustrialiserte und Entwicklungsländer				*Industrieländer* „*Schlange*"[1]				*Floater*			
	1976		1980		1976		1980		1976		1980	
	opt.	tats.	opt.	tats.	opt.	tats.	opt.	tats.	opt.	tats.	opt.	tats.
$	58,2	72,2	55,0	64,0	48,1	97,7	47,0	86,0	69,9	74,2	62,0	79,0
£	2,0	2,5	11,0	5,0	0,1	0,02	15,0	1,0	1,9	2,5	10,0	1,0
DM	12,5	10,0	9,0	19,0	8,2	1,3	11,0	7,0	11,3	8,2	9,0	11,0
sfr	-	-	6,0	4,0	-	-	9,0	4,0	-	-	5,0	4,0
FF	-	-	13,0	2,0	-	-	17,0	0,0	-	-	12,0	-
hfl	-	-	-	1,0	-	-	-	1,0	-	-	-	-
¥	-	-	8,0	5,0	-	-	1,0	1,0	-	-	2,0	5,0
andere	27,4	15,3	-	-	43,6	1,0	-	-	16,9	15,1	-	-
insg.	100,0	100,0	100,0	100,0	100,0	100,0	100,0	100,0	100,0	100,0	100,0	100,0
µ	9,5	8,7	9,3	8,9	9,6	7,1	9,4	8,0	8,7	8,4	9,1	8,5
Sd	7,8	6,7	5,4	5,0	7,9	16,0	5,1	10,8	5,0	4,2	5,6	4,5

[1] Ab 1979 Mitglieder der EWS.
µ = Mittelwert, Sd = Standardabweichung

Quelle: Ben-Bassat, A. (1984), S. 12 und 13.

Auffällig ist das unterschiedliche Ausmaß der Diskrepanzen zwischen den tatsächlich gehaltenen und den optimal berechneten Anteilen.[85] Besonders bei den halbindustrialisierten Ländern und den Entwicklungsländern fällt dieser Unter-

85 Vgl. auch: Ben-Bassat, A. (1980), S. 293f.

schied geringer aus. Zwischen 1976 und 1980 haben sie sogar die Diskrepanz noch verringert, indem sie den Dollaranteil weiter reduziert haben. Dies deutet darauf hin, daß diese Ländergruppe ihr Reservemanagement und die Struktur ihrer Reservebestände stärker an portfoliotheoretischen Überlegungen orientierte als Industrieländer. Mit dem abnehmenden Dollar-Anteil wurde der Anteil europäischer Währungen erhöht; dadurch vergrößerte sich zwar die Diskrepanz zwischen der optimalen und der tatsächlichen Struktur der Reserveportfolios bei den einzelnen Währungen. Dies war aber einerseits auf eine breitere Aufschlüsselung der Währungsstruktur gegenüber 1976 zurückzuführen.

Faßt man darüber hinaus die Anteile der D-Mark, des Schweizer Franken, französischen Franc und des holländischen Gulden zu einer Gruppe zusammen, so betrug der Unterschied nur noch zwei Prozentpunkte.[86] Die optimale Struktur stimmte damit fast vollkommen mit der tatsächlichen Reservestruktur überein, insbesondere wenn man berücksichtigt, daß diese Währungen als sehr enge Substitute zueinander betrachtet werden können. Die Renditen dieser Währungen, gemessen am Mittelwert und der Standardabweichung, weisen nicht nur eine sehr ähnliche Verteilung auf, sondern auch eine sehr hohe Korrelation.[87] Diese gleichförmige Entwicklung der Renditen erklärt sich durch die engen wirtschaftlichen Bindungen, die gemeinsame Zugehörigkeit zur Schlange bzw. zum nachfolgenden EWS sowie der engen geldpolitischen Zusammenarbeit zwischen diesen Ländern. Dies trifft auch für die Schweizer Währung zu.
Der relativ hohe Anteil der tatsächlich gehaltenen DM-Reserven kann einerseits auf die zunehmende Bedeutung der D-Mark im internationalen Handel und in Verbindung mit deren hoher Handelbarkeit zurückgeführt werden. Im Vergleich zu den optimalen Kriterien ist dagegen der relativ geringe Anteil des französischen Franc sicherlich eine Folge der damaligen umfangreichen Kapitalverkehrskontrollen Frankreichs.[88] Beim Pfund Sterling hat sich zwischen 1976 und 1980 die Diskrepanz erheblich vergrößert - eine Entwicklung, die ebenso bei den anderen beiden Ländergruppen zu beobachten war. Die starke Aufwertung der britischen Währung Ende der siebziger Jahre infolge der zweiten Ölpreiskrise ließ deren Anteil in den optimalen Portfolios stark anwachsen. Tatsächlich erhöhten die Länder ihre Pfund-Reserven jedoch nicht in dem Maße, wie es portfoliotheoretische Überlegungen nahelegten. Offenbar konnte die neue Ölwährung bei den Anlegern nicht schnell genug das Vertrauen wieder zurückgewinnen, das durch wiederholte vorangegangene Abwertungskrisen verloren gegangen war.[89] Die Zentralbanken betrachteten vermutlich die Aufwertung des Pfund Sterling nur

---

86 Inwieweit es sich hier allerdings nur um eine scheinbare Genauigkeit handelt, kann aufgrund der Daten für Ländergruppen nicht beurteilt werden.
87 Vgl. Ben-Bassat, A. (1984), S. 12 und 18f.
88 Vgl. Mayer, J. (1990), S. 213.
89 Vgl. Mayer, J. (1990), S. 214.

als eine vorübergehende Erscheinung, die nicht von einer Veränderung der fundamentalen ökonomischen Faktoren begleitet war, sondern auf die verbesserte britische Leistungsbilanz infolge der Aufnahme der Ölexploration in der Nordsee zurückzuführen war.[90] Die Renaissance des Pfund Sterling als Reservewährung führte jedoch nur bei den Entwicklungsländern und besonders bei den OPEC-Ländern zu einem deutlichen Anteilsgewinn (vgl. Tabelle 1 und 4). Auf globaler Ebene nahm der Anteil des Pfund Sterling an den Weltdevisenreserven nur leicht zu.

Im Gegensatz zur ersten Gruppe wiesen die Länder des Europäischen Wechselkursverbundes und des EWS sowohl im Jahr 1976 als auch im Jahr 1980 eine besonders große Kluft zwischen ihren tatsächlich gehaltenen Reserveportfolios und den optimalen Portfolios auf. Es ist deshalb zu vermuten, daß bei diesen Ländern Ertrags- und Risiko-Überlegungen und damit portfoliotheoretische Strategien eher von zweitrangiger Bedeutung gewesen sind und statt dessen wechselkurspolitische Ziele ein stärkeres Gewicht hatten. Diese Hypothese wird auch dadurch gestützt, wenn man sich die berechneten Mittelwerte und Standardabweichungen der Renditen ansieht. Das von den EWS-Ländern tatsächlich gehaltene Portfolio war nicht nur ineffizient, d.h. es wies eine geringere Rendite und eine höhere Standardabweichung auf als das optimale Portfolio, sondern sie waren auch die einzige Gruppe, bei der die Standardabweichung des tatsächlichen Portfolios höher lag als die des optimalen.[91] Dies spricht für einen erheblich geringeren relativen Risikoaversionsgrad dieser Länder.

Das reservepolitische Verhalten der EWS-Länder wird vor allem durch institutionelle Vereinbarungen beeinflußt. Insbesondere die gegenseitigen Vereinbarungen zwischen den EWS-Ländern, wonach diese sich verpflichtet hatten, Mitgliedswährungen nur in Höhe der unbedingt erforderlichen Arbeits-guthaben zu halten, schränkten die Diversifizierungsmöglichkeiten stark ein.[92] Devisenreserven werden deshalb hauptsächlich in US-Dollar gehalten, so daß der Dollaranteil bei den EWS-Ländern um 40-50 Prozentpunkte über dem optimalen Anteil lag.[93]

Das reservepolitische Verhalten der Gruppe der Industrieländer mit flexiblen Wechselkursen unterscheidet sich von dem der EWS-Länder erheblich. Im Jahr 1976 waren das tatsächliche und das optimale Portfolio noch sehr ähnlich strukturiert. Obwohl auch diese Länder ein stärkeres Interesse an der Aufrechterhaltung der Stabilität des internationalen Währungssystems haben, scheinen überraschenderweise Risiko- und Ertrags-Überlegungen durchaus eine größere Rolle zu spielen, als man dies zunächst vermuten würde. Zwischen 1976 und 1980 hat sich der Unterschied zwischen dem optimalen und dem tatsächlichen Portfolio vergrößert.

---

90 Vgl. Ben-Bassat, A. (1984), S. 13.
91 Vgl. Ben-Bassat, A. (1984), S. 15.
92 Vgl. Ben-Bassat, A. (1984), S. 14.
93 Zum Reservemanagent der EWS-Notenbanken vgl. Kapitel V Abschnitt 2.2.2 in dieser Arbeit.

Der von den Ländern tatsächlich gehaltene Dollar-Anteil wurde erhöht, obwohl nach portfoliotheoretischen Gesichtspunkten eher das Gegenteil zu erwarten gewesen wäre. Diese Entwicklung kann einerseits mit der Nachwirkung der Pfund-Aufwertung auf die Berechnung der Rendite erklärt werden, die sich auf vergangene Daten stützt. Andererseits haben die Währungsbehörden der Schweiz, Großbritanniens und Japans, die zusammen über 58% der gesamten Reserven dieser Ländergruppe in den Jahren 1976 und 1980 hielten, in der Schwächephase des US-Dollar zwischen Ende 1976 und 1979 zur Stützung des Dollar interveniert. Die Aspekte der Stabilität des internationalen Währungssystems und der Währungsstabilität wurden damit stärker in den Vordergrund gestellt als Überlegungen eines optimalen Portfoliomanagements.[94]
Festzuhalten bleibt damit, daß die größere Ähnlichkeit der tatsächlich gehaltenen Reserveportfolios mit der Währungsstruktur des portfoliotheoretischen Modells bei den Entwicklungsländern bis Ende der siebziger Jahre ein Indiz dafür sein könnte, daß Entwicklungsländer bei der Strukturierung ihrer Reservebestände portfoliotheoretische Gesichtspunkte in einem größeren Maße berücksichtigten. Die Reservestruktur der wichtigsten Industrieländer wird dagegen stärker von Überlegungen hinsichtlich der Stabilität des internationalen Währungssystems und weniger vom Ertragsmotiv beeinflußt. Sie halten vor allem US-Dollar und können die Zusammensetzung ihrer Reserveportfolios allenfalls nur langsam anpassen.

3.2 Der Ansatz von Horii

Für Ende der siebziger und Anfang der achtziger Jahre untersucht Horii die Reservediversifizierung von Zentralbanken für die Ländergruppe der Industrieländer mit Hilfe eines portfoliotheoretischen Modells. Die Untersuchung orientiert sich zwar eng an der von Ben-Bassat verwendeten Modellstruktur, unterscheidet sich jedoch gegenüber Ben-Bassats Ansatz in dreierlei Hinsicht:[95]
Erstens begrenzt Horii seine Analyse nur auf die Gruppe der Industrieländer, da diese in der ersten Hälfte der achtziger Jahre ihre Reserven stärker diversifiziert haben als die Entwicklungsländer. Allerdings werden die Vereinigten Staaten, die Bundesrepublik Deutschland und Japan nicht in die Stichprobe mit eingeschlossen, da Deutschland und Japan fast ausschließlich US-Dollar als Reserven halten.
Zweitens geht er davon aus, daß es das Ziel der Zentralbanken sei, die Risiken aus potentiellen Reserveverlusten auf ein Minimum zu begrenzen. Das Reservemanagement berücksichtigt also weniger spekulative Engagements, mit denen bei höheren Risiken gleichzeitig höhere Renditen realisierbar wären. Aufgrund dieser Annahme ist das optimale Portfolio mit dem risikominimalen Portfolio identisch.

94 Vgl. Ben-Bassat, A. (1980), S. 286.
95 Vgl. Horii, A. (1986), S. 34f und S. 53f.

Drittens wählt Horii schließlich als Numéraire für das Reserveportfolio die heimische Währung der investierenden Zentralbank und keinen ausgabengewichteten Währungskorb. Er deflationiert deshalb auch die nominalen Ertragsraten um die nationalen Inflationsraten.
Unter Verwendung der Zinssätze für dreimonatige Euroeinlagen in US-Dollar, D-Mark, Yen, Pfund und französischen Franc berechnet er basierend auf den Daten von 1974 bis 1979 bzw. von 1979 bis 1984 die optimale Zusammensetzung risikominimaler Reserveportfolios für die Jahre 1979 und 1984. Diese werden dann mit der tatsächlichen Zusammensetzung der Devisenreserven der Industrieländer verglichen, wie sie in den IWF-Statistiken berichtet wird. Faßt man die wichtigsten Resultate dieser Untersuchung zusammen, so kommt Horii zum gleichen Ergebnis wie die eigene empirische Untersuchung. Die berechneten optimalen Dollar-Anteile fielen in beiden Jahren viel geringer aus als die in den Portfolios tatsächlich gehaltenen Dollar-Anteile. Im Gegensatz dazu waren die tatsächlich gehaltenen Währungsanteile in D-Mark, französischen Franc und Pfund Sterling niedriger als die nach den portfoliooptimalen Gesichtspunkten berechneten Anteile.
Eine Erklärung für die ziemlich großen Anteile der europäischen Währungen in den optimalen Portfolios sieht Horii darin, daß die untersuchten Industrieländer mit Ausnahme Kanadas und Australiens viel engere wirtschaftliche Bindungen an Deutschland, Großbritannien und Frankreich hatten als an die USA. Die meisten der großen reservehaltenden Industrieländer nehmen am EWS teil, wodurch deren Wechselkurse relativ fest an die DM gebunden sind. Andere europäische Länder, wie beispielsweise damals Österreich, die nicht am EWS teilnehmen, haben aufgrund ihrer engen Wirtschaftsbeziehungen zu den EWS-Mitgliedern ihr Wechselkursregime so abgestimmt, daß deren Währungen eine größere Wechselkursstabilität gegenüber der D-Mark aufweisen als gegenüber dem US-Dollar. Aufgrund dieser Wechselkurssysteme werden auch die Inflationsraten tendenziell stärker von denen der großen EG-Länder beeinflußt.[96] Auffallend an Horii's Ergebnissen ist der geringe Unterschied zwischen den tatsächlichen und optimalen Anteilen der in Yen gehaltenen Reserven und daß im optimalen Portfolio nur ein relativ geringer Anteil in Yen gehalten werden sollte. Eine Erklärung für die letzte Beobachtung könnte in den nicht besonders ausgeprägten Wirtschaftsbeziehungen der EG-Länder zu Japan gesehen werden und darin, daß die Schwankungen des Wechselkurses der japanischen Währung gegenüber der D-Mark geringer ausfielen als gegenüber dem Dollar. Daraus folgt, wenn ein relativ großer Anteil der gesamten Reserveanlagen bereits in D-Mark gehalten wird, bringt eine zusätzliche Reservehaltung in Yen aus Gründen der Risikodiversifizierung nur einen vergleichsweise geringen zusätzlichen Nutzen.[97]

---

96 Vgl. Horii, A. (1986), S. 35.
97 Vgl. Horii, A. (1986), S. 36.

Sobald die Annahme eines risikominimierenden Verhaltens der Zentralbanken aufgegeben wird und somit spekulative Engagements zugelassen werden, kann der erwartete Ertrag des Portfolios auf Kosten eines höheren Risikos verbessert werden, und man wird zu anderen optimalen Zusammensetzungen der Devisenreserven gelangen.[98] Vergleicht man unter diesem Aspekt das Vorgehen und die Resultate Horiis mit den Ergebnissen Ben-Bassats (1984) und der eigenen empirischen Untersuchung, in der nachgewiesen wurde, daß besonders Industrieländer im Rahmen ihres Portfoliomanagements offensichtlich einen wesentlich geringeren Risikoaversionsgrad aufweisen, so ist die Vorgehensweise das optimale mit dem risikominimalen Portfolio gleichzusetzten, mehr als fragwürdig.[99]
Abgesehen von dieser eher methodischen Kritik stützt auch die Untersuchung Horii's die Hypothese, nach der Zentralbanken möglicherweise nur einen Teil ihrer Reserveportfolios nach portfoliotheoretischen Kriterien gestalten. Wird das Gesamtportfolio in einzelne Tranchen aufgeteilt, wie es auch von Blackman vorgeschlagen wird,[100] dann kann ein Teil des Reservebestands so zu strukturiert werden, daß damit die jeweiligen Transaktions- und Interventionsbedürfnisse befriedigt werden können. Der Rest kann nach portfoliotheoretischen Gesichtspunkten strukturiert und zur Ertragssteigerung eingesetzt werden.
In diesem Zusammenhang ist die Feststellung Horii's interessant, daß, obwohl bei den Industrieländern die tatsächliche Zusammensetzung der Devisenreserven nicht mit der risikominimierenden Portfoliozusammensetzung vollständig konstistent war und zwischen 1979 und 1984 auch die Veränderungen nicht das gleiche Ausmaß aufwiesen, doch die Richtungsänderungen übereinstimmten.[101] Wenn das nach portfoliotheoretischen Kriterien optimal strukturierte Reserveportfolio eine Reduzierung eines bestimmten Währungsanteils nahelegte, nahm auch der Anteil dieser Währung an den tatsächlich gehaltenen Devisenreserven ab. Dies könnte als ein Indiz gewertet werden, daß einige Industrieländer längerfristig eine Anpassung ihrer Reserveportfolios an die von Portfoliomodellen nahegelegte Struktur anstreben und daß im Laufe der achtziger Jahre bei dieser Ländergruppe innerhalb des Reservemanagements eine Umorientierung und eine stärkere Hinwendung zu einem effizienteren Portfoliomanagement stattgefunden hat.

---

98 Wird der Dollar-Anteil im optimalen Portfolio bis auf den von den Währungsbehörden der Industrieländer im Jahre 1984 weltweit gehaltenen Dollar-Anteil von rund 80 Prozent erhöht und akzeptiert man zugleich ein größeres Risiko, dann müßte der Risikoaversionsgrad einen Wert von unter 0,5 annehmen, der nach Horii eher als unwahrscheinlich anzusehen ist. Im Vergleich hierzu würde bei einem risikominimierenden Verhalten der Risikoaversionskoeffizient gegen Unendlich streben. Vgl. Horii, A. (1986), S. 37.

99 Vgl. so Mayer, J. (1990), S. 217.

100 Vgl. Blackman, C.N. (1981), S. 163ff und ders. (1982), S. 13ff.

101 Eine Ausnahme war lediglich beim Yen zu beobachten. Während zwischen 1979 und 1984 bei den optimalen Portfolioanteilen nur eine geringfügige Veränderung auszumachen war, verdreifachte sich dessen Anteil bei den tatsächlich gehaltenen Devisenreserven. Vgl. Horii, A. (1986), S. 37.

3.3 Der Ansatz von Healy

Mit der Frage, wie eine Zentralbank ihren Devisenreservebestand diversifizieren sollte, beschäftigt sich auch Healy in seiner Untersuchung. Auch er geht davon aus, daß viele Zentralbanken das Ziel verfolgen, die Portfoliovarianz der Realrenditen zu minimieren. Um ein Reserveportfolio zu bestimmen, das die Varianz der Renditen minimiert, greift er allerdings nicht auf ein portfoliotheoretisches Modell zurück, sondern bestimmt die optimale Zusammensetzung von Reserveportfolios durch ein einfaches Regressionsmodell, wobei die Koeffizienten der Regressionsgleichungen als Schätzwerte für die optimalen Währungsanteile dienen, die die Portfoliovarianz minimieren.[102]
Um die optimalen Portfolioanteile bestimmen zu können, geht er von sehr restriktiven Annahmen aus:
Zunächst wird angenommen, daß es sich um eine „kleine" risikoscheue Zentralbank handelt, die an den Devisen- und Anlagemärkten als Preisnehmer agiert und deshalb keinen Einfluß auf die Wechselkursentwicklung nehmen kann. Dies schließt die Zentralbanken der führenden Industrieländer von der Analyse aus, deren Devisentransaktionen - auch wenn dies in der interventionspolitischen Literatur sehr umstritten ist - auf kurzfristige Sicht erhebliche Wirkungen auf den Devisenmärkten haben können. Die Zentralbanken der führenden Industrieländer sind ohnehin primär an der Stabilität des Währungssystems interessiert, so daß eine portfoliotheoretische Verhaltensweise für diese Länder wenig wahrscheinlich ist. Für eine modelltheoretische Überlegung mag die Annahme Healys einer „kleinen" Zentralbank zutreffend sein. In der Realität können jedoch sogar „kleine" Zentralbanken mit ihren anlagepolitischen Dispositionen einzelne Anlagemärkte sehr stark beeinflussen und zeitweise die Devisenmärkte in Bewegung setzen. Dies gilt besonders dann, wenn eine Zentralbank eine aggressive Anlagepolitik verfolgt und ihr Reserveportfolio rasch und häufig umschichtet.[103]
Weiterhin muß der Kapitalmarkt bestimmte Eigenschaften aufweisen: So nimmt Healy an, daß das Kapital vollständig mobil ist, die internationalen Finanzmärkte der Reservewährungen sehr effizient sind und keine Kapitalverkehrskontrollen bestehen. Darüber hinaus wird von einer ausreichend großen Zahl rational han-

102 Vgl. Healy, J. (1981), insbesondere die S. 5ff. Healy nutzt hierbei die Eigenschaft aus, daß die Varianz des Portfolios vermindert werden kann, indem die Zusammensetzung der Anlagen so gewählt wird, daß sich Preis- und Wechselkursänderungen auf den Portfolioertrag tendenziell ausgleichen. Durch eine Regression der nicht antizipierbaren Änderungen des Preisdeflators gegenüber den nicht antizipierbaren Wechselkursänderungen der Reservewährungen lassen sich die Portfolioanteile bestimmen, die das Ausmaß maximieren, in dem sich die Wirkungen von Wechselkurs- und Preisänderungen kompensieren.

103 Vgl. hierzu Brady, S. (1992), S. 56. So war besonders Mitte bis Ende der achtziger Jahre das anlagepolitische Verhalten der Währungsbehörden Saudi Arabiens am New Yorker Devisenmarkt gefürchtet. Vgl. hierzu auch die Ausführungen in Kapitel V Abschnitt 3.4.2.

delnder und risikoneutraler Anleger ausgegangen, so daß die erwartete Rendite aller vergleichbarer Währungsaktiva mit gleicher Fälligkeit gleich ist. Der erwartete Portfolioertrag kurzfristiger Reserveanlagen ist daher von der jeweiligen Zusammensetzung der einzelnen Anlagen, die von einer Zentralbank ausgewählt werden, unabhängig. Dies gilt jedoch nicht für die Portfoliovarianz. Denn in der Regel unterscheiden sich die durch die Varianz gemessenen Einzelrisiken der verschiedenen Währungsanlagen, so daß für das Portfoliorisiko die Wahl der jeweiligen Zusammensetzung des Reserveportfolios wichtig ist. Unter diesen Bedingungen kann eine Zentralbank lediglich versuchen, ihr Reserveportfolio so zu strukturieren, daß die Portfoliovarianz minimal ist. Damit ist die Substitutionsbeziehung zwischen dem Ertrag und dem Risiko vernachlässigbar, und das Problem der Portfolioauswahl reduziert sich auf die Bestimmung des risikominalen Portfolios.
Auf Basis monatlicher Daten für die vorangegangenen zwei Jahre schätzt Healy jeweils für Januar 1977, 1978 und 1979 die risikominimale Zusammensetzung der Reserveportfolios für Brasilien, Indien, Kenia und die Philippinen. Zur Berechnung der Realrenditen wird für jedes Land ein Kaufkraftindex konstruiert, der sich aus den relativen Importanteilen, den Exportpreisen und den Wechselkursen der Länder gegenüber einer Gruppe der 10 wichtigsten Handelspartner zusammensetzt.[104] Die Ergebnisse der für jedes Land berechneten optimalen Portfolioanteile sowie deren Importstruktur sind in Tabelle 22 zusammengefaßt.

Wie aufgrund der unterschiedlichen Importstruktur der Länder zu erwarten ist, fallen die optimalen Währungsanteile bei den einzelnen Ländern sehr unterschiedlich aus. So weist Kenia, das einen Großteil seiner Einfuhren aus Großbritannien bezieht, einen bedeutend größeren Pfund-Anteil als Brasilien auf.
Aus dem Vergleich der Ergebnisse mit der in der Tabelle wiedergegebenen Währungsstruktur einzelner Währungen an den Importen läßt sich für die Anlagestrategie einer Zentralbank ein interessanter Aspekt ableiten:
Es ist keine optimale Anlagestrategie, die Anteile der einzelnen Reservewährungen im Portfolio einfach an die Ausgabenstruktur anzupassen.
Angesichts von nicht vorhersehbaren Währungsrisiken können vielmehr die Portfolioanteile einzelner Währungen sehr stark von ihrem Importanteil abweichen und sich im Laufe der Zeit auch verändern. So übertrafen die für das Jahr 1977 berechneten optimalen Anteile der D-Mark und des Yen in den Reserveportfolios der Zentralbanken Brasiliens, Indiens, Kenias und der Philippinen jeweils deutlich deren Importanteile. Im Jahr 1979 kehrte sich diese Entwicklung wieder um. Hingegen fiel bei Kenia und den Philippinen der optimale Dollar-Anteil jeweils geringer aus als sein Importanteil.

104 Im einzelnen handelt es sich bei den wichtigsten Handelspartnern um die Vereinigten Staaten, Japan, Deutschland, Großbritannien, Frankreich, Kanada, die Niederlande, Italien, Belgien und die Schweiz.

Tabelle 22: Optimale Aufteilung der Devisenreservebestände auf wichtige Reservewährungen für die Währungsbehörden Brasiliens, Indiens, Kenias und der Philippinen (in Prozent)

	US-$	D-Mark	Yen	Pfund	FF
Brasilien					
1/77	33	29	30	4	4
1/78	36	35	11	6	12
1/79	29	11	1	28	29
Importanteile	*9*	*19*	*16*	*9*	*9*
Indien					
1/77	18	27	35	16	4
1/78	21	34	17	20	8
1/79	19	10	5	37	29
Importanteile	*30*	*18*	*20*	*25*	*7*
Kenia					
1/77	-6	29	40	30	7
1/78	-2	37	21	38	6
1/79	-1	12	5	55	29
Importanteile	*8*	*19*	*17*	*48*	*8*
Philippinen					
1/77	35	20	43	6	-4
1/78	39	23	31	5	2
1/79	30	10	22	13	25
Importanteile	*41*	*8*	*40*	*6*	*5*

Quelle: Healy, J. (1981), S. 13.

Leider fehlt bei Healy eine Gegenüberstellung der berechneten optimalen Währungsanteile und der tatsächlich von den jeweiligen Zentralbanken gehaltenen Portfoliostruktur, um abschließend beurteilen zu können, ob sich die ausgewählten Länder innerhalb ihres Reservemanagements an portfoliotheoretischen Strategien orientieren.

Wie an früherer Stelle erwähnt, ist bei der theoretischen Ableitung optimaler Diversifizierungsstrategien die Stabilität der Varianz-Kovarianz-Struktur eine wichtige Bedingung dafür, daß die aus einer ex post Analyse abgeleiteten optimalen Portfolioanteile auch für ex ante Anlageentscheidungen optimal sind. Falls diese Bedingung nicht erfüllt ist, ist die Anwendung der Theorie der Portfolio-Selektion äußerst problematisch. Da sich bei Healys Berechnungen die Varianz-Kovarianz-Struktur als nicht-stationär erwies, erhebt sich die Frage, ob die mit Hilfe mehr oder weniger komplexer Modelle abgeleiteten Anlagestrategien im Hinblick auf die Zielsetzung der Minimierung des Portfoliorisikos wirklich zu einer effektiveren Lösung führen als andere naive Anlagestrategien. Um dieser Frage nachzugehen, vergleicht Healy die berechneten optimalen Portfolios mit drei alternativen Portfolios:[105]

Bei der ersten Alternative ("Dollar-Portfolio") wird der gesamte Reservebestand nur in Dollaraktiva gehalten und damit der Beobachtung Rechnung getragen, daß Ende der siebziger Jahre gut 80% der Weltdevisenreserven in US-Dollar gehalten wurden.

Bei der zweiten Alternative ("SZR-Portfolio") werden die Währungsanteile so gewählt, daß sie genau den Gewichten der im Jahr 1981 im SZR-Korb enthaltenen 5 Währungen entsprechen.

Bei der dritten Alternative ("Import-Portfolio") werden die Devisenreserven nur in US-Dollar, D-Mark, Yen, Pfund Sterling und französischen Franc angelegt und zwar so, daß die Anteile der einzelnen Währungen im Reserveportfolio genau den relativen Anteilen dieser Reservewährungen an der Importstruktur Brasiliens, Indiens, Kenias und der Philippinen entsprechen.[106] Diese Absicherungsstrategie ist dann sinnvoll, wenn die Entwicklung der Inflationsraten sehr moderat verläuft und deshalb mit hoher Sicherheit antizipierbar ist und wenn darüber hinaus jeder Handelspartner auch Reserveaktiva anbietet.

Als Beurteilungsmaßstab dient das Verhältnis der Portfoliovarianz des alternativen Portfolios zur Portfoliovarianz des mit der Regressionstechnik ermittelten optimalen Portfolios. Eine Zahl von größer als Eins bedeutet, daß das ermittelte optimale Portfolio im Durchschnitt eine geringere Varianz aufweist.

Tabelle 23: Vergleich alternativer Portfoliostrategien mit dem "optimalen" Portfolio anhand der Portfoliovarianzen1)

Zentralbank von	Dollar-Portfolio	SZR-Portfolio	Import-Portfolio
Brasilien	4,94	1,12	1,39
Indien	6,90	1,61	1,35
Kenia	8,74	2,86	1,04
Philippinen	3,12	0,98	1,23

1) Die Renditen der alternativen Portfolios werden auf monatlicher Basis über einen Zeitraum zwischen September 1976 und November 1979 und die Varianzen der Renditen über den theoretischen Mittelwert von Null berechnet. Als Beurteilungsmaßstab dient dann das Verhältnis der Varianz des alternativen Portfolios gegenüber der Varianz des mit der Regressionstechnik ermittelten "optimalen" Portfolios.

Quelle: Healy, J. (1981), S. 15.

105 Vgl. Healy, J. (1981), S. 10ff und S. 14.

106 Vgl. Healy, J. (1981), S. 10ff.

Betrachtet man die Ergebnisse in Tabelle 23, ist festzustellen, daß mit der optimalen Portfoliostrategie im Durchschnitt ein besseres Ergebnis erzielt werden konnte als mit den anderen drei Alternativen. Eine Ausnahme stellte lediglich das SZR-Portfolio für die Philippinen dar. Wie zu erwarten war, weist vor allem das Dollar-Portfolio durchweg eine sehr hohe Schwankungsbreite der Renditen auf.
Verfolgt eine Zentralbank das Ziel, die Variabilität der realen Kaufkraft ihrer Reserven zu reduzieren, so kann sie mit einer durch die Regressionstechnik abgeleiteten Anlagestrategie diese beträchtlich verringern und damit ihr Ziel erreichen.[107] Die Ergebnisse verdeutlichen weiter, daß eine Diversifizierung des Reserveportfolios von großem Nutzen ist, wenn der Realwert der Devisenreserven erhalten bleiben soll. Selbst dann, wenn die jeweilige Anlagestrategie keine portfoliotheoretisch optimale Diversifizierung darstellt, ist jede Strategie, bei der der Reservebestand auf mehrere Währungen aufgeteilt wird, der Alternative vorzuziehen, bei der das gesamte Portfolio in nur einer Währung, wie dem US-Dollar, gehalten wird. Daraus folgt, daß, wenn die geschätzte Kovarianz-Struktur große Schwankungen aufweist, wie dies bei Healy der Fall war, und damit die Bedingung der Nicht-Stationarität verletzt ist, dies kein ernsthaftes Problem darstellt. In den vergangenen Daten der Preise und Wechselkurse kommen noch ausreichend Informationen zum Tragen, die im Rahmen des Portfoliomanagements zur Spezifizierung einer Anlagestrategie verwendet werden können.

3.4 Die Untersuchung von Brown, Papell und Rush

Im Zentrum der Untersuchung von Brown, Papell und Rush steht die Frage, warum Zentralbanken nach dem Übergang zum Floating ihre Reservehaltung nicht verringert haben.[108] Brown, Papell und Rush gehen von der These aus, daß Zentralbanken Devisenreserven nicht mehr nur aus den traditionellen Motiven für Interventionen und zur Finanzierung von Zahlungsbilanzungleichgewichten halten, sondern auch deswegen verschiedene Währungen nachfragen und ihre Reserveportfolios diversifizieren, um Risiken zu verringern und Erträge zu steigern. Haben derartige Portfolioüberlegungen einen erheblichen Einfluß auf die Wahl der Währungen, die als Devisenreserven gehalten werden, so könnte die wachsende internationale Gesamtnachfrage nach Reserven mit einem Rückgang der Reservenachfrage aus den Transaktions- und Interventionsmotiven konstistent sein, zugleich aber von einem zunehmenden Wunsch begleitet sein, Devisenreserven aus Gründen einer Portfoliodiversifizierung zu halten. Das Ziel der Untersuchung von Brown, Papell und Rush ist es daher zu prüfen, welcher Anteil der Reservehaltung durch portfoliotheoretische Überlegungen erklärt werden kann.

---

107 Vgl. Healy, J. (1981), S. 17.
108 Vgl. Brown, E., Papell, D.H. und Rush, M. (1991), S. 3.

Hierzu schätzen sie für neun Industrieländer[109] auf Basis vierteljährlicher Daten im Zeitraum zwischen 1973 bis 1989 zunächst die optimale Zusammensetzung risikominimaler und spekulativer Portfolios, die sich aus den drei wichtigsten Reservewährungen zusammensetzen.[110] Die Ergebnisse verdeutlichen das grundlegende Problem des Portfolioansatzes. Die Anteile des risikominimalen Portfolios ($b = \infty$) sind durchschnittlich 38% für den US-Dollar, 41% für die D-Mark und 21% für den Yen. Für das spekulative Portfolio ($b = 2$) lauten die durchschnittlichen Anteile 32% für den US-Dollar, 37% für die D-Mark und 31% für den Yen. Zum Vergleich hielt die Gruppe der Industrieländer im betrachteten Zeitraum durchschnittlich 77% ihrer Devisenreserven in US-Dollar, 12% in D-Mark, 5% in Yen und 6% in anderen Währungen. Der optimale Anteil des US-Dollar wird also beständig zu niedrig und die optimale Anteile der D-Mark und des Yen zu hoch angesetzt. Nur bei Kanada übertraf der geschätzte Dollaranteil den Durchschnittswert. Während bei Australien der Schätzwert des Dollaranteils noch über 50% lag, belief er sich bei den anderen Ländern auf unter 40%.[111] Diese Diskrepanzen zwischen den tatsächlich gehaltenen und den geschätzten optimalen Portfolioanteilen verringern sich deutlich, wenn als zusätzliche Anlageformen neben dem Gold insbesondere auch inländische Aktiva bei der Portfoliowahl berücksichtigt werden. Das Interessante an den Ergebnissen von Brown, Papell und Rush ist, daß, wenn der Anreiz zu einer Diversifizierung des Anlageportfolios allein darin besteht, das Portfoliorisiko zu vermindern, sollte eine Zentralbank nicht nur inländische Anlagen halten, sondern auch einen Teil ihres Vermögens in Fremdwährungsanlagen investieren. Hieraus läßt sich die zentrale These dieser Studie ableiten, daß Portfolioüberlegungen erklären, warum Zentralbanken nach dem Übergang zum allgemeinen Floating weiterhin in einem großen Umfang Devisenreserven halten.[112]

Zwischen den einzelnen Ländern bestehen aber große Unterschiede. So ist der optimale Anteil, der in Fremdwährungsanlagen gehalten werden sollte, bei Japan 13,7% und den Niederlanden 53,1%. Belgien und die Niederlande sollten ihre Portfolios stärker diversifizieren und vor allem in DM-Anlagen investieren. Zusätzlich werden die optimalen Anteile der einzelnen Anlageformen sehr stark von der Annahme über die Risikoeinstellung beeinflußt. Im Vergleich zum risikominimalen Portfolio weist zum Beispiel das spekulative Portfolio im Durchschnitt

---

109 Im einzelnen handelt es sich hierbei um Australien, Kanada, Japan, Großbritannien, Belgien, Frankreich, Deutschland, Italien sowie die Niederlande.

110 Als Referenzsätze zur Berechnung der in inländischen Anlagen und auf US-Dollar, D-Mark und Yen lautenden Anlagen zu erzielenden Renditen dienen die Sätze für dreimonatige Schatzwechsel. Alle Nominalrenditen werden um nationale Preisindices deflationiert, die sich aus einem gewichteten Durchschnitt in- und ausländischer Konsumentenpreisindices zusammensetzten. Vgl. Brown, E., Papell, D.H. und Rush, M. (1991), S. 7.

111 Vgl. Brown, E., Papell, D.H. und Rush, M. (1991), S. 8 und S. 15.

112 Vgl. Brown, E., Papell, D.H. und Rush, M. (1991), S. 9.

einen höheren Yen-Anteil auf, da im Untersuchungszeitraum mit Yen-Anlagen eine höhere Rendite zu erzielen war.[113]
Konzentriert man sich allein auf die mit dem umfassenderen Portfoliomodell geschätzten Währungsanteile und rechnet diese so um, daß diese sich zu 100% aufaddieren, dann läßt sich analysieren, inwieweit die Zentralbanken ihre Reserveanlagen nach einzelnen Währungen diversifizieren sollten. Das Ergebnis dieser Umrechnung ist in Tabelle 24 zu finden.
Nach dem risikominimalen Portfolio sollten durchschnittlich 53% der Devisenreserven in US-Dollar, 28% in D-Mark und 19% in Yen gehalten werden. Im Vergleich zu der von den Industrieländern tatsächlich gehaltenen Reservestruktur werden zwar der Dollaranteil weiterhin unterschätzt und die Anteile der D-Mark und des Yen überschätzt, die Diskrepanzen fallen aber wesentlich geringer aus. Dies gilt jedoch nicht für das spekulative Portfolio, dessen Anteile mit 26% für den Dollar, 6% für die D-Mark und 68% für den Yen weniger realitätsnah sind.

Tabelle 24: Struktur der Währungskomponente des 5-Anlagen-Portfolios

	Anteile des risikominimalen Portfolios			Anteile des spekulativen Portfolios		
	US-$	DM	Yen	US-$	DM	Yen
Australien	61,8	15,8	22,4	54,7	0,0	45,3
Belgien	40,9	43,7	15,4	35,5	0,0	64,5
Kanada	79,9	6,1	14,0	5,0	0,0	95,0
Frankreich	50,8	32,0	17,2	16,3	23,7	60,0
Deutschland	59,0	----	41,0	20,4	----	79,6
Italien	38,3	44,3	17,4	19,9	12,9	67,2
Japan	61,9	38,1	----	0,0	0,0	----
Niederlande	34,3	50,5	15,2	27,0	15,8	57,2
Großbritannien	47,7	24,6	27,7	28,4	0,0	71,6
im Durchschnitt	52,7	28,3	18,9	25,9	6,5	67,6

Quelle: Brown, E.; Papell, D. H. und M. Rush (1991), S. 18.

Da die offiziellen Währungsbehörden keine Informationen über die tatsächliche Währungsstruktur ihrer Devisenreserven veröffentlichen, kann nur ein indirekter Test Aufschluß geben, inwieweit die von Industrieländern gehaltenen Reservebestände durch portfoliotheoretische Überlegungen determiniert werden. In den Reservestatistiken des IWF werden für einzelne Länder die in Devisenreserven und Gold gehaltenen Gesamtbestände ausgewiesen. Brown, Papell und Rush vergleichen deshalb diese mit den durch ihre portfoliotheoretischen Modelle geschätzten gesamten Reservebeständen (siehe Tabelle 25).

113 Vgl. Brown, E., Papell, D.H. und Rush, M. (1991), S. 10 und S. 17.

Wie in der ersten Spalte zu erkennen ist, ist das Ausmaß der Diversifizierung zwischen den untersuchten Zentralbanken sehr unterschiedlich ausgeprägt. So halten Japan und Kanada vor allem inländische Aktiva, während die EWS-Mitglieder bis auf Italien einen größeren Anteil ihrer Anlagen in Devisenreserven halten als Länder mit frei schwankenden Wechselkursen. Betrachtet man die in der zweiten und vierten Spalte wiedergegebenen Anteile der Gold- und Devisenreserven, die mit den optimalen Portfolios geschätzt wurden, so sind zwischen den einzelnen Ländern ebenfalls erhebliche Unterschiede auszumachen. Brown, Papell und Rush stellen weiterhin fest, daß Belgien und die Niederlande, die den größten Anteil ihrer Anlagen in Devisenreserven halten, auch ihre Portfolios am meisten diversifizieren sollten.

Tabelle 25: Vergleich der tatsächlichen und geschätzten Reserveanteile (in Prozent)

	tatsächlicher Anteil 1) 2)	mit dem risikominimalen Portfolio geschätzter Anteil 2) (b = ∞) 3)	mit dem spekulativen Portfolio geschätzter Anteil 2) (b = 2) 3)
Australien	54,1	26,7 (49,4)	52,0 (96,1)
Belgien	73,1	45,5 (62,2)	38,4 (52,5)
Kanada	31,9	35,1 (110,0)	19,9 (62,5)
Frankreich	51,8	21,4 (41,3)	43,6 (84,2)
Deutschland	57,6	22,4 (38,9)	36,7 (63,7)
Italien	39,9	34,0 (85,2)	42,2 (105,8)
Japan	24,7	13,7 (55,5)	6,2 (25,1)
Niederlande	82,1	53,1 (64,7)	47,5 (57,9)
Großbritannien	53,0	29,5 (55,7)	43,2 (81,5)

Anmerkungen:

Die in Klammern enthaltenen Prozentsätze geben die mit Hilfe des risikominimalen bzw. spekulativen Portfoliomodells ermittelten Anteile am tatsächlichen Anteil wieder.

1) Jährliche Durchschnittswerte zwischen 1974 und 1989.

2) Anteil der Gold- und Devisenreserven am Gesamtbestand der Gold- und Devisenreserven plus inländischer Aktiva.

3) b als Koeffizient der Risikoaversion

Quelle: Brown, E.; Papell, D.H. und M. Rush (1991), S. 19.

Japan, das nur einen geringen Teil seiner Aktiva in Fremdwährungsanlagen hält, sollte dagegen sein Portfolio weniger stark streuen.[114]

---

114 Vgl. Brown, E., Papell, D.H. und Rush, M. (1991), S. 11.

Vergleicht man die Spalten drei und fünf, also die Zahlen in Klammern, so ist zu erkennen, daß die mit den risikominimalen und den spekulativen Portfoliomodellen geschätzten Anteile bei den meisten der untersuchten Länder mehr als 50% der tatsächlichen Reserveanteile erklären können; wobei die spekulativen Portfolios bei Australien, Frankreich, Deutschland, Italien und Großbritannien die tatsächlichen Anteile besser erklären können als die risikominimalen Portfolios.

Festzuhalten bleibt damit: Der Anteil der Reservehaltung kann nicht vollständig durch portfoliotheoretische Modelle erklärt werden. Neben Portfolioüberlegungen beeinflussen auch andere Faktoren das reservepolitische Verhalten von Zentralbanken. Insbesondere Devisenmarktinterventionen sind eine wichtige Einflußgröße. Da diese hauptsächlich in Dollar durchgeführt werden, unterschätzen die Berechnungen die Reservehaltung in US-Dollar im Vergleich zu der Reservehaltung in D-Mark und japanischen Yen.
Aufgrund ihrer Ergebnisse kommen Brown, Papell und Rush zu dem Schluß, daß Risiko- und Ertragsüberlegungen, wie sie in traditionellen Portfoliomodellen erfaßt werden, nach dem Übergang zu frei schwankenden Wechselkursen im März 1973 einen großen Teil der von Zentralbanken gehaltenen Reservebestände erklären können. Auch wenn portfoliotheoretische Überlegungen sicherlich nur einer von vielen Faktoren sind, die das Halten von Reserven bestimmen, sollten sic nicht übersehen werden und im Rahmen des Portfoliomanagements eine größere Berücksichtigung finden.[115] Darüber hinaus ist es für Zentralbanken sinnvoll, einen erheblichen Teil ihrer Devisenreserven aus portfoliotheoretischen Gründen zu halten.[116]

3.5 Die Untersuchung von Dellas

Abschließend sei noch kurz auf die Studie von Dellas eingegangen, der im Rahmen seiner Arbeit auch die von den IWF-Mitgliedsländern gehaltene Reservestruktur mit verschiedenen portfoliooptimalen Zusammensetzungen vergleicht.
Auf Basis monatlicher Daten berechnet Dellas für den Zeitraum von 1977 bis 1984 Realrenditen, wobei die Nominalrenditen, die sich aus dem Nominalzins für einmonatige Euromarkteinlagen sowie Wechselkursänderungen der einzelnen Reservewährungen gegenüber dem US-Dollar zusammensetzen, duch einen importgewichteten Konsumentenpreisindex deflationiert werden, dessen Gewichte die Bedeutung der einzelnen Reservewährungen im Außenhandel der betreffenden Ländergruppe widerspiegeln. Hierbei unterstellt er, daß die Einfuhren, die die

---

115 Vgl. Brown, E., Papell, D.H. und Rush, M. (1991), S. 3.
116 Vgl. Brown, E., Papell, D.H. und Rush, M. (1991), S.14.

Ländergruppe aus dem Land X bezieht, in dessen Währung bezahlt werden. Lediglich bei den Öleinfuhren nimmt er eine Fakturierung in Dollar an.[117]
Um aus der Menge der effizienten Portfolios ein optimales Portfolio auszuwählten, wählt Dellas dasjenige Portfolio aus, das das gleiche Risiko aufweist wie die tatsächlich von allen IWF-Mitgliedsländern, den Industrie- und Entwicklungsländern gehaltene Reservestruktur (vgl. Punkt E in Abb. 9). Zusätzlich berechnet er aber auch risikominimale Portfolios. Tabelle 26 stellt die Ergebnisse der einzelnen Portfolios vergleichend gegenüber.

Tabelle 26: Rendite, Standardabweichung und optimale Währungsanteile verschiedener Portfolios im Vergleich, 1977-84

	Rendite	Standardabweichung	optimale Währungsanteile in %			
			US-$	DM	Yen	Pfund
tatsächlich gehaltene Reservestruktur						
alle IWF-Mitgliedsländer	4,47	11,62	79,4	13,5	4,5	2,6
Industrieländer	5,08	12,66	83,4	11,8	3,9	0,9
Entwicklungsländer	3,48	11,97	74,6	12,7	5,4	4,6
effizientes Portfolio 1)						
alle IWF-Mitgliedsländer	5,10	11,62	77,9	0,0	18,4	3,7
Industrieländer	5,60	12,66	81,1	0,0	15,4	3,5
Entwicklungsländer	4,40	11,97	79,4	0,0	20,6	0,0
risikominimales Portfolio						
alle IWF-Mitgliedsländer	3,56	7,99	49,6	14,1	18,0	18,3
Industrieländer	3,82	8,14	48,4	16,1	14,8	20,7
Entwicklungsländer	3,11	9,23	51,8	9,6	24,5	14,1

1) Das effiziente Portfolio weist das gleiche Risiko auf wie die tatsächlich gehaltene Reservestruktur.

Quelle: Dellas, H. (1989a), S. 7, S. 10 und S. 12.

Vergleicht man allein die Renditen der tatsächlich gehaltenen Reserveportfolios mit denen der effizienten Portfolios, stellt man fest, daß das Reserveportfolio der Industrieländer relativ näher zur Effizienzlinie liegt als das der Entwicklungsländer. Ebenso stimmt bei den Industrieländern der optimale Dollaranteil besser mit dem tatsächlich gehaltenen Anteil überein als bei den Entwicklungsländern. Damit wird das in der eigenen empirischen Untersuchung gefundene Ergebnis bestätigt, daß die Industrieländer seit Anfang der achtziger Jahre ihre Reserven stärker nach

117 Vgl. Dellas, H. (1989a), S. 8.

portfoliotheoretischen Kriterien diversifizieren als Entwicklungsländer. Dieses von Ben-Bassats Untersuchung abweichende Ergebnis kann damit erklärt werden, daß sich neuere portfoliotheoretische Untersuchungen auf einen späteren Zeitraum erstrecken und portfoliotheoretische Überlegungen bei den Industrieländern inzwischen stärker in den Vordergrund gerückt sind.[118]
Die Ergebnisse Dellas sind allerdings mit Vorbehalt zu betrachten. Denn erstens sind die optimalen Währungsanteile zugunsten des Dollar verzerrt, da den Berechnungen die amerikanische Währung als Numéraire zugrunde liegt. Zweitens trifft die relative Übereinstimmung nur beim Dollaranteil zu. Bei den anderen Währungen sind zum Teil erhebliche Unterschiede zu erkennen. Insbesondere ist im effizienten Portfolio keine D-Mark enthalten und der Anteil des Yen ist im Vergleich zum tatsächlich gehaltenen Anteil sehr hoch. Das risikominimale Portfolio ist dagegen wesentlich stärker diversifiziert. Obwohl der US-Dollar als Numéraire dient, fällt der Anteil des Dollar deutlich geringer aus. Zur Riskominderung sollte neben dem Yen und dem Pfund auch die D-Mark in das Portfolio aufgenommen werden.

4. Zwischenergebnisse

Da über die tatsächliche Zusammensetzung der Reserveportfolios offizieller Währungsbehörden keine genauen Angaben verfügbar sind, ist eine Analyse der Reservediversifizierung offizieller Stellen nach portfoliotheoretischen Gesichtspunkten schwierig. Nimmt man an, daß ein Portfolioansatz, wie er oben in seinen Grundzügen beschrieben wurde, das Anlageverhalten einzelner Zentralbanken adäquat beschreibt, erlauben die zur Verfügung stehenden aggregierten Daten nur eine indirekte portfoliotheoretische Überprüfung des reservepolitischen Verhaltens von Währungsbehörden. Denn, wie ausführlich diskutiert,[119] sind die in den internationalen Statistiken ausgewiesenen Veränderungen der globalen Reserveanteile nicht immer direkt auf etwaige portfoliotheoretische Aktionen einzelner Währungsbehörden zurückzuführen.
Mit Hilfe eines einfachen Portfoliomodells wurde festgestellt, daß zwischen der optimalen und der tatsächlichen Zusammensetzung der Reserveportfolios offizieller Währungsbehörden eine deutliche Lücke klafft, die besonders hinsichtlich der Dollarbestände zu beobachten ist. Um eine Antwort auf die Frage zu finden, ob das verwendete Modell vielleicht zu einfach spezifiziert ist, wurden weitere Studien, die das Reservemanagement offizieller Währungsbehörden mit zum Teil komplexeren portfoliotheoretischen Ansätzen untersuchen, in die Analyse mit einbezogen. Obwohl die einzelnen Untersuchungen aufgrund der unterschiedlichen

---

118 Vgl. so auch: Dellas, H. (1989a), S. 12.
119 Vgl. hierzu die Ausführungen in Kapitel II Abschnitt 4 in dieser Arbeit.

Modellansätze und Untersuchungszeiträume nicht direkt miteinander vergleichbar sind, kommen auch diese übereinstimmend zum selben Ergebnis: Der optimale Dollaranteil wird jeweils zu hoch angesetzt und die optimalen Anteile anderer Währungen müßten nach portfoliotheoretischen Gesichtspunkten eine wesentlich größere Rolle spielen, als dies tatsächlich der Fall ist. Mit anderen Worten: Eine Diversifizierung der Währungsportfolios offizieller Stellen aus dem Dollar hat nicht in dem Maße stattgefunden, wie es angesichts der tatsächlich aufgetretenen Währungsrisiken aus Gründen der Riskominderung optimal gewesen wäre.
Angesichts dieser Diskrepanz zwischen der optimalen und der tatsächlichen Reservestruktur, die sich seit Ende der siebziger Jahre zwar verringert hat,stellt sich abschließend die Frage, ob der Portfolioansatz ein adäquater Modellansatz ist, um die realen Entscheidungssituationen offizieller Währungsbehörden abzubilden. Denn sowohl die Anwendung des Portfolioansatzes als auch eine Realisierung der mittels portfoliotheoretischer Modelle abgeleiteten Anlageempfehlungen sind mit zahlreichen theoretischen und praktischen Problemen verbunden. Die in der Literatur zu findenden Kritikpunkte gegen die klassischen Portfoliomodelle konzentrieren sich im wesentlichen auf die wenig realitätsnahen Annahmen, auf denen die Theorie der Portfolio-Selektion beruht, die mangelnde Eignung der Modellparameter zur Erfassung der Risiko-Nutzeneinstellung der Anleger, die Schwierigkeiten bei der Ermittlung der Modellparameter sowie den statischen Charakter der Modelle. Im Zusammenhang mit der Verwirklichung einer nach der Theorie der Portfolio-Selektion abgeleiteten Anlageentscheidung ist weiterhin zu berücksichtigen, daß es sich bei den offiziellen Währungsbehörden um eine besondere Anlegergruppe handelt, deren Handeln nicht primär durch privatwirtschaftliches Gewinnstreben determiniert wird. Andere Faktoren können bei der Wahl der Zusammensetzung der Devisenreserven Risiko- und Ertragsüberlegungen überlagern. Auf beide Aspekte wird im nachfolgenden eingegangen.

V. DETERMINANTEN FÜR DIE TATSÄCHLICHE ZUSAMMENSETZUNG VON RESERVEPORTFOLIOS OFFIZIELLER WÄHRUNGSBEHÖRDEN

1. Probleme einer Anwendung des Portfoliomodells als Grundlage für die Anlageentscheidung offizieller Währungsbehörden

1.1 Die realitätsfernen Prämissen des Grundmodells

Die Theorie der Portfolio-Selektion beruht auf Voraussetzungen, die einerseits ihre Anwendbarkeit einschränken und zugleich Ansatzpunkte für kritische Erweiterungs- und Verbesserungsvorschläge bieten. So ist es das Ziel des Portfolioansatzes, unter Berücksichtigung einer Kombination von Ertragsstreben und Risikominimierung den relativen Anteil einzelner Anlageobjekte am Gesamtvermögen zu bestimmen. Da die zukünftigen Erträge nicht mit Sicherheit voraussagbar sind, sondern einer subjektiven Wahrscheinlichkeitsverteilung unterliegen, wird im klassischen Portfoliomodell der Erwartungswert der zukünftigen Rendite als Maßstab für den Ertrag der Anlage herangezogen. Als zweite Größe geht das Risiko in die Berechnung optimaler Portfolios ein, das allein durch das statistische Streuungsmaß Varianz bzw. Standardabweichung der zukünftigen Renditen erfaßt wird. Die Anwendung der Theorie der Portfolio-Selektion setzt weiterhin eine Normalverteilung der Renditen oder eine quadratische Risikonutzenfunktion voraus. Alle drei Determinanten, die zur Ableitung optimaler Anlage- und Diversifikationsstrategien notwendig sind, sind mit erheblichen Problemen behaftet.

Wie oben diskutiert hängt es wesentlich von der Art der Renditeberechnung und insbesondere der Wahl der den Berechnungen zugrundeliegenden gemeinsamen Bezugsgröße ab, wie groß die zwischen der tatsächlichen und optimalen Zusammensetzung zu beobachtende Diskrepanz ausfällt.[1] Werden wie in der vorangegangenen Untersuchung nur Nominalrenditen auf Basis des SZR errechnet, ist die Zusammensetzung zugunsten des US-Dollar verzerrt. Die beim Dollar klaffende Lücke kann noch größer ausfallen, wenn eine andere Bezugsgröße gewählt wird. Besteht dagegen das Interesse an Realrenditen, muß ein adäquater Deflator konstruiert werden, in dem sich die Struktur der internationalen Trans-

1 Vgl. hierzu die Ausführungen in Kapitel IV, Abschnitte 2.1. und 2.2. in dieser Arbeit. Wie unterschiedlich die optimale Zusammensetzung ausfallen kann, wenn den Berechnungen verschiedene Numéraires zugrundeliegen, zeigen Medeiros, C. und S. Nocera (1988), S. 13ff.

aktionen niederschlägt. Da jedes Land eine eigene, spezifische Struktur bei seinen internationalen Transaktionen aufweist, gibt es für jedes Land eine individuelle optimale Währungsmischung.
Darüber hinaus fließen in die Berechnung der Renditen mit den Wechselkurs- und Zinssatzänderungen sowie Preisniveauänderungen nur ein Teil der mit der Reservehaltung verbundenen Risiken ein. Nicht erfaßt werden beispielsweise Kreditrisiken, politische Risiken oder andere Faktoren, die sich ebenfalls in den Präferenzen für bestimmte Währungen niederschlagen und zeitweise einen beträchtlichen Einfluß auf die Nachfrage nach bestimmten Währungen ausüben können. So erfüllte in der Vergangenheit der US-Dollar bei politischen Krisen auch bei Zentralbanken die Funktion als "save haven". Der Dollar nimmt deshalb in den Reserveportfolios ein höheres Gewicht ein, als dies nach portfoliotheoretischen Gesichtspunkten der Fall sein sollte. Derartige Risiken lassen sich in Portfoliomodellen analytisch kaum operationalisieren.
Alle bisher vorliegenden Portfolioansätze zur Reservediversifizierung gehen vereinfachend von der Annahme aus, daß die Devisenreserven innerhalb eines Währungssegments nur in einer Anlageform angelegt werden. Tatsächlich stehen für die Anlage von Reserven bei den wichtigsten Reservewährungen aber sehr unterschiedliche Anlageinstrumente zur Verfügung.[2] Werden innerhalb eines Währungssegments Reserven in verschiedene Anlageobjekte wie zum Beispiel in Bankeinlagen und in festverzinslichen Wertpapieren investiert, müssen neben den Zinsänderungen auch die Kursschwankungen der Wertpapiere bei der Renditeberechnung berücksichtigt werden. Das Portfoliomodell ist zusätzlich zu erweitern, wenn die Reserveanlagen auf verschiedene Märkte gestreut werden.
Allerdings ist nicht jede Anlageform für die Anlage von Devisenreserven geeignet. Dies ist auch einer der Hauptgründe, warum der tatsächliche Dollaranteil deutlich über dem mit Hilfe des portfoliotheoretischen Modells bestimmten Anteil liegt. So fehlt in einigen Währungssegmenten bis heute für die Anlage von Devisenreserven ein ausreichendes Angebot an geeigneten Anlageinstrumenten. Lange Zeit war deshalb eine stärkere Diversifizierung aus dem Dollar nicht möglich. Erst nachdem die Behörden in den neuen Reservewährungsländern Deutschland und Japan ihren Widerstand gegenüber der zunehmenden internationalen Verwendung ihrer Währungen für Reservezwecke aufgaben und diese sogar förderten, hat sich seit Mitte der achtziger Jahre das Angebot von DM- und Yen-Anlageinstrumenten deutlich erweitert.

Ein weiterer Kritikpunkt richtet sich gegen die Varianz als Maßstab für das Risiko. So werden bei der Verwendung der Varianz bzw. Standardabweichung als Risikomaßstab sowohl die negativen (Verluste) als auch die positiven Abweichungen (Gewinne) vom Erwartungswert gemessen. Bei einer engeren Aus-

---

2 Vgl. hierzu die Ausführungen in Kapitel III. in dieser Arbeit.

legung des Risikobegriffes können sich Unklarheiten ergeben. Wird Risiko als die mit der Anlage verbundene Gefahr verstanden, daß Verluste eintreten, sollten nur die negativen Abweichungen vom Erwartungswert berücksichtigt werden. Dementsprechend wird in der Literatur vorgeschlagen, die Semi-Varianz als Maßgröße für das Risiko zu verwenden.[3]
Hinsichtlich der dem Portfoliomodell zugrundeliegenden Verteilungshypothese wird kritisiert, daß gerade finanzwirtschaftliche Größen oft keiner Normalverteilung folgen.[4] Modelle der Portfolio-Selektion können deshalb nur unter gewissen Einschränkungen als eine rationale Entscheidungsregel angesehen werden.
Erhebliche Schwierigkeiten sind schließlich mit der Spezifizierung einer Risiko-Nutzenfunktion verbunden, wenn die optimale Portfoliozusammensetzung unter Zuhilfenahme einer Zielfunktion bestimmt werden soll. Sowohl die Bestimmung des funktionellen Zusammenhangs wie auch eine eindeutige Quantifizierung der individuellen Risikoneigung dürften kaum möglich sein. Diese Schwierigkeiten können jedoch umgangen werden, wenn - wie in der empirischen Untersuchung oben - aus der Menge der effizienten Portfolios dasjenige mit dem minimalsten Risiko ausgewählt wird.

1.2 Die Statik des klassischen Portfoliomodells

Ein wesentlicher Kritikpunkt an den klassischen Portfoliomodellen ist der statische Modellcharakter. Zumeist vernachlässigen die Modelle die Zeitdimension vollkommen, und es fehlt jeglicher dynamischer Anpassungsprozeß innerhalb der Modelle.
Die zur Ableitung optimaler Portfolioanteile erforderlichen Parameter werden aus vergangenen Beobachtungswerten geschätzt. Es wird unterstellt, daß die in die Berechnungen eingehenden relevanten Größen und die zwischen diesen bestehenden Zusammenhänge auch in naher Zukunft weiter gelten würden. Nur unter dieser Voraussetzung können die statistischen Parameter als Schätzwerte

3 Vgl. hierzu: Hansmann, K.-W. (1980), S. 49f sowie S. 55.

4 Vgl. Westerfield, J.M. (1977); Farber, A., R. Roll und B. Solnik (1977); Pozo, S. (1984). So bezweifeln zum Beispiel Fama und Mandelbrot aufgrund ihrer empirischen Untersuchungen die Normalverteilungsannahme. Vgl. Mandelbrot, B.B. (1963) und Fama, E.F. (1965). Vorgeschlagen wird deshalb, andere Verteilungsannahmen zu verwenden, die aber ebenfalls nicht ganz unproblematisch sind. In einer neueren Studie kommen Papaioannou und Temel zum Beispiel zu dem Ergebnis, daß die Varianz der Renditen der wichtigsten Reservewährungen besser mit Hilfe von "*autoregressive-conditional-heteroskedastic*"-Modellen (ARCH) prognostiziert werden sollte. Hierdurch könne die Verteilungsannahme besser erfaßt werden, und man würde eine akuratere Basis für optimale Anlagestrategien für das Reservemanagement erhalten. Vgl. Papaioannou, M.G. und T. Temel (1993), S. 675. Ein knapper Überblick über verschiedene Möglichkeiten einer Modifikation der Risikomaße und der Verteilungshypothesen ist zu finden bei: Hansmann, K.-W. (1980), S. 51f.

stellvertretend für zukünftige Entwicklungen verwendet werden. Die mit Hilfe des Portfoliomodells abgeleitete optimale Anlagestrategie ist jedoch zeitpunktbezogen und nur für den Beginn des Anlagezeitraumes optimal. Strenggenommen wäre eine Zentralbank, die ihren Reservebestand gemäß der Modellstruktur aufteilt, bis zum Ende des Planungszeitraums an diese Entscheidung gebunden. Sie dürfte innerhalb des Planungszeitraums keine weiteren Aktivitäten (Käufe bzw. Verkäufe) vornehmen und nicht auf kurzfristige Datenänderungen reagieren, die zu einer Änderung der Modellparameter führen können. Besonders finanzwirtschaftliche Größen unterliegen jedoch kurzfristig einer hohen Schwankungsintensität, so daß die zwischen den Modellparametern geltenden Zusammenhänge nicht stationär sind und die zentrale Annahme der Zeitinvarianz portfoliotheoretischer Modelle nicht erfüllt ist.
Mit Zunahme des Planungszeitraums nimmt deshalb die Wahrscheinlichkeit zu, daß das ursprünglich ausgewählte Portfolio, das auf Basis vergangener Daten bestimmt wurde, nicht mehr optimal ist. Bei einer Änderung der erwarteten Erträge und Risiken müßte das Modell jeweils neu berechnet werden und unter Umständen die Zusammensetzung des Portfolios an die neuen Gegebenheiten angepaßt werden. Aus diesem Grund ist auch der im Rahmen der empirischen Untersuchung vorgenommene Vergleich zwischen der optimalen und tatsächlichen Zusammensetzung statisch. Er beschränkt sich nur auf Reserveportfolios jeweils zum Jahresende 1979, 1984 und 1992.[5] Umschichtungen innerhalb der gewählten Untersuchungsabschnitte können nicht berücksichtigt werden.

Ein zweiter Aspekt, der hinsichtlich einer Dynamisierung der Modelle zu berücksichtigen wäre, ist, daß nicht nur die Erträge und Risiken der einzelnen Anlageobjekte Veränderungen unterliegen und eine Neuaufteilung des Reservebestands auf die verschiedenen Anlagealternativen bewirken können ("*stock-shift*" Entscheidung), sondern auch der anzulegende Reservebestand selbst Änderungen unterliegt. Eine Zentralbank kann sich deshalb auch zu einer Umstrukturierung ihres Reserveportfolios entscheiden, wenn bei gegebenen Erträgen und Risiken der Reservebestand im Laufe der Zeit wächst oder abnimmt ("*continuing-flow*"-Entscheidung).[6] Natürlich können beide Entscheidungsformen auch gleichzeitig auftreten, wie das Beispiel der OPEC-Länder zeigte, die nach der ersten Ölkrise einen außerordentlichen Reservezuwachs verzeichneten und ihre Portfolios

5 Horii weist in diesem Zusammenhang darauf hin, daß die Portfolios sehr langsam an die optimale Zusammensetzung angepaßt werden können. Wenn dies der Fall sein sollte, könnte man die in der ersten Hälfte der achtziger Jahre bei den Industrieländern zu beobachtende Diversifizierung als Versuch verstehen, die Ende der siebziger Jahre angezeigte Lücke zu schließen. Vgl. Horii, A. (1986), S. 38.

6 Vergleiche zu den Begriffen der "*stock-shift*"- und der "*continuing-flow*"-Entscheidung: Sauernheimer, K. (1980), S. 71. Ähnlich auch: Schröder, J. (1980), S. 393.

zugunsten anderer Währungen umstrukturierten, nachdem der US-Dollar deutlich an Wert einbüßte.
Unter der Annahme, daß eine Zentralbank eine einmal erreichte Zusammensetzung ihres Reserveportfolios beibehalten möchte - man könnte hier von einer "konstanten" Portfoliostruktur sprechen -, wird ein Zuwachs des Reservebestands dazu führen, daß die Nachfrage nach den verschiedenen Reserveaktiva entsprechend der gewünschten Währungsstruktur gleichmäßig zunimmt. Andererseits kann ein wachsender Reservebestand dazu führen, daß die Portfoliozusammensetzung verändert wird und andere Reserveaktiva stärker nachgefragt werden, da aus dem Transaktionsmotiv oder zur Befriedigung der Liquiditätsbedürfnisse bereits ein ausreichender Bestand in einer bestimmten Währung gehalten wird. Auch im Hinblick auf den Liquiditätsgrundsatz kann es zu einer Neuaufteilung des Anlagevermögens kommen, die mit einer veränderten Fristenstruktur und Anlageform der anzulegenden Mittel verbunden ist. Mit zunehmender Größe des Reservebestands ist so zum Beispiel eine längerfristige Bindung der Mittel und eine Investition in Anlagen mit geringerem Liquiditätsgrad denkbar.

Um das Problem von Parameteränderungen und Portfolioumschichtungen in Griff zu bekommen, versuchen eine Reihe der in der finanzwirtschaftlichen Literatur zu findenden Ansätze das Grundmodell der Portfolio-Selektion durch den Übergang zu Mehr-Perioden-Modellen und durch verschiedene Ansätze der Portfolio-Revision zu dynamisieren.[7] Bei den Mehr-Perioden-Modellen werden schon zu Beginn des Planungshorizonts die erwarteten möglichen Veränderungen über den gesamten Planungszeitraum in bestimmte Strategien umgesetzt, die dann zu den festgelegten Portfolioumschichtungen führen. Obwohl mit diesen Modellen eine Veränderung der Rendite-Risiko-Struktur besser berücksichtigt werden kann als im Fall der Bestimmung einperiodiger Portfolios, wird durch die Festlegung der Revisionszeitpunkte innerhalb des gegebenen Planungshorizonts die Flexibilität stark eingeengt. Besonders wenn die erwarteten Umweltbedingungen nicht eintreten, muß eine neue Portfolio-Folge bestimmt werden. Eine größere Flexibilität bieten hier die Verfahren der Portfolio-Revision, die unabhängig von Planungszeitpunkten bei wesentlichen Veränderungen der Einflußfaktoren Portfolioänderungen auslösen. Die Modelle der Portfolio-Revision befassen sich mit der Ermittlung der effizientesten Portfolioanpassung zu dem Zeitpunkt, wenn ein zum Planungsbeginn noch nicht erwarteter Wechsel die ehemals effizienten Portfolios ineffizient werden läßt. Allerdings können auch diese Ansätze wie alle portfoliotheoretischen Modelle nur sehr einfache Zusammenhänge abbilden, nicht

7 Vgl. hierzu insbesondere die von Cheng, P.L. (1962); Tobin, J. (1965); Smith, K.V. (1967); Cohen, J. und E.J. Elton (1968); Chen, A.H.Y., F.C. Jen und S. Zionts (1971) entwickelten Ansätze. Eine umfassende Darstellung unterschiedlicher dynamischer Modelle der Portfolio-Selektion ist zu finden bei: Leis, W. (1987), S. 180ff.

jedoch die komplexe Realität des Reservemanagements offizieller Währungsbehörden.

1.2.1 Die Prognose der Modellparameter als Lösungsansatz einer zukunftsorientierten Portfoliostrategie

Ein Anknüpfungspunkt, um das Problem des Vergangenheitsbezugs zu lösen und das Portfoliomodell auf konkrete Anlageentscheidungen anwenden zu können, ist, die zukünftigen Erträge sowie deren Varianzen und Kovarianzen mit den in der wissenschaftlichen Prognosetheorie entwickelten Techniken vorherzusagen. Denn reale Anlageentscheidungen sind zukunftsorientiert. Ein rational handelnder Anleger wird bei seinen Anlageentscheidungen nicht nur die in der Vergangenheit mit bestimmten Währungsanlagen gewonnenen Erfahrungen berücksichtigen, sondern seinen Blick auch auf die Zukunft richten und versuchen, Anhaltspunkte über die künftige Entwicklung der Währungsrisiken zu sammeln und Erwartungshypothesen zu formulieren. Die Prognose der für den Anleger relevanten finanzwirtschaftlichen Größen, wie die Entwicklung zukünftiger Wechselkurs- und Preisniveauveränderungen und Zinserträge, wird damit zu einem wichtigen Bestandteil des Entscheidungsprozesses und daher die Nachfrage nach bestimmten Währungen beeinflussen.[8] An diesem Punkt knüpfen zwei Studien aus dem Haus der finnischen Notenbank sowie die Arbeit von Racine an,[9] die mit verschiedenen in der Literatur zu findenden Hypothesen zur Erklärung der Wechselkursentwicklung Kursprognosen erstellen und damit erwartete Renditen für die verschiedenen Anlagewährungen schätzen.[10]

Lehmussaari und Rikkonen gehen in ihrer Untersuchung von der Annahme aus, daß Devisenreserven zu einem bekannten und festen Zinssatz in kurzfristigen (ein- bzw. dreimonatigen) Termineinlagen am Euromarkt angelegt werden. Währungsrisiken von Fremdwährungsanlagen sind deshalb im Fall nomineller Renditen nur auf Wechselkursschwankungen und im Fall von Realrenditen zusätzlich auf Veränderungen des Deflators zurückzuführen. Diese restriktive An-

---

8 Vgl. so auch Klump, R. (1986), S. 146f.

9 Vgl. Lehmussaari, O.-P. (1987) und Rikkonen, K.-L. (1989); Racine, J. (1988).

10 So wird erstens als Schätzwert für einen zukünftigen Wechselkurswert der Terminkurs als die beste Annäherung für den zukünftigen Kassakurs und zweitens der zum gegenwärtigen Zeitpunkt vorliegende aktuelle Kurs verwendet, da die Wechselkurse einem Zufallsprozeß (Random-Walk) folgen und alle verfügbaren Informationen bereits im aktuellen Wert reflektiert werden, so daß die erwartete Wechselkursänderung gleich Null ist. Drittens wird davon ausgegangen, daß die ungedeckte Zinsparität gilt und viertens werden schließlich Wechselkursprognosen auf Basis von "Autoregressive Integrated Moving Average"-Prozessen generiert. Rikkonen berücksichtigt in seiner Arbeit darüber hinaus als Erwartungshypothesen zusätzlich noch eine modifizierte Form der Zinsparität, die auch eine Risikoprämie zuläßt. Vgl. Rikkonen, K.-L. (1989), S. 20ff.

nahme hängt jedoch entscheidend vom jeweiligen Charakter des Anlageinstruments ab und ist nur dann berechtigt, wenn die Variabilität der Zinssätze tatsächlich sehr gering ist.[11]

Eine Überprüfung der verschiedenen Erwartungshypothesen bei *Lehmussaari* ergab, daß im Zeitraum zwischen Juni 1982 und Mitte September 1984 mit einem Random Walk-Prozeß die besten Prognoseergebnisse erzielt werden konnten.[12] Er bestimmt deshalb die optimale (risikominimale) Portfoliozusammensetzung unter der Annahme, daß sich die erwarteten Renditen der verschiedenen Anlagewährungen mit einem Random Walk prognostizieren lassen. Des weiteren stellt *Lehmussaari* fest, daß im Zeitraum zwischen Januar 1983 und Juni 1984 mit einer monatlich angepaßten und auf portfoliotheoretischen Überlegungen beruhenden Portfoliowahl bessere Anlageergebnisse erzielt werden können als mit anderen naiven Anlageregeln.[13] Wenn jedoch im Portfolio die Anzahl der Anlageobjekte geringfügig erhöht wird, nimmt die strukturelle Instabilität der Varianz-Kovarianz-Matrix deutlich zu und das Ergebnis einer auf portfoliotheoretischen Überlegungen begründeten Anlagepolitik verschlechtert sich merklich. Dieses Ergebnis bekräftigt damit den Vorbehalt gegenüber den traditionellen Portfoliomodellen, die auf der Annahme beruhen, daß in den vergangenen Daten genügend Informationen enthalten sind, die für zukunftsorientierte Entscheidungen herangezogen werden können. Im Rahmen des Portfoliomanagements muß daher bei der Auswahl der Aktiva für das Reserveportfolio eine besondere Sorgfalt aufgewendet werden, insbesondere muß die zukünftige Entwicklung der entscheidungsrelevanten Variablen abgeschätzt werden und im Anlagekalkül berücksichtigt werden.

Nur wenn die Stabilität der Parameter gewährleistet ist, können die abgeleiteten Portfolioanteile als Basis für den Anlageentscheidungsprozeß dienen. Rikkonen wählt daher als Schätzperiode für seine Untersuchung den Zeitraum zwischen Januar 1985 und November 1988, da innerhalb dieser Periode die berechnete Varianz-Kovarianz-Struktur der Renditen keine statistisch signifikanten Veränderungen aufwies und somit eine wichtige Bedingung für die Anwendbarkeit

---

11 Vgl. so auch Racine, J. (1988), S. 34.

12 Die Untersuchung basierte auf den durchschnittlichen wöchentlichen Kursnotierungen der Finnmark gegenüber dem US-Dollar, dem Pfund Sterling, der D-Mark, dem Yen, dem Schweizer Franken und dem niederländischen Gulden.

13 Vgl. Lehmussaari, O.-P. (1987), S. 113ff. Für die naiven Anlageregeln werden die Währungsanteile am Portfolio wie folgt bestimmt: Die Zusammensetzung des Reserveportfolios wird entsprechend den Gewichten des Währungsindex` der Zentralbank von Finnland gewählt; die Anlagen werden auf alle Währungen gleichmäßig verteilt; die Portfolioanteile entsprechen der Länderstruktur der Importe und Exporte Finnlands; es werden die gleichen Gewichte verwendet, die in die Berechnung des effektiven Wechselkurses des IWF (MERM) eingehen. Schließlich wird die Wertentwicklung mit einer einfachen Kauf-und-Halte-Strategie verglichen.

portfoliotheoretischer Modelle erfüllt war.[14] Sowohl für verschiedene Erwartungshypothesen als auch für Nominal- und Realrenditen[15] werden risikominimale Reserveportfolios für 4 bzw. 5 Währungen (US-Dollar, D-Mark, Pfund, Yen und franz. Franc) geschätzt. Die unterschiedlichen Ergebnisse faßt Tabelle 27 zusammen.
Insgesamt betrachtet fallen die für verschiedene Erwartungshypothesen, Nominal- und Realrenditen berechneten risikominimalen Portfolioanteile und Standardabweichungen sehr ähnlich aus. Die Berücksichtigung einer zusätzlichen fünften Währung, des französischen Franc, verringert erwartungsgemäß das Gesamtrisiko des Portfolios. Dies geht besonders zu Lasten des DM-Anteils, denn der aggregierte Anteil beider Währungen entspricht fast dem DM-Anteil im 4-Währungsportfolio. Dies ist wiederum ein Hinweis auf den hohen Substitutionsgrad zwischen den beiden EWS-Währungen, der auch durch deren hohe Korrelation bestätigt wird.[16] Betrachtet man die Währungsstruktur der risikominimalen Portfolios, die auf Basis von Realrenditen berechnet wurden, fällt auf, daß der Dollar-Anteil im Vergleich zu den Berechnungen auf Basis nominaler Renditen um durchschnittlich 4- bis 5-Prozentpunkte höher liegt. Dies ist vor allem auf den von Rikkonen als Deflator verwendeten Importpreisindex zurückzuführen, in den die Dollar-denominierten Preise mit einem relativ hohen Gewicht eingehen. Dieses Ergebnis bestätigt die obigen Ausführungen, wonach von der Konstruktion des Deflators ein entscheidender Einfluß auf die Zusammensetzung des Portfolios ausgeht. Ein hoher Währungsanteil im Deflator führt dazu, daß auch im optimalen Portfolio der Anteil der betreffenden Währung höher ausfällt.[17]
Im Gegensatz zu Lehmussaari wählt Rikkonen als Numéraire, gegenüber dem die nominale Rendite ausgedrückt wird, nicht eine einzelne Währung (die Finnmark), sondern den aus 14 Währungen bestehenden Währungskorb, an den die Finnmark seit 1973 gekoppelt war.[18]

---

14 Vgl. Rikkonen, K.-L. (1989), S. 28f.

15 Um die erwarteten Preisänderungen zu bestimmen, die zur Berechnung der erwarteten Realrendite erforderlich sind, geht Rikkonen von der Annahme aus, daß die erwarteten Preisänderungen durch die in der Vergangenheit gewonnenen Informationen über die Preisentwicklung adäquat abgeleitet werden können und daher mit Hilfe eines autoregressiven Zeitreihenmodells der Form ARIMA (1,1,0) ein Importpreisindex als Deflator bestimmbar ist. Als Schätzperiode diente der Zeitraum zwischen Januar 1980 und Dezember 1988. Eine strukturelle Veränderung und eine Autokorrelation der Residuen konnte statistisch nicht nachgewiesen werden, so daß mit diesem Modell Preisänderungen prognostiziert werden können. Die relative Genauigkeit der Vorhersage wurde darüber hinaus durch einen Vergleich der Prognoseergebnisse mit der tatsächlichen Entwicklung bestätigt. Vgl. hierzu: Rikkonen, K.-L. (1989), S. 19f.

16 Vgl. Rikkonen, K.-L. (1989), S. 32.

17 Vgl. Kapitel IV Abschnitt 2.2. in dieser Arbeit.

18 Die Gewichte der in den Index eingehenden 12 europäischen Währungen, des US-Dollar und des Yen wurden mit den Anteilen der jeweiligen Länder am finnischen Warenex- und -import gleichgesetzt. Die Finnmark war bis zum 6. Juni 1991 an einen

Tabelle 27: Währungsstruktur risikominimaler Reserveportfolios für alternative Erwartungshypothesen, Jan. 1985 bis Nov. 1988 (Anteile in %)

Erwartungs-hypothesen	US-$	DM	Pfund	Yen	FF	Standard-abweichung
Random Walk						
r^{nom}	14,7	57,7	21,7	5,9	-	0,49
	13,3	45,9	20,7	6,3	13,8	0,47
r^{real}	20,8	52,6	23,4	3,1	-	1,11
	19,6	42,0	22,5	3,5	12,4	1,11
Risikoprämie = 0						
r^{nom}	13,1	57,0	22,0	7,9	-	0,49
	12,2	45,2	20,7	7,6	14,4	0,47
r^{real}	19,4	53,6	22,3	4,7	-	1,08
	19,4	53,4	22,3	4,7	0,2	1,08
Risikoprämie = konstant						
r^{nom}	13,5	57,7	21,5	7,3	-	0,48
	12,5	45,8	20,6	7,3	13,9	0,47
r^{real}	17,8	52,5	23,3	6,4	-	1,08
	17,6	49,9	23,0	6,3	3,1	1,07

Anmerkungen:
r^{nom} Nominalrendite
r^{real} Realrendite
Quelle: Rikkonen, K.-L. (1989), S. 31-34.

Ziel einer solchen Korbbindung ist es, den Außenwert der eigenen Währung gegenüber einem Durchschnitt anderer Währungen zu stabilisieren. Gleichzeitig kann aber eine Zentralbank auch das Ziel verfolgen, den Wert ihrer Devisenreserven gegenüber diesem Währungsindex zu stabilisieren. Diese Strategie legt es nahe, die Devisenreserven entsprechend den Anteilen des Index` anzulegen. Die Varianz dieses indexgewichteten Portfolios müßte dann nahezu Null sein. Wie die Berechnungen Rikkonens zeigen, kann diese Zielsetzung jedoch auch recht gut erreicht werden, wenn die Reserven in nur wenigen (fünf)

Währungskorb gebunden. Ab dem 7. Juni 1991 erfolgte eine einseitige Anbindung der finnischen Markka an die ECU, die aber infolge der Spannungen innerhalb des EWS am 8. September 1992 suspendiert wurde.

Währungen, des aus 14 Währungen bestehenden Index` angelegt werden.[19] Hieraus folgt, daß eine übermäßige Diversifizierung keinen zusätzlichen Nutzen bringt. Dies gilt besonders dann, wenn zwischen den potentiellen Anlagewährungen sehr enge Substitutionsbeziehungen bestehen, wie beispielsweise zwischen den in das EWS eingebundenen Währungen und einigen Nicht-EWS-Währungen oder zwischen den Währungen, die mehr oder weniger fest an eine andere wichtige Reservewährung gebunden sind. Es ist völlig ausreichend, den Reservebestand nur auf eine eng begrenzte Anzahl von Währungen aufzuteilen. Dies sollten vor allem die wichtigsten Reserve-, Vehikel- und Interventionswährungen sein.

Um die Wertentwicklung verschiedener Portfolios beurteilen zu können, berechnet Rikkonen schließlich die kumulierten Nominal- bzw. Realrenditen der Anlageportfolios, wenn die Devisenreserven jeweils zum Monatsbeginn gemäß der Struktur des geschätzten risikominimalen 5-Währungsportfolios reinvestiert worden wären und vergleicht diese mit der Performance einer Anlage gemäß des SZR-Korbes, eines indexgewichteten aus 8 Währungen bestehenden Währungskorbes und eines gleichgewichteten Portfolios sowie mit der Wertentwicklung des Reserveportfolios, wenn der gesamte Reservebestand in nur einer Währung angelegt worden wäre.[20]

Wie zu erwarten war, wiesen die risikominimalen Portfolios jeweils die geringste Standardabweichung der Renditen auf.[21] Zwischen der Performance des indexgewichteten und des risikominimalen Portfolios ist kein großer Unterschied festzustellen, während das SZR-Portfolio jeweils schlechter abschnitt. Unter den Bedingungen realer Renditen konnte mit dem indexgewichteten Währungsportfolio zumeist ein besseres Ergebnis erzielt werden. Wenn das gesamte Reserveportfolio jeweils nur in einer einzigen Währung angelegt worden wäre, hätte zwar im betrachteten Zeitraum von Januar 1985 und November 1988 mit einzelnen Währungsanlagen eine höhere Rendite erwirtschaftet werden können, insbesondere mit einer Yen-Anlage. Im Vergleich zu der geringen Rendite einer Dollar-Anlage war jedoch mit dem risikominimalen Portfolio eine durchaus befriedigende Performance zu erzielen.[22]

---

19 Vgl. Rikkonen, K.-L. (1989), S. 36.

20 Für die risikominimalen Portfolios wurden die Gewichte der Hypothese der konstanten Risikoprämie zugrundegelegt. Diese können aus der Tabelle 27 entnommen werden. Im SZR-Korb gingen die einzelnen Währungen mit folgenden Gewichten ein: US-Dollar 42%, D-Mark 19%, Pfund Sterling und französischer Franc mit jeweils 12%, Yen 15%. Im indexgewichteten Währungskorb wurden folgende Währungen berücksichtigt: US-Dollar, Pfund Sterling, D-Mark, französischer Franc, Yen, holländischer Gulden, belgischer Franc und Schweizer Franken.

21 Zielsetzung einer risikominimalen Portfoliostrategie ist, das Gesamtrisiko des Portfolios auf ein Minimum zu begrenzen.

22 Vgl. Rikkonen, K.-L. (1989), S. 36f und S. 58ff.

Interessant ist auch ein weiteres Ergebnis der Untersuchung von Rikkonen. Sofern ein Anleger einen höheren Ertrag als die risikominimale Kombination erzielen möchte, spielt die jeweilige Erwartungshypothese eine entscheidende Rolle für das Ausmaß, in dem das Gesamtrisiko des Portfolios zunimmt und inwiefern sich die einzelnen Währungsanteile verändern.[23] Die Erwartungsbildung und die Risikoeinstellung des Anlegers sind für die Frage der Strukturierung des Reserveportfolios und den Anlageerfolg wichtige Größen.

Faßt man die Ergebnisse Lehmussaaris und Rikkonens zusammen, kommt man zu dem Schluß, daß portfoliotheoretische Überlegungen in Verbindung mit ex ante Anlagestrategien im Rahmen des Reservemanagements offizieller Währungsbehörden geeignet sind, um einfache und naive Anlagestrategien, wie z.B. eine gleichmäßige Aufteilung der Reserveanlagen auf verschiedene Währungen, zu übertreffen. Mit anderen Anlagestrategien kann zwar durchaus eine höhere Rendite erwirtschaftet werden, dies geht aber nur, wenn ein höheres Risiko akzeptiert wird. Die Ergebnisse beider Studien sind damit mit den oben gefundenen Ergebissen konsistent, daß mit einer risikominimalen Portfoliostrategie im Vergleich zu anderen Anlagestrategien eine relativ gute Performance erzielt werden kann.

Vernachlässigt man die aus dem modelltheoretischen Charakter der Theorie der Portfolio-Selektion resultierenden Probleme, so sind an Lehmussaaris und Rikkonens Arbeiten jedoch zwei Punkte zu kritisieren:

Erstens wird ein rationaler Anleger nicht nur hinsichtlich der künftigen Wechselkursänderungen Erwartungshypothesen bilden, sondern für alle in die Renditeberechnung eingehenden Komponenten.

Zweitens ist die Berechnung realer Ertragsraten unbefriedigend. Wie bei den meisten bisher in der Literatur vorliegenden portfoliotheoretischen Ansätze zur Reservediversifizierung offizieller Währungsbehörden werden die Nominalrenditen nur mit Hilfe eines Importpreisindex deflationiert. Gerade bei Entwicklungsländern, für die angenommen wird, daß sie Rendite- und Risiko-Überlegungen bei ihren Anlageentscheidungen in einem stärkeren Maße berücksichtigen, stellt ein Großteil der internationalen Transaktionen Schuldendienstzahlungen dar. Um so verwunderlicher ist es, daß diese Transaktionen bei der Berechnung der Realrenditen in den bisherigen portfoliotheoretischen Modellen ignoriert wurden. Erforderlich ist ein umfassenderes Deflator-Konzept, in dem sich alle relevanten internationalen Transaktionen des Landes niederschlagen.

23 Vgl. Rikkonen, K.-L. (1989), S. 38f.

1.2.2 Der erweiterte Modellansatz von Racine

Racine greift diese Kritikpunkte in seinem Portfoliomodell zur Reservediversifizierung auf. Gegenüber Lehmussari und Rikkonen erweitert er sein Modell, indem zunächst ein umfassenderes Kaufkraftkonzept gewählt wird, das bei der Renditeberechnung neben den Einfuhren auch Zahlungen für die in Anspruch genommenen Dienstleistungen und Schuldendienstleistungen berücksichtigt.[24] In Anlehnung an Lehmussaari modelliert er dann ebenfalls ex ante erwartete Realrenditen.
Da Entwicklungsländer eher Risiko- und Ertragsüberlegungen zugeneigt scheinen, wählt Racine als Fallbeispiel seiner Untersuchung Südkorea aus. Für den Zeitraum zwischen Dezember 1982 und Dezember 1987 berechnet er auf Basis dreimonatiger Euroeinlagen die Realrenditen für US-Dollar, D-Mark, französischen Franc, Pfund Sterling und Yen.[25] Auf dieser Datenbasis werden für folgende drei Alternativen effiziente Portfolios berechnet:[26]

- Im ersten Modell werden wie bei Ben-Bassat und Horii bei der Rendite-Berechnung nur die Importstruktur berücksichtigt und die erwarteten Renditen unter der Annahme berechnet, daß diese als Durchschnitt vergangener Renditen angenähert werden können.
- Das zweite Modell basiert auf der von Racine vorgeschlagenen umfassenderen Methode der Renditeberechnung, die neben der Importstruktur auch die Schuldendienstleistungen (Zinsverpflichtungen, Tilgung) einschließt.
- In der dritten Modellvariante werden die erwarteten Ertragsraten nicht wie bei den beiden anderen Modellen aus einem Durchschnitt vergangener Werte geschätzt, sondern ex ante erwartete Ertragsraten mit Hilfe eines Random Walk-Prozesses geschätzt. Die Struktur der Renditeberechnung entspricht ansonsten der zweiten Modellvariante.

Für alle drei Varianten werden risikominimale Portfolios unter den Nebenbedingungen bestimmt, daß erstens nur positive Währungsanteile ("constrained"-Modell) und zweitens auch negative Anteile ("unconstrained"-Modell) zugelassen

24 Vgl. Racine, J. (1988), insbesondere S. 28ff und S. 35-42.

25 Da sowohl in nationalen als auch in internationalen Statistiken die Struktur der Einfuhren zumeist nach Herkunftsländern und nicht nach Fakturierungswährungen aufgeschlüsselt wird, greift Racine auf das Herkunftsland als Annäherung für die Währungsdenomination der Importe zurück. Als Datenquelle dienen die in den Direction of Trade Statistics des IWF berichteten Handelsströme. Angaben über die Währungsstruktur der Auslandsverschuldung von Entwicklungsländern werden von der Weltbank in den World Debt Tables publiziert. Die für den Schuldendienst und die Rückzahlungen erforderlichen Daten werden unter der Annahme gewonnen, daß sich der Schuldenbestand innerhalb von fünf Jahren amortisiert. Vgl. Racine, J. (1988), S. 37.

26 Racine, J. (1988), S. 38ff.

sind. Die entsprechenden optimalen Portfolios mit den dazugehörigen Währungsanteilen sind in Tabelle 28 zusammengefaßt.

Tabelle 28: Risikominimale Reserveportfolios für Südkorea

	Nebenbedingung: nur positive Anteile zulässig		
	Modell 1	Modell 2	Modell 3
US-Dollar	0,604	0,524	0,503
D-Mark	0,127	-	-
Frz. Franc	-	-	-
Pfund	0,269	0,006	0,031
Yen	-	0,470	0,466
Rendite	8,6	7,6	7,8
Varianz	10,2603	6,257	6,2682
	Nebenbedingung: positive und negative Anteile zulässig		
	Modell 1	Modell 2	Modell 3
US-Dollar	0,71	0,594	0,594
D-Mark	0,544	-0,296	-0,306
Frz. Franc	-0,242	-0,093	-0,088
Pfund	0,193	0,16	0,166
Yen	-0,205	0,634	0,633
Rendite	6,8	8,2	8,6
Varianz	9,5256	5,6419	5,6414

Anmerkungen:

Modell 1 = importgewichtete Rendite

Modell 2 = import- und schuldengewichtete Rendite, aufgrund vergangener Daten

Modell 3 = wie Modell 2, aber Random Walk-Hypothese

Quelle: Racine, J. (1988), S. 40f.

Betrachtet man die Resultate, so sind vor allem zwei Punkte hervorzuheben: Erstens: Werden bei der Renditeberechnung Schuldendienstzahlungen berücksichtigt, so kann hiervon ein erheblicher Einfluß auf die Zusammensetzung des Portfolios ausgehen. Besonders deutlich wird dies am Beispiel des japanischen Yen. Beim Modell, bei dem nur positive Anteile zugelassen sind, nimmt dessen Anteil von 0% auf 47% zu. Werden auch negative Anteile zugelassen, steigt dessen Anteil sogar von -20,5% auf 63% an. Zweitens unterscheidet sich die auf Basis vergangener Daten berechnete Rendite des risikominimalen Portfolios nicht wesentlich von der mit Hilfe des Random-Walk-Prozesses bestimmten Rendite.

Allerdings wird die Varianz-Kovarianz-Matrix durch die jeweilige Berechnungsmethode sehr stark beeinträchtigt.[27]
Mit seiner Arbeit liefert Racine zwar gegenüber den oben dargestellten Ansätzen einen verbesserten und allgemeingültigeren Ansatz, insbesondere im Hinblick auf die Integration unterschiedlicher Leistungsbilanztransaktionen. Leider vergleicht Racine jedoch seine Ergebnisse nicht mit der tatsächlichen Währungsstruktur des Reserveportfolios der koreanischen Zentralbank. Eine Überprüfung, ob die Zentralbank Südkoreas in ihrem Reservemanagement portfoliotheoretische Elemente berücksichtigt, ist jedoch teilweise möglich, wenn man Racines Ergebnisse mit der in der Untersuchung von Dellas und Yoo publizierten tatsächlichen Zusammensetzung der Devisenreserven Südkoreas gegenüberstellt (vgl. hierzu Tabelle 28 mit der Position A in Tabelle 29).

Tabelle 29: Zusammensetzung der Devisenreserven und der Einfuhren Südkoreas zwischen 1980-87 (nach Währungen und Ländern, in Prozent)

	1980	1981	1982	1983	1984	1985	1986	1987	1980-87
A. Zusammensetzung der Devisenreserven									
US-$	85,7	86,6	88,1	88,4	87,5	87,0	83,4	84,4	86,4
Yen	8,0	6,5	5,8	5,5	7,1	8,2	9,7	8,1	7,3
DM	5,6	6,1	5,4	5,7	4,7	3,3	4,3	4,8	5,0
Pfund	0,7	0,8	0,7	0,4	0,6	1,6	2,5	2,8	1,3
B. Importanteile Koreas (in % der Gesamteinfuhren)									
USA	21,9	23,1	24,5	23,9	22,4	20,8	20,7	21,3	22,3
Japan	26,3	24,4	21,9	23,8	24,9	24,3	34,4	33,3	26,6
Dtschl.	2,9	2,6	2,8	2,5	2,6	3,1	3,9	4,4	3,1
Großbrit.	1,4	1,5	1,7	1,8	1,8	1,8	1,4	1,8	1,6
C. Währungsstruktur der Einfuhren Koreas (in % der Gesamteinfuhren)									
US-$	91,8	91,7	91,7	86,1	86,1	83,8	79,7	79,7	86,3
Yen	4,0	4,8	6,0	7,6	9,4	11,0	14,3	13,7	8,9
DM	1,8	1,4	1,4	1,5	1,5	1,8	2,5	2,7	1,8
Pfund	0,7	0,6	0,6	0,7	0,4	0,6	0,7	0,7	0,6

Quelle: Dellas, H. und C.B. Yoo (1991), S. 408.

27 Vgl. Racine, J. (1988), S. 41.

Der für Racines Untersuchung relevante Zeitraum zwischen 1982 und 1987 weist für das tatsächliche Reserveportfolio der Zentralbank von Südkorea einen wesentlich größeren Dollar-Anteil aus, als es nach optimalen portfoliotheoretischen Gesichtspunkten der Fall gewesen wäre. Auch bei den anderen Währungen können portfoliotheoretische Überlegungen nicht bestätigt werden. Hieraus können zwei Schlußfolgerungen gezogen werden:
Entweder werden die Devisenanlagen der koreanischen Zentralbank nicht allein nach Ertrags- und Risikogesichtspunkten bewirtschaftet oder das von Racine vorgeschlagene Modell ist trotz der vorgenommenen Modifikationen ungeeignet. Letzteres könnte vor allem in der nicht adäquaten Spezifizierung des Deflators liegen. Denn aufgrund der fehlenden Informationen wird in den meisten portfoliotheoretischen Studien die Währungsdenomination der Importe mit der Struktur der Einfuhren nach den Herkunftsländern gleichgesetzt. Blickt man auf die wenigen verfügbaren Informationen über das Fakturierungsverhalten der im Außenhandel tätigen Unternehmen, so wird diese Annahme nur zum Teil bestätigt.[28] Zwar werden die Einfuhren aus den wichtigen Industrieländern - eine Ausnahme stellt Japan dar -, in deren Währungen fakturiert, Entwicklungsländer wickeln aber ihren Außenhandel überwiegend in einer der wichtigen Handels- und Vehikelwährungen ab, so daß für Importe aus diesen Ländern beispielsweise der US-Dollar oder das Pfund Sterling als Denominationswährung angenommen werden sollte.
Wie aus Tabelle 29 (Positionen B und C) zu erkennen ist, weichen beide Strukturen tatsächlich beträchtlich voneinander ab: Südkorea bezog zwischen 1980 und 1987 im Durchschnitt 22,3% seiner Einfuhren aus den USA, während die tätsächliche Währungsdenomination der Importe in US-Dollar einen Anteil von durchschnittlich 86,3% an den Gesamteinfuhren ausmachte. Dies hebt die dominierende Bedeutung des US-Dollar als internationale Vehikelwährung im Drittlandshandel hervor.
Damit ist die Annahme der meisten portfoliotheoretischen Arbeiten, daß zur Berechnung der realen Ertragsraten der verschiedenen Reserveanlagen die Länderstruktur als eine angemessene Annäherung der Fakturierungsstruktur genutzt werden kann, theoretisch und empirisch nicht haltbar.[29]

Wie unterschiedlich die Zusammensetzung der optimalen Reserveportfolios ausfallen kann, wenn anstatt der tatsächlichen Fakturierungsanteile der einzelnen Währungen hilfsweise die in den Außenhandelsstatistiken erfaßten Länderanteile der Einfuhren verwendet werden, zeigt der Vergleich der Positionen A und B in Tabelle 30. Grundsätzlich sollte deshalb bei der Berechnung von Realrenditen die

---

28 Vgl. zum Fakturierungsverhalten im Außenhandel: Grassmann, S. (1973a, 1973b und 1976); Page, S.M.B. (1977 und 1981); Scharrer, H.-E. (1981); Scharrer, H.-E., Gehrmann, D. und W. Wetter (1978).

29 Vgl. so auch Dellas, H. und C.B. Yoo (1991), S. 407.

tatsächliche Währungsdenomination der Auslandstransaktionen zugrundegelegt werden. Diesen Punkt greifen Dellas und Yoo in ihrer Arbeit auf.[30] Bei der Berechnung von Realrenditen greifen sie auf die tatsächliche Währungsdenomination der Einfuhren zurück. Bemerkenswert an dieser portfoliotheoretischen Untersuchung ist, daß Dellas und Yoo erstmals in der Literatur die ermittelte optimale Struktur mit der tatsächlichen Zusammensetzung des offiziellen Reserveportfolios einer einzelnen Zentralbank vergleichen können (vgl. Tabellen 29 und 30). Für den Zeitraum zwischen 1980 und 1987 analysieren sie die Optimalität der Zusammensetzung des Devisenreserveportfolios der Zentralbank Südkoreas mit zwei Portfoliomodellen. Zunächst überprüfen sie anhand des üblichen Capital Asset Pricing Modells das reservepolitische Verhalten der koreanischen Zentralbank. Betrachtet man die in der Tabelle 30 unter der Position A wiedergegebenen Ergebnisse mit der tatsächlich im Reserveportfolio gehaltenen Währungsstruktur (siehe die erste Spalte), so ist eine rclativ hohe Übereinstimmung festzustellen.[31] Insbesondere die risikominimale Portfoliozusammensetzung entspricht der tatsächlichen relativ gut, wenn man die Anteile der D-Mark und des Pfund zu einer Komponente zusammenfaßt. Im Gegensatz zu den Ergebnissen Racines scheint die Bank of Korea ihr Reserveportfolio doch nach Risiko- und Ertragsgesichtspunkten zu diversifizieren.

Eine formale Überprüfung des CAPM mit Hilfe eines Regressionsmodells zeigt jedoch, daß der Zusammenhang zwischen den Renditen und der Nachfrage nach den einzelnen Währungsanlagen sehr unterschiedlich ausfällt und das verwendete Portfoliomodell die Portfolioentscheidungen der koreanischen Zentralbank nicht besonders gut erklären kann. Drei mögliche Ursachen lassen sich hierfür anführen:[32]

Erstens könnte zwar das Portfoliomodell das Anlageverhalten der Zentralbank adäquat beschreiben. Die Zusammensetzung des Reserveportfolios wird aber nicht durch Gewinnüberlegungen, sondern durch andere Faktoren überlagert.

Eine zweite Ursache könnte darin liegen, daß die erwarteten Renditen aufgrund der in der Vergangenheit realisierten Werte berechnet wurden.

In einem zweiten Schritt bestimmen Dellas und Yoo deshalb ex ante Ertragsraten, indem die künftigen Wechselkursänderungen durch einen Random-Walk-Prozeß angenähert werden. Die Ergebnisse sind unter der Position C in Tabelle 30 ausgewiesen. Wie aufgrund der durch die Erklärungshypothese bedingten geringeren Volatilität der Wechselkurse zu erwarten ist, fällt zwar die Standardabweichung des Portfolios merklich geringer aus. Allerdings weichen die

30 Vgl. Dellas, H. und C.B. Yoo (1991).
31 Vgl. Dellas, H. und C.B. Yoo (1991), S. 407.
32 Vgl. hierzu: Dellas, H. und C.B. Yoo (1991), S. 411f.

berechneten optimalen Anteile deutlich von der tatsächlich gehaltenen Reservestruktur ab.

Tabelle 30: Vergleich der tatsächlichen Zusammensetzung des Reserveportfolios der Zentralbank von Südkorea und verschiedener optimaler Währungsstrukturen zwischen 1980 und 1987 (Anteile in %)

	Währungsstruktur des tatsächlichen Reserveportfolios	Währungsstruktur des effizienten (CAPM) Reserveportfolios	Währungsstruktur des risikominimalen Reserveportfolios
A. Rendite berechnet aufgrund der tatsächlichen Währungsdenomination			
US-$	86,4	84,9	87,2
DM	5,0	0,0	0,0
Yen	7,3	14,2	8,4
Pfund	1,3	0,9	4,4
Rendite	*4,05*	*4,32*	*4,10*
Standardabweichung	*5,11*	*k.A.*	*4,68*
B. Rendite berechnet aufgrund der Importanteile			
US-$	86,4	55,5	54,1
DM	5,0	21,9	1,0
Yen	7,3	22,6	42,3
Pfund	1,3	0,0	2,6
Rendite	*2,36*	*4,68*	*3,51*
Standardabweichung	*16,83*	*k.A.*	*10,83*
C. Rendite berechnet auf Basis der Random-Walk-Hypothese			
US-$	86,4	64,1	25,0
DM	5,0	0,0	57,7
Yen	7,3	0,0	9,0
Pfund	1,3	35,9	8,3
Rendite	*4,21*	*4,55*	*3,64*
Standardabweichung	*3,65*	*k.A.*	*2,77*

Quelle: Dellas, H. und C.B. Yoo (1991), S. 410, 416 und 417.

Eine dritte Ursache sehen Dellas und Yoo darin, daß die koreanische Zentralbank bei ihren Anlageentscheidungen zwar Gewinnüberlegungen berücksichtigt, das spezifizierte Modell jedoch das tatsächliche Anlageverhalten nicht vollständig widerspiegelt. Sie untersuchen deshalb mit Hilfe eines modifizierten Capital-Asset-Pricing-Modells - dem Consumption-Capital-Asset-Pricing-Modell, wobei in Analogie zum Verhalten privater Wirtschaftssubjekte anstelle des Konsums die Importe Südkoreas treten - die optimale Reservezusammensetzung der Zentralbank Südkoreas. Auf den ersten Blick deuten die Ergebnisse zwar darauf hin, daß sich das Verhalten einer Zentralbank nicht von dem eines rationalen, in die Zukunft blickenden privaten Anlegers unterscheidet und daß die tatsächlichen Portfolioentscheidungen grundsätzlich mit dem Consumption-Capital-Asset-Pricing-Modell konstistent sind. Eine statistische Überprüfung des verwendeten Modells zeigt jedoch, daß dieses wenig robust ist. Es können also keine statistisch gesicherten Aussagen über das Anlageverhalten der koreanischen Zentralbank getroffen werden.[33]

Als Ergebnis bleibt festzuhalten: Auch wenn die mit den unterschiedlichen Prognosetechniken erstellten ex ante Anlageregeln auf den ersten Blick eine Verbesserung darstellen, muß berücksichtigt werden, daß die aus vergangenheitsbezogenen Daten gewonnenen Prognosen statistisch und theoretisch problematisch sind. Denn zukünftige Erträge und deren Schwankungsbreiten zur Strukturierung optimaler Portfolios sind aus historischen Werten nur dann hinreichend genau prognostizierbar, wenn die Renditen statistisch unabhängig und normalverteilt sind und der den Renditen zugrundeliegende stochastische Prozeß (schwach) stationär und mittelwertergodisch ist.[34] In der Regel ändern sich jedoch die Eigenschaften von ökonomischen Zeitreihen im Zeitablauf, so daß diese Bedingungen nur selten erfüllt sind. So war beispielsweise die drastische Veränderung der aus Dollar-denominierten Anlagen zu erzielenden Erträge nach 1980 in keiner Weise vorhersehbar und damit nicht vollständig antizipierbar. Thygesen kommt deshalb zu dem Schluß, daß "gains from diversification are not easy to obtain."[35]

Darüber hinaus ist zu berücksichtigen, daß die in der Vergangenheit gültigen Zusammenhänge nur einen Faktor bei der Erwartungsbildung darstellen. Ganz unterschiedliche Ereignisse können einen Einfluß auf die Wechselkurse haben, die aber bei der Formulierung von Erwartungshypothesen nicht berücksichtigt werden. Politische Stimmungslagen wie Kriege, Umsturzversuche können ausgeprägte Effekte auf die Entwicklung der Kurse haben. Häufig genügt bereits die Ankündigung unerwarteter Daten, um die Devisenmärkte in Bewegung zu

---

33 Vgl. Dellas, H. und C.B. Yoo (1991), S. 414.
34 Vgl. Hansmann, K.-W. (1980), S. 57.
35 Vgl. Thygesen, N. (1985), S. 160.

bringen. Sobald sich die nationalen Zinsniveaus deutlich verändern, reagieren international mobile Kapitalanleger sensibel, so daß durch eine Neuorientierung der Mittelanlage hin zu attraktiveren Konditionen die Wechselkurse der gesuchten Anlagewährungen steigen. Angesichts dieser Vielfalt von Einflußfaktoren und der oftmals nicht eindeutig erklärbaren Wechselkursentwicklung ist die Formulierung von Erwartungshypothesen zur Vorhersage von Kursentwicklungen mit großer Vorsicht zu genießen. Die mit den unterschiedlichsten Techniken prognostizierten Werte und die daraus abgeleiteten ex ante Anlagestrategien täuschen damit nur eine Scheingenauigkeit vor. Egal welche Methoden zur Schätzung der Wechselkurse herangezogen werden, bei jeder Prognose bleiben Ungewißheiten bestehen, die dazu führen, daß innerhalb des Reservemangements bedeutende "Schätzfehler" unvermeidbar sind.

1.3 Probleme der Verwirklichung einer nach dem Modell getroffenen Anlageentscheidung

Weitere Probleme können sich ergeben, wenn die nach dem Portfoliomodell optimale Zusammensetzung des Reserveportfolios verwirklicht werden soll. Das Portfoliomodell der Portfolio-Selektion unterstellt, daß die aus dem Ergebnis der Berechnungen formulierten Anlageempfehlungen jeweils zu Beginn der Anlageperiode vollständig und kostenlos realisiert werden können. Tatsächlich besteht jedoch für Zentralbanken eine Reihe von Beschränkungen, die das Ausmaß einer Diversifizierung der Devisenreserven begrenzen, so daß die Zusammensetzung der Devisenreserven entweder gar nicht oder nicht vollständig an die vom Portfoliomodell vorgegebene Struktur angepaßt wird. Neben den veränderten Erwartungen hinsichtlich der Ertragschancen und Risiken der einzelnen Anlageobjekte und der Größe der Abweichungen der neu errechneten optimalen Zusammensetzung des Portfolios von der ursprünglich als optimal erachteten Risiko-Ertrags-Kombination spielen bei der Frage, ob das Reserveportfolio überhaupt umgeschichtet werden bzw. wie schnell, häufig und umfangreich eine Umstrukturierung des Portfolios erfolgen soll, insbesondere folgende Faktoren eine wichtige Rolle:[36]

- Die Höhe der Transaktionskosten, die bei der Anlage und Auflösung von Vermögenswerten entstehen.
- Die Breite und Tiefe der einzelnen Anlagemärkte und damit die Marktgängigkeit der einzelnen Anlagewerte.
- Die Größe des anzulegenden Reservebestands.
- Die Größe der „Kassenhaltung“, die aus Interventionsgründen gehalten wird.

---

36 Vgl. hierzu auch: Horii, A. (1986), S. 40.

- Institutionelle Zwänge und internationale Absprachen, die eine Diversifizierung von Reserven begrenzen sowie die Berücksichtigung stabilitätspolitischer Überlegungen und die Verantwortung einzelner Zentralbanken für die Stabilität des internationalen Währungssystems.

Eine Anpassung des Portfolios an die vom Portfoliomodell vorgegebene Struktur ist nicht kostenlos. Bei ihren anlagepolitischen Entscheidungen muß eine Zentralbank auch die Transaktionskosten, die beim Kauf bzw. Verkauf von Devisen in Verbindung mit der Anlage, Auflösung oder Umschichtung von Reservebeständen anfallen, sowie die Kosten der laufenden Verwaltung in ihr Kalkül einbeziehen.[37] Die meisten theoretischen Modelle zur Bestimmung eines optimalen Portfolios vernachlässigen diesen Faktor. Die Höhe der Transaktionskosten übt jedoch einen Einfluß aus, ob und wie häufig das Portfolio umgeschichtet wird und begrenzt auch die Anzahl der in Frage kommenden Anlagealternativen. Sind die Transaktionskosten sehr hoch, ist zu erwarten, daß das tatsächliche Anlageportfolio entweder gar nicht, nur teilweise oder von Zeit zu Zeit an die gewünschte Zusammensetzung angepaßt wird. Auch die Spanne der Währungen, über die sich nach portfoliotheoretischen Kriterien eine Diversifikation ertrecken sollte, wird sich sehr stark vermindern, da die Vorteile aus einer breiten Streuung durch die bei der Anlage der zu disponierdenden Mittel entstehenden Kosten aufgezehrt werden.[38] Da aufgrund von Skalenerträgen bei viel gehandelten

37 Die bei der Disposition von finanziellen Mitteln entstehenden Transaktionskosten fallen in unterschiedlicher Form wie zum Beispiel als Informations-, Such- und Verhandlungskosten, Kosten der Überwachung und Verwaltung des Portfolios an. Des weiteren sind die beim Kauf und Verkauf von Anlagen bestehenden Spannen zwischen den Brief- und Geldkursen sowie weitere Abwicklungsgebühren für die Vermittlungstätigkeit der beauftragten Banken oder Broker, Courtagen bei zusätzlicher Beanspruchung von Makler- oder Brokerdiensten und gegebenenfalls weitere Spesen als Kostenfaktoren zu berücksichtigen.
Die Transaktionskosten können einerseits vom Transaktionsvolumen unabhängig als feste Kostenbestandteile anfallen, andererseits mit dem Anlagevolumen proportional zunehmen. Darüber hinaus werden diese auch durch das jeweilige Anlageinstrument und die Größe des jeweiligen Währungsmarktes beeinflußt.

38 So fanden Mao, J.C.T. (1970) und Jacob, N.L.A. (1974) heraus, daß bei Bestehen von Transaktionskosten es nicht ratsam ist, das gesamte Vermögen auf alle potentiell verfügbaren Anlagealternativen zu streuen. Auch Chryssanthou, der den Einfluß der Transaktionskosten auf die optimale Anzahl der Anlageobjekte untersucht, kommt zu dem Ergebnis, daß mit zunehmender Höhe der Transaktionskosten die Anzahl der Währungen im Portfolio abnimmt und die Vorteile einer Diversifizierung schwinden. Vgl. Chryssanthou, N. (1990), S. 31. Ähnlich zeigt Goldsmith, D. (1976), daß mit steigendem Vermögen oder abnehmenden Transaktionskosten die als optimal erachtete Anzahl von Anlageobjekten im Portfolio zunimmt, da die marginalen Kosten der Diversifizierung abnehmen. Gleichzeitig ist aber zu berücksichtigen, daß mit einer wachsenden Zahl an verschiedenen Anlageobjekten auch die Kosten der Informationsbeschaffung, der Überwachung und der Verwaltung des Portfolios zunehmen. Vgl. so: King, M.A. und J. Leape (1984) und (1988).

Währungen wie dem US-Dollar die Spanne zwischen dem Brief- und Geldkurs kleiner ausfällt als bei Währungen, die nur in sehr begrenztem Maße für internationale Transaktionen verwendet werden,[39] werden am ehesten die Währungen nicht mehr im Portfolio enthalten sein, die über einen relativ kleinen Markt verfügen und die enge Substitute zu einer der wichtigen internationalen Reservewährungen sind.
Die meisten empirischen Portfoliomodelle berücksichtigen jedoch implizit die von den Transaktionskosten ausgehende Beschränkung für die Reservediversifizierung, indem sie von vornherein die potentielle Auswahl der unterschiedlichen Anlagealternativen nur auf eine geringe Anzahl von Reservewährungen begrenzen.[40] Darüber hinaus führten die Beseitigung von Kapitalverkehrskontrollen und Devisenrestriktionen, die Liberalisierung und Internationalisierung der Finanzmärkte sowie die zunehmende Vernetzung durch moderne Kommunikationstechniken dazu, daß Transaktionskosten eine immer geringere Rolle spielen.

Eine weitere Beschränkung für eine Anpassung des Portfolios ergibt sich aus der Breite und Tiefe der einzelnen Anlagemärkte. Nicht alle Reservewährungen bieten in einem gleichen Maße ein ausreichendes Angebot an geeigneten Anlageinstrumenten, in denen Währungsbehörden Reserven in einem größeren Umfang anlegen und jederzeit wieder auflösen können. Eine weitere Beschränkung für die Diversifizierung von Devisenreserven ergibt sich aus der an die Anlage gestellten Liquiditätsforderungen. So müssen die aus Interventionsgründen gehaltenen Reserven einen hohen Liquiditätsgrad aufweisen. Nur wenige Währungen und hier vor allem der US-Dollar weisen einen derart liquiden Markt auf, daß Anlagen jederzeit und uneingeschränkt aufgelöst werden können. Zentralbanken, die einen Teil ihrer Reserven in langfristigen Anlagen investieren, messen zwar der Liquidtät der Anlage eine geringere Bedeutung bei, dafür gewinnt jedoch die Frage der langfristigen Bonität des Schuldners stärker an Gewicht. Ebenso stellen Liquiditätsüberlegungen und Kreditrisiken für Zentralbanken, die nur über vergleichsweise geringe Mittel disponieren, eine wichtige Beschränkung für das Reservemanagement dar. So heben Nicholl und Brady im Fall der neuseeländischen Zentralbank hervor, daß die seit Mitte der achtziger Jahre stattfindende Reservediversifizierung aus dem Dollar in Yen durch das geringe Angebot an sehr kurzfristigen Anlageinstrumenten hoher Bonität begrenzt wurde.[41] Aus den gleichen Gründen hat auch die finnische Zentralbank ihre Reserven noch nicht so stark in europäische Währungen diversifiziert. Sie hält einen größeren Bestand ihrer Reserven in US-Dollar, um bei Interventionen

---

39 Vgl. auch: Black. S.W. (1991), S. 514.
40 Vgl. so: Roger, S. (1993), S. 68.
41 Vgl. Nicholl, P und P. Brady (1992), S. 123.

jederzeit liquide zu sein. Der Anteil des Dollar im Reserveportfolio der finnischen Zentralbank liegt deshalb weit über dem des von Nordman berechneten risikominimalen Portfolios.[42] Wenn wie in der empirischen Untersuchung oben die erwartete Rendite des tatsächlich gehaltenen Reserveportfolios geringer ausfällt als die des risikominimalen Portfolios, kann diese Differenz als Liquiditätsprämie für die Aufrechterhaltung einer angemessenen Liquidität interpretiert werden.[43]

Die Zusammensetzung des Portfolios kann des weiteren durch die Größe des Reservebestands beschränkt werden. Das Portfoliomodell bestimmt nur die relativen Anteile, in denen der Reservebestand angelegt werden soll. In keiner Variable oder Nebenbedingung des Modells wird die Größe des Anlagekapitals berücksichtigt. Die Theorie der Portfolio-Selektion geht vielmehr von der Prämisse aus, daß die Höhe des Anlagekapitals exogen gegeben und in keinerlei Beziehung zur optimalen Portfoliostruktur steht.[44] Diese Annahme ist jedoch nur berechtigt, wenn das Volumen der Devisenan- bzw. -verkäufe und der Umfang der Guthaben, die an den Anlagemärkten angelegt bzw. aufgelöst werden, relativ gering ist und keine psychologische Wirkungen am Markt auftreten, wenn die Zentralbank Devisen kauft oder verkauft. In der Terminologie der Portfoliotheorie formuliert, muß es sich bei dem betreffenden Anleger um einen "kleinen" Marktteilnehmer handeln, der mit seinen Anlagedispositionen die Preise der Anlagen und die erwarteten Renditen nicht beeinflussen kann und deshalb jederzeit Reservebestände auflösen und in eine andere Währung umschichten kann. Tatsächlich kann jedoch von der Höhe und einer Veränderung des Reservebestands ein erheblicher Einfluß auf die gewünschte Portfoliozusammensetzung ausgehen. Zentralbanken, die mit der Bewirtschaftung der Devisenreserven eines ganzen Landes betraut sind, disponieren in der Regel über ein relativ großes Anlagekapital. Bei der Verwirklichung einer modellgerechten Anlageentscheidung können sich hierdurch erhebliche Schwierigkeiten ergeben, da die Entscheidungen der Zentralbanken aufgrund der Höhe des anzulegenden Kapitals die Konstellationen an den Devisen- und Anlagemärkten stark beeinflussen können.

Dies hat einerseits zur Folge, daß sich bei einer Verwirklichung des ermittelten optimalen Portfolios die dem Optimum zugrundeliegenden Modellgrößen verändern. Damit verliert die optimale Zusammensetzung bereits im Zeitpunkt der Depotzusammenstellung ihre Optimalität. Zur Lösung dieses Problems ist es

---

42 Vgl. Nordman, T. (1991), S. 15.

43 Vgl. Nordman, T. (1991), S. 15.

44 Ben-Bassat argumentiert zum Beispiel, daß die Nachfrage und die optimale Reservehöhe von der Variabilität der Auslandszahlungen abhängen, während die optimale Zusammensetzung nur durch die Unsicherheiten über den zukünftigen Wert der Währungen und die Präferenzen des Anlegers für bestimmte Währungen bestimmt wird. Vgl. Ben-Bassat, A. (1984), S. 4.

notwendig, die möglichen Rückwirkungen der Anlageentscheidung (induzierte Renditeänderungen) zu erfassen und in das Portfoliomodell aufzunehmen. Abgesehen von den erheblichen rechentechnischen Schwierigkeiten dürfte auch eine eindeutige Quantifizierung dieser Wirkungen schwierig sein.[45]
Andererseits kann der potentielle Einfluß auf die Märkte Rückwirkungen auf das Anlageverhalten der Währungsbehörden haben, so daß sie ihre Devisenreserven nicht in dem Ausmaß diversifizieren, wie es der Portfolioansatz nahelegt. Zentralbanken würden in diesem Fall ihre Entscheidungen über die Zusammensetzung ihrer Reserven nicht vollkommen unabhängig von der Höhe des anzulegenden Reservebestands treffen. Die meisten portfoliotheoretischen Ansätze zur Reservediversifizierung vernachlässigen jedoch diesen wichtigen Zusammenhang zwischen diesen beiden Größen. Eine Ausnahme stellen die Arbeiten von Clark und Rajasingham dar. Sie entwickeln ein Portfoliomodell, mit dem explizit der Einfluß der Höhe und Veränderung des Reservebestands auf die optimalen Portfolioanteile untersucht werden kann.[46] Beide gehen in ihren Portfolioansätzen von der Überlegung aus,[47] daß eine Zentralbank aufgrund eines bestimmten wechselkurspolitischen Zieles am Markt interveniert und die zum gewünschten Wechselkurs bestehende Überschußnachfrage (Überschußangebot) befriedigt (abschöpft). Gleichzeitig verfolgt sie aber das Ziel, die Schwankungen des Realwertes ihrer Reserven auf ein Minimum zu begrenzen. Da die in Inlandswährung gerechneten Wertschwankungen des Reservebestands sowohl auf preisbezogenen als auch auf mengenbezogenen Veränderungen beruhen können, dürfen bei der Wahl der optimalen Zusammensetzung der Devisenreserven nicht nur allein die den Ertrag einer Reserveanlage beeinflussenden Größen wie Wechselkursentwicklung, Veränderung des Kapitalwertes, Verzinsung und Inflation berücksichtigt werden. Vielmehr ist es notwendig, auch die mit dem internationalen Leistungs- und Kapitalverkehr des Landes verbundene Währungsstruktur der Ein- und Auszahlungsströme in das Kalkül mit einzubeziehen. Da sich innerhalb der einzelnen Währungssegmente jedoch die Ein- und Auszahlungen teilweise ausgleichen können, ist für den Umfang der Interventionen nur die Nettoüberschußnachfrage, also der aus den Ein- und Auszahlungen resultierende Saldo entscheidend. Aus diesem Grunde ist auch die klassische Ab-

---

45 Vgl. auch: Hansmann, K.-W. (1980), S. 53f.

46 Vgl. Clark, P. (1988) und Rajasingham, I. (1991), insbesondere S. 14ff. Das Modell von Rajasingham ist eine Weiterentwicklung des Ansatzes von Clark. Clark skizziert in seiner Arbeit nur die wesentlichen Grundzüge eines Ansatzes, mit dem eine optimale Aufteilung der Devisenreserven auf verschiedene Reservewährungen bestimmt werden kann. In diesem Ansatz wird zugleich die besondere Struktur der internationalen Transaktionen eines Landes explizit berücksichtigt, die sich in der Höhe und Veränderung der Devisenreserven niederschlagen, wenn eine Zentralbank aufgrund eines bestimmten Wechselkurszieles am Markt interveniert.

47 Vgl. Clark, P. (1988), S. 3 und Rajasingham, I. (1991), S. 4.

sicherungsstrategie anderer Portfolioansätze zu modifizieren,[48] nach der die Devisenreserven so auf die verschiedenen Anlagewährungen aufgeteilt werden sollten, daß die Aufteilung der Währungsstruktur der der Importe entspricht. Für das Reserveportfolio sollte vielmehr eine Zusammensetzung gewählt werden, die mit der Struktur der Überschußnachfragen bei den einzelnen Währungen übereinstimmt.

Rajasingham untersucht unter sehr starken Vereinfachungen, wie eine Zentralbank unter verschiedenen Parameteränderungen ihren Reservebestand optimal strukturieren sollte, wenn sie unter Berücksichtigung der aus den internationalen Transaktionen resultierenden Währungsstruktur der Ein- und Auszahlungen die Realwertschwankungen ihrer Reserven minimieren möchte.[49]

Besonders interessant ist, daß Rajasingham im Vergleich zu den klassischen Portfoliomodellen, die die gegenseitigen Beziehungen zwischen der Ein- und Auszahlungsstruktur der internationalen Transaktionen und den Erträgen aus der Anlage von Reserven bei der Ableitung optimaler Diversifizierungsstrategien nicht berücksichtigen, zu anderen Ergebnissen kommt:[50]
Erstens gibt es aufgrund der spezifischen Struktur der internationalen Transaktionen für jedes Land sowohl für seine Devisenreserven als auch für seine Auslandsverschuldung eine individuelle optimale Währungsmischung, die von der gewünschten Höhe der Reserven abhängt. Die Struktur der internationalen Transaktionen und die Höhe des Reservebestands spielt bei der Bestimmung einer portfoliooptimalen Zusammensetzung der Reserven nur dann keine Rolle, wenn sich die in jedem Währungssegment in Inlandswährung gerechneten Werte der Ein- und Auszahlungen entsprechen.

---

48 Vgl. so die Arbeiten von: Ben-Bassat, A. (1980 und 1984); Healy, J. (1981); Kouri, P.J.K. und J. Braga de Macedo (1978); Lehmussaari, O.-P. (1987) und Nordman, T. (1987).

49 Vgl. Rajasingham, I. (1991) S. 8-16. Die Annahmen in seinem 2-Perioden-3-Länder-Modell bestehen darin, daß das Inland, für das die optimale Portfoliostruktur bestimmt werden soll, nur zu zwei ausländischen Staaten Handels- und Finanzbeziehungen unterhält. Aus jedem Land wird jeweils nur ein Importgut bezogen und nur ein Gut dorthin exportiert. Die inländische Zentralbank kann ihre Devisenreserven nur in diesen beiden Währungen anlegen, wobei ferner angenommen wird, daß die Anlagen nur an einem Markt und nur in einer Anlageform gehalten werden. Unter der Nebenbedingung, daß sich alle Währungsanteile zu Eins aufsummieren, minimiert er folgende Zielfunktion:

$$\text{Min Var} \left[\sum_{i=1}^{n} \left[r_i^o x_i R - e_i (N_i - A_i) \right] \right],$$

wobei $x_i = R_i/R$ der in Währung i gehaltene Anteil am gesamten Reservebestand R ist und N bzw. A die Gesamtnachfrage nach bzw. das Gesamtangebot (jedoch ohne die Zinserträge aus der Anlage der Reserven) der Währung i ist.

50 Vgl. Rajasingham, I. (1991), S. 14-16.

Zweitens wirkt eine Veränderung des Reservebestands umgekehrt proportional auf die optimale Zusammensetzung der Devisenreserven.
Drittens reagieren die optimalen Währungsanteile zunehmend anfälliger gegenüber einer Veränderung der Reserven, wenn die Höhe des Reservebestands abnimmt. So müssen Länder, die in Relation zu ihren Leistungsbilanzüberschüssen oder -defiziten nur über einen geringen Bestand an Reserven verfügen, bei einer Änderung des Reservebestands größere Anpassungen vornehmen. Dagegen sind bei Ländern mit umfangreichen Reservebeständen im Verhältnis zu ihrem Ungleichgewicht in der Leistungsbilanz bei der Zusammensetzung der Devisenreserven in einem geringeren Ausmaß signifikante Veränderungen zu erwarten. Dieses interessante Ergebnis ist mit der kompensierenden Wirkung des Anlageportfolios auf das Ungleichgewicht in der Leistungsbilanz zu erklären. Denn bei einem geringen Reservebestand im Vergleich zum Leistungsbilanzungleichgewicht geht von einer Änderung der Reservezusammensetzung nur ein geringer Einfluß auf den Anlageertrag aus. Es ist deshalb eine größere Anpassung notwendig, um bei einer optimalen Zusammensetzung der Reserveanlagen die aus dem Leistungsbilanzungleichgewicht entstehende Unsicherheit auszugleichen.

Angesichts der zahlreichen Probleme, die mit der Anwendung portfoliotheoretischer Modelle für anlagepolitische Entscheidungen offizieller Währungsbehörden verbunden sind, bleibt abschließend festzuhalten: Die statischen Modelle der Portfolio-Selektion sind in der Regel wenig geeignet, eine realitätsnahe Anlageplanung von Reserveanlagen zu ermöglichen, da wesentliche Elemente eines aktiven Portfoliomanagements wie der Erwerb und die Auflösung von Reserveaktiva sowie Umschichtungen des Portfolios unberücksichtigt bleiben. So sind grundsätzlich drei Möglichkeiten denkbar, wie Zentralbanken auf Datenänderungen (Erträge, Risiken und Reservebestand) reagieren:

- Das Reserveportfolio wird vollständig an eine neue optimale Zusammensetzung angepaßt.
- Das Reserveportfolio wird nur teilweise umstrukturiert oder sehr langsam an eine neue gewünschte Zusammensetzung angepaßt.
- Es erfolgt keine Reaktion, und die alte Portfoliozusammensetzung wird beibehalten.

Besonders den letzten beiden Punkten können Zentralbanken bei ihren Portfolioentscheidungen eine große Bedeutung beimessen. Es ist deshalb zu untersuchen, ob beim Anlageverhalten von Zentralbanken eine gewisse Trägheit zu beobachten ist, die Struktur der Reserveportfolios nicht oder nur sehr langsam zu verändern.[51]

51 Vgl. hierzu die Ausführungen in Kapitel V Abschnitt 3.

Trotz der erheblichen Kritik hat die Portfoliotheorie mit dem Prinzip der Risikoverminderung durch Diversifikation einen wichtigen wissenschaftlichen Beitrag geleistet, der mit der Verleihung des Nobelpreises 1990 an Markowitz, Sharpe und Miller honoriert wurde. Falls die Gültigkeit der Prämissen des klassischen Portfoliomodells empirisch nachgewiesen werden kann, kann es als Ausgangslösung für eine erste Wahl der Zusammensetzung des Reserveportfolios dienen. Die portfoliooptimale Zusammensetzung kann ebenfalls als langfristige Strategie und als Bezugspunkt dienen, um den Erfolg des tatsächlichen Reservemanagements zu beurteilen. Bei der Strukturierung des Reserveportfolios sind jedoch weitere Faktoren hinzuzuziehen, die je nach Zentralbank eine unterschiedliche Bedeutung haben können, auf die im folgenden eingegangen werden sollen.

2. Die Bedeutung des Wechselkursregimes und der internationalen Transaktionen für das Reservemanagement

Die zwischen den optimalen und tatsächlichen Reserveanteilen klaffende Lücke deutet darauf hin, daß bei der Wahl der Zusammensetzung der Devisenreserven Risiko- und Ertragsüberlegungen durch andere Faktoren überlagert werden. Dies wirft die Frage auf, nach welchen weiteren Gesichtspunkten nationale Währungsbehörden über die Zusammensetzung ihrer Devisenreserven entscheiden. Als Anknüpfungspunkt bei der Suche nach solchen Faktoren bieten sich die verschiedenen in Kapitel II diskutierten Motive der Reservehaltung an. Wie die Diskussion dort zeigte, beruht die Funktion der Reserven nicht allein auf deren Bedeutung als Wertaufbewahrungsmittel, wie es die Theorie der Portfolio-Selektion postuliert. Devisenreserven werden gleichzeitig auch aus dem Transaktions- und dem Vorsichtsmotiv als Tausch- und Zahlungsmittel sowie als Interventionsmittel gehalten, um vorübergehende Zahlungsbilanzdefizite zu finanzieren und die Entwicklung von Wechselkursen zu beeinflussen.

Der gesamte von einer Währungsbehörde gehaltene Reservebestand kann deshalb grob in zwei Komponenten aufgeteilt werden, wobei die Diversifizierung der Reserven je nach Teilkomponente unterschiedlich ausgeprägt sein kann:[52,53]

---

52 Blackman geht in seiner Unterteilung sogar noch einen Schritt weiter und teilt das Reserveportfolio einer Zentralbank entsprechend den verschiedenen Funktionen der Währungsreserven in sechs unterschiedliche Tranchen (Gold-Tranche, politische Tranche, Liquiditäts-, Gewinnerzielungs- und Werterhaltungstranche) auf und stimmt das ganze Reservemanagement auf diese ab. Vgl. Blackman, C.N. (1981), S. 164ff.

53 Eine strikte Trennung zwischen den zweckgebundenen Interventions- und Transaktionsmitteln und den frei verfügbaren Anlagemitteln ist auch aus dem Grund zweckmäßig, um den Anlageerfolg der mit der Anlage von Devisenreserven betrauten Abteilung in einer Zentralbank richtig beurteilen zu können. Wenn beispielsweise am Ende des Bewertungszeitraums die aus der Anlage von Devisenreserven erzielten

- Die erste Tranche umfaßt die Guthaben, die unmittelbar aus dem Transaktions- und Interventionsmotiv als Transaktions- und Arbeitsguthaben ("working balances") gehalten werden. Da diese Mittel jederzeit verfügbar sein müssen, müssen diese stärker nach Liquiditätsgesichtspunkten und Transaktionskostenüberlegungen strukturiert werden.
- Die zweite Tranche umfaßt die Guthaben, über die die Währungsbehörden frei disponieren können. Diese stehen für eine nach den Kriterien Ertrag und Risiko orientierte Anlagepolitik zur Verfügung und können längerfristig so strukturiert werden, daß deren Zusammensetzung der mit Hilfe eines portfoliotheoretischen Modells ermittelten Struktur möglichst nahe kommt.[54]

Je größer der Anteil der Reserven ist, den ein Land innerhalb seines Gesamtportfolios aus Transaktionsbedürfnissen hält, desto mehr muß von einer Währung entsprechend dieser Bedürfnisse im Reserveportfolio gehalten werden. Für eine allein nach ertragsorientierten und portfoliotheoretischen Gesichtspunkten strukturierte Anlagepolitik stehen somit weniger Mittel zur Verfügung.
Länder, die dagegen im Verhältnis zu ihren Transaktionsbedürfnissen über umfangreiche Bestände an frei disponierbaren Mitteln verfügen, haben grundsätzlich einen größeren Handlungsspielraum, um ihre Währungsbestände unabhängig von Transaktionsüberlegungen nach Risiko- und Ertragsgesichtspunkten zu diversifizieren.[55]
Wenn die Zusammensetzung der Devisenreserven besonders vom Transaktionsbedarf der einzelnen Notenbanken abhängt, wirft dies zwangsläufig die Frage auf, was den Transaktionsbedarf bestimmt und welche Faktoren die Nachfrage nach einer Reservewährung bestimmen.
Einen Aufschluß gibt die umfangreiche Literatur von theoretischen und empirischen Untersuchungen, die sich besonders seit den 50er Jahren intensiv mit der Nachfrage von Zentralbanken nach Reserven und der Ermittlung einer "optimalen"

Erträge sehr gering ausfallen, weil aufgrund von Interventionen Reserveguthaben vorzeitig aufgelöst werden mußten, kann dies nicht einer ungeschickten Anlagepolitik der Reservemanager angelastet werden.

54 Vgl. Clark, P. (1988), S. 12; Rajasingham, I. (1991), S. 22.

55 Diesem größeren Spielraum steht allerdings auch ein erhöhtes Gefahrenpotential gegenüber. Denn wird ein größerer Bestand an Mitteln nach ertragsorientierten Gesichtspunkten verwaltet und ist es das Ziel, bei einer angemessenen Ertragsentwicklung den Vermögenswert zu erhalten, so nehmen auch die potentiellen Einflüsse des Landes auf die Entwicklung der Wechselkurse und auf das Gefüge an den Anlagemärkten zu, wenn umfangreiche Reservebestände kurzfristig von einer Währung in eine andere umgeschichtet werden. Diese aus der Reservediversifizierung resultierenden Probleme werden im nachfolgenden Kapitel 3 näher untersucht.

Höhe des Reservebestands beschäftigen.[56] Im Rahmen dieser Untersuchungen wurde eine Reihe von Determinanten herausgefiltert, die jenseits von Risikoüberlegungen bei der Nachfrage nach Reserven bedeutsam sind und für die Zusammensetzung der Reserveportfolios Anhaltspunkte liefern. Obwohl die Beziehungen zwischen den einzelnen Faktoren und der Reservenachfrage theoretisch und empirisch nicht immer eindeutig verifizierbar sind, scheinen insbesondere zwischen der Reservenachfrage und dem jeweiligen Wechselkursregime eines Landes, dem Offenheitsgrad und der wirtschaftlichen Größe eines Landes, der Variabilität der Zahlungsbilanzsalden und der damit verbundenen Zahlungsströme sowie den (Opportunitäts-) Kosten der Reservehaltung enge Bindungen zu bestehen. Insbesondere wurde festgestellt, daß die Nachfrage nach Reserven umso größer ist,

- je starrer das praktizierte Wechselkursregime des Landes ist;
- je geringer die Flexibilität und Bereitschaft des Landes sind, sich an Zahlungsbilanzstörungen anzupassen;
- je größer die Importabhängigkeit des Landes ist;
- je größer die Variabilität der in der Zahlungsbilanz erfaßten Salden und die damit verbundenen Zahlungsströme sind;
- je geringer die Zugriffsmöglichkeiten auf "geliehene" Reserven und andere Reservesubstitute (wie z.B. IWF-Kreditfazilitäten) sind und
- je abwertungsbelasteter die Währung des Landes ist.[57]

Da mit dem Transaktionsbedarf nach Reserven auch die Nachfrage nach einzelnen Reservewährungen zunimmt, können bei der Wahl der Zusammensetzung der Devisenreserven die gleichen Kriterien eine Rolle spielen, die bei der Nachfrage nach einer bestimmten Reservehöhe bedeutsam sind.

Das Wechselkursregime und die Handels- und Finanzbeziehungen eines Landes zum Ausland bestimmen entscheidend die Nachfrage nach einer Reservewährung. So ist zu erwarten, daß ein Land,

- das seine Währung an eine andere Währung gebunden hat,
- dessen Außenhandel zu einem großen Teil in dieser Währung abgewickelt wird und
- dessen Auslandsschulden überwiegend in dieser Währung denominiert sind, seine Reserven vorwiegend in dieser Währung halten wird.[58]

---

56 Ein Überblick zur Literatur über die Nachfrage nach Reserven ist zu finden bei: Clower, R.W. und R.G. Lipsey (1968); Niehans, J. (1970), Grubel, H.G. (1971), Williamson, J. (1973) und Cohen, B.J. (1973).

57 Eine kurze Zusammenfassung über diese Beziehungen geben: Roger, S. (1993), S. 15ff; Lehto, T. (1994), S. 26ff.

58 Vgl. hierzu insbesondere die Arbeiten von: Heller, H.R. und M. Knight (1978b); Dooley M.P., Lizondo J.S. und D.J. Mathieson (1989). Zum Einfluß der Auslandsverschuldung vgl. Gawronski, P.G. (1990); Claessens, S. (1992) und Sørensen, Niels Erik (1994).

Der in der Literatur zu findende Transaktionsansatz zur Erklärung der Zusammensetzung von Devisenreserven geht davon aus, daß Devisenreserven aus dem Vorsichtsmotiv zur vorübergehenden Finanzierung eines Wechselkurszieles und des damit verbundenen Zahlungsbilanzungleichgewichts gehalten werden. Die mit dem internationalen Leistungs- und Kapitalverkehr verbundene Devisennachfrage und das Devisenangebot werden über den Wechselkurs am Devisenmarkt zum Ausgleich gebracht. Verfolgt eine Zentralbank ein bestimmtes Wechselkursziel, muß sie das aus den internationalen Transaktionen resultierende Überschußangebot am Devisenmarkt abschöpfen oder die Überschußnachfrage befriedigen. Wird die zur Befriedigung der Devisenmarkttransaktionen erforderliche Währung nicht oder nicht in einem ausreichenden Umfang im Reserveportfolio gehalten, muß die Zentralbank die notwendigen Mittel anderweitig beschaffen. Dies kann entweder dadurch geschehen, daß vorhandene Reserveguthaben aufgelöst und in die erforderliche Transaktionswährung getauscht werden oder indem die erforderlichen Mittel auf Kredit beschafft werden. In beiden Fällen fallen Transaktionskosten in Form von Umwandlungskosten und Kosten aus der Kreditaufnahme an.[59]
Beschränken sich nationale Währungsbehörden bei ihrer Reservehaltung auf die Währungen, die auch am Devisenmarkt am häufigsten als internationale Transaktions- und Zahlungsmittel verwendet werden, lassen sich die Devisenreserven sofort und ohne vorherigen Umtausch in ein anderes Transaktionsmedium direkt zur Erfüllung der Zahlungsverpflichtungen des Landes an das Ausland und bei den Interventionen am Devisenmarkt einsetzen. Abgesehen von der Transaktionskostenersparnis lassen sich übermäßige Portfolioanpassungen innerhalb der Reserven vermeiden. Stimmt darüber hinaus die Zusammensetzung der Devisenreserven mit der Struktur der Auslandszahlungen überein, bietet eine derartige Anlagestrategie zumindest eine nominale Werterhaltung von Reserven.
Eine Zwischenanlage von Reserven in einer Währung, die nicht direkt als Transaktionsmedium einsetzbar ist, ist deshalb nur dann sinnvoll, wenn die aus der Anlage zu erzielenden Erträge die eventuell entstehenden Umwandlungskosten übersteigen und die ausgewählten Reserveaktiva einen möglichst hohen Grad an Marktgängigkeit aufweisen. Die letzte Bedingung gestattet, daß die Anlagen jederzeit schnell liquidierbar sind und für Zahlungen an das Ausland zur Verfügung stehen.

Aus Gründen der Transaktionskostenersparnis und der Unsicherheiten über den zukünftigen Bedarf an einzelnen Währungen ist es zweckmäßig, wenn Währungsbehörden ihre Reservehaltung möglichst auf die Währungen konzentrieren,

- die auch von den privaten Wirtschaftssubjekten am häufigsten als internationales Transaktions- und Zahlungsmedium bei allen direkten und in-

59 Vgl. Dooley, M.P., J.S. Lizondo und D.J. Mathieson (1989), S. 395.

direkten Tauschoperationen im Rahmen der grenzüberschreitenden Güter- und Kapitaltransaktionen des Landes verwendet werden;
- die bei ihrer Verwendung vom Markt oder anderen Zentralbanken ohne Abschlag international und jederzeit akzeptiert werden, so daß sie problemlos verkauft und in ein anderes Medium umgetauscht werden können und
- die im Rahmen des Wechselkursmanagements besonders gut als Interventionswährung geeignet sind.[60]

Nach dem Transaktionsansatz ist es sinnvoll, die Reservebestände möglichst in wenigen Währungen und im Extremfall sogar nur in einer wichtigen international verwendeten Währung zu konzentrieren, die an den Devisenmärkten die Funktion des Vehikels erfüllt.[61] Tatsächlich läßt sich beobachten, daß an den internationalen Devisenmärkten nahezu alle Währungen gegen den US-Dollar als Vehikelwährung gehandelt werden, ansonsten aber für die meisten Währungen nur enge oder gar keine bilateralen Devisenmärkte bestehen (vgl. Tabelle 32).

2.1 Die abnehmende Bedeutung des US-Dollar als internationale Transaktionswährung im Außenhandel und an den Devisenmärkten

Die zunehmende Diversifizierung von Devisenreserven aus dem Dollar in andere Währungen wäre demnach mit einer abnehmenden Bedeutung des Dollar als internationales Transaktionsmedium zu erklären.
Tatsächlich deuten verschiedene Indikatoren darauf hin, daß die relative Bedeutung der D-Mark und eingeschränkt auch die des Yen als internationale Transaktionswährung im Außenhandel und an den Finanzmärkten gewachsen ist. So ergibt sich eine tendenzielle Verminderung der Reservewährungsrolle des Dollar aus dem schrumpfenden Anteil der USA am Welthandel (vgl. Tabelle 31).
Allerdings ist nach diesem Kriterium die Bedeutung des Yen als Reservewährung im Vergleich zur Stellung Japans im Welthandel überraschend gering. Der Anteil eines Reservewährungslandes am Welthandel gemessen an den Exporten ist nur sehr eingeschränkt ein Indikator, um die Zahlungsstruktur und die relative Bedeutung einer Währung als internationales Transaktionsmedium abzuschätzen. Für die Nachfrage nach internationalen Transaktionsmitteln im Außenhandel ist die tatsächlich bei der Rechnungsstellung zugrundegelegte Fakturierungswährung aussagekräftiger.

---

60 Vgl. Mayer, J. (1989), S. 111 und Mayer, G. (1992), S. 160.
61 Vgl. Klump, R. (1986), S. 74f; vgl. Mayer, J. (1990), S. 151.

Die verfügbaren Daten über die Verwendung der D-Mark und des Yen bei der Fakturierung der Ein- und Ausfuhren Deutschlands und Japans zeigen ein uneinheitliches Bild.

Tabelle 31: Anteil wichtiger Reservewährungsländer an den Weltexporten 1960 - 1994 (in Prozent)

Jahr	USA	D	Jap.	GB	F	CH
1960	17,1	9,5	3,4	8,8	5,7	1,5
1965	15,9	10,3	4,9	8,0	5,9	1,7
1970	14,9	11,8	6,6	6,7	6,2	1,7
1975	13,2	11,0	6,8	5,3	6,5	1,6
1980	11,7	10,2	6,9	5,8	6,1	1,6
1985	11,9	10,2	9,9	5,6	5,6	1,5
1986	10,9	12,2	10,6	5,4	6,3	1,9
1987	10,8	12,5	9,8	5,6	6,3	1,9
1988	12,0	12,0	9,8	5,4	6,2	1,9
1989	12,5	11,7	9,4	5,2	6,2	1,8
1990	11,5	12,0	8,4	5,4	6,3	1,9
1991	11,9	11,4	8,9	5,2	6,1	1,7
1992	11,9	11,2	9,0	5,1	6,3	1,6
1993	12,3	10,1	9,6	4,8	5,6	1,6
1994	11,9	9,9	8,8	4,7	5,5	1,5

Quelle: IMF, International Financial Statistics, Supplement on Trade Statistics, No. 15, Washington, D.C. 1988, S. 132f; IMF, International Financial Statistics, versch. Ausgaben; eigene Berechnungen.

Die D-Mark ist weltweit die zweitwichtigste internationale Transaktionswährung im Außenhandel und wird besonders innerhalb Europas seit Anfang der achtziger Jahre zunehmend als Fakturierungswährung verwendet.[62] So werden von den

62 Einen Aufschluß über die internationalen Fakturierungsgewohnheiten von Ex- und Importeuren geben einige wenige, seit Anfang der siebziger Jahre vorliegende empirische Untersuchungen. Vgl. hierzu: Grassman, S. (1973a, 1973b und 1976); Page, S.M.B. (1977 und 1981); Scharrer, H.-E. (1981); Scharrer, H.-E., Gehrmann, D. und W. Wetter (1978). Nach Schätzungen von Page wurden im Jahr 1979 über 54,8% des Welthandels in US-Dollar, etwa 14% in D-Mark, 7,5% in Pfund Sterling, 2,1% in Schweizer Franken und 2,3% in Yen fakturiert. Vgl. Page, S.M.B. (1981), S. 61. Zur Entwicklung des Pfund Sterling, dessen Anteil nach dem II. Weltkrieg bei etwa 50% und Ende der sechziger Jahre noch bei 20% lag vgl. Cohen, B.J. (1971), S. 70ff und 318f; Klump, R. (1989), S. 378.

deutschen Exporten und Importen drei Viertel bzw. gut die Hälfte in D-Mark fakturiert, das entspricht rund 14% des Welthandels (vgl. Tabelle A17).[63]
Die Verwendung der D-Mark als Fakturierungswährung beschränkt sich im wesentlichen auf den deutschen Außenhandel (Exporte und Importe) und konzentriert sich sehr stark auf Europa.[64] So entfallen über die Hälfte der deutschen Exporte auf europäische Länder, die zu 80 Prozent in D-Mark fakturiert werden (vgl. Tabelle A18). Im Gegensatz zum US-Dollar wird die D-Mark als internationale Fakturierungswährung im Handel zwischen Drittländern nur in sehr begrenztem Umfang verwendet.[65] So deuten die wenigen verfügbaren Informationen darauf hin, daß im Dritthandel europäischer Staaten nur rund 1-2% in D-Mark abgewickelt werden. Der DM-Anteil im Außenhandel osteuropäischer Länder dürfte jedoch wesentlich höher liegen.[66] Nach Angaben der Bundesbank übersteigt jedoch die ausländische DM-Fakturierung nur selten den sich aus dem Außenhandel mit der Bundesrepublik ergebenden Anteil. Insgesamt dürfte deshalb kaum mehr als die genannten 14% des Welthandels in D-Mark abgewickelt werden.[67]
Die gegenwärtige Bedeutung der D-Mark als zweitwichtigste Reservewährung nach dem Dollar kann mit der zunehmenden Verwendung der D-Mark als Transaktionswährung im Außenhandel nur bedingt erklärt werden.[68]
In noch geringerem Maße trifft dies für den japanischen Yen zu. Ähnlich wie die D-Mark hat zwar auch die Verwendung des Yen als Fakturierungswährung seit Anfang der achtziger Jahre erheblich zugenommen (vgl. Tabelle A19). Trotz der herausragenden Stellung Japans als Exporteur von Gütern und Dienstleistungen blieb die Reserverolle des Yen begrenzt. So nahm der Anteil der in Yen denominierten Exporte Japans von 17,5% im Jahr 1975 auf 40,5% im Jahr 1983 zu, er betrug in der zweiten Hälfte der achtziger Jahre aber nur etwa 35 Prozent. Noch deutlicher tritt die sehr begrenzte Bedeutung des Yen als internationales

---

63 Vgl. Deutsche Bundesbank (1991c), S. 40ff.

64 So wickelten im Jahr 1983 Frankreich über 10%, die Niederlande, Italien und Belgien jeweils ca. 20% und Österreich rund ein Viertel ihrer Exporte in D-Mark ab. Bei Italien übertraf der DM-Fakturierungsanteil sogar den Anteil der Exporte in die Bundesrepublik. Vgl. Commerzbank (1984), S. 4. Black schätzt den in D-Mark fakturierten Anteil der Exporte Frankreichs und Italiens im Jahr 1987 auf 10% bzw. 17%. Vgl. Black, S. (1989), S. 20.

65 Page schätzt die Verwendung des Dollar im Drittlandshandel auf 32% an der gesamten Fakturierungsquote des Dollar im Welthandel. Ein Großteil hiervon - etwa zwei Drittel - ist darauf zurückzuführen, daß Entwicklungsländer im Außenhandel oft den Dollar verwenden. Denn ihre Währungen sind zumeist inkonvertibel und damit international wenig attraktiv. Darüber hinaus exportieren sie überwiegend Rohstoffe und Agrarprodukte, die hauptsächlich in Dollar fakturiert werden. Page, S.M.B. (1981), S. 61.

66 Vgl. Feldsieper, M. und P.T. Terres (1992), S. 197.

67 Vgl. Deutsche Bundesbank (1990a), S. 42; Deutsche Bundesbank (1991c), S. 40.

68 Vgl. auch: Deutsche Bundesbank (1990a), S. 42.

Zahlungsmittel im Handel zum Vorschein, wenn man die Einfuhrseite betrachtet. Hier nahm der Yen-Anteil von weniger als 1% im Jahr 1975 bis auf über 14% im Jahr 1990 stetig zu (vgl. Tabelle A19).[69] Damit blieb er aber immer noch weit hinter dem Anteil der Importe zurück, die in den USA (85%) und in den wichtigsten europäischen Ländern (27% bis 52%) gegen Ende der achtziger Jahre in lokaler Währung denominiert wurden.[70]
Auf regionaler Ebene betrachtet spielt der Yen in Südostasien eindeutig eine größere Rolle (vgl. Tabelle A20). So wurden in den Jahren 1993-94 über 50% der japanischen Exporte in Länder Südostasiens, aber nur 23-30% der japanischen Importe aus diesen Ländern in Yen fakturiert. Obwohl die in Yen denominierten Importe aus dem südostasiatischen Raum zwischen 1983 und 1994 von 2,0% bis auf 30% beträchtlich zugenommen haben, nimmt der Yen keine vergleichbare Schlüsselrolle im asiatischen Handel ein wie die D-Mark in Europa.[71]
Allerdings zeigen die Zahlungsgewohnheiten Japans im Außenhandel mit den benachbarten Ländern und deren offizielle Reservebestände, daß eine Yen-Zone noch nicht im Entstehen begriffen ist.[72]

Ein weiterer Indikator für die relative Verwendung einer Währung als internationales Transaktions- und Zahlungsmittel im Güter- und Kapitalverkehr ist das an den Devisenmärkten umgesetzte Volumen in dieser Währung. Dieser Indikator ist besonders geeignet, um den Einfluß der internationalen Verwendung einer Währung auf das Portfoliomanagement von Zentralbanken zu untersuchen. Einerseits übt die an den Devisenmärkten vorzufindende Tauschstruktur einen wesentlichen Einfluß auf die Wahl der Interventionswährung und damit die Zusammensetzung des Reserveportfolios offizieller Währungsbehörden aus. Andererseits übertifft das weltweite Transaktionsvolumen an den Devisenmärkten den Wertumfang des internationalen Handels in Gütern und Dienstleistungen um ein Vielfaches.[73]

---

69 Der hohe Dollar-Anteil bei der Fakturierung der japanischen Einfuhren hängt mit der besonderen Güterstruktur der japanischen Importe zusammen. Bis Mitte der achtziger Jahre wies Japan eine Importstruktur wie ein Entwicklungsland auf. Der Anteil verarbeiteter Produkte ist gering und über die Hälfte der japanischen Einfuhren bestand aus Gütern der SITC-Gruppen 0-3 (hauptsächlich Rohstoffe), die traditionell in Dollar oder Pfund Sterling abgewickelt werden. Vgl. hierzu auch: Osugi, K. (1990), S. 49; Hasse, R., B. Hepperle und S. Wolf (1993), S. 22ff und insbesondere S. 31-33.

70 Vgl. Tavlas, G.S. und Y. Ozeki (1992), S. 32.

71 Vgl. Tavlas, G.S. und Y. Ozeki (1991), S. 4; IFO Schnelldienst (1996), S. 15.

72 Zur Reservehaltung asiatischer Länder vgl. Tabelle 17 und Tavlas, G.S. und Y. Ozeki (1992), S. 40; IFO Schnelldienst (1996), S. 18f.

73 Nach den Schätzungen der BIZ belief sich der weltweite durchschnittliche Tagesumsatz an den Devisenmärkten bereinigt um Doppelzählungen im April 1992 auf US-$ 880 Mrd. und im April 1995 auf US-$ 1.230 Mrd. Vgl. Bank for International Settlements (1993a), S. 6; Bank for International Settlements (1995), S. 1. Im Jahr 1989 wurden die weltweiten Tagesumsätze auf 620 Mrd. US-$ geschätzt, was damals in etwa dem

Tabelle 32: Struktur des internationalen Devisenhandels nach der Verwendung ausgewählter Währungen auf einer Seite der Transaktion (in Prozent der gesamten Bruttodevisenmarktumsätze, durchschnittlicher Tagesumsatz im April 1989, April 1992 und April 1995)[1]

Währung	April 1989	April 1992	April 1995
US-Dollar	90	82	83
D-Mark[2]	27	40	37
Yen	27	23	24
Pfund Sterling	15	14	10
Franz. Franc	2	4	8
Schweiz. Franken	10	9	7
Kanad. Dollar	1	3	3
ECU	1	3	2
Austral. Dollar	2	2	3
andere EWS-Währungen		9	13
Währungen anderer berichtender Länder	3	3	2
andere Währungen	19	8	8
alle Währungen[3]	200	200	200

1 Beruht auf Angaben von 21 Ländern für 1989 und von 26 Ländern für 1992 bzw. 1995. Angaben für 1989 und Angaben für Finnland im Jahr 1992 einschließlich Optionen und Futures. Angaben für 1989 schließen nur den lokalen Devisenhandel ein außer für den US-Dollar, die D-Mark, den Yen, das Pfund Sterling, den Schweizer Franken und die ECU.

2 Ohne den Inlandshandel in D-Mark in Deutschland.

3 Da im Devisenhandel jeweils zwei Währungen gegeneinander gehandelt werden, summieren sich die Prozentangaben auf 200 Prozent.

Quelle: Bank for International Settlements (1995), dort Tabelle 2.

Die Zusammensetzung der Devisenumsätze nach Währungen (vgl. Tabelle 32) zeigt, daß der US-Dollar weiterhin die am meisten gehandelte Transaktionswährung an den Devisenmärkten ist und aus diesem Grund von den meisten Währungsbehörden unabhängig von ihrem jeweiligen Wechselkurssystem und der Außenhandelsstruktur des Landes als Interventionswährung gehalten wird. Nach den Erhebungen über die Devisenhandelsumsätze, die von Notenbanken in 26 Industrieländern und Finanzzentren für April 1992 und April 1995 durchgeführt wurden, war der US-Dollar bei über 80% der identifizierten Bruttoumsätze und im

---

Vierzigfachen des durchschnittlichen Tageswertes des Welthandels entsprach. Vgl. Turner, P. (1991), S. 9f.

April 1992 bei 7 der 10 am häufigsten gehandelten Währungspaare auf einer der beiden Seiten beteiligt (vgl. Tabellen 32 und A21). Gegenüber der für April 1989 durchgeführten Erhebung ist der Anteil des US-Dollar an den identifizierten Bruttotransaktionen aber von 90% auf 83% im April 1995 gesunken und lag damit etwas über dem Anteil vom April 1992.

Die zweitwichtigste Währung im internationalen Devisenhandel ist die D-Mark. Bei 37% aller Bruttoumsätze fungierte die D-Mark auf einer der beiden Handelsseiten als Kontraktwährung und war im April 1992 bei 4 der 10 am häufigsten gehandelten Währungspaare beteiligt (vgl. Tabellen 32 und A21). Darüber hinaus wird die D-Mark immer stärker unmittelbar und somit ohne Zwischenschaltung des Dollar als Vehikel gegen andere Währungen getauscht. Diese Handelsgeschäfte konzentrieren sich aber eindeutig auf den europäischen Währungsraum.[74] Die gewachsene Bedeutung der D-Mark als Vehikelwährung hat dazu geführt, daß europäische Zentralbanken ihre Reservebestände in D-Mark weiter ausgebaut haben und die deutsche Währung zunehmend als Interventionswährung wählen. Aber auch außerhalb Europas wurde in den letzten Jahren neben dem US-Dollar die D-Mark von Zentralbanken als Interventionswährung stärker eingesetzt. So ist die D-Mark neben dem Yen eine der beiden Währungen, in der die amerikanischen Währungsbehörden heute überwiegend intervenieren. In den achtziger Jahren entfielen mehr als die Hälfte der amerikanischen Devisenmarktinterventionen auf die DM, obwohl ihr Anteil gegenüber dem Yen zurückging.[75]

Die drittwichtigste Währung im internationalen Devisenhandel ist der japanische Yen, der bei 24% aller Transaktionen auf einer der beiden Handelsseiten und bei

---

74 So berichteten insbesondere Großbritannien, die skandinavischen Länder, Irland, Italien und Frankreich über einen überdurchschnittlichen Zuwachs beim Handel zwischen den nationalen Währungen und der D-Mark zwischen 1989 und 1992. In einigen europäischen Ländern, die über relativ kleine bis mittelgroße Märkte verfügen, wie z.B. Luxemburg, Irland, Österreich und Portugal, übersteigt der Handel zwischen der jeweiligen nationalen Währung und der D-Mark unterdessen sogar das Transaktionsvolumen gegenüber dem Dollar. Vgl. BIS (1993a), Tabelle 2-D. In Österreich und Luxemburg hatte die D-Mark mit jeweils 55% und in Portugal mit sogar 65% einen beträchtlichen Marktanteil erlangt. In Schweden, den Niederlanden, Italien und Spanien nahm der Handel der nationalen Währungen gegenüber der D-Mark rund 50% der entsprechenden Transaktionen gegenüber dem Dollar-Handel ein. Auch in Großbritannien und der Schweiz mit sehr aktiven Devisenmärkten wurde die D-Mark in zunehmendem Maß gegen die nationalen Währungen gehandelt. Zwar war hier der Anteil geringer als der vergleichbarer Transaktionen gegenüber dem US-Dollar, aber immer noch von größerer Bedeutung als in Japan. Aber auch außerhalb Europas wie z.B. in den USA hatte die deutsche Währung im April 1992 einen Marktanteil von knapp 38% erreicht. Auf den fernöstlichen Devisenmärkten wurde sie hingegen nicht so intensiv gehandelt. Angaben für 1995 liegen noch nicht vor.

75 Vgl. Tavlas, G.S. (1991), S. 28f.

2 der 10 am meisten gehandelten Währungspaare im Jahr 1992 beteiligt war (vgl. Tabellen 32 und Tabelle A21). Bei den Transaktionen mit derivativen Instrumenten nehmen allerdings die Yen-Transaktionen insbesondere an den Swap-Märkten relativ wie auch absolut einen wesentlich größeren Umfang ein als die Transaktionen in D-Mark. Im Gegensatz zur deutschen Währung ist der Devisenhandel in Yen sehr stark auf Japan fixiert, da die japanische Währung an Drittmärkten kaum verwendet wird und auch beim unmittelbaren Tausch gegen andere Nichtdollarwährungen nur eine geringe Rolle spielt.[76] Dies erklärt auch, warum der Yen, abgesehen von den amerikanischen Währungsbehörden und anderen Zentralbanken der Siebenergruppe, als Interventionswährung nur eine geringe Bedeutung hat.

Andere Währungen wie das Pfund Sterling, der Schweizer Franken, der französische Franc oder der kanadische und australische Dollar sowie die ECU haben bis heute keine vergleichsweise Bedeutung an den internationalen Devisenmärkten und damit als Reservewährungen.

2.2 Wechselkursregime als Determinante für die Zusammensetzung des Reserveportfolios

2.2.1 Die Veränderung der Wechselkursregime und Reservediversifizierung

Eine der wichtigsten Einflußgrößen auf die Nachfrage von Zentralbanken nach Reservewährungen und damit auf die Zusammensetzung der Devisenreserven ist das jeweils praktizierte Wechselkursregime eines Landes. Das Wechselkursregime bestimmt das Interventionsverhalten der Währungsbehörden und die Entscheidung, welche Währung als Interventionsmittel gehalten wird.

Die These, daß ein Land den überwiegenden Teil seiner Devisenreserven in der Währung hält, an die es seine Währung gebunden hat oder die in dem als monetären Anker gewählten Währungskorb mit einem besonders hohen Gewicht enthalten ist, läßt sich sowohl mit Kostengesichtspunkten als auch mit absicherungspolitischen und Glaubwürdigkeitsgründen erklären.

Da Zentralbanken in der Regel gegenüber der Währung intervenieren, an die die eigene gebunden wurde, lassen sich die beim Tausch von einer Nicht-Interventionswährung in die Interventionswährung anfallenden Kosten einsparen, wenn die Reserven überwiegend in Interventionswährung und disponibel für Interventionszwecke gehalten werden. Strebt eine Zentralbank das Ziel der Werter-

76 Im April 1992 war bei 36% aller Yen-Devisengeschäfte eine der beiden Kontraktparteien direkt in Japan angesiedelt. Im Vergleich hierzu war dies bei der D-Mark nur bei 10% der Fall. Vgl. BIS (1993a), Tabelle 2-A.

haltung ihres Reservebestands an, kann sie das mit der Reservehaltung verbundene Wechselkursrisiko begrenzen, wenn sie ihre Devisenreserven vor allem in der Bindungswährung hält.[77] Dementsprechend können bei einem Währungskorb als wechselkurspolitische Option die Reserveanlagen entsprechend den Gewichten des Korbs auf die verschiedenen Währungen aufgeteilt werden.[78] Aus Glaubwürdigkeitsgründen ist es schließlich zweckmäßig, die als Referenzgröße gewählte Währung als Hauptreservemedium zu halten, um nach außen hin zu demonstrieren, daß die Währungsbehörden jederzeit bereit sind, das gewählte Wechselkurssystem beizubehalten und zu verteidigen.[79]

Wie die Untersuchungen von Heller und Knight sowie von Dooley, Lizondo und Mathieson zeigten, besteht zwischen der Zusammensetzung der Devisenreserven und dem Wechselkursregime tatsächlich ein sehr enger Zusammenhang. Die im Jahr 1978 von Heller und Knight vorgelegte Studie analysiert die Reservehaltung von 76 IWF-Mitgliedsländern für den Zeitraum zwischen Ende 1970 und Ende

---

77 Vgl. auch Ben-Bassat, A. (1984) S. 20.

78 Bei dieser anlagepolitischen Empfehlung ist allerdings auf zwei Einschränkungen hinzuweisen: Erstens garantiert eine derartige Anlagestrategie nur eine nominale Kapitalwertsicherheit. Der Wert und der Ertrag einer Fremdwährungsanlage hängt aber von weiteren Risikofaktoren wie Zinsänderungs- und Inflationsrisiken ab. Aus ökonomischer Sicht interessiert oftmals, was mit einem gegebenen Vermögen in Zukunft konsumiert werden kann, also der Kapitalwert in realen Einheiten. In diesem Fall ist nicht die Währung, an die eine Währung formell gebunden wurde, das korrekte Numéraire, sondern vielmehr die Währung, in der die vom Land konsumierten Güter fakturiert werden. Ist man deshalb an den realen Erträgen des Anlageportfolios interessiert, so kann sich die Wahl des Numéraires gegenüber dem die heimische Währung unter dem gegebenen Regime stabilisiert wird, erheblich von der Wahl des Preisdeflators, mit dem die realen Ertragsraten der Portfolioanlagen berechnet und die Kaufkraft der Reserven gemessen werden, unterscheiden. Natürlich können das Numéraire und der Preisdeflator auch in einem engen Zusammenhang zueinander stehen. So orientiert sich die Gewichtung eines Währungskorbes, der als monetärer Anker gewählt wird, häufig an der Außenhandelsstruktur des Landes, die aber nicht zwingend mit der Fakturierungsstruktur übereinstimmt. Vgl. hierzu auch die Ausführungen bei: Heller, H.R. und M. Knight, (1978b), S. 12; Ben-Bassat, A. (1984), S. 20.
Zweitens bietet nicht jedes Land eine geeignete Reservewährung oder in ausreichendem Maße Reserveanlagen an. Besonders deutlich wird dies bei einer Bindung an einen standardisierten Korb. So stehen weder beim SZR noch bei der ECU bisher in einem ausreichenden Maße geeignete Reserveaktiva zur Verfügung. Diversifiziert die Zentralbank deshalb beispielsweise ihren Reservebestand gemäß der im ECU enthaltenen Währungsanteile, so sind von den europäischen Währungen allenfalls die D-Mark und mit Einschränkungen der französische Franc und der niederländische Gulden als Reserveanlagen geeignet.

79 Zu den Glaubwürdigkeitsproblemen, wenn eine Zentralbank eine andere Währung als Interventionswährung verwendet als diejenige, an die ein Land seinen Wechselkurs angebunden hat, vgl. Racine, J. (1988), S. 7; Bingham, T.R.G. (1992), S. 16.

1976 und weist für 69 Länder die Reservestruktur nach unterschiedlichen Wechselkursregimen aus (vgl. Tabelle 33).[80]
Die in der Stichprobe erfaßten Länder, die ihren Wechselkurs gegenüber dem US-Dollar stabilisierten, hielten einen sehr hohen Anteil ihrer Devisenreserven in Dollar, wobei dieser Anteil zwischen 1970 und 1976 nahezu unverändert blieb. Bei den anderen Währungen ergaben sich dagegen erhebliche Strukturverschiebungen, da in erheblichem Umfang Reservebestände in D-Mark aber auch in anderen Währungen aufgebaut wurden. Dies führte dazu, daß sich der relative Anteil der Reserveanlagen in Pfund Sterling stark verringerte, obwohl deren Umfang fast konstant blieb.
Besonders interessant ist die Entwicklung bei den Ländern, die ihren Wechselkurs an das britische Pfund gebunden hatten. Betrachtet man hier die Strukturverschiebungen, so kann ein Zusammenhang zwischen dem Wechselkursregime und der Reservestruktur nicht bestätigt werden. Denn obwohl diese Länder den Wechselkurs ihrer Währungen gegenüber dem Pfund stabilisierten, bauten sie zwischen 1970 und 1976 sowohl absolut als auch relativ ihre Sterling-Guthaben sehr stark ab. Trotz der wechselkurspolitischen Zielgröße wurde Ende 1976 der überwiegende Teil der Reserven nicht mehr in der Referenzwährung gehalten. Stattdessen wurden die Devisenreserven in andere Währungen diversifiziert, wobei vor allem Bestände in Dollar und D-Mark angesammelt wurden, die ebenfalls als Interventionsmedien besonders gut geeignet sind.
Viele Länder, die ehemals den Wechselkurs ihrer Währungen an das Pfund Sterling angebunden hatten, sind zu einer Bindung an das SZR oder einen selbst konstruierten Währungskorb übergegangen. Dies erklärt auch den hohen Anteil von 37,5%, der Ende 1970 von den Ländern, die ihren Wechselkurs gegenüber einem Währungskorb stabilisierten, noch in Pfund Sterling gehalten wurde. Die Korbanbinder haben bis Ende 1976 ihre Reserven fast vollständig aus dem Pfund Sterling (1,7 Prozent) in den Dollar und in einem geringeren Maße auch in die D-Mark und andere Währungen diversifiziert. Da die Korbanbinder den Umfang ihrer Reserven gleichzeitig kräftig aufstockten, wurde auch hier vor allem beim Zuwachs diversifiziert.
Von der insgesamt 76 Länder umfassenden Stichprobe, verfolgten lediglich 11 Länder ein unabhängiges Floating. Zusammen hielten diese aber rund 40 Prozent der gesamten Devisenreserven. Die Floater hielten den überwiegenden Teil ihrer

80 Vgl. Heller H.R. und Knight, M. (1978b), S. 4ff; Heller H.R. und Knight, M. (1978a). Ende 1970 hielten die in der Stichprobe erfaßten 76 Länder über 75% und Ende 1976 rund 61% der weltweit gehaltenen offiziellen Devisenreserven, so daß das Datenmaterial ein relativ gutes Bild über den Einfluß des Wechselkursregimes auf die Portfolioentscheidungen der Währungsbehörden vermittelt. Allerdings müssen die Ergebnisse unter Vorbehalt interpretiert werden, da die Zusammensetzung des Berichtskreises schwankte und dieser nur bei 53 Ländern konstant geblieben ist.

Devisenreserven in US-Dollar, wobei allerdings dessen Anteil von etwas über 90 Prozent Ende 1970 bis auf 74,2 Prozent Ende 1976 relativ stetig abnahm.

Tabelle 33: Währungsstruktur der Devisenreserven in Abhängigkeit vom Wechselkursregime (jeweils zum Periodenende, in Prozent)[1]

Wechselkursregime	Anzahl der erfaßten Länder	US-$	DM	Pfund	sonstige Währungen[2]
Einzelfloater	11				
1970		90,3	3,2	2,0	4,5
1976		74,2	8,2	2,5	15,1
1977		84,6	4,9	1,1	9,4
1980		79,0	11,0	1,0	9,0
Teilnehmer am Europäischen Wechselkursverbund	6				
1970		91,7	0,3	0,1	7,9
1976		97,7	1,3	0,02	1,0
1977		94,7	1,3	0,03	4,0
1980		86,0	7,0	1,0	6,0
Wechselkursanbindung an den US-Dollar	27				
1970		86,3	0,8	6,3	6,5
1976		84,6	5,2	1,4	8,9
1977		82,5	8,2	1,2	8,1
Wechselkursanbindung an das Pfund Sterling	4				
1970		17,4	0,2	72,1	10,2
1976		41,5	20,5	21,7	16,4
1977		44,6	21,9	15,7	17,8
Wechselkursanbindung an einen Währungskorb	21				
1970		45,6	3,2	37,5	13,6
1976		63,1	13,6	1,7	21,6
1977		55,6	3,5	17,1	23,8

1 Die Klassifizierung der Länder erfolgte nach dem jeweiligen Wechselkursregime vom 1. Juli 1976.

2 Einschließlich niederländischen Gulden, Schweizer Franken, französischen Franc und anderen Währungsaktiva wie z.B. Roosa-Bonds des US-Schatzamtes.

Quelle: Heller, R.H. und M. Knight (1978a), S. 7; ders. (1978b), S. 155. Die Vergleichszahlen für 1980 sind zu finden bei: Ben Bassat, A. (1984), Tabelle 9, S. 26.

Dieser hohe Anteil ist sicherlich auf die dominierende Rolle des US-Dollar als Vehikelwährung bei den internationalen Handels- und Kapitaltransaktionen zurückzuführen. Darüber hinaus dürfte der Dollaranteil nicht noch stärker abgebaut worden sein, da derartige Transaktionen zu erheblichen Störungen an den Devisen- und Anlagemärkten führen können. Parallel zu der eben skizzierten Entwicklung wuchsen die in D-Mark und anderen Währungen gehaltenen Devisenreserven sowohl absolut als auch relativ stark an, so daß eine Diversifizierung auch hier beim Zuwachs erfolgte.[81]

Auch Dooley, Lizondo und Mathieson finden in ihrer Untersuchung eine Bestätigung für die These, daß der Anteil der in Dollar, französischen Franc und in Yen gehaltenen Reserven am stärksten durch das jeweilige Wechselkurssystem beeinflußt wird.[82] So stellen sie für den Zeitraum von 1976-1985 fest, daß Entwicklungsländer, die ihre Währung an den Dollar gebunden hatten, einen signifikant größeren Teil ihrer Reserven in Dollar hielten, während Länder, die sich an den französischen Franc gebunden hatten,[83] tendenziell einen wesentlich geringeren Teil in Dollar und einen größeren Anteil in Franc hielten. Länder, die ihre Währungen an andere Währungen oder einen Währungskorb angebunden hatten, hielten dagegen einen größeren Teil ihrer Reserven in Yen und weniger in US-Dollar und Franc.

Betrachtet man nach den Ergebnissen dieser Untersuchungen die Veränderungen der Wechselkursarrangements der IWF-Mitgliedsländer zwischen 1975 und 1994 (vgl. Tabelle 34),[84] so ist zu vermuten, daß die wechselnde Bedeutung einzelner Währungen als internationale Bezugsgrößen - inbesondere die allmähliche Abkehr vom US-Dollar - die schrittweise Diversifizierung der Devisenreserven aus dem US-Dollar erklärt.

---

81 In den Jahren 1978/79 diversifizierte diese Ländergruppe ihre Devisenreserven weiter, da vor allem die USA nach 1978 aufgrund ihres Dollar-Sanierungsprogramms Reserveguthaben in D-Mark und Schweizer Franken erwarben. Vgl. hierzu: Hasse, R. (1984), S. 29ff.

82 Dooley,M., Lizondo, J.S. und D.J. Mathieson (1989), S. 405 f.

83 Hierbei handelt es sich fast ausschließlich um die ehemaligen französischen Kolonien in West- und Zentralafrika, die sich in der CFA-Franc-Zone zusammengeschlossen haben.

84 Zwar ist im Laufe der Jahre die Anzahl der IWF-Mitglieder gestiegen, die zu beobachtenden strukturellen Änderungen sind aber überwiegend auf das veränderte wechselkurspolitische Verhalten einzelner Länder zurückzuführen. Im Jahr 1982 wurde eine Veränderung bei der Klassifizierung der Wechselkursregime vorgenommen. Die im Jahre 1973 eingeführte Kategorie "exchange rate not maintained within relatively narrow margins" wurde durch zwei neue Klassen "limited flexibility" und "more flexible" ersetzt. Vgl. hierzu: Flood, R.P., S.B. Jagdeep und J.P. Horne (1989), S. 815, Fußnote 8. Ein Vergleich der Regime vor und nach 1992 ist deshalb nur eingeschränkt möglich.

Tabelle 34: Struktur der Wechselkurssysteme der IWF-Mitglieder zwischen 1975 und 1995 (jeweils zum Periodenende, in Prozent und Anzahl der Länder)

Wechselkursregime	1975	1980	1885	1990	1991	1992	1993	1994	1995 2. Q.
1. Währungsanbindung an	67,1	63,1	60,3	53,5	52,7	50,3	41,8	41,8	37,4
Dollar	50,8	27,9	20,8	16,2	15,4	14,4	12,0	13,0	12,8
Franz. Franc	10,2	10,0	9,4	9,1	9,0	8,4	8,0	7,9	7,8
Russ. Rubel	-	-	-	-	-	3,6	-	-	-
Pfund Sterling	7,8	0,7	0,7	-	-	-	-	-	-
sonstige Währungen	3,1	2,1	2,7	3,2	2,6	3,6	4,6	4,5	3,9
SZR	-	10,7	8,1	3,9	3,8	3,0	2,3	2,3	1,7
sonstiger Währungskorb	10,2	15,7	21,5	22,7	21,2	17,4	14,9	14,1	11,2
2. Begrenzte Flexibilität ggü.	-	-	8,7	9,1	9,0	7,8	7,4	7,4	7,8
Einzelwährung	-	-	3,4	2,6	2,6	2,4	2,3	2,3	2,2
Gemeinschaftsregelungen	-	5,7	5,4	6,5	6,4	5,4	5,1	5,1	5,6
3. Größere Flexibilität	-	-	27,5	34,4	39,1	41,9	50,9	50,8	54,8
nach verschiedenen Indikatoren angepaßt	-	2,9	3,4	3,2	3,2	1,8	2,3	1,1	1,7
kontrolliertes Floating	-	-	14,1	14,9	17,3	13,8	16,6	17,5	20,1
unabhängiges Floating	-	-	10,1	16,2	18,6	26,3	32,0	32,2	33,0
4. andere	24,3	-	-	-	-	-	-	-	-
Anzahl der Länder	128	140	149	154	156	167	175	177	179

Quellen: International Monetary Fund: International Financial Statistics, März 1982, S. 13; ders., Febr. 1992, S. 22; ders., Okt. 1994, S. 8; ders., Yearbook 1995, S. 18; eigene Berechnungen.

Deutlich zu erkennen ist, daß bei der Wahl der Wechselkursregime grundsätzlich eine größere Flexibilität angestrebt wird.[85]
Im Jahr 1975, also zwei Jahre nachdem die wichtigsten Industrieländer bereits zu flexiblen Wechselkursen übergegangen sind, hielt noch etwas über die Hälfte der IWF-Mitgliedsländer an festen Paritäten gegenüber dem US-Dollar fest, weitere 18% stabilisierten den Wechselkurs ihrer Währungen gegenüber dem französischen Franc und dem Pfund. Bereits Anfang der achtziger Jahre hat sich dieses Bild drastisch verändert:

---

85 Zur Entwicklung der Wechselkursregime bei den Entwicklungsländern vgl.: Horii, A. (1986), S. 27; Aghevli, B., M. Kahn und P. Montiel, (1991), S. 2f; Ohr, R. (1992), S. 292; Duijm, B. (1990), S. 270ff.

Lediglich 28% der Mitgliedsländer des IWF stabilisierten die Wechselkurse ihrer Währungen gegenüber dem US-Dollar. Bis 1985 hat nur noch ein Land eine feste Parität gegenüber dem Pfund Sterling aufrechtgehalten. Danach hat es seine Bedeutung als internationale Referenzwährung vollkommen verloren. Dagegen ist die Anbindung an den französischen Franc bemerkenswert stabil geblieben.[86] Seit Anfang der neunziger Jahre ist der Anteil der Länder, die ihren Wechselkurs gegenüber einer bestimmten Bezugsgröße fixieren auf fast 50% gesunken.[87] Am Ende des zweiten Quartals 1995 fixieren nur noch 37% der IWF-Mitgliedsländer ihren Wechselkurs gegenüber einer bestimmten Währung oder einem Währungskorb. Besonders zugenommen hat der Anteil der Länder, die flexiblere Wechselkurse verfolgen.

Der Anteil der Währungsanbindungen - insbesondere an eine einzelne Währung ist erheblich zurückgegangen. Das derzeitige internationale Währungssystem wird entscheidend von frei schwankenden Einzelwährungen wie dem US-Dollar, der D-Mark und dem Yen geprägt. Der US-Dollar hat nach dem Zusammenbruch des Festkurssystems von Bretton Woods seine ursprünglich dominierende Funktion als internationale Bezugsgröße für die Währungspolitik anderer Länder weitgehend verloren. Im Gegensatz zum Pfund Sterling hat sich diese Entwicklung bislang aber nicht in einer drastischen Reduzierung der Dollarreserven niedergeschlagen. Denn trotz der allmählichen Abkehr vom US-Dollar nimmt die amerikanische Währung bei der Anbindung von Währungen an Währungskörbe oder bei anderen alternativen Wechselkursregimen unverändert eine wichtige Rolle ein.
Der Zusammenhang zwischen dem Wechselkursregime und der Wahl der Interventionswährung ist offensichtlich nicht so eng, wie auf den ersten Blick zu vermuten ist. Das formelle Wechselkursregime eines Landes muß nicht zwangsläufig mit der tatsächlich praktizierten Wechselkurspolitik übereinstimmen, die zum Beispiel auf die Stabilisierung der Inlandswährung gegenüber einer Reservewährung abzielt.[88] So stellt Horii bei den von ihm untersuchten Entwicklungsländern fest,[89] die ihre Wechselkursregime in der Art veränderten, daß sie von einer Orientierung an den US-Dollar abrückten, daß die Reservestruktur dieser Länder sich kaum verändert hat.
Der US-Dollar ist für die meisten Länder unabhängig von ihrem jeweiligen Wechselkurssystem die mit Abstand wichtigste internationale Transaktions- und Interventionswährung, weil er auf den meisten Devisenmärkten entweder direkt

86 Dies erklärt sich aus der relativen Konstanz der Mitglieder in der CFA Franc-Zone in West- und Zentralafrika. Zu einer Entwicklung dieser Währungsunion und des Wechselkursregimes vgl. Boughton, J.M. (1991); Clement, J.A.P. (1995), S. 24ff.
87 Vgl. hierzu auch Burton, D. und M.G. Gilman, (1991), S. 18.
88 Vgl. Horii, A. (1986), S. 27.
89 Vgl. Horii, A. (1986), S. 27ff.

oder als zwischengeschaltetes Transaktionsmedium bei der Abwicklung anderer bilateraler Tauschoperationen verwendet wird. Aus diesem Grund nimmt er einen wesentlichen Bestandteil in den Reserveportfolios offizieller Währungsbehörden ein, was erklärt, warum in portfoliotheoretischen Untersuchungen der optimale Anteil des US-Dollar sehr stark vom tatsächlich gehaltenen Anteil abweicht.
Weiterhin fällt auf, daß bisher weltweit kein Land seine Währung an den japanischen Yen bindet. Obwohl aus Sicht der Nachbarländer Japans eine Anbindung an den Yen und damit die Ausrichtung an den streng stabilitätsorientierten Kurs der japanischen Geldpolitik einen stabilisierenden Effekt haben dürfte,[90] vertreten die meisten Untersuchungen weitgehend die Meinung, daß eine zum EWS vergleichbare währungspolitische Integration in Südostasien mit Japan als Gravitationszentrum, die die internationale Verwendung des Yen und einen weiteren Bedeutungszuwachs des Yen in den Reserveportfolios offizieller Währungsbehörden fördern würde, bisher nicht im Entstehen begriffen ist. Auch in absehbarer Zukunft ist die Bildung eines "Yen-Blocks" nicht zu erwarten.[91] Bisher richtet die Mehrzahl der ost- und südostasiatischen Länder ihre Währungspolitik mehr oder weniger gegenüber dem US-Dollar aus; sei es in Form einer direkten Anbindung an den US-Dollar oder an einen Währungskorb, in dem der Dollar einen hohen Anteil einnimmt, oder durch den Versuch, den Wechselkurs der eigenen Währung gegenüber dem Dollar einigermaßen stabil zu halten.

2.2.2 Das Reservemanagement im Europäischen Währungssystem

Eine Ausnahme von diesem Verhaltensmuster stellen die intermarginalen und intramarginalen Interventionen der EWS-Länder dar. Innerhalb Europas hat eine stärkere Hinwendung zur D-Mark als regionale Leit- und Interventionswährung stattgefunden, auch wenn dies in der Entwicklung der Wechselkursregime nicht direkt zu erkennen ist.
Das EWS ist mit der Absicht geschaffen worden, die währungspolitische Zusammenarbeit und die Symmetrie zwischen den Teilnehmerwährungen zu verstärken und dadurch in Europa eine Zone der Währungsstabilität zu errichten. Die Notenbanken der EWS-Länder versuchen deshalb, Wechselkursschwankungen zwischen den Teilnehmerwährungen innerhalb enger Bandbreiten zu halten. Aufgrund der Ausgestaltung der Interventionsmechanismen - Interventionen in Teilnehmerwährungen - und infolge der zunehmenden intramarginalen Interventionspraxis hat sich in den achtziger Jahren die Reservehaltung der EWS-Notenbanken grundlegend verändert. Die Nachfrage nach Reserven in

90 Vgl. Hilpert, H.G. (1993), S. 22.
91 Vgl. beispielsweise die Arbeiten von Tavlas, G.S. und Y. Ozeki (1991), S. 5; Frankel, J.A. und S.-J. Wei (1992), S. 22; Hilpert, H.G. (1993), S. 22.

Teilnehmerwährungen ist stärker gewachsen als die nach Reserven in anderen Interventionswährungen wie dem US-Dollar.
Für das Reservemanagement der am EWS teilnehmenden Notenbanken ist deshalb vor allem das System der Interventionsmechanismen sowie die Rolle der ECU in den Reserveportfolios interessant.

2.2.2.1 Die reservepolitische Bedeutung des Interventionsmechanismus` im EWS

Um die Wechselkursparitäten zwischen den EWS-Währungen innerhalb der vorgesehenen Bandbreiten zu halten, sind die EWS-Notenbanken bei Erreichen der Limitkurse verpflichtet, unbegrenzt in Teilnehmerwährung zu intervenieren.[92]
Da die Mitgliedsnotenbanken nur über begrenzte Reserven in Teilnehmerwährung verfügen und eine größere Reservehaltung in Teilnehmerwährungen durch die Vereinbarung erschwert war, wonach die Mitgliedsnotenbanken nur in Höhe des unbedingt erforderlichen Transaktionsbedarfs Arbeitsguthaben ("working balances") in Teilnehmerwährungen halten durften,[93] wurden im EWS-Abkommen Mechanismen geschaffen, durch die sich die Zentralbanken gegenseitig Teilnehmerwährung zur Verfügung stellen.
Durch die institutionelle Regelung über die Begrenzung der Reservehaltung in Mitgliedswährungen wurde eine eigene aktive Reservepolitik stark eingeschränkt und eine Diversifizierung hinsichtlich der am EWS teilnehmenden Währungen faktisch verboten.[94] Eine Diversifizierung konnte sich allenfalls auf Drittwährungen außerhalb des Wechselkursverbundes wie den US-Dollar, den Yen und den Schweizer Franken erstrecken.
Bei den im Rahmen obligatorischer Interventionen gegenseitig zur Verfügung gestellten Krediten in Teilnehmerwährung handelt es sich nur um eine kurzfristige Reservebildung und Diversifizierung der Devisenreserven. Denn die durch unbegrenzte Kreditlinien zur Verfügung gestellten Guthaben müssen nach festen Zeitvorgaben zurückgezahlt werden. Sofern nichts anderes zwischen der Schuldner- und der Gläubigerzentralbank vereinbart wurde, hat die Schuldnerzentralbank, wenn sie über Guthaben in Gläubigerwährung verfügt, die die ver-

---

92 Zu den Interventionsmechanismen im EWS vgl. Deutsche Bundesbank (1992a), S. 308ff.

93 Diese Regelung war bereits Bestandteil des Europäischen Wechselkursverbunds. Auch in dem zwischen 1972 und 1978 bestehenden Europäischen Wechselkursverbund hatten sich die Teilnehmer verpflichtet, nur in Höhe der unbedingt erforderlichen Arbeitsguthaben ("working balances") Devisenreserven in Währungen der Partnerländer zu halten. Ziel dieser Regelung war es, die mit einem Multiwährungsstandard verbundenen Probleme auszuschließen. Vgl. hierzu: Thygesen, N. (1985), S. 163; Hasse, R. (1990), S. 69.

94 Vgl. Hasse, R. (1985), S. 205; vgl. auch: Horii, A. (1986), S. 46.

einbarte Obergrenze der Arbeitsguthaben überschreiten, diese vorrangig zum Saldenausgleich zu verwenden. Den verbleibenden Schuldensaldo kann die Schuldnerzentralbank mit Guthaben in "offizieller" ECU tilgen, die aus der Einbringung von Währungsreserven beim EFWZ entstanden sind. Bis 1987 war die Gläubigerzentralbank verpflichtet, maximal bis zu 50% ihrer Forderungen in ECU entgegenzunehmen. Zur Tilgung eines noch verbleibenden Schuldensaldos kann die Schuldnerzentralbank gemäß der Zusammensetzung ihrer Nichtgoldreserven auch andere Reservemedien übertragen. Durch diese Regelung bestand formell zwar die Möglichkeit einer Diversifizierung der Reserven. Tatsächlich beschränkten sich aber die EWS-Mitglieder in ihrer Reservehaltung bis Anfang der achtziger Jahre fast ausschließlich auf das Halten von Dollarreserven, da bis dahin der US-Dollar auch für die EWS-Notenbanken die wichtigste Interventionswährung war.

Neben den obligatorischen Interventionen besteht die Möglichkeit, vor dem Erreichen der Interventionspunkte freiwillig, intramarginal zu intervenieren. Diese Interventionform sollte jedoch die Ausnahme bleiben, so daß eine vertragliche Regelung, insbesondere zu welchen Zeitpunkten diese erfolgen und wie diese finanziert werden sollen, unterblieb.[95] Intramarginale Interventionen sollten durch eigene Reservebestände in der Interventionswährung oder durch besondere bilaterale Kredite außerhalb der "sehr kurzfristigen Finanzierung" und damit den Regeln des Systems finanziert werden.[96]

Seit Bestehen des EWS haben die Zentralbanken der Mitgliedsländer bei Wechselkursanspannungen sowohl durch obligatorische als auch durch intramarginale Interventionen versucht, die Wechselkurse zu stabilisieren. Besonders nach dem Realignment im März 1983 zogen es die meisten EWS-Zentralbanken vor, den Wechselkurs ihrer Währung innerhalb der vorgesehenen Bandbreiten von +/- 2,25% zu halten, indem sie vor Erreichen der äußeren An- bzw. Verkaufskurse Teilnehmerwährungen an- bzw. verkauften.[97] Durch diese Interventionspraxis

95 Vgl. hierzu Hasse, R. (1990), S. 73.

96 Bis zum Abkommen von Basel 1987 waren die intramarginalen Interventionen nicht in die Regelungen des Saldenausgleichs über den EFWZ einbezogen. Die Zentralbanken konnten selbst über die Finanzierung dieser Interventionen entscheiden. Als einzige Bedingung wurde festgelegt, daß intramarginale Interventionen, sofern diese in Teilnehmerwährung erfolgten, zuvor mit der betreffenden Emissionsnotenbank abgestimmt werden mußten.

97 Zum Interventionsverhalten der Zentralbanken im EWS vgl. Hasse, R. (1990), S. 71ff. Das Ziel war es, im Falle einer zeitweisen Schwäche einer Währung durch intramarginale Interventionen jegliche Spekulationsattacken vorwegzunehmen. Vgl. Ungerer, H. u.a. (1990), S. 5. Die EWS-Zentralbanken folgten offenbar der Auffassung, daß frühzeitige intramarginale Interventionen aus mittel- und längerfristiger Sicht das Gesamtvolumen an Interventionen senken würde, während obligatorische Interventionen zur Verteidigung der Paritäten "kostenintensiver" seien, d.h. daß ein größerer Umfang an Reserven zur Kursstützung eingesetzt werden muß. Vgl. Giovanni, A. (1991), S. 103. Allerdings läßt sich diese These nicht eindeutig bestätigen.

wurde die ursprünglich als Ausnahme gedachte Interventionsform zur Regel, so daß das Volumen der intramarginalen Interventionen inzwischen das der Pflichtinterventionen bei weitem übersteigt.
Besonders deutlich wird dies am Beispiel der DM-Interventionen, wie sie in der Tabelle 35 zusammengefaßt sind.

Tabelle 35: Gesamtvolumen der DM-Interventionen im EWS bis 1994 (brutto und in Mrd. D-Mark)[1]

Jahr	Obliga-torisch	Intra-marginal	insgesamt
1979	3,6	10,8	14,4
1980	5,9	6,9	12,8
1981	19,6	20,9	40,5
1982	3,0	22,2	25,2
1983	25,0	32,0	57,0
1984	4,7	36,5	41,2
1985	0,4	59,9	60,2
1986	23,1	107,6	130,7
1987	15,0	109,5	124,6
1988	-	43,1	43,0
1989	5,0	29,0	34,0
1990	1,5	44,8	46,4
1991	-	28,3	28,3
1992	63,7	274,8	338,5
1993	25,1	258,0	283,1
1994	-	58,1	58,1
Summe	195,6	1142,4	1338,1

1 DM-Käufe und DM-Verkäufe (gegen EWS-Währungen) aller jeweils am EWS teilnehmenden Partnernotenbanken.

Quelle: Deutsche Bundesbank, Geschäftsbericht für das Jahr 1990, S. 65; Deutsche Bundesbank, Geschäftsbericht für das Jahr 1994, S. 101.

Das Brutto-Gesamtvolumen der obligatorischen und intramarginalen DM-Interventionen im Wechselkursverbund kumulierte sich seit dem Bestehen des EWS im Jahre 1979 bis 1994 auf rund 1,3 Billionen DM. Hiervon wurden durchschnittlich 85 Prozent - zeitweise sogar bis zu 100 Prozent[98] - im Rahmen der intramarginalen Interventionen durchgeführt.

98 So zum Beispiel im Zeitraum zwischen dem 12. Jan. 1987 bis Ende März 1988 und im Jahr 1991. Vgl. Deutsche Bundesbank, Geschäftsbericht für das Jahr 1987, S. 70; BIZ,

Mit Zunahme der intramarginalen Interventionen ging gleichzeitig eine Veränderung bei der Verwendung der Interventionswährung einher. Die D-Mark gewann als Interventionswährung an Bedeutung und ist in die Rolle der faktischen Reservewährung des EWS hineingewachsen. In Tabelle 36, die die Währungsstruktur der gesamten (obligatorischen und intramarginalen) Interventionen im EWS zwischen März 1979 und Juni 1987 für bestimmte Phasen zeigt, ist deutlich der sinkende Anteil der Dollarinterventionen zu erkennen.

Tabelle 36: Währungsstruktur der gesamten Interventionen im EWS zwischen März 1979 und Juni 1987 (in Prozent vom Gesamtvolumen)

Währung	1979-82 1)	1983-85	1986-87 2)
US-Dollar	71,5	53,7	26,3
EWS-Währungen	27,2	43,5	71,7
[davon in DM]	[23,7]	[39,4]	[59,0]
andere 3)	1,3	2,8	2,0

1) Ab März 1979

2) Bis Juni 1987

3) Ab 1985 einschließlich Interventionen in "privater" ECU.

Quelle: Tavlas, George S. (1991), S. 29.

Der Wunsch einiger EWS-Länder, stärker intramarginal in D-Mark zu intervenieren, war erst möglich, nachdem die Bundesbank trotz anfänglicher Bedenken den Aufbau von DM-Anlagen durch die Partnerländer gemäß Artikel 15 des EWS-Abkommens billigte. Die Bundesbank akzeptierte und unterstützte zeitweise sogar die Bildung von DM-Reserven im Wege von intramarginalen Interventionen vor allem aus zwei Gründen:[99]

Erstens führen intramarginale Interventionen im Gegensatz zu den obligatorischen Interventionen nur im Interventionsland zu einseitigen und damit asymmetrischen Liquiditätswirkungen.[100] Das Halten von DM-Reserven am Markt durch

58. Jahresbericht 1988, S. 220; Deutsche Bundesbank, Geschäftsbericht für das Jahr 1994, S. 101.

99 Vgl. Deutsche Bundesbank, Geschäftsbericht für das Jahr 1986, S. 73 und ders.: Geschäftsbericht für das Jahr 1987, S. 72. Aufgrund der besonderen Bedeutung der D-Mark als Interventionswährung hat die Bundesbank schließlich im April 1991 den EWS-Partnern zugestanden, innerhalb bestimmter Grenzen ausnahmsweise ohne vorherige Absprache in D-Mark zu intervenieren. Vgl. Deutsche Bundesbank (1992a), S. 305.

100 Dies gilt jedoch nur solange, wie das Schwachwährungsland die Interventionen mit einer dritten Währung (z.B. Dollarreserven) oder mit EWS-Währungen finanziert, die entweder durch Interventionen an den Devisenmärkten erworben und an den Finanzmärkten angelegt wurden oder die ad hoc durch Kredite an den Märkten aufgenommen

Partnernotenbanken führt damit zu keinem direkten Einfluß auf die Bankenliquidität, und die automatische Sterilisation der durch den Markt finanzierten Reserveströme bringt für die deutsche Geldpolitik geringere Probleme.
Zweitens erreichen durch ein vorheriges Eingreifen über intramarginale Interventionen die Wechselkurse nicht die Bandbreiten, wodurch einerseits Schwankungen der Wechselkurse verringert und mögliche spekulative Attacken gegenüber einer Währung begrenzt werden und damit die Bundesbank nicht zu Interventionen verpflichtet war. Häufig traten zudem Spannungen zuerst im Verhältnis zwischen der D-Mark und dem US-Dollar auf, die dann auf das EWS ausstrahlten. Durch den Reserveaufbau der Partnerländer wurde damit gleichzeitig der in der ersten Hälfte der achtziger Jahre aufgetretene Abwertungsdruck der D-Mark gegenüber dem US-Dollar gemildert, ohne die inländische Bankenliquidität zu beeinflussen.

Eine Dominanz der D-Mark im EWS zeichnet sich aber erst nach 1983 ab, als nach dem Realignment vom März 1983 im Zuge der anhaltenden Dollarstärke die D-Mark weiter zur Schwäche neigte und die übrigen EWS-Notenbanken, besonders die französische Notenbank, durch umfangreiche Stützungskäufe - auch im Rahmen intramarginaler Interventionen - D-Mark erwarben, so daß der Anteil der D-Mark an den Devisenreserven dieser Länder stark anstieg.[101] Dieses Verhalten ist auch immer wieder in späteren Phasen einer vorübergehenden DM-Schwäche zu beobachten gewesen. Die Partnernotenbanken legten sich zu vergleichsweise günstigen Bedingungen einen Vorrat an D-Mark an, auf den sie bei späteren Interventionen zurückgreifen konnten, wenn die eigene Währung zur Schwäche neigte. Die erworbenen DM-Guthaben wurden nicht bei der Bundesbank, sondern mit Zustimmung der Bundesbank zinsbringend an den Märkten und besonders auf dem Euro-DM-Markt angelegt.
In der Zeit nach 1987, für die leider keine genaue Aufschlüsselung der Interventionen nach einzelnen Währungen verfügbar ist, dürfte der Anteil der DM-Interventionen weiter zugenommen haben. Mit der Verwendung der D-Mark als Interventionswährung ist eine direktere und damit wirksamere Wechselkurs-

---

wurden. Zweiseitig sind die Liquiditätswirkungen dagegen, wenn die Zentralbank mit der starken Währung ebenfalls vor dem Erreichen der Bandbreite interveniert oder diese dem Schwachwährungsland einen Devisenkredit zur Verfügung stellt. Vgl. Hasse, R. (1990), S. 73; Eine ausführliche Analyse der Liquiditätswirkungen findet sich bei: Hasse, R. (1984), S. 186-245.

101 So veränderte sich zwischen 1983 und 1984 die Zusammensetzung der französischen Devisenreserven erheblich. Während Ende 1983 der Anteil des Dollar noch gut zwei Drittel ausmachte, waren es 1984 nur noch 41%, wobei der überwiegende Teil der Nicht-Dollarwährungen wohl als DM-Anlagen gehalten wurden, die sich Ende 1984 auf rund 20 Mrd. D-Mark beliefen. Vgl. Unger, S. (1991), S. 119.

steuerung möglich, insbesondere nachdem der DM-Handel ein wachsendes Gewicht an den europäischen Devisenmärkten erlangt hat.[102]

Durch die intramarginale Interventionspraxis und die Zustimmung der Bundesbank ist die ursprüngliche Vereinbarung, nach der die EG-Notenbanken nur in Höhe der erforderlichen "Arbeitsguthaben" Partnerwährungen halten sollten, faktisch außer Kraft gesetzt worden.

Die Interventionspraxis der Partnernotenbanken und die Entwicklung der D-Mark zur faktischen Reservewährung innerhalb des EWS führten daher zu einer Diversifizierung der Reserven der Mitgliedstaaten, bei der der ehemals hohe Dollaranteil abgebaut wurde. Während die EWS-Notenbanken im ersten Quartal 1980 noch rund 90 Prozent ihrer Reserven in US-Dollar und lediglich 3 Prozent in D-Mark bzw. 1 Prozent in Niederländischen Gulden hielten,[103] lauteten Mitte 1992, also noch vor den Währungsturbulenzen im Herbst 1992, durchschnittlich 40 Prozent der Devisenreserven der Partnernotenbanken auf EG-Währungen, wobei es sich hauptsächlich um D-Mark gehandelt haben dürfte.[104] Anzunehmen ist ferner, auch wenn hierüber keine genauen Angaben verfügbar sind, daß ein Großteil der weltweit gehaltenen DM-Reserven vor allem von EWS-Ländern und dem DM-Block zugehörigen Ländern gehalten wird. Die Ankerfunktion der D-Mark im EWS hat daher wesentlich die Bedeutung der D-Mark als ein internationales Reservemedium gefestigt.

Besonders deutlich wurde dies im Zusammenhang mit den EWS-Turbulenzen des Jahres 1992, die einige Zentralbanken zu kräftigen DM-Abgaben veranlaßten. So verringerten die EG-Notenbanken während der Währungskrise des EWS im Herbst 1992 im Zuge obligatorischer und intramarginaler Interventionen zur Stützung ihrer Währungen ihren Bestand an DM-Reserven insgesamt um DM 267 Mrd.,[105] so daß der überwiegend in D-Mark gehaltende Anteil in den Reserveportfolios europäischer Zentralbanken vorübergehend abnahm. Teilweise schrumpften die Devisenreserven wie im Fall Frankreichs so stark, daß die Reservebestände nahezu völlig erschöpft waren. Dies blieb nicht ohne Folgen auf den weltweit gehaltenen Anteil der DM-Reserven. Belief sich der Anteil der D-Mark an den Weltdevisenreserven Ende 1991 noch auf 15,7% (ohne ECU, vgl. Tabelle 1), ist ihr Anteil bis Ende 1992 auf 13,6% zurückgegangen.

---

102 Vgl. Issing, O. (1993), S. 396.

103 Furstenberg, G.M. von (1981), S. 28.

104 Eine genaue Aufschlüsselung der von den Partnernotenbanken gehaltenen Reserven nach Währungen ist allerdings nicht verfügbar. Vgl. Issing, O. (1993), S. 396.

105 Vgl. Issing, O. (1993), S. 396.

2.2.2.2 Die Bedeutung der ECU als Reserveinstrument

Neben den Interventions- und Kreditmechanismen wurde mit dem Beschluß des Europäischen Rates vom 5. Dezember 1978 als zweites wichtiges Element des EWS die Europäische Währungseinheit (ECU) als zentrales Instrument der währungspolitischen Integration in den Mittelpunkt des Systems gestellt. Sie sollte unter anderem als Zahlungs- und Finanzierungsmittel für den Saldenausgleich zwischen den EWS-Zentralbanken und als Reservemedium dienen und langfristig auch im Weltwährungssystem an Gewicht gewinnen und als internationales Reservemedium nachgefragt werden.[106]

Bis heute konnte die "offizielle" ECU jedoch die ihr ursprünglich zugedachten Funktionen nicht oder nur unzureichend erfüllen, obwohl mehrmals versucht wurde, ihre Bedeutung zu stärken und weiter zu fördern.[107] Abgesehen von besonderen bilateral vereinbarten Transaktionen zwischen den Zentralbanken beschränkt sich die Verwendung der "offiziellen" ECU weitgehend auf die innerhalb des EWS im Rahmen der währungspolitischen Zusammenarbeit sowie im Zahlungsverkehr zwischen den Zentralbanken erforderlichen Transaktionen. Aber auch dort wird sie als offizielles Zahlungsmittel immer weniger eingesetzt und hat als Reservemedium keine große Bedeutung gewinnen können.[108] So wurden Ende 1994 in Höhe von schätzungsweise 69,6 Mrd. US-$ von den EG-Notenbanken Bestände an "offizieller" ECU gehalten.[109] Hierin spiegelt sich aber größtenteils eine Zunahme der Dollarreserven der Mitgliedsländer sowie eine Änderung der Bewertung der von den EWS-Zentralbanken gegen die Gutschrift von ECU auf den EFWZ im Wege von Swaps übertragenen Gold- und Dollarreserven wider.

Auch über die Grenzen des EWS hinaus konnte die "offizielle" ECU als Reservemedium bis heute keine internationale Bedeutung erlangen. Zwar ist im Juni 1985 der "offizielle" ECU-Kreislauf auch Währungsbehörden von Drittländern und internationalen Währungsinstituten zugänglich gemacht worden, sofern der EFWZ diesen den Status eines "*sonstigen Halters*" ("other holders") einräumt, aber die wenigen Notenbanken, die diesen Status erlangt haben, halten nur in einem geringen Umfang "offizielle" ECU.[110] Dies ist damit zu erklären, daß ein

---

106 Zu den Funktionen, die die ECU ursprünglich erfüllen sollte vgl. Abschnitt 2.2 der Entschließung des Europäischen Rates vom 5. Dezember 1978 über die Errichtung eines Europäischen Währungssystems und damit zusammenhängende Fragen, in: Bulletin der EG, Heft 12 (1978), S. 1361ff.

107 Von den Versuchen, die Bedeutung der ECU zu fördern, sind vor allem die Einheitliche Europäische Akte (EEA) von 1986 sowie die Beschlüsse von Basel und Nyborg aus dem Jahr 1987 zu nennen. Eine ausführliche Diskussion des Funktionsverlustes der "offiziellen" ECU ist zu finden bei: Hasse, R. (1988b), S. 225f; Hasse, R. (1990), S. 92ff; Ungerer, H. u.a. (1990), S. 7.

108 Vgl. Deutsche Bundesbank (1992b), S. 27.

109 Vgl. Deutsche Bundesbank (1995), Geschäftsbericht 1994, S. 113.

110 Vgl. Louw, A. (1991), S. 136; vgl. Deutsche Bundesbank (1992a), S. 303; vgl. Issing, O. (1992), S. 355. Bisher wurde der Status eines "sonstigen Halters" den Notenbanken

"sonstiger Halter" "offizielle" ECU nicht endgültig bzw. dauerhaft erwerben kann und die Verwendung "offizieller" ECU stark eingeschränkt ist.[111] Mit der Anlage eines Teils ihrer Währungsreserven in ECU bekunden "sonstige Halter" also nur ihr nachhaltiges Interesse am EWS.[112]

Ganz anders als bei der "offiziellen" ECU sieht die Entwicklung bei den in "privaten" ECU gehaltenen Reservebeständen aus, die von fast 2 Mrd. ECU Ende 1985 auf 34,1 Mrd. ECU Ende September 1991 zunahmen (vgl. Tabelle 37), seitdem aber an Bedeutung verloren haben.[113]

---

der Schweiz, Norwegens, Österreichs, Schwedens und Maltas sowie der BIZ zuerkannt. Die Österreichische und die Schweizerische Nationalbank haben im Rahmen des ihnen verliehenen Status eines "sonstigen Halters" von ECU durch Swapgeschäfte mit einigen EU-Zentralbanken ECU erworben. Ende 1994 belief sich der von beiden Zentralbanken gehaltene Bestand an "offizieller" ECU auf 60 bzw. 63,5 Mio ECU. Vgl. EWI, Jahresbericht 1994, S. 93. Ende März 1994 lauteten 4 Prozent der überwiegend von Zentralbanken bei der BIZ gehaltenen Einlagen auf ECU. Vgl. BIZ, 64. Jahresbericht für 1994, S. 218. Nachdem die Österreichische Nationalbank mit Wirkung vom 9. Januar 1995 dem EWS-Wechselkursmechanismus beigetreten ist, wurde der Status als "sonstiger Halter" beendet.

111 So können "offizielle" ECU auf freiwilliger Basis von einer EU-Notenbank oder einem anderen "sonstigen Halter" gegen andere Währungsaktiva nur im Rahmen eines Swapgeschäftes oder eines Repro-Geschäftes erworben werden. Aufgrund des bisher vorläufigen Charakters der Entstehung der "offiziellen" ECU müssen diese Transaktionen jedoch befristet bzw. reversibel bleiben. "Offizielle" ECU-Guthaben können vom "sonstigen Halter" nur zur Auflösung des Ausgangsgeschäfts und im Rahmen eines Swapgeschäftes oder eines Geschäfts mit Rückkaufsvereinbarung mit EWS-Zentralbanken oder anderen "sonstigen Haltern" eingesetzt werden.

112 Vgl. Deutsche Bundesbank (1992a), S. 303.

113 Nach Angaben der BIZ stiegen die identifizierten ECU-Verbindlichkeiten der Banken gegenüber Zentralbanken von 1 Mrd. ECU Ende 1987 auf 9 Mrd. ECU Ende September 1991. Diese Angaben dürften aber die von Zentralbanken in ECU gehaltenen Reserven beträchtlich unterschätzen, da die Banken in Großbritannien die Verbindlichkeiten offizieller Stellen nicht von denen anderer Nichtbanken gesondert ausweisen und ECU-Währungsreserven, die im britischen Bankensystem angelegt sind, nicht immer berücksichtigt werden. Die BIZ schätzt daher, daß die tatsächlichen Einlagen der Zentralbanken am ECU-Markt einschließlich der eben beschriebenen und fehlenden Guthaben rund 30 Mrd. ECU ausmachen. Hierzu müßten noch die Guthaben in Form von ECU-Wertpapieren hinzugerechnet werden, die mit einer Höhe von weiteren 4-5 Mrd. ECU veranschlagt wurden, so daß man auf die in der Tabelle 37 für September 1991 ausgewiesenen 34,1 Mrd. ECU kommt. Vgl. BIZ, (Februar 1992), S. 21.

Tabelle 37: Bestände der Zentralbanken in "privater" ECU[1)] (Stand jeweils zum Periodenende, in Mrd. ECU)

4. Q. 1985	1,9	3. Q. 1991	34,1	3. Q. 1993	19,1
4. Q. 1986	2,9	4. Q. 1991	28,8	1. Q. 1994	24,1
4. Q. 1987	4,0	1. Q. 1992	32,2	2. Q. 1994	24,8
4. Q. 1988	10,9	2. Q. 1992	30,6	3. Q. 1994	24,0
4. Q. 1989	17,0	3. Q. 1992	18,9	4. Q. 1994	23,7
4. Q. 1990	27,1	4. Q. 1992	19,2	4. Q. 1995	22,9

1) Einschließlich der Anlagen in ECU-Anleihen und in Schatzwechseln.

Quellen: BIZ (Febr. 1992), S. 20; Deutsche Bundesbank (1992b), S. 32; Ausschuß der Präsidenten der Zentralbanken der Mitgliedstaaten der Europäischen Wirtschaftsgemeinschaft, Jahresbericht 1991, S. 49 und Jahresbericht 1992, S. 37; Europäisches Währungsinstitut (1996), S. 18.

Die besonders nach 1988 zu beobachtende kräftige Expansion ist nicht auf eine Änderung der Präferenzen nationaler Notenbanken zugunsten der ECU zurückzuführen, sondern vor allem auf institutionelle und politische Faktoren.[114] Öffentliche Stellen insbesondere in Großbritannien, Italien und Frankreich emittierten in größerem Ausmaß auf ECU lautende Anleihen, kurzfristige Schatzanweisungen und Schatzwechsel und übertrugen die aufgenommenen "privaten" ECU auf die jeweiligen nationalen Zentralbanken, die diese ECU in ihre Reserven einstellten.[115],[116]

---

114 Unter portfoliotheoretischen Gesichtspunkten war zwar eine Anlage von Devisenreserven in "privater" ECU attraktiv, da sie eine leichte und kostengünstige Möglichkeit bietet, das Wechselkursrisiko aufgrund der Korbzusammensetzung der ECU automatisch zu diversifizieren. Darüber hinaus boten ECU-Anlagen häufig eine höhere Rendite als vergleichbare Anlagen in anderen wichtigen europäischen Währungen, insbesondere der D-Mark. So fiel die Verzinsung einer ECU-Anlage gemessen am Zinssatz für Dreimonatsgeld am Euromarkt seit Beginn des EWS bis Mitte 1987 im Durchschnitt um 3,7 Prozentpunkte höher aus als eine vergleichbare DM-Anlage. Dieser Zinsvorsprung ist aber bis Mitte 1992 auf 1/3 Prozentpunkt geschrumpft. Trotz der in den achtziger Jahren aufgetretenen Abwertungsverluste von ECU-Anlagen im Vergleich zu einer Anlage in D-Mark konnte durch den höheren Zinsertrag weitgehend ein positiver Gesamtertrag erzielt werden. Vgl. hierzu: Deutsche Bundesbank (1987b), S. 38f und (1992b), S. 32. Zu den Gründen der zunehmenden Verwendung der "privaten" ECU als Reservemedium vgl. Bingham, T.R.G. (1992), S. 10.

115 So emittiert die italienische Regierung seit 1987 ECU-Schatzanweisungen mit einer Laufzeit von einem Jahr. Im Februar 1993 betrug der ausstehende Betrag dieser Papiere 4,3 Mrd. ECU. Im Oktober 1988 begann die britische Regierung, ein Emissionsprogramm von ECU-Schatzwechseln mit Laufzeiten von einem, drei und sieben Monaten aufzulegen. Im Februar 1993 standen Schatzwechsel in Höhe von 3,9 Mrd. ECU aus. Besonders das britische Programm mit seinen monatlichen Emissionen ist erwähnenswert, da es explizit das Ziel verfolgt, die Entwicklung eines liquiden

Bemerkenswert ist in diesem Zusammenhang insbesondere die Politik Großbritanniens. Obwohl sich die britische Regierung der administrativen Einführung einer Einheitswährung widersetzte, trieb sie die Verwendung der "privaten" ECU als Reservewährung zusätzlich voran, indem sie auf ECU lautende Wertpapiere emittierte, die aufgrund des relativ geringen Kreditrisikos und der zum Teil kurzen Laufzeiten besonders gut als Reserveinstrumente für Zentralbanken geeignet waren, und indem sie einen aktiven Sekundärmarkt für diese Papiere förderte. Ziel dieser Politik war es, den Finanzplatz London weiter auszubauen, um eine Schlüsselposition beim Angebot von ECU-Produkten einzunehmen.[117] Insgeheim hoffte man damit, einen indirekten Einfluß auf die Politik der zukünftigen Europäischen Zentralbank nehmen zu können, wenn diese auf diesen Markt zurückgreifen würde.

Der Bank of England flossen aufgrund der umfangreichen Kreditaufnahmen der britischen Regierung massiv Mittel zu. Sie schichtete diese Mittel aber nicht aus der ECU in andere Reservewährungen um, sondern erwarb damit ECU-Papiere oder legte diese größtenteils als Einlagen bei Banken an.[118]

Unter den Bedingungen solcher plötzlicher und massiver Mittelzuflüsse ist das Reservemanagement mit besonderen Problemen konfrontiert. Häufig bleibt der für die Devisenanlagen zuständigen Abteilung der betroffenen Zentralbank keine

---

Marktes für Geldmarktpapiere zu stimulieren, um damit das rasche Umsatzwachstum und die Liquidität der Märkte für ECU-Anleihen und Depositen zu ergänzen. Gleichzeitig sollte dadurch die Flexibilität des britischen Reservemanagements an den ECU-Märkten erhöht werden, da die durch die Veräußerung von Schatzwechseln angesammelten ECU den Reservebeständen hinzugerechnet werden. Vgl. Bank of England (1992); S. 182f; IMF (1993a), S. 46; Louw, A. (1991), S. 143 und S. 145; Brady, S. (1992), S. 51; Deutsche Bundesbank (1992b), S. 28.

116 Die deutsche Bundesregierung und die Deutsche Bundesbank lehnten dagegen eine aktive Förderung der ECU ab und sind nicht am ECU-Markt aufgetreten. Die Bundesbank hält ihre Devisenreserven weiterhin fast ausschließlich in US-Dollar und lehnte es im Gegensatz zu vielen anderen Notenbanken ab, Reserven auch in anderen Reservewährungen wie den Yen, Pfund oder Schweizer Franken oder in "privater" ECU aufzubauen. Die Abneigung der Bundesbank gegenüber der ECU ist nach Einschätzung von Marsh nicht nur auf eine konservative Grundeinstellung zurückzuführen, sondern sei "*auch Ausdruck einer mangelnden Begeisterung für eine grundlegende Europäisierung der Währungspolitik.*" Vgl. Marsh, D. (1992), S. 111. Die Bundesbank stützt ihre ablehnende Haltung dagegen mit dem Argument, daß eine Verschuldung in ECU kontraproduktiv sei, da durch eine Kreditaufnahme in ECU sowohl das Standing des Bundes als erstrangiger Schuldner als auch das der D-Mark als bisher zweitwichtigste internationale Anlage- und Reservewährung leiden würde. Vgl. hierzu: Deutsche Bundesbank, (1992b), S. 35; Tietmeyer, H. (1994), S. 3.

117 Die gezielten Maßnahmen der britischen Regierung haben zu einer Verlagerung des ECU-Geschäfts von den traditionellen Finanzmärkten für ECU-Transaktionen in Brüssel, Luxemburg und Paris nach London beigetragen, so daß bis Ende 1991 rund ein Viertel der gesamten ECU-Geschäfte von Banken in Großbritannien bestritten wurden. Vgl. BIZ (Februar 1992), S. 18.

118 Vgl. BIZ (Februar 1992), S. 21.

andere Wahl, als in einem großen Umfang die von staatlichen und supranationalen Institutionen emittierten ECU-Anleihen zu erwerben, ohne auf die jeweiligen Liquiditäts- und Bonitätseigenschaften dieser Anlageinstrumente Rücksicht nehmen zu können. Engen zusätzlich interne Richtlinien oder rechtliche Bestimmungen, nach denen nur ein bestimmter Prozentsatz einer einzelnen Emission erworben werden darf, den anlagepolitischen Entscheidungsspielraum der Notenbank ein, so ist eine Zentralbank praktisch gezwungen, in jede der am Markt verfügbaren Emissionen zu investieren.[119] Nach groben Schätzungen sollen so die Notenbanken Spaniens, Italiens und Großbritanniens bis zu 80% der ausstehenden staatlichen und supranationalen ECU-Anleihen gehalten haben.[120] Interessant ist in diesem Zusammenhang auch eine Äußerung des Leiters der für die internationalen Devisenanlagen zuständigen Abteilung bei der Banco de España, Javier Alonso.[121] Im Gegensatz zu den Vertretern der Notenbanken Großbritanniens und Italiens gab er offen zu, daß sich die spanische Zentralbank aus politischen Gründen und aufgrund ihrer Mitgliedschaft zum EWS gezwungen sah, Reserven am Markt für ECU-Anleihen zu investieren. Die Anlageentscheidungen der spanischen Zentralbank wären sicherlich anders ausgefallen, wenn sie ihre Reserven allein nach ökonomischen Überlegungen bewirtschaftet hätten. Die spanischen Devisenreserven wurden vor allem in liquide ECU-Papiere investiert, die von der britischen Regierung, der EU und der Europäischen Investitionsbank emittiert wurden.

Einige EWS-Zentralbanken und die skandinavischen Notenbanken, die ihre Währungen vorübergehend einseitig an den ECU angebunden hatten, hielten auch aus Interventionsgründen einen liquiden Posten in "privater" ECU, um durch den Kauf oder Verkauf von "privater" ECU gegen eigene Währung den Kurs innerhalb der Schwankungsbreiten zu stabilisieren.[122] So ist ein Teil der in Tabelle 37 zu beobachtenden Schwankungen der ECU-Reservebestände, insbesondere der Rückgang von 30,6 Mrd. ECU Ende Juni 1992 auf 21 Mrd. ECU Ende September 1992, auf Devisenmarktinterventionen von Zentralbanken in "privater" ECU zuzuschreiben.[123] Die wachsende Bedeutung der "privaten" ECU als Interventionswährung wurde durch die zunehmende Tiefe und Liquidität des Marktes für "private" ECU und die vorübergehende einseitige Anbindung der

---

119 Vgl. Brady, S. (1992), S. 51.

120 Vgl. Brady, S. (1992), S. 54.

121 Vgl. hierzu: Brady, S. (1992), S. 55.

122 Vgl. Louw, A. (1991), S. 145; Brady, S. (1992), S. 54. Die Deutsche Bundesbank nimmt gegenüber Interventionen in "privater" ECU eher eine ambivalente Haltung ein, da ECU-Interventionen nur in bestimmten Situationen angebracht seien und Käufe und Verkäufe von ECU Rückwirkungen auf die Wechselkurse aller im ECU-Korb enthaltenen Währungen haben können. Vgl. Deutsche Bundesbank (1992a), S. 305.

123 Vgl. Ausschuß der Präsidenten der Zentralbanken der Mitgliedstaaten der Europäischen Wirtschaftsgemeinschaft, Jahresbericht (1992), S. 37; BIZ (Febr. 1993), S. 4.

skandinavischen Währungen an die ECU begünstigt. Insgesamt hält sich jedoch das Volumen der ECU-Interventionen in Grenzen.[124]

Unter dem Einfluß der zunehmenden Unsicherheiten über den zukünftigen Status des ECU-Korbes und des Beschlusses für eine europäische Wirtschafts- und Währungsunion vor dem Gipfeltreffen der Staats- und Regierungschefs in Maastricht bauten institutionelle Anleger ihre Bestände in "privater" ECU ab. Diese Entwicklung verstärkte sich noch in der Zeit kurz vor und nach dem dänischen Referendum zu Maastricht im Juni 1992. Auch einige Zentralbanken wie die Norges Bank folgten diesem Beispiel.[125] Die britische, italienische und spanische Zentralbank konnten dagegen ihre umfangreichen ECU-Bestände nicht auflösen, da dies zu größeren Störungen am Markt geführt hätte. Dieses passive Management hinsichtlich der ECU-Anlagen verdeutlicht, unter welchen Schwierigkeiten Zentralbanken bei engen Märkten agieren müssen.[126]

2.2.3 Auswirkung der Europäischen Wirtschafts- und Währungsunion auf den zukünftigen Diversifizierungsprozeß

Im Vertrag über die Euopäische Union vom 7. Februar 1992 (Maastricht-Vertrag) und mit seiner Ratifizierung wurde die stufenweise Einführung einer gemeinsamen europäischen Währung für alle Signatarstaaten rechtsverbindlich beschlossen.[127] Die künftige Gemeinschaftswährung der Europäischen Union, der Euro,[128] soll die nationalen Währungen ablösen und langfristig in die Rolle einer internationalen Reservewährung hineinwachsen. Gleichzeitig mit dem Eintritt in die Endstufe der Wirtschafts- und Währungsunion geht die Verantwortung für die Geldpolitik auf ein neues, autonomes und dem Ziel der Preisstabilität verpflichtetes Europäisches System der Zentralbanken über, das aus den einzelnen Mitgliedsnotenbanken und der gemeinsamen Europäischen Zentralbank (EZB) als Spitzeninstitut besteht.
Sofern das Maastricht-Programm nicht das gleiche Schicksal erleiden sollte wie die in den letzten 20 Jahren unternommenen Initiativen zur Realisierung einer Wirtschafts- und Währungsunion, ergeben sich vor dem Hintergrund der in naher Zukunft zu erwartenden Entwicklungen und der durch das Europäische System

---

124 Vgl. Deutsche Bundesbank (1992b), S. 28.

125 So war der im 3. Quartal 1992 zu verzeichnende drastische Rückgang der Nettoschuldnerposition am ECU-Bankenmarkt von US-$ 15,6 Mrd. auf US-$ 1,3 Mrd. vor allem auf den Abzug der von offiziellen Haltern in ECU gehaltenen Einlagen zurückzuführen. Vgl. BIZ (Febr. 1993), S. 4.

126 Vgl. Brady, S. (1992), S. 54.

127 Nur für Großbritannien und Dänemark wurden in Zusatzprotokollen Fluchtklauseln ("opting-out clause") eingeräumt.

128 Die Staats- und Regierungschefs einigten sich auf ihrem Gipfeltreffen vom 15./16.12.1995 in Madrid auf den Namen Euro für die zukünftige Gemeinschaftswährung.

der Zentralbanken geschaffenen Konstellation für das Reservemanagement nationaler Währungsbehörden zwangsläufig zwei Fragen:

1. Wie wirkt sich die zukünftige Währungsunion mit dem Euro auf die Reservehaltung und das Reservemanagement offizieller Währungsbehörden aus?
2. Welche Rückwirkungen ergeben sich hieraus für den zukünftigen Diversifizierungsprozeß?

Bei der Analyse der Wirkungen auf das Reservemanagement und den zukünftigen Diversifizierungsprozeß ist zwischen den Notenbanken zu unterscheiden, die an der Währungsunion teilnehmen werden, den Notenbanken, die mit den Teilnehmern der Währungsunion eng verbunden sind, sich aber bisher aufgrund unzureichender Konvergenzfortschritte (Inflationsrate, Staatsverschuldung, Wechselkurs, Zins) noch nicht für eine Teilnahme qualifizieren konnten („Pre-Ins"), und den Notenbanken von Drittländern.

2.2.3.1 Wirkungen auf das Reservemanagement der Teilnehmer an der Währungsunion

Bei den Notenbanken, die an der Währungsunion teilnehmen werden, wird der Handlungsspielraum vor allem davon beeinträchtigt, wie das zukünftige Verhältnis und die Zusammenarbeit zwischen den einzelnen Mitgliedsnotenbanken und der gemeinsamen Europäischen Zentralbank (EZB) vertraglich ausgestaltet sein wird.

2.2.3.1.1 Unverändertes Reservemanagement der EWS-Notenbanken in der Übergangsphase

Bis zur Verwirklichung der europäischen Wirtschafts- und Währungsunion soll die am 1.1.1994 begonnene zweite Stufe den Übergang in die Endstufe vorbereiten. Ziel der zweiten Stufe ist es, die stabilitätspolitische Konvergenz der Mitgliedstaaten zu fördern und zugleich die rechtlichen, institutionellen, organisatorischen und technischen Grundlagen für den späteren Übergang in die dritte Stufe herzustellen. Der Eintritt in die dritte Stufe soll insbesondere durch eine stärkere Koordinierung und Überwachung der Wirtschaftspolitik innerhalb der Gemeinschaft erreicht werden. Auf dem Gebiet der Geld- und Währungspolitik wurde für diesen Zweck das Europäische Währungsinstitut (EWI) gegründet, das am 1. Januar 1994 seine Arbeit aufgenommen hat. Das EWI gilt als Vorgänger für die zukünftige Europäische Zentralbank und löste den früheren Ausschuß der EG-Zentralbankpräsidenten ab. Es hat darüber hinaus die Aufgaben des Europäischen

Fonds für währungspolitische Zusammenarbeit übernommen und soll die Verwendung der ECU erleichtern.

Reservepolitisch ist dem EWI keine wesentliche Bedeutung beizumessen. Als eine operationelle Aufgabe des neu geschaffenen EWI ist zwar vorgesehen, daß es nach Art. 6.4. des Zusatzprotokolls zum EU-Vertrag über die Satzung des Europäischen Währungsinstituts auf Ersuchen und Rechnung sowie als Agent nationaler Notenbanken Währungsreserven halten und verwalten kann. Bei Transaktionen mit den übertragenen Reserven muß sich das EWI aber an Richtlinien orientieren, die sicherstellen sollen, daß eine Kollision mit den nationalen Geld- und Wechselkurspolitiken vermieden wird.[129] In der Regel wird also das Management der übertragenen Reserven mit den Zentralbanken der Mitgliedstaaten abgestimmt.[130] Außerdem darf das EWI keine eigenen Operationen an den Devisenmärkten vornehmen und besitzt nach dem Vertrag von Maastricht keine weiteren Befugnisse, mit denen es in die nationale Geld- und Währungspolitik der EWS-Notenbanken eingreifen kann. Bis zum Eintritt in die dritte und letzte Stufe der Währungsunion und der Gründung der Europäischen Zentralbank (EZB) sind die nationalen Notenbanken in ihrer Geld- und Währungspolitik und damit auch in ihrer Reservepolitik vollständig selbst verantwortlich.

Solange es noch möglich ist, Reserveanlagen autonom zu bewirtschaften und die aus der Anlage von Devisenreserven erzielten Gewinne vollständig selbst zu vereinnahmen, ist nicht zu erwarten, daß Mitgliedsnotenbanken diese ertragssteigernde Komponente aus der Hand geben und einen wesentlichen Teil ihrer Währungsreserven auf das EWI übertragen. So ist es nicht verwunderlich, daß es bislang auch keine Anzeichen dafür gibt, daß ein Land die Verwaltung seiner Devisenreserven dem EWI übertragen möchte.[131] Bundesbankpräsident Tietmeyer erklärte Ende Januar 1994 auf dem Weltwirtschaftsforum in Davos vielmehr, daß die Bundesbank durchaus in der Lage ist, ihre Reserven in einer angemessenen Form selbst zu verwalten. Zugleich räumte er aber ein, daß sich diese Situation mit der Gründung der Europäischen Zentralbank verändern würde.[132] In der Übergangs- und Vorbereitungsstufe bis zum Eintritt in die Endstufe sind also keine größeren Portfolioanpassungen bei den am EWS teilnehmenden

---

129 Vgl. Artikel 6, Ziff. 6.4. des Protokolls über die Satzung des Europäischen Währungsinstitutes; Vgl. auch: Ausschuß der Präsidenten der Zentralbanken der Mitgliedstaaten der Europäischen Wirtschaftsgemeinschaft, Jahresbericht 1992, Basel, April 1993, S. 65.

130 Vgl. o.V. (1991): Start zur gemeinsamen Währung spätestens 1999, abgedruckt in: Deutsche Bundesbank, Auszüge aus Presseartikeln, Nr. 93, 5.12.1991, S. 3-4, hier S. 4.

131 Vgl. o.V. (1994e): EWI zieht sich zunächst nach Basel zurück, Börsen-Zeitung vom 13.1.94, abgedruckt in: Deutsche Bundesbank, Auszüge aus Presseartikeln, Nr. 3 vom 13.1.1994, S. 1-2, hier S. 2.

132 Vgl. o.V. (1994a): EWI erhält keine Währungsreserven, in: F.A.Z. vom 31. Januar, Nr. 25, S. 11.

Zentralbanken zu erwarten, die direkt auf die herannahende Wirtschafts- und Währungsunion zurückzuführen sind.

2.2.3.1.2 Das Reservemanagement im zukünftigen Europäischen System der Zentralbanken (ESZB) in der dritten Stufe

Grundlegend verändern wird sich das Reservemanagement der EWS-Zentralbanken und damit auch die Möglichkeit zu einer eigenständigen Reservepolitik mit dem Eintritt in die Endstufe der EWWU. Aber auch hier lassen sich die Rückwirkungen auf die Diversifizierung der Devisenreserven aufgrund der bisher sehr unklaren vertraglichen Regelungen nur schwer abschätzen.
Mit der Ablösung des EWI durch die EZB und der Übertragung weiterer Befugnisse auf die zukünftige gemeinsame EZB wird sich im Verhältnis zwischen den nationalen Zentralbanken und dieser zentralen Institution ein reservepolitischer Wandel vollziehen. Überraschenderweise ist aber die Bedeutung der nationalen Währungsreserven im zukünftigen System europäischer Zentralbanken im Vertrag von Maastricht in den Artikeln 30 und 31 des Zusatzprotokolls über die Satzung des Europäischen Systems der Zentralbanken und der Europäischen Zentralbank sehr unklar geregelt. Vorgesehen ist, daß ein Teil der bisherigen Währungsreserven der Mitgliedsländer zu vergemeinschaften ist. Nach Artikel 30 soll mit Beginn der Währungsunion "*die EZB von den nationalen Zentralbanken mit Währungsreserven, die jedoch nicht aus Währungen der Mitgliedstaaten, ECU, IWF-Reservepositionen und SZR gebildet werden dürfen, bis zu einem Gegenwert von 50 Milliarden ECU ausgestattet*" werden.[133] Die EZB wird die ihr übertragenen Reserven unabhängig und eigenständig verwalten (Art. 30, 30.1.). Nach Art. 30, 30.4. kann die EZB unter bestimmten Voraussetzungen von den Zentralbanken die zusätzliche Einzahlung eines über die Grenze von 50 Mrd. ECU hinausgehenden unbestimmten Betrags einfordern. Da die Teilnahme an der Europäischen Währungsunion (EWU) von der Erfüllung der Konvergenzkriterien abhängig ist und nach dem derzeitigen Stand nicht alle Mitgliedstaaten des EWS sogleich an der EWU teilnehmen werden, bleibt offen, wie hoch dieser Beitrag tatsächlich sein wird.[134]
Nicht geregelt ist bisher die Eigentumsfrage der von den nationalen Zentralbanken auf die EZB übertragenen Reserven. Nach dem mit dem EFWZ bisher praktizierten Verfahren ist zu erwarten, daß die nationalen Notenbanken die rechtmäßigen Eigentümer bleiben werden. Dies geht auch aus der Regelung in

133 Der Beitrag der von den einzelnen nationalen Zentralbanken zu entrichtenden Einzahlung berechnet sich nach einer Formel, die auf dem Anteil des Landes an der EU-Bevölkerung und dem BIP basiert. Vgl. Art. 29 des Protokolls über die Satzung des Europäischen Systems der Zentralbanken und der Europäischen Zentralbank.

134 Vgl. hierzu auch: Deutsche Bank Research (1996), S. 22.

Art. 30, 30.3. hervor, nach der die EZB jeder Mitgliedszentralbank eine ihrem Beitrag entsprechende Forderung gutschreibt.
Neben den zahlreichen Problemen, die noch in der Übergangsphase gelöst werden müssen, sind hinsichtlich des Managements der Devisenreserven im ESZB insbesondere zwei Fragen zu klären:[135]

1. Was geschieht mit den Reserveanlagen, die nicht auf die EZB übertragen werden? Dürfen nationale Zentralbanken ihre verbliebenen Reservebestände, die nicht der Zustimmung der EZB bedürfen, veräußern, da solche Transaktionen die geld- und währungspolitischen Gegebenheiten beeinträchtigen und damit den geldpolitischen Kurs der EZB beeinträchtigen könnten?
2. In welchen Anteilen können die Zentralbanken einzelne Reservemedien einbringen, um ihre Verpflichtungen aus der Kapitalaufbringung in Höhe von 5 Mrd. ECU nach Art. 28 und den zusätzlichen 50 Mrd. ECU als Erstausstattung der EZB mit Währungsreserven nach Art. 30 zu erfüllen?

Was die erste Frage betrifft, sieht Art. 31 des Zusatzprotokolls für die nach der Übertragung verbliebenen Reserven die Regelung vor, daß abgesehen von den Transaktionen, die der Erfüllung der Verpflichtungen der nationalen Zentralbanken gegenüber internationalen Organisationen dienen, alle anderen Geschäfte mit Währungsreserven der Zustimmung der EZB bedürfen. Dies gilt auch für die mit den Arbeitsguthaben der einzelnen Mitgliedsnotenbanken durchgeführten Transaktionen in Fremdwährungen, wenn diese über eine bestimmte noch näher zu spezifizierende Grenze hinausgehen.[136] Die nationalen Notenbanken können also ihre nicht an die EZB übertragenen Devisenreserven weiterhin relativ frei disponieren und die aus der Anlage dieser Reserven anfallenden Erträge in die eigenen Notenbankgewinne einstellen. Allerdings müssen ihre Reservetransaktionen im Einklang mit der Geld- und Währungspolitik der EZB stehen.

Die zweite Frage ist von großer Bedeutung, da von ihr nicht nur die zukünftige Anfangsstruktur des Reserveportfolios der EZB abhängt, sondern sich für das Reservemanagement der einzelnen Zentralbanken wichtige Konsequenzen ergeben können. Aufgrund der unklaren Bestimmungen bei der Übertragung der Devisenreserven auf die EZB ist es nämlich möglich, daß einige Länder stark

135 Vgl. hierzu auch: Pringle, R. (1993), S. 40.
136 Für die Operationen der nationalen Zentralbanken und der Mitgliedstaaten, in denjenigen ausländischen Reserveaktiva, die nicht an die EZB übertragen werden, sollen Richtlinien festgelegt werden, um eine einheitliche Geld- und Währungspolitik des ESZB zu gewährleisten. Nach dem Beschluß des EWI-Rates sollen diese Richtlinien auf Verfahren für die Meldung und vorherige Genehmigung von Transaktionen basieren, die noch festzulegenden Grenzen überschreiten. Vgl. European Monetary Institute (1995), S. 77ff.

daran interessiert sind, ihren Beitrag in Gold anstatt in Devisenreserven zu leisten: entweder weil sie nicht über ausreichende Bestände an Nichtteilnehmer-Reservewährungen (Dollar, Yen, Schweizer Franken) verfügen oder weil sie ihre Fremdwährungsanlagen im eigenen Reserveportfolio behalten möchten, da diese im Gegensatz zu Gold einen Zinsertrag abwerfen und sich als Interventionsmedien eignen. Mit anderen Worten kann für einzelne Zentralbanken ein Anreiz bestehen, ihren Beitrag in einem Reservemedium, nämlich Gold, zu leisten, mit dem in der Vergangenheit oftmals nur ein unterdurchschnittlicher Ertrag erwirtschaftet werden konnte und das eine vergleichsweise geringe Fungibilität aufweist. Dieser Ertrag wird dann - wie in Artikel 32 geregelt - in Form der von der EZB erzielten Nettoeinkünfte den nationalen Zentralbanken wieder zufließen. Für eine einzelne Zentralbank besteht damit die Möglichkeit, durch ein effizientes Reservemanagement einen zusätzlichen Gewinn zu realisieren, indem sie die höher verzinslichen Reserveguthaben im eigenen Reserveportfolio behält.[137]
Die Übertragung von Gold auf die künftige EZB bietet sich auch deshalb an, da die von den europäischen Notenbanken gehaltenen Goldbestände von rund 15.000 Tonnen, die zu aktuellen Marktpreisen gerechnet einen Wert von rund 189 Mrd. Dollar haben, praktisch unverkäuflich sind. Ein freihändiger und unkoordinierter Verkauf an dem vergleichsweise engen internationalen Goldmarkt würde zu einem drastischen Preisverfall führen. Durch die Übertragung von Gold auf die EZB ließen sich zudem stille Bewertungsreserven realisieren, sofern Notenbanken wie die Bundesbank ihr Gold nicht zu Marktpreisen bewerten. Die Bundesbank hat allerdings bisher eine marktgerechte Bewertung ihrer Goldreserven strikt abgelehnt.
Eine Übertragung von Gold ist auch schon daher zu erwarten, da die meisten EWS-Zentralbanken in den vergangenen Jahren umfangreiche DM-Bestände aufgebaut haben, die sie aber nicht übertragen dürfen, da weder ECU, IWF-Reservepositionen, SZR noch die Währungen der Mitgliedsländer übertragen werden dürfen. Sofern sie nicht über genügend andere - übertragbare - Reservemittel verfügen, ist es zwar durchaus möglich, daß Zentralbanken ihre DM-Bestände zuvor in andere Reservewährungen wie den Dollar und den Yen konvertieren. Allerdings können mit derartigen Aktionen erhebliche Wechselkursschwankungen verbunden sein, wenn diese über die Märkte abgewickelt werden. Im Rahmen bilateraler Tauschoperationen zwischen Zentralbanken ließen sich jedoch derartige Störungen an den Devisenmärkten vermeiden.

Ende Dezember 1992 beliefen sich die gemeinsamen Devisenreserven der EG-Mitgliedstaaten auf 380 Mrd. Dollar, wovon nach Schätzungen ca. 70 Mrd. Dollar auf EWS-Währungen, besonders D-Mark, lauteten. Zählt man die Goldreserven der EG-Staaten (370 Mio. Unzen) von umgerechnet 122 Mrd Dollar sowie die 92

---

137 Vgl. so auch Pringle, R. (1993), S. 41.

Mio. Unzen Gold des EWFZ hinzu, summieren sich diese Reserven auf eine Größe von 530 Mrd. Dollar.[138] Mit der irreversiblen Fixierung der Wechselkurse entfallen die innergemeinschaftlichen Devisentransaktionen. Es besteht daher keine Notwendigkeit, in dieser Höhe Devisenreserven zu halten, um zur Stabilisierung der Wechselkurse an den Devisenmärkten zu intervenieren. Ein Teil der von den EWS-Ländern gehaltenen Reserven wird deshalb überflüssig. Unter der Annahme, daß die gemeinschaftlichen Währungsreserven prozentual ebenso stark abgebaut werden wie die innergemeinschaftlichen Transaktionen bezogen auf die gesamten Devisentransaktionen, können nach Schätzungen der EG-Kommission von 1990 Reserven in Höhe von rund US-$ 200 Mrd. eingespart werden.[139]
Wenn EWS-Notenbanken, die bisher aus Interventionsgründen vor allem DM-Guthaben hielten, die Devisenreservekomponente abbauen, ist zu erwarten, daß der in den Weltdevisenreserven ausgewiesene DM-Anteil sinken wird.
Da Reserven aber auch Erträge abwerfen und allgemein eine wachsende Nachfrage nach Reserven zu beobachten ist, kann bezweifelt werden, ob die Mitgliedsnotenbanken ihre überschüssigen Reserven langfristig tatsächlich in dem von der EG-Kommission geschätzten Umfang abbauen werden. Sofern die nationalen Währungsbehörden oder die EZB ihre freiwerdenden Reservebestände vermindern sollten, müssen sie darauf achten, daß es nicht zu unerwünschten Wechselkursauswirkungen kommt. Die EG-Kommision stellte daher fest, daß aus diesem Grunde die EWS-Notenbanken ihre Reserven innerhalb einer Übergangsphase beibehalten müssen.[140] Sofern die EZB keine expansive Geldpolitik betreiben möchte, wäre Europa auf diesen großen Reservebestand festgelegt. Ein planmäßiger Abbau von Reserven wäre nur langfristig denkbar.

Welche weiteren Wirkungen sind auf den Diversifizierungsprozeß zu erwarten, wenn man bei der Analyse davon ausgeht, daß in naher Zukunft eine europäische Einheitswährung bestehen und diese die Qualitäten einer Reservewährung erfüllen wird?
Soweit die D-Mark, andere EWS-Währungen und die bisherige ECU von EWS-Mitgliedsländern und Nicht-Mitgliedsländern als Devisenreserven gehalten werden, werden sie mit der Einführung des Euro als einheitliche Währung durch diesen ersetzt. "Offizielle" ECU-Guthaben, die dadurch entstanden sind, daß die Mitgliedsländer Dollarreserven beim EFWZ hinterlegt haben, werden wieder als Dollarguthaben in den nationalen oder gemeinschaftlichen Währungsreserven geführt werden. Dadurch wird sich der Dollar-Anteil an der internationalen Reservehaltung wieder etwas erhöhen.[141]

---

138 Vgl. Pringle, R. (1993), S. 41.
139 Vgl. Kommission der Europäischen Gemeinschaften (1990), S. 203.
140 Vgl. Kommission der Europäischen Gemeinschaften (1990), S. 203.
141 Vgl. hierzu auch: Thiel, E. (1994), S. 408.

Die von den EWS-Mitgliedern gehaltenen Guthaben in Landeswährungen werden in der EWWU ihre Funktion als Devisenreserven verlieren. Aufgrund dieser technischen Umstellungen dürfte zunächst der Anteil des Euro an den internationalen Devisenreserven sogar niedriger ausgewiesen werden als die zusammengefaßten Anteile der jetzigen EWS-Währungen und der bisherigen ECU.
Darüber hinaus steht der in den achtziger Jahren zu beobachtenden Tendenz der Diversifizierung in die D-Mark entgegen, daß die EZB neben den von den EWS-Mitgliedszentralbanken übertragenen Goldreserven ihre Reserven vor allem in Dollar und eventuell in Yen anlegen wird.

2.2.3.2 Wirkungen auf das Reservemanagement von Drittländern

Angesichts der bisher wenig ermutigenden Erfahrungen mit der ECU als Reservewährung und den großen Ungewißheiten über die zukünftige Entwicklung des Euro ist die Beurteilung der möglichen Auswirkungen auf die Reservehaltung von Drittländern und den Diversifizierungsprozeß schwierig. Ob die zukünftige Gemeinschaftswährung zu einer international bedeutenden Reservewährung wird und in Konkurrenz zum US-Dollar und Yen in den Reserveportfolios von Drittländern ein erhebliches Gewicht einnehmen wird, hängt davon ab, inwieweit es ihr gelingt, internationale Geldfunktionen zu übernehmen und sowohl von offiziellen als auch von privaten Stellen als internationale Währung akzeptiert und verwendet zu werden. Wie die Erfahrungen bei anderen wichtigen Reservewährungen zeigen, ist das Entstehen einer bedeutenden internationalen Währung ein langwieriger Prozeß.[142] Faktoren, die hierbei eine Rolle spielen, sind die mit der Verwendung dieser Währung verbundene Verringerung von Transaktionskosten und das Wirksamwerden von Massennutzungseffekten, die mit dem Umtausch von einer Währung in eine andere verbunden sind, die Bedeutung des Emissionslandes im internationalen Handel und im Kapitalverkehr. Darüber hinaus scheinen aber auch geschichtliche Aspekte, wie die Entwicklung des Pfund Sterling und des US-Dollar zu internationalen Reservewährungen beispielhaft zeigen, sowie Hysterese-Effekte eine wichtige Rolle zu spielen. Letztendlich muß eine Währung, die den Status einer internationalen Reservewährung erringen soll, konvertibel, liquide und wertsicher sein und für die Anlage eine marktübliche Verzinsung bieten.
Sofern der Euro die Qualitäten einer internationalen Reservewährung erfüllt, dürfte er von Drittländern als Reservemedium gehalten werden. Länder, die ihre Währungen an die Gemeinschaftswährung anbinden oder einen Zielwert gegen-

142 Zur internationalen Verwendung nationaler Währungen und der Entstehung internationaler Reservewährungen vgl.: Bergsten, C.F. (1975), S. 124f; Roosa, R.V. (1982), S. 4f; Tavlas, G.S. (1991), S. 3ff; Unger, S. (1991), S. 14ff; Feldsieper, M. und P. Terres (1992), S. 195ff.

über dieser festsetzen, werden einen Teil ihrer bisher im Portfolio gehaltenen Währungen durch den Euro substituieren, um auf den Devisenmärkten intervenieren zu können. Die Tendenz zur Diversifizierung der Devisenreserven könnte sich weiter beschleunigen, wenn die Gemeinschaftswährung gegenüber dem US-Dollar in einem stärkeren Maße gehalten wird. Der Dollar-Anteil an den Weltdevisenreserven würde sich dadurch weiter reduzieren.[143]
Eine solche Entwicklung wäre in erster Linie bei den Ländern zu erwarten, die sich noch nicht für die Währungsunion qualifiziert haben oder die bisher traditionell enge Wirtschaftsbeziehungen zur EU haben, die eine EU-Mitgliedschaft anstreben oder die ihre Währungen teilweise bereits an diejenige eines Mitgliedslandes der Gemeinschaft binden oder in der Vergangenheit zeitweise an den ECU gebunden hatten.[144]
Für die europäischen Staaten, die nicht Mitglieder der EU sein werden, die sich aber bereits eng an der Währung eines EU-Mitglieds orientieren, ist zu erwarten, daß sie einen Teil ihrer Reserveguthaben in den Euro umschichten werden. So verfolgt die Schweiz seit den 70er Jahren einen Stabilitätskurs in Anlehnung an die D-Mark und auch Norwegen, das am 27./28. November 1994 den Beitritt zur EU abgelehnt hat, könnte einen Teil seiner DM-Guthaben in die Gemeinschaftswährung umschichten.
Auch für die Reformstaaten in Mittel- und Osteuropa, die sich zur Zeit am Dollar oder der D-Mark orientieren und durch ihre Assoziierungsabkommen eine enge Bindung an die EU suchen, könnte der Euro als Reservewährung an Bedeutung

---

143 Vgl. so die Einschätzung der Kommission der Europäischen Gemeinschaften (1990), S. 204. Ebenso Thiel, E. (1994), S. 408.

144 Vgl. Kommission der Europäischen Gemeinschaften (1990), S. 204. So hatten bereits die skandinavischen Länder, für die die EU der wichtigste Handelspartner ist, ihre Währungen vorübergehend einseitig an die ECU angebunden. Als erste skandinavische Währung wurde die norwegische Krone am 22. Oktober 1990 mit einer Bandbreite von +/-2,25% einseitig an die ECU gebunden. Diesem Beispiel folgten die schwedische Krone am 17. Mai 1991 und die Finnmark am 7. Juni 1991 - allerdings mit unterschiedlichen Schwankungsbreiten gegenüber der ECU; +/-1,5% bei der schwedischen Krone und +/-3% bei der Markka. Vgl. hierzu auch: Duijm, B. und B. Nürk (1991), S. 10. Die Turbulenzen auf den europäischen Devisenmärkten im September 1992 und den folgenden Monaten griffen auch auf die nordeuropäischen Länder über und ließen deren Währungen ebenfalls unter Druck geraten. Finnland zog als erstes die Konsequenzen aus dieser Entwicklung und gab am 8. September 1992 den Kurs der Markka frei, um weitere Devisenabflüsse und einen Verlust an Währungsreserven zu vermeiden. Die Schwedische Reichsbank konnte zunächst noch den Kurs der Krone durch drastische Maßnahmen, so wurde der Zinssatz für Tagesgeld kurzfristig auf exorbitante Höhen angehoben, verteidigen. Aber nach weiteren Spekulationswellen, die erneut hohe Stützungsverkäufe notwendig machten, gab die schwedische Notenbank die Bindung an die ECU am 23. November 1992 ebenfalls auf. Norwegen folgte am 11. Dezember 1992 diesem Schritt. Anfang 1995 traten Schweden, Finnland und Österreich der EU bei, wobei bisher nur Österreich am EWS teilnimmt.

gewinnen.[145] Dies gilt ebenso für die wirtschaftlich eng mit der EU verbundenen afrikanischen Staaten des Lomé-Abkommens sowie für einige mediterrane Entwicklungsländer.
Neben den sich stärker an der EU orientierenden Ländern dürften auch die USA und Japan aus Interventionsgründen Guthaben in Euro erwerben und Länder, die ihre Devisenreserven bisher in europäischen Währungen anlegten, werden diese Bestände in Euro umschichten.
Insgesamt betrachtet könnte sich der besonders seit den achtziger Jahren abzeichnende Trend der Reservediversifizierung in die D-Mark weiter beschleunigen zugunsten des Euro. Dem steht allerdings gegenüber, daß das durch die bisherige Währungsvielfalt in Europa bestehende Diversifizierungspotential, wovon allerdings neben der D-Mark nur noch der niederländische Gulden und der französische Franc als internationale Reservewährungen eine gewisse Bedeutung erlangt haben, auf eine einzige Währung eingeengt wird. Zentralbanken, die aus Renditeüberlegungen ihre Reserveanlagen bisher auf mehrere europäische Währungen streuen konnten, werden ihre Anlagestrategien modifizieren müssen und sich stärker auf die Alternativen Dollar, Yen und Euro konzentrieren.

2.3 Transaktionsansatz versus Portfolioansatz

In den vorangegangenen Abschnitten wurde herausgearbeitet, daß das jeweilige Wechselkursregime und die Struktur der internationalen Transaktionen eines Landes einen erheblichen Einfluß auf das Reservemanagement einer Zentralbank und die Zusammensetzung der Devisenreserven nehmen können. Die im empirischen Teil der Untersuchung festgestellte große Kluft zwischen der mit Hilfe des portfoliotheoretischen Modells ermittelten optimalen Zusammensetzung der Devisenreserven und der tatsächlich in den globalen Reservestatistiken ausgewiesenen Währungsstruktur ist ein Hinweis, daß der Umfang der Reserven, die nach den jeweiligen Transaktionsbedürfnissen strukturiert werden, bedeutend ist. Auf globaler Ebene betrachtet stellt sich damit die Frage, ob die Zusammensetzung der Devisenreserven eher durch transaktionstheoretische als durch portfoliotheoretische Überlegungen erklärt werden kann.
Mit dieser Frage beschäftigt sich Dooley in seiner Arbeit. Für 93 Entwicklungsländer und einzelne Untergruppen[146] untersucht er die Währungsstruktur ihrer

---

145 Vgl. so die Einschätzung der Kommission der Europäischen Gemeinschaften (1990), S. 205.

146 Dooley teilt die Entwicklungsländer in fünf Untergruppen ein, wobei er zwischen wichtigen ölexportierenden Ländern, ölimportierenden Entwicklungsländern mit mittleren Einkommen, Ländern mit geringen Einkommen sowie Ländern, die industrielle Erzeugnisse exportieren und Netto-Ölexporteure unterscheidet. Vgl. Dooley, M. (1986), S. 268ff.

Devisenreserven und Auslandsschulden. Ein wichtiges Ergebnis seiner Untersuchung ist, daß die Währungsstruktur der Bruttoreserven nicht mit einem portfoliotheoretischen Optimierungsansatz konsistent zu sein scheint. Denn sowohl für alle betrachteten Entwicklungsländer als auch für einzelne Untergruppen konnte nur eine geringe Übereinstimmung zwischen der Zusammensetzung der Brutto- und der Nettowährungspositionen nach Währungen, d.h. die Auslandsaktiva abzüglich der Auslandsverbindlichkeiten in einer Währung, festgestellt werden. Immer wenn die Zusammensetzung entweder der Brutto- oder der Nettoauslandsaktiva annähernd optimal strukturiert war, wich die Struktur der jeweils anderen sehr stark von der der optimalen ab.
Nach den Ergebnissen Dooleys scheint die globale Diversifizierung der Reserveaktiva aus dem US-Dollar vor allem in die D-Mark und den japanischen Yen nach dem Zusammenbruch des Bretton Woods-Systems mit der Entwicklung der Netto-Fremdwährungsposition wesentlich gleichgerichteter verlaufen zu sein als mit der der Bruttoreserveposition. Hieraus kann man den Schluß ziehen, daß, sofern eine Portfoliooptimierung überhaupt stattgefunden hat, sie auf Seiten der Auslandsschulden im selben Ausmaß stattgefunden haben kann wie auf Seiten der Reserveaktiva.[147]
Ein weiterer Hinweis dafür, daß Devisenreserven aus dem Vorsichtsmotiv und besonders aus Transaktionsgründen gehalten werden, sieht Dooley darin, daß die Anteilsänderungen des US-Dollar an den Bruttoreserven der Entwicklungsländer größtenteils Wechselkurseffekte widerspiegeln. Eine Vergleichsrechnung der Anteile zu konstanten Wechselkursen zeigte, daß sich der Dollaranteil kaum verändert hat.[148] Dies bedeutet, daß die Währungsbehörden der Entwicklungsländer Wechselkursänderungen passiv akzeptieren, ohne hierauf bewußt mit einer Umschichtung der Reserveportfolios zu reagieren. Eine Erklärung für dieses Verhalten ist, daß die auf die Zusammensetzung der Devisenreserven wirkenden Bewertungseffekte deshalb ohne Gegenmaßnahmen hingenommen werden, weil diese mit den Auswirkungen der Wechselkursschwankungen auf die Transaktionsbedürfnisse konsistent sind. Solange sich die Struktur der nominalen Preise und der Zahlungsströme mit den Wechselkursänderungen gleichgerichtet verändert, ist eine Anpassung der Währungsmischung der Transaktionsguthaben nicht erforderlich.[149]

Nach Dooleys Überlegungen würde sich eine Zentralbank bei ihren reservepolitischen Entscheidungen hauptsächlich dann auf portfoliotheoretische Überlegungen konzentrieren, wenn die Währungsanteile an den Devisenreserven zu den jeweiligen Wechselkursen gerechnet wesentlich stabiler sind als zu konstanten Wechselkursen. Sind dagegen die Währungsanteile zu konstanten Wechsel-

147 Vgl. Roger, S. (1993), S. 50.
148 Vgl. Dooley, M. (1986), S. 269f.
149 Vgl. Dooley, M. (1986), S. 270.

kursen wesentlich stabiler, dann werden vermutlich Transaktionsüberlegungen von größerer Bedeutung sein. In diesem Fall sind die Reserveguthaben so zu strukturieren, daß sie möglichst leicht liquidierbar und für Auslandszahlungen einsetzbar sind.
Allerdings handelt es sich hier nur um einen relativ groben Beurteilungsmaßstab, mit dem das relative Gewicht, das Zentralbanken Transaktions- oder Portfolioüberlegungen bei der Bestimmung der Zusammensetzung ihrer Devisenreserven beimessen, beurteilt werden kann. Denn egal, ob die Anteile zu konstanten oder zu jeweiligen Wechselkursen berechnet werden, es wird immer eine gewisse Instabilität geben, die einerseits auf die laufende Verwendung der Reserven aus Transaktions- oder Interventionszwecken und andererseits auf Veränderungen der Portfoliopräferenzen oder der Transaktionsbedüfnisse zurückzuführen ist.[150]
Roger schlägt deshalb als einen allgemeineren Beurteilungsmaßstab vor, das Verhältnis zwischen der Variabilität der Reserven zu konstanten und zu laufenden Wechselkursen zu verwenden, um einen besseren Anhaltspunkt über die jeweiligen Prioritäten des Reservemanagements zu gewinnen. Auf Basis der in den Jahresberichten des IWF berichteten Zusammensetzung der offiziellen Devisenreserven der IWF-Mitglieder berechnet er daher die Variabilität der Reservezusammensetzung nach einzelnen Währungen zu laufenden und zu konstanten Wechselkursen und zwar für die Gruppe der Industrie-, der Entwicklungsländer und für alle Länder im Zeitraum zwischen 1975 und 1992 und kommt zu folgenden Ergebnissen:[151]
Die Variabilität der Währungsanteile fiel bei den Industrieländern mehr als doppelt so groß aus wie bei den Entwicklungsländern. Trotz beträchtlicher Unterschiede bei der relativen Variabilität der Währungsanteile innerhalb jeder Ländergruppe waren die Anteile aller Währungen bis auf den Schweizer Franken innerhalb der Gruppe der Industrieländer relativ zu den durchschnittlichen Anteilen immer variabler als innerhalb der Gruppe der Entwicklungsländer. Insgesamt betrachtet war jedoch ansonsten bei beiden Ländergruppen die Variabilität der Währungsanteile zu jeweiligen Wechselkursen wie auch zu konstanten Wechselkursen nahezu gleich. Hieraus lassen sich zwei wichtige Schlußfolgerungen ziehen: Erstens scheinen bei den reservepolitischen Entscheidungen über

---

150 Vgl. Roger, S. (1993), S. 51.

151 Als Maß für die Variabilität und die relative Variabilität der einzelnen Währungsanteile verwendet Roger einerseits die Standardabweichung der Währungsanteile und andererseits einen Abweichungskoeffizienten, der als Standardabweichung in Prozent des durchschnittlichen Anteils berechnet wird. Beide Maße kommen zu nahezu gleichen Ergebnissen. Allerdings ist besonders das zweite Konzept geeignet, da die Abweichungskoeffizienten einen besseren direkten Vergleich zwischen den Währungen gestatten und eine bereinigte Meßgröße darstellen, da sich die durchschnittlichen Währungsanteile, je nachdem ob sie zu konstanten oder zu jeweiligen Wechselkursen berechnet werden, unterscheiden können. Vgl. Roger, S. (1993), S. 51ff, insbesondere S. 54.

die Zusammensetzung der Devisenreserven sowohl Transaktionsüberlegungen als auch Überlegungen über eine Portfoliooptimierung eine gewisse Rolle zu spielen. Es ist allerdings nicht auszumachen, welche der beiden Strategien innerhalb des Reservemanagements eindeutig überwiegt. Zweitens tendiert keine der beiden Ländergruppen eindeutig dazu, gegenüber der anderen Gruppe ein stärker transaktions- oder portfolioorientiertes Reservemanagement zu verfolgen. Das letzte Ergebnis steht damit in krassem Widerspruch sowohl zu dem von Ben-Bassat, wonach zumindest Mitte der siebziger Jahre die Entwicklungsländer scheinbar einen größeren Wert auf Portfolioüberlegungen legten als die Industrieländer,[152] als auch zu den Ergebnissen von Dellas.[153] Danach verfolgten vor allem die Industrieländer im Zeitraum zwischen 1977 und 1984 einen eher portfolioorientierten Ansatz, und Transaktionskostenüberlegungen schienen eher für Zentralbanken von Entwicklungsländern zuzutreffen, und unter den Bedingungen geringer Transaktionskosten würden Risiko- und Renditeüberlegungen Transaktionskostenüberlegungen dominieren.
Aufgrund der Analyse von Roger muß man zu dem Schluß kommen, daß die Entscheidungen über die Zusammensetzung der Devisenreserven nicht unbedingt durch Transaktionsüberlegungen dominiert werden, sondern ebenso gut auch durch portfoliotheoretische Modelle erklärt werden können.[154]

Eine weitere Untersuchung, um den Einfluß von Transaktions- und Portfolioüberlegungen auf die Zusammensetzung der Devisenreserven für eine Gruppe von 58 Ländern im Zeitraum zwischen 1976 und 1985 genauer abzuschätzen, stellt der Ansatz von Dooley, Lizondo und Mathieson dar. Von der Grundstruktur her gleicht ihr Ansatz im wesentlichen dem von Heller und Knight. Dooley, Lizondo und Mathieson setzten jedoch verbesserte Schätztechniken ein und versuchten, den Portfolioansatz mit dem Transaktionsansatz zu verbinden, um ein optimal strukturiertes Reserveportfolio zu bestimmen. Hierbei gehen sie von der Hypothese aus, daß die Struktur des Bruttobestands der Auslandsaktiva eines Landes hauptsächlich durch Transaktionskosten[155] und den Umfang der nicht

---

152 Ben-Bassat, A. (1980), S 293f.

153 Dellas, H. (1989a), S. 6.

154 Vgl. Roger, S. (1993), S. 54.

155 Werden Interventionen wiederum durchgeführt, um ein bestimmtes Wechselkursziel zu verfolgen oder um ausländische Güter und Dienstleistungskäufe zu finanzieren, so entstehen einer Zentralbank im Zuge ihrer Devisenmarkttransaktionen dann Transaktionskosten, wenn im Reservebestand nicht in einem ausreichenden Maße die Währung gehalten wird, um die in Verbindung mit den Auslandstransaktionen der Volkswirtschaft entstehende Überschußnachfrage am Devisenmarkt nach dieser Währung befriedigen zu können und eine im Reserveportfolio gehaltene Währung erst in die erforderliche umgetauscht werden muß. Des weiteren entstehen Transaktionskosten, wenn das Land aufgrund einer vorübergehenden Reserveknappheit gezwungen ist, einen externen Kredit aufzunehmen, wobei die Bonität des Schuldners die jeweiligen Konditionen und damit die Kosten bestimmt, zu denen ein Land sich an den

vorher absehbaren Devisenmarkttransaktionen beeinflußt wird, während die Nettowährungsposition eines Landes eher durch Ertrags- und Risiko-Überlegungen und die relative Risikoaversion beeinflußt wird und daher adäquat durch den Portfolioansatz beschrieben werden kann.[156]

Wenn für das reservepolitische Verhalten offizieller Währungsbehörden Transaktionskostenüberlegungen eine wichtige Rolle spielen, so die Überlegungen Dooleys, Lizondos und Mathiesons, dann wird der Anteil an den Devisenreserven, der in einer bestimmten Reservewährung gehalten wird, der Tendenz nach mit dem Anteil der Auslandstransaktionen des Landes zunehmen, die in dieser Währung abgewickelt werden. Die Währungsstruktur der Handels- und Dienstleistungsströme eines Landes ist demnach eine wichtige Determinante für die Zusammensetzung der Devisenreserven.[157]

Wie Heller und Knight gehen Dooley, Lizondo und Mathieson ebenfalls von der These aus, daß der Währungsanteil an den Devisenreserven eines Landes, der in einer bestimmten Währung gehalten wird, zusätzlich durch das jeweilige Wechselkursregime beeinflußt wird.[158]

Das interessante an der Untersuchung von Dooley, Lizondo und Mathieson ist, daß die Analyse nicht wie bei den meisten anderen Arbeiten auf die Zusammensetzung der Reserveportfolios ganzer Ländergruppen beschränkt bleiben muß. Dooley, Lizondo und Mathieson können vielmehr auf die Angaben einzelner Länder zurückgreifen, die die Währungsstruktur ihrer Reservebestände dem IWF berichten. Dies läßt einen tieferen Einblick über die relative Bedeutung einzelner Einflußfaktoren auf die Zusammensetzung der Devisenreserven zu. Im wesentlichen kommen Dooley, Lizondo und Mathieson zu den gleichen Ergebnissen wie Heller und Knight.

---

internationalen Finanzmärkten verschulden kann. Vgl. hierzu auch: Dooley, M.P., J.S. Lizondo und D.J. Mathieson (1989), S. 395.

156 Vgl. Dooley, M.P., J.S. Lizondo und D.J. Mathieson (1989), S. 391 und 398.

157 Da die Weltbank nur für Entwicklungsländer die Währungsstruktur der Auslandsverschuldung ausweist und eine vergleichbare Statistik für Industrieländer fehlt, kann der Einfluß dieser Größe nur für die erste Ländergruppe untersucht werden.

158 Der vom Wechselkursregime auf die Zusammensetzung der Devisenreserven ausgehende potentielle Einfluß wird durch fünf Dummy-Variablen erfaßt, die der in den "Annual Report on Exchange Rate Arrangements and Trade Restrictions" des IWF berichteten Klassifizierung der Wechselkursregime entsprechen. Bei den Wechselkurssystemen wird zwischen Ländern unterschieden, die ihren Wechselkurs an den US-Dollar, den französischen Franc und an einen Währungskorb gebunden haben, sowie zwischen Ländern, die in einem Gemeinschaftssystem eingebunden sind, und Ländern, die ein System des "managed floating" oder ein anderes flexibles System aufweisen oder deren Währungen unabhängig floaten. Vgl. Dooley, M.P., J.S. Lizondo und D.J. Mathieson (1989), S. 400.

Faßt man die mit Hilfe mehrerer Regressionsanalysen[159] gewonnenen Ergebnisse über die Reservehaltung der 19 Industrieländer und 39 Entwicklungsländer umfassenden Stichprobe für den Zeitraum zwischen 1976 und 1985 zusammen, so deuten diese darauf hin, daß sowohl bei den Entwicklungsländern als auch bei den Industrieländern das jeweilige Wechselkursregime und die Währungsstruktur der Auslandstransaktionen einen signifikaten Einfluß auf die währungsmäßige Zusammensetzung der Devisenreserven ausüben. Darüber hinaus spielt bei den Entwicklungsländern bei der Bestimmung der einzelnen Anteile wichtiger Reservewährungen die Währungsstruktur der Schuldendienstzahlungen ebenso eine entscheidende Rolle wie die Struktur der Außenhandelsströme.[160] Die relative Bedeutung der Transaktionsüberlegungen schwankte jedoch zwischen den einzelnen Währungen erheblich. So konnte der Anteil des französischen Franc an den Devisenreserven besonders gut durch die Handelsstruktur und das Wechselkurssystem erklärt werden.[161] Bei den anderen Währungen hingegen, besonders bei der D-Mark und beim Pfund Sterling, und für die Industrieländer waren diese Zusammenhänge weniger stark ausgeprägt.

Bei den Industrieländern beeinflußte das Wechselkurssystem den jeweiligen Anteil der einzelnen im Reserveportfolio gehaltenen Währungen am stärksten. Dies galt in erster Linie für die Länder, deren Währungen frei schwankten und die dem Europäischen Wechselkursverbund bzw. dem EWS angehörten. Diese hielten einen bedeutend größeren Anteil ihrer Devisenreserven in US-Dollar als andere Länder. Dieser hohe Dollaranteil ging zu Lasten der D-Mark und des französischen Franc. Hierin kommt die herausragende Bedeutung des Dollar als Interventionswährung und die Verpflichtung der EWS-Länder zum Ausdruck, Mitgliedswährungen nur in Höhe der erforderlichen Arbeitsguthaben zu halten. Da sich der Untersuchungszeitraum jedoch nur bis Ende 1985 erstreckte, konnte noch nicht das veränderte Interventionsverhalten innerhalb des EWS nach 1985 berücksichtigt werden.

Auch von den Handelsbeziehungen zu wichtigen Reservewährungsländern (mit Ausnahme gegenüber den USA) scheint ein gewisser Einfluß auf die Zusammensetzung der Reserveportfolios bei den Industrieländern auszugehen, dieser ist aber nicht so stark wie bei den Entwicklungsländern.[162]

Wie Dooley kommen auch Dooley, Lizondo und Mathieson in ihrer Untersuchung ebenfalls zu dem Ergebnis, daß die gesamte Netto-Fremdwährungsposition eines Landes zu einem gewissen Ausmaß von Ertrags- und Risikoüberlegungen

159 Die Regressionsanalyse wird mit drei unterschiedlichen Schätzmethoden durchgeführt: Der normalen Kleinst-Quadrate-Methode, einem zensorisierten Regressionsmodell und einer symmetrischen zensorisierten Kleinst-Quadrate-Schätzung. Vgl. Dooley, M.P., J.S. Lizondo und D.J. Mathieson (1989), S. 401-405.

160 Vgl. Dooley, M.P., J.S. Lizondo und D.J. Mathieson (1989), S. 392.

161 Vgl. Dooley, M.P., J.S. Lizondo und D.J. Mathieson (1989), S. 405f.

162 Vgl. Dooley, M.P., J.S. Lizondo und D.J. Mathieson (1989), S. 407f.

bestimmt, die Brutto-Reservehaltung aber maßgeblich von Transaktionskostenüberlegungen beeinflußt werden.[163] Obwohl die Transaktionskosten einzelner Währungen an den Devisenmärkten relativ gering sind, scheinen sie dennoch hoch genug zu sein, daß Zentralbanken es für vorteilhaft erachten, ihre Devisenreserven nicht nur in einer einzigen Reservewährung zu halten. Diese müßten dann je nach den erforderlichen Zahlungen erst in eine andere Währung umgetauscht werden. Hält eine Zentralbank mehrere Reservewährungen gleichzeitig in ihrem Portfolio, kann sie die bei einem Währungstausch anfallenden Transaktionskosten einsparen.[164]

Festzuhalten bleibt damit, daß hinsichtlich der Frage, ob die Entscheidungen über die Zusammensetzung der Devisenreserven eher durch Transaktionsüberlegungen als durch Ertrags- und Rendite-Überlegungen bestimmt werden, die vorgestellten Studien ein recht uneinheitliches Bild vermitteln. Auf globaler Ebene kann keine eindeutige und abschließende Antwort gegeben werden. Vielmehr hängt es von den jeweiligen Zielsetzungen und Präferenzen der einzelnen Zentralbank ab, ob sie eher Transaktionsüberlegungen oder Ertrags- und Rendite-Überlegungen eine größere Bedeutung beimißt. Das Reservemanagement sollte daher alle für das Land wichtigen Größen berücksichtigen. Der Portfolioansatz und der Transaktionsansatz sollten sinnvoll miteinander kombiniert werden.

3 Portfolioanpassungen und die Stabilität des internationalen Währungssystems

Die im IV. Kapitel abgeleiteten portfoliotheoretischen Überlegungen legen es nahe, den Reservebestand angesichts von Währungsrisiken nicht in einer Währung zu konzentrieren, sondern auf mehrere Währungen zu streuen. Hierdurch besteht die Chance, den bei einer Währung erlittenen Wertverlust durch die Wertsteigerung bei einer anderen Währung auszugleichen und somit den Gesamtverlust möglichst gering zu halten.

Tatsächlich läßt sich besonders seit Beginn der siebziger Jahre beobachten, daß eine wachsende Zahl von Zentralbanken ihre Devisenreserven nicht mehr ausschließlich in US-Dollar hält, sondern in andere Währungen diversifiziert.

Wie die Ergebnisse der empirischen Untersuchung oben aber zeigten, sollte nach portfoliotheoretischen Gesichtspunkten der globale Dollaranteil in den Portfolios offizieller Stellen noch stärker vermindert werden. Unter Berücksichtigung dynamischer Aspekte sollten darüber hinaus die Reserveportfolios von Zeit zu Zeit zwischen den verschiedenen Reservewährungen umstrukturiert werden.

---

163 Vgl. Dooley, M.P., J.S. Lizondo und D.J. Mathieson (1989), S. 387.

164 Vgl. Dooley, M.P., J.S. Lizondo und D.J. Mathieson (1989), S. 409.

Tatsächlich sind jedoch noch sehr große Diskrepanzen zwischen der optimalen Portfoliostruktur und den globalen Reserveanteilen sowie eine gewisse Trägheit bei der Veränderung der Reserveanteile zu beobachten. Eine Erklärung für diese Beobachtung ist, daß Zentralbanken vor einer weitergehenden Diversifizierung ihrer Reserven bisher zurückschrecken, da von Portfolioumschichtungen größeren Ausmaßes erhebliche Wechselkursunruhen mit den damit verbundenen Folgewirkungen für die nationalen Wirtschaftspolitiken und die Weltwirtschaft ausgehen könnten und dadurch die Stabilität der internationalen Währungsordnung gefährdet werden könnte.
Mit der zunehmenden Diversifizierung von Reserven entbrannte deshalb eine lebhafte Debatte um die Frage, ob ein System, in dem mehrere nationale Währungen als Devisenreserven gehalten werden und das Portfolioumschichtungen zwischen den verschiedenen Reservewährungen ermöglicht, grundsätzlich ein äußerst instabiles Gebilde ist. Im folgenden ist deshalb zu untersuchen, ob die Diversifizierung von Reserven die Stabilität des internationalen Währungssystems negativ beeinflußt hat und ob Währungsbehörden bei der Wahl der Zusammensetzung ihrer Devisenreserven derartige stabilitätspolitische Überlegungen berücksichtigen.

3.1 Die potentiellen Gefahren von Reserveumschichtungen für die Stabilität des internationalen Währungssystems - eine Retrospektive

Die Furcht vor einem Währungssystem, in dem mehrere Reservewährungen gleichzeitig nebeneinander gehalten werden und Währungsbehörden jederzeit ihre Portfolios zwischen verschiedenen Reservewährungen umschichten können, ist nicht neu. Ihre Wurzeln reichen bis Ende der fünfziger Jahre zurück, als Robert Triffin mit dem Erscheinen seines Buches "*Gold and the Dollar Crisis*"[165] erstmals die Aufmerksamkeit auf die dem Gold-Devisenstandard von Bretton Woods innewohnende Instabilität lenkte.
Das von *Triffin* aufgezeigte "*Leitwährungs- oder Triffin-Dilemma*" und die damit verbundene Instabilitäts-These basierten auf der Überlegung, daß im System weitgehend fester Wechselkurse von Bretton Woods die Schaffung internationaler Reserven und die Versorgung der Weltwirtschaft mit internationaler Liquidität von der laufenden Goldproduktion und davon abhängen, ob die USA als wichtigstes Reservewährungsland ein Defizit in ihrer Zahlungsbilanz aufweisen. Zu einer Zunahme an internationaler Liquidität kann es demnach nur kommen, wenn das Reservewährungsland ein Defizit aufweist oder die Goldproduktion zunimmt. Bei einer reichlichen Versorgung der Welt mit Dollarreserven aufgrund eines anhaltenden Defizites der Vereinigten Staaten würde die Fähigkeit der amerikanischen Währungsbehörden zur Einlösung ihrer Dollarverpflichtungen in Gold und damit die Aufrechterhaltung der im damaligen System gültigen festen Gold-Dollar-

165 Vgl. Triffin, R. (1960).

Relation früher oder später in Frage gestellt werden. Sobald die Nicht-Reservewährungsländer nicht mehr länger bereit sind, weitere Forderungen gegenüber dem Reservewährungsland aufzubauen, werden sie versuchen, einen Teil ihrer Forderungen in Gold umzutauschen. Durch den Abfluß von Gold aus dem Reservewährungsland verschlechtert sich zusätzlich die Relation von Gold und Auslandsverbindlichkeiten. Solange das Reservewährungsland nicht auf einen Ausgleich seiner Zahlungsbilanz hinwirkt, wird ein anhaltendes Defizit und damit der Anstieg der Auslandsverbindlichkeiten des Reservewährungslandes längerfristig zu einem Vertrauensverlust in die Stabilität seiner Währung führen. Zwangsläufig wird es zu einer Vertrauenskrise und zu Spekulationen gegen die Reservewährung kommen. Im Fall einer ausgeglichenen Zahlungsbilanz der USA würde die internationale Reserveversorgung nur um die laufende Goldproduktion zunehmen, so daß es bei einem wachsenden Welthandel und einer expandierenden Weltproduktion zu einer Unterversorgung mit internationaler Liquidität und entsprechenden deflatorischen Folgen kommen würde. Ein Währungssystem, in dem die Schaffung internationaler Reserven auf einer nationalen Währung oder der Goldproduktion basiert, würde früher oder später in eine Liquiditätskrise oder in eine Vertrauenskrise gegenüber dem Leitwährungsland stürzen.

Diese Hiobsbotschaft löste in den frühen sechziger Jahren eine heftige Debatte über eine Reform des internationalen Währungssystems aus, um das internationale Währungssystem vom Gold zu lösen und die Schaffung neuer internationaler Liquidität von nationalen Währungen unabhängiger zu machen.

Im Rahmen dieser Diskussion wurden von Posthuma, Roosa, Zolotas und Lutz Vorschläge unterbreitet,[166] die das Währungssystem von Bretton Woods so ausgestalten wollten, daß es gegenüber Vertrauenskrisen weniger empfindlich reagiere.[167] Hierzu sollte die Reservewährungsfunktion über den US-Dollar und das Pfund Sterling hinaus auf mehrere Währungen ausgedehnt und damit die Schaffung von Devisenreserven auf mehrere Länder verteilt werden. Durch die Erweiterung der Goldkonvertibilität auch auf diese Währungen, sollte eine größere Wertsicherheit für die von Zentralbanken gehaltenen Devisenreserven erreicht werden. Die Befürworter dieser Vorschläge verwiesen darüber hinaus auf den zu erwar-

---

166 Vgl. hierzu die Ansätze von: Lutz, F.A. (1963a), ders. (1963b); Zolotas, X. (1961), ders. (1963), ders. (1977); Posthuma, S. (1963a), ders. (1963b); Roosa, Robert V. (1962a), ders. (1962b), ders. (1963).

167 Auf eine detaillierte Darstellung und Diskussion dieser Reformvorschläge, mit denen der Dollar entlastet und eine Diversifizierung offizieller Währungsreserven vermieden oder in geregelten Bahnen geleitet werden sollte, soll im folgenden verzichtet werden, da diese bereits an anderer Stelle umfassend untersucht und kritisiert wurden. Vgl. hierzu die Arbeiten von: Machlup, F. (1964), S. 24f; Issing, O. (1965), S. 256ff; Kern, M. (1976), S. 113ff. Eine ausführliche und kritische Analyse der Reformvorschläge ist zu finden bei: Hasse, R. (1984), S. 81 ff.

tenden zunehmenden Wettbewerb zwischen den Währungen, der zu einem größeren Disziplinierungszwang auf die Reserveanbieter führen würde.
Von den Kritikern wurden diese Vorschläge als eine besonders kritische Lösung für das internationale Währungssystem angesehen. Sie befürchteten, daß sich in einem multiplen Reservewährungssystem das von Triffin vorgetragene Leitwährungsdilemma vervielfachen und in einer akzentuierteren Form auftreten würde. Die Ausdehnung der Reservewährungsfunktion auf mehrere Währungen würde zu einer erhöhten währungspolitischen Instabilität beitragen. Eine besonders kritische Position vertrat Machlup, der ein System multipler Währungsreserven unter der Annahme fester Wechselkurse mit dem Bimetallismus des 19. Jahrhunderts verglich:[168] Einem System, das einerseits durch eine relative Reserveknappheit und andererseits durch einen Überfluß an Reservemitteln gekennzeichnet war, die durch plötzliche und übermäßige Nachfrageverschiebungen von einer Reservewährung in andere verursacht wurden. Machlup wendete gegen einen multiplen Währungsstandard ein, daß bei einem Nebeneinander mehrerer Reserveaktiva das Greshamsche Gesetz wirken würde, nach dem gutes Geld durch schlechtes aus dem Umlauf in die Horte verdrängt werde. Das Greshamsche Gesetz gilt in einem System mehrfacher Reserveaktiva nur unter den Voraussetzungen fester Wechselkurse und des Annahmezwangs, wie sie unter den Funktionsbedingungen des Bretton-Woods-Systems zu finden waren.[169]
Im Dollar-Leitwährungsstandard und seinem asymmetrischen Interventionssystem waren die reserveabhängigen Länder einseitig verpflichtet, die Parität des Dollar zu stützen. Diese Interventionspflicht der wertstabilen reserveabhängigen Länder wirkte auf internationaler Ebene wie ein Annahmezwang innerhalb eines Währungsraums.[170] Unter den Bedingungen fester Paritäten hätten darüber hinaus reservehaltende Stellen frei zwischen verschiedenen Anlagemedien wechseln und gegen das System spekulieren können, ohne große Wertverluste erleiden zu müssen. Sofern die Umschichtungen der Reservebestände groß genug waren, konnten derartige Reservepolitiken das internationale Währungssystem gefährden.
Nach Machlup könne ein System multipler Reserveaktiva nur dann funktionieren und stabil sein, wenn alle Länder, die eine international bedeutende Währung emittieren, eine strikte monetäre Disziplin wahren würden, was er jedoch für sehr unwahrscheinlich hielt. Ein System mehrfacher Reservewährungen sei deshalb ein äußerst instabiles Gebilde und die Sicherheit des Währungssystems bliebe am ehesten bewahrt, wenn es nur eine einzige internationale Währung gäbe.[171] Die institutionelle Schaffung eines multiplen Reservewährungssystems, die eine effektive Diversifizierung der Devisenreserven bedeutet hätte, wurde deshalb kategorisch abgelehnt.

---

168 Vgl. hierzu auch: Group of Thirty (1980), S. 6.
169 Vgl. Bartel, K. (1974), S. 35f.
170 Vgl. Bartel, K. (1974), S. 36.
171 Vgl. Machlup, F. (1964), S. 28.

Obwohl nach dem endgültigen Zusammenbruch des Festkurssystems von Bretton Woods und dem Übergang zum Floaten im Jahr 1973 die Voraussetzungen für das Greshamsche Gesetz nicht mehr gegeben waren, prägte Machlups Kritik bis Ende der siebziger Jahre die weitere überwiegend ablehnende Haltung gegenüber einem System mehrfacher Reservewährungen, wie es sich durch die Diversifizierung von Reserven über den Markt entwickelt hatte. So hoben sowohl der IWF, die Bundesbank und die Schweizer Notenbank als auch die Group of Thirty mit unterschiedlicher Intensität die Instabilität eines solchen Systems hervor.[172]
Es wurde befürchtet, daß ein Währungssystem, in dem mehrere nationale Währungen nebeneinander als Reserven gehalten werden,

- keine optimale Versorgung der Weltwirtschaft mit internationaler Liquidität gewährleisten könne und es zu einer unkontrollierten Aufblähung der internationalen Liquidität und damit zur einer Verstärkung der weltweiten Inflation kommen würde;
- mit den Risiken ständiger Währungsumschichtungen und den damit verbundenen negativen Folgewirkungen für die nationalen Wirtschaftspolitiken und die Weltwirtschaft behaftet sei;
- dazu führt, daß das einzelne Reservewährungsland an wirtschafts- und währungspolitischer Autonomie verlieren würde und seine binnenwirtschaftlichen Politiken in einem stärkeren Maße außenwirtschaftlichen Zwängen unterordnen müsse.[173]

Als die Vereinigten Staaten gegen Ende der siebziger Jahre durch ihren expansiven geldpolitischen Kurs die Weltwirtschaft mit immer mehr Dollars versorgten, die amerikanische Inflationsrate erneut anstieg und der Dollar abwertete, schwand das Vertrauen in die amerikanische Wirtschaftspolitik und damit in den US-Dollar zunehmens.
Unter diesen Bedingungen versuchten viele Zentralbanken, durch eine Diversifizierung ihrer Reserven aus dem Dollar einen Realwertverlust ihrer Reserveportfolios zu begrenzen oder zumindest die Rendite aus den Reserveguthaben zu erhöhen. Die voranschreitende Diversifizierung aus dem Dollar und die stärkere Hinwendung zu den neuen Reservewährungen, die nach 1975 zunächst in die D-Mark, ab 1976 in den Schweizer Franken und ab 1977 in den Yen in einem be-

172 Vgl. zur Position des IWF: Habermeier, W. (1980), S. 42. Vgl. darüber hinaus: Deutsche Bundesbank (1979), S. 34; Leutwiler, F. und R. Kästli (1982), S. 32ff; Group of Thirty (1980), passim.

173 Vgl. hierzu: Roosa, R.V. (1982), S. 6ff; Boeck, K. und D. Gehrmann (1973), S. 104. Eine Zusammenfassung der verschiedenen Ablehnungsargumente ist zu finden bei: Hasse, R. (1981), S. 73f. und ders. (1987), S. 144.

deutenden Maß einsetzte und sich nach der zweiten Ölkrise 1978 beschleunigte, wurde mit großer Sorge betrachtet.[174]
Die USA waren über die anhaltende Abwertung des Dollar besorgt, da diese mit den wirtschaftlichen Gegebenheiten nicht mehr zu rechtfertigen war. Sie befürchteten, daß die in den Jahren 1978-79 ergriffenen Anstrengungen zur Inflationsbekämpfung durch eine weitere Reservediversifizierung unterwandert werden würden, wenn sie am Markt die abgestoßenen Dollar aufkaufen müßten. Die neuen Reservewährungsländer Deutschland, die Schweiz und Japan waren noch nicht bereit, ihre neue Rolle als Reservewährungsländer zu akzeptieren. Sie befürchteten, daß eine weitere Diversifizierung von Reserven aus dem Dollar hin zu den neuen Reservewährungen entweder zu einer übermäßigen Aufwertung ihrer Währungen führen und den geldpolitischen Kurs unterwandern würde, wenn sie zur Stabilisierung der Wechselkurse in nicht-sterilisierter Form intervenieren müßten. Des weiteren bestand die Furcht, daß die von einer Diversifizierung offizieller Stellen ausgehenden indirekten Wirkungen noch größer ausfallen könnten. Erwartungen der Marktteilnehmer, daß Zentralbanken sich von weiteren Dollarbeständen trennen werden, könnten diese ebenfalls zur Auflösung von Dollaranlagen bewegen und dadurch den Abwertungsdruck auf den Dollar zusätzlich verstärken. Ein multiples Reservewährungssystem *"wie es sich als Resultat eines ungebremsten Diversifizierungsprozesses herausbilden würde,"* wurde als ein *"äußerst instabiles, mit Risiken ständiger Wechselkursunruhen und einer unkontrollierten Entwicklung der internationalen Liquidität behaftetes Gebilde"* betrachtet.[175]

Diese Instabilitätsfurcht erweckte in den Jahren 1978-80 ein neues Interesse an einer Reform des internationalen Währungssystems. Die Überlegungen innerhalb dieser Reformdiskussion konzentrierten sich sehr schnell auf die Frage, wie man den Diversifizierungsprozeß begrenzen oder zumindest in geordnete Bahnen lenken könnte. Um die von einer Umstrukturierung von Devisenreserven befürchteten destabilisierenden Folgen, insbesondere die Verstärkung der Wechselkursinstabilität, vermeiden zu können, wurde die Errichtung eines Substitutionskontos beim IWF vorgeschlagen.[176]
Durch das Substitutionskonto sollte Zentralbanken die Möglichkeit geboten werden, die Zusammensetzung ihrer Reserven zu verändern, indem sie einen Teil ih-

---

174 Vgl. hierzu: Kenen, P.B. (1981), S. 408:

175 Deutsche Bundesbank (1979), S. 34. Zu ähnlichen Äußerungen: Habermeier, W. O. (1980), S. 42; Leutwiler, F. und R. Kästli (1982), S. 32-41; Group of Thirty (1980), S. 5f.

176 Die Idee, Dollarbestände der Zentralbanken durch SZR zu substituieren, wurde bereits in den Jahren 1973-74 diskutiert. Damals war die Substitution als Teil eines Gesamtpaketes über eine Reform des Weltwährungssystems vorgesehen, um den Ausgleich der Zahlungsbilanzsalden zu fördern und den bestehenden Dollarüberhang abzubauen. Vgl. IMF (1987b), S. 22.

rer Devisenreserven - vorwiegend US-Dollar - freiwillig in das Konto einzahlen und im Gegenzug auf SZR-lautende Anlagen erhalten sollten.[177] Da das SZR als Währungskorb konzipiert ist, bietet es reservehaltenden Stellen einen relativen Schutz vor Wechselkursschwankungen. Die Diversifizierungsoperationen müßten nicht mehr direkt über die Devisenmärkte abgewickelt werden, so daß die mit einer Reservediversifizierung für Reservewährungsländer verbundenen Probleme gemildert werden würden. Die Devisenmärkte würden von den von Portfolioumschichtungen ausgehenden Wechselkurseffekten entlastet und damit das internationale Währungssystem stabilisiert werden.[178]

Obwohl sich die Finanzminister und Notenbankgouverneure auf der Jahrestagung des IWF in Belgrad im Herbst 1979 grundsätzlich einig waren, daß das Substitutionskonto eine optimale Lösung für die Probleme des internationalen Währungssystems bot, wurde die Errichtung des Kontos auf der Tagung des Interimsausschusses des IWF in Hamburg Ende April 1980 nicht beschlossen und seitdem auf offizieller Ebene nicht mehr in Erwägung gezogen.

Drei Gründe waren dafür ausschlaggebend, daß der Beschluß nicht gefaßt wurde:[179]

1. Für die zahlreichen Probleme technischer Art, wie zum Beispiel die Einlagen verzinst werden sollten, wer das Wechselkursrisiko tragen sollte, wie eine ausreichende Liquidität sichergestellt werden sollte und über die Größe des Kontos konnten keine einvernehmlichen Lösungen gefunden werden.
2. Der Anreiz zu einer weiteren Reservediversifizierung hatte sich verringert, nachdem die USA im November 1978 ihre Wechselkurspolitik und im Oktober 1979 ihren geldpolitischen Kurs verändert hatten und der Dollar sich an den Devisenmärkten Anfang 1980 kräftig erholte.
3. Die Bundesrepublik und Japan, die urspünglich die Idee des Substitutionskontos unterstützten, weil sie das Konto als Instrument betrachteten, um eine zunehmende Verwendung ihrer Währungen als Reservewährungen verhindern zu können, erzielten zwischen 1979 und 1981 erhebliche Leistungsbilanzdefizite. Diese veränderte außenwirtschaftliche Lage führte zu einer Neubewertung der mit dem Reservewährungsstatus verbundenen Ko-

---

177 Die in das Substitutionskonto eingezahlten Dollars sollten auf ein beim US-Schatzamt speziell eingerichtetes Konto eingezahlt und verzinst werden. Die SZR-Forderungen gegenüber dem IWF, die die Zentralbanken im Tausch von Dollarguthaben erworben hatten, sollten ihrerseits wieder verzinst werden.

178 Vgl. o.V. (1979a), S. 58; Habermeier, W. (1980), S. 9f; Group of Thirty (1980), S. 6; Kenen, P. (1981), S. 408; IMF (1987b), S. 20. Der IWF sah in der Errichtung des Kontos darüber hinaus eine Möglichkeit, die Bedeutung des SZR zu fördern und dieses langfristig, wie es ursprünglich in den IWF-Statuten vorgesehen war, zum Hauptreservemedium weiterzuentwickeln. Vgl. Artikel VIII, Abschnitt 7 des Übereinkommens über den internationalen Währungsfonds.

179 Vgl. hierzu Kenen, P. B. (1981), S. 409f; Solomon, R. (1982), S. 292f; Jager, H. und E. de Jong (1984), S. 3.

sten und Nutzen. Die Möglichkeit, sich in eigener Währung im Ausland verschulden zu können, erleichterte die Finanzierung der in diesem Zeitraum aufgetretenen Leistungsbilanzdefizite. Deutschland, die Schweiz und später auch Japan akzeptierten allmählich die ihren Währungen zugewachsene neue Rolle.[180]

Mit der allmählichen Aufgabe des Widerstands der neuen Reservewährungsländer gegenüber der zunehmenden Verwendung ihrer Währungen für Reservezwecke hat die Diskussion über den Diversifizierungsprozeß deutlich an Schärfe verloren. Vielmehr ist festzustellen, daß sich die Bedenken gegenüber einer Diversifizierung der Devisenreserven seit Anfang der achtziger Jahre gewandelt haben.
Die Erkenntnis, daß eine Diversifizierung von Reserven aufgrund der Existenz der schnell wachsenden und leistungsfähigen Euromärkte nicht zu verhindern und kaum zu kontrollieren ist[181] und daß sich die ergriffenen Maßnahmen, mit denen der zunehmenden Auslandsnachfrage nach den neuen Reservewährungen begegnet werden sollte, eher als hinderlich erwiesen hatten, da das Angebot der Anlageinstrumente künstlich verengt und damit Wechselkursschwankungen eher noch verstärkt wurden, führte dazu, daß sich das über den Markt entwickelte multiple Reservewährungssystem als gegeben und als einziges praktikables System gegenüber den früher diskutierten Alternativen angesehen wurde.[182]
Ab Mitte der achtziger Jahre setzte sich schließlich die Auffassung durch, daß ein System mehrfacher Reservewährungen zwar Gefahren in sich berge, von diesem Währungssystem aber ebenso ein größerer Disziplinierungszwang auf die Reservewährungsländer ausgehen kann, der zu einer größeren Stabilität des Systems beiträgt. Den Risiken wurden die stabilitätsfördernden Wirkungen eines multiplen Reservewährungssystems gegenübergestellt. Die Möglichkeit, jederzeit aus einer weniger wertstabilen Währung auszusteigen und in eine andere wertstabilere zu wechseln (umgekehrtes Greshamsches Gesetz), belebe die Konkurrenz zwischen den Reservewährungen und bewege die Reservewährungsländer zu einer solideren Politik. Mit anderen Worten: Von einer Diversifizierung der Reserven kann eine stabilitätsfördernde Wirkung auf das internationale Reservewährungssystem ausgehen.[183]

---

180 Die veränderte Haltung der deutschen Seite bedeutet jedoch nicht, daß sich die Bundesbank über die zunehmende Nachfrage des Auslands nach D-Mark angesichts der begrenzten Kapazität der deutschen Geld- und Kapitalmärkte keine Sorgen mehr machte.

181 Vgl. so zum Beispiel: Deutsche Bundesbank (1990a), S. 43.

182 Vgl. so auch: Group of Thirty (1982), S. 24.

183 Vgl. Group of Thirty (1982), S. 5; Hasse, R. (1987), S. 154ff. Welcher Einfluß von der Existenz mehrerer Reservewährungen auf den geldpolitischen Kurs von Reservewährungsländern ausgehen kann, wurde in der Literatur sowohl für vermögenshaltende Wirtschaftssubjekte als auch für Zentralbanken mit Hilfe theoretischer Modelle untersucht. Vgl. hierzu die Arbeiten von Mundell, R. (1972); Barro, R. und D. Gordon (1983); Buiter, W. und J. Eaton (1983) und Calvo, G. (1978). Eine Übertragung dieser

3.2 Monetäre und realwirtschaftliche Wirkungen von Portfolioumschichtungen - eine Wirkungsanalyse

Für die Beurteilung des (de-) stabilisierenden Einflusses von Reserveumschichtungen ist es notwendig, die Auswirkungen zu untersuchen, die von diesen auf makroökonomische Variablen und das internationale Währungssystem ausgehen können.
Als Ausgangspunkt der Analyse wird eine Situation gewählt, in der ausländische Zentralbanken eine bestimmte Währung (Inlandswährung) vermehrt nachfragen. Für das Inland stellt dies einen Kapitalimport dar. Unter der Annahme, daß diese Nachfrageverschiebung ausreichend groß und die Elastizität des Währungsangebots kurzfristig gering ist, wird es tendenziell zu einer Aufwertung der Inlandswährung (Sinken des Wechselkurses) kommen.[184] Mit der Wechselkursänderung können nun für das Inland verschiedene monetäre und realwirtschaftliche Wirkungen verbunden sein.
So kann aus der Wechselkursänderung eine Veränderung der Nachfrage nach in- und ausländischen Gütern und Dienstleistungen resultieren. Die Primärwirkungen von Wechselkursänderungen auf die in der Leistungsbilanz erfaßten internationalen Güter- und Dienstleistungstransaktionen lassen sich mit Hilfe des aus der Außenhandelstheorie bekannten Elastizitätenansatzes analysieren. Bei einer Aufwertung der inländischen Währung bleiben die Preise für Exportgüter kurzfristig unverändert, während die Preise für Importgüter sinken, jeweils in Inlandswährung gerechnet.[185] In ausländischen Währungseinheiten ausgedrückt, steigen die Exportgüterpreise, während die Preise der Importgüter unverändert bleiben. Für die Reaktion der Leistungsbilanz des Inlands ist die Veränderung des Export- und Importwertes ausschlaggebend.[186] Bei einer normalen Reaktion der Leistungsbi-

---

Zusammenhänge auf das Verhalten von reservehaltenden Stellen ist zu finden bei: Dellas, H. (1989b), S. 3ff; Mayer, J. (1990), S. 274ff und Mayer, J. (1991), S. 529ff.

184 Wenn eine Währung am Markt abgestoßen wird, gelten analoge Zusammenhänge, nur mit umgekehrten Vorzeichen. Bei einer Umschichtung von Reserven ergeben sich sowohl für die stärker nachgefragte Währung bestimmte Folgewirkungen als auch für die Währung, die abgestoßen wird. Um die Analyse zu vereinfachen, konzentrieren sich die nachfolgenden Ausführungen jedoch nur auf die stärker nachgefragte Währung.

185 In der Regel reagieren die Exportpreise auf eine Aufwertung zunächst kaum, weil die Exporte überwiegend in heimischer Währung fakturiert werden. Die Preise der Importe, die überwiegend in Fremdwährung fakturiert werden, nehmen dagegen in Inlandswährung gerechnet aufwertungsbedingt relativ ab.

186 Bei einer preiselastischen Exportnachfrage sinkt der in Inlandswährung ausgedrückte Exportwert immer, da sowohl der Exportpreis als auch die Exportmenge abnehmen. Da die Importmenge aufgrund der gesunkenen Importpreise steigt, hängt die Änderung des Importwertes von der Preiselastizität der Importnachfrage ab: Bei einer preiselastischen Importnachfrage steigt der Importwert, bei einer Preiselastizität der Importnachfrage von Eins bleibt er konstant und bei einer preisunelastischen Importnachfrage sinkt der Importwert als Folge der Aufwertung.

lanz kommt es nach einer Aufwertung zu einem Rückgang des Leistungsbilanzüberschusses bzw. einer Erhöhung des Defizites, da der Importwert stärker steigt als der Exportwert.
Von einer Aufwertung können weitere Sekundäreffekte auf das inländische Preisniveau, das reale Volkseinkommen und die Beschäftigung ausgehen. So geht aufgrund niedrigerer Einfuhrpreise von einer Aufwertung ein dämpfender Effekt auf das allgemeine Preisniveau aus. Wenn importierte Rohstoffe und Vorleistungsprodukte in der inländischen Produktion eine große Bedeutung haben, ergeben sich auch indirekte Preisniveaueffekte.
Derartige aufwertungsbedingte Preissenkungen haben wiederum Rückwirkungen auf die internationale Wettbewerbsfähigkeit, die ihrerseits den Leistungsbilanzsaldo beeinflußt. Die Verschiebung der Preisrelation zwischen den Ex- und Importen (terms of trade) zugunsten des Inlands kann wachstumsanregende Impulse auslösen, wenn die niedrigeren Importgüterpreise für sinkende Grenz- und Durchschnittskosten sorgen und somit die Produktion anregen. Allerdings können mit einer Aufwertung für das Inland auch negative Einkommens- und Beschäftigungseffekte verbunden sein. Verschlechtern sich die Exportchancen des Inlands und steigen die Importe stärker als die Exporte, kann es zu einer Verringerung der Inlandsproduktion, des inländischen Realeinkommens und zu einem Rückgang der Beschäftigung im produzierenden Sektor von handelbaren Gütern kommen.[187]
Mit einer Wechselkursänderung können schließlich weitere Einkommens- und Vermögenseffekte verbunden sein. Diese beruhen darauf, daß sich der Wert inländischer Finanzaktiva im Vergleich zum Wert ausländischer Aktiva beziehungsweise der Wert der daraus resultierenden Einkommensströme, jeweils in Inlandswährung gerechnet, verändert. Eine aufwertungsbedingte niedrigere Bewertung des in Fremdwährung denominierten Auslandsvermögens kann dann einen restriktiven Effekt auslösen, wenn das Inland und insbesondere der Privatsektor Nettogläubiger des Auslands ist und seine Konsum- bzw. Investitionsausgaben einschränkt.[188]
Bisher wurde davon ausgegangen, daß die Nachfrage ausländischer Zentralbanken nach einer Währung zu einem Nettokapitalimport und damit zu einer Aufwertung und einem Leistungsbilanzdefizit des betroffenen Reservewährungslandes mit den skizzierten weiteren Folgewirkungen führt. Nicht berücksichtigt wurden alle ande-

187 Die Folgen von Wechselkursänderungen für den Außenhandel lassen sich begrenzen, wenn es den Ex- und Importeuren gelingt, sich gegen solche Kursänderungen abzusichern oder wenn ein Großteil der Ex- und Importe sowieso in nationaler Währung fakturiert wird. In diesem Fall können sich die Produktions- und Nachfrageentscheidungen temporär von den außenwirtschaftlichen Einflüssen abkoppeln.

188 Nur geringe Wirkungen auf die wirtschaftlichen Aktivitäten gehen von einer Neubewertung des Auslandsvermögens aus, wenn der Saldo zwischen den Auslandsaktiva und -passiva im Privatsektor nahezu ausgeglichen ist, so daß sich die Bewertungseffekte bei den Auslandsaktiva und -passiva saldieren, oder wenn die Nettoauslandsaktiva bei der Notenbank konzentriert sind. Vgl. Schröder, W. (1982), S. 437.

ren Kapitalströme und, daß das zuströmende Kapital entweder wieder in das Ausland geschleust werden kann (Drehscheibenfunktion) oder selbst vom Inland zu einer Zunahme der internen Absorption (Konsum und Investition) verwendet werden und damit das Wachstum anregen kann. Wenn der Nettokapitalimport in gleichem Umfang eine Zunahme der Absorption heimischer Güter bewirkt, so daß die Nachfrage nach im Inland erstellten Investitionsgütern die heimische Ersparnis um diesen Betrag übersteigt, werden in diesem Fall die mit dem Leistungsbilanzdefizit einhergehenden nachfragemindernden Effekte gerade kompensiert. Die Gesamtnachfrage nach im Inland produzierten Gütern und damit Einkommen, Preisniveau und Zinssätze verändern sich nicht, wenn weitere Nachfrageverschiebungseffekte vernachlässigt werden.
Werden dagegen die aus dem Ausland zufließenden Ersparnisse in vollem Umfang gehortet, so daß sich die Absorption heimischer Güter nicht verändert, werden die mit dem Leistungsbilanzdefizit verbundenen nachfrageminderden Effekte wirksam. Das Realeinkommen sinkt oder es kommt zu einer Abschwächung der Preissteigerungsrate. Der mit der Einkommensminderung verbundene Rückgang der Geldnachfrage für Transaktionszwecke führt tendenziell zu einem Sinken des Zinsniveaus.[189] Die Zinssenkung wird zusätzlich noch verstärkt, wenn mit den erworbenen Guthaben festverzinsliche Wertpapiere gekauft werden.
Neben dem Wechselkurseffekt sind mit dem Erwerb und der Auflösung von Devisenguthaben ausländischer Währungsbehörden auch im Land der Anlage binnenwirtschaftliche Liquiditäts- und Anlageeffekte verbunden. Je nachdem, ob ausländische Währungsbehörden ihre Reserveanlagen bei der Emissionsnotenbank, im nationalen Geschäftsbankensystem, am nationalen Geld- und Kapitalmarkt oder am Euromarkt der betreffenden Reservewährung anlegen, treten unterschiedliche Liquiditätswirkungen auf:[190]
Als Ausgangspunkt der Analyse wird eine Situation gewählt, in der eine ausländische Zentralbank Inlandswährung erwirbt, in dem sie eigene Währung an eine inländische Geschäftsbank verkauft. Die inländische Geschäftsbank erwirbt diese Devisenguthaben von der ausländischen Zentralbank in der Regel dadurch, daß sie den betreffenden Betrag inländischen Zentralbankgeldes auf das Konto der ausländischen Zentralbank bei der inländischen Zentralbank überweist. Die Einlagen der Kreditinstitute bei der inländischen Zentralbank nehmen ab. Die Liquiditätssituation der inländischen Geschäftsbanken verschlechtert sich. Inwiefern diese restriktive Wirkung bestehen bleibt, hängt davon ab, was die ausländische Zentralbank mit den erworbenen Devisen macht. Die Liquiditätswirkung bleibt erhalten, wenn diese Kredite tilgt, die sie zu einem früheren Zeitpunkt bei der inländischen Zentralbank aufgenommen hat.

---

189 Vgl. Schröder, J. (1980), S. 399.
190 Zu einer ausführlichen Analyse der Anlageeffekte der unterschiedlichen Anlagealternativen vgl.: Hasse, R. (1984), S. 149ff und Jarchow, H.-J. (1984), S. 304ff.

Um den geldpolitischen Kurs einer Zentralbank nicht zu konterkarieren, besteht ferner die Möglichkeit, daß ausländische Zentralbanken in enger Abstimmung mit der Emissionsnotenbank der Reservewährung auf eine Anlage bei den Geschäftsbanken am nationalen Markt verzichten und stattdessen Reserveguthaben direkt bei der inländischen Zentralbank unterhalten. Eine direkte Anlage bei der inländischen Zentralbank ist gleichbedeutend mit einer Vernichtung von Zentralbankgeld. Die Verschlechterung der Liquidität im inländischen Geschäftsbankensystem bleibt bestehen. Der gleiche Effekt ergibt sich, wenn ausländische Währungsbehörden von der inländischen Zentralbank Wertpapiere erwerben, die aus dem eigenen Bestand verkauft oder als neue Papiere emittiert werden. Dies ist eine besondere Form der Offenmarktpolitik.
Präferiert die ausländische Zentralbank dagegen eine Anlage ihrer Devisenreserven in verzinslichen Einlagen bei Geschäftsbanken am nationalen Markt, wird der durch den ursprünglichen Devisenerwerb verursachte Rückgang des inländischen Zentralbankgeldvolumens wieder rückgängig gemacht.
Der gleiche Anlageeffekt wie bei einer direkten Anlage im Geschäftsbankensystem ergibt sich, wenn ausländische Währungsbehörden am inländischen Geld- oder Kapitalmarkt verzinsliche Wertpapiere erwerben und vereinfachend angenommen wird, daß die inländischen Geschäftsbanken zugleich Verkäufer dieser Wertpapiere sind.[191] Der Anlageeffekt am Geld- und Kapitalmarkt bewirkt, daß den inländischen Geschäftsbanken Zentralbankgeld zufließt, das zuvor durch den Erwerb der Devisenreserven abgeflossen ist. Per Saldo findet kein Liquiditätsabfluß statt.
Eine Anlage der Reservewährung am Euromarkt entspricht im wesentlichen der Anlage bei Geschäftsbanken am nationalen Markt. Legen ausländische Währungsbehörden Gelder am Euromarkt an, bewirken die zunehmenden Einlagen bei den Eurobanken tendenziell eine Zinssenkung. Da die Verzinsung von Euromarkteinlagen aufgrund der fehlenden Mindestreservepflicht grundsätzlich höher ist als die vergleichbarer Einlagen im nationalen Bankensystem, strahlt die Zinssenkung auch auf den nationalen Finanzmarkt aus.
Eine Verlagerung von Devisenreserven an den Euromarkt kann außerdem eine Vermehrung der internationalen Liquidität zur Folge haben, da aufgrund der fehlenden Mindestreservevorschriften, die den Aufbau von Kreditpyramiden vorbeugen sollen, das Kreditschöpfungspotential größer ist.[192] Mit einer Anlage am Euromarkt können auch binnenwirtschaftliche Liquiditätswirkungen verbunden sein, wenn die Eurobanken die ihnen zufließenden Einlagen wieder an den nationalen

191 Normalerweise erhält der Verkäufer zinstragender Geld- und Kapitalanlagen das Geld auf seinem Konto bei einer inländischen Geschäftsbank gutgeschrieben. Agiert eine Geschäftsbank als Plazeur der Emission einer Nichtbank, so wird dieser zunächst auch mittelbar Zentralbankgeld zufließen.

192 Zur Frage der Liquiditätsschaffung durch die Euromärkte vgl. Schäfer, W. (1971) sowie Keinath, K. (1973) und die dort dargestellten verschiedenen Hypothesen.

Markt zurückschleusen. Zusätzlich können sich aber auch Liquiditätswirkungen für ein Drittland ergeben, wenn Eurobanken staatlichen Stellen oder privaten Wirtschaftssubjekten eines Drittlandes einen Kredit gewähren.[193]
Die unterschiedlichen Anlageeffekte können einen bedeutenden Einfluß auf die Entscheidungen der Zentralbanken haben, wo und wie sie ihre Reserven anlegen, sofern diese die von ihren Anlageentscheidungen ausgehenden monetären Wirkungen und möglichen Folgen auf die Stabilität der Finanzmärkte berücksichtigen. Sie spielen darüber hinaus eine besondere Rolle bei der Verlagerung von Reserven innerhalb eines Währungssegments, da in diesem Fall kein Wechselkurseffekt auftritt. So besteht für ausländische Währungsbehörden ein Anreiz, ihre Anlagen direkt bei der Emissionsnotenbank zu unterhalten, wenn den anlagesuchenden Notenbanken eine marktübliche Verzinsung der Guthaben oder eine Wertgarantie für die Einlagen angeboten wird. Löst eine anlegende Währungsbehörde daher ihre Währungsguthaben im nationalen Geschäftsbankensystem auf und transferiert diese zur Emissionsnotenbank, verliert das Bankensystem Zentralbankgeld, womit ein restriktiver Effekt verbunden ist. Wird durch diesen Reservetausch in Relation zur Größe der nationalen Finanzmärkte in einem ausreichenden Umfang Primärliquidität vernichtet, führt dies zu einer Anspannung am nationalen Geldmarkt verbunden mit einer tendenziellen Steigerung der Geldmarktsätze. Die inländische Zentralbank kontrolliert jedoch diesen Prozeß und kann gegebenenfalls durch den Einsatz ihres geldpolitischen Instrumentariums gegensteuern. Stellt die inländische Zentralbank den Geschäftsbanken in einen ausreichendem Maße Liquidität zur Verfügung, kann der restriktive Liquiditätseffekt vermieden werden.
Entscheiden sich ausländische Zentralbanken in dieser Situation, aus welchem Grund auch immer, für eine Anlage von Devisenreserven in verzinslichen Anlagen bei Geschäftsbanken am nationalen Markt und verlagern ihre Reserveguthaben von der inländischen Zentralbank weg, dann wird es im Inland zu einer Liquiditätsvermehrung kommen und die Kreditschöpfungsmöglichkeit des Bankensystems zunehmen. Auch in diesem Fall kann die inländische Zentralbank wieder durch geldpolitische Maßnahmen gegensteuern.

Wie die Analyse zeigt, können mit der Anlage, Auflösung und Umschichtung von Reserveanlagen sehr unterschiedliche monetäre und realwirtschaftliche Wirkungen verbunden sein. Diese können von den durch die Verschiebung der Währungsnachfrage betroffenen Ländern als unerwünscht beurteilt werden, insbesondere wenn die zusätzliche Währungsnachfrage sehr kurzfristig auftritt und die damit verbundenen Änderungen als realwirtschaftlich nicht gerechtfertigt betrachtet werden. Eine allein an binnenwirtschaftlichen Kriterien orientierte geld- und

---

193 Vgl. hierzu: Boeck, K. und D. Gehrmann (1973), S. 106.

währungspolitische Steuerung ist nicht mehr möglich, was als Unterwanderung der Autonomie der Notenbankpolitik verstanden wird.[194]

Die von einer Diversifizierung von Devisenreserven ausgehenden Wirkungen und von offizieller Seite aus befürchteten Probleme sind aber eher von modelltheoretischem Charakter. Sie beziehen sich auf Extremsituationen unter sonst unveränderten Bedingungen (ceteris paribus) wie z.B., daß das Devisenangebot kurzfristig nur eine geringe Elastizität aufweist. So muß die Annahme, daß die Nachfrage ausländischer Zentralbanken nach einer Währung zu einem Nettokapitalimport und damit zu einer Aufwertung führt, nicht zutreffen. Das Land, dessen Währung stärker nachgefragt wird, erfährt zwar einen offiziellen Kapitalimport, dieser muß jedoch nicht notwendigerweise zu einem Nettokapitalimport führen. Gelingt es dem Reservewährungsland, das im Zuge einer verstärkten Nachfrage nach seiner Währung zuströmende Kapital wieder im Ausland anzulegen, kann eine Aufwertung und ein Nettokapitalimport vermieden werden. Das Reservewährungsland übernimmt damit eine Drehscheibenfunktion für Kapital. Probleme können allerdings entstehen, wenn für die Wiederanlage nicht genügend wertgesicherte Anlagen im Ausland verfügbar sind.[195]
Ebenso versuchen Zentralbanken häufig, eine Aufwertung der Inlandswährung durch Interventionen zu verhindern, um den mit der stärkeren Währungsnachfrage verbundenen kurz- und mittelfristigen Wirkungen zu begegnen. Nimmt die Notenbank das zusätzliche Devisenangebot auf, so muß sie allerdings nicht nur das Wert- und Anlagerisiko für die von ihr aufgekauften Fremdwährungsguthaben übernehmen, sondern schafft nationale Währung über ihre geldpolitische Zielsetzung hinaus. Die damit verbundene Liquiditätswirkung bewirkt unmittelbar eine Zinssenkung und führt zu einer Erhöhung der monetären Gesamtnachfrage bei kurzfristig unverändertem Realangebot. Dies kann mittelfristig zu Preissteigerung und zu inflationären Tendenzen führen. Durch die Geldmengenexpansion im Inland wird die Voraussetzung geschaffen, daß auch die Inlandswährung an Wert verliert.[196]
Ist die inländische Zentralbank nicht bereit, über ihre Zielsetzung hinaus nationale Währung zu schaffen, so kann zwar die Inlandswährung der Tendenz nach aufwerten, durch kompensierende geldpolitische Maßnahmen kann die Zentralbank jedoch versuchen, vorübergehend unerwünschte Wechselkursschwankungen zu konsolidieren.[197]

---

194 Vgl. Thomann, M.N.C. (1977), S. 6.
195 Vgl. Hasse, R. (1987), S. 147.
196 Zu den Gefahren einer Ausweitung des Geldangebots durch die Zentralbank vgl.: Schröder, W. (1982), S. 438ff; Hasse, R. (1987), S. 148.
197 Vgl. Thomann, M.N.C. (1977), S. 7f; vgl. auch: Hasse, R. (1984), S. 171.

Mit welcher Intensität die aufgezeigten Wirkungen und die damit verbundenen Probleme tatsächlich auftreten, hängt wesentlich davon ab, ob es den nationalen Behörden gelingt, durch den Einsatz ihres wirtschaftspolitischen Instrumentariums oder durch eine engere Zusammenarbeit zwischen den Zentralbanken den von Nachfrageverschiebungen ausgehenden kurz- und mittelfristigen Wirkungen gegenzusteuern oder sie sogar zu kompensieren.

Ob die von Portfolioumschichtungen ausgehenden Wirkungen positiv oder negativ beurteilt werden, hängt auch sehr stark von der jeweiligen konjunkturellen Lage ab. So können Portfolioumschichtungen durchaus erwünscht sein, wenn sie den Kurs der nationalen Wirtschaftspolitik und den Zahlungsbilanzausgleich fördern. Wie das Beispiel der Leistungsbilanzdefizite Deutschlands, der Schweiz und Japans zwischen 1979 und 1981 zeigte, erleichterte die im Rahmen der Reservediversifizierung auftretende stärkere Auslandsnachfrage nach DM-, Franken- und Yen-Anlagen die Finanzierung der Defizite. In dieser Situation waren internationale Portfolioumschichtungen zugunsten dieser Währungen durchaus erwünscht. Die im Zusammenhang mit einer Reservediversifizierung auftretenden Effekte können also nicht von vornherein als unerwünscht charakterisiert werden.

Von entscheidender Bedeutung für die Beurteilung der von einer Reservediversifizierung ausgehenden Wirkungen ist zudem die Art und Weise, wie Zentralbanken ihre Devisenreserven diversifizieren:

- Treten Portfolioanpassungen eher langsam oder kurzfristig und plötzlich auf?
- Wie groß ist das Transaktionsvolumen in Relation zum Anlagemarkt?

Findet eine Diversifizierung der Devisenreserven im Wege des Reservezuwaches statt[198] und entscheiden sich Währungsbehörden dazu, die Struktur ihrer Reserveportfolios schrittweise zu verändern und ihre Reserven nur in kleinen Mengen umzuschichten, sind die Probleme geringer als bei einer Umschichtung umfangreicher Bestände und plötzlichen Verlagerungen. Die von diesen Portfolioanpassungen ausgehenden Wirkungen fallen weniger errastisch aus. Die von den Verlagerungen betroffenen Länder müssen ihre Politik nicht sofort und grundlegend verändern.[199] Es verbleibt für sie ein größerer zeitlicher Spielraum, um auf die veränderte Nachfragekonstellation reagieren und den richtigen Anpassungspfad auswählen zu können.

Überdies besteht die Möglichkeit, Devisenreserven außerhalb des Marktes zu diversifizieren. Diese Form wird gewählt, da eine Umstrukturierung von Reserveguthaben über den Markt die Erwartungen anderer Marktteilnehmer beeinflussen kann. Gehen von Portfolioumschichtungen offizieller Währungsbehörden Signale auf andere Marktteilnehmer aus, können dadurch mitunter massive kurzfristige

198 Vgl. Kapitel I, Abschnitt 4.1 in dieser Arbeit.
199 Vgl. Hasse, R. (1987), S. 148.

Kapitalbewegungen (Mitläufereffekte) ausgelöst und die beschriebenen Wirkungen weiter verstärkt werden. Da die Portfoliomanager der Zentralbanken um ihren Markteinfluß wissen, bleiben viele Reserveoperationen der Währungsbehörden im Verborgenen oder werden direkt zwischen einzelnen Währungsbehörden außerhalb der Devisenmärkte abgewickelt. Um allzugroße Störeffekte an den Märkten zu vermeiden, müssen Portfolioumschichtungen eher langfristig und behutsam vorgenommen werden.

Problematisch sind deshalb Portfolioumschichtungen, die plötzlich und kurzfristig auftreten. Werden Reserveguthaben relativ rasch zwischen verschiedenen Währungen hin- und hergeschichtet, unterliegen die beschriebenen Wirkungen einer hohen Schwankungsintensität. Allerdings hängt auch hier das Ausmaß der Effekte von der Reaktionsfähigkeit der betroffenen Behörden, die mit der Flexibilität des notenbankpolitischen Instrumentariums zunimmt, und der Größe des Transaktionsvolumens ab.

Bei einer ausreichenden Größe der Transaktion können Diversifizierungsoperationen die Wirtschaftspolitiken der von einer Verschiebung der Währungsnachfrage betroffenen Länder erheblich beeinträchtigen und die Funktionsfähigkeit ihrer Geld- und Kapitalmärkte stark strapazieren. Nur wenn die Umschichtung der Reserveanlagen von einer Währung in eine andere ein sehr geringes Transaktionsvolumen aufweist, ist zu erwarten, daß hiervon geringe Preiseffekte ausgehen. Allerdings muß die Größe des Transaktionsvolumens und damit dessen potentieller Einfluß auf die monetären und realwirtschaftlichen Größen in Relation zur jeweiligen Größe des Finanzmarktes gesehen werden. So kann ein relativ geringes Transaktionsvolumen einen beträchlichen Einfluß auf den Markt haben, wenn dieser entweder nicht in einem ausreichenden Maße Anlagemöglichkeiten zur Verfügung stellt oder durch administrative Maßnahmen künstlich verengt wird. Ein großer Finanzmarkt ist eher in der Lage, nachteilige Auswirkungen massiver Kapitalzu- und abflüsse auf den Wechselkurs, die Zins- und Preisentwicklung abzufedern. Die Furcht vor Portfolioumschichtungen ist somit um so berechtigter, je geringer der Konvertibilitätsgrad und je stärker die Finanzmärkte segmentiert sind. Die Krisenanfälligkeit des Währungssystems steigt. Zwischen den von Umschichtungen ausgehenden Wirkungen und dem Grade der Konvertibilität besteht ein trade-off.[200]

Dies war auch der wichtigste Grund, warum lange Zeit in Deutschland, der Schweiz und Japan Vorbehalte gegen eine stärkere Internationalisierung der D-Mark, des Franken und des Yen bestanden. So betrachteten die Schweizer Behörden die internationale Verwendung des Schweizer Franken als besonders problematisch, da diese dem Schweizer Franken eine Rolle verleihen würde, die in keinem Verhältnis zum wirtschaftlichen Gewicht der Schweiz stehe. Es wurde be-

200 Hasse, R. (1987), S. 149.

fürchtet, daß mit diesem hohen Grad an Exponiertheit die Schweiz den mit der Internationalisierung seiner Währung verbundenen Risiken destabilisierender Schocks in einem besonderen Maße ausgesetzt sei. Eine Diversifizierung von Reserven ausländischer Währungsbehörden in den Franken wirke deshalb destabilisierend.[201]

Bisher verfügen nur wenige Währungen über ausreichend breite Finanzmärkte mit einem entsprechenden Angebot an hoch liquiden Anlageinstrumenten und einen ausreichend hohen Grad an finanzieller Intermediation, die es erlauben, daß Reserveguthaben in einem größerem Umfang dort angelegt und jederzeit umgeschichtet werden können, ohne daß von einem bestimmten Transaktionsvolumen störende Effekte auf den Markt ausgehen. So reichen die europäischen und japanischen Finanzmärkte, was den Umfang, die Liquidität und die Tiefe anbetrifft, bei weitem nicht an den amerikanischen Markt heran, der die Risiken von Portfolioumschichtungen internationaler Anleger wesentlich leichter verkraften kann. Entscheidend ist jedoch nicht nur der nationale Markt, auch die Existenz von Offshore-Märkten in dieser Währung beeinflussen die Tiefe und Breite des Währungsmarktes.

Nachdem sowohl Deutschland als auch - mit einer zeitlichen Verzögerung - Japan, das oftmals erst auf Druck der USA reagierte, seit Beginn der achtziger Jahre ihre Finanzmärkte dereguliert und liberalisiert haben, steht inzwischen eine breitere Angebotspalette an kurzfristigen und hochliquiden Anlageinstrumenten zur Verfügung. Dadurch ist die Möglichkeit für eine weitere potentielle Diversifizierung geschaffen worden. Tatsächlich scheint die wachsende Reservehaltung in D-Mark und Yen bis Anfang der neunziger Jahre auf diese Entwicklung zurückzuführen zu sein. Im Rahmen der europäischen Integration und eines einheitlichen europäischen Finanzmarktes könnte diese Entwicklung weiter voranschreiten und damit das Potential zugunsten der D-Mark bzw. des Euro weiter ausgebaut werden, sofern dieser bei den internationalen Anlegern das notwendige Vertrauen erwirbt. Aber gerade die jetzt geführte Diskussion über den potentiellen Teilnehmerkreis in der Währungsunion hat bei den Anlegern für wachsende Unsicherheit gesorgt. Setzt sich die Union nicht ausschließlich aus Stabilitätsländern zusammen, wird möglicherweise eine massive Kapitalflucht in Drittwährungen einsetzen.

Ob ein System multipler Währungsreserven als stabil oder instabil zu beurteilen ist, hängt wesentlich von den Zielfunktionen der Währungsbehörden ab und davon, ob und in welchem Ausmaß von der Anlagepolitik einzelner Zentralbanken ein Einfluß auf die Devisenmärkte und das Währungssystem ausgeht. Verfolgt eine Zentralbank bei der Bewirtschaftung ihrer Reserveanlagen das Ziel, den Realwert ihres Reservebestandes zu erhalten oder verfolgt sie eine ertrags- und

---

201 Vgl. zur Position der Schweiz: Thomann, M.N.C. (1977); Leutwiler, F. (1980), S. 25ff; Leutwiler, F. und R. Kästli (1992), S. 32ff.

spekulationsorientierte Anlagepolitik, kann sie ihren Reservebestand umschichten, wenn die Werterhaltung gefährdet ist oder eine Veränderung der Zinssatzdifferenzen auftritt. Insgesamt betrachtet ist ein Multiwährungsstandard nicht ganz unproblematisch. Mit zunehmender Bedeutung internationaler Finanzbewegungen können Portfolioumschichtungen das Ausmaß und die Häufigkeit des Auftretens von Störungen an den Finanzmärkten beeinflussen und zu einer erhöhten Preisvolatilität an den Märkten beitragen. Da eine spontane Portfoliodiversifizierung zumeist der Ausdruck veränderter Präferenzen von Anlegern für bestimmte Anlagen ist, ist jedoch nach den Ursachen für diese Präferenzänderungen zu fragen. So können politische, ökonomische, aber auch irrationale Gründe zu Portfolioumschichtungen motivieren. Werden Anlagen aus Gründen eines erhöhten Wertrisikos umgeschichtet, ist deshalb nach den Ursachen zu fragen, die zu diesem größeren Wertrisiko beigetragen haben, und nach Möglichkeiten zu suchen, wie dieses verringert werden kann.[202]

Betrachtet man am Beispiel der stärkeren internationalen DM-Nachfrage die Ursachen der Diversifizierung aus dem Dollar, so waren vor allem die anhaltenden Defizite und die unsolide Politik der USA der Grund für einen Vertrauensschwund in den Dollar und die Basis für eine unsichere Erwartungsbildung, die schließlich Anlaß für eine Umschichtung der Portfolios bildeten. Da die D-Mark als eine glaubwürdigere Währung galt, wurde sie stärker nachgefragt.

Portfolioumschichtungen sind daher meistens die Folge und nicht die Ursache einer fehlerhaften Politik, die zur Wertminderung einer Währung oder zu Wechselkursänderungen geführt hat.[203] Der Grund für die Störungen des internationalen Währungssystems durch eine Verlagerung von Reserven liegt deshalb nicht in dem System mehrfacher Reservewährungen selbst begründet, sondern darin, daß durch das Hinauszögern notwendiger Anpassungen und eine unsolide Politik internationales Geld seine Funktion als Wertaufbewahrungsmittel verloren hat.[204] Eine Diversifizierung und Umschichtung der Devisenreserven steht damit am Ende einer instabilen Entwicklung. Ein Währungssystem, in dem mehrere Währungen als Reserven gehalten werden, kann deshalb nicht von vornherein als destabilisierend charakterisiert werden.

Vielmehr kann von potentiellen und tatsächlichen Portfolioumschichtungen eine disziplinierende Wirkung auf die Politik der Reservewährungsländer ausgehen. Die nationale Wirtschaftspolitik unterliegt besonders bei einer hohen Auslandsabhängigkeit ständig dem Urteil der Märkte. Die Möglichkeit, Reserven umzuschichten, unterstreicht die Notwendigkeit, daß die Reservewährungsländer sich um eine glaubwürdige und auf eine Stabilisierung der Erwartungen ausgerichtete solide Wirtschafts- und Finanzpolitik bemühen müssen. Nur dadurch kann im Ausland und an den Märkten ein langfristiges Vertrauen in eine Währung aufge-

---

202 Vgl. so: Hasse, R. (1981), S. 106 und ders. (1987), S. 148f.

203 Vgl. Hasse, R. (1984), S. 239.

204 Vgl. Bartel, K. (1974), S. 34.

baut werden und damit plötzlichen Umschichtungen vorgebeugt werden. Die Furcht vor Portfolioumschichtungen ist deshalb ein sanftes Druckmittel, um die Reservewährungsländer in einem System mit multiplen Devisenreserven zu einer größeren monetären Solidität zu bewegen.

3.3 Der destabilisierende oder stabilisierende Einfluß von Portfolioumschichtungen auf das internationale Währungssystem - empirische Befunde

In einem System, in dem mehrere Währungen nebeneinander als Devisenreserven gehalten werden, besteht die Möglichkeit, daß Währungsbehörden jederzeit Portfolioumschichtungen vornehmen. Das internationale Währungssystem ist somit potentiell anfälliger für Stimmungsumschwünge geworden.
Seitdem offizielle Währungsbehörden nach dem Übergang zum weitgehend freien Floating 1973 und verstärkt in den achtziger Jahren zu einer aktiveren Bewirtschaftung ihrer Reserveaktiva übergegangen sind, stellt sich die Frage, ob Portfolioumschichtungen offizieller Währungsbehörden zu einer erhöhten währungspolitischen Instabilität beigetragen und die ohnehin schon hohe Volatilität der Wechselkurse zusätzlich verstärkt haben. Diese Frage hat sogar noch an Brisanz gewonnen, nachdem sich in den achtziger Jahren die Verteilung der Weltdevisenreserven leicht zugunsten der Entwicklungsländer verschoben hat, die ihre Reservepolitiken stärker an kommerziellen Gesichtspunkten ausrichten. Besonders einige Schwellenländer in Ostasien wie Taiwan, Südkorea und Malaysia, die in den Reservestatistiken des IWF noch in der Gruppe der Entwicklungsländer erfaßt sind, wobei Taiwan überhaupt nicht in den IWF-Statistiken enthalten ist, konnten ihre Reservebestände kräftig aufstocken. Hat damit die von einem Reserveshifting ausgehende Gefahr einer Instabilität heute zugenommen?
Ein eindeutige Antwort auf diese Frage läßt sich nicht geben. Denn auf Basis des verfügbaren Datenmaterials ist eine gesicherte Analyse des tatsächlich von Portfolioumschichtungen nationaler Währungsbehörden ausgehenden Einflusses auf die Entwicklung der Wechselkurse und damit die potentiell destabilisierende Wirkung auf das internationale Währungssystem kaum möglich.
Insbesonders ergibt sich das Problem, daß der von einer bestimmten Reserveoperation ausgehende direkte Einfluß auf den Wechselkurs einer Reservewährung sich nicht von anderen wechselkursbeeinflussenden Faktoren isolieren läßt. Darüber hinaus können Reserveoperationen auch außerhalb der Märkte abgewickelt werden, so daß diese zwar zu einer strukturellen Änderung der Portfolios führen, solange diese Transaktionen jedoch im Verborgenen bleiben und damit mögliche Signalwirkungen auf andere Marktteilnehmer ausbleiben, werden diese keinen direkten Einfluß auf die Kursentwicklung an den Devisenmärkten haben.
Schließlich resultieren weitere Irritationen in der währungspolitischen Diskussion um den Diversifizierungsprozeß aus dem negativen Image, mit dem Portfolioum-

schichtungen meistens behaftet sind. In Analogie zu der Diskussion um die "alte" Frage, ob Spekulationen destabilisierend oder stabilisierend wirken, dürfen auch Portfolioumschichtungen nicht von vornherein als etwas Negatives betrachtet werden. Portfolioumschichtungen können sich als stabilisierend in dem Sinne erweisen, daß sie den Wechselkurs näher zu seinem fundamental gerechtfertigten Niveau bringen. In diesem Fall besteht für das von einer Verschiebung der internationalen Währungsnachfrage betroffene Reservewährungsland kein Grund, sich dieser "Spekulation" mit geldpolitischen Mitteln oder Interventionen ("leaning against the wind") über einen längeren Zeitraum zu widersetzen. Gleichzeitig folgt hieraus für Portfolioumschichtungen, die als destabilisierend charakterisiert werden, wird implizit unterstellt, daß die Marktteilnehmer (einschließlich der ausländischen Zentralbanken) den gleichgewichtigen Wechselkurs - wenn ein solcher überhaupt bestimmbar ist - falsch einschätzen. Sollte dies tatsächlich der Fall sein, sind sie zu Recht als unerwünscht zu betrachten und die Notenbank kann versuchen, sich gegen den Markt zu stemmen, um die Parität zu verteidigen. Dies bedeutet zugleich aber auch, daß die von einer Verschiebung der internationalen Währungsnachfrage betroffene Notenbank besser einschätzen kann, welches der "richtige" gleichgewichtige Wechselkurs ist. Eine Annahme, die sicherlich sehr fragwürdig ist.

Um den (de-) stabilisierenden Einfluß von Reserveumschichtungen zu untersuchen, kann man nur auf indirekte Verfahren zurückgreifen.

Betrachtet man die in den Tabellen 1-3 ausgewiesene Entwicklung der Reservestruktur, lassen sich Phasen herausfiltern, in denen Umschichtungen oder Verlagerungen von Reserven vermutet werden können:

Dies sind

- die gegenläufige Entwicklung des Dollar-Anteils gegenüber den Anteilen der D-Mark, des Yen und des Schweizer Franken in den Jahren 1979-80, die vor allem bei den Industrieländern zu beobachten war;
- die gegenläufige Entwicklung des Dollar-Anteils gegenüber den DM- und Yen-Anteilen in den Jahren 1980-81, die besonders bei den Entwicklungsländern zu beobachten war;
- die gegenläufigen Anteilsentwicklungen in den Jahren 1983-85, 1987-90 und 1992-93, in denen vermutlich Reserven aus dem Dollar in die D-Mark und den Yen verlagert wurden, wobei besonders bei den Industrieländern die starke Anteilsänderung zugunsten der D-Mark in den Jahren 1984-85, 1988-89 und 1992-93 sowie in den Yen in den Jahren 1989-90 auffallen. Des weiteren fällt auf, daß die Entwicklungsländer wahrscheinlich 1988-89 anders als die Industrieländer ihre Reserven sehr stark aus dem Yen in den Dollar umgeschichtet haben;
- die gegenläufigen Anteilsentwicklungen in den Jahren 1985-87, 1990-92 und 1993-94, die eine Rückverlagerung in den Dollar vermuten lassen. So verringerte sich bei den Industrieländern in den Jahren 1985-87 der DM-

Anteil und 1991-92 zusätzlich noch der Yen-Anteil sehr stark. Die Entwicklungsländer verlagerten vermutlich in den Jahren 1985 und 1987 anders als die Industrieländer Reserven sehr stark aus dem Dollar in die D-Mark und besonders in den Yen.

Neben den Substitutionsbewegungen zwischen den Reservewährungen sind besonders in den Jahren 1977-78, 1980-83 und nochmals im Jahr 1988 Verlagerungen von Anlagen zwischen dem Euromarkt und den nationalen Finanzmärkten aufgetreten.
Die in den einzelnen Phasen vermuteten Verlagerungen können einen Einfluß auf die Wechselkursentwicklung gehabt und zeitweise zu einer erhöhten Wechselkursinstabilität beigetragen haben. So waren die Jahre 1977 bis 1979 durch eine außerordentliche Schwäche des US-Dollar gekennzeichnet. Parallel hierzu nahmen die Nichtdollareinlagen am Eurogeldmarkt bis 1978 stark zu, während die Dollaranlagen dort stagnierten (vgl. Abbildungen 5 und 6). Im Jahr 1979 verringerten sich die Anlagen in den USA. Gleichzeitig nahmen sie aber am Euromarkt zu. Die BIZ vermutet, daß die veränderte Präferenz zugunsten der Nichtdollarwährungen und die Verlagerungen zwischen den Anlagemärkten im Zeitraum zwischen 1977 bis 1979 einen Einfluß auf den Dollarkurs gehabt und zur Schwäche des Dollar auf den Devisenmärkten und zur Schaffung internationaler Liquidität außerhalb der USA beigetragen haben könnten.[205] Auch die Bundesbank sieht in den Diversifizierungsoperationen ausländischer Zentralbanken einen Grund für die übertriebenen Aufwertungstendenzen der D-Mark Ende der siebziger Jahre.[206]
Des weiteren vermutet die BIZ, daß zwischen Ende 1980 und Mitte 1983 Verlagerungen von Dollarguthaben vom Euromarkt in die USA zu einem Wiedererstarken des Dollar beigetragen haben könnten.[207] In dieser Phase spielte der US-Dollar in seiner Funktion als "save haven" eine wichtige Rolle. Als Reaktion auf die politischen Krisen in Afghanistan (ab Ende 1979) und in Polen (1980/81) wurden international verstärkt Anlagen in den USA nachgefragt. Auch das erneute Aufstocken offizieller Einlagen am Eurogeldmarkt ab Mitte 1983, insbesondere in Nichtdollarwährungen, dürfte die anhaltende Aufwärtsbewegung des Dollar etwas gebremst haben.[208]
Auch die Meldungen, daß mit dem anhaltenden Kursverfall des US-Dollar in den Jahren 1994-95 einige ostasiatische Zentralbanken die Zusammensetzung ihrer Devisensreserven zugunsten des Yen umschichteten, lassen vermuten, daß diese

205 Vgl. BIZ (Juli 1985), S. 15.
206 Vgl. Deutsche Bundesbank (1990a), S. 43.
207 Vgl. BIZ, 55. Jahresbericht, S. 181.
208 Vgl. BIZ (Juli 1985), S. 19.

Diversifizierungsoperationen zusätzlich zur Schwäche des Dollar beigetragen haben.[209]

Angesichts dieser Ergebnisse liegt die Vermutung nahe, daß Diversifizierungsoperationen zeitweise die Auf- und Abwertungstendenzen einzelner Reservewährungen verstärkt haben. Vor diesem Hintergrund sind auch die empirischen Untersuchungen von Bergsten und Williamson[210] sowie Mayer[211] interessant. Trotz der eben erwähnten Analyseschwierigkeiten versuchen sie, den Einfluß von Portfolioumschichtungen offizieller Währungsbehörden auf die Entwicklung der Wechselkurse wichtiger Reservewährungen zu untersuchen. Im Mittelpunkt ihrer Arbeiten steht die Frage, ob die in den einzelnen Phasen aufgetretenen Wechselkursschwankungen durch Portfolioanpassungen von Zentralbanken zwischen den verschiedenen Reserveanlagen eher verstärkt (destabilisiert) als gedämpft (stabilisiert) wurden.
Bergsten und Williamson, die vierteljährliche Veränderungen der Wechselkurse und der Reservebestände im Zeitraum von Februar 1974 bis Januar 1981 untersuchten, fanden einen, wenn auch nur schwachen, Hinweis dafür, daß von der Veränderung der Reservezusammensetzung bei den Industrie- und Entwicklungsländern zeitweise destabilisierende Wirkungen auf die Wechselkurse ausgegangen sind. Obwohl die Währungsbehörden der Industrie- und Entwicklungsländer insgesamt betrachtet eher eine vorsichtige Politik des "leaning against the wind" verfolgten, bei der aufwertende Währungen verkauft und abwertende Währungen gekauft wurden, scheint ihr Verhalten weniger stabilisierend gewirkt und zum Teil sogar die Wechselkursinstabilität erhöht zu haben.[212] Besonders bei der Diversi-

---

209 Vgl. Frankel, J. A. (1995), S. 12; Kunz, D. B. (1995), S. 26; BIZ (Nov. 1995), S. 25; So sollen einige Überschußländer in Asien wie Taiwan, Korea oder Malaysia, die bislang etwa 80-90 Prozent ihrer Devisenreserven in Dollar angelegt hatten, aufgrund von Sicherheits- und Renditeüberlegungen strategische Yen- und DM-Positionen und in Schweizer Franken aufgebaut haben, um ihre Abhängigkeit vom Dollar zu verringern. So soll Taiwan in den letzten Jahren seine Devisenreserven sehr stark aus dem Dollar diversifiziert haben, so daß der Dollaranteil im März 1995 nur noch 54% betragen haben soll. Vgl. Frankel, J.A. (1995), S. 16.

210 Die Untersuchung von Bergsten und Williamson ist nicht veröffentlicht worden. Eine Zusammenfassung der wichtigsten Ergebnisse ist zu finden bei: Thygesen, N. (1985), S. 158f.

211 Vgl. Mayer, J. (1990), S. 292ff.

212 Als stabilisierend wird in diesem Zusammenhang das Ziel verstanden, die Wechselkursentwicklung innerhalb einer engen Bandbreite um einen Gleichgewichtskurs zu halten, der von Bergsten und Williamson durch den mittelfristigen Trend eines effektiven Wechselkurses bestimmt wird. Angesichts der Schwierigkeiten, die mit der Bestimmung eines Gleichgewichtskurses verbunden sind, sagt jedoch ein auf Basis eines willkürlich bestimmten Gleichgewichtskurses errechneter "leaning-against-the-wind"-Index wenig über den tatsächlich stabilisierenden Charakter von Reserveumschichtungen aus. Vgl. hierzu die kritischen Anmerkungen bei: Mayer, J. (1990), S. 303.

fizierung aus dem Pfund Sterling gegen Ende 1976 beobachteten sie eine deutlich erhöhte Wechselkursinstabilität. Als die britische Währung rasch abwertete und die D-Mark und der Yen zwischen 1977 und 1978 gegenüber dem Dollar an Wert gewannen, bauten offizielle Währungsbehörden DM- und Yen-Guthaben auf. Dies könnte zu einer Verstärkung der Wechselkursschwankungen beigetragen haben. Der von Reserveumschichtungen ausgehende potentiell destabilisierende Effekt auf die Schwankungen der Wechselkurse zwischen den wichtigsten Reservewährungen ist insgesamt aber als sehr gering einzuschätzen. Im Vergleich zu den im Untersuchungszeitraum gemessenen durchschnittlichen Abweichungen von 20-25% vom mittelfristigen Wechselkursgleichgewicht ließen sich innerhalb eines Quartals nur 0,5% der aufgetretenen Wechselkursschwankungen auf Operationen der Zentralbanken zurückführen.

Aufbauend auf der Untersuchung von Bergsten und Williamson untersucht Mayer für den Zeitraum zwischen dem ersten Quartal 1975 und dem vierten Quartal 1988 den potentiell destabilisierenden Einfluß von Portfolioumschichtungen offizieller Währungsbehörden der Industrie- und Entwicklungsländer auf die Entwicklung der Wechselkurse des US-Dollar, der D-Mark, des Pfund Sterling, Schweizer Franken und Yen.[213]

---

213 Hierzu wird zunächst die Anteilsänderung einer Währung an den Devisenreserven gegenüber dem vorherigen Quartal bestimmt, die von der jeweiligen Ländergruppe gehaltenen wird. Da der Zuwachs der globalen Reservebestände auch eine Diversifizierung von Devisenreserven bewirken kann, ohne daß bestehende Reservebestände umgeschichtet werden, muß der reine Bestandseffekt um den Effekt des Zuwaches bereinigt werden. In einem zweiten Schritt wird deshalb von der berechneten Anteilsänderung die prozentuale Änderung der gesamten von der entsprechenden Ländergruppe gehaltenen Reservebestände abgezogen, wobei die in den IWF-Statistiken auf SZR lautenden Bestände über den jeweiligen SZR-Wechselkurs zum Periodenende in die entsprechende Währung umgerechnet werden. Bei den Berechnungen werden die von Verteilungseffekten innerhalb einer Gruppe ausgehenden Wirkungen auf die Reservezusammensetzung nicht erfaßt, da über die Zusammensetzung der Devisenreserven einzelner Länder keine Daten verfügbar sind. Die berechneten Portfolioumschichtungen werden den durch mehrere Regressionsgleichungen bestimmten Wechselkurstrends gegenübergestellt und jeweils zum Quartalsende überprüft, ob eine Währung gegenüber dem berechneten Trendwert auf- bzw. abgewertet hat. Als stabilisierend werden Reserveumschichtungen dann betrachtet, wenn Reserven - ähnlich der bei einer Politik des "Sich gegen den Wind lehnens" verfolgten Interventionsstrategie - tendenziell aus aufwertenden und in abwertende Währungen gewechselt wurden, so daß sie Wechselkursänderungen entgegengewirkt oder sogar ausgeglichen haben. Destabilisierende Reserveumschichtungen haben dagegen die Wechselkursänderungen einer Währung eher verstärkt, weil Devisenreserven in die betreffende Währung verlagert wurden als, diese aufwertete, oder aus der betreffenden Währung verlagert wurden, als diese abwertete. Sie können dementsprechend als ein "Segeln vor dem Winde" ("bending before the wind") bezeichnet werden. Vgl. zur methodischen Vorgehensweise: Mayer, J. (1990), S. 293ff.

Er stellt fest, daß deutliche Unterschiede zwischen dem Portfoliomanagement der Entwicklungsländer und Industrieländer bestehen.[214]
Die Entwicklungsländer scheinen durch ihre reservepolitischen Aktivitäten Wechselkursschwankungen tendenziell verstärkt zu haben, da sie häufig eine Reservewährung in Phasen abstießen, in denen diese zur Schwäche neigte. Dagegen wurden Reserveanlagen in einer Währung erworben, wenn diese aufwertungsverdächtig erschien. So wurden im Jahr 1978 und Anfang 1987 Dollarreserven aufgelöst, als der Dollar zur Schwäche neigte, und Anfang 1980 und zwischen dem 3. Quartal 1984 und dem 1. Quartal 1985 Reserven in den Dollar umgeschichtet, als dieser an Stärke gewann.
Bemerkenswert ist, daß in den Quartalen, in denen eine Umschichtung der Reserven in oder aus dem Dollar und gleichzeitig eine erhöhte Wechselkursinstabilität festgestellt wurde,[215] eine ähnliche Entwicklung bei der D-Mark zu beobachten war. Dies deutet auf ein hohen Substitutionsgrad zwischen dem Dollar und der D-Mark als Reservewährungen hin. Auch zwischen dem Dollar und dem Yen ließ sich im 4. Quartal 1987 eine ähnliche Entwicklung beobachten, nachdem der Yen bei Portfolioumschichtungen eine zunehmende Bedeutung erlangt hatte.
Auch beim Pfund Sterling und der D-Mark scheinen die Entwicklungsländer eine Politik der Portfoliooptimierung verfolgt zu haben. So wurden Devisenreserven in und aus dem Pfund verlagert, als dieses der Tendenz nach auf- bzw. abwertete. Dies trifft für das Jahr 1976 und die Zeitabschnitte 4. Q. 1978 - 3 Q. 1982 und 3 Q. 1984 - 2 Q. 1985 zu. Zwischen dem 2. Q. 1981 und dem 1. Q. 1985 wurden Reserven aus der D-Mark verlagert. Eine Phase, in der die D-Mark gegenüber dem Dollar abwertete. Beim Schweizer Franken waren insgesamt nur geringe Umschichtungen auszumachen. Allerdings verfolgten die Entwicklungsländer auch hier im Zeitraum zwischen dem 4. Q. 1981 und dem 3. Q. 1984 eine optimale Portfoliostrategie, die mit einer erhöhten Instabilität des Kurses des Schweizer Franken gegenüber dem SZR einherging. Aufgrund dieser Ergebnisse kann man den Schluß ziehen, daß die Portfolioentscheidungen der Entwicklungsländer sehr stark nach kommerziellen Gesichtspunkten ausgerichtet sind und ihre Reserveoperationen häufig Wechselkursschwankungen verstärken.

Die Industrieländer fühlen sich dagegen stärker zur Aufrechterhaltung stabiler Wechselkurse verpflichtet. Sie versuchen in der Regel, durch eine Politik des "Sich gegen den Wind lehnens" Wechselkursschwankungen zu glätten. Allerdings lassen sich auch bei ihnen in den Jahren 1975-80 immer wieder einmal kürzere Zeitabschnitte ausmachen, in denen ihre Reserveumschichtungen zu einer erhöhten Wechselkursinstabilität beigetragen haben. Dies trifft besonders für die Jahre 1978 und 1979 zu, in denen die Industrieländer ihre Reserven sehr stark aus dem

---

214 Vgl. Mayer, J. (1990), S. 298 und S. 312-326.

215 Dies trifft bis 1985 für die folgenden Quartale zu: 4/1975, 1/1978, 3/1978 - 4/1978, 2/1980, 3/1984 - 1/1985. Vgl. Mayer, J. (1990), S. 299.

Dollar diversifizierten. Diese Diversifizierungsoperationen haben den Dollar zusätzlich geschwächt.
Die Reserveumschichtungen der Industrieländer können deshalb als ein Signal an die USA verstanden werden, daß diese nicht mehr länger bereit waren, einen weiteren Wertverlust ihrer in Dollar gehaltenen Reservebestände hinzunehmen.[216] Entweder mußten die USA die Erosion des Dollar als internationale Reservewährung akzeptieren oder durch entsprechende wirtschaftspolitische Maßnahmen dafür Sorge tragen, daß die Stabilität des Realwertes der außenstehenden Dollarbestände wieder hergestellt wird. Letztendlich haben sich die amerikanischen Währungsbehörden für die zweite Alternative entschieden, indem sie im November 1978 und Oktober 1979 eine völlige Kehrtwende ihres damaligen geld- und währungspolitischen Kurses vollzogen. Sie initiierten ein umfangreiches Dollar-Sanierungs-Programm, das sich aus einer restriktiveren Geldpolitik und einem aktiveren Wechselkursmanagement an den Devisenmärkten zusammensetzte. Um die Glaubwürdigkeit der neuen Politik zusätzlich abzustützen, erklärten sich die amerikanischen Behörden zu einer aktiveren Teilnahme an den gemeinsamen Interventionen der anderen Zentralbanken der G-7 bereit. Hierzu sammelten die USA durch verschiedene Maßnahmen umfangreiche Devisenreservebestände in D-Mark und Schweizer Franken an.
Nach 1981 weisen die Reserveumschichtungen der Industrieländer beim Dollar überwiegend auf eine Politik des "leaning against the wind" hin, auch wenn zwischen dem 3. Q. 1983 und dem 1. Q. 1984 nochmals eine ausgeprägte Instabilität des Wechselkurses zu beobachten war.[217]
Obwohl zwischen 1981 und 1986 die Industrieländer ihre Devisenreserven erneut in einem größeren Umfang aus dem Dollar diversifizierten, wertete der Dollar bis Februar 1985 gegenüber anderen Reservewährungen relativ stark auf. Hierhinter verbergen sich zwei Entwicklungen: Erstens griffen Zentralbanken in einem beträchtlichen Umfang auf ihre Dollarbestände zurück, um an den Devisenmärkten den Dollarkurs zu beeinflussen. Darüber hinaus ist zu vermuten, daß die Dollar-Halter die günstige Gelegenheit nutzten, um die Zusammensetzung ihrer Reservebestände zu verändern, ohne hierdurch Wechselkursschwankungen zusätzlich zu verstärken. Eine Bestätigung für diese These ist darin zu sehen, daß der Wechselkurs der amerikanischen Währung nach 1986 relativ stabil geblieben ist, obwohl die Diversifizierung aus dem Dollar in einem beträchtlichen Ausmaß anhielt.[218]
Wie beim Dollar läßt sich auch bei der D-Mark hinsichtlich des Einflusses der Portfolioumschichtungen auf die Wechselkursentwicklung mit dem Jahr 1981 eine zeitliche Trennungslinie ziehen. Bis 1981 haben Reserveverlagerungen in oder aus der D-Mark zeitweise zu einer erhöhten Wechselkursinstabilität beigetragen, die jedoch im Vergleich zum Dollar weniger stark ausgeprägt war. Die Entwicklung

216 Vgl. Mayer, J. (1991), S. 538.
217 Vgl. Mayer, J. (1990), S. 300.
218 Vgl. Mayer, J. (1991), S. 539.

nach 1981 war vor allem durch die Reservepolitik der EWS-Notenbanken geprägt. Die Partnernotenbanken der Bundesbank stockten besonders nach 1983 in Zeiten einer DM-Schwäche ihre Bestände an D-Mark auf, auf die sie in späteren Zeiten zurückgriffen, wenn die eigenen Währungen zur Schwäche neigten. Sie verfolgten also eine Strategie des "Sich gegen den Wind lehnens". Durch ihre Reservepolitiken wurden Wechselkursschwankungen nicht verstärkt.
Die sehr geringen Reserveumschichtungen in oder aus dem Pfund Sterling, die Mayer feststellte, zeigen, daß das Pfund bei den Industrieländern als Reservewährung nur noch eine sehr begrenzte Bedeutung hat. Beim Schweizer Franken konnten wiederum keine größeren Reserveumschichtungen beobachtet werden. Beim Yen deuten die Ergebnisse darauf hin, daß die Industrieländer über den gesamten Untersuchungszeitraum eine Politik des "leaning against the wind" verfolgten, die gelegentlich für ein oder zwei Quartale unterbrochen wurde.
Als weiterer Anhaltspunkt, um den stabilisierenden bzw. destabilisierenden Einfluß von Reserveumschichtungen auf die Entwicklung der Wechselkurse zwischen den wichtigsten Reservewährungen zu beurteilen, können die aus den Umschichtungen von Reservebeständen resultierenden Gewinne und Verluste dienen. Dieses aus der Diskussion über die Wirksamkeit von Devisenmarktinterventionen stammende und auf Milton Friedman zurückgehende Gewinn-Kriterium geht von der Beobachtung aus,[219] daß Währungsspekulationen tendenziell destabilisierend wirken, wenn Spekulanten eine Währung verkaufen, die zur Schwäche neigt oder bereits schwach ist, oder eine Währung kaufen, die zur Stärke neigt oder stark ist. Um einen Gewinn zu erzielen, muß ein Spekulant eine bestimmte Währung möglichst billig kaufen und zu einem späteren Zeitpunkt wieder teuer verkaufen. Ge-

219 Da kein direkter Nachweis über die Wirksamkeit von Interventionen möglich ist, suchte man nach indirekten Maßen. Das bekannteste und am häufigsten gebrauchte Kriterium ist das von Milton Friedman im Jahr 1953 vorgeschlagene Gewinn-Kriterium. Vgl. Friedman, M. (1953), S. 175. Um den Erfolg oder Mißerfolg von Interventionen zu beurteilen, schlägt er vor, die durch Interventionen erzielten Gewinne oder erlittenen Verluste als Beurteilungsmaßstab für die Wirksamkeit offizieller Interventionen bei der Stabilisierung der Wechselkurse zu verwenden. Unter der Bedingung, daß Währungsbehörden über die zukünftige Wechselkursentwicklung eine zutreffende Vorstellung hätten, müßten diese Devisen billig kaufen und zu einem späteren Zeitpunkt wieder teurer verkaufen können und damit Gewinne erzielen. Derartige gewinnbringende Interventionen würden den Marktausgleich im Zeitverlauf fördern und deshalb einen Beitrag zur Stabilisierung der Wechselkurse leisten. Transaktionen, die hingegen in eigener Währung gerechnet zu Verlusten führen, sind destabilisierend. In der währungspolitischen Literatur wie auch in internationalen Expertenzirkeln spielt das Gewinn-Kriterium eine wichtige Rolle. Vgl. hierzu den Bericht der Arbeitsgruppe über Interventionen an den Devisenmärkten (Jurgensen-Bericht); Jurgensen, P. (1984), hier insbesondere die Ziffern 72-76. Ob die Rentabilität von Interventionen ein sinnvolles Maß ist, um die Wirksamkeit von Interventionen bei der Stabilisierung der Wechselkurse zu beurteilen, ist sehr umstritten. Ein ausführlicher Überblick über die kontrovers geführte Diskussion ist zu finden bei: Edison, H.J. (1993).

winnbringende Spekulationen wirken daher eher stabilisierend, während destabilisierende Spekulationen zu Verlusten führen.
Bergsten und Williamson sowie Mayer übertragen das Gewinn-Kriterium in einer modifizierten Form auf die von ihnen beobachteten Portfolioumschichtungen offizieller Währungsbehörden,[220] wobei die von Bergsten und Williamson durchgeführten Rentabilitätsberechnungen gravierende Mängel aufweisen.[221] Mayer verfeinert deshalb das von Bergsten und Williamson verwendete Kriterium und berechnet im Zeitraum zwischen 1977 und 1988 für verschiedene Teilperioden die Profitabilität von Portfolioumschichtungen zwischen dem US-Dollar gegenüber der D-Mark, dem Schweizer Franken, dem Pfund Sterling und dem japanischen Yen.[222] Er kommt zu dem Ergebnis, daß sowohl die Entwicklungsländer als auch die Industrieländer mit ihren Reserveumschichtungen überwiegend Verluste erlitten. Nur bei zwei der für die Industrieländer durchgeführten 8 Berechnungen konnten Gewinne festgestellt werden.[223] Im Fall der Entwicklungsländer traf dies für zwei der 6 Berechnungen zu. Dies läßt darauf schließen, daß es sowohl bei den Industrieländern als auch bei den Entwicklungsländern kein allgemeines Handlungsmuster für gewinnbringende Reserveumschichtungen gibt und Zentralbanken die zukünftige Entwicklung der Wechselkurse nicht besser einschätzen können als andere Marktteilnehmer.
Diese Schlußfolgerungen müssen jedoch mit großer Vorsicht betrachtet werden: Einerseits ist das Gewinn-Kriterium aufgrund seiner zahlreichen theoretischen und methodischen Schwächen zur Evaluierung des Einflusses von Reserveumschichtungen auf die Wechselkursstabilität nur sehr begrenzt einsetzbar.[224] Andererseits

---

220 Vgl. Mayer, J. (1990), S. 304ff.

221 Vgl. hierzu die Kritik bei: Mayer, J. (1990), S. 306. Bei der Gewinnermittlung wird der Anlagehorizont eher zufällig auf 6 Monate festgesetzt und ist deshalb statisch. Nicht berücksichtigt werden die aus den Reserveanlagen erzielten Zinseinnahmen. Die aus den Portfolioumschichtungen erzielten Gewinne werden über den gesamten betrachteten Zeitraum aufaddiert, so daß die Berechnungen verzerrt sind, je nachdem, ob im betrachteten Untersuchungszeitraum Umschichtungen in eine bestimmte Reservewährung oder aus dieser vorherrschten.

222 Eine genaue Beschreibung zur Berechnung der Profitabilität der Portfolioumschichtungen findet sich bei Mayer, J. (1990), S. 306 und insbesondere S. 327-330.

223 Dieses Ergebnis ist bemerkenswert, da die im Zusammenhang mit der Diskussion um den stabilisierenden Einfluß von gewinnbringenden Interventionen vorgelegten Studien überwiegend zu dem Ergebnis kommen, daß die Währungsbehörden der führenden Industrieländer mit ihren Interventionen zumeist Gewinne erzielen. Vgl. so zum Beispiel: Argy, V. (1982); Jacobson, L.R. (1983); Bank of England (1983); Beenstock, M. und S. Dadashi (1986); Corrado, C. und D. Taylor (1986); Fase, M.M.G. und A.P. Huijser (1989); Leahy, M. P. (1989); Murray, J., M. Zelmer und S. Williamson (1990).

224 Vgl. hierzu: Fase, M.M.G. und A.P. Huijser (1989), S. 16f. Besonders kritisch setzt sich Taylor, D. (1982) mit dem Gewinnkriterium auseinander. So ist es bisher nicht gelungen, einen eindeutigen Zusammenhang zwischen dem Gewinnkriterium und der Wechselkursstabilität festzustellen. Die bei Devisenmarktoperationen realisierten Gewinne

beruhen die Berechnungen Mayers auf sehr vereinfachenden Annahmen.[225] Die von Währungsbehörden vorgenommenen Reserveumschichtungen müssen deshalb nicht notwendigerweise destabilisierend wirken.
Auch wenn sich die Einflüsse von Portfolioumschichtungen der Zentralbanken auf die Wechselkurse nicht eindeutig bestimmen lassen, kann bei einer abschließenden Bewertung der theoretischen und empirischen Befunde nicht darauf geschlossen werden, daß die Haltung multipler Reserveaktiva stabilitätspolitisch negativ ist. Ein stabiles internationales Währungssystem ist auch auf Basis mehrerer nationaler Währungen möglich. Die geäußerten Befürchtungen über die dem multiplen Reservewährungssystem innewohnende Instabilität ist deshalb als weit übertrieben anzusehen.[226]

Die mögliche Gefahr plötzlicher Absetzbewegungen, die von den als Devisenreserven unterhaltenen Anlagen ausgehen kann, muß in Relation zu den gesamten vom Ausland gehaltenen Finanzanlagen gesehen werden. Gemessen an der riesigen Summe, die private und institutionelle Anleger täglich bewegen, sind die von einer Umschichtung offizieller Reserveportfolios ausgehenden Gefahren für die Stabilität des internationalen Währungssystems als sehr viel geringer einzuschätzen.[227] Daß sich das internationale Währungssystem nicht zu dem instabilen Ge-

---

können deshalb nicht als ein zuverlässiger ex-post Indikator für einen Stabilisierungseffekt angesehen werden. Darüber hinaus ist darauf hingewiesen worden, daß sowohl destabilisierende Devisenmarktoperationen profitabel als auch stabilisierende Devisenmarktoperationen verlustbringend sein können. Vgl. so z.B.: Mayer, H. und H. Taguchi (1983), S. 10f; Rieke, W. (1984), S. 48; Lehment, H. (1980), S. 145f. Außerdem beeinflussen die Wahl der Untersuchungsperiode, die Form der Gewinnberechnung (mit oder ohne Zinseinnahmen und Transaktionskosten) und die den Berechnungen zugrundeliegenden Bewertungsmethoden sehr stark das Ergebnis, ob Devisenmarktoperationen eher zu Gewinnen oder Verlusten führen. Vgl. hierzu: Rieke, W. (1984), S. 48; Jurgensen, Philippe (1984), Ziffer 76., S. 112; Murray, J.; M. Zelmer und S. Williamson (1990), S. 17f.

225 Vgl. Mayer, J. (1990), S. 308f. So unterstellt er, daß alle Portfolioumschichtungen nur aus dem US-Dollar und wieder in diesen zurück stattfinden und diese sich jeweils gleichmäßig über das ganze Quartal verteilen. Die durch ein aktives Handeln innerhalb eines Quartals erzielten Gewinne und Verluste werden vernachlässigt. Alle Zinsgewinne bzw. -verluste werden zum durchschnittlichen Periodenwechselkurs in Dollar konvertiert. Zinseszinseffekte werden vernachlässigt. Des weiteren wird angenommen, daß die kumulierten Netto-Portfolioumschichtungen am Periodenende zum durchschnittlichen Wechselkurs des letzten Quartals der Periode glattgestellt werden können.

226 Vgl. hierzu: Mayer, J. (1990), S. 311.

227 So beliefen sich nach Schätzungen der Bundesbank die von Ausländern gehaltenen DM-Bestände (Euro-DM-Einlagen, DM-Auslandsanleihen und Anlagen in der Bundesrepublik) bereinigt um Doppelzählungen Ende 1990 auf 885 Mrd. DM. Der Anteil der von ausländischen Währungsbehörden gehaltenen DM-Reserven in Höhe von 240,4 Mrd. DM betrug dagegen nur 27,2 Prozent. Die gesamten von Nichtnotenbanken gehaltenen

bilde entwickelt hat, wie dies von den Kritikern am System multipler Devisenreserven prophezeit wurde, liegt vor allem an dem unterschiedlichen reservepolitischen Verhalten von Zentralbanken.
Die Währungsbehörden der Industrieländer, insbesondere die der führenden Industrienationen, die das währungspolitische Geschehen im internationalen Währungssystem entscheidend prägen, fühlen sich verpflichtet, ihre Portfolios nur so umzuschichten, daß Wechselkursänderungen möglichst nicht verstärkt werden. Sie diversifizieren ihre Reserven sehr behutsam. Zwar ist zeitweise ein destabilisierender Einfluß auf die Wechselkurse auszumachen, sie verfolgen seit 1981 mit ihren Reserveumschichtungen aber überwiegend eine Politik des "leaning against the wind". Nur in den Jahren 1978 und 1979 haben Industrieländer mit ihren Reserveoperationen zu größeren Wechselkursschwankungen des US-Dollar beigetragen.

Die Entwicklungsländer disponieren in der Regel über ein geringeres Anlagevolumen als die Industrieländer. Von ihren reservepolitischen Transaktionen können aber durchaus destabilisierende Wirkungen ausgehen, da sie ihre Reservepolitiken freier nach eigenen Interessen gestalten. Sie unterliegen weniger den weltwirtschaftspolitischen Zwängen und nehmen deshalb weniger Rücksicht auf die von ihren reservepolitischen Operationen auf das internationale Währungssystem ausgehenden Wirkungen.

3.4 Die Berücksichtigung stabilitätspolitischer Überlegungen als Determinante der Reservestruktur

Die empirischen Ergebnisse von Bergsten/Williamson und von Mayer bestätigen, daß die Zentralbanken bei ihrem reservepolitischen Verhalten grob in zwei Gruppen unterteilt werden können:
- in Zentralbanken, die bei ihren Portfolioentscheidungen sehr umsichtig agieren und stabilitätspolitische Überlegungen berücksichtigen, und
- in weniger umsichtig agierende Zentralbanken, die ein stärkeres Interesse an der Erzielung möglichst hoher Erträge haben und die zum Teil eine aggressive Reservepolitik betreiben.

3.4.1 Das Verhalten der umsichtigen, sich zur Stabilität verpflichtet fühlenden Zentralbanken

Zur ersten Gruppe zählen insbesondere die Zentralbanken der führenden Industrieländer, wie sie in der Gruppe der Sieben vertreten sind. Aufgrund ihrer umfangrei-

---

mehr oder weniger liquiden DM-Forderungen stellen damit rein quantitativ ein viel größeres Gefahrenpotential dar. Vgl. Deutsche Bundesbank (1991b), S. 28 und 31.

chen Reservebestände, die weit über die erforderlichen Transaktionsbedürfnisse hinausgehen, könnten sie theoretisch bei der Anlage ihrer Mittel sehr flexibel handeln. Die mit der Reservehaltung verbundenen potentiellen Wertverluste spielen keine so große Rolle wie bei Zentralbanken, die nur über geringe Bestände verfügen und stärker auf diese und deren Erträge angewiesen sind. Sie könnten vorübergehend höhere Spekulationsverluste leichter hinnehmen, weil sie bei der Anlage von Reserven eine längerfristige Bindung eingehen könnten. Sie könnten eine Abwertungsphase und die damit verbundenen Wertverluste längerfristig "aussitzen".

Tatsächlich besitzen diese Zentralbanken aber aufgrund formeller Abkommen oder informeller Absprachen oder, weil sie bei ihren reservepolitischen Entscheidungen in einem stärkeren Maße Überlegungen zur Aufrechterhaltung der internationalen Währungsstabilität berücksichtigen, nur über einen sehr begrenzten Spielraum, ihre Devisenreserven zwischen verschiedenen Währungen und Anlageformen umzuschichten, um kurz- und mittelfristige Arbitragemöglichkeiten auszunutzen.

Den entscheidenden Beitrag zur Erklärung dafür, warum die Zentralbanken der führenden Industrieländer trotz der Akkumulation beträchtlicher Reservebestände auf eine Änderung ihrer Reservestruktur verzichteten, lieferten bereits Ende der sechziger Jahre Officer und Willett mit ihrem Ansatz des "crisis-zone-Verhaltens".[228] Sie erklären den Verzicht der führenden Industrieländer außerhalb der USA auf eine Änderung der Reservestruktur damit, daß das Währungssystem einen Punkt erreicht hat, über den hinaus eine Konversion von Dollarreserven in Gold den Zusammenbruch des Systems bewirkt hätte. Obwohl sich ihre Schlußfolgerungen auf das Verhalten der wichtigsten Überschußländer zu Zeiten des Festkurssystems von Bretton-Woods beziehen, besitzen sie auch heute noch im System multipler Reservewährungen Gültigkeit. An die Stelle von Gold sind zwar andere Reservewährungen getreten, und zwischen diesen und dem US-Dollar bestehen keine festen Bindungen mehr, aber die führenden Industrieländer außerhalb der USA verzichten aus den gleichen Gründen wie damals auf eine umfangreiche Auflösung ihrer Dollarreserven.

Seit dem Übergang zu frei schwankenden Wechselkursen fühlen sich die Zentralbanken der führenden Industrieländer verantwortlich, die Stabilität des internationalen Währungssystems zu bewahren. Sie könnten ihre Devisenreserven deshalb nur dann uneingeschränkt diversifizieren, wenn die mit den Diversifizierungsoperationen verbundenen Transaktionen zu keinen (größeren) Preiseffekten an den

228 Vgl. Officer, L.H. und T.D. Willett (1969), S. 669-695, insbesondere S. 689; Officer, L.H. und T.D. Willett (1970), S. 54ff. Unter der "crisis zone" verstehen Officer und Willett eine Situation, in der die Verbindlichkeiten der USA gegenüber ausländischen Währungsbehörden die Goldbestände der amerikanischen Währungsbehörden übersteigen und somit die damals garantierte Goldeinlösungspflicht nicht mehr gewährleistet werden konnte. Vgl. Officer, L.H. und T.D. Willett (1969), S. 690.

Devisenmärkten führten. Die Diversifizierung von Devisenreserven darf also nicht selbst zu einer Quelle der Instabilität der Wechselkurse werden.[229] Dies setzt jedoch voraus,

- daß das Transaktionsvolumen beim Tausch von einer Währung in eine andere relativ gering ist und
- daß es mehrere Währungen gibt, die ein ausreichend breites und tiefes Angebot an liquiden Anlagemöglichkeiten anbieten.

Die Möglichkeit einer Reservediversifikation und der Umfang, in dem Zentralbanken neben dem US-Dollar auch andere Währungen als Reserven halten, wird also entscheidend von den Liquiditätseigenschaften der Anlageobjekte und der Elastizität der Anlagemärkte bei den anderen Reservewährungen bestimmt. Sie entscheiden, ob im Bedarfsfall die angelegten Guthaben schnell mobilisiert werden können, ohne daß durch die Auflösung und Verlagerung der Anlagen nachhaltige Effekte an den Märkten verursacht werden.
Bisher ist jedoch die Anzahl der Märkte, die eine ausreichende Liquidität bieten und an denen Zentralbanken umfangreiche Transaktionen durchführen können, sehr begrenzt. Lange Zeit kamen deshalb für Großanleger nur die amerikanischen Finanzmärkte und vielleicht der Londoner Finanzmarkt in Frage. Inzwischen bieten zwar auch die deutschen und japanischen Märkte im kurzfristigen Bereich ein größeres Angebot an attraktiven und liquiden Anlagemöglichkeiten an. Wenn aber eine Zentralbank in einem sehr großen Volumen Dollarpositionen in DM-Papiere umschichtet, kann es zu extremen Spannungen an beiden Märkten kommen, auch wenn die Märkte für amerikanische Schatzwechsel und deutsche Bundesanleihen sehr liquide sind.
Eine Diversifizierung von Devisenreserven größeren Ausmaßes aus dem Dollar würde die Schwankungen der Wechselkurse verstärken und damit die Stabilität der internationalen Währungsordnung stark beeinträchtigen. Die führenden Industrieländer haben deshalb bis heute auf eine umfassende Diversifizierung ihrer Reserven verzichtet und konzentrieren ihre Devisenreserven weiterhin überwiegend in US-Dollar. Dies bedeutet jedoch nicht, daß sie auf ein ertragsorientiertes Reservemanagement völlig verzichten. So ist die Bundesbank, wie bereits erwähnt, seit Mitte der achtziger Jahre zu einem aktiveren Management ihrer Reserven übergegangen.[230] Um Wechselkursanspannungen zu vermeiden, schichtet sie ihre Reserven zwar nicht zwischen verschiedenen Währungen um, sie versucht aber, innerhalb des Dollar-Segments durch ein aktiveres Portfoliomanagement die aus den Reserveanlagen zu erzielenden Erträge zu steigern. So werden zum Beispiel durch den Kauf und Verkauf von Anleihen gleicher und unterschiedlicher Fällig-

229 Vgl. Mayer, J. (1991), S. 524.
230 Vgl. Abschnitt 2.2.1 in Kapitel III.

keiten Kursgewinne ausgenutzt. Ähnliches dürfte auch für die japanische Notenbank gelten.

Durch den generellen Verzicht der Industrieländer, ihre Dollarreserven umzuschichten und abzubauen, ist der Anteil des Dollar lange Zeit gestützt worden. Sie veränderten die Zusammensetzung ihrer Devisenreserven über den Markt nur dann, wenn die Diversifizierungsoperationen mit einer Stabilisierung der Wechselkurse im Einklang standen.[231] So hielten sie in Phasen eines schwachen Dollar hohe Dollarreserven oder stockten diese sogar weiter auf. Als sich im Jahr 1979 der Dollar erholte und wieder an Stärke gewann, verringerten die Industrieländer ihre Dollarreserven.[232] Dieses stabilitätsorientierte Verhalten erklärt, warum Ende der siebziger Jahre die tatsächlich gehaltene Reservestruktur bei der Gruppe der Industrieländer noch stärker von der portfoliooptimalen Struktur abwich als diejenige der Entwicklungsländer.
In diesem Zusammenhang ist die Beobachtung interessant, daß gerade bei den Industrieländern in den achtziger Jahren eine schleichende Diversifizierung aus dem Dollar festzustellen ist, obwohl der Dollar seit Mitte dieses Jahrzehnts zur Schwäche neigte. Wie die empirischen Ergebnisse oben zeigten, hat sich damit die Lücke zwischen der optimalen und tatsächlichen Reservestruktur bei den Industrieländern in den achtziger Jahren verringert.
Diese Entwicklung ist einerseits ein Indiz dafür, daß die Märkte anderer Währungen gewachsen sind und sich die währungspolitische Abhängigkeit vom Dollar verringert hat. Andererseits bestätigt diese Entwicklung, daß bei den Industrieländern das Interesse an einem aktiveren Reservemanagement gewachsen ist und sie ihre Devisenreserven langfristig an eine optimalere Portfoliostruktur anpassen möchten.
Die Zentralbank Kanadas, die durch ihre umfangreichen Goldverkäufe in den letzten Jahren an den internationalen Finanzmärkten für Aufsehen sorgte, stellt ein gutes Beispiel für diese Entwicklung dar. Bis in die 80er Jahre hinein schenkte die kanadische Zentralbank der Zusammensetzung ihrer Reserveanlagen nur geringe Aufmerksamkeit. Die jeweilige Zusammensetzung des Reserveportfolios war deshalb hauptsächlich eine Folge ihrer Interventionsaktivitäten und der mit einer passiven Reservehaltung erlangten Kapitalgewinne und -verluste.[233] Erst seit Ende der achtziger Jahre beschäftigten sich das International Department und das Securities Department der kanadischen Zentralbank sehr intensiv mit Fragen, wie die Struktur der Devisenreserven optimaler und ertragsreicher gestaltet werden kann. Insbesondere setzt sie sich mit den Fragen auseinander,

231 Vgl. Mayer, J. (1990), S. 300.
232 Vgl. Hasse, R. (1987), S. 151.
233 Vgl. Murray, J., A. DeSerres und S. Zahin (1991), S. 6.

- welche Konsequenzen mit einer Ausdehnung der durchschnittlichen Fälligkeit der Anlagen im Portfolio des Exchange Fund Account (EFA) der kanadischen Zentralbank verbunden sind
- und ob ein flexibler Ansatz gewählt werden sollte, um auch Anlageinstrumente berücksichtigen zu können, die zwar höhere, aber noch akzeptable Risiken bei gleichzeitig höherem Ertrag aufweisen.[234]

Murray, DeSerres und Zahin, die mit Hilfe eines Portfolioansatzes die Effizienz der Reservepolitik der kanadischen Zentralbank untersuchen, kommen zu dem Schluß, daß die mit dem Portfolioansatz ermittelte Währungsstruktur weitestgehend mit der Anlagestrategie des EFA konsistent ist. Die Ergebnisse stützen auch die Entscheidung, die 1980 begonnene Strategie fortzusetzen, die Goldbestände weiter abzubauen und statt dessen andere Reserveanlagen zu akkumulieren und die Struktur der Devisenreserven zu diversifizieren. So sollten die Bestände in SZR auf einem möglichst geringen Niveau gehalten und das Reserveportfolio vom US-Dollar weg zugunsten des Yen und der D-Mark gestreut werden. Die portfoliooptimalen Anteile des Yen und der D-Mark sollten zusammen bei etwa 10-30% liegen. Vergleicht man diese Anlageempfehlungen mit der tatsächlichen Währungsstruktur der kanadischen Reservehaltung (vgl. Tabelle 38), so fällt auf, daß sich die kanadische Zentralbank seit Mitte der 80er Jahre tatsächlich stärker der D-Mark und besonders dem Yen zugewandt hat. Während 1975 die Devisenreserven noch ausschließlich in US-Dollar und bis 1987 nahezu keine Bestände in Yen und D-Mark gehalten wurden, stiegen die Anteile des Yen und der D-Mark an den Devisenreserven bis zum Jahresende 1990 auf 25,1 % bzw. 10,1 % an .

Tabelle 38: Währungsstruktur der Devisenreserven im Exchange Fund Account der kanadischen Zentralbank 1975 - 1990 (jeweils zum Jahresende, in Prozent)

	1975	1980	1985	1990
US-Dollar	100	100	98,2	64,8
D-Mark	-	-	-	10,1
Yen	-	-	1,8	25,1
Sfr	-	-	-	-

Quelle: Murray, J., A. DeSerres und S. Zahin (1991), Tabelle 7; eigene Berechnungen.

234 Vgl. Murray, J., A. DeSerres und S. Zahin (1991), S. 9. Auf Anfragen bei der kanadischen Zentralbank waren jedoch keine weitergehenden Informationen über die von der Zentralbank durchgeführten internen Untersuchungen zu erhalten, da diese währungspolitischen Fragen und die Anlageentscheidungen vertraulich und nur einem begrenzten Kreis in der Administration zugänglich sind.

Auch wenn der wachsende Anteil beider Währungen nach 1987 vor allem eine Folge der Teilnahme Kanadas an den konzertierten Interventionen der G-7-Länder und eigener Interventionen zur Verteidigung des kanadischen Dollar war, dürften auch anlagepolitische Kriterien für die Verschiebung der Währungsstruktur innerhalb des kanadischen Reserveportfolios eine gewisse Bedeutung spielen. Denn eine interne Untersuchung des International Department der kanadischen Zentralbank stellt fest, daß die Bestände in Yen und D-Mark in Größenordnungen von US-$ 100-300 Mio. vollkommen ausreichen, um die Interventionsbedürfnisse in Drittwährungen zu befriedigen.[235] Tatsächlich hielt die kanadische Zentralbank Ende 1990 Bruttobestände in Höhe von US-$ 1.228 Mio. in D-Mark und US-$ 3.060 Mio. in Yen.[236]

3.4.2 Das Verhalten der weniger umsichtig agierenden Zentralbanken

Zur zweiten Gruppe sind all diejenigen Zentralbanken hinzuzurechnen, die sich nicht für die Aufrechterhaltung der Stabilität des internationalen Währungssystems verantwortlich fühlen. In diesem Sinne kann ihr Reservemanagement als weniger umsichtig interpretiert werden. Sie agieren bei ihren Reserveoperationen und insbesondere bei der Wahl der Zusammensetzung ihrer Devisenreserven wesentlich freier. Eine Ausrichtung der Reservestruktur an portfoliotheoretischen Überlegungen ist deshalb eher wahrscheinlich.

Im Gegensatz zu den "großen" Zentralbanken der G-7 haben die meisten anderen Zentralbanken mit ihren reservepolitischen Transaktionen sicherlich einen geringeren Einfluß auf die internationalen Devisen- und Anlagemärkte. Man könnte sie daher wie in der portfoliotheoretischen Literatur als "klein" titulieren.[237] Eine begriffliche Unterteilung der Zentralbanken in "klein" und "groß" ist jedoch sehr problematisch. Denn die Größe "klein" läßt sich nicht eindeutig quantifizieren. Schon gar nicht läßt sich diese Differenzierung mit Industrie- und Entwicklungsländern gleichsetzen, nachdem in den letzten 15 Jahren in der Rangfolge der größten reservehaltenden Länder erhebliche Verschiebungen auszumachen sind. Betrachtet man die in Tabelle A22 zusammengetragenen größten reservehaltenden Mitgliedsländer des IWF Ende 1994, so sind innerhalb der Spitzengruppe Länder wie Brasilien, Thailand, Südkorea und Malaysia zu finden, die größere Reservebestände hielten als Frankreich oder Kanada aus der Gruppe der Sieben. Auch Indien, Argentinien, Ägypten und Chile verfügen über umfangreiche Bestände an

235 Vgl. Murray, J., A. DeSerres und S. Zahin (1991), S. 8.

236 Vgl. Murray, J., A. DeSerres und S. Zahin (1991), Tabelle 7.

237 Vgl. so zum Beispiel: Healy, J. (1981), S. 3; Rikkonen, K.-L. (1989), S. 12; Rajasingham, I. (1991), S. 4. Das Attribut "klein" bezieht sich hier auf den potentiellen Einfluß der Zentralbank auf Größen wie Wechselkurse, Zinssätze und Preise, die innerhalb des Portfoliomodells in die Berechnung der statistischen Parameter Risiko und Ertrag eingehen.

Devisenreserven. In den IWF-Statistiken nicht enthalten ist Taiwan, das zu den weltweit größten Reservehaltern zählt.
Wenn solche "kleinen" Zentralbanken mit großen Reservebeständen die Gewichte in ihren Portfolios neu verteilen, insbesondere, wenn sie autonom, aber gleichzeitig handeln, können von ihren Anlagedispositionen beträchtliche Einflüsse auf die Devisen- und Anlagemärkte ausgehen, die zusätzlich durch Signal- und Mitläufereffekte auf andere Marktteilnehmer verstärkt werden können.
So wird besonders der Zentralbank Malaysias (Bank Negara) eine aggressive Reservepolitik nachgesagt. Sie gilt derzeit an den internationalen Devisenmärkten als der größte offizielle Währungsspekulant, der mit seinen Transaktionen vor allem den Devisenmarkt in Singapur fest im Griff hält, aber auch am amerikanischen und an den europäischen Finanzmärkten sehr aktiv ist. Gleiches gilt auch für die Währungsbehörden Saudi Arabiens (Saudi Arabian Monetary Authority), die in der zweiten Hälfte der achtziger Jahre mit ihren Aktionen am Devisenmarkt in New York gefürchtet waren.[238] Darüber hinaus sind die Währungsbehörden Bruneis und Singapurs als aggressive offizielle Spekulanten an den Devisenmärkten bekannt, wobei die Monetary Authority of Singapore keine Zentralbank im eigentlichen Sinne ist, da sie zugleich die Aufgaben des Finanzministeriums des Stadtstaates wahrnimmt.[239] Auch den offiziellen Währungsbehörden in Taiwan und Thailand sowie einigen lateinamerikanischen Ländern wird ein aggressives Verhalten nachgesagt, indem sie kurzfristige Arbitragemöglichkeiten ausnutzen, ohne hierbei die von ihren Operationen ausgehenden Effekte auf die Devisen- und Anlagemärkte zu berücksichtigen.[240] Unter den lateinamerikanischen Zentralbanken zählt insbesondere die brasilianische Notenbank zu den aggressiveren offiziellen Währungsspekulanten. Vor dem Ausbruch der Schuldenkrise im Jahr 1982 war sie an den Anleihe- und Devisenmärkten sehr aktiv und beeinträchtigte zeitweise mit ihren Aktionen das Gefüge an den Märkten erheblich. Nach einer längeren Abstinenz aufgrund der Schuldenprobleme des Landes ist sie inzwischen wieder an die Märkte zurückgekehrt.[241]

Viele dieser Zentralbanken haben ein völlig anderes Verständnis von einem "umsichtigen" Reservemanagement. Für sie ist eine Diversifizierung von Reserven eine Notwendigkeit, um sich vor Wertverlusten zu schützen. Neben dem Bedürfnis nach Sicherheit spielt das Ziel der Ertragssteigerung eine wichtige Rolle.
Die wichtigsten Industrieländer haben durch gemeinsame Absprachen und international koordinierte Interventionen an den Devisenmärkten, wie es im Rahmen der wechselkurspolitischen Absprachen in den achtziger Jahren im Louvre- und Plaza-Akkord geschehen ist, die Möglichkeit, sich untereinander nach ihren bin-

---

238 Vgl. Brady, S. (1992), S. 54 und 56.
239 Vgl. Brady, S. (1992), S. 56.
240 Vgl. Brady, S. (1992), S. 56f.
241 Vgl. Brady, S. (1992), S. 57.

nenwirtschaftlichen Erfordernissen über die weitere Kursentwicklung abzusprechen, ohne Rücksicht auf die damit für andere Länder verbundenen Probleme nehmen zu müssen. Auf internationaler Ebene betreibt dieser "elitäre Club" aus Sicht der Nichtmitglieder ein international abgestimmtes "benign neglect". Besteht zwischen den G-7-Ländern das einvernehmliche Ziel, auf eine Abwertung des US-Dollar hinzuwirken, wie es nach dem Plaza-Abkommen vom September 1985 der Fall war, dann können Zentralbanken, die über umfangreiche Reservebestände in US-Dollar verfügen, einen empfindlichen Wertverlust erleiden, wenn sie ihre Dollaranlagen zuvor nicht auflösen.
Besonders für Länder, die nur über einen unzureichenden Reservebestand und/oder einen beschränkten Zugang zu internationalen Kreditfazilitäten und den internationalen Kreditmärkten verfügen, die aber stärker auf diese verdienten oder geliehenen Mittel zurückgreifen, um Einfuhren wichtiger und vor allem investiver Güter zu finanzieren, können erhebliche wirtschaftliche Probleme entstehen, wenn sie plötzlich nur noch einen Bruchteil dieser Importe finanzieren können. Ganze Entwicklungsprogramme und Infrastrukturprojekte, die den Entwicklungsstand des Landes fördern sollten, können gefährdet sein. Auch im umgekehrten Fall einer Dollaraufwertung, die durch Interventionen der G-7 induziert wurde, können sich erhebliche Lasten ergeben, wenn zum Beispiel die aus einer in Dollar denominierten Auslandsverschuldung entstehenden Zahlungsverpflichtungen mit einem Schlag zunehmen.
Für diese Länder, die sich vor solchen schmerzhaft empfundenen Wechselkursentwicklungen schützen wollen, ist es eine rationale Strategie, eine Werterhaltungspolitik zu verfolgen und durch eine Umstrukturierung der Reserven möglichst hohe Gewinne aus der Anlage von Reserven zu erwirtschaften. Dabei ist der Ansporn zu einer Umstrukturierung des Portfolios um so größer, je stärker und dauerhafter die erwartete Schwäche für eine bestimmte Währung ist und je höher die Ertragschancen für bestimmte Reserveaktiva sind. Solange von der Umschichtung der Reserven geringe Wirkungen auf die Wechselkurse der Währungen wichtiger Industrienationen und die Stabilität des internationalen Währungssystems ausgehen, besteht für diese Zentralbanken kaum ein Anreiz zu einem kooperativen Verhalten. Ähnlich dem Verhalten privater Spekulanten können sie Arbitragemöglichkeiten ausnutzen und gehen unter Umständen sogar spekulative Positionen ein. Sobald ihre Aktionen jedoch zu einem bedeutenden destabilisierenden Faktor werden, können sie sich dem politischen und ökonomischen Druck der führenden Industrieländer ausgesetzt sehen.[242]
Ein besonders prägnantes Beispiel für eine derartige Reservepolitik, wie sie eben beschrieben wurde, ist das anlagepolitische Verhalten der malayischen Zentralbank. Die Zentralbank Malaysias betrachtet den Aufbau spekulativer Währungspositionen in allen wichtigen Reservewährungen einschließlich dem Schweizer

242 Vgl. so Officer, L.H. und T.D. Willett (1970), S. 57.

Franken und den EWS-Währungen als einen zentralen Bestandteil eines "umsichtigen" und defensiven Reservemanagements.[243] Sobald erwartet wird, daß eine Reservewährung ab- und eine andere aufwertet, wird das Reserveportfolio umgeschichtet und eine Position in der Währung aufgebaut, für die eine Aufwertung erwartet wird. Hierdurch versucht man, einen Teil der Reserveaktiva vor einem Wertverlust zu bewahren. Durch gegengerichtete Währungsspekulationen versucht die Zentralbank Malaysias darüber hinaus, einen Anstieg der Auslandsverschuldung zu kompensieren.

Obwohl es nicht das vorrangige Ziel der malayischen Zentralbank ist, einen möglichst hohen Gewinn aus den Reserveanlagen zu erzielen, fühlt sie sich dennoch dazu verpflichtet.

Eine solche aggressive Reservepolitik in Verbindung mit schnellen und umfangreichen Portfolioumschichtungen zwischen den verschiedenen Reservewährungen beeinträchtigt die Geld- und Währungspolitik der von den Umschichtungen betroffenen Währungsbehörden. Im Jahr 1989 wurde die Zentralbank Malaysias wegen ihrer Devisenspekulationen in US-Dollar und Yen von Zentralbanken der G-7 deshalb kritisiert, als diese die Devisenmärkte zu stabilisierten versuchten.[244] Auch beim IWF fand die malayische Zentralbank mit ihrer reservepolitischen Praxis wenig Zuspruch. Der Deputy Governor der Zentralbank Malaysias, Lin See Yan, sah sich deshalb auf einer Veranstaltung der Weltbank veranlaßt, die Reservepolitik seines Landes zu rechtfertigen:
"*We are very controversial today. The IMF does not like us because we try to protect ourselves from G 7 decisions. We have explained our position to them and I think they understand. We are sorry, but we believe it is important for a central bank to be able to say, `We want to control our destiny`.*" Darüber hinaus begründete er das ertragsorientierte Reservemanagement mit dem Argument, daß "*it is important that people have confidence in the central bank. If they see your profits fall, they do not understand that your motivation is not to make a profit; they think that something is going wrong at the central bank.*"[245] Daß eine solche spekulative Reservepolitik sehr gefährlich sein kann, mußte die Bank Negara am eigenen Leibe erfahren. So soll sie sich während der Pfund-Krise im Herbst 1992 verspekuliert und in den Jahren 1992 und 1993 vor allem durch Termingeschäfte

---

243 Vgl. o.V. (1978), S. 31. Bei Brady ist ein knapper Überblick über das Anlageverhalten der Zentralbank Malaysias zu finden. Bei ihren Anlagedispositionen bedient sich die malayische Zentralbank dem externen Rat einer deutschen Anlageberatungsgesellschaft. Allerdings ist nicht bekannt, inwieweit sie ihre Mittel dieser Gesellschaft direkt anvertraut oder ob sie lediglich nur den Kauf- und Verkaufsempfehlungen folgt. Vgl. Brady, S. (1992), S. 54.

244 Vgl. Tsuruoka, D. und J. Burton (1993), S. 52; Brady, S. (1992), S. 54.

245 Zitiert nach: Brady, S. (1992), S. 54.

Verluste in Höhe von US-$ 3,9 Mrd. bzw. US-$ 2,1 Mrd. erlitten haben.[246] Anfang 1994 kündigte sie deshalb den Rückzug aus dem Terminhandel an.

Auch unter den Zentralbanken der kleineren Industrieländer lassen sich einige Beispiele finden, die ein sehr aktives Reservemanagement verfolgen. So haben in den achtziger Jahren Australien und die skandinavischen Zentralbanken sich intensiv Gedanken über ein effizienteres Reservemanagement gemacht.[247] Zu den am weitesten vorangeschrittenen offiziellen Vermögensverwaltern zählen die Zentralbanken Skandinaviens. Sie verfügen im Vergleich zu Japan, Deutschland und den USA über einen deutlich geringeren Bestand an Devisenreserven, leiden aber nicht unter den finanziellen Schwierigkeiten wie zahlreiche Entwicklungsländer. Als "kleine" Zentralbanken besitzen sie damit eine größere Flexibilität, um ihre Anlagen zwischen den verschiedenen Währungsmärkten zu wechseln. Besonders der finnischen Zentralbank, Suomen Pankki, wird nachgesagt, daß sie ihr Reserveportfolio zwischen den europäischen Anlagemärkten relativ häufig umschichten würde.[248] Obwohl über die gegenwärtige Praxis des Reservemanagements der Zentralbank Finnlands kein vollständiges Bild verfügbar ist, vermitteln zwei Arbeiten von Nordman einen interessanten Einblick in das reservepolitische Verhalten der finnischen Zentralbank.[249]

---

246 Vgl. o.V. (1994f): Bank Negara's Habanera, in: The Wall Street Journal Europe, 5. März, 1994, S. 8; vgl. o.V. (1994g): Heiße Geschäfte, in: F.A.Z. vom 6.4.94, Nr. 79, S. 11. Franke beziffert den Verlust im Jahr 1993 sogar auf US-$ 6 Mrd. Vgl. Franke G. (1995), S. 15.

247 Eine Beschreibung der Anlagepolitik und des Reservemanagements Australiens ist jeweils zu finden im "Report and Financial Statements" der australischen Zentralbank. Vgl. Reserve Bank of Australia (1992), S. 36f.; ders. (1993), S. 36ff; ders. (1994), S. 47f, ders. (1995), S. 52f und den nachfolgenden Abschnitt 3.5.2.

248 Vgl. Brady, S. (1992), S. 56. Auch die oben angesprochenen Arbeiten von Lehmussaari und Rikkonen deuten darauf hin, daß sich die finnische Zentralbank sehr intensiv mit portfoliotheoretischen Überlegungen beschäftigt und diese wahrscheinlich bei den Anlageentscheidungen der finnischen Zentralbank Berücksichtigung finden.

249 In der ersten Arbeit, die auf einem von der Weltbank für offizielle Währungsbehörden organisierten Portfoliomanagement-Seminar im Jahr 1987 präsentiert wurde, stellt Nordman, damals Abteilungsleiter des Market Operations Department der finnischen Zentralbank, in groben Zügen das Reservemanagement der finnischen Zentralbank vor. Vgl. Nordman, T. (1987). In einer zweiten Arbeit aus dem Jahre 1991, die auf einer von der australischen Zentralbank veranstalteten Konferenz zum Reservemanagement offizieller Währungsbehörden präsentiert wurde, untersucht er, wie Zentralbanken mit Hilfe eines portfoliotheoretischen Ansatzes einen optimalen Währungsmix bestimmen können, um Währungsrisiken zu begrenzen. Am Beispiel Finnlands verdeutlichte er die operative Umsetzung eines solchen Ansatzes. Vgl. Nordman, T. (1991).

3.5 Die praktische Ausgestaltung des Reservemanagements am Beispiel Finnlands und Australiens

3.5.1 Das Reservemanagement der Zentralbank Finnlands

Wie bei nahezu allen Zentralbanken wird das Reservemanagement Finnlands vor allem durch das wirtschaftliche und institutionelle Umfeld geprägt. Als ein kleines offenes Land hat Finnland bis zur vorübergehenden Anbindung an den ECU im Juni 1991 seinen Wechselkurs gegenüber einem handelsgewichteten Währungskorb stabilisiert. Aufgrund von Interventionen und Wechselkursrisiken kann der in heimischer Währung gerechnete Wert des Reservebestands sehr hohen und nicht vorhersehbaren Schwankungen unterliegen.

Ein wichtiges Ziel des Reservemanagements der Zentralbank Finnlands ist es, zumindest die aus Wechselkursrisiken resultierenden Wertminderungen so weit wie möglich zu begrenzen. Hierzu könnte innerhalb des Reservepools ein Währungsmix gewählt werden, der genau den Gewichten des Währungskorbes entspricht, mit dem der Außenwert der Finnmark bestimmt wird. Diese nominale Absicherungsstrategie wurde jedoch verworfen, da der Währungskorb einige Währungen enthielt, für die es keine geeigneten Anlagemöglichkeiten gab. Ebenso wurde eine Konzentration auf die wichtigsten Währungen als nicht akzeptabel angesehen, da bei einer solchen Aufteilung der Reserven das Gewicht des US-Dollar zu groß ausfiel.[250]

Unter der problematischen Annahme, daß Devisenreserven letztlich zur Bezahlung von Importen verwendet werden, versuchte die finnische Zentralbank seit Anfang der achtziger Jahre, ihre Reserven auf verschiedene Währungen aufzuteilen, um die reale Kaufkraft der Reserven zu sichern.[251] Hierzu wurde mit einem Portfoliomodell eine risikominimale Struktur für das Reserveportfolio bestimmt. Aus praktischen Gründen wurden nur Anteile für den US-Dollar, das Pfund Sterling, den Yen und die D-Mark errechnet, wobei der DM-Anteil auch Anlagen in anderen europäischen Währungen einschließt.

Die Währungsanteile sind zwar als fester Prozentsatz ausgedrückt, sie dienen jedoch nur als Zielgröße. Die finnische Notenbank versuchte im Rahmen ihrer defensiven Reservepolitik, die Abweichungen von den durch das Portfoliomodell

250 Vgl. Nordman, T. (1987), S. 2f.

251 Vgl. Nordman, T. (1987), S. 3. Wie die Diskussion oben jedoch zeigte, ist die Bestimmung des Realwertes von Devisenreserven insbesondere bei voller Konvertibilität und bei weitgehender Loslösung der Kapitalströme von den realwirtschaftlichen Transaktionen äußerst problematisch. Vgl. Abschnitt 1.1.2 in Kapitel III. Auf diese Problematik weist Nordman auch in seiner Arbeit aus dem Jahr 1991 hin. Vgl. Nordman, T. (1991), S. 13.

vorgegebenen Währungsanteilen so gering wie möglich zu halten.[252] Kurzfristig erwartete Wechselkursänderungen spielen nach Festlegung der einzelnen Währungsanteile bei den Anlageentscheidungen keine Rolle mehr, so daß übermäßig häufige Portfolioanpassungen vermieden werden und dadurch eine Verstetigung der Anlagepolitik erreicht wird. Innerhalb der durch das Portfoliomodell festgelegten Währungsanteile werden die Reserveanlagen als eigenständige Währungsportfolios separat bewirtschaftet. Bei der Auswahl der Anlageinstrumente kommen verschiedene Optimierungstechniken zum Einsatz, mit denen die Anlageformen herausgefunden werden sollen, die ein besonders großes Gewinnpotential erwarten lassen.[253] Allerdings wird die Auswahl der einzelnen Anlageinstrumente durch die anlagepolitischen Ziele Sicherheit, Liquidität und Rentabilität beschränkt. Oberste Priorität gilt der Sicherheit der Anlagen. Deshalb wird ein Kern in jedem der vier Währungsportfolios in Wertpapieren investiert, die von den jeweiligen nationalen Regierungen begeben werden. Darüber hinaus werden aber auch Papiere anderer ausländischer Regierungen, staatlich garantierte Schuldverschreibungen anderer Institutionen sowie Papiere multilateraler Organisationen mit bester Risikoeinstufung als Anlageobjekte in Betracht gezogen. Weiterhin werden Reserven in kurzfristigen Geldmarktpapieren, Bankdepositen und in begrenztem Umfang als Einlagen bei anderen Zentralbanken oder der BIZ gehalten.[254]

Alle Anlageformen müssen leicht liquidierbar sein, damit diese bei Interventionen jederzeit verfügbar sind. Innerhalb der durch das Sicherheits- und Liquiditätsziel gesetzten Grenzen werden die Reserven mit gebührender Vorsicht so gewinnbringend wie nur möglich angelegt.

Da der US-Dollar nach wie vor die wichtigste Interventionswährung ist und Anlagen am US-Treasury-Markt am besten den hohen Anforderungen an die Liquidität der Anlagen gerecht werden, wird häufig ein höherer Anteil der Reserven in Dollar gehalten, als es der portfoliooptimale Anteil nahelegt.[255] Dies bedeutet, daß aus Interventionsgründen auf Kosten eines höheren Wechselkursrisikos eine suboptimale Währungsstruktur beibehalten wird.

Inzwischen hat sich an den Finanzmärkten bei den anderen Reservewährungen die Situation hinsichtlich der Liquidität und des Angebots an alternativen Anlagein-

---

252 Von Zeit zu Zeit muß jedoch die Währungsstruktur neu bestimmt werden. So zeigten Simulationen, daß die Anlageergebnisse etwas besser ausfallen, wenn die Portfoliostruktur monatlich oder vierteljährlich neu geschätzt und angepaßt wird. Vgl. Nordman, T. (1987), S. 3.

253 Nordman, T. (1987), S. 8.

254 Zur Absicherung ihrer Reserveanlagen gegen Wechselkurs- und Zinsrisiken und um einen gewissen Mindestertrag sicherzustellen, greift die finnische Zentralbank auch auf Devisenswaps und Terminkontrakte zurück. Allerdings werden diese Instrumente nur in begrenztem Umfang eingesetzt, da diese sehr risikoreich sein können und ihr Einsatz große Erfahrungen und Vorsicht erfordert. Vgl. Nordman, T. (1987), S. 8 und ders. (1991), S 15f.

255 Vgl. Nordman, T. (1991), S. 13.

strumenten erheblich verbessert. Dies ermöglichte es, die tatsächlich gehaltene Währungsstruktur besser an die optimale Zusammensetzung anzupassen. Das Reserveportfolio wurde deshalb aus dem US-Dollar in europäische Währungen umgeschichtet.[256]
Mit dem Beitritt zum EWS Anfang 1995 und der Verpflichtung zur Stabilisierung der Wechselkurse zwischen den Mitgliedswährungen dürfte sich das Reservemanagement der finnischen Zentralbank verändert haben. Denn die Umschichtung von Reserveanlagen zwischen den verschiedenen europäischen Währungsmärkten ist schwieriger geworden.

3.5.2 Das Portfoliomanagement der Reserve Bank of Australia

Wie die finnische Zentralbank bewirtschaftet auch die Reserve Bank of Australia besonders seit Anfang der neunziger Jahre ihr Reserveportfolio wesentlich aktiver und versucht, die Erträge aus ihren Reserveanlagen zu steigern. Eine Folge dieser Politik ist, daß die australische Zentralbank aus ihren reservepolitischen Operationen beachtliche Gewinne erzielen konnte, die im Rahmen der Ausschüttung des Notenbankgewinns zum Teil dem öffentlichen Haushalt zuflossen. Die aus der Anlage von Devisenreserven erzielten Erträge können jedoch von Jahr zu Jahr sehr unterschiedlich ausfallen. So weist Tabelle 39 im Vergleich zu den Jahren 1991/92 und 1992/93 in den letzten beiden Berichtsjahren eine "moderatere" Gewinnentwicklung aus.

Tabelle 39: Die Entwicklung der aus den australischen Reserveanlagen erzielten Gesamterträge sowie die auf Basis nationaler Währungen gemessenen Renditen der Dollar-, DM- und Yen-Anlagen zwischen 1991 und 1995[1)]

Berichtsjahr	Gesamtertrag A$ Mio.	Rendite (in %) US-$-Anlagen	Yen-Anlagen	DM-Anlagen
1991/92	1698	8,8	10,7	9,8
1992/93	1461	5,2	7,5	13,4
1993/94	581	2,8	4,2	5,3
1994/95	727	6,0	3,1	6,3

1) Errechnet aus den Zinseinnahmen und realisierten Gewinnen und Verlusten sowie nichtrealisierten Gewinnen und Verlusten, die eigentlich erst bei einer Auflösung der Anlagen entstehen.

Quelle: Reserve Bank of Australia (1994), S. 47; ders. (1995), S. 52.

256 Vgl. Nordman, T. (1991), S. 14.

Nach eigenem Bekunden haben bei der Reserve Bank of Australia geld- und währungspolitische Ziele Vorrang vor einer Gewinnmaximierung.[257] Der überwiegende Teil der reservepolitischen Transaktionen erfolgt deshalb aus geld- und währungspolitischen Gründen. Obwohl die Zentralbank Australiens nur ein Teilnehmer unter vielen an den internationalen Finanzmärkten ist, wird jedoch der Spielraum des Reservemanagements dadurch begrenzt, daß die Reservetransaktionen keine störenden Einflüsse auf die ausländischen Finanzmärkte ausüben sollen, um die Politik ausländischer Zentralbanken nicht zusätzlich zu erschweren.[258]

Darüber hinaus müssen die Anlageobjekte ein hohes Maß an Sicherheit und Liquidität erfüllen. Insgesamt verfolgt die australische Zentralbank eine sehr konservative Anlagepolitik, um potentielle Risiken aus Wechselkurs- und Zinsänderungen zu begrenzen. Sie nutzt aber den verbleibenden Spielraum aus, um durch ein gezieltes, aktiveres Reservemanagement und durch eine Erweiterung des Spektrums der Anlageinstrumente die Erträge aus den Reserveanlagen zu steigern. Dieses aktive Reservemanagement umfaßt vier Aktionsparameter:[259]

- Eine Veränderung der Zusammensetzung der Reserveanlagen nach Währungen, um aus erwarteten Wechselkursentwicklungen Vorteile zu ziehen.
- Eine Umschichtung von Anlagen zwischen den verschiedenen Anlagemärkten, um Renditedifferenzen auszunutzen. Hierbei werden auch Währungsswaps und Terminkontrakte eingesetzt, um die Währungsstruktur des Portfolios flexibler und unabhängiger von der Struktur der Anlageinstrumente gestalten zu können.
- Eine Veränderung der Anlagedauer der Wertpapiere, die innerhalb der einzelnen Währungsportfolios gehalten werden, um aus den erwarteten Entwicklungen der Renditekurve Gewinne zu realisieren.
- Schließlich versucht man, durch den rechtzeitigen Kauf und Verkauf einzelner Anlagetitel Handelsgewinne zu erzielen.

Die australische Zentralbank diversifiziert ihre Reserveanlagen also bewußt zwischen verschiedenen Währungen sowie innerhalb eines Währungssegments nach Anlagemärkten, Anlageinstrumenten und Fälligkeiten. Bei der Diversifizierung nach Währungen lassen sich zwei Phasen beobachten:

- Bis gegen Ende der siebziger Jahre diversifizierte Australien seine Reserven radikal aus dem Pfund Sterling in den US-Dollar. Bestanden 1971 noch 62% der Devisenreserven aus Sterlingguthaben - auf den US-Dollar entfielen damals 33,5% -, betrug der Anteil des Pfund Mitte 1976 weniger als 6% und der des US-Dollar fast 68%.[260]

---

257 Vgl. Reserve Bank of Australia (1995), S. 50.
258 Vgl. Reserve Bank of Australia (1995), S. 54.
259 Vgl. Reserve Bank of Australia (1994), S. 47.
260 Vgl. Unger, S. (1991), S. 77.

- Konzentrierte sich bis Mitte der siebziger Jahre der Hauptteil der Reserveguthaben noch auf US-Dollar, werden seit Anfang der achtziger Jahre in zunehmendem Maße Devisenreserven in Yen und D-Mark angelegt, um die mit der Reservehaltung verbundenen Risiken zu begrenzen. Gleichzeitig eröffnen sich hierdurch zusätzliche Anlage- und Gewinnmöglichkeiten.

Wie bei der finnischen Zentralbank werden auch die australischen Reserveanlagen innerhalb von drei separaten Währungsportfolios (dem US-Dollar-Portfolio, dem Yen-Portfolio und dem europäischen Währungsportfolio, das vor allem aus D-Mark-Anlagen besteht) bewirtschaftet. Nach Angaben der Reserve Bank of Australia beliefen sich die Währungsanteile des US-Dollar, der D-Mark und des Yen an den gesamten Devisenreserven Ende Juni 1992 zusammen auf über 90%.[261] Die einzelnen Währungsanteile können aber größeren Schwankungen unterliegen. So ist aus der in Tabelle 40 zusammengefaßten Anlagestruktur deutlich zu erkennen, daß der Dollaranteil von 31% Ende Juni 1992 wieder auf 58% Ende Juni 1993 gestiegen ist. Für 1994 liegen leider keine Angaben vor. Neben den drei genannten Währungen werden in geringem Umfang auch Guthaben in Pfund Sterling und niederländischen Gulden gehalten.

Tabelle 40: Anlagestruktur der australischen Devisenreserven nach Wäh rungen und Anlageformen zum 30. Juni 1992 (in Prozent)

nach	**US-Dollar**	**Yen**	**europäische Währungen**[1)]
Währung	31	42	27
(zum 30. Juni 1993)	*(58)*	*(29)*	*(13)*
Anlageform			
in Wertpapieren ausländischer Regierungen	29	41	19
davon mit Laufzeit			
- weniger als 1 Jahr	13	18	4
- zwischen 1-5 Jahren	16	9	7
- über 5 Jahren	-	15	9
Bankeinlagen	2	1	8

1) Der größte Teil lautet vor allem auf D-Mark.

Quellen: Reserve Bank of Australia (1992), S. 37; ders. (1993), S. 40.

261 Vgl. Reserve Bank of Australia, (1992), S. 37.

Die australischen Devisenreserven werden überwiegend in liquiden Anlagetiteln von Schuldnern bester Bonität angelegt, wobei es sich zumeist um festverzinsliche Wertpapiere unterschiedlicher Fälligkeiten handelt, die von ausländischen Regierungen begeben oder von diesen besichert werden.[262] Betrachtet man die im unteren Teil der Tabelle 40 ausgewiesene Anlagestruktur für Mitte 1992, fällt besonders auf, daß zwischen den drei Währungssegmenten deutliche Unterschiede bei der Form der Anlage bestehen.

Während bei den europäischen Währungen der überwiegende Teil der Reserven in Wertpapieren mit Laufzeiten über 5 Jahren investiert wird und ein relativ großer Anteil als Einlagen bei Geschäftsbanken gehalten wird, wird beim Yen zwar auch ein großer Anteil in Form längerfristiger Anlagen gehalten, aber ein noch größerer Anteil in kurzfristigen Staatstiteln. Einlagen bei Geschäftsbanken in Yen spielen dagegen so gut wie keine Rolle. Beim US-Dollar werden vor allem kurz- bis mittelfristige Anlagen nachgefragt.

Reserveguthaben werden also nicht nur in kurzfristigen Wertpapieren ausländischer Regierungen investiert, sondern auch in einem breiteren Fälligkeitsspektrum, wobei Wertpapiere mit Laufzeiten bis zu 10 Jahren erworben werden. Die Ausdehnung der Laufzeiten wurde aus zwei Gründen vorgenommen:[263]

Erstens sind bei längeren Laufzciten bei einer normalen Zinsstruktur höhere Renditen zu erzielen. Zweitens ist in Deutschland und in Japan der Markt für längerfristige Staatspapiere besonders liquide, während das Angebot an kurzfristigen Geldmarktinstrumenten im DM- und im Yen-Segment noch relativ unterentwickelt ist. Es ist nur am längeren Ende des Fälligkeitsspektrums eine ausreichend hohe Liquidität sichergestellt. In den letzten Jahren hat sich der Markt für kurzfristige und liquide Titel in Japan schneller entwickelt als in der Bundesrepublik. Die australische Zentralbank investiert deshalb einen größeren Teil ihrer Devisenreserven dort auch im kurzfristigen Bereich bis zu einem Jahr. Da bei Anlagen in längerfristigen Wertpapieren bei einer Umkehrung der Zinsentwicklung die Gefahr eines Kapitalverlustes besteht, versucht die australische Zentralbank, dieses Risiko dadurch zu begrenzen, indem sie bei einer Änderung der Marktbedingungen die Währungsportfolios wesentlich aktiver umstrukturiert.

Um den Anlageerfolg des Reservemanagements beurteilen zu können, werden die tatsächlich erzielten Erträge mit denen eines Benchmark-Portfolios verglichen. Dieses ist so strukturiert, daß es die Anlageziele der Zentralbank hinsichtlich einer hohen Liquidität, Sicherheit der Anlagen und langfristigen Rentabilität befriedigt und alle möglichen Anlageobjekte enthält, die von der australischen Zentralbank als geeignete Anlagen in Betracht kommen. Hierdurch soll die Möglichkeit ausgeschlossen werden, daß der Anlageerfolg gegenüber dem Benchmark allein da-

262 Vgl. Reserve Bank of Australia (1994), S. 44.
263 Vgl. Reserve Bank of Australia (1992), S. 37.

durch gesteigert wird, daß Devisenreserven in Anlagen investiert werden, die ein besonders großes Kreditrisiko aufweisen. Eine positive Wertentwicklung gegenüber dem Benchmark mißt dann den Anlageerfolg, den die Zentralbank durch ein geschicktes Agieren erzielen konnte, indem sie Fremdwährungspositionen aufgebaut hat, die in der Mehrzahl der Fälle die Entwicklung der Zinssätze und der Wechselkurse richtig antizipierten. Um ein besseres Anlageergebnis als das des Referenzportfolios zu erzielen, muß im Rahmen des aktiven Reservemanagements von der Struktur des Benchmark-Portfolios abgewichen werden. So können beispielsweise die Währungsstruktur des Reserveportfolios, die Struktur der Anlageinstrumente ("Asset Allocation") oder die Fälligkeitsstruktur innerhalb eines Währungssegments verändert oder durch einen aktiven Handel Vorteile aus Anomalien in der Renditekurve gezogen werden. Gleichzeitig besteht aber auch die Gefahr, daß eine unterdurchschnittliche Rendite gegenüber dem Benchmark erzielt wird. Um dieses Risiko zu begrenzen, hat die australische Zentralbank den Spielraum bei der Wahl der Restlaufzeiten der Anlageinstrumente und der Währungsanteile durch zweiseitige Grenzen eingeengt, innerhalb derer maximal von den Benchmark-Strukturen abgewichen werden darf.[264] So ist die durchschnittliche Anlagedauer des Referenzportfolios beim US-Dollar-Portfolio 12 Monate und der Handlungsspielraum auf eine Schwankungsbreite von 0 bis 18 Monaten begrenzt. Bei den beiden anderen Währungsportfolios (japanischer Yen und europäische Währungen) beträgt die durchschnittliche Anlagedauer jeweils 30 Monate und als diskretionäre Grenzen gelten 0-36 Monate. Die kürzere Anlagedauer des Dollar-Portfolios erklärt sich aus der Tatsache, daß der US-Dollar die wichtigste Interventionswährung ist, so daß das Dollar-Portfolio gegenüber Schwankungen anfälliger ist.
Die Währungsanteile innerhalb des Benchmark-Portfolios sind auf 40% für den US-Dollar und jeweils 30% für den Yen und europäische Währungen festgelegt. Nach oben und unten kann hiervon jeweils um 20 Prozentpunkte abgewichen werden.[265]

Tabelle 41 vergleicht die in SZR gemessenen Renditen, wie sie in den Jahren 1991-95 durch das Reservemanagement tatsächlich erzielt wurden, mit denen des Benchmark-Portfolios.[266] Die aus der Anlage von Devisenreserven tatsächlich erzielten Gesamtrenditen beliefen sich in den Berichtsjahren 1991/92, 1992/93 und 1993/94 auf 9,8%, 16,3% bzw. 4% und lagen damit jeweils über den mit dem Benchmark-Portfolio zu erzielenden Renditen von 8,9%, 11,6% bzw. 3,8%. Die

264 Vgl. Reserve Bank of Australia (1994), S. 47; ders. (1995), S. 53.
265 Vgl. Reserve Bank of Australia (1994), S. 48.
266 Die Wahl des SZR als Numéraire bietet den oben beschriebenen Vorteil, daß die gemeinsame Recheneinheit Durchschnittswerte der wichtigsten Währungen widerspiegelt und damit der Anlageerfolg weniger anfällig gegenüber Wechselkursschwankungen einer einzelnen Währung ist.

Differenzen, die 1991/92, 1992/93 Werte von A$ 165 Mio. bzw. A$ 420 Mio. und 1993/94 von A$ 31 Mio. erreichten, waren auf die durch das aktive Reservemanagement der australischen Zentralbank erzielten Gewinne und Verluste zurückzuführen.

Tabelle 41: Tatsächlich erzielte Rendite und Benchmark-Rendite im Vergleich 1991 - 1995

Berichtsjahr	Rendite in SZR (in %) tatsächliches Portfolio	Benchmark-Portfolio	Wert der Differenz zwischen der tatsächlichen und der Benchmark-Rendite (in A$ Mio.)
1991/92	9,8	8,9	165
1992/93	16,3	11,6	420
1993/94	4,0	3,8	31
1994/95	5,2	7,4	-331

Quellen: Reserve Bank of Australia (1993), S. 39; ders. (1994), S. 49; ders. (1995), S. 53.

Sehr aufschlußreich ist eine weitere Aufschlüsselung dieser Wertdifferenzen, die die australische Zentralbank in ihrem Jahresbericht 1994 vornimmt.[267] Danach wurden in den Berichtsjahren 1992/93 und 1993/94 von den in der Tabelle 41 ausgewiesenen Wertdifferenzen von A$ 420 Mio. bzw. A$ 31 Mio. durch die Auswahl der Anlageinstrumente, der Fälligkeiten sowie durch Handelsgewinne A$ 264 Mio. bzw. A$ 27 Mio. erzielt. Der durch Umschichtungen zwischen den verschiedenen Reservewährungen erzielte Beitrag zum Gesamterfolg des Reservemanagements fällt dagegen geringer aus, da die Reserve Bank of Australia wie viele andere Zentralbanken auch ihre Reserveguthaben zwischen den verschiedenen Reservewährungen nicht kurzfristig umschichtet, sondern eher eine mittel- bis langfristige Anlagestrategie verfolgt.

Betrachtet man die anlagepolitischen Entscheidungen genauer, so war der Anlageerfolg im Jahr 1992/93 vor allem darauf zurückzuführen,[268] daß gegenüber dem Benchmark

- im Reserveportfolio überwiegend längerfristige Positionen und insbesondere größere Anteile in DM- und Yen-Wertpapieren gehalten wurden, nachdem die Zinssätze besonders an diesen beiden Währungsmärkten sanken;
- Mitte 1992 eine übergewichtige Position in Yen gehalten wurde, als dieser zur Schwäche neigte und diese Position das ganze Jahr über beibehalten wurde, bis er wieder aufwertete und

267 Vgl. Reserve Bank of Australia (1994), S. 49.
268 Vgl. Reserve Bank of Australia (1993), S. 39.

- Mitte 1992 eine untergewichtige Position in D-Mark gehalten wurde, als diese relativ stark aufwertete und diese Position beibehalten wurde, bis die D-Mark abwertete.

Im Berichtsjahr 1993/94 gestaltete sich die Anlagepolitik gegenüber dem Vorjahr wesentlich schwieriger.[269] Zwar konnte gegenüber dem Benchmark insgesamt ein positiver Anlageerfolg erzielt werden, aufgrund der enormen Wechselkursschwankungen zwischen den drei wichtigsten Reservewährungen und dem seit Anfang 1994 zu verzeichnenden Anstieg der Anleiherenditen in den USA, Deutschland und Japan fiel dieser aber im Vergleich zum Vorjahr deutlich geringer aus (vgl. Tabelle 41).
Mitte 1993 entschloß sich die australische Zentralbank, ihre Dollar-, Yen- und DM-Reserven in Anlagen mit längeren Laufzeiten als im Referenzportfolio zu investieren und eine übergewichtige Position in DM-Wertpapieren zu halten. Diese Entscheidung stellte sich letztendlich als gewinnbringend heraus, nachdem in allen drei Ländern und besonders in der Bundesrepublik die Renditen fielen. Als im Oktober 1993 die Renditen für US-Anleihen anstiegen, wurde das Dollar-Portfolio in kurzfristigere Titel umgeschichtet und der Anteil des US-Dollar am gesamten Reserveportfolio stark erhöht. Im nachhinein stellten sich auch diese Entscheidungen als profitabel heraus. Zu Beginn des Jahres 1994 wurde jedoch der Anstieg der Anleiherenditen, insbesondere in Deutschland, zu gering eingeschätzt. Ebenso wurde die Abwertung des US-Dollar gegenüber den anderen wichtigen Währungen nicht vorhergesehen. Dies führte zu Verlusten, die einen Teil der zuvor erzielten Gewinne aufzehrten. Zwischen April und Juni 1994 wurden alle drei Währungsportfolios im Vergleich zum Benchmark in kürzere Fälligkeiten umgeschichtet, da man sich wegen der hohen Volatilität an den Anleihemärkten vor Zinsänderungsrisiken absichern wollte. Aufgrund der Unsicherheiten an den Finanzmärkten wurden gleichzeitig die Währungsanteile wieder an die vom Benchmark vorgegebene Gewichtung angepaßt. Als gegen Ende des 2. Quartals 1994 die Renditen in Deutschland weiter anstiegen, während sie in Japan etwas zurückgingen, erhöhte die Reserve Bank ihre Position in DM-Wertpapieren und reduzierte den Bestand der Yen-Wertpapiere.

Im Berichtsjahr 1994/95 erzielte das Reservemanagement gegenüber dem Benchmark-Portfolio eine schlechtere Performance. Hierfür waren vor allem drei Gründe ausschlaggebend:[270]

1. Wegen der unsicheren Aussichten über die wirtschaftliche Lage in den USA und der niedrigen langfristigen Zinssätze in Japan, entschloß sich die Zentralbank Australiens, im Vergleich zum Benchmark einen relativ hohen An-

269 Vgl. hierzu: Reserve Bank of Australia (1994), S.48.
270 Reserve Bank of Australia (1995), S.54.

teil ihrer Reserven in kurzlaufenden Wertpapieren anzulegen, die geringeren Kursrisiken unterliegen. Im ersten Halbjahr 1995 konnte die Reserve Bank deshalb nicht von den starken Kapitalgewinnen profitieren, nachdem die langfristigen Sätze für Anleihen in den USA und in Japan stark sanken.

2. Im ersten Halbjahr 1995 hatte die australische Zentralbank im Vergleich zum Benchmark einen geringeren Teil ihrer Reserven in Yen angelegt, da sie den Yen für überbewertet hielt. Da die Zentralbank die enorme Aufwertung des Yen auch aus langfristiger Sicht für nicht gerechtfertigt hielt, erwarb sie keine neuen Yen-Anlagen, um die Performance zu verbessern.
3. Darüber hinaus hatte die Zentralbank Australiens beständig Yen am Markt verkauft, um die Aufwertung zu bremsen.

Sowohl das Beispiel der finnischen als auch das der australischen Zentralbank zeigen sehr schön, wie ein aktives Reservemanagement ausgestaltet sein kann. Obwohl kaum eine Zentralbank über ihre Anlagepolitik so detailliert berichtet wie die australische Zentralbank, sind die meisten Zentralbanken an einer aktiven Bewirtschaftung ihrer Reserveanlagen interessiert und dürften ihre Reserveanlagen in ähnlicher Weise bewirtschaften wie die Reserve Bank of Australia. Wie die Beispiele Kanadas und der Bundesbank zeigten, bekunden selbst Zentralbanken aus der Gruppe der sieben führenden Industrienationen seit Mitte der achtziger Jahre ein zunehmendes Interesse an einem aktiveren Management ihrer Devisenreserven. Da für den Anlageerfolg nicht nur die Bestimmung einer optimalen Währungsstruktur des Reserveportfolios eine wichtige Entscheidungsvariable ist, sondern auch die Wahl der Anlageobjekte nach Formen und Fälligkeiten, bietet sich für die Zentralbanken der führenden Industrieländer innerhalb der einzelnen Währungssegmente die Möglichkeit, durch Umschichtungen von Reserveguthaben zwischen den verschiedenen Anlageobjekten und Fälligkeiten sowie durch die Wahl der Kauf- und Verkaufszeitpunkte der Anlagetitel ansehnliche Erträge zu erwirtschaften, ohne daß von diesen Reserveoperationen Störungen auf die Wechselkurse ausgehen.

VI. Zusammenfassung - Anmerkungen zur Anwendbarkeit portfoliotheoretischer Ansätze im Rahmen des Reservemanagements offizieller Währungsbehörden

Die Untersuchung geht von der Beobachtung aus, daß seit den siebziger Jahren bei nationalen Währungsbehörden ein aktiveres Reservemanagement und eine stärkere Diversifikation ihrer Reserveportfolios zu beobachten ist. Diese Entwicklung wurde durch den Wunsch der Währungsbehörden genährt, den Wert ihrer Reservebestände zu sichern und die aus der Anlage von Reserveaktiva zu erzielenden Erträge zu steigern, nachdem die Reserveguthaben nach dem Zusammenbruch des Festkurssystems von Bretton Woods und dem Übergang zum Floaten aufgrund der starken Schwankungen von Wechselkursen und Zinssätzen erheblichen Wertrisiken unterliegen.

Wie die Untersuchung zeigt, wird bei der Ausgestaltung der Politik des Reservemanagements im wesentlichen ein dreistufiger Prozeß durchschritten. Neben der Festlegung der Anlagephilosophie, die sich am Vorsichts- und Gewinnmotiv orientiert und die Ziele des Reservemanagements beschreibt, muß entschieden werden, in welchen Währungen die Reserven angelegt werden sollen. Auf der dritten Stufe erfolgt schließlich die Anlage der ausgewählten Währungen in geeigneten Anlageinstrumenten, wobei der Handlungsspielraum des Portfoliomanagements durch interne Richtlinien eingeengt werden kann.

Herausgearbeitet wurde, daß die Aufteilung der Devisenreserven auf unterschiedliche Währungen die bedeutendste Form der Diversifikation für das Reservemanagement nationaler Währungenbehörden darstellt.

Bei der Bestimmung der optimalen Aufteilung lassen sich portfoliotheoretische Ansätze einsetzen, um die mit der Reservehaltung verbundenen Währungsrisiken zu begrenzen.

Die mit Hilfe dieser Ansätze abgeleiteten Anlagestrategien beruhen auf der Bestimmung stochastischer Parameter wie Mittelwert, Varianzen und Kovarianzen der Erträge der verschiedenen in Frage kommenden Anlagealternativen. Unter der Annahme, daß diese Parameter im Zeitablauf relativ stabil sind, kann eine Währungsbehörde die für sie spezifische Währungszusammensetzung ermitteln, die das Risiko - gemessen durch die Varianz - der Devisenbestände minimiert. Die meisten portfoliotheoretischen Ansätze gehen dabei von der Annahme aus, daß die Reservehöhe exogen vorgegeben ist und die Zusammensetzung des Reservebestandes einer Zentralbank allein von Ertrags- und Risiko-Überlegungen bestimmt wird.

Eine empirische Überprüfung zeigt, daß Rentabilitäts- und Risikoüberlegungen zeitweise die Wahl der Zusammensetzung der Devisenreserven nationaler Währungsbehörden bestimmt und insbesondere die Diversifizierung von Reserven aus dem Dollar begünstigt haben. Allerdings sind bei einem Vergleich (global und nach Ländergruppen) zwischen den ermittelten optimalen Reserveanteilen und der

in internationalen Statistiken tatsächlich ausgewiesenen Reservestruktur beträchtliche Diskrepanzen zu beobachten, die je nach Ländergruppe unterschiedlich ausfallen und sich auch im Zeitablauf veränderten. So bestätigen die empirischen Ergebnisse der Untersuchung für die siebziger Jahre die These, daß sich die Währungsbehörden der Entwicklungsländer bei der Wahl der Zusammensetzung ihrer Devisenreserven in einem stärkeren Maße als die Industrieländer an den Kriterien der Gewinnmaximierung und der Risikominimierung orientieren. Seit den achtziger Jahren läßt sich bei den Industrieländern ein Wandel in ihrem reservepolitischen Verhalten beobachten, der zu einer Verringerung der Kluft zwischen der optimalen und der tatsächlichen Reservestruktur führte.
Bei der Suche nach den Gründen für diese Abweichungen wurden unterschiedliche Modellvarianten in die Analyse mit einbezogen. Trotz vielversprechender Ansätze und Weiterentwicklungen zeigt die Analyse, daß portfoliotheoretische Modelle nur sehr einfache Zusammenhänge abbilden können, nicht jedoch die komplexe Realität des Reservemanagements offizieller Währungsbehörden. Sie lassen sich jedoch innerhalb des Anlageentscheidungsprozesses integrieren und können als Hilfsvariable bei der Entscheidungsfindung eingesetzt werden, um einen ersten Anhaltspunkt bei der Wahl der Zusammensetzung des Reserveportfolios zu erhalten. Darüber hinaus eignen sie sich als objektiver Bezugspunkt, an dem die konkreten reservepolitischen Entscheidungen ausgerichtet und verglichen werden können.
Portfoliotheoretische Gesichtspunkte können die Zusammensetzung der Devisenreserven von Währungsbehörden nicht vollständig erklären, da diese bei ihren Entscheidungen über die Zusammensetzung der Devisenreserven eine Vielzahl unterschiedlichster Faktoren berücksichtigen, die zugleich die Anlagepolitik und damit die Möglichkeit einer Diversifizierung ihrer Reserven einengen. Wie die weitere Untersuchung zeigt, hängt die Zusammensetzung der Devisenreserven auch vom Transaktionsbedarf der einzelnen Währungsbehörde ab, der durch die internationalen Handels- und Finanzbeziehungen und das Wechselkursregime des Landes bestimmt wird. Der in der Literatur zu findende Transaktionsansatz zur Erklärung der Zusammensetzung von Devisenreserven knüpft an diese Größen an. Danach besteht für Währungsbehörden ein Anreiz, Devisenreserven möglichst nur auf wenige, im Extremfall sogar nur auf eine wichtige Währung zu konzentrieren. Da durch den Tausch von einer Währung in eine andere Währung Transaktionskosten entstehen und sich durch das Halten einer einzigen und allgemein verwendeten Vehikelwährung Massennutzungseffekte bei den Transaktionskosten realisieren lassen, sollte eine Zentralbank ihre Devisenreserven vor allem in der Währung halten, die am häufigsten bei den Transaktionen des Landes mit dem Ausland verwendet wird und an den Devisenmärkten die Funktion als Vehikel erfüllt. Aufgrund der nach wie vor herausragenden Bedeutung des US-Dollar als internationale Transaktionswährung bedeutet dies, daß die Devisenreserven vor allem in Dollar gehalten werden sollten. Wie die Untersuchung zeigte, haben die D-Mark und

der Yen bei der Abwicklung außenwirtschaftlicher Transaktionen und als internationale Transaktionswährungen im Devisenhandel an Bedeutung gewinnen können. Mit der relativen Abnahme der Bedeutung des US-Dollar als Transaktionsmedium können Währungsbehörden ihre als Transaktionsguthaben gehaltenen Reservebestände diversifiziert haben. Insgesamt ist der US-Dollar weltweit nach wie vor die mit Abstand am meisten verwendete Interventionswährung, da die amerikanische Währung an allen internationalen Devisenmärkten die wichtigste Transaktions- und Vehikelwährung ist. Der D-Mark ist seit Mitte der achtziger Jahre zunehmend die Rolle einer regionalen Ankerwährung in Europa zugewachsen, so daß die DM-Interventionen und als Folge die DM-Reserven zunahmen. Der Yen wird als Interventionswährung weltweit nur begrenzt verwendet, obwohl er für die amerikanischen Währungsbehörden zu einer wichtigen Interventionswährung geworden ist.
Weitere Faktoren, die bei der Auswahl der Währungen im Reserveportfolio eine Rolle spielen und die Kluft zwischen einer portfoliooptimalen und tatsächlichen Zusammensetzung des Reserveportfolios erklären, sind institutionelle Zwänge und Vereinbarungen wie etwa die Absprachen innerhalb des EWS, gegenseitig nur in einem sehr geringen Umfang Mitgliedswährungen als Reserven zu halten, oder gegenseitige Vereinbarungen über die Begrenzung der Anlage von Reserveguthaben auf den Euromärkten.
Darüber hinaus kann der Wunsch einer Zentralbank, ihren Reservebestand zu diversifizieren, nachhaltig gebremst werden, wenn eine Diversifizierung zu erheblichen Störungen an den Devisen- und Anlagemärkten und unerwünschten Folgen auf die nationale Wirtschaftspolitik und für das Weltwährungssystem führen würde.
Die Furcht vor derartigen Störungen begleitete die Diskussion um die Entwicklung des Weltwährungssystems zu einem multiplen Reservewährungsstandard. Insgesamt betrachtet ist ein multipler Währungsstandard, wie er sich besonders nach 1973 über den Markt herausgebildet hat, unberechenbarer als ein System mit einer Leitwährung, da die Entstehung und Verwendung von Devisenreserven unbestimmter ist. Wie die Analyse zeigte, kann das gegenwärtige System mit mehreren nationalen Währungen als Devisenreserven jedoch nicht grundsätzlich als ein äußerst instabiles Gebilde charakterisiert werden, weil es sowohl zur Stabilität als auch zur Instabilität neigen kann.
Aufgrund der schlechten Erfahrungen, die mit dem US-Dollar als Reserve seit Ende der sechziger Jahre gemacht wurden, überwog zu Beginn der Diskussion über die Reservediversifizierung nur der Instabilitätsaspekt. Es wurde befürchtet, daß in einem System mit mehreren nationalen Währungen als Devisenreserven die mit der Schaffung von Reserven verbundenen Schwierigkeiten multiplikativ zunehmen würden und beständig Risiken von Wechselkursunruhen bestünden. Ein multiples Reservewährungssystem wurde deshalb als eine besonders kritische Option für das internationale Währungssystem abgelehnt. Erst in den achtziger Jahren ge-

wann der Beitrag eines multiplen Reservewährungssystems zu einer größeren Stabilität des internationalen Währungssystems stärker an Gewicht. So kann bereits von der Furcht, daß Reservehalter ihre Portfolios umschichten könnten, ein disziplinierender Einfluß auf den geld- und währungspolitischen Kurs der Reservewährungsländer ausgehen. Diese disziplinierende Wirkung auf die Reservewährungsländer wurde erst durch das größere Angebot alternativer Reservewährungen möglich.

In der Analyse wurde zudem herausgearbeitet, daß nationale Währungbehörden bei ihren reservepolitischen Dispositionen stabilitätspolitischen Überlegungen Rechnung tragen. Dies gilt in einem besonderen Maße für die reservepolitischen Dispositionen der Zentralbanken der G-7-Länder, die sich für die Aufrechterhaltung stabiler Verhältnisse an den nationalen Märkten und im internationalen Währungssystem verantwortlich fühlen. Sie agieren bei ihren Anlageentscheidungen sehr umsichtig und berücksichtigen jeweils die von ihren Transaktionen ausgehenden potentiellen Rückwirkungen auf die Märkte. Bei der Zusammensetzung ihrer Devisenreserven genießen stabilitätspolitische Überlegungen eine höhere Priorität als portfoliotheoretische Aspekte. Sie diversifizieren ihre Reserveportfolios deshalb nur in sehr begrenztem Umfang (graduell) und sehr langsam.[271]

Mit ihrer Interventions- und Anlagepolitik bilden die Währungsbehörden der führenden Industrieländer einen Gegenpol zu den Zentralbanken, die ein aggressiveres Reservemanagement verfolgen und ihre Reservebestände häufiger zwischen verschiedenen Währungen und Märkten umschichten. Zu diesen sind vor allem Zentralbanken in Entwicklungsländern und kleineren Industrieländern zu rechnen, die über geringere Reservebestände verfügen. Sie können ihre Reservebestände freier und stärker diversifizieren, ohne größere Rücksicht auf die von ihren Anlageentscheidungen ausgehenden Wirkungen nehmen zu müssen. Insgesamt läßt sich daraus jedoch keine stärkere Destabilisierung des Weltwährungssystems ableiten.

---

271 So äußerte auch die Schweizerische Nationalbank, die Ende 1994 das neunt größte reservehaltende IWF-Mitglied war (vgl. Tabelle A22), den Wunsch, ihren Devisenreservebestand längerfristig graduell zu diversifizieren. Vgl. Schweizerische Nationalbank, 83. Geschäftsbericht 1990, S. 54.

Anhang

Tabelle A 1: Umfang und Struktur der amerikanischen Währungsreserven[1] 1970 bis 1995 (in Mio. US-Dollar)

Jahres-ende	insgesamt	Gold[2]	Reserve-positionen beim IWF	SZR	Devisen-reserven	davon Carter Bonds[3]
1970	14.487	11.072	1.935	851	629	
1971	12.167 [4]	10.206	585	1.110	276 [4]	
1972	13.151	10.487	465	1.958	241	
1973[5]	14.378	11.652	552	2.166	8	
1974	15.883	11.652	1.852	2.374	5	
1975	16.226	11.599	2.212	2.335	80	
1976	18.747	11.598	4.434	2.395	320	
1977	19.312	11.719	4.946	2.629	18	
1978	18.650	11.671	1.047	1.558	4.374	1.595,2 (1.595,2)[6]
1979	18.956	11.172	1.253	2.724	3.807	5.268 (4.065,6)[6]
1980	26.756	11.160	2.852	2.610	10.134	6.436,6 (5.233,6)[6]
1981	30.075	11.151	5.055	4.095	9.774	4 080,7 (3.622,2)[6]
1982	33.958	11.148	7.348	5.250	10.212	1.733,7 (1.275,9)[6]
1983	33.747	11.121	11.312	5.025	6.289	
1984	34.934	11.096	11.541	5.641	6.656	
1985	43.186	11.090	11.947	7.293	12.856	
1986	48.511	11.064	11.730	8.395	17.322	
1987	45.798	11.078	11.349	10.283	13.088	
1988	47.802	11.057	9.745	9.637	17.363	
1989	74.609	11.059	9.048	9.951	44.551	
1990	83.316	11.058	9.076	10.989	52.193	
1991	77.719	11.057	9.488	11.240	45.934	
1992	71.323	11.056	11.759	8.503	40.005	
1993	73.442	11.053	11.818	9.039	41.532	
1994	74.335	11.051	12.030	10.039	41.215	

[1] U.S. Treasury mit ihrem Depot bei der Federal Reserve Bank of New York und dem Exchange Stabilization Fund.
[2] Ab 1973 erfolgte die Bewertung mit $ 42,22 je Feinunze.
[3] Bewertet zu Marktkursen.
[4] Einschließlich Zubuchung infolge der Wechselkursänderung im Dezember 1971 (Smithsonian-Agreement).
[5] Einschließlich Zubuchungen wegen der Goldwertberichtigung des Dollars im Jahre 1973: Abwertung vom Februar 1973, Gesetz vom 18. Oktober 1973.
[6] Auf D-Mark lautende Carter Bonds.

Quelle: Board of Governors of the Federal Reserve System, Federal Reserve Bulletin, versch. Jg.

Tabelle A2: Umfang und Struktur der deutschen Devisenreserven 1971-1995 (in Mrd. D-Mark)

Stand Ende	Devisenreserven insgesamt	US-Dollar-Anlagen	sonstige Devisen	Anteil der US-Dollar-Anlagen in %
1971	37,6	37,4	0,2	99,5
1972	52,2	52,0	0,2	99,6
1973	65,8	65,5	0,3	99,5
1974	49,7	49,5	0,2	99,6
1975	51,3	51,1	0,2	99,6
1976	52,0	51,8	0,2	99,6
1977	58,3	55,2	3,1	94,7
1978	74,6	72,3	2,3	96,9
1979	51,8	51,7	0,1	99,8
1980	42,6	42,5	0,1	99,8
1981	37,3	37,2	0,1	99,7
1982	39,0	38,8	0,2	99,5
1983	37,8	37,3	0,5	98,7
1984	37,5	37,4	0,1	99,7
1985	39,5	39,3	0,2	99,5
1986	50,2	50,1	0,1	99,8
1987	68,3	65,4	2,9	95,8
1988	50,2	50,0	0,2	99,6
1989	58,3	58,2	0,1	99,8
1990	64,5	64,4	0,1	99,8
1991	55,4	55,3	0,1	99,8
1992 März	57,8	57,7	0,1	99,8
Juni	56,9	56,8	0,1	99,8
Sept.	92,2	65,9	26,3	71,5
Dez.	85,8	66,9	18,9	78,0
1993 März	57,3	54,0	3,3	94,2
1993 Dez.	61,8	61,5	0,3	99,5
1994 Dez.	60,2	60,0	0,2	99,7
1995 Sept.	67,3	67,1	0,2	99,7

Quellen: Deutsche Bundesbank:Statistisches Beiheft zum Monatsbericht, Reihe 3, Zahlungsbilanzstatistik, versch. Ausgaben.

Tabelle A3: Regionale Aufgliederung der Weltdevisenreserven nach Ländergruppen und einzelnen ausgewählten Ländern Ende 1973 - 1994 (in Mrd. SZR)

Ende des Jahres	Weltdevisen-reserven insgesamt 1)	Änderung ggü. Vorjahr in %	Industrie-länder 2)	Änderung ggü. Vorjahr in %	USA	Änderung ggü. Vorjahr in %	Deutschland	Änderung ggü. Vorjahr in %	Japan	Änderung ggü. Vorjahr in %
1973	101,861		67,823		0,007		20,787		8,458	
1974	126,298	23,99	66,437	-2,04	0,00	-42,86	19,615	-5,64	9,268	9,58
1975	137,309	8,72	69,800	5,06	0,07	1600,00	19,362	-1,29	9,078	-2,05
1976	160,236	16,70	74,497	6,73	0,28	304,41	21,958	13,41	11,949	31,63
1977	202,252	26,22	101,121	35,74	0,02	-94,55	25,212	14,82	16,569	38,66
1978	222,539	10,03	128,793	27,37	3,36	22280,00	32,527	29,01	22,18	33,86
1979	248,633	11,73	137,817	7,01	2,89	-13,91	35,942	10,50	12,417	-44,02
1980	292,64	17,70	166,35	20,70	7,95	174,95	34,86	-3,01	16,91	36,18
1981	291,942	-0,24	160,909	-3,27	8,40	5,68	34,06	-2,29	21,234	25,57
1982	284,716	-2,48	154,306	-4,10	9,26	10,24	35,917	5,45	17,38	-18,15
1983	308,783	8,45	168,994	9,52	6,01	-35,11	35,64	-0,77	19,451	11,92
1984	349,011	13,03	185,291	9,64	6,79	13,03	35,735	0,27	22,733	16,87
1985	347,886	-0,32	189,236	2,13	11,70	72,37	35,528	-0,53	20,327	-10,58
1986	363,78	4,57	212,080	12,07	14,17	21,04	37,497	5,54	30,786	51,45
1987	455,837	25,31	287,383	35,51	9,23	-34,87	51,382	37,03	53,33	73,23
1988	494,211	8,42	315,933	9,93	12,90	39,85	39,625	-22,88	67,262	26,12
1989	544,965	10,27	344,997	9,20	33,90	162,74	42,508	7,28	59,347	-11,77
1990	593,596	8,92	376,501	9,13	36,69	8,22	44,26	4,12	48,843	-17,70
1991	625,25	5,33	360,429	-4,27	32,11	-12,47	40,21	-9,15	43,174	-11,61
1992	646,323	3,37	356,767	-1,02	29,10	-9,40	62,463	55,34	45,009	4,25
1993	710,057	9,86	373,683	4,74	30,24	3,93	52,948	-15,23	64,591	43,51
1994	765,210	7,77	393,934	5,42	28,23	-6,64	49,47	-6,57	78,875	22,11

1) Devisenreserven aller IWF-Mitgliedsländer zuzüglich Schweiz und Taiwan
2) OECD-Länder ohne Türkei
3) Algerien, Indonesien, Irak, Iran, Katar, Kuwait, Libyen, Nigeria, Oman, Saudi-Arabien, Vereinigte Arabische Emirate, Venezuela.

Quellen: IMF, International Financial Statistics Yearbook 1995, S. 62f.; eigene Berechnungen.

Fortsetzung Tabelle A3

Regionale Aufgliederung der Weltdevisenreserven nach Ländergruppen und einzelnen ausgewählten Ländern Ende 1973 - 1994 (in Mrd. SZR)

Entwicklungsländer	Änderung ggü. Vorjahr in %	Ölexportierende Länder 3)	Änderung ggü. Vorjahr in %	Asien	Änderung ggü. Vorjahr in %
34,038		10,175		7,973	
59,86	75,86	34,874	242,74	9,771	22,55
67,509	12,78	42,36	21,47	9,897	1,29
85,739	27,00	49,023	15,73	15,471	56,32
101,131	17,95	55,11	12,42	20,952	35,43
93,746	-7,30	39,969	-27,47	21,922	4,63
110,817	18,21	50,889	27,32	25,013	14,10
126,29	13,96	62,647	23,11	28,107	12,37
131,032	3,75	60,334	-3,69	34,562	22,97
130,41	-0,47	56,833	-5,80	41,062	18,81
139,79	7,19	52,856	-7,00	52,683	28,30
163,72	17,12	53,776	1,74	65,111	23,59
158,65	-3,10	54,046	0,50	63,961	-1,77
151,708	-4,38	37,823	-30,02	77,527	21,21
168,454	11,04	36,184	-4,33	96,003	23,83
178,278	5,83	33,073	-8,60	108,28	12,79
199,968	12,17	37,201	12,48	117,713	8,71
217,095	8,56	38,785	4,26	125,168	6,33
264,82	21,98	44,462	14,64	153,809	22,88
289,556	9,34	42,037	-5,45	160,046	4,06
336,374	16,17	41,831	-0,49	186,253	16,37
371,276	10,38	40,029	-4,31	224,603	20,59

3) Algerien, Indonesien, Irak, Iran, Katar, Kuwait, Libyen, Nigeria, Oman, Saudi-Arabien, Vereinigte Arabische Emirate, Venezuela.

Quellen: IMF, International Financial Statistics Yearbook 1995, S. 62ff; eigene Berechnungen.

Tabelle A4: Regionale Aufgliederung der Weltdevisenreserven nach Ländergruppen und einzelnen ausgewählten Ländern zwischen Ende 1973 und Ende 1994 (in Prozent)

Ende des Jahres	Weltdevisenreserven insgesamt 1)	Industrieländer 2)	Entwicklungsländer	Ölexportierende Länder 3)	Asien
1973	100	66,58	33,42	9,99	7,83
1974	100	52,60	47,40	27,61	7,74
1975	100	50,83	49,17	30,85	7,21
1976	100	46,49	53,51	30,59	9,66
1977	100	50,00	50,00	27,25	10,36
1978	100	57,87	42,13	17,96	9,85
1979	100	55,43	44,57	20,47	10,06
1980	100	56,84	43,16	21,41	9,60
1981	100	55,12	44,88	20,67	11,84
1982	100	54,20	45,80	19,96	14,42
1983	100	54,73	45,27	17,12	17,06
1984	100	53,09	46,91	15,41	18,66
1985	100	54,40	45,60	15,54	18,39
1986	100	58,30	41,70	10,40	21,31
1987	100	63,05	36,95	7,94	21,06
1988	100	63,93	36,07	6,69	21,91
1989	100	63,31	36,69	6,83	21,60
1990	100	63,43	36,57	6,53	21,09
1991	100	57,65	42,35	7,11	24,60
1992	100	55,20	44,80	6,50	24,76
1993	100	52,63	47,37	5,89	26,23
1994	100	51,48	48,52	5,23	29,35

1) Devisenreserven aller IWF-Mitgliedsländer zuzüglich Schweiz und Taiwan
2) OECD-Länder ohne Türkei
3) Algerien, Indonesien, Irak, Iran, Katar, Kuwait, Libyen, Nigeria, Oman, Saudi-Arabien, Vereinigte Arabische Emirate, Venezuela.

Quellen: IMF, International Financial Statistics Yearbook 1995, S. 62ff; eigene Berechnungen.

Tabelle A5: Entwicklung der offiziellen Devisenreservebestände der ölexportierenden Entwicklungsländer 1973-1986

Ende des Jahres	Devisen-reserven insgesamt 1)	Anteile in %				Bestände in Mrd. SZR				Veränderung ggü. Vorjahr (in%)			
		Dollar	D-Mark	Yen	Pfund	Dollar	D-Mark	Yen	Pfund	Dollar	D-Mark	Yen	Pfund
1973	10,175	69,8	8,6	0,1	11,9	7,10	0,88	0,01	1,21				
1974	34,874	76,5	4,3	0	15,4	26,68	1,50	0,00	5,37	275,64	71,37	-100,00	343,55
1975	42,36	73,8	7,3	1,3	4,7	31,26	3,09	0,55	1,99	17,18	106,21		-62,93
1976	49,023	72,4	8,9	1,8	2,2	35,49	4,36	0,88	1,08	13,53	41,09	60,24	-45,83
1977	55,11	71	10	2,5	2	39,13	5,51	1,38	1,10	10,24	26,31	56,13	2,20
1978	39,969	66,9	11,4	4,5	1,8	26,74	4,56	1,80	0,72	-31,66	-17,32	30,55	-34,73
1979	50,889	68,1	12	3,8	1,6	34,66	6,11	1,93	0,81	29,60	34,02	7,52	13,17
1980	62,647	62,5	14,1	4,5	5	39,15	8,83	2,82	3,13	12,98	44,65	45,78	284,70
1981	60,334	66,8	11,2	3,8	2,2	40,30	6,76	2,29	1,33	2,93	-23,50	-18,67	-57,62
1982	56,833	67,4	10,2	3,6	2	38,31	5,80	2,05	1,14	-4,96	-14,21	-10,76	-14,37
1983	52,856	68,5	7,2	3	2	36,21	3,81	1,59	1,06	-5,48	-34,35	-22,50	-7,00
1984	53,776	67,8	6,8	3,2	2,3	36,46	3,66	1,72	1,24	0,70	-3,91	8,52	17,00
1985	54,046	66,8	7,5	5,1	2,1	36,10	4,05	2,76	1,13	-0,98	10,85	60,18	-8,24
1986	37,823	65	8,1	4,2	2,3	24,58	3,06	1,59	0,87	-31,90	-24,42	-42,37	-23,35

Anmerkungen:
Die Bestände wurden mit Hilfe der in Tabelle A3 ausgewiesenen Gesamtbestände der von OPEC-Länder gehaltenen Devisenreserven und den in Tabelle 4 angegebenen Anteilen zurückgerechnet.

Quellen: Tabelle A3 und Tabelle 4

Tabelle A6: Entwicklung der offiziellen Devisenreservebestände der Industrieländer 1973-1994

Ende des Jahres	Devisen-reserven insgesamt 1)	Anteile				Bestände in Mrd. SZR				Veränderung ggü. Vorjahr (in %)			
		Dollar	D-Mark	Yen	Pfund	Dollar	D-Mark	Yen	Pfund	Dollar	D-Mark	Yen	Pfund
1973	67,823	86,3	2,9	0	3,7	58,53	1,97	0,00	2,51				
1974	66,437	87,1	3,2	0	2	57,87	2,13	0,00	1,33	-1,14	8,09		-47,05
1975	69,8	87,5	6,8	1,8	1,2	61,08	4,75	1,26	0,84	5,54	123,26		-36,96
1976	74,497	87	6,7	1,9	0,9	64,81	4,99	1,42	0,67	6,12	5,16	12,66	-19,95
1977	101,121	89	5,9	1,3	0,6	90,00	5,97	1,31	0,61	38,86	19,53	-7,13	-9,51
1978	128,793	86,2	8,3	1,3	0,5	111,02	10,69	1,67	0,64	23,36	79,17	27,37	6,14
1979	137,817	83,5	9,4	2,6	0,7	115,08	12,95	3,58	0,96	3,65	21,19	114,01	49,81
1980	166,35	77,2	14,3	3,3	0,8	128,42	23,79	5,49	1,33	11,60	83,62	53,20	37,95
1981	160,909	78,5	13	3,6	0,7	126,31	20,92	5,79	1,13	-1,64	-12,06	5,52	-15,36
1982	154,306	76,7	12,5	4,5	0,7	118,35	19,29	6,94	1,08	-6,30	-7,79	19,87	-4,10
1983	168,994	77,2	13	5,1	0,7	130,46	21,97	8,62	1,18	10,23	13,90	24,12	9,52
1984	185,291	73,5	15,1	6,3	1,4	136,19	27,98	11,67	2,59	4,39	27,36	35,44	119,29
1985	189,236	65,2	19,5	7,6	1,6	123,38	36,90	14,38	3,03	-9,40	31,89	23,20	16,72
1986	212,08	69,4	16,7	7,2	1,1	147,18	35,42	15,27	2,33	19,29	-4,02	6,17	-22,95
1987	287,383	71,4	15,9	6,3	1	205,19	45,69	18,11	2,87	39,41	29,02	18,57	23,19
1988	315,933	67,7	17,3	6,4	1,4	213,89	54,66	20,22	4,42	4,24	19,61	11,68	53,91
1989	344,997	59,6	22,5	7,5	1,3	205,62	77,62	25,87	4,48	-3,87	42,02	27,97	1,40
1990	376,501	55,9	21,9	8,9	1,8	210,46	82,45	33,51	6,78	2,36	6,22	29,50	51,11
1991	360,429	55,8	20	9,7	1,9	201,12	72,09	34,96	6,85	-4,44	-12,57	4,34	1,05
1992	356,767	62,8	16,3	7,6	2,4	224,05	58,15	27,11	8,56	11,40	-19,33	-22,45	25,03
1993	373,683	60,7	19,7	8,1	2,3	226,83	73,62	30,27	8,59	1,24	26,59	11,63	0,38
1994	393,934	62,5	18,3	7,7	2,5	246,21	72,09	30,33	9,85	8,55	-2,07	0,21	14,59

Anmerkungen:
Die Bestände wurden mit Hilfe der in Tabelle A3 ausgewiesenen Gesamtbestände der von den Industrieländern gehaltenen Devisenreserven und den in Tabelle 2 angegebenen Anteilen zurückgerechnet.

Quellen: Tabelle A3 und Tabelle 2.

Tabelle A 7: Anlagestruktur von Devisenreserven offizieller Währungsbehörden am Eurogeldmarkt und an nationalen Märkten von 1973 bis 1994 (jeweils zum Jahresende, in Mrd. US-Dollar)

	1973	1976	1978	1979	1980	1981	1982	1983	1984	1985	1986	1987	1988	1989	1990	1991	1992	1993	1994
1. Einlagen bei an die BIZ berichtenden Banken auf den Eurogeldmärkten[1]	26,4	65,0	85,7	122,2	128,9	110,5	84,6	79,1	90,9	100,3	97,4	143,2	141,4	152,5	175,2	157,8	155,9	155,2	200,4
a) in US-Dollar	16,5	51,6	52,8	74,1	80,3	71,5	59,4	51,9	59,2	60,4	58,1	78,6	70,0	71,5	76,2	82,0	91,2	92,9	124,5
b) in anderen Währungen zu jeweiligen Wechselkursen	9,9	13,4	27,2	41,7	43,0	34,0	22,0	23,9	26,8	34,9	33,0	60,6	68,3	78,0	96,6	73,4	62,4	62,3	75,9
2. Einlagen bei an die BIZ berichtenden Banken auf den nationalen Märkten				33,5	42,2	40,0	36,8	34,5	35,0	42,0	42,6	57,0	60,9	61,5	76,4	67,9	81,8	103,4	97,9
a) in US-Dollar				24,9	24,8	24,0	24,3	23,3	22,8	25,1	25,7	29,2	27,4	31,8	35,4	34,7	51,2	67,4	63,7
b) in anderen Währungen zu jeweiligen Wechselkursen				8,6	17,4	16,0	12,5	11,2	12,2	16,9	16,9	27,8	33,5	29,7	41,0	33,2	30,6	36,0	34,2
3. Einlagen bei Offshore-Niederlassungen von US-Banken[2]				6,4	5,6	5,0	3,2	3,3	4,9	5,0	6,3	4,0	3,1	3,0	2,4	2,4	2,3	k.A.	k.A.
a) in US-Dollar				5,7	5,1	4,5	2,8	2,9	4,3	4,3	5,7	3,2	2,3	2,5	1,3	1,5	k.A.	k.A.	k.A.
b) in anderen Währungen zu jeweiligen Wechselkursen				0,7	0,6	0,5	0,4	0,4	0,6	0,7	0,6	0,8	0,8	0,5	1,1	0,9	k.A.	k.A.	k.A.
nachrichtlich:																			
Gesamte Devisenreserven[3]	124,2	186,2	289,9	327,5	373,2	339,8	314,1	323,3	342,1	382,1	445,0	646,7	665,1	716,2	844,3	894,3	888,5	975,3	1117,1
Einlagen der OPEC-Länder bei den an die BIZ berichtenden Banken	11,5	51,0	64,1	95,5	128,7	128,7	104,3	112,5	108,8	123,9	107,3	123,7	132,0	141,8	k.A.	k.A.	k.A.	k.A.	k.A.
am Euromarkt (ohne IBF)[4]																			
a) in US-Dollar	k.A.	43,8	48,5	71,1	97,6	100,8	86,9	97,3	95,9	107,5	93,2	106,6	114,5	126,1	k.A.	k.A.	k.A.	k.A.	k.A.
b) in anderen Währungen zu jeweiligen Wechselkursen	k.A.	7,2	15,6	24,4	31,1	27,9	17,4	15,2	12,9	16,4	14,1	17,1	17,5	15,7	k.A.	k.A.	k.A.	k.A.	k.A.

Anmerkungen siehe nach Tabelle A8

Tabelle A 8: Währungsstruktur der von offiziellen Währungsbehörden bei den an die BIZ berichtenden Banken am Eurogeldmarkt und an den nationalen Märkten gehaltenen Devisenreserven von 1973 bis 1994 (jeweils zum Jahresende und in Mrd. US-Dollar[1])

	1973	1976	1978	1979	1980	1981	1982	1983	1984	1985	1986	1987	1988	1989	1990	1991	1992	1993	1994
1. Einlagen bei an die BIZ berichtenden Banken auf den Eurogeldmärkten[2]	26,4	65,0	85,7	122,2	123,3	105,5	81,4	75,8	86,0	95,3	91,1	139,2	138,3	149,5	172,8	155,4	153,6	155,2	200,4
a) in US-Dollar	16,5	51,6	52,8	74,1	80,3	71,5	59,4	51,9	59,2	60,4	58,1	78,6	70,0	71,5	76,2	82,0	91,2	92,9	124,5
b) in anderen Währungen zu jeweiligen Wechselkursen	9,9	13,4	27,2	41,7	43,0	34,0	22,0	23,9	26,8	34,9	33,0	60,6	68,3	78,0	96,6	73,4	62,4	62,3	75,9
D-Mark			16,8	24,1	24,5	19,1	12,2	13,9	16,5	20,0	16,2	30,8	35,8	39,3	43,5	32,3	29,0	21,6	35,6
Yen			2,2	4,2	2,2	2,2	1,4	2,4	2,9	5,5	5,7	14,0	14,9	14,6	17,9	12,8	10,0	12,6	13,9
Schweiz. Franken			4,6	6,0	8,0	6,9	4,0	3,6	3,6	4,0	4,6	6,6	4,3	4,9	5,9	4,4	5,1	5,4	4,1
Pfund Sterling			0,7	1,5	2,2	1,1	0,5	0,5	0,4	0,5	0,4	0,9	1,3	1,3	1,9	1,3	2,5	5,4	2,6
Franz. Franc			0,8	1,2	2,6	1,8	0,4	0,3	0,4	0,4	0,5	0,9	1,3	1,6	3,1	3,6	1,6	2,3	2,4
ECU			-	-	-	-	-	0,2	0,5	0,9	1,2	2,5	4,4	7,2	12,1	10,1	8,7	7,8	9,6
Sonstige			2,1	4,7	3,5	2,9	3,5	3,0	2,5	3,6	4,4	4,9	6,3	9,1	12,2	8,9	5,5	7,2	7,7
2. Einlagen bei den an die BIZ berichtenden Banken auf den nationalen Märkten				33,5	42,2	40,0	36,8	34,5	35,0	42,0	42,6	57,0	60,9	61,5	76,4	67,9	81,8	103,4	97,9
a) in US-Dollar				24,9	24,8	24,0	24,3	23,3	22,8	25,1	25,7	29,2	27,4	31,8	35,4	34,7	51,2	67,4	63,7
b) in anderen Währungen zu jeweiligen Wechselkursen				8,6	17,4	16,0	12,5	11,2	12,2	16,9	16,9	27,8	33,5	29,7	41,0	33,2	30,6	36,0	34,2
D-Mark				3,4	4,8	3,2	2,7	1,9	1,2	1,8	3,1	5,2	4,0	4,1	4,9	3,8	3,4	2,9	2,7
Yen				0,9	4,6	5,4	5,0	4,7	6,3	8,4	7,2	11,1	13,1	7,6	10,1	8,3	9,8	6,0	5,2
Schweiz. Franken				0,6	1,6	2,7	1,4	0,9	0,9	1,3	1,7	1,4	3,2	2,6	4,4	4,1	5,1	5,1	6,1
Pfund Sterling				1,7	2,8	1,9	1,8	2,2	2,6	4,0	3,2	6,9	10,0	9,2	16,3	12,1	8,6	13,1	11
Franz. Franc				0,8	1,5	0,7	0,5	0,5	0,5	0,7	0,6	1,7	1,8	4,5	3,6	3,5	2,7	6,6	8,1
Sonstige				1,2	2,1	2,1	1,1	1,0	0,7	0,7	1,1	1,5	1,4	1,7	1,7	1,4	1,0	2,3	1,1
3. Einlagen insgesamt				155,7	165,5	145,5	118,2	110,3	121,0	137,3	133,7	196,2	199,2	211,0	249,2	223,3	235,4	258,6	298,3

Anmerkungen zur Tabelle A7:

1 Einlagen bei Banken in Europa, Kanada und Japan sowie bei Filialen von US-Banken auf den Bahamas, den Kaimaninseln, in Panama, Hongkong und Singapur.
2 Bis 1980 sind die Einlagen bei bestimmten Offshore-Niederlassungen bei US-Filialen in den Positionen a) und b) enthalten. Ab 1981 ist keine währungsmäßige Aufschlüsselung dieser Position verfügbar. Der größte Teil dieser Einlagen dürfte aber auf US-Dollar lauten.
3 Alle Länder gemäß Meldungen des IWF.
4 Ab Ende Dezember 1983 enthalten die Zahlen zusätzlich sowohl die Positionen der Banken in Finnland, Norwegen und Spanien als auch die Positionen aller Banken auf den Bahamas, den Kaimaninseln, in Hongkong und Singapur, sämtlicher Offshore-Geschäftsstellen in Bahrain sowie aller auf den Niederländischen Antillen tätigen Offshore-Banken.

Quellen: BIS: International Banking Statistics 1977-1991, April 1993, S. 155ff; BIZ: Entwicklung des internationalen Bankgeschäfts und der internationalen Finanzmärkte, versch. Ausg.; IMF, International Financial Statistics, versch. Ausg.; eigene Berechnungen.

Anmerkungen zur Tabelle A8:

1 Einschließlich wechselkursbedingter Veränderungen des Dollarwertes der in Nicht-Dollarwährungen gehaltenen Devisenreserven.
2 Einlagen bei Banken in Belgien, Luxemburg, Bundesrepublik Deutschland, Frankreich, Großbritannien, Irland, Italien, Niederlande, Österreich, Schweden, Schweiz. Ab 1984 einschließlich Norwegen, Spanien und Finnland. Ohne Niederlassungen von US-Banken an bestimmten Offshore-Zentren.
3 Private ECU-Bestände der Zentralbanken. Vor 1983 in der Position "sonstige" erfaßt.

Quellen: BIS: International Banking Statistics 1977-1991, April 1993, S. 155ff; BIZ: Entwicklung des internationalen Bankgeschäfts und der internationalen Finanzmärkte, versch. Ausg.; IMF, International Financial Statistics, versch. Ausg.; eigene Berechnungen.

Tabelle A9: Währungsstruktur der Einlagen offizieller Stellen am Eurogeldmarkt zwischen 1973-1994 (in Prozent)

	1973	1976	1978	1979	1980	1981	1982	1983	1984	1985	1986	1987	1988	1989	1990	1991	1992	1993	1994
Dollar	62,5	79,4	61,6	60,6	62,3	64,7	70,2	65,6	65,1	60,2	59,7	54,9	49,5	46,9	43,5	52,0	58,5	59,9	62,1
andere	37,5	20,6	31,7	34,1	33,4	30,8	26,0	30,2	29,5	34,8	33,9	42,3	48,3	51,1	55,1	46,5	40,0	40,1	37,9
davon																			
D-Mark			19,6	19,7	19,0	17,3	14,4	17,6	18,2	19,9	16,6	21,5	25,3	25,8	24,8	20,5	18,6	13,9	17,8
Yen			2,6	3,4	1,7	2,0	1,7	3,0	3,2	5,5	5,9	9,8	10,5	9,6	10,2	8,1	6,4	8,1	6,9
Schw. Franken			5,4	4,9	6,2	6,2	4,7	4,6	4,0	4,0	4,7	4,6	3,0	3,2	3,4	2,8	3,3	3,5	2,0
Pfund Sterl.			0,8	1,2	1,7	1,0	0,6	0,6	0,4	0,5	0,4	0,6	0,9	0,9	1,1	0,8	1,6	3,5	1,3
Franz. Franc			0,9	1,0	2,0	1,6	0,5	0,4	0,4	0,4	0,5	0,6	0,9	1,0	1,8	2,3	1,0	1,5	1,2
ECU								0,3	0,6	0,9	1,2	1,7	3,1	4,7	6,9	6,4	5,6	5,0	4,8
Sonstige			2,5	3,8	2,7	2,6	4,1	3,8	2,8	3,6	4,5	3,4	4,5	6,0	7,0	5,6	3,5	4,6	3,8
nachrichtlich																			
Anteil der Euromarkteinlagen an den gesamten Devisenreserven laut Meldungen aller IWF-Mitglieder	21,3	34,9	29,6	37,3	34,5	32,5	26,9	24,5	26,6	26,2	21,9	22,1	21,3	21,3	20,8	17,6	17,5	15,9	17,9

Quelle: Tabellen A7 und A8; eigene Berechnungen.

Tabelle A 10: Maßnahmen der Bundesregierung und der Deutschen Bundesbank zur Kontrolle des internationalen Kapitalverkehrs in die Bundesrepublik 1970 - 1992

April 1970	Erhebung zusätzlicher Mindestreserven auf den Zuwachs der Auslandsverbindlichkeiten deutscher Kreditinstitute.
Mai 1971	Wiedereinführung der (im Februar 1969 aufgehobenen) Genehmigungspflicht - für die Verzinsung von Guthaben Gebietsfremder bei deutschen Banken - sowie für die Veräußerung inländischer Geldmarktpapiere an Ausländer.
März 1972	Einführung der Bardepotpflicht für alle Kreditaufnahmen im Ausland - auch durch Banken -, die nicht der Mindestreserve unterliegen. Freigestellt sind u.a. Kreditaufnahmen im Rahmen "handelsüblicher" Zahlungsziele und Vorauszahlungen sowie in Höhe von 20% der Exportforderungen (Exportquote). Der Depotsatz von zunächst 40% wird später auf 50% erhöht. Der Freibetrag von anfangs 2 Mio. DM wird in mehreren Schritten bis auf 50.000 DM herabgesetzt.
Juni 1972	Einführung der Genehmigungspflicht beim Erwerb inländischer festverzinslicher Wertpapiere durch Ausländer. Ab September 1972 werden Sammelgenehmigungen im Rahmen sogenannter "Gebietsfremdenkontingente" erteilt, d.h. in dem Umfang, in welchem Ausländer deutsche Rentenwerte verkaufen, stehen deutschen Banken Kontingente zu, in deren Rahmen sie wiederum solche Papiere an Ausländer verkaufen dürfen.
Februar 1973	Einführung der Genehmigungspflicht - auch für den Erwerb deutscher Dividendenpapiere, - für die Kreditaufnahme von Inländern im Ausland, - für die Ausstattung inländischer Unternehmen mit Vermögenswerten durch Ausländer.
Juni 1973	Einführung der Genehmigungspflicht für die Abtretung von Inlandsforderungen an Ausländer.
Januar 1974	Wegfall der zusätzlichen Mindestreserven auf den Zuwachs der Auslandsverbindlichkeiten deutscher Kreditinstitute.
Februar 1974	Aufhebung der im Februar 1973 eingeführten Genehmigungspflichten. Ermäßigung des Bardepot-Satzes von 50% auf 20% und Anhebung des Freibetrags. Beibehaltung der Beschrän

Fortsetzung Tabelle A 10

	kungen beim Kauf von deutschen festverzinslichen Wertpapieren mit Restlaufzeiten von vier Jahren und weniger.
September 1974	Aufhebung der Bardepotpflicht sowie der Genehmigungspflicht für die Abtretung von Inlandsforderungen an Ausländer.
August 1975	Senkung der Mindestreservesätze für Auslandsverbindlichkeiten auf das Niveau der Sätze für Inlandsverbindlichkeiten.
September 1975	Aufhebung der Genehmigungspflicht für die Verzinsung von Ausländerguthaben bei deutschen Banken. Lockerung der Genehmigungspraxis beim Erwerb deutscher Rentenpapiere mit Restlaufzeiten von über zwei bis zu vier Jahren.
Dezember 1977	Verschärfung der Genehmigungspraxis beim Erwerb von inländischen festverzinslichen Wertpapieren mit Restlaufzeiten von über zwei bis zu vier Jahren durch Ausländer (Genehmigungen werden grundsätzlich nicht erteilt).
Januar 1978	Erhebung erhöhter Reservesätze auf den Bestand sowie Einführung zusätzlicher Mindestreserven auf den Zuwachs von Auslandsverbindlichkeiten.
Juni 1978	Aufhebung der zusätzlichen Mindestreserven auf den Zuwachs der Auslandsverbindlichkeiten sowie Senkung der Mindestreservesätze auf das Niveau der Sätze für Inlandsverbindlichkeiten.
März 1980	Der Erwerb inländischer Schuldverschreibungen durch Gebietsfremde wird genehmigt, wenn die Restlaufzeit am Tage des Erwerbs mindestens zwei Jahre beträgt. Genehmigungen werden aber nur in begründeten Einzelfällen erteilt. Beschränkungen bestehen ferner für die entgeltliche Veräußerung bestimmter auf DM lautender Geldmarktpapiere und Wechsel an Gebietsfremde.
November 1980	Der Erwerb inländischer Schuldverschreibungen durch Gebietsfremde wird genehmigt, wenn die Restlaufzeit am Tage des Erwerbs mindestens ein Jahr beträgt.
März 1981	Der Erwerb von inländischen Geldmarktpapieren und Schuldverschreibungen wird ohne Beschränkungen genehmigt, er unterliegt aber formell noch dem Genehmigungsvorbehalt.

Fortsetzung Tabelle A 10

August 1981	Förmliche Aufhebung aller Beschränkungen des Kapitalverkehrs. Der Kapitalverkehr ist erstmals wieder seit 1971 voll liberalisiert.
Oktober 1984	Die Bundesregierung beschließt die Abschaffung der "Kuponsteuer" auf Zinseinkünfte von Ausländern aus inländischen Rentenwerten rückwirkend zum 1. August 1984.
Mai 1985	Zulassung deutscher Tochterinstitute von Auslandsbanken zur Konsortialführung bei der Emission von DM-Auslandsanleihen. Damit wird das sogenannte "Gentlemen´s Agreement" abgelöst, das mit den im Emissionsgeschäft für DM-Auslandsanleihen führenden deutschen Kreditinstituten zuletzt im Januar 1980 getroffen worden war.
Mai 1986	Die Buchverbindlichkeiten der Kreditinstitute gegenüber Gebietsfremden in fremder Währung werden weitgehend von der Mindestreservepflicht freigestellt. DM-denominierte Anleihen ausländischer Emittenten (DM-Auslandsanleihen) sollen nur unter der Konsortialführung eines deutschen Kreditinstituts aufgelegt werden. Grundsatz: Der Mark für DM-Emissionen soll im Inland verankert bleiben.
Juli 1989	DM-Schuldverschreibungen ausländischer Emittenten sollen eine Laufzeit von mindestens zwei Jahren haben. Laufzeituntergrenze gilt auch für Fremdwährungsemissionen mit Zins- oder Tilgungszahlungen in D-Mark.
Juli 1992	Die Deutsche Bundesbank gibt am 3. Juli eine "Erklärung zu DM-Emissionen" heraus, die die bisherige "Erklärung zur DM-Auslandsemissionen" vom 20. Juni 1989 ersetzt. Der Zugang ausländischer Adressen an den deutschen Kapitalmarkt wird dadurch liberalisiert. Der Markt für DM-Emissionen bleibt aber im Inland verankert.
März 1994	Reservesatz für Sichteinlagen von Ausländern wird auf 5% gesenkt.

Quellen: Deutsche Bundesbank, Die D-Mark als internationale Anlagewährung, in: Monatsberichte der Deutschen Bundesbank, November 1979, S. 30; Deutsche Bundesbank, versch. Geschäftsberichte.

Tabelle A11: Anlagestruktur der Devisenanlagen der Schweizerischen Nationalbank von 1986-1994 (zum Jahresende, in Mio. Franken)

	1986	1987	1988	1989	1990	1991	1992	1993	1994
US-Dollar									
- Staatspapiere	20659,2	21388,1	20411,1	20310,9	23180,3	27866,1	32675,2	30341,3	26459,4
- Forderungen gegenüber Währungsinstitutionen	9258,0	10500,6	9643,6	12258,0	7934,7	5741,4	6598,5	8437,0	10151,2
- Übriger Geldmarkt	2792,7	2644,9	3103,0	3264,9	1648,5	1906,2	1913,6	2763,1	3578
insgesamt	32709,9	34533,6	33157,7	35833,8	32763,5	35513,7	41187,3	41541,4	40188,6
davon kursgesichert	*k.A.*	*k.A.*	*13619,4*	*17859,8*	*14729,3*	*14521,7*	*19653,0*	*17988,3*	*17284,4*
D-Mark	k.A.	k.A.							
- Staatspapiere				1280,8	1317,2	1313,8	1699,1	3072,1	3189,3
- Forderungen gegenüber Währungsinstitutionen				1687,4	1828,5	1833,1	1231,6	85,3	81,9
- Übriger Geldmarkt				2,3	2,4	1,9	1,0	254,3	338,7
insgesamt	k.A.	k.A.	1710,2	2970,5	3148,1	3148,8	2931,7	3411,7	3609,9
Yen	k.A.	k.A.							
- Staatspapiere				4,9	740,3	1321,3	1466,2	1909,9	1944,4
- Forderungen gegenüber Währungsinstitutionen				405,6	202,8	17,1	24,0	23,5	23,5
- Übriger Geldmarkt				390,5	340,3	216,6	228,8	133,5	133,5
insgesamt	k.A.	k.A.	819,6	801,0	1283,4	1555,0	1719,0	2066,9	2101,4
Übrige Währungen	2337,3 1)	2302,0 1)	12,3	14,9	14,8	14,6	19,7	11,1	10,4
insgesamt	35047,2	36835,6	35699,8	39620,2	37209,8	40232,1	45857,7	47031,1	45910,3

1) Vor allem Anlagen in D-Mark und Yen.

Quellen: Schweizerische Nationalbank, Geschäftsberichte für 1987, S. 44; für 1989, S. 54; für 1990, S. 55; für 1991, S. 56; für 1993, S. 57; für 1994, S. 58

Tabelle A12: Währungszusammensetzung der Devisenanlagen der Schweizerischen Nationalbank von 1986 bis 1994 (in Prozent)

	1986	1987	1988	1989	1990	1991	1992	1993	1994
US-Dollar	93,3	93,8	92,9	90,4	88,1	88,3	89,8	88,3	87,5
D-Mark	k.A.	k.A.	4,8	7,5	8,5	7,8	6,4	7,3	7,9
Yen	k.A.	k.A.	2,3	2,0	3,4	3,9	3,7	4,4	4,6
andere	6,7	6,2	0,0	0,1	0,0	0,0	0,1	0,0	0

Quelle: Tabelle A11.

Tabelle A13: Zusammensetzung effizienter Portfolios bei Variation der Nominalrenditen auf SZR-Basis 2.Q. 1973 - 4. Q. 1979

Rendite	Standard-abweichung	Währungsanteile					
		US-Dollar	D-Mark	Yen	Pfund	Sfr	FF
1,6	6,2536	0,645	0,045	0,117	0,137	0,011	0,044
1,7	5,9610	0,597	0,088	0,122	0,121	0,024	0,048
1,713	**5,9568**	**0,59**	**0,094**	**0,123**	**0,119**	**0,026**	**0,048**
1,8	6,1327	0,548	0,131	0,128	0,105	0,037	0,051
1,9	6,7331	0,499	0,174	0,133	0,088	0,051	0,055
2,0	7,6622	0,45	0,217	0,138	0,072	0,064	0,058
2,1	8,8167	0,401	0,261	0,144	0,056	0,077	0,062
2,2	10,1197	0,352	0,304	0,149	0,04	0,09	0,066
2,3	11,5209	0,303	0,347	0,155	0,023	0,104	0,069
2,4	12,9886	0,254	0,39	0,16	0,007	0,117	0,073
2,5	14,5026	0,204	0,433	0,165	-0,009	0,13	0,076
2,6	16,0498	0,155	0,476	0,171	-0,026	0,143	0,08
2,7	17,6215	0,106	0,519	0,176	-0,042	0,157	0,083
2,8	19,2117	0,057	0,563	0,181	-0,058	0,17	0,087
2,9	20,8160	0,008	0,606	0,187	-0,074	0,183	0,091
3,0	22,4316	-0,041	0,649	0,192	-0,091	0,197	0,094
3,1	24,0561	-0,09	0,692	0,197	-0,107	0,21	0,098
3,2	25,6878	-0,139	0,735	0,203	-0,123	0,223	0,101
3,3	27,3254	-0,188	0,778	0,208	-0,14	0,236	0,105
3,4	28,9680	-0,237	0,821	0,213	-0,156	0,25	0,108
3,5	30,6148	-0,286	0,864	0,219	-0,172	0,263	0,112
3,6	32,2645	-0,335	0,908	0,224	-0,189	0,276	0,116

[ ] = risikominimales Portfolio

Tabelle A14: Zusammensetzung effizienter Portfolios bei Variation der Nominalrenditen auf SZR-Basis 1.Q. 1980 - 4. Q. 1984

Rendite	Standard-abweichung	Währungsanteile					
		US-Dollar	D-Mark	Yen	Pfund	Sfr	FF
1,6	5,3086	0,335	0,120	-0,071	0,205	0,086	0,325
1,7	4,9447	0,349	0,123	-0,052	0,192	0,078	0,310
1,8	4,5961	0,363	0,127	-0,034	0,180	0,069	0,295
1,9	4,2665	0,377	0,130	-0,015	0,167	0,061	0,280
2,0	3,9604	0,391	0,133	0,004	0,155	0,053	0,264
2,1	3,6840	0,405	0,137	0,023	0,142	0,044	0,249
2,2	3,4443	0,419	0,140	0,042	0,129	0,036	0,234
2,3	3,2493	0,433	0,143	0,061	0,117	0,028	0,219
2,4	3,1076	0,447	0,147	0,079	0,104	0,019	0,203
2,5	3,0267	0,461	0,150	0,098	0,092	0,011	0,188
2,573	**3,0088**	**0,471**	**0,153**	**0,112**	**0,083**	**0,005**	**0,177**
2,6	3,0113	0,475	0,153	0,117	0,079	0,003	0,173
2,7	3,0627	0,489	0,157	0,136	0,067	-0,006	0,158
2,8	3,1776	0,503	0,160	0,155	0,054	-0,014	0,142
2,9	3,3492	0,517	0,163	0,173	0,042	-0,022	0,127
3,0	3,5696	0,531	0,167	0,192	0,029	-0,031	0,112
3,1	3,83014	0,545	0,170	0,211	0,017	-0,039	0,097
3,2	4,1236	0,559	0,173	0,230	0,004	-0,047	0,081
3,3	4,4431	0,573	0,177	0,249	-0,009	-0,056	0,066
3,4	4,7835	0,587	0,180	0,268	-0,021	-0,064	0,051
3,5	5,1408	0,601	0,183	0,286	-0,034	-0,073	0,036
3,6	5,5116	0,615	0,187	0,305	-0,046	-0,081	0,020

[ ] = risikominimales Portfolio

Tabelle A15: Zusammensetzung effizienter Portfolios bei Variation der Nominalrenditen auf SZR-Basis 1.Q. 1985 - 4. Q. 1992

Rendite	Standard-abweichung	Währungsanteile					
		US-Dollar	D-Mark	Yen	Pfund	Sfr	FF
1,6	2,9888	0,437	0,488	0,138	0,155	0,076	-0,294
1,7	2,8367	0,416	0,409	0,156	0,147	0,039	-0,166
1,71	**2,8353**	**0,414**	**0,400**	**0,158**	**0,146**	**0,035**	**-0,153**
1,8	2,9382	0,394	0,329	0,174	0,138	0,002	-0,038
1,9	3,2700	0,373	0,250	0,192	0,130	-0,035	0,09
2,0	3,7717	0,352	0,171	0,209	0,122	-0,073	0,218
2,1	4,3854	0,331	0,092	0,227	0,114	-0,110	0,346
2,2	5,0707	0,309	0,013	0,245	0,106	-0,147	0,474
2,3	5,8021	0,288	-0,067	0,263	0,098	-0,184	0,602
2,4	6,5643	0,267	-0,146	0,280	0,090	-0,222	0,731
2,5	7,3478	0,245	-0,225	0,298	0,082	-0,259	0,859
2,6	8,1463	0,224	-0,304	0,316	0,073	-0,296	0,987
2,7	8,9559	0,203	-0,383	0,334	0,65	-0,333	1,115
2,8	9,7738	0,181	-0,463	0,352	0,057	-0,371	1,243
2,9	10,5981	0,160	-0,542	0,369	0,049	-0,408	1,371
3,0	11,4274	0,139	-0,621	0,387	0,041	-0,445	1,499
3,1	12,2606	0,118	-0,70	0,405	0,033	-0,482	1,627
3,2	13,0971	0,096	-0,779	0,423	0,025	-0,520	1,755
3,3	13,9363	0,075	-0,859	0,440	0,016	-0,557	1,884
3,4	14,7777	0,054	-0,938	0,458	0,008	-0,594	2,012
3,5	15,6209	0,032	-1,017	0,476	0,000	-0,631	2,140
3,6	16,4656	0,011	-1,096	0,494	-0,008	-0,669	2,268

☐ = risikominimales Portfolio

Tabelle A16: Zusammensetzung effizienter Portfolios bei Variation der Nominalrenditen auf SZR-Basis

2.Q. 1973 - 4. Q. 1992

Rendite	**Standard-abweichung**	**Währungsanteile**					
		US-Dollar	**D-Mark**	**Yen**	**Pfund**	**Sfr**	**FF**
1,6	23,2871	0,679	-0,262	-0,338	0,303	0,285	0,334
1,7	18,5387	0,618	-0,168	-0,220	0,259	0,221	0,289
1,8	14,1540	0,557	-0,073	-0,101	0,216	0,156	0,245
1,9	10,5947	0,497	0,022	0,017	0,172	0,092	0,200
2,0	8,9117	0,436	0,116	0,136	0,129	0,028	0,156
2,002	**8,8980**	**0,430**	**0,125**	**0,147**	**0,125**	**0,022**	**0,151**
2,1	10,0920	0,375	0,211	0,254	0,085	-0,037	0,111
2,2	13,3991	0,315	0,306	0,373	0,041	-0,101	0,066
2,3	17,6772	0,254	0,401	0,491	-0,002	-0,165	0,022
2,4	22,3761	0,193	0,495	0,610	-0,046	-0,230	-0,023
2,5	27,2793	0,132	0,590	0,728	-0,089	-0,294	-0,067
2,6	32,2955	0,072	0,685	0,847	-0,0133	-0,358	-0,112
2,7	37,3765	0,011	0,780	0,965	-0,177	-0,423	-0,157
2,8	42,4971	-0,050	0,874	1,084	-0,220	-0,487	-0,201
2,9	47,6550	-0,110	0,969	1,202	-0,264	-0,552	-0,246
3,0	52,8205	-0,171	1,064	1,321	-0,307	-0,616	-0,290
3,1	58,0086	-0,232	1,158	1,439	-0,351	-0,680	-0,335
3,2	63,2139	-0,292	1,253	1,558	-0,394	-0,745	-0,380
3,3	68,4178	-0,353	1,348	1,676	-0,438	-0,809	-0,424
3,4	73,6342	-0,414	1,443	1,795	-0,482	-0,873	-0,469
3,5	78,8543	-0,474	1,537	1,913	-0,525	-0,938	-0,514
3,6	84,0773	-0,535	1,632	2,032	-0,569	-1,002	-0,558

▭ = risikominimales Portfolio

Tabelle A17: Währungsstruktur des deutschen Außenhandels[1] 1972 - 1992 (in Prozent)

Währung	1972	1975	1980	1985	1986	1987	1988	1989	1990	1992
Exporte[2]:										
D-Mark	84,1	89,2	82,5	79,5	81,5	81,5	79,2	79,2	77,0	77,0
US-Dollar	6,5	4,4	7,2	9,5	7,7	7,4	8,0	7,5	6,5	7,3
Franz.Franc	2,6	2,2	2,8	2,7	2,7	2,5	3,2	3,4	3,9	3,4
Pfund Sterling	1,2	0,9	1,4	1,8	1,7	1,8	2,0	2,6	2,7	3,2
Ital. Lira	1,2	0,8	1,3	1,5	-	-	1,8	1,8	2,2	2,2
Jap. Yen	-	-	-	0,4	0,4	0,5	0,4	0,4	0,4	0,6
Schweiz. Franken	1,0	0,8	0,5	0,5	0,5	0,6	-	-	-	-
Sonstige	3,4	1,7	4,3	4,1	5,5	5,7	5,4	5,1	7,3	6,3
alle Währungen	100	100	100	100	100	100	100	100	100	100
darunter: ausgewählte EWS-Währungen	k.A.	k.A.	7,6[3]	7,9[3]	k.A.	k.A.	9,0[3]	9,6[3]	10,6[3]	89,1[4]
Importe:										
D-Mark	49,9	42,5	43,0	47,8	51,7	52,7	52,6	52,6	54,3	55,9
US-Dollar	18,6	30,9	32,3	28,1	23,1	22,0	21,3	22,3	20,9	18,4
Franz. Franc	4,3	4,2	3,3	3,8	4,1	3,9	3,6	4,1	3,6	3,1
Pfund Sterling	4,9	3,6	3,4	3,0	2,3	2,5	2,4	2,6	2,5	2,2
Ital. Lira	7,5	2,7	2,4	1,5	-	-	1,6	1,8	1,9	1,7
Jap. Yen	-	-	-	1,8	2,6	2,5	2,5	2,0	1,8	1,7
Schweiz. Franken	1,9	1,7	1,6	1,5	1,7	1,8	1,7	-	-	-
Sonstige	12,9	14,4	14,0	12,5	14,5	14,9	14,3	14,6	15,0	17,0
alle Währungen	100	100	100	100	100	100	100	100	100	100
darunter: ausgewählte EWS-Währungen	k.A.	k.A.	12,7[3]	10,6[3]	k.A.	k.A.	9,9[3]	10,6[3]	10,2[3]	65,8[4]

[1] Bis Ende 1990 nur die Exporte Westdeutschlands und ab Juli 1990 einschließlich die Importe der neuen Bundesländer.
[2] Aufgrund einer veränderten statistischen Erfassung sind die Angaben für 1990 nicht vollständig vergleichbar mit den Angaben früherer Jahre.
[3] Französischer Franc, Pfund Sterling, Italienische Lira, Holländischer Gulden, Belgischer Franc.
[4] Alle EWS-Währungen, einschließlich Italienische Lira, Pfund Sterling, ohne Österreichischer Schilling.

Quellen: Deutsche Bundesbank (1991c), S. 42. Deutsche Bundesbank (1995), S. 34. Tavlas, G.S. (1991), S. 25. Rieke, W. (1982), S. 71.

Tabelle A18: Regionale Aufgliederung der Währungsstruktur des deutschen Außenhandels (Auswertung für 1989, in Prozent)

	D-Mark	Dollar	Sonstige Währungen	alle Währungen
Exporte				
Westeuropa	80	2	18	100
USA	62	37	1	100
Sonstige Länder	82	12	6	100
alle Länder	79	8	13	100
Importe				
Westeuropa	60	11	29	100
USA	14	67	19	100
Sonstige Länder	46	37	17	100
alle Länder	53	22	25	100

Quelle: Deutsche Bundesbank (1991c), S. 42.

Tabelle A19: Währungsstruktur des japanischen Außenhandels 1975-1990 (in Prozent)

	1975	1980	1983	1987	1988	1989	1990	1993	1994	1995
Exporte										
in Yen	17,5	29,4	40,5	34,7	34,3	34,7	37,5	42,8	40,7	35,7
in US-Dollar	k.A.	k.A.	k.A.	55,6	53,2	52,4	48,8	45,6	48,6	53,1
in anderen Währungen	82,5	70,6	59,5	9,7	12,5	12,9	13,7	11,7	10,7	11,2
Importe										
in Yen	0,9	2,4	3,0	11,6	13,3	14,1	14,4	18,2	21,6	24,4
in US-Dollar	k.A.	k.A.	k.A.	80,5	78,5	77,3	75,9	75,0	72,1	68,9
in anderen Währungen	99,1	97,6	97,0	7,9	8,2	8,6	9,7	6,8	6,3	6,7

Quelle: Tavlas, G.S. und Y. Ozeki (1992), S. 31; Hilpert, H.G. (1996), S. 15; eigene Berechnungen.

Tabelle A20: Der in Yen denominierte Außenhandel Japans nach Regionen 1983 - 1990 (in Prozent)

	1983	1986	1987	1988	1989	1990
Exporte						
Alle Regionen	40,5	35,5	34,7	34,3	34,7	37,5
Nordamerika	14,0	17,3	16,8	16,4	16,4	16,2
Westeuropa	51,0	51,2	53,1	43,9	42,2	42,1
Südostasien	48,0	37,5	36,3	41,2	43,5	48,9
Westasien	52,0	35,5	34,6	-	-	-
Lateinamerika	-	33,8	31,6	-	-	-
Afrika[1]	-	57,7	58,4	-	-	-
Importe						
Alle Regionen	3,0	9,7	11,6	13,3	14,1	14,4
Nordamerika	5,0	7,8	9,4	10,0	10,2	11,6
Westeuropa	13,0	28,9	27,1	26,9	27,7	26,9
Südostasien	2,0	9,2	13,9	17,5	19,5	19,4
Westasien	-	1,2	1,3	1,8	1,5	1,1
Lateinamerika	-	5,7	8,4	7,8	8,3	7,4
Afrika[1]	-	3,9	2,3	1,6	10,9	2,3

1 Ausgenommen die Republik Südafrika.

Quelle: Tavlas, G.S. und Y. Ozeki (1992), S. 33.

Tabelle A21: Struktur internationaler Devisenhandelsgeschäfte nach Kontraktwährungen und Marktsegmenten im April 1992 (in Prozent)[1]

Kontraktwährungen	Marktsegmente Kassa	Termin	Swap	gesamt	Futures	Optionen	insges.
US-$/DM	29,6	21,7	19,4	24,7	41,5	34,3	25,4
US-$/Yen	15,7	20,4	25,0	19,9	29,9	27,9	20,2
US-$/Pfund St.	8,5	9,4	11,5	9,8	11,1	4,1	9,5
US-$/Schw. Fr.	5,9	6,1	6,8	6,3	7,2	3,3	6,1
US-$/Austr. $	1,5	2,1	3,4	2,3	2,0	2,2	2,3
US-$/Franz. Fr.	1,3	2,3	3,8	2,4	0,1	1,3	2,3
US-$/Kanad. $	2,0	2,9	4,9	3,3	2,9	2,7	3,2
DM/Pfund St.	4,9	3,1	0,7	3,0	0,1	5,8	3,1
DM/Yen	3,9	3,5	0,3	2,3	0,1	6,0	2,5
DM/Schw. Fr.	2,9	1,6	0,2	1,7	0,1	2,4	1,7
Andere identifizierte EWS-Währungen untereinander (ohne DM/Pfund St.)	7,0	4,0	1,0	4,3	0,2	1,4	4,1
andere	16,8	23,0	23,1	20,0	4,9	8,5	19,6
alle Währungspaare	100,0	100,0	100,0	100,0	100,0	100,0	100,0
nachrichtlich US-$/andere insgesamt	*64,5*	*64,9*	*74,8*	*68,7*	*94,7*	*75,8*	*69,0*
DM/andere insgesamt (mit US-$/DM)	*41,3*	*29,9*	*20,6*	*31,7*	*41,8*	*48,5*	*32,7*

1 Durchschnittliche Nettoumsätze pro Tag der wichtigsten Währungspaare.

Quelle: Bank for International Settlements (1993a), S. 10.

Tabelle A22: IWF-Mitglieder mit Devisenreservebeständen über 1 Mrd. SZR (Ende 1994)

1.	Japan	78875	30.	Dänemark	5784
2.	Deutschland	49470	31.	Kolumbien	5106
3.	Singapur	39654	32.	Venezuela	5064
4.	VR China	35360	33.	Türkei	4878
5.	USA	28233	34.	Peru	4790
6.	Spanien	27541	35.	Israel	4653
7.	Großbritannien	26392	36.	Ungarn	4608
8.	Brasilien	25392	37.	Vereinigte Arab. Emirate	4357
9.	Schweiz	22985	38.	Tschech. Republik	4209
10.	Niederlande	22411	39.	Mexiko	4179
11.	Italien	20623	40.	Saudi Arabien	4033
12.	Thailand	19786	41.	Philippinen	4018
13.	Südkorea	17147	42.	Irland	3935
14.	Malaysia	17048	43.	Polen	3923
15.	Frankreich	16111	44.	Botswana	3015
16.	Schweden	15431	45.	Marokko	2933
17.	Indien	13279	46.	Libanon	2630
18.	Norwegen	12325	47.	Neuseeland	2439
19.	Österreich	10966	48.	Kuwait	2200
20.	Portugal	10395	49.	Bangladesch	2125
21.	Griechenland	9810	50.	Pakistan	2006
22.	Argentinien	9428	51.	Algerien	1816
23.	Ägypten	9121	52.	Rumänien	1391
24.	Chile	8965	53.	Sri Lanka	1381
25.	Belgien	8826	54.	Ecuador	1241
26.	Indonesien	8097	55.	Malta	1206
27.	Australien	7334	56.	Jordanien	1159
28.	Kanada	7000	57.	Südafrika	1153
29.	Finnland	6885			

Quelle: International Monetary Fund, International Financial Statistics, Yearbook 1995, S. 63.

Literaturverzeichnis:

Adler, Michael und Bernhard Dumas (1983): International Portfolio Choice and Corporation Finance: A Synthesis, in: Journal of Finance, Vol. 38, No. 3, Juni, S. 925-984.

Aghevli, B., M. Kahn und P. Montiel (1991): Exchange Rate Policy in Developing Countries: Some Analytical Issues, IMF Occasional Paper, No. 78, Washington, D.C..

Aliber, Robert, Z. (1967): Gresham's Law, Asset Preferences, and the Demand for International Reserves, in: Quarterly Journal of Economics, November, S. 628-638.

Alworth, J.S. und C.E.V. Borio (1993): Commercial Paper Markets: A Survey, BIS Economic Papers, No. 37, Basel, April.

Argy, Victor (1982): Exchange Rate Management in Theory and Practice. Princeton Studies in International Finance, No. 50, Princeton, N..

Ausschuß der Präsidenten der Zentralbanken der Mitgliedstaaten der Europäischen Wirtschaftsgemeinschaft, Jahresberichte 1991 und 1992, Basel, April 1992 und April 1993.

Baehring, Bernd (1986): Die Bundesbank im Ausland, abgedruckt in: Deutsche Bundesbank, Auszüge aus Presseartikeln, Nr. 59, vom 3. September, S. 4-5.

Bäcker, Arno (1994): Die Bank für Internationalen Zahlungsausgleich (BIZ), in: WiSt, Heft 12, S. 639-641.

Bank for International Settlements (1984): International Banking Statistics 1973-1983, Basel, April.

Bank for International Settlements (1988): Guide to the BIS Statistics in International Banking, Basel, Februar.

Bank for International Settlements (1993a): Central Bank Survey of Foreign Exchange Market Activity in April 1992, Basel, März.

Bank for International Settlements (1993b): International Banking Statistics 1977-1991, Basel, April.

Bank for International Settlements (1995): Central Bank Survey of Foreign Exchange Market Activity in April 1995: Preliminary Global Findings, Press Communiqué, 24. Oktober, Basel.

Bank für Internationalen Zahlungsausgleich: Entwicklung des internationalen Bankgeschäfts und der internationalen Finanzmärkte, (früher: Das internationale Bankgeschäft), versch. Ausg..

Bank für Internationalen Zahlungsausgleich, Jahresberichte, versch. Jg..

Bank für internationalen Zahlungsausgleich und die Basler Zusammenkünfte (1980), hrsg. zum fünfzigjährigen Bestehen der Bank 1930-1980, Basel.

Bank of England (1983): Intervention, Stabilization, and Profits, in: Quarterly Bulletin, Vol. 23, S. 384-391.

Bank of England (1992): ECU Securities Markets, in: Quarterly Bulletin, Vol. 32, No. 2, Mai, S. 180-189.

Barro, Robert und David Gordon (1983): Rules, Discretion and Reputation in a Model of Monetary Policy, in: Journal of Monetary Economics, Vol. 12, S. 101-121.

Bartel, K. (1974): Die stabilitätspolitische Problematik des Multi-Reservenstandards, in: Das Inflationsproblem heute - Stabilisierung oder Anpassung, Beihefte der Konjunkturpolitik, Heft 21, Berlin.

Batten, Dallas S., Michael P. Blackwell, In-Su Kim, Simon E. Nocera und Yuzuru Ozeki (1990): The Conduct of Monetary Policy in the Major Industrial Countries: Instruments and Operating Procedures, IMF Occasional Paper, No. 70, Washington, D.C., Juli.

Baxmann, Ulf G. und Christoph Weichsler (1991): Überlegungen zur Systematisierung von Finanzmärkten, in: WiSt, Heft 11, November, S. 546-552.

Bayerische Landesbank (1993): Weltwährungsreserven, Ungleichgewichtiges Wachstum, in: Konjunktur im Trend, Nr. 9, hrsg. v. Girozentrale, München, S. 3-4.

Bayerische Landesbank (1994): Weltwährungsreserven: Asien bedrängt Europa, in: Konjunktur im Trend, Nr. 12, hrsg. v. Girozentrale, München, S. 3-4.

Beaufort Wijnholds, J. A. H., de (1982): Diversification of Reserves and Monetary Stability, in: The World Economy, Vol. 5, S. 303-320.

Beenstock, M. und S. Dadashi (1986): The Profitability of Forward Currency Speculation by Central Banks, in: European Economic Review, Vol. 30, S. 449-456.

Belongia, Michael T. (1992): Foreign Exchange Intervention by the United States: A Review and Assessment of 1985-89, in: Federal Reserve Bank of St. Louis Review, Mai/Juni, S. 32-51.

Ben-Bassat, Avraham (1980): The Optimal Composition of Foreign Exchange Reserves, in: Journal of International Economics, Vol. 10, S. 285-295.

Ben-Bassat, Avraham (1981): An Evaluation of Israel's Reserve Portfolio Performance, 1972-1976. Reprint from Bank of Israel Economic Review, No. 51, Jerusalem, Mai.

Ben-Bassat, Avraham (1984): Reserve-Currency Diversification and the Substitution Account, Princeton Studies in International Finance, No. 53, Princeton, N.J..

Bergsten, C. Fred (1975): The Dilemmas of the Dollar, New York.

Bergsten, C. Fred (1981): The Multiple Reserve Currency System in the 1980's, in: Hufbauer, Garry Clyde (ed.): The International Framework for Money and Banking in the 1980's, Washington, D.C., S. 20-70.

Bienert, Kurt (1977): Die Goldverkäufe des Internationalen Währungsfonds, in: WiSt, Heft 4, April, S. 180-182.

Bingham, T. R. G. (1992): The ECU and Reserve Management, Bank of Finland Discussion Papers 17/92, Helsinki.

Black, Stanley W. (1985): International Money and International Monetary Arrangements, in: Jones, Ronald W./Kenen, Peter B. (eds.): Handbook of International Economics, Vol. II, Amsterdam u.a., S. 1153-1193.

Black, Stanley W. (1989): Tansactions Costs and Vehicle Currencies, IMF Working Paper, WP 89/96, Washington, D.C.

Black, Stanley W. (1991): Tansactions Costs and Vehicle Currencies, in: Journal of International Money and Finance, Vol. 10, Dezember, S. 512-526.

Blackman, Courtney N. (1976): Managing Reserves for Development, in: Columbia Journal of World Business, Fall, S. 34-40.

Blackman, Courtney N. (1981): The Management of Foreign Exchange Reserves in Small Developing Countries, in: Social and Economic Studies, Vol. 30, Nr. 4, Dezember, S. 156-171.

Blackman, Courtney N. (1982): Managing Foreign Exchange Reserves in Small Developing Countries, Group of Thirty, Occasional Paper No. 11, New York.

Board of Govenors of the Federal Reserve System, Federal Reserve Bulletin, Washington, D.C., versch. Jg..

Bodie, Zivi, Alex Kane und Alan J. Marcus (1992): Essential of Investments, Homewood, IL und Boston, MA..

Boeck, Klaus und Dieter Gehrmann (1973): Probleme einer zunehmenden Diversifizierung der Währungsreserven, in: Zur Neuordnung des internationalen Währungssystems, Beihefte der Konjunkturpolitik, Heft 20, Berlin.

Boeck, Klaus und Dieter Gehrmann (1974): Die DM als internationale Reservewährung - Bedeutung, Ursachen und Probleme, Hamburg.

Borsuk, Mark (1979): The New Law Leaves the Yen a Long Way From Internationalization, in: Euromoney, Juli, S. 167-171.

Boughton, James M. (1991): The CFA Franc Zone: Currency Union and Monetary Standard, IMF Working Paper WP/91/133, Washington, D.C., Dezember.

Boughton, James M. (1992): Der CFA-Franc: eine Zone gefährdeter Stabilität in Afrika, in: Finanzierung & Entwicklung, Dezember, S. 34-36.

Brady, Simon (1992): How Central Banks play the Markets, in: Euromoney, September, S. 49-57.

Braga de Macedo, Jorge (1982): Portfolio Diversification Across Currencies, in: Richard N. Cooper et. al. (eds.): The International Monetary System Under Flexible Exchange Rates. Global, Regional, and National Essays in Honor of Robert Triffin, Cambridge, Mass., S. 69-100.

Braga de Macedo, Jorge (1983): Optimal Currency Diversification for a Class of Risk-Averse International Investors, in: Journal of Economic Dynamic and Control, Vol. 5, S. 173-185.

Braga de Macedo, Jorge, Jeffrey A. Goldstein und David M. Meersschwam (1984): International Portfolio Diversification: Short-Term Financial Assets and Gold, in: Bilson, John F. O. und Richard C. Martsen (eds.): Exchange Rate Theory and Practice, Chicago and London, S. 199-232.

Branson, William H. und Dale W. Henderson (1985): The Specification and Influence of Asset Markets, in: Jones, Ronald W. und Peter B. Kenen (eds.): Handbook of International Economics, Vol. II, Amsterdam u.a., S. 749- 805.

Brown, E., D. H. Papell und M. Rush (1991): Portfolio Diversification by Central Banks Under Flexible Exchange Rates. Unveröffentlichtes Manuskript, aktualisierte Version vom Mai 1991.

Buiter, William und Jonathan Eaton (1983): International Balance of Payments Financing and Adjustment, NBER Working Paper No. 1120.

Burton, David und Martin G. Gilman (1991): Wechselkurspolitik und der IWF, in: Finanzierung & Entwicklung, September, S. 18-21.

Calvo, Guillermo (1978): Optimal Seigniorage from Money Creation: An Analysis in Terms of the Optimum Balance of Payments Deficit Problem, in: Journal of Monetary Economics, Vol. 4, S. 503-517.

Chen, A.H.Y., F.C. Jen und S. Zionts (1971): The Optimal Portfolio Devision Policy, in: Journal of Business, S. 51ff.

Cheng, P.L. (1962): Optimum Bond Portfolio Selection, in: Management Science, Vol. 8, S. 490ff.

Chryssanthou, Nikos (1990): Transaction Costs and the Portfolio Demand for the ECU: The Case of a Lira Based Investor, in: Banca Nazionale del Lavoro, Quarterly Review, No. 172, März, S. 21-47.

Chrystal, Kenneth Alec (1978): International Money and the Future of the SDR, Princeton Essays in International Economics, No. 128, Princeton.

Chrystal, K. Alec (1984): On the Theory of International Money, in: Black, John und Graeme S. Dorrance (eds.): Problems of International Finance, New York, S. 77-92.

Claassens, Emil-Maria (1977): Die Nachfrage nach internationalen Reserven, in: Kompendium der Währungstheorie, hrsg. von Claassens, Emil-Maria, München, S. 3-41.

Claessens, Stijn (1992): The Optimal Currency Composition of External Debt: Theory and Applications to Mexico and Brazil, in: The World Bank Economic Review, Vol. 6, No. 3, S. 503-528.

Clark, Peter B. (1970): Optimal International Reserves and the Speed of Adjustment, in: Journal of Political Economy, Vol. 78, S. 356-376.

Clark, Peter (1988): A General Portfolio Approach to the Currency Composition of Central Banks' International Reserves, Washington, D.C., Unveröffentlichtes Manuskript.

Clement, Jean A. (1995): Nachwirkungen der CFA-Franc-Abwertung, in: Finanzierung und Entwicklung, Juni, S. 24-27.

Clower, R. W. und R. G. Lipsey (1968): The Present State of International Liquidity Theory, in: American Economic Review, Vol. 58, S. 586-595.

Cohen, Benjamin J. (1971): The Future of Sterling as an International Currency, London, Basingstoke.

Cohen, Benjamin J. (1973): International Reserves and Liquidity: A Survey, Conference on Research in International Trade and Finance, Princeton University.

Cohen, Benjamin J. (1977): Organizing the World's Money. The Political Economy of International Monetary Relations, New York.

Cohen, Kalman J. und Edwin J. Elton (1968): Inter-Temporal Portfolio Analysis Based on Simulations of Joint Returns, in: Management Science, Vol. 14, S. 5-18.

Commerzbank AG (1984): The International Role of the D-Mark. Bericht der Abteilung Volkswirtschaft, Frankfurt/M., November/Dezember.

Cooper, Richard N. (1970): International Liquidity and Balance of Payments Adjustment, in: IMF (ed.): International Reserves, Needs and Availability, Washington, D.C.

Corrado, Charles J. und Dean Taylor (1986): The Cost of Central Bank Leaning Against a Random Walk, Journal of International Money and Finance, Vol. 5, S. 303-314.

Dale, Reginald (1988): Japan Seeks Smaller Role for Dollar, in: International Herald Tribune, Paris, vom 28.9.1988.

Dellas, Harris (1989a): International Reserve Currencies, IMF Working Paper WP/89/15, Washington, D.C., Februar.

Dellas, Harris (1989b): Currency Switch and the Choice of an International Reserve Currency, IMF Working Paper WP/89/27, Washington, D.C., April.

Dellas, Harris und Chin Bang Yoo (1991): Reserve Currency Preferences of Central Banks: The Case of Korea, in: Journal of International Money and Finance, Vol. 10, September, S. 406-419.

Deutsche Bank Research (1996): Eine stabile Währung für Europa, Sonderbericht, Frankfurt/M.

Deutsche Bundesbank, Geschäftsberichte, versch. Jahrgänge.

Deutsche Bundesbank, Statistisches Beiheft zum Monatsbericht, Reihe 2, Kapitalmarktstatistik, versch. Ausg.

Deutsche Bundesbank, Statistisches Beiheft zum Monatsbericht, Reihe 3, Zahlungsbilanzstatistik, versch. Ausg.

Deutsche Bundesbank (1979): Die D-Mark als internationale Anlagewährung, in: Monatsberichte, 31. Jg., Nr. 11, November, S. 26-34.

Deutsche Bundesbank (1984): Die D-Mark als internationale Anlagewährung, in: Monatsberichte, 36. Jg., Nr. 1, Januar, S. 13-20.

Deutsche Bundesbank (1985): Zur Freizügigkeit im Kapitalverkehr der Bundesrepublik mit dem Ausland, in: Monatsberichte, 37. Jg., Nr. 7, Juli, S. 13-24.

Deutsche Bundesbank (1987a): Die DM-Anlagen und DM-Verbindlichkeiten des Auslands am Jahresende 1986, in: Monatsberichte, 39. Jg., Nr. 5, Mai, S. 36-44.

Deutsche Bundesbank (1987b): Die Märkte für private ECU, in: Monatsberichte, 39. Jg., Nr. 8, August, S. 32-40.

Deutsche Bundesbank (1988a): Zur Entwicklung der Euroeinlagen inländischer Nichtbanken, in: Monatsberichte, 40. Jg., Nr. 1, Januar, S. 14-22.

Deutsche Bundesbank (1988b): Die Währungsreserven der Bundesbank, in: Monatsberichte, 40. Jg., Nr. 11, November, S. 28-35.

Deutsche Bundesbank (1990a): Die längerfristige Entwicklung der Weltwährungsreserven, in: Monatsberichte, 42. Jg., Nr. 1, Januar , S. 34-55.

Deutsche Bundesbank (1990b): Mindestreserveregelungen im Ausland, in: Monatsberichte, 42. Jg., Nr. 3, März, S. 22-29.

Deutsche Bundesbank (1991a): Der Wertpapierverkehr der Bundesrepublik Deutschland mit dem Ausland in der zweiten Hälfte der achtziger Jahre, in: Monatsberichte, 43. Jg., Nr. 4, April, S. 14-26.

Deutsche Bundesbank (1991b): Die DM-Anlagen und DM-Verbindlichkeiten des Auslands am Jahresende 1990, in: Monatsberichte, 43. Jg., Nr. 5, Mai, S. 23-31.

Deutsche Bundesbank (1991c): Zur Bedeutung der D-Mark als Fakturierungswährung im Außenhandel, in: Monatsberichte, 43. Jg., Nr. 11, November, S. 40-44.

Deutsche Bundesbank (1992a): Internationale Organisationen und Gremien im Bereich von Währung und Wirtschaft, Sonderdruck Nr. 3, 4. Aufl., Frankfurt/M..

Deutsche Bundesbank (1992b): Die Märkte für private ECU, in: Monatsberichte, 44. Jg., Nr. 5, Mai, S. 26-38.

Deutsche Bundesbank (1993a): Zum Einfluß von Auslandstransaktionen auf Bankenliquidität, Geldmenge und Bankkredit, in: Monatsberichte, 45. Jg., Nr. 1, Januar, S. 19-34.

Deutsche Bundesbank (1993b): Die Entwicklung des deutschen Auslandsvermögens und der Kapitalerträge, in: Monatsberichte, 45. Jg., Nr. 1, Januar, S. 43-67.

Deutsche Bundesbank (1993c): Die außenwirtschaftlichen Beziehungen Deutschlands zu den Vereinigten Staaten und Japan, in: Monatsberichte, 45. Jg., Nr. 7, Juli, S. 41-64.

Deutsche Bundesbank (1995): Geldnachfrage und Währungssubstitution in Europa, in: Monatsberichte, 47. Jg., Nr. 1, Januar, S. 33-49.

Dooley, Michael P. (1986): An Analysis of the Management of the Currency Composition of Reserve Assets and External Liabilities of Developing Countries, in: Aliber, R. Z. (ed.): The Reconstruction of the International Financial Arrangements, London, S. 262-280.

Dooley, Michael P., Jose Saul Lizondo und Donald J. Mathieson (1989): The Currency Composition of Foreign Exchange Reserves, in: IMF, Staff Papers, Vol. 36, No. 2, Juni, S. 385-434.

Dornbusch, Rudiger (1980): Exchange Rate Economics: Where Do We Stand?, in: Brookings Papers on Economic Activity 1, S. 143-185.

Downes, Patrick, T. (1989): Das Management von Währungsreserven, in: Finanzierung & Entwicklung, Dezember, S. 20-21.

Duijm, Bernhard (1990): Wechselkurspolitik für Entwicklungsländer, (Dissertation Tübingen) München.

Duijm, Bernhard und Bettina Nürk (1991): Die währungspolitische Annäherung Skandinaviens an die Europäische Gemeinschaft, Tübinger Diskussionsbeitrag, Nr. 16, Oktober.

Dumas, B. (1984): International Portfolio Diversification: Short-Term Financial Assets and Gold - Comment, in: Bilson, J. und R. Marston (eds.): Exchange Rate Theory and Practice, Chicago, S. 232-236.

Edison, Hali J. (1993): The Effectiveness of Central-Bank Intervention: A Survey of The Literature After 1982, International Finance Section, Special Papers in International Economics, No. 18, Princeton, New Jersey, Juli.

Emminger, Otmar (1986): D-Mark, Dollar, Währungskrisen. Erinnerungen eines ehemaligen Bundesbankpräsidenten, Stuttgart.

Entschließung des Europäischen Rates vom 5. Dezember 1978 über die Errichtung eines Europäischen Währungssystems und damit zusammenhängende Fragen, in: Bulletin der EG, Heft 12 (1978), S. 1361ff.

Europäisches Währungsinstitut (1995), Jahresbericht 1994, Frankfurt am Main, April.

European Monetary Institute (1995): Progress Towards Convergence. Report Prepared in Accordance with Article 7 of the EMI Statute, Frankfurt, November.

Fama, Eugene F. (1965): The Behavior of Stock Market Prices, in: Journal of Business, Vol. 38, S. 34-105.

Farber A., R. Roll und B. Solnik (1977): An Empirical Study of Risk Under Fixed and Flexible Exchange Rates, Carnegie-Rochester Conference Series on Public Policy, Vol. 5, S. 236-266.

Fase, M. M. G. und A. P. Huijser (1989): The Profitability of Official Foreign Exchange Market Intervention: A Case Study for the Netherlands 1974-

1989, De Nederlandsche Bank, Research Memorandum No. 8821, Amsterdam, August.

Federal Reserve Bank of New York, Treasury and Federal Reserve Foreign Exchange Operations, versch. Ausg.

Feldsieper, Manfred und Paul Terres (1992): Die Internationalisierung der D-Mark, in: WISU, März, S. 195-200.

Fertig, Peter (1981): Der Euro-Dollar-Markt, Entstehung - Funktion und Funktionsweise, Frankfurt/M.

Filc, Wolfgang (1989): Ursachen des Abbaus der Netto-Währungsreserven der Deutschen Bundesbank, in: Wirtschaftsdienst, Heft X, S. 514-519.

Fischer-Erlach, Peter (1988): Handel und Kursbildung am Devisenmarkt, 3. Aufl. Stuttgart u.a..

Flood, Robert P., S. Bhandari Jagdeep und Jocelyn P. Horne (1989): Evolution of Exchange Rate Regimes, in: IMF Staff Papers, Vol. 36, Nr. 4, Dezember, S. 810-835.

Folkerts-Landau, David (1989): Management des Zinsrisikos in Entwicklungsländern, in: Finanzierung & Entwicklung, Juni, S. 20-23.

Franke, Günter (1995): Das Hedgen ist nichts für wilde Spieler, in: F.A.Z. vom 22.4.1995, Nr. 94, S. 15.

Frankel Jeffrey A. (1995): Still the Lingua Franca. The Exaggerated Death of the Dollar, in: Foreign Affairs, Vol. 74, No. 4, Juli/August, S. 9-16.

Friedman, Milton (1953): The Case for Flexible Rates, in: Friedman, M.: Essays in Positive Economics, Chicago, S. 157-203.

Furstenberg, George M. von (1981): Simulated Reserve Currency Performance Indicates Investment Qualities of the SDR, in: IMF Survey, 26. Januar, S. 26-28.

Gaddum, J.W. (1993): Die Operationen der Bundesbank am Geld- und Kapitalmarkt, in: Deutsche Bundesbank, Auszüge aus Presseartikeln, Nr. 43, vom 21. Juni 1993, S. 1-3.

Gawronski, Pier Giorgio (1990): Optimal Currency Composition of Foreign Debt: The Cases of Five Developing Countries, OECD Development Centre, Technical Papers, No. 23, August, Paris.

Gerhardt, Wolfgang (1984): Der Euro-DM-Markt. Marktteilnehmer, Zinsbildung und geldpolitische Bedeutung. Eine Untersuchung aus der Sicht der Bundesrepublik Deutschland, Hamburg.

Giovanni, Alberto (1991): Money Demand and Monetary Control in an Integrated European Economy, in: Commission of the European Communities (ed.): The Economics of EMU, Background Studies for European Economy No 44 'One Market, one money', Special Edition No. 1, Brussels, S. 93-106.

Glynn, Lenny (1991a): My Client, the Central Bank, in: Global Finance, Vol. 5, Mai, S. 46-47.

Glynn, Lenny (1991b): Doing Business with the Central Bank, in: Global Finance, Vol. 5, September, S. 42-46.

Go, Evelyn M. (1981): International Reserves: Factors Determining Needs and Adequacy, Asian Development Bank Economic Staff Paper No. 1, Manila, Mai.

Goldsmith, David (1976): Transaction Costs and the Theory of Portfolio Selection, in: Journal of Finance, Vol. XXXI, No. 4, September, S. 1127-1140.

Goldstein, Carl (1987): The Question that Gets You Thrown Out, in: Euromoney, Februar, S. 31-32.

Goldstein, Henry N. (1969): Gresham's Law and the Demand for NRU's and SDR's, in: Quarterly Journal of Economics, Februar, S. 163-166.

Goldstein, Morris und Peter Isard (1992): Mechanisms for Promoting Global Monetary Stability, in: IMF (ed.): Policy Issues in the Evolving International Monetary System, Occasional Paper No. 96, Washington, D.C., Juni, S. 3-36.

Gramlich, Dieter (1993): Geldanlage in Fremdwährungen, München.

Grassman, Sven (1973a): Exchange Reserves and the Financial Structure of Foreign Trade, Farnborough, Saxon House, 1973.

Grassman, Sven (1973b): A Fundamental Symmetry in International Payment Patterns, in: Journal of International Economics, Vol. 3, S. 105-116.

Grassman, Sven (1976): Currency Distribution and Forward Cover in Foreign Trade, in: Journal of International Economics, Vol. 6, S. 215-221.

Group of Thirty (1980): Reserve Assets and a Substitutions Account. Towards a Less Unstable International Monetary System, New York.

Group of Thirty (1982): How Central Banks Manage Their Reserves, New York.

Grubel, Herbert (1971): The Demand for International Reserves: A Critical Review of the Literature, in: Journal of Economic Literature, Vol. 9, S. 1148-1166.

Grünärml, Frohmund (1980): Euro-Dollarmarkt, in: Albers, W. u.a. (Hrsg.), Handwörterbuch der Wirtschaftswissenschaft, Bd. 2, Stuttgart, New York, S. 450-464.

Habermeier, Walter O. (1980): Substitution Account Plan Sought to Enhance SDR, Help Stabilize Composition of Exchange Reserves, IMF Survey, 4. Februar, S. 1 und 42-44.

Häusler, Gerd (1993a): Finanzplatz Deutschland aus Sicht der Bundesbank, in: Deutsche Bundesbank, Auszüge aus Presseartikeln, Nr. 10, vom 4.2.1993, S. 7-12.

Häusler, Gerd (1993b): The Role of the Deutsche Mark in Europe's Financial Markets, in: Deutsche Bundesbank, Auszüge aus Presseartikeln, Nr. 38, vom 25.5.1993, S. 11-15.

Hakkio, Craig S. (1993): The Dollar's International Role, in: Contemporary Policy Issues, Vol. XI, April, S. 62-75.

Hansen, Bent (1962): International Liquidity. Central Bank of Egypt Lectures, Cairo.

Hansmann, Karl-Werner (1980): Dynamische Aktienanlage-Planung, Wiesbaden.

Harbrecht, Wolfgang (1985): Die Bedeutung der Leistungsbilanz der Reservewährungsländer für die internationale Reservendiversifikation und die ökonomische Stabilität des Multi-Währungsstandards, in: Filc, Wolfgang und Claus Köhler (Hrsg.): Stabilisierung des Währungssystems, Veröffentlichungen des Instituts für Europäische Wirtschaftsforschung, Bd. 23, Berlin, S. 63-87.

Hasse, Rolf H., Horst Werner und Hans Willgerodt (1975): Außenwirtschaftliche Absicherung zwischen Markt und Interventionismus. Erfahrungen mit Kapitalverkehrskontrollen, Frankfurt/M.

Hasse, Rolf H. (1981): Grundprobleme eines Währungssystems mit multiplen Devisenreserven, in: Woll, Artur (Hrsg.): Internationale Anpassungsprozesse, Schriften des Vereins für Socialpolitik, Neue Folge, Bd. 114, Berlin, S. 69-122.

Hasse, Rolf H. (1984): Multiple Währungsreserven, Stuttgart, New York.

Hasse, Rolf H. (1985): Das Europäische Währungssystem: Gebändigte Regeln, in: WISU, April, S. 201-206.

Hasse, Rolf H. (1987): Diversifizierung von Devisenreserven - Ursache oder Folge von Währungsinstabilität?, in: Köhler, C. und R. Pohl (Hrsg.): Aspekte der Geldpolitik in offenen Volkswirtschaften, Berlin, S. 143-166.

Hasse, Rolf H. (1988a): ECU und SZR - Die Rolle der künstlichen Reservemedien im internationalen Währungssystem, in: Issing, Otmar (Hrsg.): Wechselkursstabilisierung, EWS und Weltwährungssystem, Hamburg, S. 89-121.

Hasse, R. H. (1988b): Die ECU - Währungsmedium mit Integrationswirkungen?, in: Zeitschrift für Wirtschaftspolitik, 37. Jg., Heft 2/3, S. 225-249.

Hasse, Rolf H. (1990): The European Central Bank: Perspectives for a Further Development of the European Monetray System, Gütersloh.

Hasse, Rolf H., Bastian Hepperle und Susanna Wolf (1993): Weiterentwicklung des handelspolitischen Instrumentariums, Institut für Wirtschaftspolitik, Universität der Bundeswehr, Hamburg, Juni.

Hauser, Heinz (1982): Währungsrisiken: Inflation, Zinssätze und Wechselkurse, in: Devisenmärkte und Währungsrisiken, Management of Exchange Rates and Exchange Risks, hrsg. vom Schweizerischen Institut für Aussenwirtschafts-, Struktur- und Marktforschung (Hrsg.), Band 1, Dissenhofen, S. 183-218.

Healy, James P. (1981): A Simple Regression Technique for the Optimal Diversification of Foreign Exchange Reserves, IMF, DM/81/64, Washington, D.C., Unveröffentlichtes Manuskript.

Heldring, Frederick (1988): Can the U.S. Dollar Survive as a World Reserve Currency?, in: The Annals of the American Academy of Political and Social Science, Vol. 500, November, S. 23-29.

Heller, H. Robert (1966): Optimal International Reserves, in: Economic Journal, Vol. 74, S. 296-311.

Heller, H. Robert und Malcom Knight (1978a): Recent Variations in Reserve Asset Holdings Are Result of Greater Resort to Floating Rates, in: IMF, Survey, 22. Mai, S. 154-156.

Heller, H. Robert und Malcom Knight (1978b): Reserve-Currency Preferences of Central Banks, Essays in International Finance, No. 131, Princeton, New Jersey, Dezember.

Hellmann, Rainer (1979): Das Europäische Währungssystem. Kritische Einführung mit Dokumentation, Baden-Baden.

Hetrakul, Kleo-Thong, Nual-Anong Angsurat und Pusadee Ganjarerndee (1983): International Reserves Management in Thailand, in: Bank of Thailand Quarterly Bulletin, Vol. 23, S. 23-31.

Hilpert, Hanns Günther (1993): Die wirtschaftliche Verflechtung Japans mit der asiatisch-pazifischen Region. Yen-Block in Asien?, in: IFO Schnelldienst, März, S. 14-31.

Hilpert, Hanns Günther (1996): Die Internationalisierung des Yen - Aufstieg zur Leitwährung?, in: IFO Schnelldienst, Juni , S. 14-21.

Hirsch, Fred (1971): SDRs and the Working of the Gold Exchange Standard, in: IMF Staff Papers, Juli, S. 221-249.

Hooyman, Catharina J. (1994): The Use of Foreign Exchange Swaps by Central Banks, in: IMF Staff Papers, Vol. 41, No. 1, März, S. 149-162.

Horii, Akinari (1986): The Evolution of Reserve Currency Diversification. BIS Economic Papers, No. 18, Basel, Dezember.

Humes, Dorla (1981): Foreign Reserves Management in Belize: An Assessment of the Liquidity Constraints in 1979, in: Social and Economic Studies, Vol. 30, Nr. 4, Dezember, S. 187-200.

IMF: Annual Report, versch. Jahrgänge.

IMF: International Financial Statistics, versch. Jahrgänge.

IMF: International Financial Statistics Yearbook, versch. Jahrgänge.

IMF (1978): Articles of Agreement of the International Monetary Fund, Washington, D.C..

IMF (1983): Supplement on International Reserves, International Financial Statistics, Supplement Series No. 6.

IMF (1987a): Supplement on International Liquidity, International Financial Statistics, Supplement Series No. 14.

IMF (1987b): The Role of the SDR in the International Monetary System, Occasional Paper, No. 51, Washington, D.C.

IWF (1993): Der Internationale Währungsfonds, Übersetzung einer überarbeiteten Beilage zum IMF Survey, Washington, D.C., Oktober.
Issing, Otmar (1965): Leitwährung und internationale Währungsordnung, Berlin.
Issing, Otmar (1992): Institutionen und Evolution im internationalen Währungssystem - Zur Entwicklung der Reservewährungen, in: Görges, Egon und Egon Tuchtfeldt (Hrsg.): Die Zukunft der wirtschaftlichen Entwicklung - Perspektiven und Probleme, Beiträge zur Wirtschaftspolitik, Bd. 55, Bern u.a., S. 343-362.
Issing, Otmar (1993a): Die Leitwährungsrolle der D-Mark im EWS, in: Wirtschaftsdienst, August, S. 395-397.

Jacob, Nancy, L.A. (1974): A Limited-Diversification Portfolio Selection Model for the Small Investors, in: Journal of Finance, Vol. 29, No. 3, Juni, S. 847-856.
Jacobson, Laurence R. (1983): Calculations of Profitability for U.S Dollar-Deutsche Mark Intervention, Staff Studies 131, Board of Governors of the Federal Reserve System, Washington, D.C., September.
Jager, Henk und Eelke de Jong (1984): Optimal Reserve Asset Composition, Special Drawing Rights, and the Size of a Substitution Account. Société Universitaire Européenne de Recherches Financières, SUERF Series 47A, Tilburg.
Jager, Henk und Eelke de Jong (1987): The Exchange-Rate Mechanism of the EMS and the ECU as a Reserve Asset. An Impending Incompatibility, in: European Economic Review, Vol 31, S. 1071-1091.
Jarchow, Hans-Joachim (1984): Devisenmarktinterventionen und Liquiditätswirkungen, in: Aussenwirtschaft, 39. Jg., Heft IV, S. 299-321.
Jochimsen, R. (1993): Aktuelle Fragen der Geld- und Währungspolitik, in: Deutsche Bundesbank, Auszüge aus Presseartikeln, Nr. 35, vom 12. Mai, S. 4-9.
Johnson, Harry G. (1958): International Trade and Economic Growth, London.
Johnson, Christopher (1980): The Move to Multicurrency Reserves, in: The Banker, June, Vol. 130, S. 61-66.
Jurgensen, Philippe (1984): Bericht der Arbeitsgruppe über Interventionen an den Devisenmärkten (Aus dem englischen Originaltext übersetzt in der Deutschen Bundesbank), abgedruckt in: Ehrlicher, W. und R. Richter (Hrsg.): Devisenmarktinterventionen der Zentralbanken, Schriften des Vereins für Socialpolitik, Neue Folge, Bd. 139, Berlin, S. 83-113.
Käsmeier, Josef H. (1984): Euromärkte und nationale Finanzmärkte. Eine Analyse ihrer Interdependenz, Berlin.
Keinath, K. (1973): Geldschöpfung auf dem Euro-Dollarmarkt, Tübingen.
Kelly, M. G. (1970): The Demand for International Reserves, in: The American Economic Review, Vol. 60, S. 655-667.

Kenen, Peter B. (1960): International Liquidity and the Balance of Payments of a Reserve-Currency Country, in: Quarterly Journal of Economics, S. 572-586.

Kenen, Peter B. (1963): Reserve-Asset Preferences of Central Banks and Stability of the Gold-Exchange Standard, Princeton Studies in International Finance, No. 10, Princeton, N.J., Juni.

Kenen, Peter B. (1981): The Analytics of a Substitution Account, in: Banca Nazionale del Lavoro, Quarterly Review, Dezember, S. 403-426.

Kern, Manfred (1976): Funktionen und Anlageformen von Währungsreserven der Zentralbank bei festen Wechselkursen. Eine Analyse unter besonderer Berücksichtigung der Politik der Bundesbank für den Zeitraum von 1959 bis 1972, Dissertation Freiburg i. B..

Ketterer, Karl-Heinz und Norbert Kloten (1980): Theorien der Geldwirkungen, in: Obst/Hintner: Geld-, Bank- und Börsenwesen, hrsg. von Norbert Kloten und Johann Heinrich von Stein, 37. Aufl., Stuttgart, S. 79-98.

King, M.A. und J. Leape (1984): Wealth and Portfolio Composition: Theory and Evidence, NBER Working Paper Series, No. 1468, September.

King, M.A. und J. Leape (1988): Asset Accumulation and the Life-Cycle, Discussion Paper No. 0014, LSE Financial Market Group.

Kloten, Norbert (1981): Die D-Mark als internationale Anlage- und Reservewährung - Folgen für den Kapitalmarkt aus notenbankpolitischer Sicht, in: Bruns, Georg und Karl Häuser (Hrsg.), Die Deutsche Mark als internationale Anlage- und Reservewährung - Folgen für den Kapitalmarkt, Frankfurt/M., S. 71-91.

Klump, Rainer (1986): Entstehung und Verwendung internationaler Schlüsselwährungen. Theoretische Erklärungen, historische Erfahrungen, wirtschaftspolitische Schlußfolgerungen, Hamburg.

Klump, Rainer (1989): Der Dollar als internationale Schlüsselwährung. Ursachen und Perspektiven, in: Kredit und Kapital, S. 375-402.

Kommission der Europäischen Gemeinschaften (1990): Ein Markt, eine Währung. Potentielle Nutzen und Kosten der Errichtung einer Wirtschafts- und Währungsunion - eine Bewertung, in: Europäische Wirtschaft, Nr. 44, Oktober.

Kotecha, Mahesh K. (1979): Central Banks a New Growth Market for Portfolio Advisers, in: The Money Manager, 29. Mai, S. 3 und S. 28.

Kouri, Pentti J. K. und Jorge Braga de Macedo (1978): Exchange Rates and the International Adjustment Process, in: Brookings Papers on Economic Activity, 1, S. 111-150.

Kränzle, Karl (1994): Der Yen als neue Leitwährung?, in: Deutsche Bundesbank, Auszüge aus Presseartikeln, Nr. 65, vom 13. September 1994, S. 10-11.

Kunz, Diane B. (1995): The Fall of the Dollar Order. The World the United States is Losing, in: Foreign Affairs, Vol. 74, No. 4, Juli/August, S. 22-26.

Landell-Mills, J.M. (1989): The Demand for International Reserves and Their Opportunity Cost, in: IMF Staff Papers, Vol. 36, No. 3, September, S. 708-732.

Landeszentralbank in Hessen (1992): Commercial Paper - eine Erweiterung des heimischen Geldmarkts, in: Frankfurter Finanzmarkt-Bericht, November, Ausgabe 12/92.

Laney, Leroy O. (1980): Towards a Multiple Reserve System, in: Euromoney, September, S. 127-139.

Leahy, Michael P. (1989): The Profitability of U.S Intervention, in: Board of Governors of the Federal Reserve System (ed.), International Finance Discussion Papers, No. 343, Washington, D.C., Februar.

Lehment, Harmen (1980): Devisenmarktinterventionen bei flexiblen Wechselkursen. Die Politik des Managed Floating, Kieler Studien Bd. 162, Tübingen.

Lehmussaari, Olli-Pekka (1987): Exchange Rate Uncertainty and the Management of Official Reserves, Bank of Finland Publication, Series D:64, Helsinki, Summary, S. 163-169.

Lehto, Taru (1994): The Level of a Central Bank's International Reserves: Theory and Cross-Country Analysis, Bank of Finland Discussion Papers, No. 15/94, Helsinki.

Leis, Werner (1987): Die Portfolio-Selektions-Theorie und ihre Anwendung als Entscheidungsinstrument der Kapitalanlageplanung in Lebensversicherungsunternehmen, Frankfurt/M., zugleich Dissertation Passau.

Leutwiler, Fritz (1980): The Swiss Franc as a Subsidiary Reserve Currency: Problems and Prospects, in: Aussenwirtschaft, 35. Jg., H. 1, März, S. 25-33.

Leutwiler, Fritz und René Kästli (1982): The Swiss Franc in a Multiple Reserve Currency System, in: Group of Thirty, How Central Banks Manage Their Reserves, New York, S. 32-41.

Levy, Haim und Marshall Sarnat (1982): Capital Investment and Financial Decisions, 2nd ed., Englewood Cliffs, N. J..

Lindert, Peter H. (1969): Key Currencies and Gold 1900-1913, Studies in International Finance, No. 24, Princeton, N.J., August.

Lintner, John (1965): The Valuation of Risk Assets and the Selection of Risky Investments in Stock Portfolios and Capital Budgets, in: Review of Economics and Statistics, 47, Februar, S. 13-37.

Lomax, D. (1982): Central-Bank Optimization in Holdings of Foreign-Exchange Reserves, in: Miller, Norman C. (ed.): International Reserves, Exchange Rates, and Development-Country Finance, Lexington, Mass., S. 101-108.

Loong, Pauline (1988): After the Kio, the Tio?, in: Euromoney, Juli, S. 20-22.

Louw, André (1991): Der ECU und seine Rolle in der Übergangsphase zur Währungsunion, in: Kommission der Europäischen Gemeinschaften (Hrsg.): Europäische Wirtschaft, Nr. 48, September, Brüssel, S. 125- 159.

Lutz, Friedrich A. (1963a): The Problem of International Liquidity and the Multiple-Currency Standard, Essays in International Finance, No. 41, Princeton, New Jersey, März.

Lutz, Friedrich A. (1963b): Das Problem der Internationalen Liquidität und das System der mehrfachen Reservewährungen, in: Hunold, A. (Hrsg.): Inflation und Weltwährungsordnung, Erlenbach-Zürich, Stuttgart.

Machlup, Fritz (1964): Plans for Reform of the International Monetary System, Special Papers in International Economics, No. 3, Revised, Princeton, N.J.

Makin, John H. (1971): The Composition of International Reserve Holdings: A Problem of Choice Involving Risk, in: The American Economic Review, Vol. 61, Dezember, Teil 1, S. 818-832.

Makin, John H. (1972): The Problem of Coexistence of SDRs and a Reserve Currency, in: Journal of Money, Credit, and Banking, S. 509-528.

Makin, John H. (1974): Equilibrium Interest on Special Drawing Rights, Southern Economic Journal, Vol. 41, S. 171-181.

Malliaropulos, Dimitrios (1990): Euromärkte und nationale Finanzmärkte. Geldmenge, Zins und Wechselkurs einer Eurowährung. Eine theoretische und empirische Analyse des Euro-DM-Marktes, Frankfurt/M.

Mandelbrot, Benoit B. (1963): The Variation of Certain Speculative Prices, in: Journal of Business, Vol. 36, S. 394-419.

Mao, James C.T (1970): Essential of Portfolio Diversification Strategy, in: Journal of Finance, Vol. XXV, No. 5, Dezember, S. 1109-1121.

Markowitz, Harry (1952): Portfolio Selection, in: Journal of Finance, Vol. 7, S. 77ff.

Markowitz, Harry (1959): Portfolio Selection. Efficient Diversification of Investments, New York.

Marsh, David (1992): Die Bundesbank. Geschäfte mit der Macht, München.

Masera, Rainer S. (1993): Swaps and Financial Derivatives: Risks and Returns, in: Banca Nazionale del Lavoro, Quarterly Review, No. 184, März, S. 91-107.

Matsukawa, Michiya (1982): The Yen - A Newly-Emerging Reserve Currency, in: Group of Thirty: Reserve Currencies in Transition, New York, S. 24-31.

Mayer, Gebhard (1992): Die D-Mark als Leitwährung in Europa?, in: Konjunkturpolitik, 38. Jg., Heft 3, S. 153-173.

Mayer, Helmut (1982): Die Kontrolle des Eurogeldmarktes: Fragen, Probleme, Ansätze; in: Schweizerisches Institut für Außenwirtschaftsstruktur- und Marktforschung an der Hochschule St. Gallen (Hrsg.): Devisenmärkte und Währungsrisiken, Diessenhofen, S. 121 - 137.

Mayer, Helmut und Hiroo Taguchi (1983): Official Intervention in the Exchange Markets: Stabilising or Destabilising?, BIS Economic Papers, No. 6, Basel, März.

Mayer, Jörg (1989): Reserve Switches and Exchange-Rate Variability: The Presumed Inherrent Instability of the Multiple Reserve-Currency System. European University Institute, EUI Working Paper No. 416, Florence.

Mayer, Jörg (1990): The Multiple Reserve-Currency System. The Composition of the Demand for Foreign-Exchange Reserves by Central Banks since the Breakdown of the Bretton Woods System, Ph. D. Dissertation at the European University Institute in Florence, Juli.

Mayer, Jörg (1991): US Dollar and D-Mark as Reserve Assets, in: Weltwirtschaftliches Archiv, Bd. 127, Heft 3, S. 524-541.

McKenzie, Colin und Michael Stutchbury (1992): Overview: Japanese Financial Markets and the International Role of the Yen, in: McKenzie, Colin und Michael Stutchbury (ed.): Japanese Financial Markets and the Role of the Yen, Australia-Japan Research Centre, Australian National University, Sydney, S. 13-23.

Medeiros, Carlos und Simon Nocera (1988): The Potential Role of the SDR in Diversified Currency Portfolios of Central Banks, IMF Working Paper WP/88/81, 18. August.

Mendelsohn, M.S. (1982): How Central Banks Manage their Reserves, in: The Banker, April, S. 37-41.

Merton, Robert C. (1971): Optimum Consumption and Portfolio Rules in a Continuous Time Model, in: Journal of Economic Theory, Vol. 31, S. 373-413.

Mossin, Jan (1966): Equilibrium in a Capital Asset Market, in: Econometrica, 34, Oktober, S. 768-783.

Mundell, Robert (1972): The Optimum Balance of Payments Deficit, in: Claassen, E. M. und P. Salin (eds): Stabilization Policies in Interdependent Economies, Amsterdam.

Murray, John, Alain DeSerres und Syed Zahin (1991): The Optimal Currency Distribution of Canada`s Foreign Exchange Reserves. A Mean-Variance Analysis, 16. Juli, Bank of Canada, Ottawa, unveröffentlichtes Manuskript.

Murray, John, Mark Zelmer und Shane Williamson (1990): Measuring the Profitability and Effectiveness of Foreign Exchange Market Intervention: Some Canadian Evidence, Bank of Canada, Technical Report No. 53, März.

Nicholl, Peter und Peter Brady (1992): The Role of the Yen in the Pacific Region: New Zealand as a Case Study, in: McKenzie, Colin und Michael Stutchbury (eds.): Japanese Financial Markets and the Role of the Yen, Australia-Japan Research Centre, Australian National University, Sydney, S. 119-132.

Niehans, J. (1970): The Need for Reserves of a Single Country, in: IMF (ed.): International Reserves, Needs and Availability, Washington, D.C., S. 49-85.

Nordman, Tom (1987): Management of Foreign Exchange Reserves at the Bank of Finland. Presentation at the World Bank Portfolio Management Seminar for Central Banks and Official Institutions, Washington, D.C., 4. Dezember.

Nordman, Tom (1991): Managing the Currency Exposure of a Central Bank, Paper presented at the Pacific Region Central Bank Conference on Foreign Exchange Reserves Management, 22.-23. November 1991, Sydney, Australien.

Norman, Peter (1988): Japan has Yen for Reserve Role, in: The Financial Times, London, vom 21.11.1988.

Oba, Tomomitsu (1984): The Yen Must Play a More Important World Role, in: Euromoney, Oktober, S. 63-64.

Officer, Laurence und Thomas D. Willett (1969): Reserve Asset Preferences and the Confidence Problem of Crisis Zone, in: Quarterly Journal of Economics, Vol. 83, November, S. 688-695.

Officer, Laurence und Thomas D. Willett (1970): The Interaction of Adjustment and Gold-Conversion Policies in a Reserve-Currency System, in: Western Economic Journal, März, S. 47-60.

Ohr, Renate (1992): Strategische Wechselkurspolitik in Entwicklungsländern, in: WiSt, Juni, S. 291-297.

Osugi, K. (1990): Japan's Experience of Financial Deregulation Since 1984 In An International Perspective, BIS Economic Papers, No. 26, Basel.

O.V. (1978): How Central Banks are Ditching the Dollar, in: Euromoney, Oktober, S. 31-43.

O.V. (1979a): IMF: Reserve Diversification, in: Singapore Business, Vol. 3, No. 11, vom 15. November, S. 58-67.

O.V. (1979b): Multiples Reservewährungssystem, in: Zeitschrift für das gesamte Kreditwesen, 32. Jg., Heft 16, August, S. 785-787.

O.V. (1979c): Auf dem Wege zur Reservewährung, in: Zeitschrift für das gesamte Kreditwesen, 32. Jg., Heft 23, Dezember, S. 1123-1124.

O.V. (1980): Wachsende Reserverolle für den Schweizerfranken, abgedruckt in: Deutsche Bundesbank, Auszüge aus Presseartikeln, Nr. 77, vom 3. September, S. 8-9.

O.V. (1988a): Taiwan Buys Gold to Cut Foreign Currency Reserves, in: International Herald Tribune, vom 30.3.88.

O.V. (1988b): Taiwan setzt Goldkäufe fort, in: F.A.Z., Blick durch die Wirtschaft, vom 25.7.1988.

O.V. (1989): Bestand an Währungsgold wurde zu Lasten der Devisenreserven drastisch erhöht, in: Handelsblatt, Nr. 17, vom 24.1.89.

O.V. (1991): Start zur gemeinsamen Währung spätestens 1999, abgedruckt in: Deutsche Bundesbank, Auszüge aus Presseartikeln, Nr. 93, vom 5.12.1991.

O.V. (1992a): Vorwürfe aus Großbritannien gegen den Finanzplatz Frankfurt, in: F.A.Z., vom 4. Juli 1992, Nr. 153, S. 17.

O.V. (1992b): Währungskooperation der Nordländer, in: F.A.Z. vom 31.12.1992, Nr. 303, S. 11.

O.V. (1993a): Western Europe, Denmark, in: Institutional Investor, Vol. 27, Januar, S. 60.

O.V. (1993b): Do as I say, in: The Economist, 25. Dezember 1993 - 7. Januar 1994, S. 98.

O.V. (1993c): Die Zentralbanken überdenken die Rolle ihrer Goldreserven, in: F.A.Z. vom 30.1.1993, Nr. 25, S. 17.

O.V. (1993d): Notenbanken haben 1992 800 Tonnen Gold verkauft, in: F.A.Z. vom 26.2.1993, Nr. 48, S. 24.

O.V. (1993e): Am Montag kommen die ersten Bulis, F.A.Z. vom 27.2.1993, Nr. 49, S. 17.

O.V. (1994a): EWI erhält keine Währungsreserven, in: F.A.Z. vom 31. Januar, Nr. 25, S. 11.

O.V. (1994b): Die Bank für Internationalen Zahlungsausgleich sucht neue Aufgaben, abgedruckt in: Deutsche Bundesbank, Auszüge aus Presseartikeln, Nr. 10, vom 15.2.1994, S. 13-14.

O.V. (1994c): Bundesbank gegen zu raschen Zinsrückgang, in: F.A.Z. vom 23.4.94, Nr. 94, S. 19.

O.V. (1994d): Die Bundesbank stellt die Ausgabe von Bulis ein, in: F.A.Z. vom 20.8.94, Nr. 193, S. 10.

O.V. (1994e): EWI zieht sich zunächst nach Basel zurück, Börsen-Zeitung vom 13.1.94, abgedruckt in: Deutsche Bundesbank, Auszüge aus Presseartikeln, Nr. 3, vom 13.1.1994, S. 1-2.

O.V. (1994f): Bank Negara's Habanera, in: The Wall Street Journal Europe, 5. März, S. 8

O.V. (1994g): Heiße Geschäfte, in: F.A.Z. vom 6.4.94, Nr. 79, S. 11.

O.V. (1995a): Japans Währungsreserven, in: F.A.Z. vom 2.5.95, S. 17.

O.V. (1995b): Bank von Japan kauft 1995 bisher 18 Mrd. Dollar, in: Süddeutsche Zeitung vom 24.4.95, S. 23.

O.V. (1995c): Dollar in Tokio auf einem historischen Tief, in: F.A.Z. vom 7.3.95, Nr. 56, S. 15.

Page, S. A. B. (1977): Currency of Invoicing in Merchandise Trade, in: National Institute Economic Review, August, S. 77-81.

Page, S. A. B. (1981): The Choice of Invoicing Currency in Merchandise Trade, in: National Institute Economic Review, Vol. 98, November, S. 60-72.

Papaioannou, Michael G. und Tugrul Temel (1993): Portfolio Performance of the SDR and Reserve Currencies, Tests Using the ARCH Methodology, in: IMF Staff Papers, Vol. 40, No. 3, September, S. 663-679.

Perridon, L. und M. Steiner (1984): Finanzwirtschaft der Unternehmung, 3. Aufl. München.

Pöhl, Karl Otto (1980): The Multiple-Currency Reserve System, in: Euromoney, Oktober, S. 43-48.

Posthuma, S. (1963a): Wandlungen im internationalen Währungssystem, Kieler Vorträge, NF. 29, Kiel.

Posthuma, S. (1963b): The International Monetary System, in: Banca del Lavoro Quarterly Review, No. 66, S. 239-261.

Pozo, S. (1984): Composition and Variability of the SDR, in: The Review of Economics and Statistics, Vol. 66, S. 308-314.

Prindl, Andreas R. (1980): Japan is Liberalizing the Wrong Things, in: Euromoney, März, S. 96-102.

Pringle, Robert (1993): The Changing Monetary Role of Gold, World Gold Council (ed.), Research Study No. 2, London, März.

Protokoll über die Satzung des Europäischen Währungsinstitutes (1993), abgedruckt in: Europäische Gemeinschaft - Europäische Union. Die Vertragstexte von Maastricht mit den deutschen Begleitgesetzen, bearbeitet und eingeleitet von Thomas Läufer, 2. Aufl., Bonn.

Racine, Jeff (1988): Alternative Approaches to the Diversification of Foreign Exchange Reserves, IMF, Washington, D.C., 17. August, Unveröffentlichtes Manuskript.

Rajasingham, Indi (1991): Currency Diversification of Reserves and Sovereign Debt for Small Open Economies, IMF Working Paper 91/109, Washington, D.C., November.

Reichenstein, Peter Marcus (1987): Währungsreserven und Reservenpolitik bei flexiblen Wechselkursen. Ansätze zur vermögenspolitischen Betrachtung der Aktiva einer Zentralbank, Grüsch.

Reimnitz, Jürgen (1981): Die D-Mark als internationale Anlage- und Reservewährung - Folgen für den Eurokapitalmarkt, in: Bruns, Georg und Karl Häuser (Hrsg.), Die Deutsche Mark als internationale Anlage- und Reservewährung - Folgen für den Kapitalmarkt, Frankfurt/M., S. 24-54.

Reserve Bank of Australia (1992, 1993, 1994, 1995): Report and Financial Statements, August, Sydney.

Rieke, Wolfgang (1982): The Development of the Deutschmark as a Reserve Currency, in: Group of Thirty (Hrsg.): Reserve Currencies in Transition, New York, S. 16-23.

Rieke, Wolfgang (1984): Die Rolle von Interventionen als Bestimmungsfaktor der Wechselkurse beim "Floating": Ergebnisse des von einer internationalen Arbeitsgruppe erstellten Erfahrungsberichts, in: Ehrlicher, W. und R. Richter (Hrsg.): Devisenmarktinterventionen der Zentralbanken, Schriften des Vereins für Socialpolitik, Neue Folge, Bd. 139, Berlin, S. 43-57.

Rikkonen, Kaija-Leena (1989): The Optimal Currency Distribution of a Central Bank's Foreign Exchange Reserves, Bank of Finland Discussion Paper No. 28, Helsinki, August.

Roger, Scott (1993): The Management of Foreign Reserves, BIS Economic Papers, No. 38, Basel, Juli.

Rohwedder, Jürgen und Ulrich Schröder (1970): Der Bedarf an Währungsreserven, in: Weltwirtschaftliches Archiv, Bd. 105, H.2, S. 430-447.

Roosa, Robert V. (1962a): The Beginning of a New Policy. Remarks at the Monetary Conference of the American Banking Association, Rome, 17. Mai 1962, abgedruckt in: Deutsche Bundesbank, Auszüge aus Presseartikeln, Nr. 37, vom 25. Mai 1962.

Roosa, Robert V. (1962b): Assuring the Free World`s Liquidity, in: Federal Reserve Bank of Philadelphia, Business Review Supplement, September, S. 5-7.

Roosa, Robert V. (1963): Reforming the International Monetary System, Foreign Affairs, Oktober, abgedruckt in: Deutsche Bundesbank, Auszüge aus Presseartikeln, Nr. 72, vom 27. September.

Roosa, Robert V. (1967): Dollar and World Liquidity, New York.

Roosa, Robert V. (1982): The Multiple Reserve Currency System, in: Group of Thirty, Reserve Currencies in Transition, New York, S. 1-15.

Rudloff, Hans-Jörg (1990): Vom Euromarkt zum Kapitalmarkt. Das Ende eines Off-shore-Handelssystems, in: Neue Zürcher Zeitung, No. 264, vom 14.11.1990.

Sachverständigenrat zur Begutachtung der gesamtwirtschaftlichen Entwicklung (1994): "Den Aufschwung sichern - Arbeitsplätze schaffen.", Jahresgutachten 1994/95, Stuttgart,November.

Sauernheimer K. (1980): Internationale Kapitalbewegungen, flexible Wechselkurse und gesamtwirtschaftliches Gleichgewicht, Hamburg.

Schäfer, Wolf (1971): Der Euro-Dollarmarkt, Tübingen.

Scharrer, Hans-Eckart (1981): Currency Diversification in International Trade and Payments: Empirical Evidence, in: World-Wide Disequilibrium, Alphen aan den Rijn, Rockville, S. 225-241.

Scharrer, Hans-Eckart, Gehrmann, Dieter und Wolfgang Wetter (1978): Währungsrisiko und Währungsverhalten deutscher Unternehmen im Außenhandel, Hamburg.

Schiltknecht, Kurt (1981): Kapitalmarkt und Internationalisierung einer Währung - Einige Überlegungen aus schweizerischer Sicht, in: Bruns, Georg und Karl Häusler (Hrsg.), Die Deutsche Mark als internationale Anlage- und Reservewährung - Folgen für den Kapitalmarkt, Frankfurt/M., S. 55-70.

Schlesinger, Helmut (1986): Nationale Geldpolitik und weltwirtschaftliche Integration, Vortrag anläßlich der 27. Bankwirtschaftlichen Tagung der Volksbanken und Raiffeisenbanken in Garmisch-Partenkirchen, am 4. November

1986. Abgedruckt in: Auszüge aus Presseartikeln, Nr. 76, vom 6.11.1986, S. 1-5.

Schröder, Jürgen (1980): Kapitalbewegungen internationale, II: Theorie und Politik, in: Albers Willi u.a., Handwörterbuch der Wirtschaftswissenschaft, Bd. 4, Stuttgart und New York, S. 389-404.

Schröder, Wolfgang (1982): Das Multireservewährungssystem: Veränderte Rahmenbedingungen für die Politik der Deutschen Bundesbank, in: Ehrlicher, Werner/Simmert, Diethart D. (Hrsg.): Beihefte zu Kredit und Kapital, Heft 7, Geld- und Währungspolitik in der Bundesrepublik Deutschland, Berlin, S. 431-448.

Schulmann, Horst (1981): Die Deutsche Mark als internationale Anlage- und Reservewährung - Folgen für den Kapitalmarkt, Finanzpolitische Überlegungen, in: Bruns, Georg und Karl Häusler (Hrsg.), Die Deutsche Mark als internationale Anlage- und Reservewährung - Folgen für den Kapitalmarkt, Frankfurt/M., S. 115-135.

Schweizerische Nationalbank: Geschäftberichte, versch. Jahrgänge.

Sharpe, William F. (1964): Capital Asset Prices: A Theory of Market Equilibrium under Conditions of Risk, in: Journal of Finance, Vol. 19, September, S. 425-442.

Smith, Keith V. (1967): A Transition Model for Portfolio Revision, in: Journal of Finance, Vol. 22, S. 425-439.

Solnik, Bruno H. (1974): An Equilibrium Model of the International Capital Market, in: Journal of Economic Theory, Vol. 8, S. 500-524.

Solomon, Robert (1982): The International Monetary System 1945-81, New York.

Sørensen, Niels Erik (1994): Denmark, Supporting the Krone in the European Monetary System, in: Institutional Investor, Vol. 28, Januar, S. 112-113.

Sommer-Herberich, Ursula (1981): Die Goldpolitik des Internationalen Wähungsonds, in: WiSt, Heft 5, Mai, S. 239-242.

Stekler, Lois und Rolf Pieckarz (1970): Reserve Asset Composition for Major Central Banks, Oxford Economic Papers, No. 22, Juni, S. 260-274.

Süchting, Joachim (1987): Bankmanagement, 2. Aufl., Stuttgart.

Sumita, Satoshi (1988), Statement by Satoshi Sumita, Governor of the Bank of Japan at the Annual Meetings of the International Monetary Fund and the World Bank, Berlin, Sept. 27, 1988, abgedruckt in: Deutsche Bundesbank: Auszüge aus Presseartikeln, Nr. 72, vom 3. Oktober, S. 7-9.

Swiss Bank Corporation (1992): The Reshaping of the Japanese Financial Industry, in: Economic and Financial Prospects, No. 4, August/September, S. 1-4.

Szegö, Giorgio P. (1980): Portfolio Theory: With Application to Bank Asset Management, New York.

Tachi, Ryuichiro (1992): Japanese Financial Markets and the Implementation of Monetary Policy: A Retrospective View, in: McKenzie, Colin und Michael Stutchbury (eds.): Japanese Financial Markets and the Role of the Yen, Australia-Japan Research Centre, Australian National University, Sydney, S. 45-54.

Takeda, Masahiko und Philip Turner (1992): The Liberalisation of Japan's Financial Markets: Some Major Themes, BIS Economic Papers, No. 34, Basel, November.

Tavlas, George S. (1990): Leitwährungen: Der Aufstieg der Deutschen Mark, in: Finanzierung & Entwicklung, September, S. 35-38.

Tavlas, George S. (1991): On the International Use of Currencies: The Case of the Deutsche Mark. International Finance Section, Department of Economics, Princeton University, Princeton, New Jersey, Essays in International Finance, No. 181, März.

Tavlas, George S. und Yuzuru Ozeki (1991): Die Internationalisierung des Yen, in: Finanzierung & Entwicklung, Juni, S. 2-5.

Tavlas, George S. und Yuzuru Ozeki (1992): The Internationalization of Currencies: An Appraisal of the Japanese Yen, IMF Occasional Paper No. 90, Washington, D.C., Januar.

Taylor, Dean (1982): Official Intervention in the Foreign Exchange Market, or, Bet Against the Central Bank, in: Journal of Political Economy, Vol. 90, April, S. 356-368.

Teck, Alan und William B. Johns (1983): Portfolio Decisions of Central Banks, in: George, A. M. und I. H. Giddy (eds.): International Finance Handbook, Vol. 2, New York, S. 8.4.3-16.

Thiel, Elke (1994): Die EWWU in den internationalen Währungsbeziehungen, in: Caesar Rolf und Hans-Eckart Scharrer (Hrsg.), Maastricht: Königsweg oder Irrweg zur Wirtschafts- und Währungsunion, Europäische Schriften Band 72, Bonn, S. 396-419.

Thomann, Martin N.C. (1977): Probleme der Internationalisierung des Scheizerfrankens, Vortrag im Anschluß an die Mitgliederversammlung der Vereinigung für gesunde Währung am 1. Juni 1977 in Zürich.

Thomas, Karl (1991): Der Platz Frankfurt hat internationale Herausforderung aktiv angenommen, in: Deutsche Bundesbank, Auszüge aus Presseartikeln, Nr. 83, vom 1. November, S. 9-11.

Thygesen, Niels (1985): Is the Multiple Currency Standard a Destabilizing Factor? in: Tsoukalis, Loukas (ed.): The Political Economy of International Money, In Search of a New Order, London u.a., S. 137-169.

Tietmeyer, Hans (1994): Aktuelle Fragen der Währungspolitik, abgedruckt in: Auszüge aus Presseartikeln, Nr. 18, vom 16. März, S. 1-5.

Tobin, James (1958): Liquidity Perferences as a Behavior Towards Risk, in: Review of Economic Studies, Vol. 25, S. 65-86.

Tobin, James (1965): The Theory of Portfolio Selection, in: Hahn, F. und Brechling (eds.): The Theory of Interest Rates, London, New York.

Triffin, Robert (1960): Gold and the Dollar Crisis, The Future of Convertibility, New Haven.

Tsuruoka, Doug und Jonathan Burton (1993): Owing Up. Malaysia's Bank Negara suffers currency losses, in: Far Eastern Economic Review, Vol. 15, April, S. 50 und S. 52.

Turner, Philip (1991): Capital Flows in the 1980s, A Survey of Major Trends, BIS Economic Paper No. 30, Basel, April.

Uchiyama, Yoshitada (1981): Die D-Mark als internationale Anlage- und Reservewährung aus japanischer Sicht, in: Bruns, Georg und Karl Häuser (Hrsg.), Die Deutsche Mark als internationale Anlage- und Reservewährung - Folgen für den Kapitalmarkt, Frankfurt/M., S. 94-111.

Unger, Stefan (1991): Die D-Mark als internationale Reserve- und Anlagewährung. Ursachen, Entwicklungen und Folgen der internationalen Verwendung der deutschen Währung, Konstanz, Dissertation.

Ungerer, H., J.J. Haavonen, A. Lopez-Claros und Th. Mayer (1990): The European Monetary System: Developments and Perspectives, in: IMF Occasional Paper No. 73, Washington, D.C., November.

Vehrkamp, Robert (1990): Fünf Jahre konzertierte Dollarinterventionen - eine Bestandsaufnahme, in: Wirtschaftsdienst, IX, S. 471-478.

Wallich, Henry D. (1981): Die Deutsche Mark als internationale Anlage- und Reservewährung - Folgen für den Kapitalmarkt: aus US-Sicht, in: Bruns, G.; Häuser, K. (Hrsg.): Die Deutsche Mark als internationale Anlage- und Reservewährung - Folgen für den Kapitalmarkt, Frankfurt a. M., S. 157-172.

Walz, Hartmut und Thomas Weber (1989): Der Zinsstrukturkurveneffekt, in: WiSt, S. 133-137.

Westerfield, J. M. (1977): An Examination of Foreign Exchange Risk Under Fixed and Floating Rate Regimes, in: Journal of International Economics, Vol. 7, S. 181-200.

Wihlborg, Clas (1978): Currency Risks in International Financial Markets, Studies in International Finance No. 44, Princeton, N.J., Dezember.

Williamson, John (1963): Liquidity and the Multiple Key-Currency Proposal, in: American Economic Review, Vol. LIII, No. 3 (Juni), S. 427-433.

Williamson, John (1973): International Liquidity: A Survey, The Economic Journal, Vol. 83, London, S. 685-746.

Williamson, John (1977): The Failure of World Monetary Reform, 1971-74, New York.

Willms, Manfred (1992): Internationale Währungspolitik, München.

Zolotas, Xenophon (1961): The Problem of the International Monetary Liquidity, Bank of Greece, Papers and Lectures, No. 6, Athen.

Zolotas, Xenophon (1963): The Multicurrency Standard and the International Monetary Fund, Bank of Greece, Papers and Lectures, Athen.

Zolotas, Xenophon (1977): Towards a Reinforced Gold Exchange Standard, Athen, Aug. 1961, wiederabgedruckt in: Zolotas, X: International Monetary Issues and Development Policies, Selected Essays and the Statements, Bank of Greece, Athen, S. 17ff.